여러분의 합격을 응원하는
해커스공무원의 특별 혜택

FREE 공무원 헌법 **특강**

해커스공무원(gosi.Hackers.com) 접속 ⬛⬛⬛⬛⬛⬛⬛⬛⬛ 교재 무료특강] 클릭

 해커스공무원 온라인 단과강의 **20% 할인쿠폰**

AC8365B4B8CAC2AH

해커스공무원(gosi.Hackers.com) 접속 후 로그인 ▶ 상단의 [나의 강의실] 클릭 ▶
좌측의 [쿠폰등록] 클릭 ▶ 위 쿠폰번호 입력 후 이용

* 등록 후 7일간 사용가능(ID당 1회에 한해 등록 가능)
* 단과강의에만 적용 가능

📧 합격예측 온라인 모의고사 응시권 + 해설강의 수강권

C48ACE44ED3C5LRX

해커스공무원(gosi.Hackers.com) 접속 후 로그인 ▶ 상단의 [나의 강의실] 클릭 ▶
좌측의 [쿠폰등록] 클릭 ▶ 위 쿠폰번호 입력 후 이용

* ID당 1회에 한해 등록 가능

쿠폰 이용 관련 문의 **1588-4055**

단기 합격을 위한
해커스 커리큘럼

베이스가 있다면 **기본 단계부터!**

문제풀이로 이론 학습을 원한다면 **기출문제풀이 단계로!**

START

입문

탄탄한 기본기를 위한
핵심 개념 다지기!

기본

반드시 알아야 할
개념과 이론 완성!

심화

고난도 개념 학습으로
응용력을 다진다!

강의 쌩기초 입문반

이해하기 쉬운 개념 설명과 풍부한
연습문제 풀이로 부담 없이 기초를
다질 수 있는 강의

강의 기본이론반

반드시 알아야 할 기본 개념과 문제풀이
전략을 학습하여 핵심 개념 정리를
완성하는 강의

강의 심화이론반

심화이론과 중·상 난이도의 문제를
함께 학습하여 고득점을 위한 발판을
마련하는 강의

* 커리큘럼은 과목별·선생님별로 상이할 수 있으며, 자세한 내용은 해커스공무원 사이트에서 확인하세요.

PASS

기출 문제

기출문제풀이 훈련으로
취약영역을 보완한다!

예상 문제

예상문제풀이로
실전력을 강화한다!

마무리

시험 직전 반드시
확인할 내용만 엄선한다!

강의 기출문제 풀이반

기출문제의 유형과 출제 의도를 이해
하고, 본인의 취약영역을 파악 및 보완
하는 강의

강의 예상문제 풀이반

최신 출제경향을 반영한 예상 문제들을
풀어보며 실전력을 강화하는 강의

강의 실전동형모의고사반

최신 출제경향을 완벽하게 반영한 모의고사를
풀어보며 실전 감각을 극대화하는 강의

강의 봉투모의고사반

시험 직전에 실제 시험과 동일한 형태의
모의고사를 풀어보며 실전력을 완성하는 강의

해커스공무원

황남기
헌법족보

해커스공무원

황남기

약력

현 | 해커스경찰 헌법 강의
해커스공무원 행정법, 헌법 강의

전 | 외교부 사무관
제27회 외무고시 수석합격
2012년 공무원 승진시험 출제위원
동국대 법대 겸임교수

저서

해커스공무원 황남기 헌법 기본서 1권
해커스공무원 황남기 헌법 기본서 2권
해커스공무원 황남기 헌법 진도별 모의고사 기본권편
해커스공무원 황남기 헌법 진도별 모의고사 통치구조론편
해커스공무원 황남기 헌법족보
해커스공무원 황남기 헌법 최신 판례집
해커스공무원 황남기 행정법총론 기본서
해커스공무원 황남기 행정법각론 기본서
해커스공무원 황남기 행정법총론 문제족보를 밝히다
해커스공무원 황남기 행정법 모의고사 Season 1
해커스공무원 황남기 행정법 모의고사 Season 2
해커스공무원 황남기 행정법총론 최신 판례집
해커스경찰 황남기 경찰헌법 기본서
해커스경찰 황남기 경찰헌법 핵심요약집
해커스경찰 황남기 경찰헌법 Season 1 쟁점별 기출모의고사
헤커스경찰 황남기 경찰헌법 Season 1 진도별 모의고사
해커스경찰 황남기 경찰헌법 Season 2 진도별 모의고사 플러스
해커스경찰 황남기 경찰헌법 Season 3 전범위 모의고사 Vol.1 : 1차 대비
해커스경찰 황남기 경찰헌법 최신 판례집 2022 하반기
황남기 행정법총론 기출문제집, 멘토링
황남기 행정법각론 기출문제집, 멘토링

누구를 만나느냐에 따라 사람의 운명은 결정됩니다. 저는 여러분의 인생에서 중요한 시험의 합격에 도움이 되고자 필요한 내용을 꼼꼼하게 담으려 했습니다. 결론만 물어본다면 결론만, 논리 과정을 물어본다면 논리를 포함시켰습니다. 수험서는 내용이 빈약하다면 마치 무기가 없는 상태에서 적군을 만나는 것과 같습니다. 출제자가 적이라면 만만치 않은 적이라 할 수 있습니다. 출제자들도 사법시험을 합격한 사람이고, 시험 경험이 상당한 수험생들이었습니다. 그들을 압도할 수 있도록 도와주는 것이 강사이고 수험 교재라 생각됩니다. 본 교재는 그러한 의도하에서 집필하였습니다.

본 교재의 특징은 다음과 같습니다.

첫째, 쟁점별로 출제 가능한 내용을 모두 포함시켰습니다.

둘째, 최근 강화되고 있는 기본권 보호, 심사기준, 기본권 제한 여부를 각 기본권마다 자세히 정리하였습니다.

셋째, 중요 법률을 문제 포인트에 따라 정리하였습니다.

넷째, 법률을 기준으로 합헌 위헌을 정리해서 암기할 수 있도록 하였습니다.

본 교재의 이용은 강의를 들으면서 전체적인 개관, 정리된 내용을 이해해야 합니다. 그런 이유로 기출문제를 먼저 선행하고 본 교재를 암기해야 합니다. 처음부터 모두 암기하려고 하지 말고 기출문제로 다루어진 것을 암기해야 합니다.

원고를 꼼꼼히 살펴주시고, 복잡한 원고를 멋있는 책으로 엮어 주신 해커스 편집팀 이하 여러모로 신경써 주신 박규명 사장님께 감사드립니다.

본 교재가 수험생들을 합격이라는 목표로 안내해 주는 길잡이가 되리라 믿습니다.

2023년 7월
황남기

수험인생을 바꾸다!

목차

부록

해커스공무원 학원·인강
gosi.Hackers.com

제1편

헌법총론

고유한 의미의 헌법	국가가 존재한다면 반드시 존재하는 헌법
근대 입헌주의 헌법	① 자유와 권리 보장, 권력분립 ② '헌법에 의한 통치'의 원리를 의미하는 입헌주의는 역사적으로 군주와 시민의 화합의 산물이며, 흠정헌법은 진정한 근대입헌주의 헌법이다.(✕) ➡ 흠정헌법이란 제정주체가 군주인 헌법이지 군주와 시민이 제정한 헌법이 아니다.

외견적 입헌주의 헌법	구분	진정한 입헌주의 헌법	외견적 입헌주의 헌법
	누가 주도했나	시민	군주
	목적	자유와 권리 보장	군주의 권력유지
	기본권 본질	자연법적 권리	실정법적 권리

근대 입헌주의 헌법과 현대 사회국가 헌법의 특징	구분	근대 입헌주의 헌법	현대 사회국가 헌법
	최초의 헌법	1776년 버지니아 권리장전	1919년 바이마르 헌법
	경제체제	시장경제질서	사회적 시장경제질서
	법치주의	형식적 법치주의, 시민적 법치국가	실질적 법치주의(위헌법률심판), 사회적 법치국가
	권력분립	① 기관중심의 권력통제 ② 엄격한 권력분립	① 기능중심의 권력통제 ② 권력통합(협조와 융화)
	재산권	불가침의 절대적 권리	제한 가능한 상대적 권리
	특징	① 기본권(자유권)의 보장 ② 국민주권	① 의회주의의 위기 ② 사회적 정의의 실현을 위한 국민경제의 규제, 조정 ③ 실질적 평등의 보장을 위한 국가작용의 강화, 확대 ④ 정당제도의 헌법상 수용과 정당기능의 확대

구분		형식적 의미의 헌법	실질적 의미의 헌법	비고
형식적 의미의 헌법 vs 실질적 의미의 헌법	영국헌법	×	○	영국에는 형식적 의미의 헌법이 없다.
	관습헌법	×	○	
	정부조직법, 공직선거법, 국회법	×	○	모든 실질적 의미의 헌법이 형식적 의미의 헌법이라고 할 수 없다.
	스위스헌법의 도살조항, 미연방헌법의 금주조항	○	×	모든 형식적 의미의 헌법이 실질적 의미의 헌법이라고 할 수 없다.
	헌법개정의 대상	○	×(학설) ○(판례)	판례는 헌법개정의 대상을 형식적 의미의 헌법 + 관습헌법이라고 한다.
	법원(法源)의 확장	×	○	
	형식과 무관	×	○	
성문헌법	① 성문헌법하에서도 관습헌법 인정 ② 관습헌법은 성문헌법 보충(○), 개폐(×)			
불문헌법	① 불문헌법에서 인정되는 것: 헌법의 국가창설적 기능, 헌법변천, 헌법해석, 헌법보호 ② 불문헌법에서 인정되지 않는 것: 헌법개정, 위헌법률심판			
경성헌법	① 성문 반드시 경성(×) ② 헌법개정에 의한 헌법침해가 발생할 수 있다. ③ 경성헌법: 헌법개정에 의한 침해방지, 헌법의 최고규범성 ④ 연성헌법: 사회변화에 신축적 적용			

사실적 특징	① 헌법은 최소한 타협의 산물 ② 미완성적, 개방적 규범 ③ 일반 법률의 입법기술과 법률의 해석기준이 바로 헌법에 적용되지는 않는다. ④ 기본원리, 권력구조, 문제 해결의 절차는 개방(✗)
규범적 특징	① 최고법 조항: 미국헌법과 일본헌법(○), 우리나라헌법(✗) ② 최고법 조항: 확인 · 선언적 의미 ③ 헌법에 일반적 법률유보조항을 두는 것은 헌법의 최고규범성을 유지하기 위한 것이다.(✗) ④ 헌법은 자기보장성을 특징으로 한다. ⑤ 헌법은 그 실효성을 확보하기 위한 개별적 · 구체적 · 직접적 강제집행수단을 둠으로써 자기보장규범성을 강화하고 있다.(✗) ⑥ 민법, 형법도 생활규범 ➡ 헌법의 특성으로서 생활규범에 대한 학설 대립

쟁점
004 헌법의 본질과 해석

칼 슈미트의 헌법과 헌법률 구별	① 제정권자의 근본적 결단은 헌법, 부수적 결단은 헌법률 ② 헌법조항 간 위계질서 긍정 ③ 헌법개정의 한계 긍정
헌법조항의 위헌심사 대상 여부	① 헌법 제29조 제2항은 위헌법률심판, 헌법소원심판의 대상이 아니다. ② 헌법조항 간 이념적·논리적 우열은 인정된다. ③ 헌법조항 간 효력상 차이는 없다. ④ 어떤 규정이 헌법제정규범이고 어떤 규정이 헌법개정규범인지 구별할 수 없다. 　➔ 칼 슈미트의 헌법과 헌법률의 구별을 수용하고 있지 않다. ⑤ 헌법개정의 한계론, 헌법제정권과 헌법개정권의 구별론은 헌법조항이 위헌심사의 　대상이 된다는 논거로 원용할 수 없다. ⑥ 헌법조항은 헌법재판소법 제68조 제1항의 공권력 행사로 볼 수 없다.
헌법해석	① 정치적 해석(O), 헌법해석 여지는 법률해석보다 넓다. ② 헌법소송 + 입법과정에서 헌법해석(O) ③ 문리적 해석을 우선으로 한다. ④ 원리로부터 구체적 기본권은 도출되지 않는다. ⑤ 규범통제의 심사기준은 헌법재판 당시 현행헌법이다.

의의	① 합헌적 법률해석: 헌법해석(✕), 법률해석의 지침(○), 헌법해석 수반(○) ② 미국 ➡ 독일 ➡ 우리나라 헌법재판소 + 대법원(○) ③ 사법적극주의 표현(✕), 사법소극주의 표현(○)
합헌적 법률해석 vs 규범통제	① 합헌적 법률해석은 규범통제의 과정에서만 문제되며, 대체로 규범통제를 강화하는 기능을 한다.(✕) ② 헌법재판소와 일반 법원과 행정부도 합헌적 법률해석을 한다. 표아래참조

구분	합헌적 법률해석	규범통제
헌법의 기능	해석규칙(해석기준)	저촉규칙(심사기준)
헌법에 명시적 규정이 필요한지	✕	○

근거	법질서 통일성 유지, 권력분립, 민주적 입법기능 존중, 합헌성 추정, 법적안정성, 신뢰보호, 국가 간 신뢰보호(조약도 합헌적 법률해석 대상이 됨)
한계	문의적 한계, 법목적적 한계, 헌법수용적 한계
합헌적 법률해석 허용 여부	① 필요적 보호감호: 재범의 위험성을 요건으로 한다고 해석하는 것은 문의적 한계를 벗어남 ② 형사사건으로 기소되어 휴직명령을 받아 봉급의 반액을 지급받은 자는 '무죄의 선고를 받은 때' 그 차액을 소급하여 수령할 수 있도록 규정한 군인사법: 공소기각의 사유가 없었더라면 무죄가 선고될 현저한 사유가 있는 경우도 무죄에 포함된다고 해석할 수 있음 ③ 법은 종업원이 처벌되면 영업주는 고의·과실 유무와 무관하게 처벌한다는 의미로 규정하고 있는 양벌규정: 영업주의 선임·감독상 과실이 있는 경우에 한해 영업주를 처벌하도록 법률을 해석하는 것은 문의적 한계를 벗어남
법률의 전부개정과 구법의 부칙 효력	① 법에 경과규정이 없는 한 개정 전 부칙규정은 효력을 유지할 수 없다. ② 실효된 법률조항을 유효한 조항으로 해석하는 것은 헌법합치적 법률해석을 이유로 정당화될 수 없다. ③ 조세법의 영역에서는 경과규정의 미비라는 명백한 입법의 공백을 방지하고 형평성의 왜곡을 시정하는 것은 원칙적으로 입법자의 권한이고 책임이지 법문의 한계 안에서 법률을 해석·적용하는 법원이나 과세관청의 몫은 아니다. ④ 전부개정법의 시행에도 불구하고 이 사건 부칙조항이 실효되지 않은 것으로 해석하는 것은 헌법상의 권력분립원칙과 조세법률주의의 원칙에 위배되어 헌법에 위반된다.
합헌적 법률해석의 종류	① 합헌적 법률해석인 것: 한정합헌결정, 한정위헌결정 ② 합헌적 법률해석 아닌 것: 헌법불합치결정, 단순위헌결정, 합헌결정
한정위헌결정	① 대법원은 부정하고 헌법재판소는 인정한다. ② 법률의 합헌적 해석은 주로 정신적 자유규제입법이 아니라 경제정책입법에서 인정된다. ③ 대법원이 합헌적으로 법률을 해석하고 있는 경우, 헌법재판소는 한정위헌결정을 견지하고 있지 않다. ④ 법원은 법률해석과 적용, 헌법재판소는 법률위헌심사 ⑤ 헌법재판소, 법률해석과 적용을 확정하는 것 가급적 자제, 그러나 위헌심사 관점에서 법률해석 가능 ⑥ 한정위헌을 구하는 헌법소원 청구는 원칙적으로 적법(헌법재판소) ⑦ 한정위헌을 구하는 위헌제청 불허(대법원) ⑧ 한정위헌결정과 한정합헌결정은 본질적으로 같다.

헌법제정권력	양도할 수 없다.		
헌법제정권력 vs 헌법개정권력	구분	헌법제정권력	헌법개정권력
	특징	창조적, 시원적 권력	제도화된, 창조된 권력
	실정법상 한계	실정법상 한계가 있을 수 없음	실정법상 한계가 있는 헌법도 있음
쉬에스와 칼 슈미트의 헌법제정권력론	구분	쉬에스	칼 슈미트
	주체	국민	국민, 신, 소수자, 군주, 비상시에 결단하는 자
	행사방법	제헌의회	국민투표
	헌법제정권력의 한계	부정	부정

칼 슈미트와 법실증주의	구분	결단주의	법실증주의
	헌법제정권력과 헌법개정권력 구별	긍정	부정
	헌법조항 간 위계질서		
	헌법개정의 한계		

헌법제정절차	쉬에스 / 대한민국 제헌헌법	제헌의회
	루소, 칼 슈미트	국민투표

헌법제정한계	한계부정설	칼 슈미트, 쉬에스, 법실증주의
	한계긍정설(다수설)	① 실정법적 한계(✕) ② 헌법이 정한 절차(✕) ③ 자연법적 한계(○) ④ 정치이념적 한계(○) ⑤ 법원리적 한계(○) ⑥ 국제법적 한계(○)
	헌법제정의 한계를 넘어 제정된 헌법	① 정당성 문제(○) ② 합법성 문제(✕)

01 의의

의의	① 규범력을 높이기 위해: 개정 필요성 ② 기본적 동일성 유지: 개정의 한계	
헌법변천과의 관계	**헌법변천**	**헌법개정**
	조문변화 ✕	조문변화 ○
	묵시적	의식적
	☑ 개정: 변천의 한계적 기능	

02 개정절차

제안 ➡ 공고(20일) ➡ 공고된 날로부터 60일 이내 국회의결 ➡ 국회의결한 후 30일 이내 국민투표 ➡ 대통령 즉시 공포

개정절차조항	① 제안: 대통령과 국회의원 재적과반수(○), 국민(✕) ② 공고: 20일, 생략 불가 ③ 국회의결: 기명으로 표결, 수정의결불가, 생략 불가 ④ 국민투표: 필수적 절차, 선거권자 과반수 투표와 투표자 과반수의 찬성 ⑤ 헌법개정 확정시기: 국민투표(○), 국회의결과 대통령 공포(✕) ⑥ 국민투표의 효력에 관하여 이의가 있는 투표인은 투표인 10만인 이상의 찬성을 얻어 중앙선거관리위원회위원장을 피고로 하여 투표일로부터 20일 이내에 대법원에 제소할 수 있다. ⑦ 공포: 대통령, 즉시 공포(○), 대통령 거부권 행사(✕) ⑧ 발효: 공포한 날(✕), 20일 경과(✕), 헌법 부칙 규정된 날
대통령 임기와 중임금지조항 개정된 조항 효력 제한	① 대통령 임기·중임금지 ➡ 헌법개정할 수 있다. ② 제안 당시 대통령에 대해서는 개정된 조항은 적용되지 않는다. ③ 중임허용 헌법개정이 된 경우 다음 대선 입후보할 수 없다. ④ 제8차 개정헌법(1980년 개정헌법)에서 처음 규정되었다.

03 신행정수도법 판례

신행정수도법 위헌결정	① 정치적 문제를 포함한 법률, 국민투표권 침해와 관련이 있으면 헌법소원대상 ② 국민투표권은 기본권 ③ 관습헌법 성립요건: 국민합의 ④ 헌법사항 중 과연 어디까지가 이러한 기본적이고 핵심적인 헌법사항에 해당하는지 여부는 일반추상적인 기준이 아니라 구체적 판단에 의하여 확정 ⑤ 핵심적 헌법사항: 국명(國名)을 정하는 것, 우리말을 국어(國語)로 하고 우리글을 한글로 하는 것, 영토를 획정하고 국가주권의 소재를 밝히는 것, 수도를 설정하거나 이전하는 것 ⑥ '우리나라의 수도가 서울인 점'이 자명하고 전제된 헌법규범으로서 불문헌법으로 인정될 수 있는지 여부(적극) ⑦ '우리나라의 수도가 서울인 점'이 단순한 사실명제가 아니라 규범명제인지 여부(적극) ⑧ 관습헌법: 성문헌법과 동일한 효력, 헌법개정의 대상, 법률 제·개정으로 폐지할 수 없음 ⑨ 관습헌법의 효력 상실: 헌법개정, 국민의 합의 소멸 ⑩ 국민의 합의는 관습헌법 성립 요건 + 효력 유지 요건이다. ⑪ 관습헌법의 개정: 헌법개정 방법으로만 개정 ⑫ 관습헌법규범은 헌법전에 그에 상반하는 법규범을 첨가함에 의하여 폐지하게 되는 점에서, 헌법전으로부터 관계되는 헌법조항을 삭제함으로써 폐지되는 성문헌법규범과는 구분된다. ⑬ 우리나라와 같은 성문의 경성헌법 체제에서 인정되는 관습헌법사항은 하위규범형식인 법률에 의하여 개정될 수 없다. ⑭ '우리나라의 수도가 서울인 점'에 대한 관습헌법을 폐지하기 위해서는 헌법개정이 필요한지 여부(적극) ⑮ 신행정수도법: 헌법 제130조의 국민투표권 침해(○), 제72조의 국민투표권 침해(✕)
신행정수도 후속대책을 위한 연기·공주지역 행정중심 복합도시 건설을 위한 특별법 각하결정	① 수도기준: 국회·대통령소재지(○), 사법권이 행사되는 장소(✕), 경제적 능력(✕) ② 행정중심 복합도시가 수도로서의 지위를 획득하는 것 아니다. ③ 행정중심 복합도시 건설을 위한 특별법으로 수도변경이나 수도해체를 포함하지 않아 서울수도라는 관습헌법을 변경하지 않는다. ④ 대통령과 국무총리가 서울이라는 하나의 도시에 소재하고 있어야 한다는 관습헌법 존재 부정 ⑤ 행정중심 복합도시 건설을 국민투표에 회부하지 아니하여도 국민투표권 침해 가능성 없다. ⑥ 재정사용의 합법성과 타당성을 감시하는 납세자의 권리는 헌법에 열거되지 않은 기본권은 보호되지 않음

04 헌법개정 한계긍정설과 한계부정설의 근거

헌법개정 한계긍정설의 근거	① 헌법제정권력과 개정권력 구별 ② 헌법조항 위계질서 인정 ③ 헌법과 헌법률 구별 ④ 역사발전 과정의 계속성 유지 ⑤ 헌법의 동일성 유지 ⑥ 자연법사상
헌법개정 한계부정설의 근거	① 변천 부정 ② 제정권력과 개정권력 구별 부정 ③ 헌법과 헌법률 구별 부정 ④ 등가이론 ⑤ 완성된 사실이론, 사실의 규범력설 ⑥ 개정의 한계를 넘은 개정도 유효 ⑦ 효력을 부정할 기관이 없다. ⑧ 모든 가치는 주관적 · 상대적이다. ⑨ 주권자인 국민은 정치적 운명을 결정할 절대적 권한을 가진다.

05 실정법상 한계

개정금지조항	① 독일 · 미국 헌법 규정 있다. ② 제2차 개정헌법(1954년 헌법)~제4차 개정헌법(1960년 헌법)에 개정한계조항을 두었으나 현행헌법에는 규정이 없다. ③ 개정금지조항: 개정할 수 없으나, 무한계설에 따르면 개정할 수 있음

06 내재적 한계

개정의 한계 인정	인간의 존엄과 가치, 자유민주적 기본질서, 민주공화국, 복수정당제
개정한계 ×	대통령 피선거권 연령, 대통령제, 단원제, 헌법재판소 폐지
개정절차조항의 개정	① 칼 슈미트: 개정절차조항은 개정 금지되므로, 개정절차조항은 헌법핵(○), 헌법률(×)로 봄 ② 엠케 　㉠ 경성 ➡ 연성(×) 　㉡ 연성 ➡ 경성(○)

07 헌법개정이 필요한 사항

1. 대통령 중임허용(헌법 제70조 개정필요)

2. 대법원장 중임허용(헌법 제105조 제2항 개정필요)

3. 감사원장, 감사위원 3차에 한하여 연임허용(헌법 제98조 제2항, 제3항)

4. 대법관, 재판관, 중앙선관위원, 감사위원 임기를 10년으로 연장(헌법 제105조 제1항 등 개정필요)

5. 법관의 임기를 10년에서 20년으로 연장하는 것(헌법 제105조 제3항 개정필요)

6. 행정안전부장관을 국무위원 아닌 자 중에서 임명할 수 있도록 하는 것(헌법 제94조 개정필요)

7. 대통령 피선거권 연령을 30세로 낮추는 것(헌법 제67조 제4항 개정필요)

8. 국회의원 정수를 199인으로 하는 것(헌법 제41조 제2항 개정필요)

9. 정기회의 회기는 90일을, 임시회의 회기는 40일을 초과할 수 없다(헌법 제47조 제2항 개정필요).

10. 국회의 정기회는 법률이 정하는 바에 의하여 매년 2회 집회한다(헌법 제47조 제1항 개정필요).

11. 국회에서 의결된 법률안은 정부에 이송되어 20일 이내에 대통령이 공포한다(헌법 제53조 제1항 개정필요).

12. 제안된 헌법개정안은 대통령이 10일 이상의 기간 이를 공고하여야 한다(헌법 제129조 개정필요).

13. 감사위원 수를 12인으로 하는 것(헌법 제98조 제1항 개정필요)

14. 헌법재판소 재판관 또는 중앙선거관리위원의 수를 12인으로 하는 것(헌법 제111조 제3항 개정필요)

15. 국회부의장을 3인으로 하는 것(헌법 제48조 개정필요)

16. 지방의회 폐지(헌법 제118조 제1항 개정필요)

17. 국무회의 폐지(헌법 제88조 개정필요)

18. 대법원 폐지(헌법 제101조 제2항 개정필요)

19. 국가안전보장회의 폐지(헌법 제91조 개정필요)

20. 국가기관의 회계감사를 감사원에서 국회로 이전하는 것(헌법 제97조 개정필요)

21. 감사원의 소속을 대통령에서 국회로 이전하는 것(헌법 제97조 개정필요)

22. 국회의 의원제명에 대해 법원에 제소할 수 있다(헌법 제64조 제4항 개정필요).

23. 법률에 대한 위헌심사에 있어서 재판의 전제성을 요건으로 하지 않고 추상적 규범통제를 인정하는 것(헌법 제107조 개정필요)

24. 권한쟁의심판 인용결정 정족수를 재판관 6인 이상으로 하는 것(헌법 제113조 제1항 개정필요)

25. 헌법재판소의 법률에 대한 위헌결정을 재판관 과반수의 찬성으로 하는 것(헌법 제113조 제1항 개정필요)

26. 국회의원의 국회제명 정족수를 재적의원 과반수로 하는 것(헌법 제64조 제3항 개정필요)

27. 국회는 헌법 또는 법률에 특별한 규정이 없는 한 재적의원 과반수의 찬성으로 의결한다. 가부동수인 때에는 의장이 결정권을 가진다(헌법 제49조 개정필요).

28. 대통령이 궐위된 때 또는 대통령 당선자가 사망하거나 판결 기타의 사유로 그 자격을 상실한 때에는 70일 이내에 후임자를 선거한다(헌법 제68조 제2항 개정필요).

1. 대법관 연임허용: 헌법 제105조 제2항에 연임허용하고 있음

2. 대법관의 수를 15인으로 하는 것: 헌법에 대법관 수 규정이 없고 법원조직법에 14인으로 규정하고 있어 법원조직법만 개정하면 됨

3. 중앙선거관리위원회위원 연임허용: 헌법에 연임이나 중임을 금지하고 있지 않아 법률개정으로도 가능

4. 헌법재판소 재판관과 헌법재판소장의 연임허용: 헌법 제112조 제1항은 법률이 정하는 바에 따른 연임허용하고 있음

5. 지방자치단체장 계속 재임 2기로 한정: 헌법에 연임제한규정이 없고 지방자치법에 계속 연임 3기로 한정하고 있음

6. 지방자치단체장 임기 5년: 헌법에 규정 없고 공직선거법에 임기 4년 규정하고 있음

7. 대법원장, 대법관, 중앙선거관리위원, 헌법재판소 재판소장과 재판관, 감사원장과 감사위원의 정년을 75세로 연장하는 것: 정년 연령은 헌법에 규정이 없고 법률에 규정하고 있음

8. 선거권 연령을 17세로 낮추는 것: 헌법에 규정 없고 공직선거법에 규정하고 있음

9. 국회의원 피선거권 연령을 20세로 낮추는 것: 헌법에 규정 없고 공직선거법에 규정하고 있음

10. 대통령 피선거권 자격 중 국내거주 5년 이상을 3년 이상으로 낮추는 것: 헌법에 규정 없고 공직선거법에 규정하고 있음

11. 국회의장 임기를 4년으로 하는 것: 헌법에 규정 없고 국회법에 규정하고 있음

12. 고등법원의 폐지: 헌법에 규정 없고 법원조직법에 규정하고 있음

13. 국가원로 자문회의 폐지

14. 특정 지방자치단체 폐지

15. 국가정보원을 국무총리 소속으로 하는 것: 헌법에 규정 없고 정부조직법에 규정하고 있음

16. 국회의원의 국무위원 및 국무총리 겸직금지: 헌법에 규정 없고 국회법에 겸직을 허용하고 있음

17. 법원의 재판을 헌법소원심판의 대상으로 하는 것: 헌법에 규정 없고 헌법재판소법에 법원의 재판을 헌법소원에서 제외하고 있음

18. 위헌결정된 법률을 소급적으로 효력을 상실시키는 것: 헌법에 규정 없고 헌법재판소법에 장래효를 규정하고 있음

19. 종래의 헌법재판소의 헌법과 법률의 해석을 변경하는 것을 재판관 재적 과반수로 하는 것: 헌법에 규정 없고 헌법재판소법에 재판관 6인 이상으로 규정하고 있음

20. 국회의원의 무자격결정을 재적의원 과반수로 하는 것: 헌법에 규정 없고 국회법에 재적 3분의 2 이상으로 규정하고 있음

⊕ PLUS 우리 헌정사에 있어 헌법개정절차

구분 / 헌법	제안자			공고 기간	국회의결 정족수	국민 투표	비고
	대통령	국회	국민				
제헌헌법 1948년	대통령	국회재적 1/3	×	30일	재적 2/3	×	
제1차 개정헌법 1952년	〃	민의원 또는 참의원 재적 1/3	×	〃	양원 각각 재적 2/3	×	
제2차 개정헌법 1954년	〃	〃	민의원 선거권자 50만명	〃	〃	×	헌법개정금지조항: 민주공화국, 국민주권, 국가안위에 관한 국민투표(제2차~제4차)
제2공화국헌법 (제3차·제4차 개정헌법) 1960년	〃	〃	〃	〃	〃	×	〃
제3공화국헌법 (제5차·제6차 개정헌법) 1962·69년	×	국회재적 1/3	국회의원 선거권자 50만명	〃	재적 2/3	○	
제4공화국헌법 (제7차 개정헌법) 1972년	대통령 ⬇ 국민투표	국회재적 과반수	×	20일	국회의원이 제안한 개정안 ⬇ 국회재적 2/3 ⬇ 통일주체 국민회의	○	헌법개정의 이원화
제5공화국헌법 (제8차 개정헌법) 1980년	대통령	〃	×	〃	재적 2/3	○	대통령 중임 개정시 효력제한규정
현행헌법 (제9차 개정헌법) 1987년	〃	〃	×	〃	〃	○	〃

국민투표 연혁	① 헌법개정절차의 국민투표는 제5차 개정헌법에서 최초로, 중요사항 국민투표는 제2차 개정헌법에서 최초로 도입되었다. ② 제1차·제2차 헌법개정에서 국민투표를 거치지 아니한 것은 헌법 위반이 아니었다. ③ 제5차 헌법개정시 국민투표를 거쳤는데 이는 제4차 개정헌법(제2공화국헌법)에 근거한 것이 아니라 국가재건비상조치법에 근거한 것이었다. ④ 국민발안과 헌법개정의 국민투표가 헌법에 같이 규정된 것은 제5차·제6차 개정헌법(제3공화국헌법)이었다. ⑤ 제7차 개정헌법은 대통령이 헌법개정안을 제안한 경우 국민투표를 거치지만 국회의원이 제안한 경우 통일주체국민회의에서 확정되므로 국민투표가 필수적 절차는 아니었다. ⑥ 국회의결과 국민투표를 모두 거쳐 개정된 헌법은 제6차·제9차 개정헌법이다. ⑦ 여야 합의로 개정된 헌법은 제3차·제9차 개정헌법이다.

인정 여부	법실증주의	켈젠은 부정, 긍정하는 옐리네크 등이 있음
	결단주의	긍정
	통합주의	긍정, 다만 헤벌레 부정
변천의 예	① 위헌법률심판: 미국은 변천으로, 독일과 우리나라는 헌법규정으로 인정 ② 변천 사례: 제1차 개정헌법 규정은 양원제였는데 단원제 운용, 제2차 개정헌법에서 군법회의가 도입되었는데 그 이전에 군사재판, 미국에서 대통령선거가 간선제이지만 직선제처럼 운용되는 것	
변천의 한계	① 헌법 흠결보충 ② 헌법해석의 한계는 변천의 한계이다.	

쟁점
009 헌법보호

01 헌법보호의 의의

보호대상	형식적 의미의 헌법 + 실질적 의미의 헌법
수호자	① 칼 슈미트: 대통령 ② 켈젠: 대통령, 의회, 헌법재판소 ③ 국민의 헌법에의 의지: 헌법보호제도의 한계가 있음
사전 헌법보호 방법	권력분립, 경성헌법, 공무원의 정치적 중립성, 방어적 민주주의
사후 헌법보호 방법	위헌법률심사, 탄핵, 위헌정당해산
비상시 헌법보호 방법	비상시 헌법수호자로서 대통령국가긴급권(긴급명령, 긴급재정경제처분, 긴급재정경제명령, 계엄), 국민의 저항권

02 국가긴급권

의의와 목적	① 국가비상사태에서 헌법을 수호하기 위한 수단 ② 헌법장애상태를 전제로 한 국가긴급권 발동은 긴급권의 남용으로 불법적인 행사이다. ③ 적극적 목적, 공공복리, 새로운 사회질서 확립을 위해 국가긴급권을 행사해서는 안된다.
연혁	① 계엄: 제헌헌법부터 현행헌법까지 규정되어 왔음 ② 긴급명령권: 제헌헌법에 규정 없었음 ③ 긴급조치권: 제7차, 비상조치권: 제8차 ④ 현행헌법에 규정된 국가긴급권: 계엄, 긴급재정경제처분·명령, 긴급명령
초헌법적 국가긴급권을 규정한 국가비상사태의 선포 및 해제를 규정한 특별조치법	① 헌법 제76조 및 제77조의 실체적 발동요건 중 어느 하나에도 해당하지 않는 것이므로, 헌법이 예정하지 아니한 '초헌법적인 국가긴급권'의 창설에 해당한다. ② 특별조치법 제정 당시 초헌법적 국가긴급권 창설을 예외적으로 정당화할 수 있을 정도의 극단적 위기상황이 존재하였다고 볼 수 없으므로, 특별조치법상의 대통령의 국가비상사태 선포권은 헌법이 요구하는 국가긴급권의 실체적 발동요건을 갖추지 못하였다. ③ 국회의 통제절차가 없어 민주적 사후통제절차를 규정하고 있지 아니하며, 이에 따라 임시적·잠정적 성격을 지녀야 할 국가비상사태의 선포가 장기간 유지되었다. 그렇다면 국가비상사태의 선포 및 해제를 규정한 특별조치법은 국가긴급권의 실체적 발동요건, 사후통제 절차, 시간적 한계에 위반되어 위헌이다.

요건	① 목적 요건: 적극적 목적, 공공복리, 새로운 사회질서 확립은 그 목적이 안 됨 ② 상황적 요건: 국가비상사태가 상황적 요건임. 국가긴급권은 비상사태가 발생한 후 사후적으로 행사해야 함. 긴급재정경제명령은 재정경제상의 위기가 현실적으로 발생한 후 이를 사후적으로 수습하여 헌법질서를 유지를 위해서 발동되어야 하지 재정경제상 위기가 발생하기 전에 사전적으로 행사할 수 없음
통제	① 사전적 통제: 국무회의심의와 부서 ② 국회통제: 긴급명령과 긴급재정경제명령 사후 국회의 승인을 요하고 계엄의 경우 국회의 해제 요구 ③ 긴급조치: 대법원과 헌법재판소 모두 사법심사의 대상 인정 ④ 계엄선포의 당부당은 사법심사에서 배제하고 국헌문란행위는 사법심사의 대상으 로 한다. ⑤ 긴급재정경제명령은 헌법소원의 대상이 된다. ⑥ 국가긴급권의 과잉행사에 대해 국민의 저항권 인정

03 저항권

의의	① 기본권의 보호를 위해 저항권을 헌법에 규정해 두는 것이 이상적이라는 것이 통설 이다.(✕) ➡ 저항권은 법 규정에 없어도 인정된다. ② 헌법보호수단, 기본권			
저항권 인정 여부 학설	① 저항권 긍정: 가톨릭, 맹자, 로크 ② 저항권 부정: 루터, 칼뱅, 칸트, 홉스, 법실증주의			
저항권과 불복종	저항권	헌법의 기본질서 부정	폭력 ○	보충성 ○
	불복종	단순정의 위반	폭력 ✕	보충성 ✕
저항권과 혁명	저항권은 기존의 헌법질서 회복, 혁명은 기존 법질서 파괴와 새로운 헌법질서 회복			
우리나라의 저항권	① 헌법명문규정(✕) ② 전문의 4·19 이념계승, 제10조, 제37조 제1항을 근거로 한다. ③ 대법원 판례: 저항권이 비록 존재한다고 인정하더라도 그 저항권이 실정법에 근거 를 두지 못하고 자연법에만 근거하고 있는 한, 법관은 이를 재판규범으로 원용할 수 없음 ④ 선거법 위반의 낙선운동은 정당행위 또는 긴급피난의 요건을 갖춘 행위로 볼 수는 없다. ⑤ 헌법재판소 판례: 헌법보호수단으로서 저항권을 간접적으로 인정함. 저항권은 헌법 의 기본질서가 침해된 경우에만 행사될 수 있으나 입법과정의 하자는 저항권 행사 의 대상이 아님			
요건과 한계	① 주체: 법인, 정당, 외국인(○), 국가나 지자체(✕) ② 기존 위헌정권 물러나게 하여 민주적 기본질서 회복(○), 집권이라는 적극적 목적 (✕), 사회 경제적 개혁을 목적(✕)			

04 방어적 민주주의

연혁	① 2차 세계대전 후 입법(1949년) ➡ 우리나라(1960년 헌법) ② 최초 판결: 사회주의 국가당 판결
본질	① 민주주의의 적에 대한 관용한계(O), 관용지향(✕) ② 방어적 민주주의는 가치상대적 민주주의 정신에 입각한 이념들의 경쟁관계를 이론적 근거로 하고 있다.(✕)

상대적 민주주의와 비교	구분	방어적 민주주의	상대적 민주주의
	가치와의 관련성	가치지향적 민주주의	가치중립적 민주주의
	이념과 가치 전제 여부	민주주의 이념과 가치를 전제로 함	전제로 하지 않음
	다수결에 의한 민주주의 이념배제 가능 여부	✕	O

수단	위헌정당해산제, 기본권 실효제(우리나라 도입 ✕)
한계	방어적 민주주의 소극적·방어적 행사(O), 적극적·공격적 행사(✕)
우리나라 수용	① 독일기본법(1949년) ➡ 제헌헌법(✕), 제3차 개정헌법(O) ② 진보당해산: 위헌정당 해산절차(✕), 공보실장명령(O) ③ 대법원·헌법재판소: 방어적 민주주의 인정 ④ 최근 헌법재판소는 통합진보당을 위헌정당으로 보아 해산결정한 바 있다.

해커스공무원 학원·인강

gosi.Hackers.com

제2편

대한민국헌법총론

제헌헌법 1948년	① 국민투표 없이 제헌의회의 결정으로 제정되었다. ② 대통령, 부통령: 국회 간선 ③ 부통령과 총리 모두 규정 ④ 단원제 ⑤ 이익분배균점권: 제5차 개정헌법에서 삭제됨 ⑥ 일반적 법률유보(O), 자유권의 개별적 법률유보(O) ⑦ 제헌헌법에 없었던 것: 정당조항, 통일조항, 국민투표, 대통령 직선제, 감사원, 시장경제질서
제1차 개정헌법 (발췌개헌, 공고절차 생략, 폭력적인 수단) 1952년	① 대통령 직선제 ② 양원제(제1차 개정헌법~제4차 개정헌법) ③ 연대적 불신임제도 ☑ 제1차: 불신임결의 ➡ 제5차: 해임건의 ➡ 제7차·제8차: 해임의결 ➡ 현행: 해임건의
제2차 개정헌법 (정족수 미달, 사사오입) 1954년	① 초대대통령에 한해 중임제한 적용배제 ② 대통령 궐위시: 부통령 지위승계 ③ 국민발안(제2차~제6차) ④ 헌법개정의 한계조항(제2차~제4차) ⑤ 국민투표 최초 규정: 국회의결 ➡ 국민투표 ⑥ 총리제 폐지 ⑦ 최초로 자유시장 경제질서 ⑧ 개별적 불신임
제3차 개정헌법 (제2공화국) 1960년	① 일반적 법률유보 유지하고 본질적 내용 침해 금지 추가(3 - 7 - 8) ② 자유권의 개별적 법률유보 삭제 ③ 언론·출판과 집회·결사의 허가·검열 금지(3 - 7 - 9) ⟺ 언론·출판의 자유(제헌) ④ 중앙선관위 [비교》] 각급 선관위 제5차 개정 ⑤ 공무원의 신분보장과 정치적 중립성(제7조 제2항) ⑥ 대법원장과 대법관, 선거제 ⑦ 헌법재판소, 위헌정당해산과 권한쟁의 심판 최초
제4차 개정헌법 1960년	부칙에 반민주행위자에 대한 가중 처벌에 대한 헌법상 근거 규정을 두었다.
제5차 개정헌법 (제3공화국) 1962년	① 존엄성 규정, 직업의 자유, 인간다운 생활을 할 권리, 종교의 자유와 양심의 자유 분리규정, 고문금지 및 자백의 증거능력 제한 ② 헌법개정절차의 국민투표(제130조) ③ 법원의 위헌법률심사권과 위헌정당해산권, 탄핵심판은 탄핵심판위원회 ④ 정당국가적 조항: 무소속 입후보 금지, 당적 변경과 정당해산시 의원직 상실 ⑤ 감사원 최초 규정: 제1·제2공화국 헌법에는 심계원이 있었음 ⑥ 다시 국회 단원제로 변경 ⑦ 국무회의: 심의기관, 제1·제2공화국 헌법에서는 의결기관이었음

제6차 개정헌법 1969년	① 대통령의 연임을 3기로 한정 ② 대통령의 탄핵소추 발의와 의결정족수 가중
제7차 개정헌법 (제4공화국, 유신헌법) 1972년	① 검열금지 삭제, 적부심사 폐지, 이중배상금지(제29조 제2항) ② 제37조 제2항: 국가안전보장 추가, 본질적 내용 침해금지원칙 삭제 ③ 통일주체국민회의: 국회의원 정수 3분의 1 선출권, 대통령 선출권 ④ 대통령: 통일주체국민회의에서 간선, 국회의원 3분의 1 추천권, 법관임명권, 국회해산권 ⑤ 법관파면사유: 징계 ⑥ 국정감사 폐지: 제헌 최초 – 제7차 폐지 – 제9차 재규정
제8차 개정헌법 (제5공화국) 1980년	① 기본권 최초 규정: 행복추구권(제10조), 연좌제금지(제13조), 사생활의 비밀과 자유(제17조), 환경권(제35조), 적정임금(제32조), 무죄추정(제27조 제4항) ② 적부심사제 재규정(제헌 – 7 – 8) ③ 국정조사권 신설 ④ 정당에 대한 국고보조(제8조 제3항) ⑤ 대통령: 선거인단 선출
제9차 개정헌법 1987년	① 임시정부 법통계승 최초 규정 ② 적법절차, 체포·구속시 이유고지 및 가족통지제도 ③ 재판절차진술권(제27조 제5항) ④ 범죄피해자 구조청구권(제30조) ⑤ 최저임금(제32조) ⇔ 적정임금(제8차) ⑥ 제110조 제4항 단서 사형선고 단심금지 ⇔ 제110조 제4항 비상계엄하 군사재판 단심(1962년 헌법) ⑦ 형사피의자 형사보상청구권 ☑ 형사피고인의 형사보상청구권: 제헌헌법

쟁점
011 대한민국의 국가형태와 구성요소

민주공화국	입헌군주제(✕), 헌법개정의 한계
로크와 홉스	① 홉스: 성악설, 만인의 만인 투쟁, 복종계약, 계약취소 불가, 저항권 부정 ② 로크: 성선설, 평화, 위임계약, 계약취소 가능, 저항권 인정
루소	① 동일성 민주주의, 직접민주주의 ② 명령·기속위임, 국민소환 ➡ 대표관계 부정, 대리인 ③ 치자 = 피치자 ④ 권력분립에 대해 부정적

연방국가와 국가연합의 비교	구분	연방국가	국가연합
	통합형식	헌법에 의한 영구적 결합	조약에 의한 잠정적 결합
	국제법의 주체와 국제법적 책임의 주체	연방정부	구성국

단일국가와 연방국가의 비교	구분	단일국가	연방국가
	권력통제	지방자치단체와 중앙정부는 수직적 권력관계이므로 수직적 권력통제	수직적 권력통제 + 수평적 권력통제
	사법권	지방자치단체는 사법권을 가지지 못함	지방국은 사법권을 가짐

주권의 한계	긍정설, 우리 헌법 주권 제약인정
군주주권과 국가주권	군주주권(장 보댕), 국가주권(법실증주의)

	구분	Nation주권	Peuple주권
Nation주권과 Peuple주권	주권자	이념적·추상적 국민	유권자의 총체로서 인민
	국민주권실현방법	대의제	직접민주제
	위임의 성격	자유위임, 무기속위임 ➡ 면책특권, 임기보장	명령위임, 기속위임 ➡ 국민소환
	주권의 주체와 행사자	분리	분리되지 않음 / 주체(피치자) = 행사자(치자)
	권력분립 / 권력집중	권력분립, 제한정치	권력집중, 제한정치 반대
	선거의 성격	기능, 의무	권리
	선거제도	제한선거, 차등선거	보통선거, 평등선거

형식적 국민주권	① 국민을 전체국민으로서 추상적·형식적 국민으로 본다. ② 주권자인 국민이 국가의 최고의사결정권을 행사할 수 있는지 의문이다. ③ 선거라는 절차를 거쳐 선임된 국민대표의 어떤 의사결정이 바로 전체국민의 의사결정인 양 법적으로 의제된다. ④ 대표자의 의사결정이 국민의 뜻에 반하더라도 법적 항변을 할 수 있는 실질적인 수단이 없다. ⑤ 대혁명 후의 의회를 지배한 시민대표들이 실질적 국민주권론이 자기들의 기득권에 위협을 줄 것을 두려워하여 형식적 국민주권론을 내세웠다. ⑥ 재산소유 정도에 따른 제한선거, 차등선거 ⑦ 시민의 대표가 전권을 가지고 독점하는 순수대표제
실질적 국민주권	① 장 자크 루소가 창시자 ② 프랑스 혁명을 성공시킨 가장 큰 계기 ⇔ 다만, 프랑스 혁명 후는 형식적 국민주권 ③ 국민이 실제에 있어서 현실적으로 국가의 최고 의사를 결정함으로써 실질적으로 주인 역할을 해야 된다는 실질적 생활용 국민주권 이론이다. ④ 보통선거, 자유선거제도 ⑤ 반(半)대표제, 반(半)직접 민주주의 ⑥ 과다한 기탁금액 ➡ 실질적 국민주권 침해

01 국적

1. 국적은 성문의 법령을 통해서가 아니라 국가의 생성과 더불어 존재한다.

2. 국적은 국가의 생성과 더불어 발생하고 국가의 소멸은 바로 국적의 상실 사유이다.

3. 헌법 제2조는 대한민국 국적의 '취득'뿐만 아니라 국적의 유지, 상실을 둘러싼 전반적인 법률관계를 법률에 규정하도록 위임하고 있다.

4. 일반적으로 외국인인 개인이 특정한 국가의 국적을 선택할 권리가 자연권으로서 또는 우리 헌법상 당연히 인정된다고는 할 수 없다고 할 것이다.

5. 외국인이 복수국적을 누릴 자유가 우리 헌법상 행복추구권에 의하여 보호되는 기본권이라고 보기 어렵다.

02 출생에 의한 국적 취득

출생에 의한 국적 취득	① 출생과 동시 국적 취득 　㉠ 출생한 당시에 부 또는 모가 대한민국의 국민인 자 　㉡ 출생하기 전에 부가 사망한 경우에는 그 사망 당시에 부가 대한민국의 국민이었던 자 　㉢ 부모가 모두 분명하지 아니한 경우나 국적이 없는 경우에는 대한민국에서 출생한 자 ② 속인주의, 부모양계혈통주의, 보충적으로 속지주의 ③ 기아 　㉠ 대한민국에서 출생한 것으로 추정(O), 간주(×) 　㉡ 대한민국에서 발견된 기아는 법무부장관이 대한민국 국적의 취득 또는 보유 여부에 대하여 이를 심사한 후 국적을 판정한다.(×)
판례	① 부계혈통주의: 평등원칙 위반, 재량권 일탈남용심사가 아니라 비례심사 ② 부계 ➡ 부모양계 　㉠ 1998.6.13. 전 10년 안에 모를 외국인으로 하여 출생한 자에 한해 국적취득신고: 헌법불합치 결정 　㉡ 법시행 후 1978.6.14.부터 1998.6.13. 사이에 태어난 모계출생자가 2004.12.31.까지 국적취득신고를 한 경우에만 대한민국 국적을 취득하도록 한 국적법 조항: 합헌 ③ 대한민국 국민으로 태어난 아동은 태어난 즉시 '출생등록될 권리'를 가진다. 이러한 권리는 법률로써도 이를 제한하거나 침해할 수 없다.

03 인지 신고에 의한 국적 취득

인지에 의한 국적 취득	① 인지 요건: 대한민국의 민법상 미성년일 것 ② 신고한 때 국적 취득

04 귀화허가를 통한 국적 취득

귀화에 의한 국적 취득	① 귀화허가 여부는 법무부장관의 재량 ② 대한민국 국적을 취득한 사실이 없는 외국인: 귀화허가 ☑ 대한민국 국민이었던 외국인은 국적회복허가 ③ 국적취득 시점: 귀화증서를 수여받은 때
일반귀화	주소 5년, 성년

간이귀화	① 주소 3년, 성년
	② 간이귀화 대상자: 부 또는 모가 국민이었던 자 또는 대한민국에서 출생한 사람으로서 부 또는 모가 대한민국에서 출생한 사람 또는 대한민국 국민의 양자(養子)로서 입양 당시 대한민국의 민법상 성년이었던 사람
	③ 혼인에 의한 국적취득
	  ㉠ 간이귀화
	  ㉡ 혼인 + 국내주소 2년
	  ㉢ 혼인 3년 + 국내주소 1년
	  ㉣ 대한민국 국민인 배우자와 혼인한 상태로 대한민국에 주소를 두고 있던 중 배우자가 사망한 경우 또는 이혼한 경우 잔여기간을 채우고 국적취득 가능

특별귀화	① 주소는 있어야 한다. 품행단정, 국어 등 이해를 요건으로 하나 성년·미성년 모두 가능하다.
	② 대상자
	  ㉠ 대한민국에 특별한 공로가 있는 외국인은 품행이 단정할 것이라는 요건과 국어능력요건은 필요함
	  ㉡ 과학·경제·문화 등 특정분야에서 우수한 능력을 보유한 자로서 대한민국의 국익에 기여할 것으로 인정되는 자

05 수반 취득

수반 취득	① 요건: 대한민국 민법상 미성년인 자 + 국적취득 신청 + 부 또는 모의 귀화허가 ② 부부국적 동일주의 폐지

06 국적회복

국적회복	① 대한민국의 국민이었던 외국인은 법무부장관의 국적회복허가를 받아 대한민국 국적을 취득할 수 있다. ② 병역을 기피할 목적으로 대한민국 국적을 상실한 자 또는 품행이 단정하지 못한 자에 대해서는 국적회복을 허가하지 아니한다. ③ 주소요건(✕)

구분	귀화허가	국적회복허가
대상자	대한민국 국적을 취득한 적이 없는 외국인	대한민국 국민이었던 외국인
요건	일정한 요건을 갖춘 사람에게만 허가	일정한 사유에 해당하는 사람에 대해서만 국적회복을 허가하지 아니함
공통점	후천적 국적 취득	

07 외국인 국적 취득 절차

외국인 국적 취득 절차	① 외국인 ➡ 국적 취득 ➡ 1년 내 외국국적 포기 또는 서약 ➡ 안 한 경우, 대한민국 국적 상실 ➡ 1년 내 외국국적 포기 ➡ 재취득 신고, 국적 취득 ② 대한민국의 민법상 성년이 되기 전에 외국인에게 입양된 후 외국 국적을 취득하고 외국에서 계속 거주하다가 국적회복허가를 받은 자는 외국국적을 행사하지 않겠다고 서약하여야 한다.

08 복수국적자

처우	① 대한민국의 법령 적용에서 대한민국 국민으로만 처우한다. ② 중앙행정기관의 장이 복수국적자를 외국인과 동일하게 처우하는 내용으로 법령을 제정 또는 개정하려는 경우에는 미리 법무부장관과 협의하여야 한다.

09 복수국적자의 국적선택

국적선택의 자유	① 국적을 선택할 권리: 자연법적 권리 또는 헌법상 권리로서 인정되는 것은 아니다. ② 중국국적 동포가 국적을 선택할 기회를 보장할 입법의무는 발생하지 않는다. ③ 외국인이 복수국적을 누릴 자유는 행복추구권에서 보호되지 않는다. ④ 국적: 국가와 동시에(○), 성문법령에 의해서(✕) 취득하고 국가의 소멸로 상실한다.

국적선택기간 (국적법 제12조)	대상	선택시기	절차
	만 20세 되기 전 복수국적자	만 22세까지 국적선택	➡ If 기간 내 선택 ✕
	만 20세 이후 복수국적자	2년 내 선택	⬇ 법무부장관 선택명령
	직계존속이 외국에서 영주할 목적 없이 체류한 상태에서 출생한 자	병역의무이행 ➡ 2년 내 국적선택	⬇ If 선택 ✕
	병역준비역에 편입된 자	3개월 내 선택 (헌법불합치)	⬇ 기간 경과 후 대한민국 국적상실

병역준비역에 편입된 자가 3개월 내 국적이탈신고를 못한 경우 (국적법 제14조의2)	다음의 경우 법무부장관에게 대한민국 국적의 이탈 허가를 신청할 수 있다. ① 외국에서 출생한 사람(직계존속이 외국에서 영주할 목적 없이 체류한 상태에서 출생한 사람은 제외)으로서 출생 이후 계속하여 외국에 주된 생활의 근거를 두고 있는 사람 ② 6세 미만의 아동일 때 외국으로 이주한 이후 계속하여 외국에 주된 생활의 근거를 두고 있는 사람 ③ 병역준비역에 편입된 때부터 3개월 이내에 국적이탈을 신고하지 못한 정당한 사유가 있을 것
대한민국 국적선택 절차 (국적법 제13조)	① 국적법 제12조 기간 내: 외국국적 포기하거나 외국국적을 행사하지 않겠다는 서약하고 대한민국 국적선택 신고 ② 국적법 제12조 기간 경과한 때: 외국국적 포기한 경우에만 대한민국 국적선택 신고 ③ 직계존속이 외국에서 영주할 목적없이 체류한 상태에서 출생한 자: 외국국적 포기한 경우에만 대한민국 국적선택 신고
국적이탈신고 (국적법 제14조)	① 국적이탈의 자유: 헌법 제14조 거주·이전의 자유에서 보호된다. ② 외국국적을 선택하려는 자는 외국에 주소가 있는 경우에만 주소지 관할 재외공관의 장을 거쳐 법무부장관에게 대한민국 국적을 이탈한다는 뜻을 신고할 수 있다. ③ 국적이탈신고는 수리한 때 효력 발생

10 국적상실

외국국적 취득에 따른 국적상실 (국적법 제15조)	① 자진하여 외국국적 취득한 자 외국국적 취득한 때 국적상실 ② 혼인·입양 등에 의하여 외국국적취득 ➡ 법무부장관에게 6월 내 신고하면 국적유지, 신고하지 않으면 소급하여 국적상실 ③ 국적상실사유가 아닌 것: 혼인으로 국적을 취득한 자가 이혼한 경우, 외국 영주권 취득, 북한 공민증 발급
국적상실결정	출생에 의한 국적취득자에 대하여 국적상실결정을 할 수 없다.
국적상실자의 권리변동	양도할 수 있는 것은 3년 내에 대한민국 국민에게 양도

11 국적법 판례

헌법 위반인 것	① 부계혈통주의 조항: 평등원칙 위반 ② 병역준비역에 편입된 자는 편입된 때부터 3개월 이내에 하나의 국적을 선택하도록 한 국적법 제12조와 국적이탈신고를 하도록 한 제14조: 국적이탈의 자유 침해, 헌법불합치결정(2020.9.24, 2016헌마889) ③ 구법상 부가 외국인이기 때문에 대한민국 국적을 취득할 수 없었던 한국인 모의 자녀 중에서 신법(부모양계혈통주의조항) 시행 전 10년 동안에 태어난 자에게만 대한민국 국적을 취득하도록 하는 경과규정: 평등권 침해

| 헌법 위반 아닌 것 | ① 1978.6.14.부터 1998.6.13. 사이에 태어난 모계출생자가 대한민국 국적을 취득할 수 있도록 특례를 두면서 2004.12.31.까지 국적취득신고를 한 경우에만 대한민국 국적을 취득하도록 한 국적법 조항
② 거짓이나 그 밖의 부정한 방법으로 귀화허가나 국적회복허가 또는 국적보유판정을 받은 자에 대하여 그 허가 또는 판정을 취소할 수 있도록 한 국적법
③ 외국국적을 가지고 있는 사람은 법률이 정하고 있는 예외사유에 해당하는 경우를 제외하고는 대한민국 국적을 취득한 날부터 1년 이내에 그 외국 국적을 포기하여야 하도록 한 국적법
④ 귀화요건으로 '품행이 단정할 것'
⑤ 자진하여 외국국적 취득한 자, 국적상실 |

12 재외국민 보호

재외국민 보호	① 재외동포: 재외국민 + 외국국적 동포 ② 재외국민등록제: 90일 이상 외국에 체류하는 국민등록제 ③ 헌법: 재외국민 보호조항, 재외국민 보호는 헌법상 의무임
헌법 위반인 것	① 주민등록을 요건으로 재외국민의 국정선거권, 피선거권, 국민투표권, 주민투표권을 제한하는 것 ② 국외 거주자에 대해서는 부재자투표를 인정하지 않은 공직선거법 조항 ③ 대한민국 국적을 가지고 있는 영유아 중에서 재외국민인 영유아를 보육료·양육수당의 지원대상에서 제외한 것 ④ 재외동포법이 대한민국 수립 이후의 재외동포에 한하여 그 보호대상으로 한 것
헌법 위반 아닌 것	① 헌법 제2조 재외국민의 보호조항은 국가로 하여금 특정한 협약에 가입하거나 조약을 체결하여야 하는 위법위임을 한 취지라고 할 수 없다. ② 국내 비거주자에 대해 상속세 부과에 있어 인적공제 제외 ③ 재외국민과 달리 외국국적 동포에 대한 부동산실명법 적용배제 ④ 개발도상국 등에 파견된 국제협력요원이 사망한 경우 국가유공자예우법의 적용을 배제한 것 ⑤ 1980년 해직된 공무원 중 이민간 이후 보상 배제 ⑥ 대한민국 국적을 가지지 아니한 사람을 위로금 지급대상에서 제외한 국외강제동원자지원법

영역	① 헌법규정: 영토(○), 영해(×) ② 영해: 12해리, 대한해협 3해리, 영해에서 당국의 허가 없이 무해통항할 수 있음. 외국의 군함 또는 비상업용 정부선박이 영해를 통항하려는 경우에는 관계 당국에 미리 알려야 함 ③ 접속수역: 영해 제외 24해리 ④ 배타적 경제수역: 200해리 ⑤ 주한일본대사관을 대상으로 항의집회하는 것은 영토권행사가 아니므로 외교기관 100미터 이내 옥외집회금지 자체가 영토권을 침해한다고 할 수 없다.
외국환거래 신고 관련 판례	① 주한대사관 대상 항의집회: 영토권에 해당하지 않는다. ② 허가 또는 신고받지 아니한 외국환 거래를 처벌하는 것은 명확성원칙에 위배되지 않는다. ③ 개별법률의 적용에 있어서 북한지역을 외국에 준하는 지역으로, 북한주민을 외국인에 준하는 지위에 있는 자로 규정할 수 있다. ④ 외국환거래에 있어 북한주민을 거주자로 볼 것인지 비거주자로 볼 것인지 여부는 헌법 제3조의 영토조항과는 관련이 없다. ➡ 외국환, 국내비거주자에게 송금시 신고제: 합헌
한일어업협정 판례	① 한일어업협정: 헌소대상(○) ② 전문 3·1정신: 기본권(×) ③ 영토조항만을 근거로 헌소(×), 영토권: 기본권(○) ④ 어업에 종사하지 아니한 자: 자기관련성(×) ⑤ 독도를 중간수역으로 한 한일어업협정: 영토·배타적 경제수역을 결정하는 것은 아님. 헌법 위반 아님

헌법 전문	① 대한국민은 1948년 7월 12일 제정되고 8차에 걸쳐 개정된 헌법을 국민투표에 의하여 개정한다. ② 3·1운동(제헌헌법)으로 건립된 대한민국임시정부의 법통(현행헌법)과 불의에 항거한 4·19(제5차 개정 ➡ 제8차 삭제 ➡ 제9차 헌법)민주이념을 계승하고(제9차 최초) ③ 조국의 민주개혁과 평화적 통일(제7차 개정헌법) ④ 모든 사회적 폐습과 불의를 타파하며, ⑤ 자율과 조화를 바탕으로 자유민주적 기본질서 ⑥ 각인의 기회를 균등히 하고 … 자유와 권리에 따르는 책임과 의무를 완수하게 하여 ⑦ 항구적인 세계평화와 인류공영에 이바지함으로써 우리들과 우리들의 자손의 안전과 자유와 행복을 영원히 확보
전문에 규정되지 않은 것	① 권력분립 ② 민주공화국, 국가형태(제1조) ③ 5·16 혁명(제4공화국 헌법) ④ 침략전쟁 부인(제5조 제1항) ⑤ 자유민주적 기본질서에 입각한 평화적 통일정책(제4조) ⇔ 평화통일 규정 있음. 자유민주적 기본질서 규정 있음 ⑥ 국가의 전통문화계승발전과 민족문화창달의무(제9조) ⑦ 대한민국 영토(제3조) ⑧ 개인의 자유와 창의(제119조 제1항) ⑨ 인간의 존엄과 가치(제10조) ⑩ 법치주의 ⑪ 대통령에게 국가의 영속성과 헌법 준수할 의무(제66조 제2항)
전문과 공포문의 차이	성문헌법을 구성하는 일부분이 아니라 헌법 제정과 과정을 설명하는 공포문의 성격을 가진다.(×)
전문의 법적 성격	① 전문의 규범성: 우리 헌법재판소 긍정하나 법실증주의와 미연방대법원 부정 ② 헌법 전문의 규범성을 긍정하는 입장에 의하면 헌법 전문의 재판규범성이 당연히 인정된다.(×) ③ 헌법재판소: 전문의 재판규범 긍정, 전문에 위반되는 경우 헌법 위반(判) ④ 헌법 전문 개정: 제5·7·8·9차 개정헌법 ⑤ 전문으로부터 헌법상 원리 도출, 헌법원리: 구체적 기본권 도출의 근거(×), 법령해석 기준 + 기본권 제한 입법의 해석기준(○) ⑥ 전문으로부터 국민의 권리와 의무 도출(×)

판례	① 대한민국임시정부의 법통을 계승하는 부분에 위배된다는 점이 명예권이나 행복추구권의 침해 가능성 및 법적 관련성이 인정되지 아니한다. ② 헌법 전문 3·1운동 ➡ 국가, 독립유공자에게 예우를 할 의무(O), 기본권 도출(✕) ③ 국가에게 독립유공자와 그 유족에 대한 예우를 해 줄 헌법상 의무는 인정된다. 다만, 당사자가 주장하는 특정인을 독립유공자로 지정할 의무는 인정되지 않는다. ④ 일본군 위안부로 강제동원된 피해자들의 인간의 존엄과 가치를 회복할 의무는 대한민국임시정부 법통계승에서 도출되는 의무이다. ⑤ 대한민국 국적을 갖고 있지 않은 강제동원희생자 유족을 보상금 지급대상에서 제외하는 것은 헌법 전문에 위배되지 않는다.

01 국민주권

주권	① 주권, 가분성(×), 위임 불가 ② 국민주권주의 이념이 곧 사법권을 포함한 모든 권력을 국민이 직접 행사하여야 하고 이에 따라 모든 사건을 국민참여재판으로 할 것을 요구한다고 볼 수 없다. ③ 통일정신, 국민주권원리에 기하여 곧바로 국민의 개별적 기본권성을 도출해내기는 어려우며, 헌법 전문에 기재된 대한민국임시정부의 법통을 계승하는 부분에 위배된다는 점이 청구인들의 법적 지위에 현실적이고 구체적인 영향을 미친다고 볼 수도 없다. ④ 지역농협 임원 선거는 국민주권과 직접적인 관계가 없으므로 그 선거과정에서 표현의 자유를 상대적으로 폭넓게 제한하는 것이 허용된다. ⑤ 주민발안권의 인정 여부나 구체적 범위가 국민주권의 원리의 한 내용을 이루고 있다고는 볼 수 없다. ⑥ 법률에 의하여 직접민주제를 도입하는 경우에는 대의제의 본질적인 요소나 근본적인 취지를 부정하여서는 아니 된다. ⑦ 지방자치단체의 장과 지방의회는 중앙정부와 국회 사이의 구성 및 관여와는 다른 방법으로 국민주권·민주주의원리가 구현될 수 있다.
통치권	국민으로부터 나와서 국가기관 보유(○), 가분성(○), 위임 가능
국민주권 실현방식	① 대의제 민주주의원칙, 직접 민주주의 예외 ② 루소는 직접 민주주의 주창, 국가기관은 대표기관이 아니라 대리인에 불과 ③ 쉬에스는 국가기관의 대표기관 인정

02 대의제와 직접민주주의

대의제	직접 민주주의
쉬에스 / 미국의 메디슨	루소 / 미국의 제퍼슨
추정적 의사 우선	경험적 의사 우선
경험적 의사 ⇔ 추정적 의사 (치자, 피치자 구별)	경험적 의사 = 추정적 의사 (치자 = 피치자)
국민의 의사 대표 가능	국민의 의사 대표 × / 대리인
자유, 무기속위임 ➡ 면책	명령, 기속위임 ➡ 국민 소환

03 자유위임

자유위임	① 국회의원은 자유위임을 원칙으로 한다. ➔ 헌법에 명문규정은 없으나 헌법 제45조, 제46조 제2항을 근거로 한다. ② 국회의원은 정당에 법적으로 기속되지 않는다. ③ 자유위임은 의원이 정당과 교섭단체의 지시에 기속되는 것을 배제하는 근거가 되는 것은 아니다. ④ 정당은 국회의원을 사실상 강제할 수 있다. ⑤ 정당은 소속의원의 의원직을 상실케 할 수는 없으나, 제명하거나 상임위원직을 사·보임시킬 수 있다. 국회의원의 상임위원 사·보임은 허용되는 사실상 강제이므로 자유위임원칙에 반하지 않는다. ⑥ 자유위임과 정당기속이 충돌시 자유위임을 우선해야 한다. ⑦ 대의제와 정당국가적 민주주의가 충돌하는 경우 대의제를 우선해야 한다. ⑧ 지역구 의원인가 전국구 의원인가 등 의원직을 얻는 방식과 무관하게 국회의원의 자유위임적 지위는 인정된다. ⑨ 국회구성권: '국회구성권' 또는 국회 정당 간의 의석분포를 결정할 국민의 권리는 오늘날 이해되고 있는 대의제도의 본질에 반하는 것이어서 헌법상 인정될 여지가 없다.

04 정당기속과 자유위임

구분	정당기속(정당국가적 민주주의)	자유위임(대의제 민주주의)
경험적 의사 vs 추정적 의사	경험적 의사 중시	추정적 의사 중시
위헌정당해산결정	의원직 상실	의원직 유지
국회의원 탈당 시	의원직 상실 ➔ 공직선거법 제192조 제4항 : 비례대표의 정당기속 강조	의원직 유지

05 대의제 판례

대의제 판례	① 공직선거법 제192조 제4항이 도입되기 전 전국구 의원이 탈당한 경우 의원직을 상실하지 않는다. ➔ 궐원의원 발생(✕) ➔ 의석승계 결정할 의무(✕) ② 선거범죄로 당선이 무효로 된 때 비례대표 의석승계가 이루어지지 않도록 한 공직선거법은 대의제민주주의에 위반된다. ③ 180일 전 사퇴한 경우 비례대표 의석승계할 수 없도록 한 공직선거법은 대의제민주주의에 반한다.

06 우리 헌법

우리 헌법	① 대의제 채택, 직접민주주의 보완 ② 주민소환제는 대의제 민주주의에 위반되지는 않는다.

민주주의 유형	구분	동일성 민주주의	상대적 민주주의	방어적 민주주의
	민주주의 이념 강조	×	×	○
	국민의사 강조	○, 통일적 의사	○, 다양한 정치의사	×
	학자	루소, 칼 슈미트	켈젠	

민주주의 유형 특징	① 루소의 동일성 민주주의에 따르면 국가와 국민은 갈등구조를 가지나 다수결의 원리를 통하여 동일화되어 간다.(×) ② 켈젠은 상대적 민주주의를 주장하여 이념으로서의 민주주의를 강조한다.(×) ③ 상대적 민주주의는 다수결을 민주주의의 수단으로 보았다.(×)
다수결	① 민주주의에서 필연적 의사결정방법(×) ② 다수결로 결정할 수 없는 것: 국민주권, 자유, 평등, 소수자 존립, 객관적 진리
소수자 보호 제도인 것	① 헌법개정 의결정족수: 재적 3분의 2(경성헌법) ② 비례대표제 ③ 기본권조항(집회·결사의 자유, 종교·양심의 자유, 청원권 등) ④ 임시회 집회요구를 국회재적의원 4분의 1 이상의 찬성으로 할 수 있도록 한 것 ⑤ 추상적 규범통제 ⑥ 국회의원의 제명에 국회재적의원 3분의 2 이상의 찬성을 요구하는 것
소수자 보호 제도가 아닌 것	① 헌법개정안 국회발의 정족수를 재적 3분의 1에서 재적과반수로 가중한 것 ② 헌법개정안 국회의결 정족수를 재적 3분의 2에서 재적과반수로 완화하는 것 ③ 다수대표제, 소선거구제 ④ 봉쇄조항 ⑤ 일사부재의원칙

018 민주적 기본질서

개념	① 자유민주적 기본질서는 모든 폭력적 지배와 자의적 지배, 즉 일인독재 내지 일당독재를 배제하고 다수의 의사에 의한 국민의 자치·자유·평등의 기본원칙에 의한 법치국가적 통치질서이다. ② 우리 헌법 제8조 제4항이 의미하는 민주적 기본질서는, 개인의 자율적 이성을 신뢰하고 모든 정치적 견해들이 각각 상대적 진리성과 합리성을 지닌다고 전제하는 다원적 세계관에 입각한 것이다.
민주적 기본질서의 근거	① 방어적 민주주의에서 방어하고 하는 헌법질서이다. 이를 위반하는 정당은 위헌정당해산대상이 된다. ② 가치중립적 민주주의(✕), 가치상대적 민주주의(✕)
자유민주적 기본질서 내용인 것	① 기본권 존중 ② 권력분립 ③ 의회제도 ④ 복수정당제 ⑤ 선거제도 ⑥ 사유재산과 시장경제를 골간으로 하는 경제질서 ⑦ 사법권의 독립 ⑧ 국민주권 ⑨ 소수배려
자유민주적 기본질서 내용이 아닌 것	① 직업공무원제도 ② 대통령제 ③ 의원내각제

쟁점 019 법치주의

01 법치주의 의의

의의	① 법에 의한 통치 ② 우리 헌법: 법치주의 명문규정(✗)

02 행정입법과 포괄적 위임금지원칙

의의	헌법은 법률에 위임하고 법률은 대통령령, 총리령, 부령에 위임할 수 있다.
법률에서 국민의 권리와 의무사항을 고시에 위임할 수 있는지 여부	① 헌법은 대통령령, 총리령, 부령, 국회규칙, 대법원규칙, 헌법재판소규칙, 중앙선거관리위원회규칙을 규정하고 있다. 그래서 고시에 위임을 할 수 있는지가 문제가 된다. ② 헌법이 인정하고 있는 위임입법의 형식은 예시적인 것으로 보아야 할 것이다. 법령의 위임을 받아 국민의 권리·의무를 규율하는 행정규칙을 법령보충적 행정규칙이라 하는데 판례는 이를 인정하고 있다. ③ 기본권을 제한하는 내용인 기초연금법이 '선정기준액'을 법규명령이 아닌 보건복지부장관 고시에 위임할 수 있다. ④ 조세감면 또는 중과의 대상이 되는 업종의 분류를 통계청장이 고시하는 한국표준산업분류에 위임할 필요성이 인정된다. ⑤ 학교환경위생정화구역에서 청소년보호법이 금지하는 행위를 여성가족부장관의 고시에 위임하는 것은 위임입법의 형식을 갖추지 못하여 헌법에 위반했다고 할 수 없다.
포괄위임금지원칙	법률에서 대통령령 등에 규정할 사항을 예측할 수 있어야 한다. 예측이 안 되는 경우 포괄위임에 해당하면 헌법에 위반된다.
반드시 구체적 위임을 요하는 것	기관위임사무를 조례에 위임하는 경우, 형벌을 조례에 위임하는 경우, 대법원규칙에 위임하는 경우, 대통령령에 위임하는 경우, 총리령이나 부령에 위임하는 경우, 고시에 권리의무사항을 위임하는 경우
반드시 구체적 위임을 요하지 않는 것 (포괄위임 허용)	조례에 위임할 때, 자치법적 사항을 행정기관이 아닌 정관에 위임하는 경우

03 법률유보원칙

중요사항 유보설	① 오늘날 법률유보원칙은 단순히 행정작용이 법률에 근거를 두기만 하면 충분한 것이 아니라, 국가공동체와 그 구성원에게 기본적이고도 중요한 의미를 갖는 영역, 특히 국민의 기본권실현에 관련된 영역에 있어서는 행정에 맡길 것이 아니라 국민의 대표자인 입법자 스스로 그 본질적 사항에 대하여 결정하여야 한다는 요구까지 내포하는 것으로 이해하여야 한다. ② 법치주의의 한 내용인 법률유보의 원칙은 국민의 기본권 실현에 관련된 영역에 있어서 국가 행정권의 행사에 관하여 적용되는 것이지, 기본권규범과 관련 없는 경우에까지 준수되도록 요청되는 것은 아니다.
본질적 내용으로 인정된 것	① 텔레비전 수신료 금액 ② 중학교의무교육의 실시 여부와 연한 ③ 구 토지초과이득세법상의 기준시가 ④ 중과세대상이 되는 고급주택, 고급오락장 ⑤ 지방의회의원에 유급보좌인력을 두는 것
본질적 내용이 아닌 것	① 수신료징수업무를 한국방송공사가 할 것인지, 제3자에게 위탁할 것인지 여부 ② 중학교의무교육의 실시시기와 범위 ③ 법학전문대학원 총입학정원의 구체적인 수 ④ 국가유공자단체의 대의원선출에 대한 사항 ⑤ 주택법상 입주자대표회의의 구성원인 동별 대표자가 될 수 있는 자격 ⑥ 인구주택총조사의 조사항목 ⑦ 흡연이 금지되는 음식장 영업장 넓이: 법률로 정해야 할 본질적 사항이 아니므로 부령에 위임할 수 있다.
법률유보 위반	① "4·16 세월호참사에 관하여 어떠한 방법으로도 일체의 이의를 제기하지 않을 것임을 서약합니다."라는 내용이 기재된 배상금 등 동의 및 청구서를 제출하도록 규정한 세월호피해지원법 시행령 ② 행정사법 시행령 중 행정사의 수급상황을 조사하여 행정사 자격시험의 실시가 필요하다고 인정하는 때 시험실시계획을 수립하도록 한 부분 ③ 남대문 경찰서장이 두 개의 집회신고를 모두 반려 ④ 시각장애인에 한하여 안마사 자격인정을 받을 수 있도록 하는 안마사에 관한 규칙 ⑤ 방송위원회의 방송사에 대한 경고 ⑥ 금치기간 중 집필을 전면 금지한 행형법 시행령 ⑦ 가산점 항목에 관한 '2002학년도 대전광역시 공립중등학교 교사임용후보자 선정 경쟁시험 시행요강' 대전광역시 교육감의 공고 ⑧ 텔레비전방송수신료의 금액에 대하여 한국방송공사로 하여금 결정하도록 한 한국방송공사법 ⑨ 미결수용자의 면회횟수를 매주 2회로 제한하고 있는 군형행법 시행령규정 ⑩ 최루액과 물 혼합살수행위 ⑪ 고졸검정고시 또는 고등학교 입학자격 검정고시에 합격했던 자는 해당 검정고시에 다시 응시할 수 없도록 응시자격을 제한한 전라남도 교육청 공고 ⑫ 법률의 위임 없이 법률이 정하지 아니한 법외노조 통보를 규정한 노동조합 및 노동관계조정법 시행령 ⑬ 협회의 유권해석에 반하는 내용의 광고를 금지하는 변호사 광고에 관한 규정, 협회의 회규, 유권해석에 위반되는 행위를 목적 또는 수단으로 하여 행하는 법률상담 광고를 금지하는 변호사 광고에 관한 규정

과잉금지원칙 위반	① 교육부장관이 ○○대학교법학전문대학원의 2015학년도 및 2016학년도 신입생 각 1명의 모집을 정지하도록 한 행위 ② 운전면허를 받은 사람이 자동차 등을 이용하여 살인 또는 강간 등 행정안전부령이 정하는 범죄행위를 한 때 운전면허를 취소하도록 하는 구 도로교통법 ③ 직사살수행위 ☑ 경찰청장이 2009.6.3. 경찰버스들로 서울특별시 서울광장을 둘러싸 통행을 제지한 행위는 과잉금지원칙 위반임. 법률유보원칙 위반은 보충의견이었음
법률유보 위반은 아니고 합헌	① 교통사고로 사람을 사상한 후 필요한 조치를 하지 아니한 경우 운전면허를 취소 또는 정지시킬 수 있도록 한 구 도로교통법 ② 청원경찰 징계에 관한 사항은 본질적 사항이 아니므로 법률에 정하지 않았다고 하여 법률유보의 원칙에 위반된다 할 수 없다. ③ 유치원의 학교에 속하는 회계의 예산과목 구분을 정한 사학기관 재무·회계 규칙 ④ 사법시험의 제2차시험의 합격결정에 관하여 과락제도를 정하는 구 사법시험령의 규정 ⑤ 입주자대표회의의 구성에 필요한 사항을 대통령령에 위임하도록 한 구 주택법 ⑥ 변호사의 공공성이나 공정한 수임질서를 해치거나 소비자에게 피해를 줄 우려가 있는 광고 '참여 또는 협조하여서는 아니 된다'는 변호사 광고에 관한 규정 ⑦ '공정한 수임질서를 저해할 우려가 있는 무료 또는 부당한 염가' 법률상담 방식에 의한 광고를 금지하는 변호사 광고에 관한 규정

04 명확성원칙

1. 명확성의 원칙에서 명확성의 정도는 모든 법률에 있어서 동일한 정도로 요구되는 것은 아니다.

2. 규정될 사항이 다양한 사실관계일 때는 명확성 요건은 완화된다.

3. 기본적으로 최대한이 아닌 최소한의 명확성을 요구하는 것으로서, 법문언이 법관의 보충적인 가치판단을 통해서 그 의미내용을 확인할 수 있고, 그러한 보충적 해석이 해석자의 개인적인 취향에 따라 좌우될 가능성이 없다면 명확성원칙에 반한다고 할 수 없다.

4. 일반인이라도 법률전문가의 도움을 받아 무엇이 금지되는 것인지 여부에 관하여 예측하는 것이 가능한 정도면 된다.

5. 법규범의 문언을 순수하게 기술적 개념만으로 구성하는 것은 불가능하다.

6. 포괄위임금지원칙은 법률의 명확성원칙이 행정입법에 관하여 구체화된 특별규정이다.

05 신뢰보호

신뢰보호원칙	① 신뢰보호원칙은 헌법의 명문 규정은 없으나 법적 안정성의 주관적 측면은 신뢰보호원칙이다.
	② 구법질서가 더 이상 적절하지 아니하다는 입법자의 정책적인 판단에 의해 구법질서에서 누리던 신뢰가 손상되었다 하더라도 헌법적 한계를 넘는 위헌적인 공권력 행사라고는 평가할 수 없다.
	③ 지방소주제조업자는 신뢰보호를 근거로 하여 결코 자도소주구입명령제도의 합헌성을 주장하는 근거로 삼을 수는 없다 할 것이고, 주어진 경과기간이 너무 짧다거나 아니면 위헌적인 것이 아닌 다른 적절한 조치를 주장할 수 있을 뿐이다.
	④ 위헌인 국공립 사범대 우선 임용을 규정한 법률에 대한 신뢰에 대한 국가의 보호의무까지는 요청할 수 없다. 입법자가 위헌법률에 기초한 국공립 사범대 재학생과 졸업자의 신뢰이익을 보호하기 위한 법률을 제정할 작위의무가 있다고 볼 근거가 없다.
	⑤ 국민이 종전의 법률관계나 제도가 장래에도 지속될 것이라는 합리적인 신뢰를 바탕으로 이에 적응하여 일정한 법적 지위를 형성한 경우, 국가는 법적 안정성을 위하여 권리의무에 관련된 법규·제도의 개폐에 있어서 국민의 기대와 신뢰를 최대한 보호하여야 한다.
	⑥ 새로운 입법으로 달성하고자 하는 공익적 목적이 그러한 당사자의 신뢰의 파괴를 정당화할 수 없다면 그러한 새 입법은 신뢰보호의 원칙상 허용될 수 없다.
	⑦ 법률에 따른 개인의 행위가 단지 법률이 반사적으로 부여하는 기회의 활용을 넘어서 국가에 의하여 일정 방향으로 유인된 것이라면, 신뢰보호가 국가의 법률개정이익에 우선된다고 볼 여지가 있다.
	⑧ 법률의 개정은 예측할 수 있었다고 보아야 한다.
	⑨ 원칙적으로 현재의 세법이 변함없이 유지되리라고 기대하거나 신뢰할 수는 없다.
	⑩ 국민들의 국가의 공권력행사에 관하여 가지는 모든 기대 내지 신뢰가 절대적인 권리로서 보호되는 것은 아니다.
	⑪ 신뢰보호원칙은 법률이나 하위법규뿐만 아니라 국가관리의 입시제도와 같은 제도운영지침의 개폐에도 적용된다.
	⑫ 10년간 수용되어 있으면 가석방 적격심사 대상자로 선정될 수 있었던 구 형법 제72조 제1항에 대한 청구인의 신뢰를 헌법상 권리로 보호할 필요성이 있다고 할 수 없다.

06 법치주의와 다른 원리

체계정당성 원리	① 법치주의에서 도출
	② 체계정당성에 위반한다고 해서 곧 위헌이 되는 것은 아니다.
	③ 체계정당성의 위반을 정당화할 합리적인 사유의 존재에 대하여는 입법의 재량이 인정되어야 한다.
법치주의와 사회국가원리	상호보완(다수설)

법치주의와 관련이 없는 것	① 복수정당제 ② 다수결의 원리 ③ 정부형태(의원내각제, 대통령제) ④ 의회의 구성(양원제·단원제) ⑤ 민주적 정당성
법치주의에 위배되는 것	① 포괄적 위임입법 ② 행정소송상의 열기주의, 소급입법에 의한 처벌 ③ 행정소송의 행정기관 관할 ④ 절대적 부정기형
법치주의에 위배되지 않는 것	① 법률유보의 원칙 ② 간이재판 ③ 행정심판전치주의 ④ 행정소송의 개괄주의 ⑤ 조세법·교통위반자에 대한 통고처분
법치주의에서 도출	법적 안정성, 신뢰보호, 예측가능성, 명확성원칙

07 소급입법금지

헌법조항	① 헌법 제13조 제1항 형벌불소급(사후입법 절대금지) 　㉠ 소추가능성에만 연관될 뿐, 가벌성에는 영향을 미치지 않는 공소시효에 관한 　　규정은 원칙적으로 그 효력범위에 포함되지 않는다. 　㉡ 위치추적 전자장치 부착명령은 형벌과 구별되는 비형벌적 보안처분으로서 소 　　급효금지원칙이 적용되지 아니한다. 　㉢ 디엔에이신원확인정보의 수집·이용은 비형벌적 보안처분으로서 소급입법금 　　지원칙이 적용되지 않는다. ② 헌법 제13조 제2항 　㉠ 소급입법에 의한 참정권 제한과 재산권 박탈금지 　㉡ 진정소급입법은 금지하나, 부진정소급입법은 금지하지 않음 　㉢ 진정소급입법은 원칙금지, 예외허용
진정소급입법금지원칙	① 원칙: 금지 / 예외: 허용 ② 예외적으로 허용되는 사유 　㉠ 일반적으로 국민이 소급입법을 예상할 수 있었던 경우 　㉡ 법적 상태가 불확실하고 혼란스러워 보호할만한 신뢰이익이 적은 경우 　㉢ 소급입법에 의한 당사자의 손실이 없거나 아주 경미한 경우 　㉣ 신뢰보호의 요청에 우선하는 심히 중대한 공익상의 사유가 소급입법을 정당화 　　하는 경우 ③ 소급입법을 예상할 수 있었다는 사유만으로 소급입법을 허용하는 것은 소급입법 　금지원칙을 형해화시킬 수 있으므로 예외사유에 해당하는지 여부는 매우 엄격하 　게 판단하여야 한다.

진정소급입법이 아닌 것	① 법시행 이후 장래 이행기가 도래하는 퇴직연금 수급권의 내용을 변경하는 것은 진정소급입법에는 해당하지 아니한다. ② 보조금 지원을 받아 배출가스저감장치를 부착한 자동차소유자가 자동차 등록을 말소하려면 배출가스저감장치 등을 서울특별시장 등에게 반납하여야 한다고 규정한 '구 수도권 대기환경개선에 관한 특별법'(합헌) ③ 개발이익환수에 관한 법률 시행 전에 개발에 착수하였지만 아직 완료되지 않은 사업에 대해 개발부담금을 부과하는 경우 ④ 선불식 할부거래업자에게 개정 법률이 시행되기 전에 체결된 선불식 할부계약에 대하여도 소비자피해보상보험계약 등을 체결할 의무를 부과한 할부거래에 관한 법률 조항(합헌) ⑤ 종래 인정되던 관행어업권에 대한 2년 내의 등록의무 조치 ⑥ 기존에 총포의 소지허가를 받은 자는 총포·도검·화약류 등의 안전관리에 관한 법률 제14조의2의 개정규정에 따라 이 법 시행일부터 1개월 이내에 허가관청이 지정하는 곳에 총포와 그 실탄 또는 공포탄을 보관하여야 하도록 한 부칙조항 ⑦ 3개월의 유예기간을 두고 담배자동판매기설치를 금지한 경우
진정소급입법 헌법 위반인 것	① 언론중재법 시행 전의 언론보도로 인한 정정보도청구에 대하여도 언론중재법을 적용하도록 규정한 언론중재법 부칙 ② 부당환급받은 세액을 징수하는 근거규정인 개정조항을 개정된 법 시행 후 최초로 환급세액을 징수하는 부분부터 적용하도록 규정한 법인세법 ③ 새로운 입법으로 과거에 소급하여 과세하는 것뿐 아니라 이미 납세의무가 존재하는 경우에 소급하여 중과세하는 것도 소급입법금지원칙에 위반된다. ④ 공무원이 과실로 인한 경우를 제외하고 재직 중의 사유로 금고 이상의 형이 선고된 경우 퇴직급여를 감액하도록 규정한 공무원연금법을 2009.12.31. 개정하면서 2009.1.1.까지 소급적용 ⑤ 2005.5.26. 주택법 개정 전에 사용검사 또는 사용승인을 얻은 공동주택의 담보책임 및 하자보수에 관하여 주택법 제46조의 하자담보책임을 적용하도록 한 주택법 부칙 제3항
진정소급입법이나 합헌인 것	① 친일재산을 그 취득·증여 등 원인행위시에 국가의 소유로 하도록 규정한 친일재산귀속법 ② 재산이 국가에 귀속되는 대상이 되는 친일반민족행위자 가운데 '한일합병의 공으로 작위를 받거나 계승한 자'를 '일제로부터 작위를 받거나 계승한 자'로 개정한 친일재산귀속법 ③ 5·18민주화운동 등에 관한 특별법 제2조 ➡ 공소시효가 완성된 이후 공소시효를 연장하는 법률 ④ 1945.8.9. 이후 성립된 거래를 전부 무효로 한 재조선미국육군사령부군정청 법령 제2호 제4조 본문과 1945.8.9. 이후 일본 국민이 소유하거나 관리하는 재산을 1945.9.25.자로 전부 미군정청이 취득하도록 정한 재조선미국육군사령부군정청 (2021.1.28, 2018헌바88)
부진정소급입법의 허용 여부	① 특단의 사정이 없는 한 새 입법을 하면서 구법관계 내지 구법상의 기대이익을 존중하여야 할 의무가 발생하지는 않는다. ② 부진정소급입법은 헌법 제13조 제2항이 금지하는 것은 아니다. 그러나 이익형량을 통해 소급입법이 실현하려는 공익보다 제한되는 신뢰보호의 가치가 더 큰 경우에는 신뢰보호원칙에 위반되어 허용되지 않는다.

부진정소급입법의 허용 여부	③ 부진정소급입법은 원칙적으로 허용되지만 소급효를 요구하는 공익상의 사유와 신뢰보호의 요청 사이의 교량과정에서 신뢰보호의 관점이 입법자의 형성권에 제한을 가하게 된다. ④ 구법에 대한 신뢰는 반드시 보호되어야 한다.(✕) 반드시 경과규정을 두어야 한다. (✕) ⑤ 군인의 퇴역연금급여액의 산정기초를 종전의 '퇴직 당시의 보수월액'에서 '최종 3년간 평균보수월액'은 부진정소급입법이므로 소급입법금지의 원칙문제가 아니라 신뢰보호의 원칙에 위배되는 것인지 여부가 문제될 뿐이다. ⑥ 부진정소급입법의 경우, 신뢰보호의 원칙에 대한 심사는 장래입법의 경우보다 일반적으로 더 강화되어야 한다.

08 시혜적 소급입법

시혜적 소급입법	① 소급입법금지원칙으로부터 시혜적인 소급입법을 제정해야 할 의무가 있는지 여부: 부정 ② 시혜적인 소급입법의 여부는 그 일차적인 판단이 입법기관에 맡겨져 있다. ③ 시혜적 조치를 할 것인가를 결정함에 있어서는 국민의 권리를 제한하거나 새로운 의무를 부과하는 경우와는 달리 입법자에게 보다 광범위한 입법형성의 자유가 인정된다. ④ 침익적 법을 소급적용한 경우 엄격하게 위헌심사를 하나 시혜적 법의 소급입법에 대해서는 다른 심사기준이 적용된다. ⑤ 시혜적 소급입법도 평등원칙에 위반되어 헌법에 위반될 수 있다. ⑥ 소방공무원의 업무수행을 위한 긴급한 출동·복귀 및 부수활동 중 위해에 의하여 사망한 경우까지 그 유족에게 순직공무원으로 보상하도록 한 개정 공무원연금법 조항을 소급적용하지 않았다 하더라도 입법재량의 범위를 벗어난 것은 아니다. ⑦ 일반공무원으로 재직한 경력까지 합산하여 군인연금을 지급하는 내용의 개정 군인연금법을 소급적용하지 않는 것은 평등원칙에 위반된다고 할 수 없다.

09 경과규정과 신뢰보호

신뢰보호 위반인 것	① 택지소유상한에 관한 법률 시행 이전 택지를 소유하고 있는 사람에게 일률적으로 택지소유상한제를 적용하는 것 ② 2013.1.1.부터 판사임용자격에 일정 기간 법조경력을 요구하는 법원조직법은 법 개정 당시 사법연수원에 입소한 연수원생들의 신뢰를 침해한다. ③ 토양오염관리대상시설을 양수한 자 및 합병, 상속 그 밖의 사유로 권리·의무를 포괄적으로 승계한 자를 오염원인자로 하여 손해배상 및 토양정화책임을 부여하는 것은 2002년 1월 1일 전에 토지를 양수한 자(과실이 없는 자)의 신뢰를 침해한다. 〔비교〕 토지환경보전법 시행(2002.1.1.) 이후 토양오염시설을 인수한 자에 대해 토양정화책임을 인정하는 법은 신뢰보호원칙에 위배되지 않는다. ④ 밴형화물자동차의 정원을 3인으로 제한한 화물자동차 운송사업 시행규칙 제3조 ☑ 밴형화물자동차의 정원을 3인으로 제한한 화물자동차 운송사업 시행규칙 시행 이후 자동차의 증차나 교체를 하는 운송자의 신뢰보호 위반은 아니다.

	⑤ 기존 국세관련 경력공무원 중 일부에게만 구법 규정을 적용하여 세무사자격이 부여되도록 규정한 위 세무사법 부칙은 신뢰보호 위반이고 평등원칙에 반한다. ☑ **시험합격한 자에 한해 세무사 자격부여**: 직업의 자유 침해 아니다. ⑥ 장해보상연금을 수령하고 있던 수급권자에게 신설된 최고보상제도를, 2년 6개월의 유예기간 후 적용하는 산재법 [비교]》 산업재해보상연금을 받아 온 산재근로자에게 8년간 유예기간을 두고 2008.7.1.부터 최고보상제도를 적용하도록 한 산업재해보상보험법은 신뢰보호 위반이 아니다.
신뢰보호 위반 아닌 것	① 판사임용자격에 일정기간 법조경력을 요구하는 법원조직법을 법 개정 당시 사법시험에 합격하였으나 아직 사법연수원에 입소하지 않은 자에 적용하는 것 ② 무기징역의 집행 중에 있는 자의 가석방 요건을 종전의 '10년 이상'에서 '20년 이상' 형 집행 경과로 강화한 개정 형법 제72조 제1항을 형법 개정 당시에 이미 수용 중인 사람에게도 적용하는 형법 부칙 제2항 ③ 안기부공무원 계급정년제 ④ 1990.1.13. 법률 제4199호로 개정된 민법의 시행일 이전에 발생한 전처의 출생자와 계모 사이의 친족관계를 1990년 개정 민법 시행일부터 소멸하도록 규정한 민법 부칙 ⑤ 의료기관 내 약국개설금지하면서 1년의 유예기간을 둔 것 ⑥ 자동차매매사업조합을 중고자동차 성능점검 및 성능점검부의 발행주체에서 배제하면서 6개월 유예기간을 둔 것 ⑦ 폐기물 재생처리업을 허가제로 개정하면서 종전 규정에 의하여 폐기물 재생처리 신고를 한 자는 이 법 시행일로부터 1년 이내의 허가를 받도록 한 폐기물관리법 ⑧ 저작인접권을 50년간으로 하면서 유예기간을 2년으로 한 저작권법 ⑨ 1년 이상의 유예기간을 두면서 인터넷게임시설 등록제 ⑩ 유예기간 2년을 둔 PC방 금연구역 ⑪ 5년간의 유예기간을 주는 학교환경위생정화구역 안 노래연습장 영업금지 ⑫ 3개월의 유예기간을 두고 담배자동판매기를 철거하도록 한 경우 ⑬ '한약관련과목을 이수하고 졸업'하면 인정되던 한약사 국가시험의 응시자격을 '한약학과를 졸업한 자'로 한정시키면서, 1996학년도 이전에 입학한 자들에게만 종전 규정을 적용하도록 하고 있는 약사법 ⑭ 유예기간을 2년 이상 두고 있는 사법시험 영어공인제도 ⑮ 법조인경력을 판사자격요건으로 하면서 경과규정을 두어 법조경력요건을 단계적으로 높이도록 한 법원조직법 ⑯ 취업지원 실시기관 채용시험의 가점 적용대상에서 보국수훈자의 자녀를 제외하는 법개정을 하면서, 경과조치를 두지 않은 국가유공자 등 예우 및 지원에 관한 법률

10 신뢰보호 위반 여부

신뢰보호 위반인 것	① 지방고등고시 공무원채용에 있어 응시연령을 최종시험시행일을 기준으로 제한한 것 ② 후임자임명으로 공무원 직위를 상실하도록 한 국가보위입법회의법
신뢰보호 위반 아닌 것	① 위법건축물, 이행강제금 ② 개발이익 환수에 관한 법률 시행 전에 개발에 착수하였지만 아직 개발을 완료하지 아니한 사업, 즉 개발이 진행 중인 사업에 부담금 ③ 휘발유첨가제(세녹스)의 첨가비율을 1% 이내 사용 ④ 의무·법무·군종사관후보생의 징집면제 연령 31세에서 36세로 변경 ⑤ 초·중·고 교원 정년 62세 ⑥ 보수연동제에 의하여 연금액의 조정을 받아오던 기존의 연금수급자에게 법률개정을 통해 물가연동제에 의한 연금액조정 방식으로 변경 ⑦ 공무원의 퇴직연금 지급개시연령을 제한한 구 공무원연금법은 현재 공무원으로 재직 중인 자가 퇴직하는 경우 장차 받게 될 퇴직연금의 지급시기를 변경한 것(만 55세에서 60세 이상으로 변경) ⑧ 무등록학원 운전교습 금지 ⑨ 공소시효가 완성된 이후 공소시효를 소급적으로 정지하는 5·18민주화운동 등에 관한 특별법 ⑩ 외국 치과, 의과대학을 졸업한 우리 국민이 국내 의사면허시험을 치기 위해서는 예비시험을 치도록 한 의료법 3년의 유예기간을 둔 것 ⑪ 종전 수련과정 이수자에 대하여 기존 수련경력을 인정하지 아니한 한의사전문의 제도 비교» '외국의 의료기관에서 치과의사 전문의 과정을 이수한 사람'을 포함하지 아니한 '치과의사전문의의 수련 및 자격 인정 등에 관한 규정' ⑫ 치과전문의는 전문과목만 진료할 수 있도록 한 의료법은 신뢰보호원칙에 위배되어 직업수행의 자유를 침해한다고 볼 수 없다(2015.5.28, 2013헌마799). ➔ 다만, 과잉금지원칙에 위배되어 직업의 자유를 침해한다. ⑬ 고등학교 평준화 ⑭ 어촌계 등에 어업면허를 하는 경우 우선순위규정의 적용대상에서 제외하도록 규정한 수산업법 ⑮ 나무의사만이 수목진료를 할 수 있도록 규정한 산림보호법을 도입하면서 기존에 수목진료를 해오던 식물보호기사·산업기사에게 일정 기간 나무의사 자격을 인정하는 산림보호법 ⑯ 종합생활기록부에 의하여 절대평가와 상대평가를 병행, 활용하도록 한 교육부장관 지침(종합생활기록부제도 개선보완 시행지침, 1996.8.7.) ⑰ 기존에 총포의 소지허가를 받은 자는 총포·도검·화약류 등의 안전관리에 관한 법률 제14조의2의 개정규정에 따라 이 법 시행일부터 1개월 이내에 허가관청이 지정하는 곳에 총포와 그 실탄 또는 공포탄을 보관하여야 하도록 한 부칙조항 ⑱ 신탁재산 재산세 부과 대상자 수탁자로 변경 ⑲ 비과세대상 자산양도시 양도소득세 부과 ⑳ 증여세 무신고 등의 경우 부과제척기간을 15년으로 연장한 국세기본법 ㉑ 약사의 한약조제권 제한 ㉒ 광명시를 고등학교 평준화지역으로 하는 조례조항 ㉓ 무료 또는 부당한 염가의 법률사무 보수를 표방하거나 최저가 등의 표현을 사용하는 광고를 금지한 변호사 광고에 관한 규정

신뢰보호 위반 아닌 것	㉔ 정시모집 '나'군의 전형방법의 2단계 평가에서 교과평가를 20점 반영하도록 한 '서울대학교 2023학년도 대학 신입학생 입학전형 시행계획' ㉕ 납부불성실가산세의 한도규정이 삭제되고, 미납부세액에 자진납부일 또는 고지일까지의 기간과 금융기관이자율을 감안하여 대통령령이 정하는 율을 곱하여 산출한 금액을 산출세액에 가산하는 것으로 개정된 구 '상속세 및 증여세법' 제78조 제2항을 위 개정법 시행일 이후 '납부기한'이 도래하는 분부터 적용하도록 규정한 상속세 및 증여세법 부칙 제12조 ㉖ 댐사용권의 취소·변경 처분을 할 경우 국가는 댐사용권자가 납부한 부담금이나 납부금의 일부를 반환하도록 하고, 반환할 금액은 대통령령에서 정하는 상각액을 뺀 금액을 초과하지 못하도록 규정한 댐건설관리법 ㉗ 댐사용권의 취소·변경 처분을 할 경우 국가는 댐사용권자가 납부한 부담금이나 납부금의 일부를 반환하도록 하고, 반환할 금액은 대통령령에서 정하는 상각액을 뺀 금액을 초과하지 못하도록 규정한 댐건설관리법 제34조 제1항 및 제2항의 소급입법금지원칙 및 신뢰보호원칙 위반 여부(소극) 부담금반환조항은 진행과정에 있는 사안을 규율대상으로 한 입법으로서 이미 종료된 과거의 사실관계나 법률관계에 새로운 법률이 소급적으로 적용되어 과거를 새로 평가하는 진정한 의미의 소급입법에는 해당하지 아니한다. 따라서 소급입법에 의한 재산권 침해는 문제될 여지가 없다. 다만 청구인이 가지고 있던 기존 법률관계에 대한 신뢰를 헌법적으로 보호해 주어야 할 것인지 여부가 문제될 뿐이다. 댐사용권은 공공재인 수자원의 효율적인 이용과 관련되고, 존속기한의 정함이 없으며 취소 또는 변경의 가능성이 내재되어 있는 점, 수자원의 중요성과 대체 불가능성 등을 고려하면 댐사용권의 존속에 대한 청구인의 신뢰이익보다는 다목적댐을 통한 수자원의 합리적 개발·이용이라는 공익적 가치가 매우 크다고 볼 수 있다. 따라서 부담금반환조항이 헌법상 신뢰보호원칙에 반한다고 볼 수 없다(2022. 10.27. 2019헌바44).

구분	사회적 기본권 규정	사회국가원리 규정
사회국가원리의 헌법수용방법 바이마르헌법, 대한민국헌법	○	×
독일헌법	×	○
미국헌법	×	×

법적 성격	① 법적 구속력(○), 프로그램적 성격(×), 입법방침규정(×) ② 1차적으로 입법자 구속(○), 1차적 행정부 구속(×) ③ 입법자: 입법의무(○), 재량은 없다.(×)
보충성 원칙	① 개인생존문제, 국가가 1차적 해결(×), 국가는 보충적이어야 한다.(○) ② 사회국가와 복지국가를 동일시하느냐에 대한 학설대립 있다.
사회국가원리와 기본권	① 우리 헌법 사회국가원리 규정(×) ② 사회국가원리 재판규범으로 원용(○) ③ 사회국가원리로부터 사회적 기본권 도출(×) ④ 사회국가원리 침해를 이유로 소제기(×) ⑤ 사회적 기본권 침해를 이유로 소제기(○)
판례	① 조세나 보험료와 같은 공과금의 부과에 있어서 사회국가원리는 입법자의 결정이 자의적인가를 판단하는 하나의 중요한 기준을 제공하며, 일반적으로 입법자의 결정을 정당화하는 헌법적 근거로서 작용한다. ② 사회연대의 원칙은 사회국가원리에서 나온다. ③ 사회국가원리는 공무원채용시 능력주의의 예외를 정당화하는 사유가 된다. ④ 사회국가원리로부터 위험책임의 원리는 도출된다.

쟁점
021 경제질서

01 의의

의의	① 경제조항: 재판규범(○), 방침규정(✕) ② 제헌헌법: 자유시장 경제질서(✕), 경제조항(○) ③ 헌법 제119조 제1항은 대한민국의 경제질서에 관하여, 제123조 제3항은 국가의 중소기업 보호·육성 의무에 관하여 규정한 조항이고, 제126조는 사영기업의 국·공유화에 대한 제한을 규정한 조항으로서 경제질서에 관한 헌법상의 원리나 제도를 규정한 조항들이다. 헌법재판소법 제68조 제1항에 의한 헌법소원에 있어서 헌법상의 원리나 헌법상 보장된 제도의 내용이 침해되었다는 사정만으로 바로 청구인들의 기본권이 직접 현실적으로 침해된 것이라고 할 수 없다. ④ 경제질서에 관한 일반조항으로서 국가의 경제정책에 대한 하나의 헌법적 지침일 뿐 그 자체가 기본권의 성질을 가진다거나 독자적인 위헌심사의 기준이 된다고 할 수 없다. ⑤ 직업수행의 자유 침해 여부를 판단하는 이상 경제조항에 대해서는 별도로 판단하지 아니한다.

02 시장경제질서

개인과 기업의 자유와 창의	① 계약의 자유 ② 기업의 생성·발전·소멸은 어디까지나 기업의 자율에 맡긴다는 기업자유의 표현이다.
헌법 위반인 것	① 임대한 토지를 유휴토지로 규정하고 토초세의 대상으로 규율한 토지초과이득세법 제8조 ② 의료광고의 금지 ③ 시장지배적 사업자로 추정되는 신문사업자에 대해서는 신문발전기금지원을 배제하는 것
헌법 위반 아닌 것	① 농지개량사업에 따른 권리·의무를 승계인에게 이전하도록 한 것 ② 이자제한 완화·폐지는 입법자의 폭넓은 재량에 속한다. ③ 무과실운행자에 대한 손해배상책임, 특수한 불법행위책임에 관하여 위험책임의 원리를 수용하는 것은 입법자의 재량에 속한다. ④ 유료신문대금의 20%를 초과하는 경우 무가지와 경품류의 제공행위를 불공정거래행위로서 금지하는 것 ⑤ 도시개발구역에 있는 국가나 지방자치단체 소유의 재산으로서 도시개발사업에 필요한 재산에 대한 우선 매각 대상자를 도시개발사업의 시행자로 한정하고 국공유지의 점유자에게 우선 매수 자격을 부여하지 않는 도시개발법 ⑥ 피라미드 판매방식을 금지하는 것 ⑦ 공무원연금법상의 각종 급여수급권 전액에 대하여 압류를 금지한 것

⑧ 허가받은 지역 밖에서의 이송업의 영업을 금지하고 처벌하는 응급의료에 관한 법률
⑨ 명의신탁의 사법적 효력에 관한 부동산 실권리자명의 등기에 관한 법률

03 사회적 시장경제질서

헌법조항	국가는 균형 있는 국민경제의 성장 및 안정과 적정한 소득의 분배를 유지하고, 시장의 지배와 경제력의 남용을 방지하며, 경제주체 간의 조화를 통한 경제의 민주화를 위하여 경제에 관한 규제와 조정을 할 수 있다.
의의	① 자유시장 경제질서를 기본으로 하면서 사회국가원리를 수용하여 실질적인 자유와 평등을 아울러 달성하려는 것을 근본이념으로 한다. ② 자유방임적 시장경제질서를 의미하는 것이 아님은 물론이다. ③ 헌법 제37조 제2항의 기본권 제한을 위한 일반법률유보에서의 '공공복리'를 구체화하고 있다. ④ 경제주체 간의 조화를 통한 경제민주화는 개인의 기본권을 제한하는 국가행위를 정당화하는 헌법규범이다. ⑤ 경제적 기본권의 제한을 정당화하는 공익이 헌법에 명시적으로 규정된 목표에만 제한되는 것은 아니고, 모든 공익을 아울러 고려하여 법률의 합헌성 여부를 심사하여야 한다. ⑥ 독과점규제의 목적이 경쟁의 회복에 있다면 이 목적을 실현하는 수단 또한 자유롭고 공정한 경쟁을 가능하게 하는 방법이어야 한다.
헌법 위반인 것	소주판매업자가 매월 소주류 총구입액의 100분의 50 이상을 자도 소주로 구입하도록 하는 구입명령제도
헌법 위반 아닌 것	① 탁주의 공급구역제한 ② 중계유선방송사업자가 방송의 중계송신업무만 할 수 있고, 보도, 논평, 광고는 할 수 없도록 제한한 것 ③ 부도수표 발행인을 형사처벌하는 부정수표단속법 ④ 무가지 경품류의 제공을 제한하는 신문고시 ⑤ 장래의 경제적 손실을 금전 또는 유가증권으로 보전해 줄 것을 약정하고 회비 등의 명목으로 금전을 수입하는 행위를 인가·허가 없이 하는 유사수신행위를 금지한 유사수신행위의 규제에 관한 법률 ⑥ 허가를 받지 아니하고 체결한 토지거래계약의 사법적 효력을 부인하는 법은 필요하고도 적절한 것이라 인정된다. ⑦ 토지거래허가구역 내에서 허가받은 목적대로 토지를 이용하지 아니하는 경우 이행강제금 부과
조세와 헌법 제119조 제2항	① 조세의 유도적·형성적 기능은 제119조 제2항 … 에 의하여 그 헌법적 정당성이 뒷받침되고 있다. ② 주택 등에 보유세인 종합부동산세를 부과하는 그 자체 ③ 헌법 제119조 제2항 '적정한 소득의 분배'로부터 누진세율에 따른 종합과세를 시행하여야 할 구체적인 헌법적 의무가 조세입법자에게 부과되는 것이라고 할 수 없다.

04 경제조항

천연자원의 채취·개발· 특허 및 보호	① 광물 기타 중요한 지하자원·수산자원·수력과 경제상 이용할 수 있는 자연력은 법률이 정하는 바에 의하여 일정한 기간 그 채취·개발 또는 이용을 특허할 수 있다. 국토와 자원은 국가의 보호를 받으며, 국가는 그 균형 있는 개발과 이용을 위하여 필요한 계획을 수립한다. ② 먹는 샘물 수입판매업자에 대한 수질개선부담금의 부과: 합헌
농지조항	① 국가는 농지에 관하여 경자유전의 원칙이 달성될 수 있도록 노력하여야 하며, 농지의 소작제도는 금지된다. 농업생산성의 제고와 농지의 합리적인 이용을 위하거나 불가피한 사정으로 발생하는 농지의 임대차와 위탁경영은 법률이 정하는 바에 의하여 인정된다. ② 종중 농지소유금지 ③ 8년 이상 자경업자에 한해 양도소득세 면제 ④ 농지를 직접 경작했는가를 기준으로 농지양도소득세 감면 ⑤ 소유자가 농지 소재지에 거주하지 아니하거나 경작하지 아니하는 농지를 비사업용 토지로 보아 60%의 중과세율을 적용하는 구 소득세법
국토의 이용·개발제한과 의무부과	① 국가는 국민 모두의 생산 및 생활의 기반이 되는 국토의 효율적이고 균형 있는 이용·개발과 보전을 위하여 법률이 정하는 바에 의하여 그에 관한 필요한 제한과 의무를 과할 수 있다. ② 토지재산권에 대한 광범위한 입법형성권 인정
농·어촌종합개발, 농·어민 및 중소기업의 보호·육성	① 국가는 농업 및 어업을 보호·육성하기 위하여 농·어촌종합개발과 그 지원 등 필요한 계획을 수립·시행하여야 한다. ② 국가는 지역 간의 균형 있는 발전을 위하여 지역경제를 육성할 의무를 진다. ③ 국가는 중소기업을 보호·육성하여야 한다. ④ 국가는 농수산물의 수급균형과 유통구조의 개선에 노력하여 가격안정을 도모함으로써 농·어민의 이익을 보호한다. ⑤ 국가는 농·어민과 중소기업의 자조조직을 육성하여야 하며, 그 자율적 활동과 발전을 보장한다.
판례	① 국가는 자조조직이 제대로 활동·기능하는 시기에는 자율적 활동보장이라는 소극적 의무를 다하면 되지만, 제대로 기능하지 못하는 경우 자조조직 육성이라는 적극적으로 육성하여야 할 의무를 진다. ② 주세법의 자도소주 구입강제제도: 독과점규제와 "지역경제의 육성", 중소기업 보호는 적합한 수단으로 보기 어렵다. ③ 의약품 도매상 허가를 받기 위해 필요한 창고면적의 최소기준을 규정하고 있는 약사법조항들은 국가의 중소기업 보호·육성의무를 위반하였다고 보기 어렵다. ④ 제주특별자치도 안에서 생산되는 감귤의 출하조정·품질검사 등에 관하여 필요한 조치를 위반한 자에게 과태료를 부과하도록 하는 '제주특별자치도 설치 및 국제자유도시 조성을 위한 특별법'은 재산권과 직업수행의 자유를 침해한다고 할 수 없다.
소비자 보호	① 소비자 권리 조항 규정은 없다. ② 소비자 보호 운동: 제8차 ③ 헌법 제27조에 규정된 재판청구권은 국가에 대하여 재판을 청구할 수 있는 주관적 공권에 관한 것이므로 사적 영역에 적용되는 소비자의 권리를 국가가 제공하는 재판제도의 이용의 문제에 적용할 수 없다고 할 것이다.

소비자 보호	④ 소비자불매운동은 모든 경우에 있어서 그 정당성이 인정될 수는 없고, 헌법이나 법률의 규정에 비추어 정당하다고 평가되는 범위에 해당하는 경우에만 형사책임이나 민사책임이 면제된다. 소비자불매운동은 헌법이나 법률의 규정에 비추어 정당하다고 평가되는 범위를 벗어날 경우에는 형사책임이나 민사책임을 피할 수 없다. ⑤ 소비자불매운동이란 하나 또는 그 이상의 운동주도세력이 소비자의 권익을 향상시킬 목적으로 개별 소비자들로 하여금 시장에서 특정 상품의 구매를 억지하거나 제3자로 하여금 그렇게 하도록 설득하는 조직화된 행위를 의미한다. ⑥ 특정한 사회, 경제적 또는 정치적 대의나 가치를 주장·옹호하거나 이를 진작시키기 위한 수단으로 선택한 소비자불매운동은 헌법상 보호를 받을 수 있다. ⑦ 소비자들이 집단적으로 벌이는 소비자불매운동에 위 법률조항들을 적용하는 것이 헌법이 소비자보호운동을 보장하는 취지에 반하지 않는다.
사기업의 국·공유화 또는 통제·관리의 원칙적 금지	① 국방상 또는 국민경제상 긴절한 필요로 인하여 법률이 정하는 경우를 제외하고는, 사영기업을 국유 또는 공유로 이전하거나 그 경영을 통제 또는 관리할 수 없다. ② 기업의 '경영에 대한 통제 또는 관리'라 함은 비록 기업에 대한 소유권의 보유주체에 대한 변경은 이루어지지 않지만 사기업 경영에 대한 국가의 광범위하고 강력한 감독과 통제 또는 관리의 체계를 의미한다고 할 것이다. ③ 사납금제를 금지하기 위하여 택시운송사업자의 운송수입금 전액 수납의무와 운수종사자의 운송수입금 전액 납부의무를 규정한 자동차운수사업법은 헌법 제126조에 위반된다고 볼 수 없다. ④ 국제그룹해체는 헌법 제126조에 위반

05 헌법 경제장에 규정 ×

헌법 경제조항에 규정 ×	① 농지는 원칙적으로 농민에게 분배되어야 한다. ② 한국은행 독립성 ③ 토지생산성 제고 ④ 독과점의 규제와 조정 ⑤ 환경보호운동보장 ⑥ 국토의 효율적이고 지속 가능한 개발과 보전 ⑦ 농지 농민에게 분배 ⑧ 기간산업 보호 ⑨ 풍력의 개발과 이용의 특허 ⑩ 지속가능한 국민경제의 성장 ⑪ 소비자의 권리
헌법에 규정은 없으나 인정	① 최고법 조항 ② 저항권 ③ 사회국가원리, 법치주의, 신뢰보호원칙 ④ 소비자 권리 ⑤ 독과점 규제 ⑥ 생명권 ⑦ 법인의 기본권 주체성 ⑧ 자유선거원칙 ⑨ 개인정보자기결정권 ⑩ 부모의 자녀결정권 ⑪ 알 권리

06 헌법 위반 여부

헌법 위반인 것	① 시장지배적 사업자로 추정되는 신문사업자에 대해서는 신문발전기금지원을 배제하는 것 ② 의료인에 대한 의료광고를 할 수 없도록 한 것 ③ 자도소주구입 강제제도 ⇔ 탁주공급구역 제한은 직업의 자유 침해가 아니다. ④ 재무부장관이 제일은행장에 대하여 한 국제그룹해체지시 ⑤ 토초세 과세대상인 유휴토지 등에 임대토지를 포함시키고 있는 토초세법
합헌인 것	① 농지개량사업에 따른 권리·의무 승계인에게 이전 ② 무과실 자동차 운행자에 대한 손해배상책임 부과: 위험책임의 도입 여부는 입법자의 재량이다. ③ 부도수표 발행인을 형사처벌하는 부정수표단속법 ④ 도시개발구역에 있는 국가나 지방자치단체 소유의 재산에 대한 우선 매각 대상자를 도시개발사업의 시행자로 한정하고 국공유지의 점유자에게 우선 매수 자격을 부여하지 않는 도시개발법 ⑤ 피라미드 판매방식을 금지하는 것 ⑥ 이자제한을 완화 또는 폐지하는 법률: 사인 간의 약정이자를 제한하는 것은 입법자의 재량에 속한다. ⑦ 8년 이상 자경업자에 한해 양도소득세 면제 ⑧ 토지거래허가제 / 무허가토지거래계약의 사법상의 효력을 부인하는 것 / 토지거래허가구역 내에서 허가받은 목적대로 토지를 이용하지 아니하는 경우 이행강제금을 부과하는 국토법 ⑨ 무가지경품 제공을 제한하는 신문고시 ⑩ 장래의 경제적 손실을 금전 또는 유가증권으로 보전해 줄 것을 약정하고 회비 등의 명목으로 금전을 수입하는 행위를 인가·허가없이 하는 유사수신행위금지 ⑪ 소비자들이 집단적으로 벌이는 소비자불매운동을 형사처벌 ⑫ 택시사납금제를 폐지하고 운수종사자가 운송수입금 전액을 사업자에게 납부 ⑬ 종중, 농지소유금지 / 농지대토로 인한 양도소득세 감면에 필요한 요건에 '직접경작' / 소유자가 농지 소재지에 거주하지 아니하거나 경작하지 아니하는 농지를 비사업용 토지로 보아 60%의 중과세 ⑭ 제주특별자치도 안에서 생산되는 감귤의 출하조정·품질검사 등에 관하여 필요한 조치를 위반한 자에게 과태료를 부과 ⑮ 허가받은 지역 밖에서의 이송업의 영업을 금지하고 처벌하는 응급의료에 관한 법률 ⑯ 의약품 도매상 허가 요건으로 창고면적 기준

의의	① 과거의 어느 일정 시점에서 역사적으로 존재하였다는 사실만으로 모두 헌법의 보호를 받는 전통이 되는 것은 아니다. 호주제와 같이 개인의 존엄과 양성평등에 반하는 가족제도는 전통문화 계승·발전조항을 근거로 정당화될 수 없다. ② 전통문화 계승·발전 규정은 민족문화유산의 존속 그 자체를 보장하는 것이지 민족문화유산 훼손 등에 관한 가치보상과는 관련이 없다. ③ 문화재에 관한 재산권 행사에 일반적인 재산권 행사보다 강한 사회적 의무성이 인정된다.
문화와 국가	① 과거 국가절대주의사상의 국가관이 지배하던 시대에는 국가의 적극적인 문화간섭정책이 당연한 것으로 여겨졌다. 그러나 불편부당의 원칙이 가장 바람직한 정책으로 평가받고 있다. 오늘날 문화국가에서의 문화정책은 그 초점이 문화 그 자체에 있는 것이 아니라 문화가 생겨날 수 있는 문화풍토를 조성하는 데 두어야 한다. ② 국가의 문화육성의 대상에는 원칙적으로 모든 사람에게 문화창조의 기회를 부여한다는 의미에서 모든 문화가 포함된다. 따라서 엘리트문화뿐만 아니라 서민문화, 대중문화도 그 가치를 인정하고 정책적인 배려의 대상으로 하여야 한다. ③ 국가의 표현규제 그 표현의 해악을 시정하는 1차적 기능은 시민사회 내부에 존재하는 사상의 경쟁메커니즘에 맡겨져 있기 때문이다. ④ 기본권과 문화국가원리 기본권은 견해와 사상의 다양성을 그 본질로 하는 문화국가원리의 불가결의 조건이라고 할 것이다. ⑤ 국가 및 지방자치단체에게 초·중등교육 과정에 지역어 보전 및 지역의 실정에 적합한 기준과 내용의 교과를 편성할 구체적인 의무는 도출된다고 할 수 없다.
헌법 위반인 것	① 과외를 원칙적으로 금지하는 것 ② 예술발전기금을 위한 부담금 부과 ③ 대통령의 지시로 피청구인 대통령 비서실장, 정무수석비서관, 교육문화수석비서관, 문화체육관광부장관이 야당 소속 후보를 지지하였거나 정부에 비판적 활동을 한 문화예술인이나 단체를 정부의 문화예술 지원사업에서 배제할 목적으로, 한국문화예술위원회, 영화진흥위원회, 한국출판문화산업진흥원 소속 직원들로 하여금 특정 개인이나 단체를 문화예술인 지원사업에서 배제하도록 한 일련의 지시 행위
헌법 위반 아닌 것	① 영화발전기금을 위한 부담금 부과 ② 관습화된 문화요소로 인식되는 종교적 의식·행사에 대한 국가의 지원은 문화국가원리에 부합된다. ③ 매장문화재의 발굴로 인하여 문화재 훼손 위험을 야기한 사업시행자에게 원칙적으로 발굴경비를 부담 ④ 16세 미만자의 24시 이후 게임금지

국제평화주의	① 국제평화주의: 근대입헌주의 특징(✕), 현대사회국가헌법 특징(○) ② 방위·자위전쟁 허용, 예방적 선제공격, 부분적 허용 ③ 미군기지이전결정은 자기결정권에 포함되지 않는다. ④ 평화적 생존권은 기본권이 아니다.
조약성립절차	전권대사 서명 ➡ 국회 동의 ➡ 대통령 비준 ➡ 대통령 공포 ➡ 효력발생
조약이 아닌 것	① 마늘합의서는 공개해야 할 조약이 아니다. ② 미국산 쇠고기 수입위생조건고시 ③ 남북합의서 ④ 한일어업협정의 합의의사록. 그러나 한일어업협정은 조약이다. ⑤ 한미동맹 동반자관계를 위한 전략대화 출범에 관한 공동성명 ⑥ 일본군 위안부 문제 합의: 조약은 구두합의도 예외적 허용
국제법 존중원칙	① 헌법에 의하여 체결·공포된 조약과 일반적으로 승인된 국제법규는 국내법(○), 국내법률(✕)과 같은 효력을 가진다. ② 헌법 제6조 제1항의 국제법 존중주의는 우리나라가 가입한 조약과 일반적으로 승인된 국제법규가 국내법과 같은 효력을 가진다는 것으로서 조약이나 국제법규가 국내법에 우선한다는 것은 아니다.
국회 동의 필요한 조약	① 모든 조약(✕) ② 남북합의서(✕) ③ 헌법 제60조: 어업조약 삭제함 ④ 미국산 쇠고기 수입위생조건고시(✕) ⑤ 한미동맹동반자관계를 위한 전략대화출범에 관한 공동성명(✕) ➡ 조약이 아니다. ⑥ 미군지위협정, 한미자유무역협정, 국제통화기금협정, 마라케쉬 협정(○) ⑦ 국회의 사전동의, 다음에 대통령 비준 ⑧ 국회 동의 없이 비준한 조약: 국제법적 효력유지, 국내법적 효력상실 ⑨ 국회동의권 침해를 이유로 국회의원은 대통령을 상대로 권한쟁의심판을 청구할 수 없다.
조약의 효력	① 법률 또는 명령의 효력을 가짐, 헌법적 효력을 가진 조약을 인정하고 있지는 않다. ② 한미자유무역협정과 국제통화기금협정은 법률의 효력을 가진다. ③ 조약으로 처벌이 가중된다 하더라도 이를 들어 법률에 의하지 아니한 형사처벌이라거나 행위시의 법률에 의하지 아니한 형사처벌이라고 할 수 없다. ④ 지방자치단체에서 생산되는 우수농산물을 우선적으로 사용하도록 한 지방자치단체의 조례안은 관세 및 무역에 관한 일반협정(GATT)에 위반되어 무효이다.

조약에 대한 사법심사	구분	효력	위헌법률 심판	68.② 헌소	68.① 헌소	법원의 명령 규칙 · 심사 (헌법 제107조 제2항)
	국회의 동의 요하는 조약	법률	○	○	○	×
	국회의 동의 요하지 않는 조약	명령	×	×	○	○

조약의 효력 관련 판례

① 국제연합인권선언: 법적 효력 없음
② 국제인권규약: 법적 효력 있음
③ 국제노동기구 제87 · 98 · 151 · 105호 조약, 아시아 · 태평양지역에서의 고등교육의 수학졸업증서 및 인정에 관한 지역협약은 헌법적 효력을 가진다고 할 수 없어 위헌심사의 척도가 될 수 없다.
④ 교원지위에 관한 권고 / 국제노동기구 산하 '결사의 자유위원회'의 권고는 일반적으로 승인된 국제법규라고 할 수 없다.
⑤ 국제인권규약에 따라 양심적 병역거부권에 관한 법적 구속력은 발생하지 않는다. 양심적 병역거부권 보장에 관한 국제관습법은 형성되었다고 할 수 없다.

일반적으로 승인된 국제법규

① 국제관습법 + 조약(○), 다자조약이면 일반적으로 승인된 국제법규(×)
② 우리나라 승인(×), 국제사회 승인(○): 일반적으로 승인된 국제법규인지 여부는 법원이 판단함
③ 일반적으로 승인된 국제법규: 일정한 절차를 거치지 않고 국내법으로 편입
④ 일반적으로 승인된 국제법규: 국내법에 우선적 효력(×), 국내법과 동일한 효력(○)

외국인의 법적 지위

① 국제법과 조약에 따라 보장
② 상호주의: 외국인 모두 동등하게(×) ⟺ 내국민평등주의(×)

연혁	영토조항을 처음 규정한 헌법	제헌헌법
	평화적 통일원칙을 처음 규정한 헌법	제7차 개정헌법(유신헌법)
	자유민주적 기본질서에 입각한 평화적 통일을 처음 규정한 헌법	현행헌법

영토조항과 통일조항	구분	영토조항	통일조항
	분단 인정	×	○
	북한	반국가단체	대화와 협력의 동반자
	법	국가보안법 (제3조와 제37조 제2항)	남북교류협력에 관한 법률

북한주민 국적	① 북한공민증과 북한국적취득: 대한민국 국적상실(×) ② 북한주민: 귀화 또는 국적회복허가를 통해 국적취득(×), 입국의 자유(○) ③ 개별 법률의 적용 내지 준용에 있어서는 남북한의 특수관계적 성격을 고려하여 북한지역을 외국에 준하는 지역으로, 북한주민 등을 외국인에 준하는 지위에 있는 자로 규정할 수 있다. ④ 북한주민은 대일항쟁기 강제동원 피해조사 및 국외강제동원 희생자 등 지원에 관한 특별법상 위로금 지급 제외대상인 '대한민국 국적을 갖지 아니한 사람'에 해당하지 않는다.

탈북주민	① 탈북의료인에게 국내 의료면허를 부여할 것인지 여부는 입법형성권의 범위 내에서 규율할 사항이지, 헌법조문이나 헌법해석에 의하여 바로 입법자에게 국내 의료면허를 부여할 입법의무가 발생한다고 볼 수 없다. ② 북한이탈주민보호법: 외국국적을 취득한 사람은 보호대상이 아님

북한의 법적 지위	① 북한에도 대한민국 주권이 미친다.(○) ② 북한의 지위: 반국가단체이자 대화와 협력의 동반자 ③ 국가보안법과 남북교류법은 일반법과 특별법 관계(×) ④ 헌법재판소 판례에 의하면 남북교류협력에 관한 법률이 시행됨으로써 국가보안법은 더 이상 타당성을 가질 수 없게 되었다.(×) ⑤ 남북한 UN 가입 ➡ 북한의 국가 인정(×), 북한 여전히 반국가단체

남북합의서	① 대통령은 남북합의서를 비준하기에 앞서 국무회의의 심의를 거쳐야 한다. ② 국회는 국가나 국민에게 중대한 재정적 부담을 지우는 남북합의서 또는 입법사항에 관한 남북합의서의 체결·비준에 대한 동의권을 가진다. ③ 대통령이 이미 체결·비준한 남북합의서의 이행에 관하여 단순한 기술적·절차적 사항만을 정하는 남북합의서는 남북회담대표 또는 대북특별사절의 서명만으로 발효시킬 수 있다. ④ 국회의 동의 또는 국무회의의 심의를 거친 남북합의서는 법령 등 공포에 관한 법률의 규정에 따라 대통령이 공포한다.

남북합의서	⑤ 남북합의서 ⑦ 남북한: 나라와 나라 사이(×) ⓒ 남북합의서: 법적 효력 없음(○), 조약(×), 신사협정·공동성명(○) ⓒ 남북합의서로 북한의 반국가단체성 소멸(×) ⓔ 국가보안법 효력상실(×)
국가보안법 판례	① 국가보위입법회의에서 제정된 법률, 절차상 하자를 이유로 다툴 수 없다. ② 국가의 존립·안전이나 자유민주적 기본질서에 위해를 주지 않는 찬양·고무행위 처벌: 위헌 ③ 국가의 존립·안전이나 자유민주적 기본질서를 위태롭게 한다는 정을 알면서 반국가단체의 구성원 또는 그 지령을 받은 자와 회합·통신 기타의 방법으로 연락을 한 자를 처벌하는 국가보안법: 합헌 ④ 국가보안법 피의자 구속기간 50일 조항 ⑦ 찬양고무죄, 불고지죄 적용: 위헌 ⓒ 통신회합죄 등 적용: 합헌 ⑤ 불고지죄: 합헌
남북교류법 판례	① 북한주민과 회합·통신방법으로 접촉할 때 통일부장관의 승인을 받도록 한 남북교류법 제9조는 통일조항과 포괄적 위임금지원칙에 반하지 않는다. ② 통일조항들로부터 국민 개개인의 통일에 관한 기본권이 도출된다고 볼 수 없다.

쟁점
025 지방자치제도

01 지방자치제의 연혁

제1공화국	제헌헌법 ➡ 지방자치규정 ➡ 1949년 지방자치법 제정 ➡ 1952년 지방의회 구성
제2공화국	지방자치제도 시행, 지자체장 선거규정
제3공화국	지방자치에 관한 임시조치법 제정 ➡ 지방자치법 효력정지
제4공화국	지방의회 구성을 조국의 통일시까지 유예한다.
제5공화국	지방의회의 구성을 지방자치단체의 재정자립도를 감안하여 순차적으로 하되, 그 구성시기는 법률로 정한다.
현행헌법	지방의회 유예규정을 폐지하고 1988년 지방자치법 전면개정, 지방의회선거를 실시하였다.

02 현행헌법의 지방자치규정

자치권의 본질	① 자치고유권설(✕), 자치위임설(○) ② 기본권은 아니다.
헌법상 보장되는 지방자치권의 내용	① 자치권에는 자치사무의 수행에 있어 다른 행정주체로부터 합목적성에 관하여 명령·지시를 받지 않는 권한도 포함된다고 볼 수 있다. ② 자치입법권 ③ 소속 공무원에 대한 인사와 처우권 ④ 예산을 스스로 편성하여 집행하는 권한 ⑤ 헌법상의 자치권의 범위는 법령에 의하여 형성되고 제한된다. ⑥ 조직고권
헌법 제117조의 주민의 복리에 관한 사무	자치사무는 헌법에 근거를 두고 있다.
헌법 제117조 제1항 법령의 범위	① 대외적 구속력을 갖는 법규명령으로서 기능하는 행정규칙도 포함된다. ② 법규명령이 아닌 단순한 행정규칙에 의하여 정하여지는 것은 이에 포함되지 않는다.
지방자치단체의 관할 구역	① 육지는 물론 바다, 공유수면, 제방을 포함한다. ② 지방자치단체에게 자신의 관할구역 내에 속하는 영토·영해·영공을 자유로이 관리하고 관할구역 내의 사람과 물건을 독점적·배타적으로 지배할 수 있는 권리가 부여되어 있다고 할 수는 없다. 지방자치단체의 영토고권은 우리나라 헌법과 법률상 인정되지 아니한다.
자치에 관한 규정을 제정할 수 있다.	자치에 관한 규정제정권은 조례와 규칙제정권을 의미한다.

지방자치단체의 종류는 법률로 정한다.	① 지방자치법에 광역단체와 기초단체로 규정 ② 헌법상 지방자치제도보장의 핵심영역 내지 본질적 부분이 특정 지방자치단체의 존속을 보장하는 것이 아니다. ③ 법률로 지방자치단체인 시·군을 모두 폐지하여 중층구조를 단층화하는 것 역시 입법자의 선택범위에 들어가는 것이다.
헌법 제118조 제1항의 지방자치단체에 의회를 둔다.	반드시 지방의회를 두어야 하고 국회가 법률로써 지방의회를 폐지할 수 없다.
의원선거와 지방자치단체의 장의 선임방법은 법률로 정한다.	① 헌법상 지방의원선거는 명문 규정이 있으나 지자체장 선거는 명문 규정이 없다. ② 지방자치단체의 장 선거권을 지방의회의원 선거권, 나아가 국회의원 선거권 및 대통령 선거권과 구별하여 하나는 법률상의 권리로, 나머지는 헌법상의 권리로 이원화하는 것은 허용될 수 없다. 그러므로 지방자치단체의 장 선거권 역시 다른 선거권과 마찬가지로 헌법 제24조에 의해 보호되는 기본권으로 인정하여야 한다.

03 지방자치단체의 종류

종류	① 광역단체와 기초단체 ② 50만 이상의 시에 자치구가 아닌 행정구 ③ 경상남도 창원시 마산구 　⊙ 지방자치단체의 지위를 부여하지 않고, 현행 지방자치의 일반적인 모습인 2단계 지방자치단체의 구조를 형성한 입법자의 선택이 현저히 자의적이라고 보기 어렵다. 　ⓒ 인구 50만 이상의 일반 시에는 자치구가 아닌 구를 두고 그 구청장은 시장이 임명하도록 한, 지방자치법으로 인해, 행정구의 구청장이나 구의원을 주민의 선거로 선출할 수 없는 행정구 주민의 평등권이 침해된다고 할 수 없다.
지자체 폐치·분합 등	① 명칭변경, 폐치·분합 및 구역변경: 법률로(O), 조례(×), 대통령령(×) ② 한자 명칭변경, 관할 구역 경계변경: 대통령령 ③ 읍·면·동 폐치·분합: 조례
지자체 폐치·분합 법률에 대한 헌법소원	① 지방자치단체의 폐치·분합에 관한 것은 제도적 보장에 관한 것으로 기본권 침해의 문제가 발생하지 않는다.(×) ② 폐치·분합 입법시 주민투표를 거치지 아니한 경우 지방의회 의견을 듣는 것은 필수적 절차이다. ③ 지방의회 의견: 국회를 법적으로 구속(×) ④ 주민투표절차는 임의적 절차이므로 주민투표를 거치지 아니하였다 하여 적법절차원칙에 위반되는 것은 아니다.
매립지 귀속 결정	① 종전에는 행정안전부장관이 매립지 및 등록 누락지가 귀속될 지방자치단체를 결정하는 경우, 이의제기기간 중 다른 지방자치단체로부터 이의제기가 없더라도 지방자치단체중앙분쟁조정위원회의 심의·의결을 거쳐 결정하도록 하였으나, 앞으로는 이의제기기간 동안 아무런 이의제기가 없는 경우에는 지방자치단체중앙분쟁조정위원회의 심의·의결 없이 매립지 등이 귀속될 지방자치단체를 결정하도록 그 절차를 간소화한다.

	② 매립지 귀속과 관련되어 시·군·구 상호간 비용 분담 등에 대하여 분쟁이 발생하는 경우, 종전에는 시·도에 설치되어 있는 지방자치단체지방분쟁조정위원회의 심의·의결을 거쳐 시·도지사가 조정하도록 하였으나, 앞으로는 지방자치단체중앙분쟁조정위원회에서 매립지 귀속 결정과 함께 병합하여 심의·의결하여 행정안전부장관이 조정하도록 함으로써 매립지 귀속 결정과 관련된 분쟁을 보다 효율적으로 해결할 수 있도록 한다. ③ 지방자치단체의 장, 행정안전부장관의 결정에 대해 15일 이내 대법원 제소
매립지 판례	① 신생 매립지는 행정안전부장관의 결정이 확정됨으로써 비로소 관할 지방자치단체가 정해지며, 그 전까지 해당 매립지는 어느 지방자치단체에도 속하지 않는다. ② 공유수면의 경계를 그대로 매립지의 '종전' 경계로 인정하기는 어렵다. ③ 매립 전 공유수면을 청구인이 관할하였다 하여 매립지에 대한 관할권한을 인정하여야 한다고 볼 수는 없고, 공유수면의 매립 목적 등을 모두 종합하여 형평의 원칙에 따라 합리적이고 공평하게 그 경계를 획정할 수밖에 없다.
지방자치단체의 관할 구역 경계변경	① 관계 지방자치단체의 장은 주민생활에 불편이 큰 경우 등에는 행정안전부장관에게 관할 구역 경계변경에 관한 조정을 신청하도록 하고, 행정안전부장관은 그 신청내용을 공고한 후 경계변경자율협의체를 구성·운영하게 하여 상호 협의하도록 하는 장을 마련하며, 경계변경자율협의체의 구성을 요청받은 날부터 120일 이내에 협의체를 구성하지 못하거나 법에서 정한 협의 기간 이내에 경계변경 여부 등에 관한 합의를 하지 못한 경우 지방자치단체중앙분쟁조정위원회의 심의·의결을 거쳐 행정안전부장관이 경계변경에 관한 사항을 조정하도록 한다. ② 지방자치단체 간 경계변경에 관한 합의가 된 경우이거나 지방자치단체중앙분쟁조정위원회에서 경계변경이 필요하다고 의결한 경우에는 행정안전부장관은 그 내용을 검토한 후 이를 반영하여 대통령령안을 입안하도록 한다.
해상경계선	① 공유수면의 행정구역 경계에 관한 명시적인 법령상의 규정이 존재한 바 없으므로, 공유수면에 대한 행정구역 경계가 불문법상으로 존재한다면 그에 따라야 한다. 그리고 만약 해상경계에 관한 불문법도 존재하지 않으면, 형평의 원칙에 따라 합리적이고 공평하게 해상경계선을 획정할 수밖에 없다(2015.7.30, 2010헌라2). ② 국가기본도상의 해상경계선은 불문법상 행정구역에 경계로 인정되지 않는다. ③ 지방자치단체 사이의 불문법상 해상경계가 성립하기 위해서는 관계 지방자치단체·주민들 사이에 해상경계에 관한 일정한 관행이 존재하고, 그 해상경계에 관한 관행이 장기간 반복되어야 하며, 그 해상경계에 관한 관행을 법규범이라고 인식하는 관계 지방자치단체·주민들의 법적 확신이 있어야 한다.

04 주민의 권리

1. 주민투표권

주민권의 법적 성격	① 주민투표권, 주민의 조례 개폐청구권, 감사청구권, 주민소환청구권, 주민자치권은 헌법상 제도(×), 헌법상 권리(×) 법률상 제도 또는 권리(○)이다. ② 지방자치법상 주민의 조례의 제정·개폐청구권 및 감사청구권은 헌법상 보장된 지방자치제도의 본질적 내용을 이룬다.(×) ③ 고속철도역 명칭 결정에 대해 자치권 침해를 이유로 헌소를 청구할 수 없다.(○)

주민투표 부의 여부	① 지방자치단체의 장은 주민에게 과도한 부담을 주거나 중대한 영향을 미치는 지방자치단체의 주요 결정사항 등에 대하여 주민투표에 부칠 수 있다. ② 지방의회가 조례로 정한 특정한 사항에 관하여는 일정한 기간 내에 반드시 투표를 실시하도록 규정한 조례안은 지방자치단체의 장의 고유권한을 침해하는 규정이다.
주민투표권자	① 18세 이상의 주민 중, 투표인명부 작성기준일 현재 다음 어느 하나에 해당하는 사람에게는 주민투표권이 있다. 　㉠ 그 지방자치단체의 관할 구역에 주민등록이 되어 있는 사람 　㉡ 출입국관리 관계 법령에 따라 대한민국에 계속 거주할 수 있는 자격(체류자격변경허가 또는 체류기간연장허가를 통하여 계속 거주할 수 있는 경우를 포함한다)을 갖춘 외국인으로서 지방자치단체의 조례로 정한 사람 ② 주민투표권이 헌법상 기본권이 아닌 법률상의 권리에 해당한다 하더라도 비교집단 상호간에 차별이 존재할 경우에 헌법상의 평등권 심사까지 배제되는 것은 아니다. ③ 재외국민에 대한 주민투표권 부정은 평등권 침해
주민투표의 대상	① 주민에게 과도한 부담을 주거나 중대한 영향을 미치는 지방자치단체의 주요결정사항으로서 그 지방자치단체의 조례로 정하는 사항은 주민투표에 부칠 수 있다. ② 다음 사항은 주민투표에 부칠 수 없다. 　㉠ 법령에 위반되거나 재판중인 사항, 국가 또는 다른 지방자치단체의 권한 또는 사무에 속하는 사항 　㉡ 지방자치단체의 예산·회계·계약 및 재산관리에 관한 사항과 지방세·사용료·수수료·분담금 등 각종 공과금의 부과 또는 감면에 관한 사항 　㉢ 행정기구의 설치·변경에 관한 사항과 공무원의 인사·정원 등 신분과 보수에 관한 사항 　㉣ 다른 법률에 의하여 주민대표가 직접 의사결정주체로서 참여할 수 있는 공공시설의 설치에 관한 사항(다만, 지방의회가 주민투표의 실시를 청구하는 경우에는 그러하지 아니함) 　㉤ 동일한 사항에 대하여 주민투표가 실시된 후 2년이 경과되지 아니한 사항
주민투표 실시청구	① 국가정책 주민투표의 경우: 중앙행정기관장이 지자체장에게 요구 　☑ 중앙기관의 장으로부터 요구받지 않은 서귀포시·제주시가 행정안전부장관에게 주민투표 실시요구를 해줄 것을 요구할 권한은 인정되지 않는다. ② 지방자치단체 사무의 경우 　㉠ 주민의 청구: 20분의 1 이상 5분의 1 이하 범위 안에서 조례로 정하는 수 이상의 청구 　㉡ 지방의회 재적과반수 출석, 출석 3분의 2 이상의 찬성으로 주민투표 실시청구 　㉢ 지방자치단체장이 지방의회의 재적과반수 출석, 출석과반수 찬성으로 동의를 얻어
주민투표결과의 확정	주민투표권자 총수의 4분의 1 이상의 투표와 유효투표수 과반수의 득표로 확정된다.
주민투표결과의 효력	① 지방자치단체의 장 및 지방의회는 주민투표 결과 확정된 내용대로 행정·재정상의 필요한 조치를 하여야 한다.(O) ② 국가정책에 관한 주민투표결과 확정된 대로 조치를 취해야 한다.(✕) ③ 지방자치단체의 장 및 지방의회는 주민투표 결과 확정된 사항에 대하여 2년 이내에는 이를 변경하거나 새로운 결정을 할 수 없다. 	지방자치사무에 관한 주민투표	법적 구속력 있다. | 	국가정책에 관한 주민투표	법적 구속력 없다. 자문절차	

2. 조례제정·개정·폐지 청구권과 규칙제정 및 개정·폐지 의견

조례제정·개정·폐지 청구	① 조례로 정하는 주민(외국인 포함) 조례제정·개정·폐지 청구 - 지방의회 - 지방 의회의장 제출 - 1년 내 의결 ② 대의제 또는 대표제 지방자치를 보장하고 있을 뿐이지 주민발안에 대하여는 어 떠한 규정도 두고 있지 않다. ③ 조례제정·개폐청구권은 헌법이 보장하는 기본권인 참정권이라고 할 수는 없으 며, 입법자에게는 지방자치제도의 본질적 내용을 침해하지 않는 한도에서 제도 의 구체적인 내용과 형태의 형성권이 폭넓게 인정된다.
지방자치단체 규칙에 대하여 제정 및 개정·폐지 의견권	① 지방자치단체의 규칙이 상위법령이나 조례의 위임에 따라 주민의 권리·의무에 영향을 미치는 경우가 발생하나 규칙에 대한 주민의 제정 및 개정·폐지 의견제출 에 대한 처리가 미흡한 측면이 있었다. ② 주민은 권리·의무와 직접 관련되는 규칙에 대한 제정 및 개정·폐지 의견을 지방 자치단체의 장에게 제출할 수 있고, 지방자치단체의 장은 제출된 의견에 대하여 그 의견이 제출된 날부터 30일 이내에 검토 결과를 통보하도록 한다.

3. 감사청구권과 주민소송

감사청구권	① 지방자치단체장의 기관위임사무를 포함한 사무처리가 법령위반 또는 공익에 해를 주는 경 우: 18세 이상 주민 ➡ 주무부장관 or 시·도지사에게 감사청구 ➡ 60일 이내 감사 종료 ② 주민 감사청구를 사무처리가 있었던 날이나 끝난 날부터 2년 이내에 제기하도록 하던 것을 앞으로는 3년 이내에 제기할 수 있도록 제기기간을 연장한다.
주민소송	① 감사청구한 주민 1인으로 충분, 당해 지자체장을 피고로 행정법원에 주민소송을 제기 ② 반드시 감사청구 후, 주민소송 ③ 주민자격 상실, 사망 ➡ 소송절차중단, 대리인이 있는 경우에도 같다. ➡ 6월 내 수 계자가 없는 경우 소송종료 ④ 같은 사항에 대해 소송이 진행 중이면, 별도 소송제기 불가

4. 주민소환권

주민소환 의의	① 주민소환제: 지방자치제도의 본질(✕), 주민소환제를 도입해야 할 헌법상 의무는 없 음. 도입하지 않아도 위헌은 아님 ② 주민소환청구 사유 주민소환법에 규정 없음: 사법절차적 성격(✕), 정치적 성격(○)이 강함
주민소환 청구권자와 대상자	① 외국인: 소환권(○) ② 주민소환 대상자: 단체장, 지역구 지방의원, 교육감(○), 비례지방의원(✕), 국회의원 (✕), 대통령(✕)
주민소환 절차	① 주민소환투표 청구기간 제한: 임기개시일 1년이 경과하지 않은 경우, 임기만료일부터 1년 미만일 경우 등에도 주민소환청구할 수 없음 ② 주민소환투표 공고 - 투표결과 공표: 권한행사 정지(합헌) ③ 정족수: 주민소환투표권자 총수의 3분의 1 이상의 투표와 유효투표 총수 과반수의 찬성(합헌) ④ 주민소환으로 직을 상실한 자는 해당보궐선거에 후보자로 등록할 수 없다.

주민소환 판례	☑ 주민소환법 모두 합헌 ① 주민소환사유를 규정하지 않은 주민소환법 ② 주민소환투표청구를 위한 서명요청 활동을 '소환청구인서명부를 제시'하거나 '구두로 주민소환투표의 취지나 이유를 설명하는' 두 가지 경우로만 엄격히 제한하고 이에 위반할 경우 형사처벌하는 주민소환법

05 지방자치단체 기관

1. 국회의원과 지방의회의원 비교

구분	국회의원	지방의회의원
임기	4년	4년
면책 · 불체포 특권	○	×
자격심사	30인 이상의 청구로 재적 3분의 2로 무자격 결정	4분의 1 연서로 자격심사청구로 재적 3분의 2로 무자격 결정
제명	재적 3분의 2	재적 3분의 2
징계시 법원제소	×	○

2. 국회와 지방의회 회의 비교

구분	국회	지방의회
임시회	대통령 또는 재적 4분의 1 이상의 요구	지방자치단체의 장 또는 조례로 정하는 수 이상의 지방의회의원 요구
의사정족수	재적 5분의 1	재적 3분의 1
임시회 회기	30일 이내	조례로 정한다.
정기회 / 정례회	연 1회 정기회 100일 이내	연 2회의 정례회, 회기는 조례로
연간회의 일수 제한	없다.	조례로 정한다.

3. 의장과 부의장

선출 · 임기	① 지방의회는 지방의회의원 중에서 시 · 도의 경우 의장 1명과 부의장 2명을, 시 · 군 및 자치구의 경우 의장과 부의장 각 1명을 무기명투표로 선출하여야 한다. ② 의장과 부의장의 임기는 2년으로 한다.
의장 · 부의장 불신임 의결	불신임 의결은 재적의원 4분의 1 이상의 발의와 재적의원 과반수의 찬성으로 한다.
지방의회 사무직원 임명권	① 지방의회의 의장은 지방의회 사무직원을 지휘 · 감독하고 법령과 조례 · 의회규칙으로 정하는 바에 따라 그 임면 · 교육 · 훈련 · 복무 · 징계 등에 관한 사항을 처리한다. ② 구법인 지방의회 사무직원의 임용권을 지방자치단체의 장 임명은 합헌이었다.

4. 지방자치단체장

지방자치단체장	① 지방자치단체장의 3기 제한: 엄격한 심사(✗), 합리성 심사(○), 합헌 ② 폐지되는 지방자치단체의 장이 통합 창원시장 선거에 출마할 경우 폐지되는 지방자치단체장으로 재임한 기간을 포함하여 계속 재임이 3기에 한하도록 하는 명시적인 규정을 두지 아니한 입법부작위: 헌법상 의무 없음 ➜ 헌법소원대상 아님
지방자치단체장 권한대행	① 지방자치단체장이 금고 이상의 형의 선고를 받고 확정되지 않은 경우 부단체장이 권한대행을 하도록 한 지방자치법: 헌법불합치로 삭제됨 ② 부단체장 직무대행 　㉠ 궐위 　㉡ 공소제기된 후 구금상태에 있는 경우: 합헌 　㉢ 60일 이상 입원, 공소제기된 후 구금 　㉣ 당해 지방자치단체의 장 선거에 입후보 등록
선결처분권	지자체장, 지방의회 불성립 또는 의결 지체시 선결처분 ➜ 지방의회의 사후 승인 ➜ 승인을 받지 못한 경우 소급하여 효력 상실(✗), 그때부터 효력 상실(○)

5. 지방의회 의결에 대한 통제

지방의회 의결에 대한 통제	① 지방의회 의결에 대해 지자체장, '20'일 이내 재의요구, 주무부장관 또는 시·도지사 재의 요구지시로 지방자치단체장 재의요구 ➜ If ✗, 주무부장관 등 법원제소 ② 지방의회 재의결: 재적의원 과반수 출석에 출석의원 3분의 2 이상의 찬성 ③ 지방의회 재의결 ➜ 지방자치단체장 20일 이내 법령위반을 사유로 대법원에 제소 및 집행정지신청 or 주무부장관, 시·도지사가 제소지시, 직접제소, 집행정지신청 ④ 의결에 대한 재의요구사유: 지방의회의결이 월권 또는 법령위반, 공익에 해가 되거나 예산상 집행이 불가능하다고 인정될 때 ⑤ 재의결에 대한 대법원 제소사유: 법령위반(○), 공익에 해(✗) ⑥ 대법원 심리대상: 지방의회에 재의를 요구할 당시 이의사항으로 지적되어 재의결에서 심의의 대상이 된 것에 국한된다. ⑦ 재의결 일부만이 위법한 경우에도 대법원은 의결 전부의 효력을 부인

6. 지방자치단체 기관 간 권한쟁의 불허

지방자치단체 기관 간 권한쟁의	① 헌법 제111조 제1항 제4호는 지방자치단체 상호간의 권한쟁의에 관한 심판을 헌법재판소가 관장하도록 규정하고 있다. ② 지방의회의원과 지방의회의장, 지방의회와 지방자치단체의 장은 지방자치단체 상호간이 아니므로 권한쟁의심판의 문제가 아니다. ③ 경상남도 교육감과 경상남도 상호간의 권한쟁의심판은 '서로 상이한 권리주체 간'의 권한쟁의심판청구로 볼 수 없다. 시·도의 교육·학예에 관한 집행기관인 교육감과 해당 지방자치단체 사이의 내부적 분쟁과 관련된 심판청구는 헌법재판소가 관장하는 권한쟁의심판에 속하지 아니한다. ④ 기관위임사무의 집행권한의 존부 및 범위에 관하여 지방자치단체가 청구한 권한쟁의심판청구는 지방자치단체의 권한에 속하지 아니하는 사무에 관한 심판청구로서 그 청구가 부적법하다고 할 것이다.

06 지방자치단체의 권한

1. 지방의회의 조례제정권

조례제정의 대상: 사무	① 법령의 범위 안에서 그 사무: 자치사무(○), 단체위임사무(○), 기관위임사무(×) ② 자치사무, 단체위임사무: 자치조례대상(○). 법령의 위임이 없어도 조례를 제정할 수 있다. ③ 기관위임사무: 자치조례대상(×). 법령의 위임이 없으면 조례를 제정할 수 없으나 구체적 위임이 있으면 제정 가능하다.
조례제정의 대상: 주민의 권리 제한과 의무부과, 벌칙	① 주민의 권리 제한·의무부과·벌칙: 법률의 위임이 있어야 조례제정 ② 자치사무에 관한 정보공개조례는 알 권리를 제한하는 조례가 아니므로 법률이 제정되어 있지 않아도 제정할 수 있다. ☑ 상위법령이 제정되어 있지 않은 경우 자치사무에 관한 조례를 제정하는 것은 '법령의 범위 안에서'라는 헌법 제117조 제1항에 반하는 것으로 볼 수 있으므로 상위법령이 있어야 자치사무에 관한 것을 조례로 정할 수 있다.(×) ③ 학생인권조례안은 권리를 제한하는 조례안이 아니므로 법률유보원칙에 위배되지 않는다. ④ 조례로써 형벌 규율할 수 없다. 다만, 법률의 위임이 있으면 조례로써 형벌 규율할 수 있다. ⑤ 조례로써 과태료 부과할 수 있다.
법령우위원칙	① 법령보다 생활보호의 대상을 확대하는 조례 또는 3자녀 가정 양육비를 보조하는 조례는 법령에 반하지 않는다. ☑ 조례로 규율하고자 하는 특정사항에 관하여 국가의 법령이 이미 존재하는 경우에도 조례제정이 가능하다. ② 상위법령보다 더 높은 수준의 자동차등록기준을 정하는 조례는 상위법령에 반한다. ③ 기초자치단체의 조례는 광역자치단체의 조례를 위반해서는 아니 된다.
조례제정절차	제안(지방의회의원, 위원회, 지자체장, 교육감, 주민의 청구로, 지자체장) ➡ 지방의회 의결, 의장 5일 이내 이송 ➡ 지자체장 ➡ 재의요구: 20일(○), 일부·수정거부(×) ➡ 재의결: 재적의원 과반수 출석, 출석 3분의 2 이상 찬성 ➡ 당해 지자체장, 주무부장관, 시·도지사의 재의결에 대한 대법원 제소
조례에 대한 통제	① 항고소송: 조례가 처분성이 있는 경우에 한해 대상이 됨 ② 조례에 대한 항고소송의 피고: 지방자치단체의 장 또는 교육감, 두밀분교폐지 조례에 대한 피고는 교육감 ③ 헌법 제107조 제2항의 대상이 된다. ④ 헌법재판소법 제68조 제1항의 대상이 될 수 있다.
조례안 관련 대법원 판례	① 지방의회의원에게 유급보좌관을 두도록 하여 지방공무원의 총 정원을 증원하는 것을 내용으로 하는 조례안 재의결: 위법 ② 옴부즈맨을 집행기관의 장인 도지사 소속으로 설치하는 조례를 정하기 위해서는 헌법이나 다른 법령상에 별도의 설치근거가 있어야 하는 것은 아니다. 지방의회 사전동의는 적법하다. ③ 주민이 본회의 또는 위원회의 안건 심의 중 안건에 관하여 발언권을 인정하는 조례: 대표제원리에 정면으로 위반 ④ 소속 지방공무원을 파견하기 위해서는 지방의회의 동의를 얻도록 한 조례안: 위법

| 조례 관련
헌법재판소 판례 | ① 조례에 대한 법률의 위임은 법규명령에 대한 법률의 위임과 같이 반드시 구체적으로 범위를 정하여 할 필요가 없으며 포괄적인 것으로 족하다고 할 것이다.
☑ 기관위임사무 위임의 경우는 구체적 위임
② 담배자동판매기철거 관련 부천시 조례로 인하여 청구인들이 다른 지역의 주민들에 비하여 더한 규제를 받게 된 경우 이를 두고 평등권이 침해되었다고 볼 수는 없다.
③ 지방의회가 과세면제, 일부과세하려는 조례를 제정할 때 행정안전부장관의 허가를 얻도록 한 지방세법: 합헌 |

2. 자치행정권

구분	고유사무	단체위임사무	기관위임사무
법적 근거	헌법 제117조 제1항	지방자치법 제13조	지방자치법
의의	지방자치단체의 고유사무	지방자치단체에 위임된 사무	지방자치단체장에게 위임된 사무
국가감독종류	사후의 합법성만 감독 (소극적 감독)	사후의 합법성과 합목적성 감독	사전·사후감독
경비	지자체 전액 부담	위임단체라는 설과 국가·지자체 분담설	위임단체

> ⊕ PLUS **자치사무와 기관위임사무 구별 기준**
>
> 1. 법령상 지방자치단체의 장이 처리하도록 규정하고 있는 사무가 자치사무인지 기관위임사무에 해당하는지 여부를 판단함에 있어서는 그에 관한 법령의 규정 형식과 취지를 우선 고려하여야 할 것이다.
>
> 2. 지방선거사무는 지방자치단체의 자치사무에 해당하는바, 그 비용은 지방자치단체가 부담하여야 하므로 피청구인 국회가 공직선거법은 지방자치단체의 자치권한을 침해한 것이라고 볼 수 없다.

3. 교육자치권

| 내용 | ① '이중의 자치'의 요청으로 말미암아 지방교육자치의 민주적 정당성요청은 어느 정도 제한이 불가피하게 된다.
② '지방교육자치'는 '민주주의·지방자치·교육자주'라고 하는 세 가지의 헌법적 가치를 골고루 만족시킬 수 있어야만 하는 것이다.
③ 학기당 2시간 정도의 인권교육의 편성·실시는 지방자치법 제9조 제2항 제5호가 지방자치단체의 사무로 예시한 교육에 관한 사무로서 초등학교·중학교·고등학교 등의 운영·지도에 관한 사무에 속한다. |

4. 예산

예산의 편성 및 의결	① 지방자치단체의 장은 회계연도마다 예산안을 편성하여 시·도는 회계연도 시작 50일 전까지, 시·군 및 자치구는 회계연도 시작 40일 전까지 지방의회에 제출하여야 한다. ② 시·도의회는 제1항의 예산안을 회계연도 시작 15일 전까지, 시·군 및 자치구의회는 회계연도 시작 10일 전까지 의결하여야 한다.
지방의회 의결	① 지방의회는 지방자치단체의 장의 동의 없이 지출예산 각 항의 금액을 증가시키거나 새로운 비용항목을 설치할 수 없다. ② 지방자치단체의 장은 제1항의 예산안을 제출한 후 부득이한 사유로 그 내용의 일부를 수정하려면 수정예산안을 작성하여 지방의회에 다시 제출할 수 있다.

07 지방자치단체에 대한 국가적 통제

시정명령	① 단체위임사무: 지자체장의 처분·명령, 법령위반 또는 공익에 해 ➡ 주무부장관, 시·도지사 시정명령 ➡ 지자체장 이행 ✕ ➡ 주무부장관, 시·도지사가 처분 취소 또는 정지 ➡ 대법원 제소(✕) ② 자치사무의 경우에는 지자체장의 처분이 법령 위반된 경우에 한해, 주무부장관 또는 시·도지사의 시정명령, 처분의 취소·정지 ➡ 처분의 취소 또는 정지에 대해 지자체장, 15일 이내 대법원에 제소(○) ③ 법령 위반: 명시적 법령 위반 + 재량권 일탈·남용
구·시·군의 장 처분에 대한 시정명령	① 시·도지사가 시정명령, 취소·정지 ② 주무부장관은 시·도지사가 시정명령을 하도록 명할 수 있다. 　㉠ 주무부장관은 시·도지사가 시정명령을 하지 아니하면 시정명령, 취소·정지 　㉡ 시·도지사가 시정명령을 한 경우 시정명령, 취소·정지를 안 한 경우 주무부장관이 취소·정지
직무이행명령	① 지자체장, 기관위임사무 집행 명백히 게을리하고 있는 경우 　➡ 주무부장관 등 직무이행명령 ➡ 지자체장, 15일 이내 대법원 제소 ② 교육공무원 + 사립학교 교사 징계: 기관위임사무 ➡ 직무이행명령 가능
중앙행정기관의 자치단체 자치사무에 대한 감사	① 자치사무에 관한 중앙행정기관과 지방자치단체는 상하 감독관계에서 상호 보완관계로 변화되었다. ② 사전적·일반적 포괄적 감사권(✕), 한정적인 제한된 감사권(○) ③ 행정안전부장관이나 시·도지사는 지방자치단체의 자치사무에 관한 감사는 법령위반사항에 대하여만 실시한다. 따라서 합법성 감독(○), 합목적성 감독(✕) ④ 전반기·후반기 감사(✕), 법령위반사항을 감시하기 위한 감사(✕), 위법사항을 특정하지 아니한 감사(✕) ⑤ 법령 위반행위 확인되었거나 합리적 의심이 있는 경우 감사(○)

자치사무에 대한 감사	구분	합법성 감사	합목적성 감사
	중앙행정기관의 장	○	✕
	감사원	○	○

쟁점
026 군사제도

군사제도	① 군령은 군대 지휘 통솔권, 군정은 군행정업무 ② 군정과 군령을 통합하여 대통령과 국방부장관이 군대를 통할한다. 병정통합주의 (O), 병정분리주의(✕) ③ 현역군인: 국무총리·국무위원이 될 수 없다는 헌법규정은 있으나, 대통령이 될 수 없다는 규정은 없다.

2023 해커스공무원
황남기 헌법족보

제3편

기본권론

영국의 기본권 역사	① 마그나 카르타 ➡ 권리청원 ➡ 국민합의서 ➡ 인신보호률 ➡ 명예혁명 ➡ 권리장전 ➡ 미국버지니아헌법 ➡ 미국독립선언서 ➡ 미국헌법 ② 영국 인권 선언: 권리재확인, 절차적 보장 ⇔ 미국·프랑스 인권 선언: 천부적 인권 선언		
미국의 헌정사	① 버지니아 권리장전(1776년) ➡ 독립선언 ➡ 미연방헌법(1787년) ② 1787년 미연방헌법에 기본권 조항 없었음 ➡ 1791년 수정헌법에 기본권 규정 있음		
미국헌법에서 명문으로 규정되어 있는지 유무	명문으로 규정되어 있는 것	① 대통령 3선금지: 1787년 헌법에는 없었으나 제2차 세계 대전 이후 명문으로 규정되었다. ② 선거권 연령	
	명문으로 규정되어 있지 않은 것	① 의회의 국정조사 ② 위헌법률심사제 ③ 국가긴급권 ④ 대통령의 직선제 ⑤ 사회적 기본권과 사회국가원리 ⑥ 국기에 관한 것	
독일의 헌정사	프랑크푸르트헌법의 좌절(1848년~1849년) ➡ 비스마르크헌법(1871년, 외견적 입헌주의) ➡ 바이마르헌법(1919년) ➡ 독일기본법(1949년, 우리나라 제3차 개정헌법에 영향)		
	바이마르헌법	이원정부제	대통령직선	사회적 기본권	직접민주제 강화
	독일기본법	의원내각제	대통령간선	사회국가 원리	대의제 강화

쟁점
028 기본권과 제도적 보장

01 기본권의 본질

1. 법실증주의

법률 안의 자유, 기본권의 대국가 구속력 부정

2. 칼 슈미트의 자유주의 기본권 이론

전국가적 자연법적 권리, 국가에게 부작위를 청구하는 권리, 대사인적 효력을 설명하기에 어려움이 있다.

02 제도적 보장

판례	① 제도적 보장은 객관적 제도를 헌법에 규정하여 당해 제도의 본질을 유지하려는 것으로서, 헌법제정권자가 특히 중요하고도 가치가 있다고 인정되고 헌법적으로 보장할 필요가 있다고 생각하는 국가제도를 헌법에 규정함으로써 장래의 법 발전, 법 형성의 방침과 범주를 미리 규율하려는 데 있다. ② 기본권의 보장은 최대한 보장의 원칙이 적용되는 것임에 반하여, 제도적 보장은 기본권 보장의 경우와는 달리 그 본질적 내용을 침해하지 아니하는 범위 안에서 입법자에게 제도의 구체적인 내용과 형태의 형성권을 폭넓게 인정한다는 의미에서 최소한 보장의 원칙이 적용될 뿐인 것이다. ③ 직업공무원제도 / 지방자치제도는 헌법이 보장하는 제도적 보장 중의 하나임이 분명하므로 입법자는 직업공무원제도에 관하여 '최소한 보장'의 원칙의 한계 안에서 폭넓은 입법형성의 자유를 가진다.
제도적 보장의 성격과 본질적 내용의 결정	① 제도적 보장의 성격: 재판규범(○), 헌법소원청구(✗) ② 본질적 내용의 결정: 헌법으로(○), 입법으로(✗)
제도적 보장의 유형	<table><tr><td>보장병존형</td><td>사유재산권 + 사유재산제도</td></tr><tr><td>제도보장의 기본권수반형</td><td>선거권 + 선거제도, 교육을 받을 권리 + 교육제도</td></tr><tr><td>기본권의 제도종속형</td><td>복수정당제 + 정당의 자유</td></tr></table>

01 기본권의 법적 지위

기본권의 법적 성격: 구체적 권리	① 변호인과 상담조언을 구할 권리 ② 알 권리 ③ 물질적 생활에 필요한 급부청구권 ④ 초등학교 무상교육을 받을 권리
기본권의 법적 성격: 추상적 권리	① 중학교 무상교육을 받을 권리 ② 사회보장수급권, 산재보험수급권 ③ 환경권
소극적 권리와 적극적 권리	① 자유권: 소극적 권리 + 적극적 권리 ② 입법부작위로 침해되는 기본권: 주로 적극적 권리인 사회적 기본권, 청구권

02 기본권의 이중성

① 스멘트의 영향을 받은 헷세가 주장 ⇔ **칼 슈미트**: 이중성 이론 주장(✕)
② 주관적 공권과 객관적 질서 갈등관계(✕), 상호보완관계(○)
③ **양면성 인정 여부**: 우리 헌법 명문규정 없음. 다수설과 판례 긍정
④ **주관적 공권과 객관적 질서**

구분	주관적 공권	객관적 질서
기본권의 일차적 의미	○	✕
기본권의 대사인적 효력	✕	○

03 열거되지 않은 기본권

헌법 제37조 제1항의 열거되지 아니한 권리: 기본권	생명권, 자녀교육권, 개인정보자기결정권
헌법 제37조 제1항의 열거되지 아니한 권리에 해당하지 않는 것 (헌법상 기본권이 아닌 것)	① 평화적 생존권 ② 재정사용의 합법성과 타당성을 감시하는 납세자의 권리 ③ 주민투표권, 주민소환권, 주민권, 주민의 감사청구권 ④ 국가인권위원회의 조사를 받을 권리 ⑤ 국회구성권 ⑥ 국민의 입법권 ⑦ 통일에 관한 권리 ⑧ 육아휴직권 ⑨ 논리적이고 정제된 법률의 적용을 받을 권리

04 헌법소원과 기본권

헌법소원과 기본권	헌법소원은 기본권 침해를 전제로 한다.
기본권 침해주장과 직권 조사	헌법재판소의 심판에 있어서는 그 표시된 권리에 구애되는 것이 아니라 침해된 기본권과 침해의 원인이 되는 공권력의 행사를 직권으로 조사하여 판단할 수 있는 것이다.
기본권이 아님	헌법상의 원리나 헌법상 보장된 제도의 내용이 침해되었다는 사정만으로 바로 청구인의 기본권이 직접 현실적으로 침해된 것이라고 할 수 없다. ① 평화적 생존권 ② 국회구성권 ③ 국민의 입법권 ④ 육아휴직신청권 ⑤ '국가인권위원회의 공정한 조사를 받을 권리' ⑥ 주민투표권 ⑦ 지방자치단체 주민으로서의 자치권 또는 주민권 ⑧ 주민의 조례 제정·개폐청구권 ⑨ 주민소환권

05 기본권에 있어 독일과 우리나라 헌법의 규정상 차이

구분	독일기본법	우리 헌법
내국법인의 기본권 주체성 규정	○	×
기본권의 양면성·이중성 규정	○	×
기본권의 대사인적 효력 규정	단결권	헌법 제21조 제4항
기본권 법률유보조항	일반적 법률유보조항 × 개별적 법률유보조항 ○	일반적 법률유보조항 ○ 개별적 법률유보조항 ○
인간의 존엄과 가치 규정	○	○
행복추구권 규정	×	○
생명권 규정	○	×
급부청구권	×	○
환경	국가목표규정으로서 환경조항	환경권조항

06 기본권 포기

① **특정사건 부제소 합의**: 재판청구권 포기
② **앞으로 발생할 사건에 대한 일체의 소 포기**: 허용(×)
③ 기본권의 전면 포기, 생명권은 포기불가

01 보유능력과 행사능력

보유능력(주체능력)	① 기본권 보유능력(주체능력)을 가지면 행사능력을 가진다.(×) ② 기본권 행사능력과 민법상 행위능력 일치(×) ③ 기본권 행사능력, 민법상 성년기준(×) ④ 태아(○), 초기배아(×) ⑤ 아동과 청소년은 인간의 존엄성 및 행복추구권 주체가 된다.
헌법소원 청구능력	① 기본권의 주체가 될 수 있는 자만이 헌법소원을 청구할 수 있고, 이때 기본권의 주체가 될 수 있는 '자'라 함은 통상 출생 후의 인간을 가리키는 것이다. ② 정당평등권과 정당설립의 자유의 주체가 된다. 정당은 생명·신체의 안전권의 주체가 될 수 없다. ③ 한국영화인협회 단체의 구성원이 기본권을 침해당한 경우 단체가 구성원의 권리구제를 위하여 그를 대신하여 헌법소원심판을 청구하는 것은 허용될 수 없다. ④ 한국신문편집인협회 청구능력 인정 ⑤ 청구인 ○○중·상업고등학교는 헌법소원의 당사자능력이 인정되지 않는다. ⑥ 국가기관의 청구능력 공법인은 원칙적으로 기본권 주체가 될 수 없으므로 기본권 침해를 받았다는 이유로 헌법소원심판을 청구할 수 없다. ⑦ 강원대학교와 같은 국립대학교는 기본권의 주체이므로 헌법소원을 청구할 능력이 인정된다.

보유능력과 행사능력 비교	구분	보유능력	행사능력
	선거권	국민	18세 이상(법률)
	대통령 피선거권		40세 이상(헌법)
	국회의원 피선거권		18세 이상(법률)

02 외국인의 기본권 주체

외국인의 기본권 주체	① 외국인은 기본권 주체이므로 헌법소원청구를 할 수 있다. ② 입국의 자유(×), 선거권·공무담임권(×), 인간다운 생활을 할 권리(×) ③ 직업의 자유 　㉠ 국민의 권리가 아닌 인간의 권리로 보아야 할 것이므로 외국인도 제한적으로라도 직장 선택의 자유를 향유할 수 있다고 보아야 한다. 　㉡ 인류보편적 권리가 아니므로 국민의 권리이다. 　㉢ 외국인이 국내에서 누리는 직업의 자유는 법률 이전에 헌법에 의해서 부여된 기본권이라고 할 수는 없고, 법률에 따른 정부의 허가에 의해 비로소 발생하는 권리이다.

	④ 청원권(○), 재판청구권(○), 형사보상청구권(○)
	⑤ 국가배상청구권, 범죄피해자구조청구권은 상호주의하에서 인정
	⑥ 외국인의 근로권리 주체성
	   ⑤ 자유권, 일할 환경에 관한 권리(○)
	   ⑥ 사회적 기본권, 일할 자리에 관한 권리(×)
	⑦ 망명권: 대부분 헌법에 규정(×), 조약, 법률상 인정

불법체류 외국인	① 인간의 권리는 불법체류 여부와 무관하게 외국인에 인정된다. ② 신체의 자유, 주거의 자유, 변호인조력, 재판청구권은 인간의 권리이다.

03 법인의 기본권 주체성

법인의 기본권 주체성	① 법인이 아닌 사단·재단도 기본권 주체가 될 수 있다. ② 단체, 구성원의 권리침해를 이유로 헌법소원 청구(×)
법인의 기본권 주체성 인정 ○	① 신문편집인협회 ② 노동조합 ③ 상공회의소 ④ 법인 ⑤ 법인 아닌 사단·재단이라도 대표자가 있고 독립된 활동을 하면 주체가 된다. ⑥ 정당 또는 등록이 취소된 정당 ⑦ 영화인협회 ⑧ 대한예수교장로회 신학연구원 ⑨ 공법상 재단법인(방송문화진흥회)이 최다출자자인 방송사업자
법인의 기본권 주체성 인정 ×	① 영화인협회감독위원회 ② 인천전문대학 기성회 이사회

04 국가기관의 기본권 주체성

국가기관, 지방자치단체	① 국가나 국가기관 또는 국가조직의 일부나 공법인은 기본권의 '수범자(Adressat)'이지 기본권의 주체로서 그 '소지자(Trager)'가 아니다. ② 지방자치단체: 예외 없이 부정, 헌법소원 청구능력 부정 ③ 국회의원의 법률안 심의권·표결권·질의권 ➡ 기본권(×) ➡ 헌법소원 청구(×)
공법인의 기본권 주체성	원칙 부정, 예외 인정(서울대, 세무대, 강원대학교 인정)
대통령, 지방자치단체장	① 국민봉사자와 국가기관의 지위에서 대통령은 기본권 주체가 안 되나, 국민 또는 사인의 지위에서 기본권 주체가 되므로 언론의 자유 침해를 이유로 헌법소원 청구 가능 ② 지방자치단체장은 주민 봉사자로서 기본권 주체가 안 되나, 주민소환의 대상이 된 지방자치단체장은 공무담임권의 주체가 되어 헌법소원 청구 가능
공법인과 사법인의 지위를 모두 가진 법인의 기본권 주체성 인정 ○	① 축협중앙회(사법인적 성격도 있음) ② 학교안전공제회

국가기관의 기본권 주체성 인정 ×	① 농지개량조합 ② 국회노동위원회 ③ 교육위원 ④ 벌금 미납자의 신병에 관한 업무에 있어서 경찰공무원 ⑤ 국회의원 ⑥ 주택재개발정비사업조합인 청구인이 공법인의 지위에서 기본권의 수범자로 기능하는 경우

05 기본권 주체 정리

구분	외국인		법인	법인이 아닌 사단·재단
법실증주의	×		○	×
결단주의	○ 참정권, 사회적 기본권 부정		×	×
통합주의	스멘트	부정	○	○
	헷세	긍정		
헌법재판소 판례	○		○	○

쟁점
031 기본권의 효력

01 대국가적 효력

대국가적 효력 유무	법실증주의자인 켈젠과 엘리네크에 따르면 자유를 법률 안의 자유로 보아 기본권이 국가권력을 구속할 수 없었다. 그러나 국민주권하에서는 국민의 기본권은 모든 국가권력을 구속한다.
기본권이 미치는 국가권력	① 인간다운 생활을 할 권리는 모든 국가권력을 구속한다. ② 기본권은 공무수탁사인의 행위, 통치행위, 특별권력관계에서도 그 효력이 미친다. ③ 기본권은 권력적인 행위뿐 아니라 사법상 행위 또는 국고적 행위에도 그 효력이 미친다. ④ 국고적 행위는 사법상 행위이므로 헌법소원의 대상이 되는 공권력 행사가 아니다.
통치행위에 대한 기본권의 효력	① 통치행위일지라도 기본권을 침해하는 경우: 사법심사 가능 ② 긴급재정경제명령, 수도이전, 개성공단중단조치: 헌법소원심판청구 적법 ③ 이라크파병결정: 사법심사 불가

02 대사인적 효력

1. 배경

기본권의 대사인적 역사	① 근대입헌주의 시대에서부터(✕) 현대에 인정(○) ② 미국, 독일, 우리나라에서 인정 ③ 미국의 국가행위의제이론

2. 기본권 대사인적 효력 유무

간접적용되는 기본권	평등권, 사생활의 비밀과 자유, 통신의 비밀을 침해받지 않을 권리, 주거의 자유, 양심의 자유, 종교의 자유 등
직접적용되는 기본권	① 근로의 권리, 근로3권 ② 독일 헌법은 단결권의 대사인적 효력을 명문으로 규정하고 있으나 우리 헌법은 그렇지 않다.
사인 간에 적용되지 않는 기본권	국가배상청구권과 형사보상청구권, 범죄피해자구조청구권
대법원 판례	① 기본권 규정은 그 성질상 사법관계에 직접 적용될 수 있는 예외적인 것을 제외하고는 사법상의 일반원칙을 규정한 민법 제2조, 제103조, 제750조, 제751조 등의 내용을 형성하고 그 해석 기준이 되어 간접적으로 사법관계에 효력을 미치게 된다. ② 종교의 자유라는 기본권의 침해와 관련한 불법행위의 성립 여부도 사법의 일반규정을 통하여 사법상으로 보호되는 종교에 관한 인격적 법익침해 등의 형태로 구체화되어 논하여져야 한다.

01 경합

유사 · 부진정 경합	① 상업광고물 철거로 인한 영업의 자유와 예술의 자유 ② 이라크 파병결정 반대집회 해산에 있어서 집회의 자유와 근로3권 중에서 집회의 자유만 제한 ③ 성범죄자의 신상 등록과 공개는 개인정보자기결정권의 문제이지 인간다운 생활을 할 권리와 거주 · 이전의 자유 제한이 아니다. ④ 연안체험활동운영자 보험가입의무 ➡ 인간다운 생활을 할 권리와 계약의 자유는 유사 경합. 계약의 자유는 제한 ⑤ 변호사시험 응시 횟수 제한 ➡ 평등권 침해 문제는 발생하지 아니한다. ⑥ 비어업인 수산자원 포획금지. 직업의 자유를 직접 제한하는 것은 아니다. ⑦ 정신질환자 입원 요건. 정신질환자의 신체의 자유를 제한이나 개인의 자기결정권이나 통신의 자유에 대한 제한은 아니다. ⑧ 성폭력치료프로그램 이수명령, 신체의 자유를 제한한다고 볼 수 없다. ⑨ 형의 집행을 유예하면서 사회봉사를 명할 수 있도록 한 형법 ➡ 신체의 자유와 직업의 자유를 제한한다고 볼 수 없다. ⑩ 가산점적용대상자 선발예정인원의 30% 초과금지. 직업의 자유가 문제되지 않는다. 평등권이 문제가 된다. ⑪ 노인주거복지시설 신고의무 부과. 거주 · 이전의 자유나 인간다운 생활을 할 권리의 제한을 불러온다고 볼 수 없고 종교의 자유를 침해하는지 여부에 대한 문제로 귀결된다. ⑫ 일반음식점 영업소에 음식점 시설 전체를 금연구역으로 지정하여 운영하여야 할 의무를 부담시키는 것은 음식점 운영자의 직업수행의 자유를 제한하나, 재산권이 침해되는 것은 아니다. ⑬ 교도소 수형자, 허위사실 포함한 서신발송 금지: 언론의 자유(×), 통신의 자유(○)

기본권 경합 해결이론	① 제한 정도가 서로 다른 기본권이 경합하는 경우
	   ㉠ 최강효력설: 제한가능성과 제한정도가 가장 작은 기본권 적용
	   ㉡ 최약효력설: 제한가능성이 큰 기본권 적용
	② 특별 기본권 우선: 공무담임권과 직업의 자유경합시 공무담임권 적용, 통신 비밀 + 사생활 비밀 경합시 통신 비밀, 직업의 자유와 행복추구권(일반적 행동의 자유) 경합시 직업의 자유
	③ 사안과 가장 밀접한 관계가 있는 기본권: 음란 · 저속한 간행물출판사 등록취소로 언론 · 출판의 자유, 직업의 자유, 재산권 경합시 언론 · 출판의 자유, 양심의 자유와 종교의 자유 경합시 양심의 자유

경합의 해결	① 변호사 시험 응시 횟수 제한: 직업의 자유 중심으로 판단 ② 법무법인 구성원 변호사 채무연대책임 ➡ 직업선택의 자유와 결사의 자유를 제한하나, 재산권을 침해하는지 여부를 중심으로 판단 ③ 양심적 병역거부는 양심의 자유 침해 여부를 중심으로 판단 ④ 학교정화구역 내 극장금지에 대해 직업의 자유를 중심으로 언론·출판의 자유와 예술의 자유 침해 여부도 부가적으로 판단 ⑤ 방송광고 판매대행: 직업과 계약의 자유 중 직업수행의 자유 침해를 중심으로 판단 ⑥ 임대차 존속기간 제한: 재산권과 계약의 자유 중 계약의 자유를 중심으로 판단 ⑦ 인터넷 신문 5인 이상 고용: 직업의 자유보다는 언론의 자유 직접 제한 ⑧ 학사학위 취득을 법학전문대학원 입학요건: 직업의 자유 침해 여부를 중심으로 판단 ⑨ 고졸검정고시 또는 고등학교 입학자격 검정고시에 합격했던 자는 해당 검정고시에 다시 응시할 수 없도록 응시자격을 제한한 전라남도 교육청 공고 ➡ 교육을 받을 권리를 침해하는지 여부를 판단 ⑩ 금치처분을 받은 수용자 집필금지: 표현의 자유를 침해하는지 여부를 중심으로 판단 ⑪ 정신질환자 입원 요건: 신체의 자유 침해 여부 판단, 자기결정권과 통신의 자유는 부수적 제한 ⑫ 형제자매에게 가족관계증명서 발급: 개인정보자기결정권 판단(O), 인간의 존엄과 가치, 행복추구권, 사생활의 비밀과 자유 별도 판단(✕) ⑬ 안경사 법인 안경점 개설금지: 직업의 자유 침해 여부만 심리

02 충돌

1. 충돌의 의의

문제의 발생	① 사인에 의한 침해 ② 낙태는 자기결정권과 생명권의 직접적 충돌로 보기는 어렵다.
충돌의 이론적 배경	양면성 이론(O), 국가로부터 자유(✕)
유사충돌	① 연극배우가 예술의 자유를 주장하면서 타인의 생명을 빼앗은 경우 ② 예술가가 타인의 종이를 절취하여 그림을 그린 후 예술의 자유를 주장하는 경우 예술의 자유와 피해자의 재산권 ③ 타인의 물건을 훔친 도둑이 자신의 절도행위를 행복추구권 행사라고 주장하는 경우 도둑의 행복추구권과 피해자의 재산권

2. 경합과 충돌 비교

구분	기본권 경합	기본권 충돌
기본권의 주체	단수	복수
기본권의 종류	다른 기본권, 반드시 상이한 기본권이어야 한다.	다른 기본권 간에도 발생하나, 동일한 기본권 간에도 발생한다.
기본권 침해 주체	국가	사인
기본권의 효력	대국가적 효력	대사인적 효력과 대국가적 효력
해결방법	최강효력설, 최약효력설	법익형량, 규범조화적 해석, 규범영역분석이론, 수인한도론

3. 충돌의 해결

해결이론	① 두 기본권이 충돌하는 경우 그 해법으로는 기본권의 서열이론, 법익형량의 원리, 실제적 조화의 원리(= 규범조화적 해석) 등을 들 수 있다. 헌법재판소는 기본권 충돌의 문제에 관하여 충돌하는 기본권의 성격과 태양에 따라 그때그때마다 적절한 해결방법을 선택, 종합하여 이를 해결하여 왔다. ② 법익형량: 기본권 간 위계질서 전제, 상위기본권우선원칙(존엄성, 생명권), 인격권 우선, 자유권 우선원칙 ③ 규범조화적 해석: 과잉금지, 공평한 제한, 대안식 해결, 최후수단억제성 이론

구체적 해결	① 유사충돌: 규범조화적 해석과 법익형량 적용 ✕
	② 진정한 충돌
	  ㉠ 양립가능: 규범조화
	  ㉡ 양립불가: 법익형량, 구체적 이익형량(○), 추상적 이익형량(✕)
	  ㉢ 기본권 충돌시 조정이 불가능한 경우도 있다.

4. 법익형량과 규범조화적 해석 비교

구분	법익형량	규범조화적 해석
기본권 간의 위계질서 전제	○	✕
해결이론	① 상위 기본권 우선 ② 생명권, 존엄성 우선 ③ 자유권과 인격권 우선 원칙	① 과잉금지 ② 대안식해결 ③ 최후수단억제성

사례	① 공중시설 흡연금지사건
	  ㉠ 흡연권은 사생활의 자유에서 보호
	  ㉡ 혐연권(상위기본권인 생명권)과 흡연권 충돌: 상위기본권 우선원칙 적용
	  ㉢ 흡연권은 혐연권을 침해하지 않는 한도 내에서 인정
	② 근로자의 단결하지 아니할 자유와 노동조합의 적극적 단결권 충돌
	③ 교사의 수업권과 학생의 수학권이 충돌한 경우 수업권을 내세워 수학권을 침해할 수 없다.
		① 정정보도청구사건: 표현의 자유와 인격권
		② 근로자의 단결선택권과 노동조합의 적극적 단결권 충돌
		③ 교원의 개인정보 자기결정과 학부모의 알 권리: 규범조화적 해석
		④ 종교학교법인과 학생의 종교의 자유: 규범조화적 해석
		⑤ 친생부모와 친양자가 될 자의 기본권 충돌
		⑥ 이화학당전형계획인가에서 대학의 자율성과 학생의 직업선택의 자유
		⑦ 낙태금지(우리나라)
		⑧ 채권자의 재산권과 채무자의 계약의 자유

기본권 보호영역	① 헌법해석을 통해 보호영역 확정 ② 구체적 상황에서 기본권 확정	
내재적 한계이론	① 독일: 일반적 법률유보조항(✕) ➡ 법률유보 없는 기본권(○) ➡ 내재적 한계 ② 독일의 내재적 한계이론: 3한계 이론, 개념내재적 한계이론, 국가공동체유보이론, 규범조화를 위한 한계이론(○), 3단계 이론(✕), 특별희생이론(✕) ③ 우리나라 학설: 내재적 한계이론 부정적 ④ 우리나라 판례: 내재적 한계이론 인정	
헌법에 의한 기본권 제한	① 우리 헌법: 일반적 헌법유보조항(✕), 개별적 헌법유보조항(○) ② 현행헌법에 의한 기본권 제한유형: 언론·출판의 자유(제21조 제4항), 재산권(제23조 제2항), 국가배상청구권(제29조 제2항), 노동3권(제33조 제2항), 정당의 활동과 목적(제8조 제4항)	
법률유보에 의한 기본권 제한	① 법률유보조항	
	일반적 법률유보조항	헌법 제37조 제2항
	개별적 법률유보조항	헌법 제12조 등
	② 법률유보 유형	
	자유권	제한적 법률유보
	헌법 제23조 제1항 재산권 조항	형성적 법률유보
	헌법 제27조 제5항 형사피해자의 재판절차진술권	형성적 법률유보

법률유보
순기능과 역기능
	① 법률유보 순기능: 행정부와 사법부에 의한 기본권 침해방지
	② 법률유보 역기능
	  ㉠ 입법부에 의한 기본권 침해
	  ㉡ 일반적 법률유보 ➡ 개별적 법률유보, 헌법유보	

국가긴급권에 의한 제한	① 긴급명령, 긴급재정경제명령: 헌법에 제한할 수 있는 기본권 유형, 규정 없다. ② 비상계엄: 헌법 제77조 제3항에 제한할 수 있는 기본권 유형, 규정되어 있다.	

01 법률유보

기본권 제한의 형식상 한계: 법률유보	① 기본권 제한의 법률유보: 법률에 의한 규율보다는 법률에 근거한 규율을 요청한다. ② 형식적 의미의 법률 + 법규명령, 규칙, 조례 등 실질적 의미의 법률 ③ 조약으로도 기본권을 제한할 수 있다. ④ 기본권을 제한하는 법률은 일반적 · 추상적 법률이어야 한다. ➡ 처분적 법률금지 ⑤ 처분적 법률로 기본권 제한은 원칙(✗) 예외(〇)
처분적 법률의 종류	개별인 법률, 개별사건법률, 한시법률
처분적 법률의 특성	특정사건(〇), 불특정사건(✗)
처분적 법률이 아닌 것	① 보안관찰처분대상자에게 출소 후 신고의무 부과하는 법률 ② 신행정수도 후속대책을 위한 연기 · 공주지역 행정중심복합도시 건설을 위한 특별법 ③ 친일반민족행위자 재산의 국가귀속에 관한 특별법
대표적인 처분적 법률	① 후임자의 임명으로 공무원의 직위를 상실하도록 한 국가보위입법회의법 ② 헌정질서파괴범죄에 대한 공소시효 진행정지를 규정한 5 · 18특별법 ③ 이명박 주가조작 특별검사법 ④ 연합뉴스를 국가기관 뉴스통신사로 하고 국가가 재정지원을 하도록 한 법 ⑤ 세무대 폐지법률
처분적 법률 허용 여부	① 처분적 법률을 금지하는 명문규정은 없다. ② 특정 규범이 처분적 법률에 해당한다고 하여 헌법에 위반된다고 할 수 없다. 처분적 법률이 합리적 이유가 있는지 판단해야 한다.
처분적 법률통제	위헌법률 심판대상(〇), 헌법소원 심판대상(〇)

02 기본권 제한의 목적상 한계

국가안전보장, 질서유지, 공공복리	① 국가안전보장: 제7차 개정헌법(1972년 헌법, 제4공화국 헌법) ② 충효정신을 기반으로 한 농경중심의 가부장적, 신분적 계급사회 유지는 혼인에 관한 국민의 자유와 권리를 제한할 사회질서나 공공복리에 해당될 수 없다. 따라서 동성동본혼인금지는 헌법 제37조 제2항에 위반된다.

03 기본권 제한의 방법상 한계

과잉금지원칙	① 비례원칙: 경찰행정법에서 유래 ➡ 헌법상 원칙으로 발전 ② 과잉금지원칙: 가장 효율적 수단 요구(✕) ③ 침해의 최소성의 관점에서 우선 기본권을 적게 제한하는 기본권 행사의 방법에 관한 규제로써 공익을 실현할 수 있는가를 시도하고 이러한 방법으로는 공익의 달성이 어렵다고 판단되는 경우에 비로소 그 다음 단계인 기본권 행사 여부에 관한 규제를 선택해야 한다. ④ 입법자가 임의적 규정으로도 법의 목적을 실현할 수 있는 경우에 구체적 사안의 개별성과 특수성을 고려할 수 있는 가능성을 일체 배제하는 필요적 규정을 둔다면, 이는 비례의 원칙의 한 요소인 '최소침해성의 원칙'에 위배된다. ⑤ 법익균형성: 공익 > 사익 ⑥ 과잉금지원칙은 입법작용뿐 아니라 행정·사법작용에도 적용된다. ⑦ 헌법 제37조 제2항: 수권규정 + 기본권 제한입법의 한계규정 ⑧ 본질적 내용침해가 아니더라도 과잉금지원칙에 위배되면 위헌 ⑨ 목적의 정당성, 방법적정성, 최소성, 법익균형성, 어느 하나라도 저촉되면 위헌(○), 모두에 저촉되어야 위헌(✕) ⑩ 과잉금지원칙: 목적달성에 유일한 수단선택 요구(✕), 여러 수단·조치를 병과(○)
과잉금지원칙 적용	① 기본권을 제한하는 입법에 적용 　㉠ 직업의 수행의 자유, 상업광고금지에도 적용. 다만, 적용강도는 완화됨: '피해의 최소성' 원칙은 같은 목적을 달성하기 위하여 달리 덜 제약적인 수단이 없을 것인지 혹은 입법목적을 달성하기 위하여 필요한 최소한의 제한인지를 심사하기보다는 '입법목적을 달성하기 위하여 필요한 범위 내의 것인지'를 심사하는 정도로 완화되는 것이 상당하다. 　㉡ 객관적 사유에 의한 직업선택의 자유 제한: 헌법 제37조 제2항이 요구하는바 과잉금지의 원칙, 즉 엄격한 비례의 원칙이 그 심사척도가 된다. ② 대학교원 교원노조법 적용배제 　㉠ 국공립대 교원: 과잉금지원칙 적용 안 함. 입법형성권 일탈 여부 　㉡ 교육공무원이 아닌 대학교 교원: 과잉금지원칙 적용 ③ 보상금 등의 지급결정은 신청인이 동의한 때에는 민주화운동과 관련하여 입은 피해에 대하여 민사소송법의 규정에 의한 재판상 화해가 성립된 것으로 간주하는 민주화보상법 　㉠ 재판청구권: 입법형성권 일탈 여부, 형성적 법률이므로 　㉡ 국가배상청구권: 과잉금지원칙 적용, 제한적 법률이므로 ④ 대학 교원을 교육공무원 아닌 대학 교원과 교육공무원인 대학 교원으로 나누어, 각각의 단결권에 대한 제한이 헌법에 위배되는지 여부에 관하여 살펴보기로 하되, 교육공무원 아닌 대학 교원에 대해서는 과잉금지원칙 위배 여부를 기준으로, 교육공무원인 대학 교원에 대해서는 입법형성의 범위를 일탈하였는지 여부를 기준으로 나누어 심사하기로 한다.

목적이 정당하지 않은 것	① 사기죄 피의자 수사과정 촬영 허용 ② 긴급조치 제1호 ③ 변호인 후방착석 요구 ④ 혼인빙자간음죄 ⑤ 재외국민, 선거권과 피선거권 부정 ⑥ 사립대학 교원, 교원노조가입금지 ⑦ 동성동본혼인금지
목적은 정당하나 방법이 적정하지 않은 것	① 제대군인가산점 ② 공무원과 사립교원 재직 중 사유로 퇴직금 제한 ③ 변호사 개업지 제한 ④ 경비업 외 영업금지 ⑤ 자도소주구입강제제도 ⑥ 미결구금일수를 형기에 포함할 것인지를 법관의 재량에 맡긴 형법 ⑦ 변호사시험 성적 비공개 ⑧ 정당 후원회 금지 ⑨ 대리인이 변호사의 수용자에 대한 접견신청에 소송 계속의 소명할 수 있는 자료제출요구 ⑩ 간통죄
목적과 방법은 적정, 최소성원칙 위반	① 국가유공자 가족 가산점 10% ② 양심적 병역거부를 인정하지 않은 병역법 제5조의 병종조항 ③ 자기낙태죄 ④ 의석이 없고 100분의 2 미만 득표한 정당 등록취소 ⑤ 국회, 법원, 총리공관, 대통령관저 100미터 이내 옥외집회금지 ⑥ 청원경찰, 근로3권 부정 ⑦ 주민등록변경을 허용하지 않은 주민등록

04 기본권 제한 입법의 내용상 한계(본질적 내용 침해금지)

1. 연혁: 제3차 ➡ 제7차 삭제 ➡ 제8차

2. 절대설이 일반적이나, 사형제도와 같은 판례는 상대설을 취했다.

05 이중기준원칙

구분	경제적 기본권을 제한하는 법률	정치적 자유권을 제한하는 법률
합헌성 추정	○	합헌성 추정배제 / 위헌성 추정
위헌심사기준	완화된 심사기준	엄격한 심사기준
입증책임	위헌이라고 주장하는 자 (사인, 법원)	합헌이라고 방어하는 자 (입법부, 행정부)
합헌적 법률해석의 범위	>	

울레	기본관계	법치주의 적용(○)	
	경영수행관계	법치주의 적용(×)	

고전적 특별권력관계와 현대적 특별권력관계 비교	구분	고전적 특별권력관계	현대적 특별권력관계
	법치주의 적용	×	○
	법률유보	×	○
	기본권 제한하는 공권력 행사 사법심사	×	○

특별권력관계에서 기본권 제한	① 특별권력관계가 강제적으로 성립된 경우: 헌법에 근거 또는 헌법이 전제 ② 특별권력관계가 합의로 성립된 경우: 법률에 근거
헌법에 의하여 제한되는 기본권	① 공무원의 노동3권 ② 군인·군무원·경찰공무원의 배상청구권 ③ 군인·군무원의 군사재판을 받지 않을 권리 ④ 군인의 공무담임권: 군인은 현역을 면한 후가 아니면 국무총리와 국무위원으로 임명될 수 없다(헌법 제86조 제3항, 제87조 제4항). ⑤ 헌법재판소 재판관과 중앙선관위원의 정당가입의 자유 및 정치활동의 자유
법률에 의하여 제한되는 기본권	① 공무원의 정당가입 및 정치활동제한, 공직선거에 공무원의 입후보가 제한되어 피선거권이 제한된다(공직선거법 제53조). ② 공무원은 선거운동이 금지되어 표현의 자유가 제한된다(공직선거법 제60조). ③ 군인의 거주·이전의 자유가 제한되어 있다. ④ 공무원은 공무원법상 영리적 활동을 할 수 없으므로 직업의 자유를 제한받는다. ⑤ 또한 군인, 공무원은 집단적 청원과 직무관련 청원을 할 수 없다.
공무원이라 하여 특별히 제한되지는 않는 기본권	공무원은 선거권, 종교의 자유, 양심의 자유는 특별히 제한받지는 않는다.
사법적 통제	① 국·공립학교의 학생에 대한 징계: 항고소송 대상(○) ② 군인이 상관의 지시와 명령에 대하여 헌법소원 등 재판청구권을 행사하는 것이 군인의 복종의무에 위반된다고 할 수 없다.

036 기본권 보호의무

01 의의

침해자	기본권 보호의무란 기본권적 법익을 기본권 주체인 사인에 의한 위법한 침해 또는 침해의 위험으로부터 보호하여야 하는 국가의 의무를 말한다.
보호의무 문제인 것	① 동물 장묘업의 지역적 등록제한사유를 불충분하게 규정한 동물보호법 ② 일정한 한약서에 수재된 처방에 해당하는 품목의 한약제제를 안전성·유효성 심사대상에서 제외한 식품의약품안전처고시 ③ 국가의 기본권 보호의무로부터 국가 자체가 불법적으로 국민의 생명권, 신체의 자유 등 기본권을 침해하는 경우 그에 대한 손해배상을 해 주어야 할 국가의 작위의무가 도출된다고 볼 수 있다.
보호의무의 문제가 아닌 것	① 국가의 주방용오물분쇄기 사용금지 ② 지뢰피해자 지원에 관한 특별법

02 보호의무 위반 여부 심사기준

① 국가의 기본권 보호의무를 입법자가 어떻게 실현하여야 할 것인가 하는 문제는 입법자의 책임범위에 속한다.
② 최대한 입법요구(×), 최소한 입법요구(○)
③ **심사기준**: 과소보호금지(○), 과잉금지(×)
④ **보호의무 심사**: 적절하고 효율적인 최소한(○), 최대한(×)의 보호조치를 취했는가 하는, 이른바 과소보호금지원칙(○), 과잉금지원칙(×)의 위반 여부를 기준으로 삼는다.
⑤ **보호의무 위반 여부 심사**: 입법부작위 또는 재량 명백히 일탈에 한해 위헌, 명백성 심사(○), 엄격한 심사(×)

03 보호의무 위반 여부

보호의무 위반인 것	① 위안부 피해구제를 위한 외교적 행위부작위 ② 원폭 피해자 피해구제를 위한 외교적 행위부작위 ③ 선거운동에서 확성기 소음을 규제하지 아니한 공직선거법 제216조
교통사고처리 특례법 판례	① 10대 중과실이 아닌 교통사고 + 종합보험가입 ➡ 검사, 공소를 제기할 수 없다. ② 보호의무 위반 아님 ③ 피해자가 중상해를 입은 경우 재판절차진술권, 평등권 침해

보호의무 위반 아닌 것	① 미국산 쇠고기 및 쇠고기 제품수입위생조건을 완화하는 고시 ② 살아서 출생하지 못한 태아에 대해 손해배상청구권을 부정하는 민법: 태아를 위하여 민법 상 일반적 권리능력까지도 인정하여야 한다는 헌법적 요청이 도출되지는 않음 ③ 외국의 대사관저에 대하여 강제집행을 할 수 없다는 이유로 집달관이 청구인의 강 제집행의 신청 접수를 거부하여 강제집행의 불가능하게 된 경우 국가의 보상입법 을 통해 보호할 의무가 인정될 수 없다. ④ 일반인의 방사선 피폭선량 한도를 정한 원자력안전법 시행령 ⑤ 담배의 제조 및 판매를 금지하지 아니한 담배사업법 ⑥ 원자력발전소 건설을 내용으로 하는 전원개발사업 실시계획에 대한 승인권한을 산업통상자원부장관에게 부여하고 있는 전원개발촉진법 ⑦ 방사선 환경영향평가에서 중대사고로 인한 영향을 평가대상에서 제외한 원자력 이용시설 방사선환경영향평가 작성규정 ⑧ 일정한 한약서에 수재된 처방에 해당하는 품목의 한약제제를 안전성·유효성 심 사대상에서 제외한 식품의약품안전처고시 ⑨ 산업단지의 지정권자로 하여금 산업단지계획안에 대한 주민의견청취와 동시에 환 경영향평가서 초안에 대한 주민의견청취를 진행하도록 한 구 산업단지 인·허가 절차 간소화를 위한 특례법 ⑩ 환경영향평가 대상사업의 사업자로 하여금 환경영향평가를 실시하기 위한 환경보 전목표를 설정함에 있어 환경정책기본법 제10조에 따른 환경기준을 참고하도록 한 구 환경영향평가법

입법에 의한 침해와 구제	① 법률에 의한 기본권 침해: 위헌법률심판, 헌법소원
	② 명령에 의한 기본권 침해: 명령규칙심사, 헌법재판소법 제68조 제1항의 헌법소원
	③ 입법부작위에 의한 기본권 침해: 헌법재판소법 제68조 제1항의 헌법소원
입법부작위 위헌확인	① 조선철도주식회사 보상입법부작위
	② 치과전문의 시험실시에 대한 입법부작위
	③ 노동부장관의 평균임금입법부작위
	④ 군법무관 보수 관련 대통령의 입법부작위
	⑤ 노동3권이 허용되는 사실상 노무에 종사하는 지방공무원의 범위 관련 조례입법부작위
	⑥ 국군포로법에서 위임한 등록포로 등 예우에 관한 사항을 규정하지 아니한 대통령령 입법부작위
	☑ 국회의원 선거구입법부작위: 입법할 의무 있음, 권리보호이익 없음
집행권에 의한 기본권의 침해와 구제	① 행정심판, 항고소송
	② 헌법재판소법 제68조 제1항의 헌법소원
	③ 국민권익위원회
	㉠ 국무총리 소속(○)
	㉡ 국민권익위원회: 권고(○), 처분취소(✕), 취소요구(✕)
사법권에 의한 침해와 구제	① 심급제: 상소, 항고
	② 헌법소원: 법원의 재판은 헌법소원대상에서 제외

쟁점
038 국가인권위원회

국가인권위원회의 구성	① 국가인권위원회: 헌법상 기관(✗), 권한쟁의 당사자(✗), 대통령 소속(✗) ② 위원회 구성: 11인(국회 4, 대통령 4, 대법원장 3) ➡ 위원장과 상임위원 3명만 정무직 공무원 ③ 위원은 특정 성(性)이 10분의 6을 초과하지 아니하도록 해야 한다. ④ 위원: 발언과 의결에 관하여 고의·과실이 없으면 민·형사상 책임지지 않음 ⑤ 인권위원회 위원은 퇴직 후 2년간 교육공무원이 아닌 공무원으로 임명되거나 선거에 입후보할 수 없도록 한 국가인권위원회법은 공무담임권을 침해한다.
국가인권위원회의 결정	① 현존하는 차별을 없애기 위하여 특정한 사람을 잠정적으로 우대하는 행위와 이를 내용으로 하는 법령의 제정·개정 및 정책의 수립·집행은 평등권 침해의 차별행위로 보지 아니한다. ② 성희롱 행위: 차별행위(○) ③ 인권위원회의 성희롱결정은 항고소송의 대상이 된다. ④ 인권위원회의 각하·기각결정은 항고소송의 대상이 되므로 바로 헌법소원심판을 청구할 수 없다. ⑤ 청원권 침해를 조사대상에서 제외하여 진정사건을 각하결정한 인권위원회결정은 인간의 존엄과 가치를 침해한다고 할 수 없다.

국가인권위원회의 조사	① 인권위원회조사: 진정에 의한 조사와 직권조사
	② 진정
	  ㉠ 인권을 침해당하지 않은 제3자나 단체, 외국인도 진정 가능: 원고적격 또는 자기관련성 요하지 않음
	  ㉡ 진정에 따라 조사할 수 있는 인권
	<table><tr><td>진정할 수 있는 인권</td><td>헌법 제10조부터 제22조</td></tr><tr><td>진정할 수 없는 인권</td><td>• 재산권
	• 선거권
	• 공무담임권
	• 청구권
	• 사회적 기본권</td></tr></table>
	  ㉢ 국회의 입법, 법원과 헌법재판소 재판에 의해 인권이 침해당한 경우: 진정 불가(합헌)
	  ㉣ 사적 단체와 사인에 의한 평등권 침해시, 진정에 따른 조사 가능

국가인권위원회의 권한	① 위원회는 재판이 계속 중인 경우 법원 또는 헌법재판소의 요청이 있거나 필요하다고 인정할 때에는 의견을 제출할 수 있다. ② 인권 침해시 권고(○), 요구(✗), 시정명령(✗), 징계(✗) ③ 인권위원회: 수사기관(✗), 체포·구속·압수·수색(✗) ④ 조사·조정·심의: 비공개 ⑤ 위원회는 피해자의 권리 구제를 위하여 대한법률구조공단에 법률구조를 요청할 수 있으나, 피해자의 명시한 의사에 반하여 할 수 없다. ⑥ 국가인권위원회 정족수: 재적과반수 찬성

의의	① 독일 헌법 ➡ 제5차 개정헌법 ② 헌법재판소: 구체적 권리로 인정 ➡ 헌법소원 청구 가능 ③ 인간의 존엄과 가치: 이념적 출발점 ④ 평등: 방법적 기초
주체	① 외국인(○), 법인(✕) ② 법인, 인격권 주체(○) ③ 행사할 능력 전제(✕) ④ 사자: 존엄성(✕). 다만, 유언, 시체 해부(○)
인간의 존엄과 가치의 제한	① 인간의 존엄과 가치: 제한(✕), 동의하면 제한(✕), 국가긴급권으로 제한(✕), 포기 (✕) ② 인간의 존엄과 가치로부터 도출된 구체적 권리: 제한(○)
인격권에서 보호되는 것	① 명예 ② 1945년 8월 15일까지 조선총독부 중추원 참의로 활동한 행위를 친일반민족행위로 규정한 '일제강점하 반민족행위 진상규명에 관한 특별법'은 후손의 인격권을 제한 한다. ③ 초상권 ④ 태아의 성별 정보에 대한 접근을 국가로부터 방해받지 않을 부모의 권리: 성별고지금지는 인격권 침해(헌법불합치)
연명치료 중단	① 대법원: 소극적 안락사 인정, 추정적 의사를 기준으로 생명치료 중단도 가능하다. 환자의 의사추정은 객관적으로 이루어져야 한다. ② 헌법재판소, 연명치료 중단 입법부작위 헌법소원 각하 ㉠ 연명치료 중단할 권리: 자기결정권에서 보호 ㉡ 연명치료 중단에 관한 법률을 제정할 의무는 없다. ③ 자살할 권리는 인정되지 않는다. 연명치료 중단은 자살 아니다.
낙태죄 (헌법불합치)	① 자기결정권 제한, 심사기준은 과잉금지원칙 ② 임신한 여성의 자기결정권과 태아의 생명권의 직접적인 충돌을 해결해야 하는 사 안으로 보는 것은 적절하지 않다. ③ 목적과 방법의 적정, 최소성 위반 ④ 국가가 생명을 보호하는 입법적 조치를 취함에 있어 인간생명의 발달단계에 따라 그 보호정도나 보호수단을 달리하는 것은 불가능하지 않다. ⑤ 임신한 여성의 자기결정권과 태아의 생명권 대립: 추상적인 형량에 의하여 양자택일 방 식으로 선택된 어느 하나의 법익을 위해 다른 법익을 희생할 것이 아니라, 실제적 조화의 원칙에 따라 양 기본권의 실현을 최적화할 수 있는 해법을 모색하고 마련 할 것을 국가에 요청하고 있다. ⑥ 모자보건법에 사회적·경제적 사유 포함하고 있지 않다. ⑦ 독자적 생존 가능 이전에 사회적·경제적 사유에 의한 낙태 허용되어야 한다. ⑧ 자기낙태죄가 위헌이면 의사낙태죄도 위헌 ☑ **위헌결정의견**: 임신 제1삼분기는 사유제한 없이 낙태 허용

인격권 침해 인정 판례	① 미결수용자에게 구치소 밖에서 재판·수사과정에서 사복을 입게 하지 아니한 행위 　☑ 구치소 내 사복착용금지는 행복추구권 침해 아니다. 　☑ 재판에 출정할 때 운동화착용을 금지하는 것은 행복추구권 침해가 아니다. ② 형사재판의 피고인으로 출석하는 수형자에 대하여, 사복착용을 허용하는 형집행 　법 제82조를 준용하지 아니한 것은 공정한 재판을 받을 권리, 인격권, 행복추구권 　을 침해한다. 　☑ 민사재판의 당사자로 출석하는 수형자에 대하여, 사복착용을 허용하는 형집행법 제82 　　조를 준용하지 아니한 것은 합헌 ③ 유치장 내 화장실 설치 및 관리행위 ④ 신체과잉수색행위, 영장없이 체포된 피의자는 영장에 의해 체포된 미결수용자보다 　기본권 제한은 더 완화되어야 하며, 권리는 더욱 보호되어야 한다. ⑤ 1년 이상 계구사용행위 ⑥ 구치소 내 과밀수용행위 ⑦ 사기죄로 체포된 피의자 촬영허용행위: 목적이 정당하지 않다. ⑧ 무연고 시신을 생전 본인 의사와 무관하게 해부용 시체로 제공 ⑨ 친생부인의 소 제척기간을 출생을 안 날로부터 1년 이내로 제한 　☑ 친생부인의 소, 사유 안 날로부터 2년과 인지청구의 소 부모 사망한 날 1년을 제척기간 　　으로 정한 것: 행복추구권 침해 × ⑩ 동성동본 혼인금지 ⑪ 간통죄 ⑫ 일본군 위안부와 피해자에 대한 배상문제를 해결하기 위해 외교협상을 하지 아니 　한 부작위 ⑬ 방송통신위원회가 시청자에 대한 사과를 명령과 불공정한 보도했다는 이유로 언 　론사에 대해 사과문 게재명령
인격권 침해 부정 판례	① 청소년 성매수자 신상공개 ② 친일반민족행위결정은 유족의 인격권 제한 ○, 인격권 침해 × ③ 체약국의 요구가 있는 경우 항공운송사업자의 추가 보안검색인 촉수 검색행위하 　도록 한 국가항공보안계획 ④ 변호사에 대한 징계결정정보를 인터넷 홈페이지에 공개하도록 한 변호사법 ⑤ 범죄행위 당시에 없었던 위치추적 전자장치 부착명령을 출소예정자에게 소급 적 　용할 수 있도록 한 특정 범죄자에 대한 위치추적 전자장치 부착 등에 관한 법률 　부칙 ⑥ 교도소 수용거실에 조명을 켜 둔 행위 ⑦ 마약류사범에 대한 정밀 신체검사와 수용자를 교정시설에 수용할 때 수용자의 항 　문 부위에 대한 신체검사 ⑧ 단체가 규약에 따라 구성원을 피보험자로 하는 생명보험계약을 체결하는 경우 피 　보험자의 서면에 동의를 받지 않도록 한 상법

의의	구분	독일 헌법	우리 헌법
	생명권 규정	O	×
	사형제도 폐지	O	×

사형제도 판례	① 사형제도: 헌법명문규정(×), 간접적 근거(O) ② 생명권: 법률유보대상(O), 법률로 제한(O), 법적 평가 대상(O) ③ 생명권 제한 목적: 생명보호 + 공공이익
생명권 관련 판례	① 가석방이 불가능한 이른바 '절대적 종신형'이 아니라 가석방이 가능한 이른바 '상대적 종신형'만을 규정한 현행 무기징역형제도는 평등원칙에 반하지 않는다. ② 상관을 살해한 자에 대해 사형만을 규정한 군형법은 비례원칙에 반한다. ③ 태아: 기본권 주체 O, 초기배아: 생명권 주체 × ④ 잔여배아를 5년간 보존하고 이후 폐기하도록 한 생명윤리법 제16조 제1항·제2항이 배아생성자의 배아에 대한 결정권을 침해하지 않는다. ⑤ 잔여배아 처분권: 배아생성자의 권리

쟁점
041 행복추구권

01 의의와 보호영역

의의	① 로크, 미국 헌법 ➡ 우리나라 제8차 개정헌법 ② 주관적 권리, 헌소 청구(○) ③ 급부를 청구하는 사회적 기본권(✕), 포괄적 의미의 자유권(○)
내용	① 안전띠 매지 않고 운전할 자유 　㉠ 행복추구권(○) ➡ 안전띠 착용강제 ➡ 행복추구권 제한(○) ➡ 행복추구권 침해 　　는 아니다. 　㉡ 사생활 비밀과 자유 보호(✕), 양심의 자유(✕) ➡ 제한 아니다. ② 제한가능성: 인간의 존엄과 가치제한과 다르게 행복추구권 제한할 수 있음 ③ 행복추구권과 개별적 기본권 　㉠ 경합적 보장(✕) 　㉡ 행복추구권 우선보장(✕) ④ 행복추구권은 다른 기본권에 대한 보충적 기본권으로서의 성격을 지니므로, 공무 담임권이라는 우선적으로 적용되는 기본권이 존재하여 그 침해 여부를 판단하는 이상, 행복추구권 침해 여부를 독자적으로 판단할 필요가 없다.
인격발현권	① 과외교습금지는 자녀의 인격발현권 침해 ② EBS 교재를 70% 반영하겠다는 2018학년도 수능시행기본계획: 교육을 받을 권리 제한 이 아니라 인격발현권 제한임, 침해는 아님 ③ 학교폭력 학생에 대한 상한이 없는 출석정지 　㉠ 교육의 자유는 행복추구권에서 보호 　㉡ 학습의 자유 침해는 아님

02 행복추구권에서 보호되는지 여부

행복추구권에서 보호되는 것 (파생 ○)	① 일반적인 행동 자유권(➡ 계약의 자유) ② 유언의 자유 ③ 개성의 자유로운 발현권 ④ 자기운명결정권(➡ 성적 자기결정권) ⑤ 인간다운 생활공간에서 살 권리 ⑥ 하기 싫은 일을 강요당하지 아니할 권리 ⑦ 기부금품의 모집행위 ⑧ 하객들에게 주류와 음식물을 접대하는 행위 ⑨ 마시고 싶은 물을 자유롭게 선택할 권리 ⑩ 사적자치권 ⑪ 구속된 피의자 또는 피고인이 갖는 변호인 아닌 자와의 접견교통권

행복추구권에서
보호되는 것
(파생 O)
	⑫ 가치 있는 행동 + 가치 없는 생활방식, 취미·위험한 스포츠를 즐길 권리와 같은 위험한 생활방식으로 살아갈 권리
	⑬ 좌석안전띠를 매지 않고 운전할 자유
	⑭ 행복추구권에서 파생되는 자기결정권
	⑮ 일시·무상으로 과외하는 행위
	⑯ 의료행위를 지속적인 소득활동이 아니라 취미, 일시적 활동 또는 무상의 봉사활동으로 삼는 경우
	  ☑ 영리를 목적으로 하는 한방의료행위는 일반적 행동의 자유가 아니라 직업선택의 자유 문제이다.
	⑰ 담배흡연행위
	⑱ 개인이 대마를 자유롭게 수수하고 흡연할 자유
	⑲ 서울광장을 통행하거나 여가·문화활동의 자유로 사용하는 것
	⑳ 사회복지법인의 법인운영의 자유
	㉑ 자신이 속한 부분사회의 자치적 운영에 참여하는 것
	㉒ 부모의 분묘를 가꾸고 봉제사를 하고자 하는 권리
	㉓ 지역 방언
	㉔ 한자를 의사소통의 수단으로 사용하는 것
	㉕ 부모가 자녀의 이름을 지어주는 것
	㉖ 심야시간대에 인터넷게임
	  ☑ 대법원은 먹고 싶은 음식이나 음료를 선택할 수 있는 권리, 만나고 싶은 사람을 만날 권리, 오락적인 도박행위들도 행복추구권의 내용이라 한다.

행복추구권에서 보호되지 않는 것 (파생 ×)	① 현역병 복무 ② 공물을 사용·이용하게 해달라고 청구할 수 있는 권리 ③ 평화적 생존권 ④ 육아휴직신청권 ⑤ 대표기관을 선출할 권리와 그 선거에 입후보할 기회 ⑥ 복수국적을 누릴 자유 ⑦ 재외국민 특별전형과 같은 특정한 입학전형의 설계에 있어 청구인이 원하는 일정한 내용의 지원자격을 규정할 것을 요구하는 것 ⑧ 행복추구권은 국민이 행복을 추구하기 위하여 필요한 급부를 국가에게 적극적으로 요구할 수 있는 것을 내용으로 하는 것이 아니라, 국민이 행복을 추구하기 위한 활동을 국가권력의 간섭 없이 자유롭게 할 수 있다는 자유권으로서의 성격을 가지는바, 주민투표권 행사의 절차를 형성함에 있어서 투표일 현재 주소지에서 투표할 자유를 요구하는 것은 행복추구권의 보호범위에 포함된다고 볼 수 없다(2013.7.25, 2011헌마676). ⑨ 미결수용자 배우자의 화상접견 ⑩ 미국기지 이전은 자기결정권에서 보호되지 않는다.

03 책임주의

근거	① 법치주의 ② 헌법 제10조 ③ 헌법 제13조 제3항 연좌제 금지
적용	자연인과 법인에 적용된다.

위반인 것	① 종업원 등이 그 업무와 관련하여 위반행위를 한 경우에, 영업주도 자동적으로 처벌하도록 한 청소년 보호법 / 종업원이 고정조치의무를 위반하여 화물을 적재하고 운전한 경우 그를 고용한 법인을 면책사유 없이 형사처벌하도록 규정한 구 도로교통법 / 선장이 선박소유자의 업무에 관하여 범죄행위를 하면 그 선박소유자에게도 동일한 벌금형 / 감독할 주의의무의 위반 여부 등을 전혀 묻지 않고 영업주인 개인을 종업원 등과 같이 처벌하는 도로교통법 / 법인의 대리인·사용인 기타의 종업원이 그 법인의 업무에 관하여 근로자가 노동조합을 조직 또는 운영하는 것을 지배하거나 이에 개입하는 행위를 한 때에는 그 법인에 대하여도 벌금형을 과하도록 한 노동조합 및 노동관계조정법 ② 구 조세범처벌법 제3조 본문 중 "법인의 대리인, 사용인, 기타의 종업인이 그 법인의 업무 또는 재산에 관하여 범칙행위를 한 때에는 그 법인에 대하여서도 본조의 벌금형에 처한다." ③ 구 도로법 제86조 중 '법인의 대리인·사용인 기타의 종업원이 그 법인의 업무에 관하여 제82조 제8의3호의 규정에 의한 위반행위를 한 때' 법인도 처벌 ④ 노동조합 및 노동관계조정법에 위반하여 노동조합의 운영비를 원조하는 행위를 하여 행위자를 벌하는 외에 그 법인·단체 또는 개인도 처벌하도록 한 노동조합 및 노동관계조정법은 단순히 법인이 고용한 종업원 등이 업무에 관하여 범죄행위를 하였다는 이유만으로 법인에 대하여 형벌을 부과
위반 아닌 것	① "법인의 대표자가 그 법인의 업무 또는 재산에 관하여 범칙행위를 한 때에는 그 법인에 대하여서도 본조의 벌금형에 처한다."는 조세범처벌법과 노동조합 및 노동관계조정법 ② 상당한 주의와 감독을 게을리한 경우 법인도 처벌하도록 한 의료기기법 ③ 정유회사의 농업용 면세유에 관한 신고 내용에 오류 또는 탈루가 있는 때 과세관청이 경정결정할 수 있도록 한 구 교통·에너지·환경세법 ④ 부정청탁 및 금품 등 수수의 금지에 관한 법률: 배우자가 위법한 행위를 한 사실을 알고도 공직자 등이 신고의무를 이행하지 아니할 때 ⑤ 상조회사인 선불식 할부거래업자 등록취소 당시 임원 또는 지배주주였던 사람이 임원 또는 지배주주인 회사에 대해서 필요적으로 등록을 취소하도록 규정한 할부거래법

04 부모의 자녀교육권

근거	① 헌법에 명시적 규정 없다. ② 헌법 제36조 혼인가족제도, 행복추구권, 헌법 제37조 제1항
특성	부모를 위한 권리가 아니라 자녀를 위한 권리
국가의 교육권과의 관계	① 학교 교육, 양자 대등 ② 학교밖 교육, 부모의 교육권 우위
권리 내용	① 교육기회제공청구권 ② 학교 선택권, 자녀에 대한 정보청구권, 면접권 ③ 학교폭력 가해학생에 내려진 불이익 조치에 대해 보호자의 의견 진술 기회
자녀교육권 침해인 것	과외교습금지. 자녀의 인격발현권 침해이기도 하다.

자녀교육권 침해 아닌 것	① 거주지별 학교배정 ② 학교운영위원회의 임의적 설치와 사립학교운영위원회의 의무적 설치, 학부모의 집단적 교육참여권은 헌법상 인정된다. ③ 학부모의 학교참여권은 헌법상 바로 인정되지는 않는다. 법률로 학부모의 학교참여권을 인정할 수 있다. ④ 고등학교를 교육감이 추첨에 의하여 배정하도록 한 것 ⑤ 광명시 비평준화에서 평준화 지역으로 한 것: 특정지역이 비평준화지역으로 남아 있을 것이라는 신뢰는 헌법상 보호할 가치가 인정되지 않음 ⑥ 고등학교의 입학방법과 절차 등을 대통령령으로 정하도록 위임한 초·중등교육법 ⑦ 초등학교 1, 2학년의 교과에서 영어 과목을 배제한 것 ⑧ 초·중등학교의 교과용 도서를 편찬하거나 검정 또는 인정하는 경우에 표준어 규정에 의하도록 한 부분 ⑧ 초·중등학교에서 한자교육을 선택적으로 받도록 한 학원법 ⑨ '유아를 대상으로 교습하는 학원'을 학교교과교습학원으로 분류하여 등록하도록 한 것

05 행복추구권 제한 여부

행복추구권 제한이나 침해는 아닌 것	① EBS 교재를 70% 반영하겠다는 2018학년도 수능시행기본계획: 인격발현권을 제한하나 균등하게 교육을 받을 권리를 직접 제한한다고 보기는 어려움 비교》 고졸검정고시 또는 고등학교 입학자격 검정고시에 합격했던 자는 해당 검정고시에 다시 응시할 수 없도록 응시자격을 제한한 전라남도 교육청 공고로 가장 밀접한 관련을 가지는 기본권은 교육을 받을 권리이다. ② 성년후견인제도 ③ 이륜자동차의 고속도로 등 통행 금지 ④ 카메라 도촬 금지 ⑤ 전동킥보드의 최고속도 25km/h으로 제한 ⑥ 성폭력치료프로그램 이수명령으로 신체의 자유를 제한이 아니라 일반적 행동자유권은 제한 ⑦ 형의 집행을 유예하면서 사회봉사를 명할 수 있도록 한 형법으로 일반적 행동자유권은 제한 ⑧ 술에 취한 상태로 도로 외의 곳에서 운전하는 것을 금지
행복추구권 제한이 아닌 것	① 인천 공항고속도로 통행료 징수 ② 국가운영 양로시설로 입소한 유공자에 대한 부가연금지급정지 ③ 1983.1.1. 이후 출생한 A형 혈우병 환자에 한하여 유전자재조합제제에 대한 요양급여를 인정하는 요양급여의 적용기준 및 방법에 관한 세부사항 ④ "누구든지 응급의료종사자의 응급환자에 대한 진료를 폭행, 협박, 위계, 위력, 그 밖의 방법으로 방해하여서는 아니 된다."라고 규정한 응급의료에 관한 법률 ⑤ 미결수용자 배우자의 화상접견 금지 ⑥ 가사사용인에 대한 퇴직급여 적용 제외

06 다른 기본권과의 관계

1. 기존 경합적 보장설을 취한 판례 ➡ 치과전문의 관련 보건복지부장관의 입법부작위에 대해 헌법재판소는 직업의 자유, 행복추구권을 침해했다고 하였다(1998.7.16, 96헌마246).

2. 행복추구권을 적용하지 않은 판례(보충적 보장설)

행복추구권은 다른 기본권에 대한 보충적 기본권으로서의 성격을 지니므로, 공무담임권이라는 우선적으로 적용되는 기본권이 존재하여 그 침해 여부를 판단하는 이상, 행복추구권 침해 여부를 독자적으로 판단할 필요가 없다.

3. 행복추구권을 적용한 판례 ➡ 기부금품 모집허가제

☑ SUMMARY ┃ 행복추구권 침해인 것

1. 군검찰의 무혐의 피의자에 대한 기소유예처분
2. 뜸 시술행위에 대한 기소유예처분
3. 18세 미만의 당구장출입 금지 비교》 18세 미만자의 노래연습장 출입금지(침해 아님)
4. 경조기간 중 주류접대금지
5. **공정거래법 위반사실 공표명령**
   ① 이 사건 법률조항은 인격 형성과는 관계없는 것이므로 양심의 자유 침해문제가 발생하지 아니한다.
   ② 일반적 행동의 자유권과 명예권 침해이다.
6. 미결수용자의 면회횟수를 주2회로 제한한 군행형법 시행령 제43조
7. 혼인빙자간음죄 ➡ 여성과 남성의 성적 자기결정권 및 사생활의 비밀과 자유 침해
8. 서울광장 통행 제지 비교》 밀양 송전탑 공사현장 출입제한 ➡ 각하
9. 치과전문의자격시험 입법부작위
10. 상속인이 3월 이내 한정승인 또는 상속포기하지 아니한 경우 단순 승인한 것으로 의제하는 것
11. 원칙적으로 과외를 금지한 학원법 제3조
12. 임대차존속기간을 20년으로 제한한 민법 제651조
13. 전국기능경기대회에서 입상한 자 다음 대회 참가금지
14. 배상금 등을 지급받으려는 신청인으로 하여금 "4·16 세월호참사에 관하여 어떠한 방법으로도 일체의 이의를 제기하지 않을 것임을 서약합니다."라는 내용이 기재된 배상금 등 동의 및 청구서를 제출하도록 규정한 세월호피해지원법 시행령
15. 생수판매금지고시
16. 누구든지 금융회사 등에 종사하는 자에게 거래정보 등의 제공을 요구하는 것을 금지하고, 위반시 형사처벌하는 금융실명법

☑ SUMMARY ┃ 행복추구권 침해 아닌 것

1. 전투경찰순경에게 시위진압을 명하는 것
2. 국산영화 의무상영
3. 소유권 이전등기의무부과
4. 음주측정의무부과, 음주측정 진술아님, 양심의 자유제한이 아니라 일반적 행동의 자유 제한
5. 음주측정 거부자에 대한 면허 취소

6. 교통사고로 구호조치와 신고를 하지 아니한 경우 필요적 운전면허 취소하도록 한 도로교통법

    유사판례 교통사고로 사람을 사상한 후 필요한 조치를 하지 아니한 경우 운전면허를 취소 또는 정지시킬 수 있도록 한 구 도로교통법

    유사판례 음주운전을 하여 자동차로 사람을 사상한 후 피해자를 구호하지 않고 도주하면 자동차운전면허를 취소함은 물론, 5년간 면허시험도 응시하지 못하도록 하는 도로교통법

7. 3회 음주운전시 운전면허 취소

8. 자동차운전자에게 좌석안전띠를 매도록 하고 위반시 범칙금을 납부하도록 통고할 수 있도록 한 도로교통법

9. '음주운전으로 벌금 이상의 형을 선고받은 날부터 5년 이내에 다시 음주운전으로 벌금 이상의 형을 선고받고 그 집행이 종료(집행이 종료된 것으로 보는 경우를 포함한다)되거나 면제된 날부터 5년이 지나지 아니한 사람'에 대해 총포소지허가의 결격사유를 정한 '총포·도검·화약류 등의 안전관리에 관한 법률'

10. 이륜차 고속도로 통행금지. 거주·이전의 자유와 직업의 자유 제한 아니다. 일반적 행동의 자유 제한이다.

11. 요트조종면허제

12. 공중시설에서 흡연 금지

13. 퇴직한 날로부터 14일 이내 사용자가 퇴직금 지급과 매월 1회 이상 임금지급

14. 대마 흡연 금지

15. 국가양로시설에 입소한 국가유공자에 대한 부가연금의 지급 정지. 행복추구권 제한 아니다.

16. 분만급여의 범위상한 기준 보건복지부 장관에 위임. 2자녀로 한정한 고시

17. 수질개선부담금

18. 유료도로의 사용료징수

19. 알선수재죄

20. 기부금품의 모집 허가제 **비교»** 허가요건을 규정하고 있지 않은 기부금품 허가제(행복추구권 침해)

21. 표준어 규정 사건

22. 이름에 사용하는 한자 제한

23. 교도소 내 화상접견시간

24. 문화재청장이나 시·도지사가 지정한 문화재, 도난물품 또는 유실물(遺失物)인 사실이 공고된 문화재 및 출처를 알 수 있는 중요한 부분이나 기록을 인위적으로 훼손한 문화재의 선의취득을 배제하는 문화재보호법

    비교» 본인의 문화재의 보유·보관행위 이전에 타인이 한 당해 문화재에 관한 도굴 등이 처벌되지 아니하여도, 본인이 그 정을 알고 보유·보관하는 경우 처벌하도록 규정한 구 문화재보호법(위헌)

25. 학원교습시간제한

26. 형의 집행을 유예하면서 사회봉사 명령

27. 교도소 인원점검을 하면서 차례로 번호를 외치도록 한 행위

28. ○○교도소장이 수용자의 동절기 취침시간을 21:00으로 정한 행위

29. 이동전화 식별번호 010으로 통합, 청구인들의 인격권, 개인정보자기결정권, 재산권 제한 아님, 일반적 행동의 자유 제한

30. 학교폭력예방법이 가해학생 측에 전학과 퇴학처럼 중한 조치에 대해서만 재심을 허용하는 것과 학교폭력예방법에서 가해학생과 함께 그 보호자도 특별교육을 이수하도록 의무화한 것

31. 사회복지법인에 일정한 수의 외부추천이사를 선임할 것을 규정하는 사회복지사업법

32. 사용자로 하여금 2년을 초과하여 기간제근로자를 사용할 수 없도록 한 심판대상조항

33. 16세 미만 청소년에게 오전 0시부터 오전 6시까지 인터넷게임의 제공을 금지하는 이른바 '강제적 셧다운제'를 규정한 구 청소년 보호법

34. 보수를 받지 않는 사용자를 직장가입자에서 제외되는 자로 규정하지 아니한 국민건강보험법

35. 의무보험에 가입되어 있지 아니한 자동차운행금지

36. 금연구역

37. 비어업인이 잠수용 스쿠버장비를 사용하여 수산자원을 포획·채취하는 것을 금지하는 수산자원관리법 시행규칙 제6조

38. 계속거래업자 등과 계속거래 등의 계약을 체결한 소비자는 계약기간 중 언제든지 계약을 해지할 수 있다.

39. 협의상 이혼을 하려는 부부는 두 사람이 함께 등록기준지 또는 주소지를 관할하는 가정법원에 출석하여 협의이혼의사확인 신청서를 제출하고 이혼에 관한 안내를 받아야 한다.

40. **부정청탁 및 금품 등 수수의 금지에 관한 법률(2016.7.28, 2015헌마236)**
    ① 자연인을 수범자로 하는 법률조항에 대한 민법상 비영리 사단법인의 심판청구가 기본권 침해의 자기관련성 요건을 갖추었는지 여부(소극)
    ② 제한되는 기본권 ➡ 직접적으로 언론의 자유와 사학의 자유가 제한된다고 할 수는 없다. 일반적 행동자유권을 침해하고 있는지 여부를 판단하면서 함께 살펴본다.

41. 성폭력범죄자 신상정보 제출 의무

42. 아동·청소년 대상 성범죄자에게 1년마다 정기적으로 새로 촬영한 사진을 제출하도록 한 구 '아동·청소년의 성보호에 관한 법률'

43. 카메라 등을 이용하여 성적 욕망 또는 수치심을 유발할 수 있는 다른 사람의 신체를 촬영한 촬영물을 그 의사에 반하여 반포한 경우 등을 처벌하는 성폭력처벌법

44. 금전증여 합의해제에 대한 증여세 부과 사건

45. 음주운전의 경우 운전의 개념에 '도로 외의 곳'을 포함하도록 한 도로교통법

46. 허가권자가 해당 건축물의 설계에 참여하지 아니한 자 중에서 공사감리자를 지정하도록 하는 건축법

47. 정신적인 장애로 항거불능 또는 항거곤란 상태에 있음을 이용하여 사람을 간음한 사람을 무기징역 또는 7년 이상의 징역에 처하도록 규정한 부분

48. 방송통신위원회가 지원금 상한액에 대한 기준 및 한도를 정하여 고시

49. 농업협동조합 조합장의 재임 중 기부행위 금지

50. 대학수학능력시험의 문항 수 기준 70%를 한국교육방송공사 교재와 연계하여 출제한다.

51. 주방용오물분쇄기의 판매와 사용을 금지하는 것

52. 교통사고로 사람을 사상한 후 필요한 조치를 하지 아니한 경우 운전면허를 취소 또는 정지시킬 수 있도록 한 구 도로교통법

53. 각급선거관리위원회 위원·직원의 선거범죄 조사에 있어서 피조사자에게 자료제출의무를 부과한 공직선거법

54. 질병, 장애, 노령, 그 밖의 사유로 인한 정신적 제약으로 사무를 처리할 능력이 지속적으로 결여된 사람으로 성년후견개시 심판의 요건을 규정한 민법

55. 성년후견인이 피성년후견인의 법률행위는 취소할 수 있도록 한 민법

56. 2019년 최저임금시간당 8,350원으로 하는 고용노동부 고시

57. 최저임금의 적용을 위해 주(週) 단위로 정해진 근로자의 임금을 시간에 대한 임금으로 환산할 때, 해당 임금을 1주 동안의 소정근로시간 수와 법정 주휴시간 수를 합산한 시간 수로 나누도록 한 최저임금법 시행령

58. 전동킥보드의 최고속도 제한

59. 이동통신사업자가 제공하는 전기통신역무를 타인의 통신용으로 제공하는 것을 원칙적으로 금지하고, 위반 시 형사처벌하는 전기통신사업법

60. 지급정지가 이루어진 사기이용계좌 명의인의 전자금융거래를 제한하는 '전기통신금융사기 피해방지 및 피해금 환급에 관한 특별법'

61. 정비사업 조합 임원의 선출과 관련하여 후보자가 금품을 제공받는 행위를 금지하고 이에 위반한 경우 처벌하는 구 도시 및 주거환경정비법 제21조 제4항

62. 못된 장난 등으로 다른 사람, 단체 또는 공무수행중인 자의 업무를 방해한 사람을 20만원 이하의 벌금, 구류 또는 과료로 처벌하는 '경범죄 처벌법' – 표현의 자유가 아니라 일반적 행동의 자유가 제한되는 주된 기본권

042 평등권

01 평등권의 의의

평등권 주체	법인(○), 외국인(○)
대사인적 효력	간접효력

02 법 앞에 평등

구분	법적용 평등설	법내용 평등설
입법자 구속	×	○
법치주의	형식적 법치주의	실질적 법치주의
다수설과 판례	×	○

03 평등원칙 적용

불법영역	평등 ×	
평등원칙 적용 기본권	절대적 평등이 적용될 수 있는 기본권	참정권 등 정치적 기본권
	상대적 평등이 적용될 수 있는 기본권	사회적·경제적 기본권

04 차별금지 사유

헌법상 성별·종교·사회적 신분에 의한 차별금지	① 예시적 ② 예시한 사유가 있는 경우에 절대적으로 차별을 금지할 것을 요구함으로써 입법자에게 인정되는 입법형성권을 제한하는 것은 아니다. ③ 인종·국적에 의한 차별금지는 헌법에 명시적으로 규정되어 있지 않다.
성별에 의한 차별	① 반드시 엄격한 심사를 하는 것은 아니다. ② 남성과 여성에 대한 적용조건이 양성 중립적이거나 성별에 관계없는 표현으로 제시되었다고 하더라도 그 조건을 충족시킬 수 있는 남성 또는 여성이 다른 한 성에 비하여 현저히 적고 그로 인하여 특정 성에게 불리한 결과를 초래하며 그 조건이 정당한 것임을 입증할 수 없는 때에도 이를 남녀차별로 본다.

사회적 신분에 의한 차별	① 리베이트를 다른 영역에 비해 엄격하게 처벌하는 것은 사회적 신분에 의한 차별이라고 할 수 없다. ② 전과자는 사회적 신분에 해당한다. 다만, 누범에 대한 형의 가중처벌은 합리적인 이유가 있는 것으로서 위헌이 아니다. ③ 고위공직자라는 이유로 수사처의 수사 등을 받게 되는 것은 고위공직자라는 사회적 신분에 따른 차별이라 할 수 있다.

05 평등권의 내용

평등권의 내용	평등한 대우를 요구할 권리, 불합리한 차별 입법의 금지
평등권을 침해하는 법률	그 위헌적 상태를 제거하여 평등원칙에 합치되는 상태를 실현할 수 있는 여러 가지 선택가능성이 있다면 헌법불합치 결정
평등권과 개별적 기본권	① 게시판 이용자 본인확인제: 평등권 침해 여부는 익명표현의 자유의 침해 여부에 관한 판단과 동일하다고 할 것이므로 별도로 판단하지 아니한다. ② 세무직 공무원 가산점: 평등권 침해 문제는 공무담임권 침해 문제와 중복되므로 별도로 판단하지 않는다.
평등권에서 인정되지 않는 것	① 유사한 성격의 규율대상에 대하여 이미 입법이 있다 하더라도, 평등원칙을 근거로 입법자에게 청구인들에게도 적용될 입법을 하여야 할 헌법상의 의무가 발생한다고 볼 수 없다. ② 단계적 개선 과정에서 차별은 금지되지 않는다. ③ 불법 영역에서의 평등은 요구할 수 없다.

06 특수계급 금지와 영전일대원칙

특수계급제도	법률로 창설금지	
영전일대원칙	훈장을 받은 자에 연금지급	허용
	조세감면, 처벌면제	금지
	외국국가에 의한 특권부여	허용
친일반민족행위자 재산의 국가귀속	신분계급창설, 영전세습인정이라고 보기 어렵다.	

07 혼인과 가족생활에서의 평등

의의	① 헌법 제36조: 원리, 제도, 주관적 권리 ② 혼인의 자유(○)
보호되는 것	① 혼인결정의 자유, 혼인관계 유지, 혼인할 상대방을 선택할 자유인 혼인의 자유 ② 친양자 입양을 할지 여부를 결정할 수 있는 자유 ③ 부모가 자녀의 이름을 지을 자유 ④ 부모의 자녀에 대한 교육권

보호되지 않는 것	① 사실혼 ② 육아휴직신청권 ③ 피상속인에 대한 부양의무를 이행하지 않은 직계존속이 상속권을 갖는지 여부

헌법 위반인 것	① 부계혈통주의를 규정한 국적법
	② 혼인 종료 후 300일 이내에 출생한 자를 전남편의 친생자로 추정하는 민법 제844조 제2항 중 "혼인관계종료의 날로부터 300일 내에 출생한 자"에 관한 부분
	③ 부부자산소득합산과세를 규정한 소득세법 제61조
	④ 종합부동산세
	    ㉠ 세대별로 종합부동산 가액을 산정하여 종합부동산세를 부과하는 것
	    ㉡ 재산, 소득, 보유기간 등을 고려하지 않고 1주택 소유자에 대해 주택분 종합부동산세를 부과하는 것은 과잉금지원칙에 반한다.
	⑤ 호주제를 규정한 민법: 전래의 가족제도가 헌법 제36조 제1항이 요구하는 개인의 존엄과 양성평등에 반한다면 헌법 제9조(전통문화 계승·발전)를 근거로 그 헌법적 정당성을 주장할 수 없다.
	⑥ 子는 父의 성을 따르도록 하고, 다만 父가 외국인일 때에는 母의 성을 따르도록 한 민법 제781조는 혼인가족생활의 양성평등원칙에 반한다.
	⑦ 1세대 3주택 이상에 해당하는 양도소득세 중과세를 규정한 구 소득세법은 혼인으로 1세대를 이루는 자를 위하여 상당한 기간 내에 보유주택수를 줄일 수 있는 경과규정을 두고 있지 아니한 것
	    ☑ 거주자와 특수관계에 있는 자가 공동으로 경영하는 사업소득이 있는 경우 지분 또는 손익분배비율이 큰 공동사업자의 소득으로 보는 소득세법이 특수관계자 간의 공동사업에 있어 배우자와 가족을 차별하여 헌법 제36조 제1항에 위반되지 않는다. 다만, 재산권 침해이다.
	⑧ 8촌 이내의 금혼조항을 위반한 혼인을 무효로 하는 민법 제815조 제2호

헌법 위반 아닌 것	① 거주자와 특수관계에 있는 자가 공동으로 경영하는 사업소득이 있는 경우 지분 또는 손익분배비율이 큰 공동사업자의 소득으로 보는 소득세법 ☑ 다만, 재산권은 침해이다. ② 친양자 입양시 친생부모 동의를 요하는 것 ③ 독신자 친양자 입양금지 ④ "여호주가 사망하거나 출가하여 호주상속이 없이 절가된 경우, 유산은 그 절가된 가(家)의 가족이 승계하고 가족이 없을 때는 출가녀(出家女)가 승계한다."는 구 관습법 ⑤ 배우자로부터 증여를 받은 때에 '300만원에 결혼년수를 곱하여 계산한 금액에 3천만원을 합한 금액'을 증여세과세가액에서 공제하도록 하는 것 ⑥ 8촌 이내의 혈족 사이에서는 혼인할 수 없도록 하는 민법 제809조 제1항 ⑦ 국립묘지 안장 대상자가 사망한 후에 다른 사람과 혼인한 배우자를 합장대상에서 제외한 '국립묘지의 설치 및 운영에 관한 법률': 성별에 의한 차별도 아니고 헌법 제36조의 문제도 아니다. ⑧ 입양신고시 신고사건 본인이 시·읍·면에 출석하지 아니하는 경우에는 신고사건 본인의 신분증명서를 제시하도록 한 '가족관계의 등록 등에 관한 법률'

08 차별과 비교집단

비교집단이 아닌 경우	① 보수에서 일반직공무원과 경찰공무원 ② 일정한 규모의 창고를 허가요건으로 함에 있어서 의약품 도매상과 식품판매업자 ③ 신상정보공개에서 성폭력범죄와 보호법익이 다른 그 밖의 범죄를 저지른 자 ④ 응시횟수제한과 합격자 명단 공개에 있어서 다른 자격시험 내지 사법시험 응시자와 변호사시험 ⑤ 후보자가 한 명인 경우 당선자결정에서 대통령 선거권자와 지자체장 선거권자 ⑥ 대통령 등 탄핵소추 대상 공무원의 권한행사 정지와 주민소환대상 공무원의 권한행사 정지 ⑦ 유족연금 수급제한에서 국민연금과 다른 공적 보험 ⑧ 속도제한에서 전동킥보드와 배기량 125cc 이하의 이륜자동차 ⑨ 업무상 재해에서 공무원과 일반국민, 공상으로 폐질상태에 이른 공무원과 비공상 장해 공무원 ⑩ 다가구주택의 건축을 허용하면서 그 가구수를 제한하는 고양일산지구도시설계시행지침 사건에서, 고양시 일산도시설계지구 내에 거주하는 주민들과 고양시 일산도시설계지구를 제외한 모든 지역에 거주하는 주민 ⑪ 지방공사 직원의 직을 겸할 수 없도록 함에 있어 지방의회의원과 국회의원 ⑫ 영창징계에 있어 병사와 하사 ⑬ 외국에서 처벌받은 자와 국내에서 처벌받은 자
비교집단인 경우	① 구입강제명령에서 주조회사와 다른 제조기업 ② 공무원보수규정에 따른 봉급액 책정에 있어서 경찰공무원과 군인 ③ 먹는 샘물 제조업자에 대한 수질개선부담금 부과 사건에서 차별의 비교집단은 먹는 샘물 제조업자와 주류·청량음료 제조업자들 ④ 공무원 임용시험의 군필자 가산점 제도의 위헌 여부 사건에서 제대군인에 대한 차별의 비교집단은 군복무를 지원하지 아니한 여성, 징병검사 결과 질병 또는 심신장애로 병역면제처분을 받은 남성 ⑤ 1948년 대한민국 정부수립 이전에 해외로 이주한 동포와 1948년 대한민국 정부수립 이후에 해외로 이주한 동포 ⑥ 형법상 혼인빙자간음죄 사건에서 여성과 남성만이 차별의 비교집단으로 상정되었으며, 음행의 상습 없는 부녀와 음행의 상습 있는 부녀 ⑦ 퇴직 이후에 폐질상태가 확정된 군인과 공무원연금법이 적용되는 공무원 ⑧ 퇴직 이전 폐질상태가 확정된 군인과 퇴직 이후에 폐질상태가 확정된 군인 ⑨ 군사훈련기간 미포함 사건에서 전문연구요원와 공중보건의사

09 평등원칙 심사기준

자의심사	① 대륙법계: 자의금지, 영미: 합리성 심사 ② 평등원칙은 행위규범으로서 입법자에게, 객관적으로 같은 것은 같게 다른 것은 다르게, 규범의 대상을 실질적으로 평등하게 규율할 것을 요구하고 있다. 그러나 헌법재판소의 심사기준이 되는 통제규범으로서의 평등원칙은 단지 자의적인 입법의 금지기준만을 의미하게 된다. ➡ 원칙적으로 평등원칙 위반 여부 심사, 완화된 심사(○)

비례심사	자의심사의 경우에는 차별을 정당화하는 합리적인 이유가 있는지만을 심사하기 때문에 그에 해당하는 비교대상 간의 사실상의 차이나 입법목적(차별목적)의 발견·확인에 그치는 반면에, 비례심사의 경우에는 단순히 합리적인 이유의 존부문제가 아니라 차별을 정당화하는 이유와 차별 간의 상관관계에 대한 심사, 즉 비교대상 간의 사실상의 차이의 성질과 비중 또는 입법목적(차별목적)의 비중과 차별의 정도에 적정한 균형관계가 이루어져 있는가를 심사한다.

자의금지	비례심사
완화된 심사	엄격한 심사
입법형성의 자유가 넓은 영역에서 적용	입법형성의 자유가 좁은 영역에서 적용
초기 헌법재판소 판례부터 심사기준	제대군인 가산점제도 사건에서부터 본격적으로 도입
일반적 심사기준	차별금지영역에서 차별 또는 차별로 인해 기본권 제한이 발생한 경우

비례원칙을 적용한 판례 (엄격한 심사)	① 제대군인가산점제도 ② 국가유공자 가족의 가산점 ③ 국공립학교채용시험의 동점자 처리에서 국가유공자 및 그 유가족에게 우선권 부여 ④ 교원시험에서 복수·부전공 교원자격증 소지자에게 가산점 부여 ⑤ 7급 공무원 시험에서 기능사 자격소지자에 대하여 가산점을 부여하지 않는 것 ⑥ 교육공무원 시험에서 지역가산점제도 ⑦ 교통사고 운전자에 대해 공소를 제기할 수 없도록 한 교통사고처리 특례법 ⑧ 부계혈통주의를 규정한 구 국적법 제2조 제1항 제1호 ⑨ 지방교육위원선거에서 경력자 우선 당선제 ⑩ 부부자산소득합산과세와 종부세 세대별 합산 ⑪ 세대별 기준의 종부세 부과 ⑫ 자사고 지원자 일반고 지원제한 ⑬ 여성공무원에 한해 배우자 직계존비속 재산등록

비례원칙을 적용하지 않은 판례	① 뉴스기간 통신사를 연합뉴스사로 하고 재정지원을 해 주는 것 ② 남성에게만 병역의무 ③ 누범 가중처벌 ④ 준법서약서 사건 ⑤ 지방자치단체장 임기 3기 제한 ⑥ 중혼취소청구권자에서 직계비속 제외 ⑦ 공무원 선거에서 정치적 중립성을 요구하는 공직선거법 제9조 ⑧ 약사법인, 약국개설 금지 ⑨ 선거방송 대담·토론회의 초청후보 대상자의 기준을 언론기관의 여론조사 평균지지율 100분의 5를 기준으로 제한하는 것 ⑩ 백화점 셔틀버스 운행금지 ⑪ 최저생계비 관련 보건복지부장관의 고시 ⑫ 외국인 산업연수생에 대해 근로기준법 적용을 배제하는 노동부 예규인 외국인산업기술연수생의 보호 및 관리에 관한 지침 ⑬ 공중보건의 군사교육훈련 기간 중 보수 미지급 ⑭ 고위공직자를 수사대상으로 하는 고위공직자범죄수사처법 ⑮ '가구 내 고용활동'에 대해서는 근로자퇴직급여 보장법을 적용하지 않도록 규정한 근로자퇴직급여 보장법 제3조

완화된 비례심사	국가유공자, 상이군경, 전몰군경의 유가족 가산점			
미국 평등원칙 심사기준	구분	목적	수단	적용
	합리성 심사	합법적 목적	합리적 관련성	경제정책에서 차별
	중간 심사	중요한 이익	실질적 관련성	성별차별
	엄격한 심사	압도적 이익	필수적 관련성	인종차별

10 헌법상 허용되는 차별

허용되는 차별	① 정당의 특권(제8조 제3항·제4항), 국가유공자 등 우선취업권(제32조 제6항), 국회의원의 불체포, 면책특권(제44조·제45조), 대통령의 형사상 소추금지(제84조) ② 대통령 피선거권 연령제한(제67조 제4항), 공무원 노동3권 제한(제33조 제2항), 군인·군무원의 군사재판(제27조 제2항), 군인 등의 배상청구권 금지(제29조 제2항), 방위산업체노동자의 단체행동권 제한(제33조 제3항), 국회의원 겸직금지(제43조), 현역군인의 국무총리, 국무위원 임명제한(제86조 제3항, 제87조 제4항)
우선처우이론	① 기회균등보다 결과 평등, 사회적 약자 보호, 사회통합 ② 적극적 행위: 사회적 약자에 대한 우대 조치 ➡ 평등권 침해 아님(국가인권위원회법) ③ 분리하나 대등하게 대우하라는 원칙 폐기

11 가산점

제대군인 가산점제도	① 헌법 제39조 제1항 국방의 의무: 특별한 희생(✕), 일반적 희생(○) ② 헌법 제39조 제2항 불이익: 사실상·경제상 불이익 포함(✕), 법적 불이익(○) ③ 헌법 제39조 제2항과 헌법 제32조 제6항은 제대군인 가산점 제도의 근거가 아니다. ④ 차별적 취급으로 인하여 관련 기본권에 대한 중대한 제한을 초래하게 된다면 입법형성권은 축소되어 보다 엄격한 심사척도가 적용되어야 할 것이다. ⑤ 제대군인 가산점제도의 목적은 정당하나 방법이 적정하지 않다. ⑥ 제대군인 가산점제도가 추구하는 공익: 헌법적 가치(✕), 입법 정책적 가치(○) ⑦ 잠정적 우대조치: 개인자격 또는 실적(✕), 집단일원(○), 기회평등(✕), 결과의 평등(○), 항구적 정책(✕), 임시적 조치(○) ⑧ 여성공무원채용목표제로 가산점 제도의 위헌성이 제거·감쇄되는 것으로 볼 수 없다.

여성채용목표제	잠정적 조치
제대군인 가산점제도	영구적 제도

국가유공자 가족의 가산점 10%	① 헌법 제32조 제6항(국가유공자·상이군경 및 전몰군경의 유가족은 법률이 정하는 바에 의하여 우선적으로 근로의 기회를 부여받는다)은 국가유공자의 가산점제도의 근거이나 국가유공자 가족의 가산점제도의 근거는 아니다. ② 국가유공자 가족의 가산점 부여는 헌법에 명시적 근거도 없이 헌법이 직접 요청하는 것은 아니나 헌법 전문의 대한민국의 건국이념과 헌법 제37조 제2항의 공공복리를 실현하려는 것으로 입법자의 재량이다.

	③ 국가유공자 가족에 대한 가산점을 부여하는 법률에 대한 평등원칙 위반 여부는 비례심사를 하여야 한다. ➡ 엄격한 심사(O) ⇔ 국가유공자, 상이군경 및 전몰군경유가족의 가산점은 완화된 비례원칙(중간 심사)
	④ 국가유공자 가족에 대한 공무원시험에서 가산점 10%를 부여하는 것은 평등권과 공무담임권 침해이다.
교원시험 가산점	① 2002학년도 대전광역시 공립중등학교 교사임용후보자선정경쟁시험 시행요강은 법률유보원칙에 위반된다.
	② 동일지역 사범대 가산점을 부여하는 교육공무원법: 합헌
	③ 동일지역 사범대 가산점을 부여하는 교육공무원법 시행규칙: 합헌
가산점 평등권 침해 아닌 것	① 국공립학교 채용시험에서 동점자인 경우 국가유공자나 그 유족에게 우선권을 주는 것
	② 공무원 채용시험의 가점 대상이 되는 공무원의 범위에서 계약직 공무원을 배제
	③ 채용시험의 가점 적용대상에서 보국수훈자의 자녀를 제외하는 법 개정
	④ 지도직 공무원 가산점 배제
	⑤ 가산점합격자 채용예정인원 30% 초과금지
	⑥ 국가공무원 7급 시험에서 기능사 자격증에는 가산점을 주지 않고 기사등급 이상의 자격증에는 가산점을 주도록 한 규칙
	⑦ 고용노동 및 직업상담 직류를 채용하는 경우 직업상담사 자격증 보유자에게 만점의 3% 또는 5%의 가산점을 부여한 시행령
	⑧ 세무공무원 선발에서 세무사등 가산점

12 형사법

평등권 침해인 것	① 단순마약판매업자에 대하여 사형·무기·10년 이상의 징역에 처하도록 한 법 ☑ 영리목적 마약 수입업자에 대한 가중처벌은 평등권 침해 아니다. ☑ 향정신성의약품을 교부한 행위를 무기 또는 5년 이상의 징역에 처하는 마약류관리법은 평등권 침해 아니다.
	② 동일한 범죄구성요건을 규정하면서 마약법보다 법정형을 상향조정한 특정범죄가중처벌법 / 형법상의 범죄와 동일한 구성요건을 규정하면서 법정형만 상향조정한 특정범죄 가중처벌법(국내통화위조범죄·상습장물취득) / 흉기소지 형법상 폭행죄와 동일하게 범죄구성요건을 규정하면서 형벌만 가중한 폭력행위처벌법
	③ 도주차량 운전자의 법정형 하한을 10년 이상으로 하여 가중처벌하는 법률
	④ 판결선고 전 구금일수 산입범위를 법관의 재량에 맡긴 형법
	⑤ 검사 상소제기일로부터 미결구금일수를 본형에 산입하도록 한 형사소송법
	⑥ 상소제기 후의 미결구금일수 산입을 규정하면서 상소제기 후 상소취하시까지의 구금일수 통산에 관하여는 규정하지 아니함으로써 이를 본형 산입의 대상에서 제외되도록 한 형사소송법
	⑦ 피의자 구속기간을 군사법경찰관, 검찰관의 신청으로 군사법원이 각 10일간 연장할 수 있도록 한 군사법원법
	⑧ 종합보험에 가입했다는 사유로 운전자에 대한 공소제기를 할 수 없도록 한 교통사고처리특례법: 중상해를 입은 경우 평등권 침해
	⑨ 밀수범에 있어서 예비한 자를 본죄에 준하여 처벌하도록 한 특정범죄 가중처벌 등에 관한 법률

⑩ 공무원의 지위를 이용한 선거운동에 대해 1년 이상 10년 이하의 징역 또는 1천만원 이상 5천만원 이하의 벌금에 처하도록 한 공직선거법

⑪ 가족 중 성년자가 예비군훈련 소집통지서를 예비군대원 본인에게 전달하여야 하는 의무를 위반한 행위를 한 경우 6개월 이하의 징역 또는 500만원 이하의 벌금에 처하도록 한 예비군법 제15조 제10항

☑ 위헌결정 2022.5.26. 2019헌가12

평등권 침해 아닌 것

① 관세범에 있어 예비·미수를 기수에 준하여 처벌하도록 한 법
② 상습절도 가중처벌 형법
③ 특정강력범죄로 형을 받아 그 집행을 종료하거나 면제받은 후 3년 이내에 다시 특정범죄 가중처벌 등에 관한 법률의 상습특수강도죄를 범한 때에는 그 죄에 정한 형의 장기 및 단기의 2배까지 가중하도록 한 특정강력범죄의 처벌에 관한 특례법
④ 누범의 형은 그 죄의 정한 형의 장기의 2배까지 가중하도록 한 누범 가중처벌규정
⑤ 전기자전거 도주운전자 가중처벌
⑥ 소년보호사건에서 제1심 결정에 의한 소년원 수용기간을 항고심 결정에 의한 보호기간에 산입하지 아니한 소년법
⑦ 가석방이 가능한 '상대적 종신형'만을 규정한 무기징역형제도
⑧ 공익근무요원 복무이탈시 법정형을 '3년 이하의 징역'
⑨ 복무이탈한 공익근무요원에 대해 3년 이하의 징역을 규정한 것
⑩ 제1종 운전면허를 받은 사람이 정기적성검사를 받지 않은 경우 형벌부과
⑪ 위력으로써 13세 미만의 사람을 추행한 경우 강제추행한 것에 준하여 처벌하도록 규정한 성폭력범죄의 처벌 등에 관한 특례법
⑫ 윤달이 있는 해에 형집행 대상이 되는 경우에 관하여 형기를 감하여 주는 보완규정을 두지 않은 형법 제83조
⑬ 14세 미만자를 형사미성년자로 하는 형법
⑭ 도시재개발조합의 임원을 공무원의제하는 도시재개발법
⑮ 금융기관 임직원의 수재 등의 행위에 공무원과 같은 수준의 처벌
⑯ 정부관리기업체 간부직원을 공무원으로 의제하여 형법상 공무원에 해당하는 뇌물죄로 처벌하는 특가법
⑰ 지방공사의 직원을 형법의 수뢰죄 적용에 있어서 공무원으로 의제한 것
⑱ 지방자치단체출연연구원을 형법상 공무원으로 의제
⑲ 정부출연연구기관 직원을 공무원으로 의제
⑳ 주택재건축정비사업조합의 임원을 형법상 뇌물죄의 적용에 있어서 공무원으로 의제
㉑ 발주청의 설계자문위원회위원을 형법상 뇌물죄를 구성함에 있어 공무원으로 의제하는 구 건설기술관리법
㉒ 특가법만 적용되는 기관에 대해서는 과장·대리급 이상의 간부직원만을 공무원으로 의제
㉓ 수형자에 대한 가석방 적격심사 신청주체를 교도소장으로 한정
㉔ 관심대상수용자에 대한 동행계호행위
㉕ 독거수용자 텔레비전시청 제한
㉖ 소년심판절차에서 법원의 판결에 대해 검사의 상소권을 인정하지 않는 소년법
㉗ 제1종 운전면허를 받은 사람이 정기적성검사 기간 내에 적성검사를 받지 아니한 경우에 행정형벌
㉘ 피해자의 의사에 반하여 처벌할 수 없는 죄에 있어서 피해자에게 자복한 때에는 그 형을 감경 또는 면제할 수 있도록 정한 형법

평등권 침해 아닌 것	㉙ 정신성적 장애인에 대한 치료감호기간의 상한을 15년 ㉚ 형의 선고유예를 받은 자가 유예기간 중 자격정지 이상의 형에 처한 판결이 확정 되거나 자격정지 이상의 형에 처한 전과가 발견된 때에는 유예한 형을 선고하도록 한 형법 ㉛ 수사경력자료는 보존기간이 지나면 삭제하도록 하면서도 범죄경력자료의 삭제에 대해 규정하지 않은 형의 실효 등에 관한 법률

13 소송

평등권 침해인 것	① 국가에 대한 가집행 선고를 금지 　㉠ 국가에 대한 가집행 선고를 금지한 소송촉진특례법 　㉡ 국가를 상대로 하는 당사자소송의 경우에는 가집행선고를 할 수 없다고 규정 　　한 행정소송법 제43조 ② 금융기관이 경매신청인인 경우 항고시 경락대금의 10분의 5를 공탁하도록 한 금융 기관의 연체금에 관한 법 　☑ 10분의 1 공탁: 합헌 ③ 교원징계심의위원회의 재심결정에 대한 학교법인의 불복금지 ④ 대한변호사협회징계위원회에서 징계에 대해 곧바로 대법원에 즉시항고토록 하고 있는 변호사법 ⑤ 비속의 직계존속의 중혼취소금지 　(비교» 비속의 직계존속고소금지, 비속의 직계존속상해치사와 존속살해 가중처벌은 합헌
평등권 침해 아닌 것	① 친고죄 사건에서 고소취소를 제1심 판결 전까지로 제한 / 반의사불벌죄에서 처벌을 희망하는 의사를 철회할 수 있는 시기를 제1심 판결선고 전까지로 제한한 형사소 송법 ② 회계책임자에 의하지 아니하고 선거비용을 수입, 지출한 행위를 처벌함에 있어 '당 해 선거일 후 6월'의 단기 공소시효 특칙을 규정하지 아니한 정치자금법 ③ 경락대금의 10분의 1을 공탁 ④ 대통령 선거소송에서 일반소송의 10배에 이르는 인지액 ⑤ 국가에 대한 인지첩부의무를 면제한 법 ⑥ 선거일 이전에 행하여진 선거범죄의 공소시효 기산점을 '당해 선거일 후'로 규정한 공직선거법 ⑦ 고위공직자를 수사대상으로 하는 고위공직자범죄수사처법 ⑧ 재정신청을 할 수 있는 고소·고발인은 불기소처분에 대한 항고기각처분에 대하 여 재항고를 할 수 없도록 규정한 검찰청법 ⑨ 검찰항고할 수 있는 자를 고소인·고발인으로 한정한 것 ⑩ 관리대상수형자에 대한 동행계호행위 / 독거수용자 텔레비전시청 제한

14 재산

평등권 침해인 것	① 국유재산 중 잡종재산(일반재산) 시효취득금지: 위헌 　(비교) 다만, 국유재산 중 행정재산 시효취득금지: 합헌 ② 우체국보험금 및 환급금 청구채권 전액에 대하여 무조건 압류를 금지하는 것 ③ 전통사찰 부동산을 대여·양도·담보 제공할 경우 문화체육부장관의 허가를 받도록 하면서 공용수용으로 인한 소유권 변동에 대해서는 허가 등의 규제를 하지 아니한 법 ④ 신고의무와 납부의무를 모두 이행하지 않은 자와 둘 중 하나만 이행하지 않는 자를 구별하지 않고, 또는 취득세 미납기간을 전혀 고려하지 않고 산출세액의 100분의 20을 가산세로 한 법 ⑤ 과점주주에게 일률적으로 제2차 납세의무를 부과하는 법 ⑥ 회원제 골프장 시설의 입장료에 대한 부가금: 재정조달목적 부담금
평등권 침해 아닌 것	① 대도시 법인의 부동산등기에 대한 중과세하도록 한 지방세법 ② 비상장주식을 증여세 물납대상에서 제외한 구 상속세 및 증여세법 ③ 환지처분으로 지목 또는 지번이 변경되는 경우와는 달리 협의수용의 경우에는 양도소득세를 과세하는 것 ④ 초·중등교육법에 따른 학교를 경영하는 자가 해당 사업에 사용하기 위하여 부동산을 취득하는 경우에 취득세를 면제하도록 규정한 구 지방세특례제한법 ⑤ 국회의원의 홍보우편물의 우편요금을 감액하면서 시·도의원의 홍보우편물의 우편요금은 감액하고 있지 아니한 것 ⑥ 후보자등록신청시 외국의 학력에 대해서는 그 과정을 모두 마친 경우에도 수학기간의 기재를 요구하는 것 ⑦ 개발행위로 용도폐지되는 공공시설을 사업주체에게 무상양도할 수 있도록 한 규정 ⑧ 주택조합의 구성원 자격을 무주택자로 한정한 것 ⑨ 공유재산 및 물품 관리법 제81조 제1항은 의무교육 실시와 같은 공익 목적 내지 공적 용도로 공유재산을 무단점유한 경우를 사익추구의 목적으로 무단점유한 경우와 동일하게 변상금 부과 ⑩ 영화발전기금을 위한 부담금 ⑪ 경유를 연료로 사용하는 자동차의 소유자로부터 환경개선부담금을 부과·징수하도록 정한 환경개선비용 부담법

15 공무원연금, 퇴직금, 보상금, 급여지원

평등권 침해인 것	① 환자가 생전에 등록신청을 한 유가족에 대해서만 보상금 수급권을 인정하는 고엽제후유의증 환자지원 등에 관한 법률 ② 고엽제후유의증환자가 사망한 때에도 유족에게 교육지원과 취업지원을 한다는 내용의 '고엽제후유의증 환자지원 등에 관한 법률' 제7조 제9항을 위 법률 시행일 이후 사망한 고엽제후유의증환자부터 적용한다고 규정한 위 개정법률 부칙 제2조 ③ 공무상 질병 또는 부상으로 '퇴직 이후에 폐질상태가 확정된 군인'에 대해서 상이연금 지급에 관한 규정을 두지 아니한 군인연금법 ④ 공무상 질병 또는 부상으로 인하여 퇴직 후 장애 상태가 확정된 군인에게 상이연금을 지급하도록 한 개정된 군인연금법 제23조 제1항을 개정법 시행일 이후부터 적용하도록 한 군인연금법 부칙

평등권 침해인 것	⑤ '수사가 진행 중이거나 형사재판이 계속 중이었다가 그 사유가 소멸한 경우'에는 잔여 퇴직급여 등에 대해 이자를 가산하는 규정을 두면서, '형이 확정되었다가 그 사유가 소멸한 경우'에는 이자 가산 규정을 두지 않은 군인연금법 ⑥ 농촌 등 보건의료를 위한 특별조치법이 시행되기 이전에 공중보건의사로 복무한 사람이 사립학교 교직원으로 임용된 경우 공중보건의사로 복무한 기간을 사립학교 교직원 재직기간에 산입하도록 규정하지 않은 사립학교교직원 연금법 ⑦ 근로자가 사업주의 지배관리 아래 출·퇴근하던 중 발생한 사고로 부상 등이 발생한 경우만 업무상 재해로 인정하여 통상적인 출·퇴근 재해를 산재보상에서 제외하고 있는 산업재해보상보험법 ⑧ 업무상 재해에 통상의 출·퇴근 재해를 포함시키는 개정 법률조항을 개정법 시행 후 최초로 발생하는 재해부터 적용하도록 하는 산업재해보상보험법 부칙 ⑨ 대한민국 국적을 가지고 있는 영유아 중에서 재외국민인 영유아를 보육료·양육수당의 지원대상에서 제외 ⑩ 독립유공자의 유족보상금 지급에 있어서는 일률적으로 1명의 손자녀에게만 보상금을 지급 ⑪ 보훈보상대상자의 부모에 대한 유족보상금 지급시 수급권자를 1인에 한정하고 나이가 많은 자를 우선하도록 규정한 보훈보상대상자 지원에 관한 법률 ⑫ 65세 미만의 경우 치매·뇌혈관성질환 등 대통령령으로 정하는 노인성 질병을 가진 자에 한해 장애인 활동지원급여 신청자격을 인정하고 있는 장애인활동 지원에 관한 법률
평등권 침해 아닌 것	① 손자녀일 경우에는 대통령령으로 정하는 생활수준 등을 고려하여 보상금을 지급하고 보상금을 받을 유족 중 같은 순위자가 2명 이상이면 나이가 많은 사람을 우선하도록 한 독립유공자예우에 관한 법률 ② 공무원이 공무상 질병 또는 부상으로 폐질상태로 되어 퇴직하거나, 퇴직 후에 공상으로 폐질상태로 된 때에 한하여 장해급여를 지급하도록 규정하고 있는 구 공무원연금법 제51조 제1항이 공무와 인과관계가 인정되지 않는 질병 또는 부상(이하 '비공상'이라 한다)으로 폐질상태에 이른 퇴직공무원인 청구인의 평등권을 침해하는지 여부(소극) ③ 보상금을 받을 권리가 다른 손자녀에게 이전되지 않도록 하는 독립유공자예우에 관한 법률 ④ 독립유공자의 유족에 대한 보상금 지급을 규정하면서, 손자녀의 경우에는 독립유공자가 1945년 8월 14일 이전에 사망한 경우에만 보상금을 지급받을 수 있도록 규정한 독립유공자예우에 관한 법률 ⑤ 미성년 자녀를 제외한 유족이 보상금을 받다가 1998.1.1. 이후 보상금 수급권이 소멸한 경우의 유자녀에게 1997.12.31. 이전에 보상금 수급권이 소멸한 경우의 유자녀에 비하여 6·25전몰군경자녀수당을 적게 지급하도록 규정한 구 국가유공자 등 예우 및 지원에 관한 법률 시행령 ⑥ 가족 중 순직자가 있는 경우의 병역감경 대상에서 재해사망군인의 가족을 제외하고 있는 병역법 시행령 유사 국군포로를 국가유공자법의 적용대상에서 제외한 것 유사 독립유공자예우에 관한 법률이 같은 서훈 등급임에도 순국선열의 유족보다 애국지사 본인에게 높은 보상금 지급을 한 것 유사 서훈의 등급에 따라 부가연금을 차등 지급

	유사 경찰공무원은 교육훈련 또는 직무수행 중 사망한 경우 국가유공자 등 예우 및 지원에 관한 법률상 순직군경으로 예우받을 수 있는 것과는 달리, 소방공무원은 화재진압, 구조·구급 업무수행 또는 이와 관련된 교육훈련 중 사망한 경우에 한하여 순직군경으로서 예우를 받을 수 있도록 하는 소방공무원법
	⑦ 25세 미만의 자녀에 한해서만 유족연금을 받을 수 있도록 한 국민연금법
	⑧ 국가유공자예우 등에 관한 법률 제4조 제1항 제12호 소정의 국가유공자인 공상공무원에 국·공립학교 교원만을 포함시키고 사립학교교원을 포함시키지 아니한 것
	⑨ 행정관서요원으로 근무한 공익근무요원과는 달리 국제협력요원으로 근무한 공익근무요원을 국가유공자법에 의한 보상에서 제외한 병역법
	⑩ 애국지사요건으로서 독립운동에 참가했던 사람 중 사실인정과 가치판단을 거쳐 공로에 따라 상훈을 받은 사람에 대해서만 애국지사로 등록
	⑪ 관계공무원이 인솔하여 집단수송과정에서 전사·순직·공상을 입은 자는 국가유공자에 포함시키면서 개별이동 중에 공상 등을 입은 자에 대해서는 국가유공자에서 제외한 병역법
	⑫ 6·25 전쟁 중 납북자를 납북피해자 보상 제외
	⑬ 수용자에 대한 의료급여정지
	⑭ 군인퇴직금 61세 이후 혼인한 유족 제외하고 있는 것
	⑮ 사회복무요원에게 현역병의 봉급에 해당하는 보수를 지급하도록 한 병역법 시행령
	⑯ 산업기능요원 복무기간을 공무원 경력에 포함시키지 아니한 공무원보수규정
	⑰ 사립학교 사무직원의 명예퇴직수당 불인정
	⑱ 비농촌지역 거주자들의 경우 요건을 충족시킨 경우에만 쌀직불금의 지급대상이 될 수 있도록 정한 것
평등권 침해 아닌 것	⑲ 1947.8.15.부터 1965.6.22.까지 계속하여 일본에 거주한 사람을 위로금 지급대상에서 제외하고 있는 국외강제동원자지원법
	유사 대한민국 국적을 가지지 아니한 사람을 위로금 지급대상에서 제외
	유사 한·소 수교가 이루어진 1990.9.30. 이전에 사망 또는 행방불명된 사할린 지역 강제동원 피해자를 위로금 지급대상인 국외강제동원 희생자로 하여 우선적으로 위로금을 지급하는 것
	유사 태평양전쟁 강제동원자 의료지원금 지급대상에서 국내 강제동원자를 제외한 것
	⑳ 공무원 퇴직연금의 수급요건을 재직기간 20년에서 10년으로 완화한 개정하면서 개정법 적용대상을 법 시행일 당시 재직 중인 공무원으로 한정한 공무원연금법 부칙
	㉑ 1년 이상 재직한 전직 국회의원에게 연로회원지원금을 지급
	㉒ 법관의 명예퇴직수당 정년잔여기간 산정에 있어 정년퇴직일 전에 임기만료일이 먼저 도래하는 경우 임기만료일을 정년퇴직일로 보도록 정한 구 법관 및 법원공무원 명예퇴직수당 등 지급규칙
	㉓ 4·19혁명공로자에게 지급되는 보훈급여의 종류를 보상금이 아닌 수당으로 규정한 국가유공자법 제16조의4 제1항 및 2019년도 공로수당의 지급월액을 31만 1천원으로 규정한 같은 법 시행령 제27조의4가 각각 보상금으로 월 172만 4천원을 받는 건국포장 수훈 애국지사에 비하여 4·19혁명공로자를 합리적 이유 없이 차별 취급하여 평등권을 침해하는지 여부(소극)
	㉔ 국공립어린이집, 사회복지법인어린이집, 법인·단체등어린이집 등과 달리 민간어린이집에는 보육교직원 인건비를 지원하지 않는 '2020년도 보육사업안내'
	㉕ 현역병, 지원에 의하지 아니하고 임용된 부사관, 방위, 상근예비역, 보충역 등의 복무기간과는 달리 사관생도의 사관학교 교육기간을 연금 산정의 기초가 되는 군 복무기간으로 산입할 수 있도록 규정하지 아니한 구 군인연금법 제16조 제5항
	㉖ 국군포로로서 억류기간 동안의 보수를 지급받을 권리를 국내로 귀환하여 등록절차를 거친 자에게만 인정하는 '국군포로의 송환 및 대우 등에 관한 법률'

평등권 침해인 것	① 국·공립 사범대학 졸업자 우선 채용 ② 국가공무원 임용 결격사유에 해당하여 공중보건의사 편입이 취소된 사람을 현역병으로 입영하게 하거나 공익근무요원으로 소집함에 있어 의무복무기간에 기왕의 복무기간을 전혀 반영하지 아니하는 구 병역법 ③ 산업기능요원 편입되어 1년 이상 종사하다가 편입이 취소되어 입영하는 사람의 경우 복무기간을 단축할 수 있다고 규정한 병역법 ④ 지자체장의 국회의원 입후보시 180일 전 퇴직을 규정한 공선법 ⑤ 15년 미만 근무한 판사 등에 대해서 개업지 제한 ⑥ 약사법인의 약국개설을 금지한 약사법 ⑦ 실형을 선고받고 집행이 종료되거나 면제된 경우에는 자격에 관한 법령의 적용에 있어 형의 선고를 받지 아니한 것으로 본다고 하여 공무원 임용 등에 자격제한을 두지 않으면서 소년범 중 형의 집행유예를 선고를 받고 유예기간 중인 자에 대해서는 특례규정을 두지 않아 공무원 임용을 제한받도록 한 소년법 ⑧ 의료법 제33조 제2항 단서의 "의료인은 하나의 의료기관만을 개설할 수 있으며" 부분이 복수면허 의료인들의 직업의 자유, 평등권을 침해하는지 여부(적극) 　[비교] 의료인은 어떠한 명목으로도 둘 이상의 의료기관을 운영할 수 없다고 규정한 의료법 ⑨ 지방자치단체의 장이 금고 이상의 형을 선고받고 그 형이 확정되지 아니한 경우 부단체장이 그 권한을 대행하도록 한 것 ⑩ 전산사식, 입력작업, 안내 등의 직렬의 정년을 만 43세로 규정한 국가안전기획부직원법 시행령
평등권 침해 아닌 것	① 국립사범대학졸업자 국공립 중등교사우선임용에 관한 구 교육공무원법 제11조 제1항에 대한 위헌결정으로 우선임용되지 못한 자를 구제하는 국립사범대학 졸업자 중 교원미임용자 임용 등에 관한 특별법 ② 임용결격공무원 또는 당연퇴직공무원을 특별채용할 경우 종전의 사실상 근무기간을 경력으로 인정하지 아니한 임용결격공무원 등에 대한 퇴직보상금 지급 등에 관한 특례법 ③ 7급 교정직공무원으로의 승진시험 응시횟수를 3회로 제한하고 있는 교정직공무원 승진임용 규정 ④ 법학전문대학원 졸업예정자에 한하여 필기전형을 실시하도록 정한 법원행정처장의 '재판연구원 신규 임용 계획' 및 법학전문대학원 졸업예정자에 한하여 실무기록평가를 실시하도록 정한 법무부장관의 '검사 임용 지원안내' 공고 ⑤ 초·중등학교 교원의 교육위원직 겸직 제한 ⑥ 일반 교사와 달리 수석교사 임기 중에 교장 등 관리직 자격 취득을 제한하는 것 ⑦ 국세 경력직공무원 한해 세무사시험 일부면제 　[유사] 15년 이상 공무원으로 근무한 자에 대해 제2차 시험 중 행정절차론 및 사무관리론을 면제한 행정사시험면제조항 ⑧ 시각장애인에 한하여 안마사 자격인정을 받을 수 있도록 한 의료법 ⑨ 변리사회 가입의무 및 연수의무를 부과하고 있는 변리사법 ⑩ 변호사시험의 시험장으로 서울 소재 4개 대학교를 선정 ⑪ 제49회 사법시험 제2차 시험 시험시간 과목당 2시간 ⑫ 법무사사무원수를 5인으로 한정 ⑬ 법원서기보와 달리 정리에 대해 법무사자격을 부여하지 않는 것

평등권 침해 아닌 것	⑭ 대학·산업대학·전문대학에서 의무기록사 관련 학문을 전공한 사람에 대해서는 의무기록사 국가시험 응시자격을 부여하고, 사이버대학에서 같은 학문을 전공한 사람에 대해서는 의무기록사 국가시험에 응시할 수 없도록 한 의료기사 등에 관한 법률 ⑮ 병의 복무기간은 종전 공무원 경력의 8할만 장교의 호봉경력으로 인정 ⑯ 특허침해소송에서는 변호사에게만 소송대리를 허용한 것 ⑰ 변호사가 법률사건이나 법률사무에 관한 변호인선임서 또는 위임장 등을 공공기관에 제출할 때에는 사전에 소속 지방변호사회를 경유하도록 하는 법률규정 ⑱ 일정한 교육을 거쳐 시·도지사로부터 자격 인정을 받은 자만이 안마시술소 등을 개설할 수 있도록 한 안마사법 ⑲ 의료인에 대한 자격정지처분의 사유가 발생한 날로부터 5년이 지난 경우 처분을 할 수 없도록 시효규정을 신설하면서 이미 자격정지처분이 있었던 경우를 시효규정의 적용대상에서 제외한 의료법 ⑳ 경찰공무원에게 재산등록의무를 부과하는 공직자윤리법 시행령 ㉑ 경찰공무원의 봉급을 규정한 구 공무원보수규정 ㉒ 징계에 의해 해임처분을 받은 자 중 '경찰공무원으로 임용되려 하는 자'는 영구히 임용이 불가 ㉓ 국회의원의 경우 지방공사 직원의 겸직이 허용되는 반면, 지방의회의원의 경우 이 사건 법률조항에 의하여 지방공사 직원의 직을 겸할 수 없는 것 ㉔ 한약업사의 영업지 제한 ㉕ 세종특별자치시의회의원선거를 실시하지 아니하기로 한 것 ㉖ 공인회계사 시험 요건으로 관련 학점 이수 ㉗ 변호사의 직무와 무관한 범죄로 금고 이상의 형을 선고받은 경우도 결격 사유로 규정하고 있는 변호사법 ㉘ 변호사시험의 응시기간과 응시횟수를 법학전문대학원의 석사학위를 취득한 달의 말일 또는 취득예정기간 내 시행된 시험일부터 5년 내에 5회로 제한하고 병역의무의 이행만을 응시기회 제한의 예외로 인정하는 변호사시험법 제7조 제2항

17 사회영역에서의 차별

평등권 침해인 것	① 대한민국 정부 수립 이전 이주동포를 수혜대상에서 제외 ② 전통사찰 부동산을 대여·양도·담보 제공할 경우 문화체육부장관의 허가를 받도록 하면서 국토부장관의 공용수용으로 인한 소유권 변동에 대해서는 허가 등의 규제를 하지 아니한 전통사찰보존법 ③ 근로기준법이 보장한 근로기준 중 주요사항을 외국인 산업연수생에 대하여만 적용되지 않도록 하는 외국인산업기술연수생의 보호 및 관리에 관한 지침(노동부 예규) ④ 우체국보험금 및 환급금 청구채권 전액에 대하여 무조건 압류를 금지하는 우체국예금·보험에 관한 법률 ⑤ 1983.1.1. 이후 출생한 A형 혈우병 환자에 한하여 유전자재조합제제에 대한 요양급여를 인정하는 요양급여 기준

평등권 침해인 것	⑥ 자율형 사립고등학교를 후기학교로 정하여 신입생을 일반고와 동시에 선발하도록 하여 자사고를 지원한 학생에게 평준화지역 후기학교에 중복지원하는 것을 금지한 시행령 　㉠ 청구인 학생 및 학부모의 평등권 침해 　㉡ 학교법인의 평등권 침해는 아님, 학교법인의 사학운영의 자유 침해 아님 ⑦ 중혼의 취소청구권자에서 직계비속제외 　비교» 존속상해치사가중처벌, 자기 또는 배우자의 직계존속을 고소금지, 직계존속살해 가중처벌 ⑧ 근무기간 6개월 미만 월급근로자에 대해 해고예고제 배제
평등권 침해 아닌 것	① 직장의료보험과 지역의료보험 재정 통합과 지역의료보험에 한하여 국가가 재정을 보조할 수 있도록 한 의료보험법 ② 주식회사 연합뉴스를 국가기간뉴스통신사로 지정 ③ 개발행위로 용도폐지되는 공공시설을 사업주체에게 무상양도 ④ 정규학력에 준하는 외국의 학력에 대해서는 그 과정을 모두 마친 경우에도 수학기간의 기재를 요구 ⑤ 노동관계 당사자가 아닌 제3자가 쟁의행위를 조종·선동·방해하지 못하도록 규정하는 것 ⑥ 사립학교급식시설 경비를 당해 학교의 설립경영자가 부담하도록 한 것 ⑦ 거주지 중심의 학군제도 ⑧ 식품을 질병의 예방 및 치료에 효능·효과가 있거나 의약품 또는 건강기능식품으로 오인·혼동할 우려가 있는 내용의 표시·광고를 금지한 구 식품위생법 ⑨ 모집정원의 70%를 임직원 자녀 전형으로 선발하고 10%만을 일반전형으로 선발하는 내용의 충남○○고 입학전형요강을 피청구인 충청남도 교육감의 승인 ⑩ 주택조합의 구성원 자격을 무주택자로 한정한 것 ⑪ 남성단기복무장교 육아휴직대상 제외 ➡ 남성과 여성을 차별하는 것은 성별에 근거한 차별이 아니라 의무복무군인과 직업군인이라는 복무형태에 따른 차별로 봄이 타당하다. ⑫ 영화발전기금 ⑬ 우편요금 감액대상에 국회의원만 포함시키고 시·도의원을 제외한 것 ⑭ 대한민국 국민인 남자에 한하여 병역의무 ⑮ 병 제대 후 자원입대한 군종장교에 대한 예비군훈련 ⑯ 언론중재절차에 출석하지 않으면 중재철회를 한 것으로 보는 것 ⑰ 신규카지노업 허가대상자를 공익실현을 목적사업으로 하는 한국관광공사로 한정한 것 ⑱ 교섭단체에 한해 정책연구위원을 배정하는 것 ⑲ 중한 형에 대하여 사면을 하면서 그보다 가벼운 형에 대하여 사면을 하지 않는 것 ⑳ 정년 60세를 도입하면서 유예기간을 둔 것 ㉑ 입양기관을 운영하는 사회복지법인으로 하여금 '기본생활지원을 위한 미혼모자가족복지시설'을 설치·운영할 수 없게 하는 한부모가족지원법 ㉒ 개인회생절차에 따른 면책결정이 있는 경우에 채무불이행으로 인한 손해배상채무와 달리 채무자가 고의로 가한 불법행위로 인한 손해배상채무는 면책되지 아니하는 채무자 회생 및 파산에 관한 법률 ㉓ 직장보육시설을 설치하여야 하는 사업장의 규모를 대통령령으로 정하도록 한 영유아보육법 ㉔ 근로자의 날을 관공서의 공휴일에 포함시키지 않은 '관공서의 공휴일에 관한 규정' ㉕ 오전 0시부터 오전 6시까지 인터넷게임규제

| 평등권 침해
아닌 것 | ㉖ 인구 50만 이상의 일반 시에는 자치구가 아닌 구를 두고 그 구청장은 시장이 임명하도록 한 것
㉗ 대학구성원이 아닌 청구인의 대학도서관에서의 도서 대출 또는 열람실 이용을 승인하지 않는 내용의 서울교육대학교의 회신
㉘ 의무교육 실시와 같은 공익 목적 내지 공적 용도로 공유재산을 무단점유한 경우를 사익추구의 목적으로 무단점유한 경우와 동일하게 변상금을 부과하고 있다고 한 것
㉙ 2009.11.28. 이후 면허를 받은 개인택시운송사업의 상속을 허용하면서, 이를 2015.6.22. 이후 최초로 개인택시운송사업의 상속이 성립하는 경우부터 적용하도록 한 것
㉚ 정신건강의학과 질환사유로 신체등급 4급 판정을 받아 보충역에 편입된 사람이 사회복지시설 운영 지원 분야 및 초·중·고 장애학생 지원 분야에 지정될 수 없도록 제한하는 사회복무요원 소집업무 규정
㉛ 배출시설 허가 또는 신고를 마치지 못한 가축 사육시설에 대하여 적법화 이행기간의 특례를 규정하면서, 개 사육시설을 적용대상에서 제외하고 있는 가축분뇨의 관리 및 이용에 관한 법률
㉜ 버스운송사업에 있어서는 운송비용 전가 문제를 규제할 필요성이 없으므로 택시운송사업에 한하여 운송비용을 전가할 수 없도록 한 택시운송사업의 발전에 관한 법률
㉝ 의료급여 1종 수급권자인 청구인들을 건강보험가입자들과 차별하여 선택병의원제를 배제한 것
㉞ 개방이사제에 관한 사립학교법
㉟ 국민건강보험공단 상근 직원의 선거운동을 금지하고 있는 공직선거법
㊱ 청년고용촉진 특별법 조항이 대통령령으로 정하는 공공기관 및 공기업으로 하여금 매년 정원의 100분의 3 이상씩 15세 이상 34세 이하의 청년 미취업자를 채용하도록 한 것
㊲ 공중보건의사에 편입되어 군사교육에 소집된 사람을 군인보수법의 적용대상에서 제외하여 군사교육 소집기간 동안의 보수를 지급하지 않도록 한 군인보수법
㊳ 공중보건의사가 군사교육에 소집된 기간을 복무기간에 산입하지 않도록 규정한 병역법
㊴ 도로교통공단 이사장이 2015.7.경 서울 서부운전면허시험장에서 관련법령에서 운전면허 취득이 허용된 신체장애를 가진 청구인이 제2종 소형 운전면허를 취득하고자 기능시험에 응시함에 있어서 청구인에게 관련법령에서 운전면허 취득이 허용된 신체장애 정도에 적합하게 제작·승인된 기능시험용 이륜자동차를 제공하지 않은 부작위
㊵ '가구 내 고용활동'에 대해서는 근로자퇴직급여 보장법을 적용하지 않도록 규정한 근로자퇴직급여 보장법 제3조
㊶ 근로자의 날을 관공서의 공휴일에 포함시키지 않은 관공서의 공휴일에 관한 규정 제2조
㊷ 수입된 원산지표시대상물품을 단순한 가공활동을 거쳐 수출하려는 자는 그 단순 가공한 물품등에 당초의 원산지를 표시하여야 한다고 규정한 대외무역법 제33조
㊸ 주택재개발조합이 행정심판의 피청구인이 된 경우 그 인용재결에 기속되도록 규정한, 행정심판법 제49조 제1항
㊹ 공무원이 지위를 이용하여 범한 공직선거법위반죄의 경우 일반인이 범한 공직선거법위반죄와 달리 공소시효를 10년으로 정한 공직선거법 제268조 제3항
㊺ 영화업자가 영화근로자와 계약을 체결할 때 근로시간을 구체적으로 밝히도록 하고 위반 시 처벌하는 영화 및 비디오물의 진흥에 관한 법률 제3조 |

| 평등권 침해 아닌 것 | ㊻ 임대의무기간이 10년인 공공건설임대주택을 임대의무기간 경과 전 조기분양전환하는 경우의 분양전환가격을 임대의무기간이 5년인 공공건설임대주택과 다른 기준에 따라 산정하도록 하는 구 임대주택법 시행규칙 제9조
㊼ 국립묘지 안장 대상자의 사망 당시의 배우자가 재혼한 경우에는 국립묘지에 안장된 안장 대상자와 합장할 수 없도록 규정한 '국립묘지의 설치 및 운영에 관한 법률' 제5조 제3항 본문 제1호 단서 중 '안장 대상자가 사망한 후에 다른 사람과 혼인한 배우자는 제외한다.' 부분
㊽ 영화업자가 영화근로자와 계약을 체결할 때 근로시간을 구체적으로 밝히도록 하고 위반 시 처벌하는 영화 및 비디오물의 진흥에 관한 법률 제3조 |

01 신체의 자유 침해 여부

헌법 위반인 것	① 형사피의자를 유치장에 수용하는 과정에서 과도하게 신체를 수색한 행위
	② 피의자가 도주, 폭행, 소요 등의 우려가 없고 수사검사도 이러한 사정하에서 계구 해제를 요청했음에도 불구하고 계호교도관이 이를 거절하고 포승으로 청구인의 팔과 상반신을 묶고 양손에 수갑을 채운 상태에서 피의자조사를 받도록 한 계구사용행위
	③ 여러 날 장시간 피의자신문을 하면서 계구로 피의자를 속박한 행위
	④ 수용자를 교도소에 수용하는 동안 1년 넘게 상시적으로 양팔을 사용할 수 없도록 계구를 착용케 한 것
	⑤ 판사의 성충동 약물치료 명령: 헌법불합치
	  ☑ **검사의 성충동 약물치료 청구: 합헌**
	⑥ 보호의무자 2인의 동의와 정신건강의학과 전문의 1인의 진단이 있으면 보호입원이 가능하도록 한 정신보건법
	⑦ 외국에서 형의 전부 또는 일부의 집행을 받은 자에 대하여 형을 감경 또는 면제할 수 있도록 한 형법
	⑧ 영창은 부대나 함정 내의 영창, 그 밖의 구금장소에 감금하는 것을 말하며, 그 기간은 15일 이내로 하도록 한 군인사법
	⑨ 금치처분을 받은 자에 대한 운동을 금지와 실외운동 금지
	  ☑ 예외 없이 금치처분을 받은 자에 대한 집필을 금지하는 것도 언론의 자유를 침해한다. 그러나 원칙 금지, 예외 허용은 언론의 자유를 침해하지 않는다.
	  ☑ 나머지 금치처분은 모두 합헌(접견이나 서신수발 금지, 30일 이내의 공동행사 참가 정지, 텔레비젼 시청 제한, 자비물품 구매 제한)
	⑩ 군사법경찰관의 피의자구속기간을 추가로 10일 연장(10 + 10)하는 군사법원법은 과잉금지원칙에 반한다. ➡ 엄격한 심사
	⑪ 강제퇴거명령을 받은 사람을 즉시 대한민국 밖으로 송환할 수 없으면 송환할 수 있을 때까지 보호시설에 보호할 수 있도록 규정한 출입국관리법

합헌인 것	① 피보호감호자에 대하여 형의 집행 및 수용자의 처우에 관한 법률상 징벌조항 준용하도록 한 것 ② 벌금미납자를 노역장에 유치하여 신체를 구금하도록 한 형법 ③ 엄중격리대상자에 대한 계구사용행위, 동행계호행위 및 1인 운동장을 사용하게 하는 처우 ④ 피청구인인 공주교도소장이 청구인을 경북북부 제1교도소로 이송함에 있어 4시간 정도에 걸쳐 포승과 수갑 2개를 채운 행위 ⑤ 호송과정에서 청구인에게 포승과 수갑을 채우고 별도의 포승으로 다른 수용자와 연승한 행위 ⑥ 교도소장이 민사법정 내에서 수형자인 청구인으로 하여금 양손수갑 2개를 앞으로 사용하고 상체승을 한 상태에서 변론을 하도록 한 행위 ⑦ 피청구인이 수형자인 청구인에게 행정법정 방청석에서 청구인의 변론 순서가 될 때까지 대기하는 동안 수갑 1개를 착용하도록 한 행위

⑧ 징역형 수형자에게 정역에 복무하게 하도록 한 형법

⑨ 치료감호기간의 상한을 정하지 아니하여 피치료감호자를 계속 수용하여 치료할 수 있도록 한 것

⑩ 민사집행법상 재산명시의무를 위반한 채무자에 대하여 법원이 결정으로 20일 이내의 감치에 처하도록 규정한 민사집행법

⑪ 치료감호의 상한을 정하지 아니한 사회보호법

⑫ 치료감호기간 15년: 합헌

⑬ 사회봉사나 수강을 명한 집행유예를 선고받은 자가 준수사항을 위반한 경우 집행유예를 취소할 수 있도록 한 형법 / 금고 이상의 형의 선고를 받아 집행을 종료한 후 또는 집행이 면제된 후로부터 5년을 경과하지 아니한 자에 대해서는 집행유예를 하지 못하도록 규정하고 있는 형법 / 선고유예기간 중 자격정지 이상의 형에 처한 판결이 확정되면 선고유예가 실효되는 것으로 규정하고 있는 형법

⑭ 1억원 이상의 벌금형일 때 300일 이상 노역장에 유치하도록 한 형법: 노역장유치조항이 경제적 능력이 있는 자와 없는 자를 차별한다고 볼 수 없다. 과잉금지원칙에 반하여 청구인들의 신체의 자유를 침해한다고 볼 수 없다.

⑮ 수사대상자를 규정한 공수처법 제2조 및 공수처를 독립기관으로 두도록 한 공수처법(2021. 1.28, 2020헌마264)

ⓐ 법률로써 '행정각부'에 속하지 않는 독립된 형태의 행정기관을 설치하는 것이 헌법상 금지된다고 할 수 없다.

ⓑ 공수처법은 이러한 검찰권 중 일부를 수사처에 분산한 것으로, 수사처는 우리 헌법상 본질적으로 행정에 속하는 사무를 수행한다.

ⓒ 수사처가 직제상 대통령 또는 국무총리 직속기관 내지 국무총리의 통할을 받는 행정각부에 속하지 않는다고 하더라도 대통령을 수반으로 하는 행정부에 소속된 행정기관이다.

ⓓ 정부조직법 제2조 제2항은 "중앙행정기관은 이 법에 따라 설치된 부·처·청과 다음 각 호의 행정기관으로 하되, 중앙행정기관은 이 법 및 다음 각 호의 법률에 따르지 아니하고는 설치할 수 없다."라고 규정하였고, 여기에 공수처법과 수사처는 열거되어 있지 않으나 개정된 정부조직법 제2조 제2항을 들어 정부조직법에서 정하지 않은 중앙행정기관을 다른 법률로 설치하는 것이 헌법상 금지된다고 보기는 어렵다.

ⓔ 수사처가 기존의 행정조직에 소속되어 있지 않다는 사정만으로 공수처법상 수사처의 설치가 권력분립원칙에 반한다고 보기 어렵다.

ⓕ 강력한 독립성만을 부여받고 입법부나 사법부에 의한 통제도 받지 않는다면 이 역시 국민의 기본권보장에 위협이 되고 결과적으로 권력 상호간의 견제와 균형을 요체로 하는 권력분립원칙에 반한다.

ⓖ 권력분립원칙은 입법권, 행정권, 사법권의 분할과 이들 간의 견제와 균형의 원리이므로, 설령 수사처의 설치로 말미암아 수사처와 기존의 다른 수사기관과의 관계가 문제된다 하더라도 동일하게 행정부 소속인 수사처와 다른 수사기관 사이의 권한 배분의 문제는 헌법상 권력분립원칙의 문제라고 볼 수 없다.

ⓗ 행정부 내의 법률상 기관에 불과한 수사처와 다른 수사기관 사이에 권한 배분의 문제가 발생한다 하더라도 이를 헌법상의 권력분립원칙의 문제로 볼 수는 없고, 입법정책의 문제일 뿐이다.

ⓘ 수사처에 대하여는 행정부 내부에서뿐만 아니라 외부에서도 다양한 방법으로 통제를 하고 있으며, 수사처가 다른 국가기관에 대하여 일방적 우위를 점하고 있다고 보기도 어렵다. 따라서 권력분립원칙에 반하여 청구인들의 평등권, 신체의 자유 등을 침해하지 않는다.

02 헌법 제12조

헌법 제12조	① 법률에 의하지 아니하고 체포·구속·압수·수색·심문 ② 체포·구속·압수·수색할 때 영장 ③ 체포·구속을 당한 때 적부심사 ④ 법률에 의하지 아니하고 고문을 받지 아니하며, 형사상 자기에게 불리한 진술을 강요 ~ (✕) ⑤ 고지제도: 현행헌법에서 신설, 피의자에게: 고지, 가족 등에게: 통지 ⑥ 법률이 정하는 바에 따라 적부심사(✕) ⑦ 헌법상 직접 누리는 권리 또는 적용되는 원칙

피의자	피고인
영장(○)	영장(○)
변호인 조력(○)	변호인 조력(○)
불리한 진술거부(○)	불리한 진술거부(○)
적부심사청구(○)	적부심사청구(✕)
국선변호인 조력(✕)	국선변호인 조력(○)
무죄추정(○)	무죄추정(○)

03 죄형법정주의

1. 죄형법정주의 적용 여부

과태료와 감치결정은 형벌이 아니어서 죄형법정주의가 적용되지 않는다.

2. 법률주의

법률주의 위반 여부	① 조약으로 처벌을 가중하더라도 법률에 의하지 아니한 처벌이라 할 수 없다. ② 미신고 시위에 대한 해산명령에 불응하는 자를 처벌하도록 규정한 집회 및 시위에 관한 법률은 법률주의에 위반되지 않는다. ③ 감독기관의 승인을 얻어야 할 사항에 대하여 승인을 얻지 아니한 행위를 처벌하고 있는 구 새마을금고법에 기초하여 새마을금고법 시행령 제23조에서 정한 승인사항을 위반한 경우에도 새마을금고법을 적용하는 것이 죄형법정주의에 위배되는지 여부(적극)
형벌사항 위임	① 범죄와 형벌은 법률로 정해야 한다. 명령으로 정하려면 법률이 있어야 한다. 법률에 의한 처벌법규를 명령이나 조례에 위임할 수 있다. 다만, 법률에서 범죄구성요건은 처벌대상행위가 어떠한 것일 거라고 예측할 수 있을 정도로 정해야 하고, 형벌의 종류 및 상한과 폭을 명백히 규정해야 하고 위임하여야 한다. ② 위임입법의 형식은 원칙적으로 헌법 제75조, 제95조에서 예정하고 있는 대통령령, 총리령 또는 부령 등의 법규명령의 형식을 벗어나서는 아니 된다. ③ 범죄와 형벌 사항을 고시에 위임할 수 있는지 여부(적극) 　　㉠ 식품의 제조방법기준을 식품의약품안전처 고시에 위임한 것이 헌법에서 정한 위임입법의 형식을 갖추지 못하여 헌법에 위반된다고 할 수 없다.

형벌사항 위임	ⓒ 소년보호법 조항이 구체적인 규율 대상을 청소년보호위원회의 결정 및 여성가족부장관의 고시로 수권하고 있다는 사실만으로 죄형법정주의의 법률주의에 위배된다고 보기 어렵다 ④ 노동운동이 허용되 사실상 노무에 종사하는 공무원의 범위는 조례로 정하도록 한 지방공무원법은 죄형법정주의의 법률주의에 위배된다고 보기 어렵다. ⑤ 임원의 선거운동 기간 및 선거운동에 필요한 사항을 정관에서 정할 수 있도록 규정한 신용협동조합법은 죄형법정주의에 위반된다.

3. 형벌법규 포괄위임금지

일반론	① 법률에 의한 처벌법규의 위임은 그 요건과 범위가 보다 엄격하게 제한적으로 적용되어야 한다. ② 죄형에 관한 법률조항이 그 내용을 해당 시행령에 포괄적으로 위임하고 있는지 여부는 죄형법정주의의 명확성원칙의 위반 여부가 문제인 동시에 포괄적 위임금지 여부의 문제가 된다. ③ 수권법률조항의 명확성원칙 위배 여부는 포괄위임입법금지원칙의 위반 여부에 대한 심사로써 충족된다.
위반인 것	① 약국을 관리하는 약사 또는 한약사는 보건복지부령으로 정하는 약국관리에 필요한 사항을 준수하여야 한다는 약사법 ② 대통령령이 정하는 바에 의하여 증권관리위원회 명령을 위반한 경우 형사처벌하도록 한 증권거래법 ③ 어업관리·위생관리·유통질서 그 밖에 어업조정을 위하여 필요한 사항들을 규정한 대통령령에 위반한 경우 그 처벌에 관한 사항을 대통령령에 위임한 구 수산업법 ④ 대통령령에 정하는 바에 위반하여 행하여지는 유가증권의 시세고정·안정 목적의 매매거래를 금하고 있는 구 증권거래법 ⑤ 건축물의 무허가 용도변경행위에 관한 처벌규정인 건축법 ⑥ 의료업무에 관한 광고의 범위 기타 의료광고에 관한 보건복지부령에 위반된 행위를 처벌하는 의료법

4. 형벌불소급원칙

적용되는 것	① 보안처분이라 하더라도 형벌적 성격이 강하여 신체의 자유를 박탈하거나 박탈에 준하는 정도로 신체의 자유를 제한하는 경우에는 소급입법금지원칙을 적용하는 것이 법치주의 및 죄형법정주의에 부합한다. 소급입법에 의한 보호감호는 허용되지 않는다. ② 형벌이 아닌 노역장유치에도 형벌불소급원칙이 적용된다. 노역장유치조항의 시행 전에 행해진 범죄행위에 대해서도 공소제기의 시기가 노역장유치조항의 시행 이후이면 이를 적용하도록 한 부칙조항은 형벌불소급원칙에 위반된다. ③ '가정폭력범죄의 처벌 등에 관한 특례법'이 정한 보호처분 중 하나인 '사회봉사명령'에 대하여도, 보안처분의 성격을 가지는 것이나 실질적으로는 신체적 자유를 제한하게 되므로 형벌불소급원칙에 따라 행위시법을 적용하여야 한다(2008.7.24, 2008어4). ☑ 헌법재판소는 사회봉사명령이 신체의 자유 제한이 아니라 일반적 행동의 자유 제한이라고 한다.

| 적용되지 않는 것 | ① 행위시법이 폐지되었음에도 행위시법에 의하여 형사처벌하도록 한 규정은 형벌불소급원칙의 보호영역에 포섭되지 않는다.
② 피적용자에게 유리한 법: 관세법위반행위에 대한 벌칙규정을 완화시킨 개정법률을 소급적용하지 않도록 한 관세법 부칙 제4조
③ 판례변경: 형벌불소급원칙에 반하지 않는다.
④ 형벌불소급의 원칙은 "행위의 가벌성", 즉 형사소추가 "언제부터 어떠한 조건하에서" 가능한가의 문제에 관한 것이고, "얼마동안" 가능한가의 문제에 관한 것은 아니므로, 과거에 이미 행한 범죄에 대하여 공소시효를 정지시키는 법률은 형벌불소급의 원칙에 언제나 위배되는 것으로 단정할 수는 없다.
⑤ 보안처분
　㉠ 행위시가 아닌 재판시법을 소급적용할 수 있다.
　㉡ 재판시법인 소급입법에 의한 관찰처분은 허용된다.
　㉢ 위치추적 전자장치 부착에 관한 법률을 소급적용하는 것은 형벌에 관한 소급입법금지원칙에 반하지 않는다.
　㉣ 디엔에이신원정보 수집·이용에는 소급입법금지원칙이 적용되지 않는다. 형이 확정된 수용자에 대해 디엔에이신원정보 수집·이용법을 적용하는 것은 소급입법금지원칙에 위배되지 않는다.
　㉤ 아동·청소년 성범죄로 형이 확정된 자에게 의료기관의 개설을 금지하는 취업조항을 소급적용하도록 한 아동·청소년보호법
　㉥ 신상정보등록 |

04 보안처분

개념	보안처분은 행위자의 장래 위험성에 근거하여 범죄자의 개선을 통해 범죄를 예방하고 장래의 위험을 방지하여 사회를 보호하기 위해서 형벌에 대신하여 또는 형벌을 보충하여 부과되는 자유의 박탈과 제한 등의 처분
종류	보호감호처분, 관찰처분, 치료명령, 위치추적장치 부착
보안처분과 형벌불소급 원칙 적용 여부	① 원칙: 적용되지 않음 ② 예외: 형벌적 성격이 강하여 신체의 자유를 박탈하거나 박탈에 준하는 정도로 신체의 자유를 제한하는 경우 적용됨
이중처벌금지원칙	치료감호 + 보호관찰, 디엔에이 신원확인정보의 수집행위, 형벌 + 신상공개 및 고지는 이중처벌에서 말하는 형벌이 아니다.
적법절차의 적용	① 각 보안처분에 적용되어야 할 적법절차의 원리의 적용범위 내지 한계에도 차이가 있어야 함은 당연하다. ② 적법절차의 원칙에 의하여 그 성질상 보안처분의 범주에 드는 모든 처분의 개시 내지 결정에 법관의 판단을 필요로 한다고 단정할 수 없다. ③ 위원회에서 보안관찰처분을 심의·의결하는 것은 적법절차의 원칙 내지 법관에 의한 정당한 재판을 받을 권리를 침해하는 것은 아니라 할 것이다. ④ 재범의 위험성 여부에 대한 법관의 판단없이 보호감호를 선고해야 하는 필요적 보호감호규정은 법관의 재량을 박탈하고 있으므로 적법절차원칙에 위반된다. ⑤ 보안관찰처분에 대하여 행정소송에서 가처분을 일률적으로 배제하는 것은 적법절차원칙에 위배된다.

	⑥ 성립절차상의 중대한 하자로 효력을 인정할 수 없는 처벌규정을 근거로 한 범죄 경력을 보안관찰처분의 기초로 삼는 법률조항이 적법절차원칙에 위배된다.
치료감호 (모두 합헌)	① 알코올 중독 등의 증상이 있는 자에 대한 치료감호 기간의 상한을 2년으로 정하고 있는 치료감호법 ② 정신성적 장애인을 치료감호시설에 수용하는 기간은 15년을 초과할 수 없다고 규정한 구 치료감호법 ③ 치료감호의 기간을 미리 법정하지 않고 계속 수용하여 치료할 수 있도록 하는 것 ④ 치료감호 청구권자를 검사로 한정한 치료감호법 ⑤ 치료감호 종료 여부 결정을 법관이 아닌 치료감호심의위원회의 결정에 맡긴 것 ⑥ 피고인이 치료감호를 청구할 권리는 재판청구권에서 보호된다고 보기는 어렵다. ⑦ 치료감호법상 피치료감호자에 대한 치료감호가 가종료 되었을 때 3년의 기간으로 피치료감호자를 치료감호시설 밖에서 지도·감독하는 것을 내용으로 하는 보호관찰이 시작되도록 한 규정 ⑧ 검사는 치료감호대상자가 치료감호를 받을 필요가 있는 경우 관할 법원에 치료감호를 청구할 수 있도록 한 치료감호 등에 관한 법률(2021.1.28, 2019헌가24) ⑨ 피고인 스스로 치료감호를 청구할 수 있는 권리나, 법원으로부터 직권으로 치료감호를 선고받을 수 있는 권리는 헌법상 재판청구권의 보호범위에 포함되지 않는다.

05 형법조항

헌법 위반인 것	① 외국에서 형의 전부 또는 일부의 집행을 받은 자에 대하여 형을 감경 또는 면제할 수 있도록 규정한 형법(헌법불합치) ② 임신한 여성의 자기낙태를 처벌하는 형법(헌법불합치) ③ 노역장유치조항을 시행일 이후 최초로 공소제기되는 경우부터 적용하도록 한 형법 부칙 ④ 대한민국 또는 헌법상 국가기관에 대하여 모욕, 비방, 사실 왜곡, 허위사실 유포 또는 기타 방법으로 대한민국의 안전, 이익 또는 위신을 해하거나 해할 우려가 있는 표현이나 행위에 대하여 형사처벌하도록 규정한 구 형법 ⑤ 배우자 있는 자의 간통행위 및 그와의 상간행위를 2년 이하의 징역에 처하도록 규정한 형법 ⑥ 형법 제304조의 혼인빙자간음죄 ⑦ 판결선고 전 구금일수의 산입을 법관의 재량에 맡긴 형법
헌법 위반 아닌 것	① 신고하는 사실이 허위라는 점을 미필적으로 인식한 경우도 처벌하는 형법 제156조 ② 육로를 불통하게 한 자 ➡ 처벌하는 형법 ③ 징역형 수형자에게 정역(定役)의무를 부과하는 형법 제67조 ④ 무기징역의 집행 중에 있는 자의 가석방 요건을 '10년 이상'에서 '20년 이상' 형 집행 경과로 강화한 형법조항을 개정 당시 이미 수용 중인 자에게 적용하는 부칙조항 ⑤ 신체, 주거, 관리하는 건조물, 자동차, 선박이나 항공기 또는 점유하는 방실의 수색 행위에 대한 처벌조항인 형법 제321조 ⑥ 강도상해죄 또는 강도치상죄를 무기 또는 7년 이상의 징역에 처하도록 규정한 형법 제337조 ⑦ 대한민국을 모욕할 목적으로 국기를 손상, 제거 또는 오욕한 자를 처벌하는 형법 제105조

헌법 위반 아닌 것	⑧ 행사할 목적으로 타인의 서명을 위조하고 위조한 서명을 행사한 자를 3년 이하의 징역형에 처하도록 한 형법 ⑨ 절도가 체포를 면탈할 목적으로 폭행·협박한 것을 준강도로 처벌하는 형법 제335조 ⑩ 사회봉사나 수강을 명한 집행유예를 선고받은 자가 준수사항을 위반한 경우 집행유예를 취소할 수 있도록 한 형법 제64조 제2항 ⑪ 금고 이상의 형의 선고를 받아 집행을 종료한 후 또는 집행이 면제된 후로부터 5년을 경과하지 아니한 자에 대해서는 집행유예를 하지 못하도록 규정하고 있는 형법 제62조 제1항 단서 ⑫ 자격정지 이상의 형을 받은 전과가 있는 자에 대하여 선고유예를 할 수 없도록 규정한 형법 제59조 제1항 단서 ⑬ 집행유예의 선고를 받은 자가 유예기간 중 고의로 범한 죄로 금고 이상의 실형을 선고받아 그 판결이 확정된 때에는 집행유예의 선고 실효사유로 정한 형법 제63조 ⑭ 범행의 시기는 불문하고 선고유예기간 중 자격정지 이상의 형에 처한 판결이 확정되면 선고유예가 실효되는 것으로 규정하고 있는 형법 제61조 제1항

06 명확성원칙

명확성원칙	① 근거: 법치주의와 기본권 등에서 도출 ② 누가? 통상적인 법감정을 가진 사람. 다만, 일정한 신분에 적용되는 법률, 그 사람들 중 평균인 기준 ③ 무엇을 통해? 　㉠ 관련 법조항 전체, 법관의 보충적 해석이 필요한 개념 사용 ➡ 명확성원칙 위반 (✕) 　㉡ 범죄구성요건을 다른 법률에서 규정한 내용 원용하거나 괄호 안에 규정했다고 하더라도 명확성원칙에 반하지 않는다. 　㉢ 법률조항이 일부를 괄호 안에 규정하는 경우 기재내용이 중요한 의미를 가지는 것이 아니라고 볼 아무런 근거도 없다. ④ 불확정 문언: 장기간 법원 판례로 불명확성 치유 가능 ⑤ 요구되는 정도: 모든 기본권 제한입법에 요구(○), 모든 법률에서 동일하게 요구(✕): 부담적 성격 > 수익적 성격, 최소한 명확성원칙, 민사법규: 추상적 표현 사용 상대적으로 더 가능 ⑥ 기본권 제한입법의 규율대상이 지극히 다양하거나 수시로 변화하는 경우에는 명확성의 요건이 완화되어야 한다. ⑦ 일반적·규범적 개념 사용 가능, 개괄조항, 불확정개념 사용 가능 ⑧ 정당방위조항: 명확성원칙 적용(○)
명확성원칙 위반인 것	① 명령 또는 정관에 위반하는 행위를 함으로써 금고 또는 연합회에 손해를 끼쳤을 때 처벌 / 단체협약에 위반한 자를 처벌하는 구 노동조합법 / 농업협동조합의 임원 선거에 있어서 정관이 정하는 행위 외의 선거운동을 한 경우 형사처벌 / '임원이 되려는 자는 정관으로 정하는 기간에는 선거운동을 위하여 조합원을 호별로 방문하거나 특정 장소에 모이게 할 수 없다'고 규정한 중소기업협동조합법 / 자기 또는 특정인을 금고의 임원으로 당선되게 하거나 당선되지 못하게 할 목적으로, '금고의 정관으로 정하는 기간 중에' 회원의 호별방문 행위 등을 한 자를 처벌하는, 새마을금고법

명확성원칙 위반인 것	② 대통령령이 정하는 바에 의하여 증권거래위원회 명령을 위반한 경우 형사처벌 / 조세범처벌법에 의한 정부의 명령사항에 위반된 행위처벌 / '관계 중앙행정기관의 장이 소관 분야의 산업경쟁력 제고를 위하여 법령에 따라 지정 또는 고시·공고한 기술'을 범죄구성요건인 '산업기술'의 요건으로 하고 있는 구 산업기술의 유출방지 및 보호에 관한 법률 / 보건복지부령으로 정하는 의료업무에 관한 광고의 범위 기타 의료광고에 필요한 사항에 위반된 행위 처벌 ③ 가정의례의 참뜻에 비추어 합리적인 범위를 벗어난 경조 기간 주류 및 음식물 접대행위를 처벌하는 것 ④ 미성년자에게 잔인성을 조장할 우려가 있는 만화를 미성년자에게 반포, 판매, 증여, 대여하는 행위 처벌 / 아동의 덕성을 심히 해할 우려가 있는 도서간행물, 광고물, 기타 내용물을 제작, 판매하는 행위를 처벌 ⑤ 아동의 덕성을 심히 해할 우려가 있는 도서간행물, 광고물, 기타 내용물을 제작, 판매하는 행위를 처벌하는 아동보호법 ⑥ 감사보고서에 기재하여야 할 사항을 기재하지 아니한 자에 대한 처벌을 규정한 주식회사의 외부감사에 관한 법률 비교» 감사보고에 허위기재를 한 때 처벌하도록 한 것 ⑦ 공중위생 또는 공중도덕상 유해한 업무에 취직하게 할 목적으로 직업소개·근로자 모집 또는 근로자공급을 한 자를 처벌하는 직업안정법 ⑧ 공중위생 또는 공중도덕상 유해한 업무에 취업시킬 목적으로 근로자파견을 금지한 파견근로자보호 등에 관한 법률 ⑨ 일정기간 입찰 참가자격제한 비교» 부정당업자에 대해 2년 범위 내에서 공기업·준정부기관 입찰자격을 제한하는 공공기관의 운영에 관한 법률 ⑩ 전기통신업자가 제공한 역무를 이용한 타인의 통신매개금지 ⑪ '여러 사람의 눈에 뜨이는 곳에서 공공연하게 알몸을 지나치게 내놓거나 가려야 할 곳을 내놓아 다른 사람에게 부끄러운 느낌이나 불쾌감을 준 사람'을 처벌하는 경범죄 처벌법 ⑫ 공익을 해할 목적으로 전기통신설비에 의하여 공연히 허위의 통신을 한 자를 형사처벌하는 전기통신기본법 비교» 건전한 통신윤리를 방송통신위원회 직무로 규정한 것 ⑬ 중요한 회의가 있는 때에는 속기록·녹음 또는 영상자료를 만들도록 한 도시 및 주거환경정비법 ⑭ 가정의례의 참뜻에 비추어 합리적인 범위를 벗어난 경조기간 중 주류 및 음식물 접대행위를 처벌하는 가정의례에 관한 법률 ⑮ 다량의 토사를 유출하여 상수원·하천을 현저히 오염되게 한 자를 처벌하는 수질 및 수생태계 보전에 관한 법률 ⑯ 제주도영향평가심의위원회 심의위원 중 위촉위원을 뇌물죄의 주체인 공무원에 포함된다고 해석하는 것 ⑰ 정부관리기업체 간부직원을 공무원으로 의제하는 특정범죄 가중처벌 등에 관한 법률 비교» 정부출연기관의 임원을 공무원의제하여 수뢰죄 적용 ⑱ 산업재해발생에 관한 보고를 하지 않는 경우를 처벌하는 구 산업안전보건법
명확성원칙 위반 아닌 것	1. 군인 관련 ① 허가 없이 근무장소 또는 지정장소를 일시 이탈하거나 지정한 시간 내에 지정한 장소에 도달하지 못한 자를 처벌하는 군형법 제79조의 무단이탈죄 조항 ② 정당한 명령이나 규칙을 위반한 자를 처벌하는 군형법 ③ 계간 기타 추행한 행위를 처벌하는 군형법 ④ 병역의무자가 병무청장의 국외여행허가를 받지 않고 출국한 경우 이를 처벌하는 병역법

⑤ 유사군복의 판매목적 소지를 금지하는 '군복 및 군용장구의 단속에 관한 법률'
⑥ 정당한 사유 없이 입영일부터 3일이 지나도 입영하지 아니한 경우를 처벌하는 구 병역법 제88조

2. 청소년 보호 관련
① 청소년보호위원회가 청소년유해매체물로 결정한 매체물을 청소년에게 판매·배포한 자를 처벌하는 청소년 보호법

3. 성범죄 관련
① 성매매알선으로 얻은 금품 등을 몰수·추징하도록 규정한 구 성매매알선 등 행위의 처벌에 관한 법률
② 아동·청소년이용음란물을 제작한 자를 무기 또는 5년 이상의 징역에 처하는 '아동·청소년의 성보호에 관한 법률'
③ 여자 아동·청소년을 간음한 자를 여자 아동·청소년을 강간한 자에 준하여 처벌
④ 대중교통수단, 공연·집회 장소, 그 밖에 공중이 밀집하는 장소에서 사람을 추행한 사람 처벌
⑤ 정신적인 장애로 항거불능 또는 항거곤란 상태에 있음을 이용하여 사람을 간음한 사람 처벌
⑥ 카메라나 그 밖에 이와 유사한 기능을 갖춘 기계장치를 이용하여 성적 욕망 또는 수치심을 유발할 수 있는 다른 사람의 신체를 그 의사에 반하여 촬영한 자를 처벌하는 '성폭력범죄의 처벌 등에 관한 특례법'

4. 폭행·상해 관련
① 다중의 위력으로써 형법상 주거침입, 폭행, 협박, 재물손괴의 죄를 범한 자 처벌
② '폭력행위 등 처벌에 관한 법률' 제2조 제2항 제3호 중 '2명 이상이 공동하여 형법 제257조 제1항(상해)의 죄를 범한 사람'에 관한 부분
③ 폭행·협박으로 철도종사자의 직무집행을 방해한 자를 처벌하도록 규정한 구 철도안전법
④ 정당한 이유 없이 이 법에 규정된 범죄에 공용(供用)될 우려가 있는 흉기나 그 밖의 위험한 물건을 휴대한 사람을 처벌하도록 규정한 폭력행위 등 처벌에 관한 법률
⑤ 누구든지 응급의료종사자의 응급환자에 대한 진료를 폭행, 협박, 위계, 위력, 그 밖의 방법으로 방해하여서는 아니 된다고 규정한 응급의료에 관한 법률

5. 형법상 범죄
① 절도누범 처벌
② 상습강도·절도죄 또는 그 미수죄로 세 번 이상 징역형을 받은 사람이 다시 형법 절도죄를 범하여 누범으로 처벌하는 특정범죄 가중처벌 등에 관한 법률
③ 재판, 검찰, 경찰 기타 인신구속에 관한 직무를 행하는 자 또는 이를 보조하는 자가 그 직무를 행함에 당하여 형사피의자 또는 기타 사람에 대하여 폭행 또는 가혹한 행위를 가한 때 처벌
④ 경찰의 직무를 행하는 자 또는 이를 보조하는 자가 인권옹호에 관한 검사의 직무집행을 방해하거나 그 명령을 준수하지 아니한 때 처벌하도록 한 형법
⑤ 업무상 배임행위를 처벌하는 구 '특정경제범죄 가중처벌 등에 관한 법률'
⑥ 형법 제311조의 '모욕' 부분
⑦ 사람의 심신상실 또는 항거불능의 상태를 이용하여 간음 또는 추행을 한 자를 폭행 또는 협박으로 강간 또는 추행을 한 경우와 동일하게 처벌하는 형법 제299조 중 '항거불능'이 죄형법정주의의 명확성원칙에 위배되는지 여부(소극)

명확성원칙 위반 아닌 것

명확성원칙
위반 아닌 것

6. 선거 관련

① 공무원 선거기획참여금지 ➡ 다만, 사인의 지위에서 선거기획참여금지는 표현의 자유를 침해한다.

② 구 농업협동조합법 제172조 제3항 중 '지역농협의 임원선거와 관련하여 공연히 사실을 적시하여 후보자를 비방함으로써 제50조 제3항을 위반한 자'에 관한 부분

③ 교육감선거와 관련하여 후보자를 사퇴한 데 대한 대가를 목적으로 후보자이었던 자에게 금전을 제공하는 행위를 한 자를 처벌

④ 선거운동을 위한 호별 방문금지 규정에도 불구하고 '관혼상제의 의식이 거행되는 장소와 도로 · 시장 · 점포 · 다방 · 대합실 기타 다수인이 왕래하는 공개된 장소'에서의 지지호소를 허용하는 공직선거법

⑤ ㉠ 농업협동조합법에 따른 중앙회장선거의 경우, 후보자가 아닌 사람의 선거운동을 전면 금지하고 이를 위반하면 형사처벌하는 구 공공단체등 위탁선거에 관한 법률, ㉡ 선거운동기간을 후보자등록마감일의 다음 날부터 선거일 전일까지로 한정하면서 이를 위반하면 형사처벌하는 구 위탁선거법, ㉢ 법에 정해진 선거운동방법만을 허용하면서 이를 위반하면 형사처벌하는 구 위탁선거법이 죄형법정주의 명확성원칙에 위배되는지 여부(소극)

⑥ 누구든지 선거운동기간 전에 공직선거법에 규정된 방법을 제외하고 그 밖의 집회 또는 그 밖의 방법으로 선거운동을 할 수 없도록 하고 이를 위반한 경우 처벌

7. 자격 관련

① 직접 진찰한 의료인이 아니면 진단서 등을 교부 또는 발송하지 못하도록 규정한 구 의료법

② 법률사건 수임에 관하여 알선대가로 금품제공을 금지하는 변호사법

③ 의료인은 어떠한 명목으로도 둘 이상의 의료기관을 운영할 수 없다고 규정한 의료법

④ 의료인이 의약품 제조자 등으로부터 판매촉진을 목적으로 제공되는 금전 등 경제적 이익을 받는 행위를 처벌하는 의료법

⑤ '약사 또는 한약사가 아닌 자연인'의 약국 개설을 금지하고 위반시 형사처벌

⑥ 공인회계사법 제11조 중 공인회계사와 유사한 명칭의 사용을 금지한 부분과 구 공인회계사법

8. 징계사유로서의 품위손상

① 검사징계법

② 국가공무원법

③ 청원경찰법

9. 광고

① 식품을 질병의 예방 및 치료에 효능 · 효과가 있거나 의약품 또는 건강기능식품으로 오인 · 혼동할 우려가 있는 내용의 표시 · 광고를 금지한 구 식품위생법

② 현저한 지리적 명칭이나 기술적 표장에 해당하여 상표법의 보호를 받지 못하는 표지를 이용한 부정경쟁행위를 처벌하는 구 '부정경쟁방지 및 영업비밀보호에 관한 법률'

③ 공공의 질서 및 선량한 풍속을 문란하게 할 염려가 있는 상표는 등록을 받을 수 없다고 규정한 것

10. 기타

① 범죄를 목적으로 정보유통금지하는 정보통신망법 조항

② 정당한 권원 없이 행정재산을 사용 · 수익한 자를 처벌하는 공유재산 및 물품 관리법

	③ 마사회가 아닌 자가 유사경마한 경우 재물의 필요적 몰수·추징
	④ 다른 사람 또는 단체의 집이나 그 밖의 공작물에 함부로 광고물 등을 붙이거나 거는 행위를 처벌
	⑤ "이 법에 정하지 아니한 방법으로 정치자금을 기부하거나 기부받은 자를 처벌한다."라고 규정한 정치자금법
	⑥ '공포심이나 불안감을 유발하는 문언을 반복적으로 상대방에게 도달하게 한 자' 부분
	⑦ 금융투자업자가 투자권유를 함에 있어서 불확실한 사항에 대하여 단정적 판단을 제공하거나 확실하다고 오인하게 할 소지가 있는 내용을 알리는 행위를 한 경우 형사처벌
	⑧ 경사, 순경은 사법경찰리로서 검사 또는 사법경찰관의 지휘를 받아 수사의 보조를 하여야 한다고 규정한 형사소송법 제196조
	⑨ 범죄수익 등의 취득 또는 처분에 관한 사실을 가장한 자와 특정범죄를 조장하거나 적법하게 취득한 재산으로 가장할 목적으로 범죄수익 등을 은닉한 자를 처벌하는 범죄수익은닉의 규제 및 처벌
	⑩ 건강보험심사평가원 직원을 형법상 뇌물죄를 적용함에 있어 공무원으로 의제하는 구 국민건강보험법
	⑪ 등록하지 않고 기부를 받은 자를 처벌하는 구 '기부금품의 모집 및 사용에 관한 법률'
명확성원칙 위반 아닌 것	⑫ 옥외집회 및 시위의 경우 관할 경찰관서장으로 하여금 '최소한의 범위'에서 질서유지선을 설정할 수 있도록 하고, 질서유지선의 효용을 해친 경우 형사처벌하도록 하는 '집회 및 시위에 관한 법률'
	⑬ 군사기밀을 적법한 절차에 의하지 아니한 방법으로 탐지하거나 수집한 행위에 대한 처벌조항
	⑭ 의무보험에 가입되어 있지 아니한 자동차운행금지
	⑮ 게임물 관련사업자에 대하여 '경품 등의 제공을 통한 사행성 조장'을 원칙적으로 금지시키고, 예외적으로 청소년게임제공업의 전체이용가 게임물에 대하여 대통령령이 정하는 경품의 종류·지급기준·제공방법 등에 의한 경품제공을 허용한 '게임산업진흥에 관한 법률'
	⑯ 개인정보를 처리하거나 처리하였던 자에 대해 업무상 알게 된 개인정보를 누설하거나 권한 없이 다른 사람이 이용하도록 제공하는 행위를 금지하고 이를 위반시 처벌하는 개인정보보호
	⑰ "자동차의 운전자는 고속도로 등에서 자동차의 고장 등 부득이한 사정이 있는 경우를 제외하고는 갓길로 통행하여서는 아니 된다."라고 규정한 도로교통법
	⑱ 사람을 공갈하여 재물의 교부를 받거나 재산상의 이익을 취득하여 그 이득액이 5억원 이상인 경우 가중처벌하는 구 '특정경제범죄 가중처벌 등에 관한 법률'
	⑲ 정당한 사유 없이 정보통신시스템, 데이터 또는 프로그램 등의 운용을 방해할 수 있는 프로그램의 유포를 금지한 '정보통신망 이용촉진 및 정보보호 등에 관한 법률'
	⑳ 해고의 기준을 일반추상적 개념인 '정당한 이유'로 규정한 근로기준법
	㉑ 환경부장관이 하수의 수질을 현저히 악화시키는 것으로 판단되는 특정공산품의 제조·수입·판매나 사용의 금지 또는 제한을 명할 수 있도록 한 구 하수도법
	㉒ 음주운전 금지규정을 2회 이상 위반한 사람을 2년 이상 5년 이하의 징역이나 1천만원 이상 2천만원 이하의 벌금에 처하도록 한 구 도로교통법
	㉓ 정비사업 조합 임원의 선출과 관련하여 후보자가 금품을 제공받는 행위를 금지하고 이에 위반한 경우 처벌하는 구 도시 및 주거환경정비법 제21조 제4항

	㉔ 누구든지 약사법 제42조 제1항을 위반하여 수입된 의약품을 판매하거나 판매할 목적으로 저장 또는 진열하여서는 아니 된다고 규정한 구 약사법 제61조 제1항 ㉕ 공중위생관리법상의 숙박업과 관광진흥법상의 호텔업을 교육환경보호구역에서 금지되는 행위 및 시설로 규정한 구 '교육환경 보호에 관한 법률' 제9조 제27호

07 과잉형벌금지

일반	① 법정형의 종류와 범위의 선택은 광범위한 입법재량 내지 형성의 자유가 인정되어야 할 분야이다. ② 법률상의 감경사유가 없는 한 집행유예의 선고가 불가능하도록 한 것이 사법권의 독립 및 법관의 양형판단재량권을 침해 내지 박탈하는 것으로서 헌법에 위반된다고는 볼 수 없다.
헌법 위반인 것	① 도주차량운전자 징역 10년 이상: 위헌 ② 단순마약 판매업자 10년 이상: 위헌 ③ 금융기관 임·직원이 직무와 관련하여 5천만원 이상을 수수한 경우 죄질과 관계없이 무기 또는 10년 이상의 징역에 처하도록 규정한 특정경제범죄 가중처벌 등에 관한 법률 ④ 군상관 살해 사형만을 법정형으로 규정한 군형법 ⑤ 음주운전 2회 이상 한 자를 2년 이상 5년 이하의 징역이나 1천만원 이상 2천만원 이하의 벌금에 처하도록 한 도로교통법 ➡ 명확성원칙 위반은 아님 ⑥ 음주운항 전력이 있는 사람이 다시 음주운항을 한 경우 2년 이상 5년 이하의 징역이나 2천만원 이상 3천만원 이하의 벌금에 처하도록 규정한 해사안전법 제104조의2 ⑦ 주거침입강간죄와 준강간죄를 징역 7년 이상으로 정한 성폭력범죄의 처벌 등에 관한 특례법
헌법 위반 아닌 것	① 군용물 절취행위 10년 이상: 합헌 ② 영리목적 판매업자 10년 이상: 합헌 ③ 주거를 침입해서 강제추행한 자가 상해죄를 범한 경우 10년: 합헌 ④ 형법 제334조(특수강도) 죄를 범한 자가 강제추행의 죄를 범한 때 10년 이상: 합헌 ⑤ 금융회사 등의 임직원이 그 직무에 관하여 수수, 요구 또는 약속한 금품 기타 이익의 가액이 1억원 이상인 경우 가중처벌하도록 정하고 있는 구 특정경제범죄 가중처벌 등에 관한 법률 ⑥ 수수액이 5천만원 이상 1억원 미만일 때 7년 이상의 유기징역에 처하도록 규정한 특정경제범죄 가중처벌 등에 관한 법률 ⑦ 주거침입강제추행죄의 법정형을 주거침입강간죄와 동일하게 징역 5년 이상으로 규정한 구 성폭력범죄의 처벌 등에 관한 특례법 ⑧ 교차로에서 우회전하고자 하는 운전자의 교차로 통행방법 위반시 행정형벌을 부과하는 구 도로교통법 ⑨ 흉기 기타 위험한 물건을 휴대하여 형법상 상해죄를 범한 사람을 1년 이상의 유기징역을 처하도록 한 구 폭력행위 등 처벌에 관한 법률 ⑩ 상관을 폭행하거나 협박한 사람은 5년 이상의 징역에 처하도록 하여 법정형으로 징역형만을 규정하고 벌금형을 규정하지 않은 군형법 ⑪ 안전조치의무를 위반한 사업주에 대해 5년 이하의 징역 또는 5천만원 이하의 벌금을 과하는 산업안전보건법

| | ⑫ 폭행·협박으로 철도종사자의 직무집행을 방해한 자를 5년 이하의 징역 또는 5천 만원 이하의 벌금으로 처벌하도록 규정한 구 철도안전법 |
| 헌법 위반 아닌 것 | ⑬ 형법 제129조 제1항의 수뢰죄를 범한 사람에게 수뢰액의 2배 이상 5배 이하의 벌 금을 병과하도록 규정한 특정범죄 가중처벌 등에 관한 법률 |

⑫ 폭행·협박으로 철도종사자의 직무집행을 방해한 자를 5년 이하의 징역 또는 5천만원 이하의 벌금으로 처벌하도록 규정한 구 철도안전법

⑬ 형법 제129조 제1항의 수뢰죄를 범한 사람에게 수뢰액의 2배 이상 5배 이하의 벌금을 병과하도록 규정한 특정범죄 가중처벌 등에 관한 법률

⑭ 이른바 샘플 화장품 판매 금지와 그 위반자에 대한 형사처벌을 규정한 화장품법

⑮ 단체나 다중의 위력으로 상해죄를 범한 경우 가중처벌하는 폭력행위 처벌법

⑯ 폭행 또는 협박으로 사람에 대하여 추행을 한 자를 10년 이하의 징역 또는 1천500만원 이하의 벌금에 처하도록 규정한 형법 제298조

⑰ 13세 미만의 사람에 대하여 형법 제298조(강제추행)의 죄를 범한 사람은 5년 이상의 유기징역 또는 3천만원 이상 5천만원 이하의 벌금에 처하도록 규정한 성폭력범죄의 처벌 등에 관한 특례법

⑱ 군사기밀탐지·수집죄를 범한 자가 금품이나 이익을 공여한 경우 그 죄에 해당하는 형의 2분의 1까지 가중처벌한다고 규정한 군사기밀 보호법

⑲ 외국 또는 외국인(외국단체를 포함한다)을 위하여 군사기밀탐지·수집죄를 범한 경우 그 죄에 해당하는 형의 2분의 1까지 가중처벌한다고 규정한 군사기밀 보호법

⑳ 위험한 물건을 지닌 채 형법 제297조(강간) 미수범이 다른 사람을 상해한 때에는 무기징역 또는 10년 이상의 징역에 처한다고 한 폭력범죄의 처벌 등에 관한 특례법

㉑ 운행 중인 운전자를 폭행하여 상해에 이르게 할 경우 3년 이상의 유기징역에 처하도록 한 특정범죄 가중처벌 등에 관한 법률 제5조의10

㉒ '항거불능 상태를 이용한 추행'에 대해 법정형으로 징역형만을 규정하여 벌금형을 부과할 수 없도록 한 군형법

㉓ 분묘의 발굴죄의 법정형에 벌금형이 없는 형법

㉔ 식품의 제조방법에 관한 기준을 위반하여 소매가격으로 연간 5천만원 이상의 식품을 제조·판매한 경우 무기 또는 3년 이상의 징역과 그 소매가격의 2배 이상 5배 이하에 해당하는 벌금을 필요적으로 병과하도록 한 구 보건범죄 단속에 관한 특별조치법

㉕ 금융회사 등의 임직원이 그 직무에 관하여 수수, 요구 또는 약속한 금품 수수액의 2배 이상 5배 이하의 벌금을 필요적으로 병과하도록 정하고 있는 구 특정경제범죄 가중처벌 등에 관한 법률

㉖ 성폭력범죄의 처벌 등에 관한 특례법 제8조 제1항 중 제4조 제2항 가운데 흉기나 그 밖의 위험한 물건을 지닌 채 형법 제298조(강제추행)의 죄를 범한 사람이 다른 사람을 상해한 때에 관한 부분

㉗ 응급의료종사자의 응급환자에 대한 진료를 폭행, 협박, 위계, 위력에 의한 방해죄에 대해 법정형은 5년 이하의 징역 또는 5천만원 이하의 벌금을 부과하도록 한 응급의료에 관한 법률

㉘ 성폭력범죄의 처벌 등에 관한 특례법 제3조 제1항 중 "형법 제319조 제1항(주거침입)의 죄를 범한 사람이 같은 법 제299조(준강제추행)의 죄를 범한 경우에는 무기징역 또는 5년 이상의 징역에 처한다."라는 부분

㉙ 형법 제330조의 야간침입절도죄: 법정형 징역 10년 이하 처벌

㉚ 아동·청소년이 등장하는 아동·청소년성착취물을 배포한 자를 3년 이상의 징역에 처하도록 한 '아동·청소년의 성보호에 관한 법률' 제11조 제3항

08 유추해석금지

유추해석금지	① 재정신청한 때로부터 공소시효정지를 규정한 형사소송법 조항을 헌법소원심판에 유추적용하는 것은 유추해석금지원칙에 반한다.
	② 헌법소원심판청구 후 공소시효는 진행된다.
	③ 징계부가금은 형벌이 아니므로 이에 대해서는 유추해석금지원칙이 적용되지 않는다.
	④ 공금을 횡령한 경우 5배의 부가금을 부과하도록 한 지방공무원법 제169조 제1항은 과잉금지원칙에 위배되지 않는다.

09 일사부재리원칙

일사부재리원칙의 의의	① 실체판결이 확정되어 기판력이 발생하면 그 후 동일한 사건에 대해서 거듭 심판할 수 없다는 원칙이다.
	② 죄형법정주의와는 별개의 원칙이다.
일사부재리원칙의 적용	① 일사부재리원칙은 하나의 행위를 전제로 하므로 별개 행위에 대한 각각의 처벌은 이중처벌금지원칙에 반하지 않는다.
	② 이중처벌금지원칙은 약식재판뿐 아니라 즉결심판에 의한 즉결처분의 경우에도 적용된다.
	③ 이중처벌금지의 원칙은 처벌 또는 제재가 '동일한 행위'를 대상으로 행해질 때에 적용될 수 있는 것이고, 그 대상이 동일한 행위인지의 여부는 기본적 사실관계가 동일한지 여부에 의하여 가려야 할 것이다.
	㉠ 무허가건축행위로 건축법에 의하여 형벌을 받은 자가 그 위법건축물에 대한 시정명령에 위반한 경우 그에 대하여 과태료를 부과
	㉡ 유사석유제품 제조에 대한 형사처벌과 세금을 포탈한 대한 처벌
	㉢ 군무이탈죄에 대한 공소시효가 완성된 자에 대한 복귀하라는 명령불복종죄로 처벌
	㉣ 누범을 가중처벌하는 것
	㉤ 형사처벌을 받은 양심적 예비군 훈련거부자에 대해 예비군 훈련을 정당한 사유 없이 받지 아니한 경우 다시 처벌하는 향토예비군설치법조항
	④ 하나의 형사재판절차에서 다루어진 사건을 대상으로 동시에 징역형과 자격정지형을 병과하는 것은 이중처벌금지원칙에 위반되지 아니한다.
처벌의 의미	① 처벌개념: 형벌권 실행으로서의 과벌O, 모든 제재나 불이익 ×
	② 어떤 행정제재의 기능이 오로지 제재 및 이에 결부된 억지에 있다고 하여 '처벌'에 해당한다고 할 수 없다.
	③ 출국금지와 형벌, 벌금 미납시 노역장 유치, 집행유예가 취소되는 경우 사회봉사 등 의무를 이행하였는지 여부와 관계없이 유예되었던 본형 전부를 집행하는 것은 이중처벌이 아니다.
과태료와 일사부재리원칙	① 대법원 판례: 과태료는 행정법상의 질서벌에 불과하므로 과태료처분을 받고 이를 납부한 일이 있더라도 그 후에 형사처벌을 한다고 하여 일사부재리의 원칙에 어긋난다고 할 수 없다.
	② 헌법재판소 판례: 동일한 행위를 대상으로 하여 형벌을 부과하면서 아울러 행정질서벌로서의 과태료까지 부과한다면 그것은 이중처벌금지의 기본정신에 배치되어 국가입법권의 남용으로 인정될 여지가 있음을 부정할 수 없다.

이중처벌 아닌 것	☑ 과태료부과에 대해서 이중처벌금지원칙에 위반될 수 있다는 판례는 있으나, 이중처벌금지 원칙에 위반된다고 하여 위헌결정이나 헌법불합치결정한 헌재 판례는 없다. ① 형벌 + 징계, 직위해제 + 감봉처분, 형벌 + 행형법상의 징벌, 징계부가금과 징계병과 ② 형벌 + 보호감호 ③ 부동산실명법 위반에 대한 과징금을 형사처벌과 동시에 병과하는 것, 불공정거래 행위에 대한 형벌과 과징금, 부과이행강제금, 퇴직 후의 사유로 퇴직급여 제한, 친일재산국가귀속, 선거법 위반으로 형벌 + 당선무효, 형벌과 출국금지, 형벌 + 운전면허취소, 사무장병원 부당이득금 환수, 성폭력범죄자 성폭력프로그램 이수명령, 건설업 등록 필요적 말소 ④ 피고인이 동일한 행위에 관하여 외국에서 형사처벌을 과하는 확정판결을 받았다 하더라도 이런 외국판결은 우리나라에서는 기판력이 없으므로 여기에 일사부재리원칙이 적용될 수 없다. 따라서 헌법상 일사부재리원칙은 외국의 형사판결에 대하여는 적용되지 아니한다고 할 것이므로, 이 사건 법률조항은 헌법 제13조 제1항의 이중처벌금지원칙에 위반되지 아니한다. ⑤ 벌금을 납입하지 않은 때에 노역장에 유치하는 것 ⑥ 집행유예 취소시 본형의 집행 ⑦ 부당지원행위에 대한 과징금
이중위험 금지원칙	① 미연방헌법에 규정(○) ② 이중위험금지원칙과 일사부재리원칙의 비교

구분	이중위험금지원칙	일사부재리원칙
적용국가	영·미	대륙법계
성격	절차상 원리	실체법상 원리
적용시기	일정한 공판절차	확정판결 후
검사의 상소	×(피고인의 상소는 허용됨)	○
적용범위	>	

10 연좌제 금지

연혁	제8차 개정헌법
연좌제 금지 위반 ○	반국가행위자의 처벌에 관한 특별조치법 제8조의 궐석재판에 의한 재산몰수는 연좌제 금지 위반이다. ➡ 이것만 연좌제 금지원칙 위반
연좌제 금지 위반 ×	① 하급자의 업무상 행위에 대하여 상급공무원에게 책임을 물어 인사조치하는 것 ② 배우자가 기부행위금지위반죄 등으로 징역 또는 300만원 이상의 벌금을 선고받은 때 당선을 무효로 하는 공직선거법 ③ 회계책임자가 300만원 이상의 벌금을 선고받은 경우 후보자의 당선을 무효로 하고 있는 구 공직선거법 ④ 친일반민족행위자 재산의 국가귀속 ⑤ 국회의원과 일정한 친족관계에 있는 자의 주식매각 또는 백지신탁 ⑥ 공직자 등이 자신의 배우자가 수수금지금품 등을 받은 경우 신고하도록 하면서 신고의무 위반시 처벌하도록 한 것

11 적법절차

1. 의의

적법절차원칙 의의	① 누구든지 법률에 의하지 아니하고는 체포, 구속, 압수, 수색 또는 심문을 받지 아니하며, 법률과 적법한 절차에 의하지 아니하고는 처벌, 보안처분 또는 강제노역을 받지 아니한다. ② 연혁 　㉠ 미국헌법: 1791년 헌법 　㉡ 우리나라헌법: 현행헌법 　㉢ 독일헌법: 규정 없음 ③ 헌법 적법절차조항은 주의적 · 확인적 조항이지 창설적 조항이 아니다. ④ 절차적 적법성 + 실체적 적법성, 적법절차에서 '법': 법률 + 명령 · 규칙 · 조례 + 관습법

2. 사전통지와 진술기회보장

진술할 권리	적법절차원칙에서 도출할 수 있는 중요한 절차적 요청 중의 하나로 당사자에게 적절한 고지를 행할 것, 당사자에게 의견 및 자료 제출의 기회를 부여할 것을 들 수 있다. 그러나 적법절차원칙이 구체적으로 어떠한 절차를 어느 정도로 요구하는지는 일률적으로 말하기 어렵다.
의견진술기회보장을 안 해서 위헌인 것	① 법무부장관의 일방적인 명령에 의하여 변호사의 업무가 정지 ② 형사사건으로 기소된 사립학교교원에 대한 필요적 직위해제
의견진술기회보장을 안 해도 위헌 아닌 것	① 진술기회가 누락되었다하여 바로 위헌은 아니다. ② 수뢰죄를 범하여 금고 이상의 형의 선고유예를 받은 국가공무원은 당연퇴직하도록 한 국가공무원법 ③ 출국금지결정 ④ 압수 · 수색영장 집행에 있어 급속을 요하는 때에는 사전통지를 생략할 수 있도록 한 형사소송법 ⑤ 납부기간 이내에 범칙금을 납부하지 아니한 사람에 대하여 경찰서장이 곧바로 즉결심판을 청구하도록 한 구 도로교통법 ⑥ 청문절차를 거치지 아니한 세무대 폐지법 ⑦ 행정중심복합도시 건설 특별법 제정 ⑧ 선거관리위원회의 선거법 제9조 위반결정 ⑨ 특정공무원범죄의 범인에 대한 추징판결을 범인 외의 자가 그 정황을 알면서 취득한 불법재산 및 그로부터 유래한 재산에 대하여 그 범인 외의 자를 상대로 집행할 수 있도록 규정한 공무원범죄에 관한 몰수 특례법 ⑩ 관계행정청이 등급분류를 받지 아니하거나 등급분류를 받은 게임물 수거 · 폐기

3. 적법절차의 적용대상과 범위

적법절차의 적용대상이 되는 불이익	① 헌법 제12조의 불이익은 예시적 ② 적법절차원칙은 기본권 제한과 관련되든 아니든 모든 입법작용 및 행정작용에 적용
적법절차의 적용범위	① 형사절차, 행정절차, 입법절차에 적용된다. 적법절차원칙은 형사소송절차에 국한되지 않고 모든 국가작용에 적용되며 행정작용에 있어서도 적법절차원칙은 준수되어야 한다. ② 탄핵소추절차에만 적용되지 않는다. ③ 과태료, 과징금, 행정상 즉시강제, 국민참여재판, 전경 영창, 불법체류 외국인에 대한 보호 또는 긴급보호에 적용
위헌 심사기준으로서 적법절차원칙	① 헌법 제12조 제1항은 적법절차원칙의 일반조항이고, 제12조 제3항의 적법절차원칙은 특별규정이다. ② 적법절차의 원칙은 모든 국가작용을 지배하는 독자적인 헌법의 기본원리로서 입법권의 유보적 한계를 선언하는 과잉입법금지의 원칙과는 구별된다. ③ 특별검사의 임명 등에 관한 법률의 적법절차원칙 위반 여부와는 별도로 평등원칙 위반 여부나 재판청구권 침해 여부는 판단하지 아니한다. ④ 적법절차의 원칙은 헌법 제31조 제6항의 교원지위법정주의가 적용되는 영역에서는 이와 구별되는 독자적인 의미를 가진다고 보기 어렵다. ⑤ 금고 이상의 형의 선고유예를 받고 그 기간 중에 있는 자를 임용결격사유, 공무담임권의 침해 여부와 적법절차 위배 여부는 별도로 판단해야 하는 것은 아니다.

4. 적법절차원칙 위반 여부

적법절차원칙 위반인 것	① 범인이 도주하여 그 물품을 압수한 날로부터 4월을 경과한 때에는 당해 물품은 국고에 귀속하도록 한 관세법 ② 보안관찰처분에 대한 행정소송에서 가처분을 일률적으로 금지한 보안관찰법 ③ 압수한 물건을 사건종결 전에 폐기한 사법경찰관의 행위 ④ 필요적 보호감호 ⑤ 형사사건으로 기소된 교원을 반드시 직위해제토록 한 사립학교법 ⑥ 법에서 규정된 기간 내에 매매대금을 납부하지 아니하면 예외없이 귀속재산 매매계약이 자동 해제되도록 함으로써 매수자가 정당한 사유에 의하여 대금을 납부하지 아니한 경우에까지 매매계약이 해제되도록 한 것 ⑦ 보석허가결정에 대해 검사가 즉시 항고할 수 있도록 한 형사소송법 ⑧ 형사사건으로 기소된 변호사에 대해 법무부장관이 일방적으로 업무정지를 할 수 있도록 한 변호사법 ⑨ 강제퇴거명령을 받은 사람을 즉시 대한민국 밖으로 송환할 수 없으면 송환할 수 있을 때까지 보호시설에 보호할 수 있도록 규정한 출입국관리법 ⑩ 통신자료 열람하고 통지 규정을 두고 있지 않은 전기통신사업법
적법절차원칙 위반 아닌 것	① 법관이 아닌 법무부 산하 보안관찰 처분심의위원회에서 보안관찰처분을 부과할 수 있도록 한 것 ② 범죄인 인도 여부를 서울고등법원 전속관할로 하여 대법원의 재판을 받을 수 없도록 한 것 ③ 대법원장으로 하여금 특별검사 후보자 2인을 추천하고 대통령은 그 추천후보자 중에서 1인을 특별검사로 임명하도록 한 이명박의 주가조작 특별검사 임명

적법절차원칙 위반 아닌 것	④ 대통령이 임명할 특별검사 1인에 대하여 그 후보자 2인의 추천권을 교섭단체를 구 성하고 있는 두 야당의 합의로 행사하게 한 박근혜 정부의 최순실 등 민간인에 의 한 국정농단 의혹 사건 규명을 위한 특별검사의 임명 등에 관한 법률 ⑤ 보금자리주택지구를 지정함에 있어 사전협의기간을 20일로 규정한 사전협의 절차 ⑥ 교도소장이 징벌혐의의 조사를 위하여 14일간 청구인을 조사실에 분리수용하고 공동행사참가 등 처우를 제한한 행위 ⑦ 보호관찰이나 사회봉사 또는 수강명령의 준수사항이나 명령을 위반하고 그 정도 가 무거운 때 집행유예가 취소되어 본형이 부활하여 이미 수행된 의무이행부분이 부활되는 형기에 반영되지 않는 것 ⑧ 국가의 형벌권을 피하기 위하여 해외로 도피할 우려가 있는 자에 대해 출국 금지 ⑨ 전경에 대한 징계로서 영창을 규정한 전투경찰대 설치법 ⑩ 범죄의 피의자로 입건된 사람이 경찰공무원이나 검사의 신문을 받으면서 자신의 신원을 밝히지 않고 지문채취에 불응한 경우 형사처벌을 받도록 하는 경범죄 처벌 법조항 ⑪ 징계시효 연장을 규정하면서 징계절차를 진행하지 아니함을 통보하지 아니한 경 우에는 징계시효가 연장되지 않는다는 예외규정을 두지 않은 지방공무원법 ⑫ 의견제출 기한 내에 감경된 과태료를 자진납부한 경우 해당 질서위반행위에 대한 과태료 부과 및 징수절차는 종료한다고 규정한 질서위반행위규제법 ⑬ 연락운송 운임수입의 배분에 관한 협의가 성립하지 아니한 때에는 당사자의 신청 을 받아 국토교통부장관이 결정하도록 한 도시철도법 ⑭ 관세청장의 통고처분을 행정심판이나 행정소송의 대상에서 제외한 관세법 ⑮ 주민투표절차를 거치지 아니하고 지방자치단체 폐치·분합을 입법한 것 ⑯ 음주운전 혐의자의 음주측정에 응할 의무 ⑰ 인근 주민 및 관계 전문가 등으로부터의 의견청취절차의 시행주체를 전원개발사 업자로 하고 있는 구 전원개발촉진법 　☑ 전원개발사업을 위한 이해관계인의 의견을 수렴함에 있어 그 주체를 반드시 행정기관 이나 독립된 제3의 기관으로 하는 것은 헌법의 적법절차원칙상 필수적으로 요구되는 것은 아니다. ⑱ 범칙금 통고처분을 받고도 납부기간 이내에 범칙금을 납부하지 아니한 사람에 대 하여 행정청에 대한 이의제기나 의견진술 등의 기회를 주지 않고 경찰서장이 곧바 로 즉결심판을 청구하도록 한 구 도로교통법 ⑲ 선거관리위원회의 의결을 거쳐 행하는 사항에 대해서는 행정절차법이 행정절차에 관한 규정이 준용되지 않으므로 행정절차법의 의견진술 기회를 주지 않고 중앙선 거관리위원회가 대통령에 대해 선거중립의무 준수요청조치를 했다하더라도 적법 절차원칙에 위배되지 않는다. ⑳ 국무회의심의를 거치지 아니하고 개성공단 관계자의 의견을 청취하지 아니한 대 통령의 개성공단중단조치

12 영장주의

1. 영장주의 의의

영장주의 원칙	① 법관만이 체포 구속을 위한 영장발부 가능 ② 비상계엄하에서도 영장주의 배제(✕), 검사가 영장발부(✕) ③ 영장주의가 수사기관이 강제처분을 함에 있어 중립적 기관인 법원의 허가를 얻어야 함을 의미하는 것 외에 법원에 의한 **사후 통제**까지 마련되어야 함을 의미한다고 보기 어렵다.
영장주의와 다른 원칙과의 관계	① 영장주의는 체포·수사·공판단계·구속의 전 과정에서 적용된다. 구속의 개시뿐 아니라 구속의 해제 여부도 오로지 법관이 최종결정권을 가진다. ② 형식적으로 영장주의에 위배되는 법률은 곧바로 헌법에 위반된다. ③ 헌법 제12조 제3항의 영장주의는 헌법 제12조 제1항의 적법절차원칙의 특별규정이므로, 헌법상 영장주의원칙에 위배되는 이 사건 법률조항은 헌법 제12조 제1항의 적법절차원칙에도 위배된다. ④ 헌법 제12조 제3항에 위배되는지 여부를 판단하는 것으로 족하며 이에 관하여 일반규정인 헌법 제12조 제1항 및 제27조 제4항의 위반 여부 등을 별도로 판단할 필요는 없다. ⑤ 구속영장을 재청구하는 경우 그 실체적 요건을 가중하지 아니한 것은 영장주의에 위배되지 않는다.

2. 영장주의 적용

영장주의 적용 여부 기준	물리적 강제력이 적용되는 강제처분에 적용된다. 법에 의무를 부과하고 위반시 처벌한다고 하여도 영장주의가 적용되는 것은 아니다.
영장주의 적용 ○	① 직접강제에 의한 지문채취 ② 위치정보 추적자료(기지국수사) ③ 동의 없이 DNA 채취
영장주의 적용 ✕	① 구치소장의 검사의 요청에 따른 미결수용자와 배우자의 접견녹음파일을 제공하는 행위 ② 수용자 대화내용 녹음 ③ 채취대상자가 동의하는 경우에 영장 없이 디엔에이감식시료를 채취할 수 있도록 규정한 것 ④ 전투경찰순경에 대한 징계 ➡ 군인사법 영향, 영장주의가 적용된다.(✕) ⑤ 형사재판에 계속 중인 사람에 대한 출국금지 ⑥ 음주측정 ⑦ 소변채취 ⑧ 피의자 지문채취 ⑨ 요양급여 정보제공 ⑩ 김포시장이 2015.7.3. 김포경찰서장에게 청구인들의 이름, 생년월일, 전화번호, 주소를 제공한 행위 ⑪ 행정상 즉시강제: 9등급분류를 받지 아니한 음반·비디오·게임물을 수거·폐기 ⑫ 선관위 직원의 자료제출요구 ⑬ 수사기관 등이 전기통신사업자에게 이용자의 성명 등 통신자료의 열람이나 제출을 요청할 수 있도록 한 전기통신사업법

영창과 영장주의 적용 여부	① 전투경찰순경에 대한 징계처분으로 영창을 규정하고 있는 구 전투경찰대 설치법(합헌): 재판관 5인 영장주의 적용, 4인 영장주의 적용 안 됨. 결론은 적용 안 됨
	② 영창은 부대나 함정 내의 영창, 그 밖의 구금장소에 감금하는 것을 말하며, 그 기간은 15일 이내로 하도록 한 군인사법(2020.9.24, 2017헌바157): 과잉금지원칙 위반으로 위헌. 보충의견 영장주의 적용, 반대의견 적용 안 됨
동행명령장과 영장주의 적용	① 지방의회의장의 동행명령장 발부를 허용하는 조례안: 영장주의 위반
	② 특별검사 참고인에 대한 동행명령장 발부: 재판관 5인 영장주의 위반, 4인 영장주의 위반 아님. 불응시 1,000만원 벌금조항은 과잉금지원칙 위반
	③ 국회증언법: 위원장이 증인에 대해 동행명령장 발부

3. 사전영장주의 예외

사전영장주의 예외	① 긴급체포
	㉠ 장기 3년 이상 형에 해당하는 죄를 범하고 도주·증거인멸 우려가 있는 경우
	㉡ 48시간 이내에 영장을 발부받지 못하면 석방(✕), 청구하지 않으면 석방(〇)
	② 긴급구속제는 폐지
	③ 현행범인 체포
	④ 별건체포 불허
국가긴급권과 영장주의	① 국가긴급권으로도 영장주의를 배제할 수 없다.
	② 긴급조치 위반자에 대해서 검찰이 발부한 영장에 따라 체포·구속할 수 있도록 규정한 긴급조치는 영장주의에 위배된다.
	③ 영장 없이 장기간 체포·구금할 수 있도록 한 인신구속 등에 관한 임시 특례법은 영장주의에 위배된다.

4. 영장발부절차

영장 청구	① 경찰 ➡ 검사 영장청구(검찰관의 영장청구는 제5차 개정헌법부터) ➡ 법원(〇)
	② 법원에 수색·압수영장 청구: 경찰(✕), 검사(〇)
	③ 헌법 제12조 제3항 영장발부에 있어 검사의 신청은 수사단계에는 필요하나 공판단계에는 필요치 않다. 공판단계에서의 영장발부에 관한 헌법적 근거는 헌법 제12조 제1항이다.
영장실질심사	① 체포된 피의자: 반드시 피의자 심문조사
	② 체포되어 있지 않은 피의자: 피의자 심문조사, 법관 재량

5. 영장주의 위반 여부

위반인 것	① 법원의 무죄선고에도 불구하고 검사로부터 사형, 무기 또는 10년 이상의 징역이나 금고의 형에 해당한다는 취지의 의견진술이 있는 사건에 대하여는 영장의 효력을 유지시키는 형사소송법
	② 법원의 보석허가결정에 대한 검사의 즉시항고
	③ 법원의 구속집행정지결정에 대하여 검사가 즉시항고
	④ 무죄의 선고를 받은 피고인의 강제연행
	⑤ 지방의회 의장의 증인의 동행명령장 발부

	⑥ 특별검사가 참고인에게 지정된 장소까지 동행할 것을 명령할 수 있게 하고 참고인이 정당한 이유 없이 위 동행명령을 거부한 경우 천만원 이하의 벌금형에 처하도록 규정한 이명박의 주가조작 등 범죄혐의의 진상규명을 위한 특별검사의 임명 등에 관한 법률이 영장주의 또는 과잉금지원칙에 위배하여 청구인들의 평등권과 신체의 자유를 침해하는지 여부(적극) ⑦ 국가보안법위반죄 등 일부 범죄혐의자를 법관의 영장 없이 구속·압수·수색할 수 있도록 규정하고 있던 구 인신구속 등에 관한 임시특례법 ⑧ 영장없이 장기간 체포·구금할 수 있도록 한 특례법 ⑨ 긴급조치 위반자에 대해서 검찰이 발부한 영장에 따라 체포·구속할 수 있도록 규정한 긴급조치
위반 아닌 것	① 공판단계에서 법원이 직권으로 영장을 발부하도록 한 형사소송법 　㉠ 모든 영장발부에 검사의 신청이 필요한 것은 아니다. 　㉡ 공판단계에서의 영장발부에 관한 헌법적 근거는 헌법 제12조 제1항이다. 　㉢ 법원이 직권으로 발부하는 영장은 명령장으로의 성격을 띠며, 수사기관의 청구에 의하여 발부하는 영장의 성격은 허가장으로의 성격을 띤다. ② 고위공직자범죄 수사처검사의 영장신청권을 인정한 공수처법 제8조 제4항(2021.1.28, 2020헌마264) 　㉠ 헌법에 규정된 영장신청권자로서의 '검사'가 '검찰청법상 검사'에 한정된다고 할 수 없다. 　㉡ 수사처검사의 영장신청권 행사가 영장주의원칙에 위반된다고 할 수 없다. 　㉢ 헌법상 공소권이 있는 검사에게만 반드시 영장신청권이 인정되어야 하는 것은 아니다. 수사처검사가 공익의 대표자로서 수사대상자의 기본권을 보호하는 역할을 하는 한 수사처검사가 영장신청권을 행사한다고 하여 이를 영장주의원칙에 위반된다고 할 수 없고, 공소권의 존부와 영장신청권의 행사 가부를 결부시켜야 한다는 주장은 직무와 지위의 문제를 동일하게 본 것으로 받아들이기 어렵다. ③ 재체포·재구속 영장발부의 실질적 요건을 가중하지 않은 형사소송법 ④ 영장 없이 현행범인을 체포한 후 48시간 이내 구속영장을 청구하도록 한 형사소송법 ⑤ 통신사실 확인자료 제공을 요청할 때 법원의 허가를 받도록 한 통신비밀보호법
영장주의 위반은 아니나 헌법 위반	① 인터넷 회선 감청: 영장주의는 사전전 통제이고 사후통제절차를 요구하는 것은 아니므로 법원의 허가를 받은 감청은 영장주의 위반은 아니나 과잉금지원칙 위반으로 통신비밀과 개인정보자기결정권 침해 ② 국민건강보험공단의 의료내역제공은 영장주의 위반은 아니나 과잉금지원칙 위반하여 개인정보자기결정권 침해 ③ 디엔에이 수집에 대한 영장발부에 불복절차를 마련하지 않은 것은 과잉금지원칙을 위반하여 청구인들의 재판청구권 침해

13 체포·구속적부심사

헌법조항	① 헌법 제12조 제6항 누구든지 체포 또는 구속을 당한 때에는 적부의 심사를 법원에 청구할 권리를 가진다. ② 압수·수색 적부심사(×) ③ 법률이 정하는 바에 따라 적부심사청구(×)
연혁	제헌 - 제7차 - 제8차
보석제도	헌법규정(×), 형사소송법규정(○)
적용범위	수사기관에 의한 체포·구속뿐 아니라 행정기관의 체포·구속에도 적용
체포·구속적부심사청구	① 피의자, 변호인, 고용인도 적부심사청구(○) ② 영장 없이 긴급체포된 피의자, 적부심사청구(○), 피고인, 적부심사청구(×) ③ 범죄종류와 무관하게, 적부심사청구 가능(○)
출입국관리법에 따라 보호된 자, 인신보호법상 구제청구에서 제외	① 외국인의 체류자격의 심사 및 퇴거의 집행이라는 출입국관리행정의 구체적 절차를 형성함에 있어 헌법 제12조 제6항의 요청을 어떠한 방식으로 구체화할 것인지에 대해 입법자가 광범위한 재량을 가지고 있는 이상, 그 내용이 현저하게 불합리하지 아니하다면 이를 헌법에 위반된다고 할 수 없다. ② 출입국관리법에 따라 보호조치된 자도 최소한 1회 이상 적법 여부를 다툴 기회가 보장되어야만 한다. ③ 헌법 제12조 제6항의 요청을 충족한 것으로 청구인들의 신체의 자유를 침해하지 아니한다.
적부심사청구 후 전격 기소된 경우 적부심사 없이 기각하도록 한 형사소송법 제214조	① 광범위한 입법형성권이 인정되기 때문에, 관련 법률에 대한 위헌성 심사를 함에 있어서는 자의금지원칙이 적용 ② 체포·구속적부심사청구권의 경우 관련자에게 그 구체적인 절차적 권리를 제대로 행사할 수 있는 기회를 최소한 1회 이상 제공하여야 할 의무가 있다고 보아야 한다. ③ 모든 당사자에게 법관대면기회를 보장하는 것이 본질적 내용은 아니다. ④ 당사자가 체포·구속된 원인관계 등에 대한 최종적인 사법적 판단절차와는 별도로 체포·구속자체에 대한 적부 여부를 법원에 심사 청구할 수 있는 절차를 헌법적 차원에서 보장하는 규정으로 봄이 상당하다. ⑤ 적부심사청구권의 본질적 내용을 제대로 구현하지 아니하였다고 보아야 한다. ⑥ 구속적부심사청구권의 근거규정의 전면적 효력 상실을 막기 위하여 헌법불합치결정
법원의 체포구속 적부결정에 대한 항고	① 검사 항고(×) ② 피의자 항고(×)
적부심사기간	피의자의 구속기간에 포함되지 않는다.
헌법소원과의 관계	체포·적부심사절차를 거치지 않고 제기된 헌법소원심판청구는 법률이 정한 구제절차를 거치지 않고 제기된 것으로서 보충성의 원칙에 반하여 부적법하다.

14 무죄추정원칙

의의	① 제8차 개정헌법 ② 신체의 자유조항에 규정(✗) ➡ 헌법 제27조 제4항 ③ 1심 유죄판결: 유죄추정(✗), 무죄추정 ④ 불구속수사 · 불구속재판 원칙 ⑤ 피고인이 무죄 입증해야(✗), 검사의 유죄 입증책임(○)
적용	① 무죄추정 적용: 형사절차상의 처분 + 다른 기본권 제한상의 처분 ② 피고인으로 규정되어 있으나 피의자에게도 적용된다. ③ 구속된 피의자와 일반인과의 접견: 행복추구권과 무죄추정원칙에서 보호된다. ④ 수형자의 경우 　㉠ 일반적인 경우(민사재판 등): 무죄추정 적용되지 않음 　㉡ 형사재판을 받는 경우: 무죄추정 적용
무죄추정원칙 위반인 것	① 형사사건으로 기소된 변호사에 대해 법무부장관의 일방적인 명령에 의하여 변호사의 업무를 정지할 수 있도록 한 변호사법 ② 사업자 단체가 구성사업자의 활동을 부당하게 제약한 경우 공정거래위원회가 법위반 사실 공표를 명하도록 한 것 ③ 군사법경찰관의 신청에 따라 피의자 구속기간을 연장할 수 있도록 하여 군검찰관, 군사법경찰관의 신청에 의하여 피의자 구속기간을 40일로 하는 군사법원법 ④ 법관으로 하여금 미결구금일수 중 일부를 형기에 산입하지 않을 수 있게 허용한 형법 제57조 제1항 　☑ 미결구금일수 전부를 본형에 산입시켜야 한다. 　☑ 대한민국정부와 미합중국정부간의 범죄인인도조약에 따라 체포된 후 인도절차를 밟기 위한 기간에 불과하여 본형에 산입될 미결구금일수에 해당한다고 볼 수 없다. ⑤ 지방자치단체장이 금고 이상의 형의 선고를 받고 확정되지 않은 경우 부단체장의 권한대행 　유사 농협 · 축협 조합장이 금고 이상의 형을 선고받고 그 형이 확정되지 아니한 경우에도 이사가 그 직무를 대행하도록 규정한 농업협동조합법 ⑥ 관세법상 몰수 예상 압수물품을 별도의 재판 없이 국고에 귀속하는 제도 ⑦ 형사재판의 피고인으로 출석하는 수형자에 대하여 사복착용 규정을 준용하지 아니하는 형의 집행 및 수용자의 처우에 관한 법률
무죄추정원칙 위반 아닌 것	① 지방자치단체장이 공소제기되어 구금상태에 있는 경우 부단체장의 권한대행을 규정한 지방자치법 ② 법무부변호사징계위원회의 결정을 거쳐 법무부장관이 업무정지를 명할 수 있도록 한 변호사법 ③ 확정판결 전 징계부가금 부과처분과 과징금 부과처분 ④ 1심 결정에 의한 소년원 수용기간을 항고심 결정에 의한 보호기간에 불산입 ⑤ 교도소에 수용 중인 자를 기초생활보장급여대상에서 제외하는 것 ⑥ 국가의 형벌권을 피하기 위하여 해외로 도피할 우려가 있는 자 출국금지 ⑦ 미결구금수가 구독하는 신문의 일부기사 삭제 ⑧ 동석한 신뢰관계인의 성립인정의 진술만으로 성폭력 피해아동의 진술이 수록된 영상녹화물의 증거능력을 인정할 수 있도록 한 증거능력 특례조항 ⑨ 금치처분을 받은 경우 금치기간 중 서신수수, 접견, 전화통화 제한 ⑩ 마약류 사범에 대하여 시설의 안전과 질서유지를 위하여 필요한 범위에서 다른 수용자와 달리 관리할 수 있도록 한 것

	⑪ 국민참여재판으로 진행하는 것이 적절하지 아니하다고 인정되는 경우 법원이 국민참여재판 배제 결정을 할 수 있도록 한 국민의 형사재판 참여에 관한 법률 ⑫ 경찰공무원의 증인의 지위 인정하는 형사소송법 제146조

15 변호인 조력을 받을 권리

1. 주체

주체	① 변호인 조력의 주체: 피내사자(O), 피의자(O), 피고인(O), 불구속수사를 받고 있는 피의자(O) ② 수형자: 원칙 부정, 재심개시된 경우 인정 ③ 변호인의 구속된 피의자를 조력할 권리, 변호인이 되고자 하는 자의 접견교통권 인정 　☑ 기존 대법원 판례는 검사의 접견불허에 대해 과실부정으로 배상을 부정하였는데, 최근 대법원은 국정원장의 접견불허에 대해 변호인이 입은 정신적 고통에 대한 배상 인정
변호인 조력을 받을 권리가 적용되는 절차	① 형사절차와 행정절차에 적용 ② 민사재판, 행정재판, 헌법재판에서 변호사 접견: 변호인 조력을 받을 권리가 아니라 재판청구권에서 보호된다. ③ 가사소송에서 변호사 접견: 변호인 조력을 받을 권리가 아니라 행복추구권에서 보호됨 ④ 미결 수용자 – 변호인 접견: 제12조 제4항에서 보호 ⑤ 미결 수용자 – 일반인 접견: 제10조 행복추구권, 제27조 제4항의 무죄추정에서 보호

2. 변호인의 조력을 받을 권리에서 보호되는지 여부

보호되는 것	① 피의자·피고인이 변호인과의 접견을 통해 상담하고 조언을 구할 권리는 구체적 입법 형성없이 헌법상의 변호인의 조력을 받을 권리로부터 직접 도출된다. ② 불체포, 불구속된 때에 대한 명문의 규정은 없으나 변호인 조력을 받을 권리가 인정된다. ③ 변호인의 조력을 받을 권리는 행정절차에서 구속된 사람에게도 즉시 보장되므로 출입국관리법상 보호 또는 강제퇴거에도 적용
보호되지 않는 것	① 수형자나 미결수용자가 형사사건의 변호인이 아닌 민사재판, 행정재판, 헌법재판 등에서 변호사와 접견할 경우에는 헌법상 변호인의 조력을 받을 권리가 아니라 재판청구권에서 보호된다. ② 가사소송에서 변호사를 대리인으로 선임하여 그 조력을 받는 것은 변호인의 조력을 받을 권리에 의해 보호되지 않는다.

3. 변호인의 조력을 받을 권리 제한 가능성

변호인의 조력을 받을 권리 제한 가능성	① 변호인 접견권: 제한 가능 ② 변호인의 접견교통권은 법령에 의한 제한이 없는 한, 수사기관의 처분은 물론 법원의 결정으로도 제한할 수 없다. ③ 변호인과 자유로운 접견교통권과 변호인선임권: 법률로 제한할 수 없음 　☑ 국가정보원장과 국가정보원 소속 수사관이 피의자의 접견신청을 불허로 인한 손해배상 인정

4. 국선변호인

국선변호인	① 피고인 　㉠ 법원의 직권으로 국선변호인 선정 가능 　㉡ 피고인이 빈곤한 경우: 피고인의 청구가 있어야(○), 법원 직권(✕) 　㉢ 국선변호인이 항소이유서를 제출하지 않았고, 이에 대해 피고인의 귀책사유가 　　없음에도 피고인의 항소를 기각하는 것은 국선변호인으로부터 충분한 조력을 　　받을 권리 침해이다. ② 피의자: 헌법 제12조 제4항의 국선변호인 조력을 받을 권리는 피고인의 권리이지 　피의자의 권리가 아니다. ➡ 경찰은 피의자의 국선대리인 선임신청서를 법원에 제 　출할 의무는 없다. ③ 군사재판: 국선변호인 조력 인정(○) ④ 법원사무관도 국선변호인(○)

5. 변호인 접견 제한

헌법 위반인 것	① 변호인이 되려는 자에 대한 검사의 접견불허행위 　㉠ 교도관의 불허는 대상이 안 된다. 　㉡ 보충성의 예외, 형사소송법 준항고절차 없이 바로 헌소청구 　㉢ 형집행법 시행령은 피의자 신문과정에서 접견거부의 근거가 안 된다. 　㉣ 변호인이 되려는 자의 피의자와 접견할 권리는 헌법 제12조 제4항에서 보호되 　　는 기본권이다. ② 수사도중 변호인 접견 방해에 대한 피의자 헌소청구 ③ 변호인 후방착석행위 ; 후방착석요구행위의 목적의 정당성과 수단의 적절성을 인정 　할 수 없으므로 검찰수사관인 피청구인이 피의자신문에 참여한 변호인인 청구인에 　게 피의자 후방에 앉으라고 요구한 행위는 변호인인 청구인의 변호권을 침해한다. ④ 난민인정심사 회부 여부 결정시까지 인천국제공항 송환대기실에 수용기간 동안 　인천공항 출입국·외국인청장의 변호인 접견신청거부는 변호인의 조력을 받을 권 　리를 침해한다. ➡ 행정절차상 구속에도 변호인 조력을 받을 권리가 적용된다. ⑤ 수형자가 헌법소원 사건의 국선대리인인 변호사를 접견함에 있어 교도소장이 그 접견내용 　을 녹음, 기록한 행위: 재판청구권 침해
헌법 위반 아닌 것	① 가사소송법 제7조 제1항 중 "가정법원의 변론기일에 소환을 받은 당사자는 본인이 　출석하여야 한다. 다만, 특별한 사정이 있을 때에는 재판장의 허가를 받아 대리인 　을 출석하게 할 수 있다."라고 한 부분 ② 미결수용자 또는 변호인이 원하는 특정한 시점의 접견을 불허가한 것 ③ 법정대기실에서 피고인의 변호인접견 신청을 교도관이 거부한 것

6. 변호인과 변호사 접견시 녹음·녹화

녹음 판례 헌법 위반인 것	① 피의자와 변호인 간의 접견시 안기부 수사관이 대화내용을 듣고 기록: 변호인 조력을 받을 권리 침해 ② 미결수용자와 변호인과의 대화내용 듣는 것: 변호인 조력을 받을 권리 침해 ③ 헌법소원사건에서 수형자와 변호사 접견시 접견내용 녹음: 재판청구권 침해
녹음·녹화 판례 헌법 위반 아닌 것	① 구치소 내의 변호인접견실에 CCTV를 설치하여 미결수용자와 변호인 간의 접견을 관찰한 행위와 교도관이 미결수용자와 변호인 간에 주고받는 서류를 확인하고, 소송관계서류처리부에 그 제목을 기재하여 등재한 행위 ② 미결수용자와 배우자 대화내용을 녹화하고, 검사에게 제출하는 것 ③ 일정한 사유가 있는 경우 소장이 교도관으로 하여금 수용자의 접견내용을 청취·기록·녹음 또는 녹화하게 할 수 있다고 규정한 형의 집행 및 수용자의 처우에 관한 법률 ④ 징벌혐의의 조사를 받고 있는 청구인이 변호인 아닌 자와 접견할 당시 교도관이 참여하여 대화내용을 기록하게 한 행위
기타 접견 제한	미결수용자 면회횟수 주 2회로 제한

기타 접견 제한	미결수용자 면회횟수 주 2회로 제한	행복추구권 침해
	수형자와 변호사 접견횟수 월 4회 제한	재판청구권 침해, 헌법불합치
	변호사 접촉차단시설에서 접견	재판청구권 침해
	수형자 화상접견시간 10분 내외 제한	합헌

7. 서신검열

구분	서신보호의 헌법근거	서신검열 침해 여부
미결수용자 – 일반인	헌법 제18조	침해 아님
미결수용자 – 변호인	헌법 제12조 제4항, 헌법 제18조	침해임, 변호인 확인, 금지물품수수가 아닐 것
수형자 – 변호사	헌법 제18조	침해 아님

8. 수사기록 비공개

(1) **피의자·피고인의 헌법소원청구**

공소제기된 수사기록에 대한 열람·등사를 거부한 검사의 행위는 피의자·피고인의 변호인의 조력을 받을 권리와 공정한 재판을 받을 권리 침해이다.

(2) 법원의 수사서류 열람등사를 명하는 결정에 대한 검사의 거부행위는 피고인의 열람·등사권을 침해하고, 나아가 피고인의 신속·공정한 재판을 받을 권리 및 변호인의 조력을 받을 권리까지 침해한다.

(3) 적부심사를 위한 수사기록 청구에 대한 경찰서장의 비공개결정에 대한 변호인의 헌법소원 청구변호권과 알 권리 침해이다.

16 증거능력과 증명력

자백의 증거능력과 증명력 제한	① 헌법은 모든 재판에 있어서 자백이 피고인에게 불리한 유일한 증거일 때 이를 유죄의 증거로 삼거나 이를 이유로 한 처벌을 금지하고 있다.(✕) ② 정식재판에서 자백: 신빙성 없는 자백, 처벌할 수 없음 　즉결심판: 자백만으로 처벌(○) ③ 미란다원칙: 경찰관은 신문하기 전에 불리한 진술거부권과 변호인의 조력이 있음을 고지해야 한다. 그렇지 않은 진술은 증거능력이 없다는 원칙이다. Miranda원칙은 일정한 절차를 준수해야 한다는 원칙이므로 적법절차원칙과도 관련이 있다. ④ 고문 등으로 인한 자백: 임의성 없는 자백으로서 증거능력 없음 ⑤ 위법하게 수집된 압수물도 예외적으로 증거가 될 수 있다.

17 진술거부권

진술거부권의 의의	① 모든 국민은 법률에 의하지 아니하고는 고문을 받지 아니하며, 법률에 의하지 아니하고는 자기에게 불리한 진술을 강요당하지 않는다.(✕) ② 진술거부권 주체: 앞으로 피의자 또는 피고인이 될 가능성이 있는 자(○), 피의자·피고인(○), 증인(✕), 법인(✕), 외국인(○) ③ 민사상·행정상 불이익(✕), 형사상 불이익이 있으면 행정절차(○), 국회질문(○) ④ 진술강요는 고문은 물론 법률로도 할 수 없다.
진술거부권에서 진술에 해당하는 것	① 정치자금 기재는 진술에 해당한다. ② 경험사실을 문자로 기재하도록 하는 것도 진술에 해당한다.
진술거부권에서 진술에 해당하지 않은 것	① 음주측정의무부과 ② 회계장부·명세서·영수증을 보존하는 행위 ③ 교통·에너지·환경세의 과세물품 및 수량을 신고하도록 한 교통·에너지·환경세법 ④ 성매매를 한 자를 형사처벌하는 성매매알선 등 행위의 처벌에 관한 법률 ⑤ 성범죄자 신상정보 제출의무 ⑥ 민사집행법상 재산명시의무를 위반한 채무자에 대해 20일 이내 감치하도록 한 민사집행법
진술거부권 침해인 것	① 교통사고를 일으킨 운전자에 대한 신고의무 <table><tr><td>피해자구호, 교통질서회복을 위한 신고의무 부과</td><td>진술거부권 침해(✕)</td></tr><tr><td>형사책임과 관련된 신고의무 부과</td><td>진술거부권 침해(○) ➡ 법률로 진술강제할 수 없다.</td></tr></table>② 공정거래위원회의 법위반 사실 공표명령은 진술거부권을 침해한다.
진술거부권 침해 아닌 것	① 정치자금 관련 허위보고금지 ② 국회에서의 증언·감정 등에 관한 법률의 위증죄 　㉠ 국회증언감정법상의 증인의 경우 진술거부권을 고지받을 권리가 인정되지 않으므로, 청구인이 진술거부권을 고지받지 않았다고 하더라도 심판대상조항이 헌법상 진술거부권을 제한한다고 볼 수 없다. 　㉡ 형사소송법과 달리 증언거부권고지 규정을 두고 있지 않은 심판대상조항이 평등원칙에 위배되는지 여부

진술거부권 침해 아닌 것	ⓒ 형법상 위증죄보다 무거운 법정형을 정한 심판대상조항이 형벌체계상의 정당 성과 균형성을 상실하여 평등원칙에 위배되는지 여부(소극) ③ 국가보안법상 불고지죄는 자신의 범죄가 아니라 타인의 범죄고지문제이므로 형사 상 자기에게 불리한 내용이 아니므로 진술거부권 침해문제가 발생하지 않는다.

18 헌법의 불이익

헌법의 불이익	① 이중처벌금지에서 말하는 '처벌'은 원칙적으로 범죄에 대한 국가의 형벌권 실행으 로서의 과벌을 의미하는 것이고, 국가가 행하는 일체의 제재나 불이익처분을 모두 그 '처벌'에 포함시킬 수는 없다 할 것이다. ② 어떤 행정처분에 제재와 억지의 성격·기능만이 있다 하여 이를 '국가형벌권의 행 사'로서의 '처벌'이라고 볼 수 없다. ③ 적법절차원칙이 적용되는 대상은 신체상 불이익뿐 아니라, 정신적·재산적 불이익 에도 적용된다. 따라서 헌법 제12조 제1항과 제3항은 예시적 조항이다. ④ 헌법 제13조 제3항의 연좌제금지원칙에서 말하는 불이익은 국가기관에 의한 모든 불이익을 말한다. ⑤ 무죄추정의 원칙에서 불이익은 형사절차상의 처분상 불이익뿐 아니라 다른 기본 권 제한과 같은 처분상 불이익도 포함한다. ⑥ 헌법 제39조 제2항에서 금지하는 '불이익한 처우'라 함은 단순한 사실상·경제상 의 불이익을 모두 포함하는 것이 아니라 법적인 불이익을 의미하는 것으로 보아야 한다. ⑦ 진술거부권에서의 불이익은 형사상 불이익만을 포함하며 행정상 불이익을 포함하 지 아니한다.

주체	① 외국인(○)
	② 법인(✕), 법인 대표자(○)
	③ 투숙객(○)
	④ 여관주인(✕): 여관객실은 투숙객의 사생활 공간이므로 여관주인의 허락을 받고 투숙객의 허락 없이 여관방을 수색한 것은 위법이다.
주거	① 직업의 장소(○)
	② 영업 중 음식점(✕)
	③ 대학강의실(○)
주거의 불가침	① 임대차기간이 종료된 후 임차인과 같은 점유할 권리가 없는 자의 점유라도 주거의 평온은 보호되어야 하므로 권리자가 법에 정하여진 절차에 의하지 아니하고 그 건조물 등에 침입한 경우에는 주거침입죄가 성립한다.
	② 대리시험과 같은 불법적인 목적으로 주거에 들어간 경우 주거침입죄가 성립한다.
	③ 일반적으로 대학교의 강의실은 그 대학당국에 의하여 관리되면서 그 관리업무나 강의와 관련되는 사람에 한하여 출입이 허용되는 건조물이지 누구나 자유롭게 출입할 수 있는 곳은 아니다.
주거에 대한 영장	① 영장에는 압수할 물건과 수색장소가 명시되어야 하므로 수개의 수색할 물건을 포괄적으로 기재하는 일반영장은 금지된다.
	② 헌법 제16조는 주거에 대한 압수수색에 영장주의를 규정하고 있으므로 주거에 대한 압수수색에는 헌법 제12조가 적용되는 것이 아니라 제16조가 적용된다.
	③ 현행범인을 체포·긴급체포할 때에 영장 없이 주거에 대한 압수나 수색이 허용된다.
	④ 불법체류외국인을 긴급보호하기 위해 주거에 들어간 경우 주거의 자유를 침해하는 것이 아니다.
필요한 때에는 영장 없이 타인의 주거 등 내에서 피의자 수사를 할 수 있다고 규정한 형사소송법	① 명확성원칙에 위반되지 아니한다.
	② 체포영장을 발부받아 피의자 체포를 위해 필요한 때에는 영장 없이 타인의 주거 등 내에서 피의자 수사를 할 수 있다고 규정한 형사소송법은 영장주의에 위반된다.
	③ 헌법 제12조 제3항과 달리 헌법 제16조는 사전영장주의에 대한 예외를 규정하고 있지 않다.
	④ 현행범인 체포의 경우, 긴급체포의 경우, 수색영장을 발부받기 어려운 긴급한 사정이 있는 경우에 한하여 현행범인 체포, 긴급체포의 경우와 마찬가지로 영장주의의 예외를 인정할 수 있다.
	⑤ 헌법불합치결정

01 사생활의 자유

의의	① 연혁: 제8차 개정헌법 ② 소극적 권리 + 적극적 권리(O), 참정권의 성격(✕) ③ 주거의 자유보다 사생활의 자유가 포괄적 권리 ④ 주체: 외국인(O), 사자(✕), 법인(✕) ⑤ 사생활의 비밀은 국가가 사생활영역을 들여다보는 것에 대한 보호를 제공하는 기본권이며, 사생활의 자유는 국가가 사생활의 자유로운 형성을 방해하거나 금지하는 것에 대한 보호를 의미한다.
사생활 비밀과 자유에서 보호되는 것	① 대외적으로 해명하는 행위 ② 도로에서 운전시 안전띠 착용 여부 ③ 공직자의 자질·도덕성·청렴성은 순수한 사생활은 아니다.
사생활 비밀과 자유에서 보호되지 않는 것	① 선거과정에서 특정후보자를 지지하는 대외적 해명 ② 안전띠 착용하지 않고 운전 ③ 인터넷 게시판에서 후보자 반대·지지의견 게시 ④ 존속상해치사죄
사생활 비밀과 자유 제한 아닌 것	① 급속을 요하는 때에는 형사소송법 제121조에 정한 참여권자에 대한 압수수색 집행의 사전 통지를 생략할 수 있도록 규정한 형사소송법 ② 운전시 안전띠 착용을 강제하는 도로교통법 ③ 변호사에게 수임사건의 건수 및 수임액을 보고하도록 한 변호사법 ④ 혼인 종료 후 300일 이내에 출생한 자를 전남편의 친생자로 추정하는 민법
사생활 비밀과 자유 제한인 것	공직자 재산등록을 규정하고 있는 공직자윤리법

02 개인정보자기결정권

개인정보자기결정권	① 개인정보자기결정권: 헌법에 명시되지 않은 독자적 기본권으로서 개인정보자기결정권은 자기에 관한 정보가 언제 누구에게 어느 범위까지 알려지고 또 이용되도록 할 것인지를 그 정보주체가 스스로 결정할 수 있는 권리이다. ② 근거: 헌법 제17조, 제10조, 자유민주적 기본질서, 국민주권 ③ 개인정보자기결정권 침해 여부를 판단하는 이상, 사생활 비밀과 자유 침해문제는 따로 판단하지 않는다.

개인정보	① 개인정보자기결정권의 보호대상이 되는 개인정보는 개인의 신체, 신념, 사회적 지위, 신분 등과 같이 개인의 인격주체성을 특징짓는 사항으로서 그 개인의 동일성을 식별할 수 있게 하는 일체의 정보라고 할 수 있고, 반드시 개인의 내밀한 영역이나 사사(私事)의 영역에 속하는 정보에 국한되지 않고 공적 생활에서 형성되었거나 이미 공개된 개인정보까지 포함한다. ② 누가, 언제, 어디서 진료를 받고 얼마를 지불했는가라는 의료정보 ③ 야당 소속 후보자 지지 혹은 정부 비판 ④ 공적 생활에서 형성된 정보 ⑤ 주민등록번호, 지문, 전과기록
개인정보자기결정권 제한	① 집회참가자 촬영행위 ② 본인확인제를 거쳐야만 게시판을 이용할 수 있도록 한 정보통신망 이용촉진법 ③ 홈페이지 게시판 등에 정당·후보자에 대한 지지·반대 등의 정보를 게시하는 경우 실명을 확인받는 기술적 조치를 하도록 한 공직선거법: 침해 ④ 변호사시험 합격자 명단 공개
개인정보자기결정권 제한 아닌 것	① 변호사시험 성적: 개인정보가 아니다. 변호사시험 성적 비공개는 개인정보자기결정권 제한이 아니다. ② 전화번호 이동 이행명령

03 사생활의 비밀 또는 개인정보자기결정권 침해 여부

헌법 위반인 것	① 4급 이상의 공무원에 대해 병역면제처분을 할 때의 질병명을 관보와 인터넷에 공개 　　㉠ 질병명은 민감한 개인정보로서, 이러한 성격의 개인정보를 공개하는 국가적 조치는 엄격한 기준과 방법에 따라 행해져야 함 　　㉡ 병역공개제도의 실현을 위해 질병명에 대한 공개 자체는 필요함 　　㉢ 예외 없이 공개는 사생활의 비밀을 침해함 ➜ 헌법불합치결정 ② 변호사들의 인맥지수공개 서비스 　　[비교》] 변호사 승소율·전문성지수 제공서비스, 대학교 법과대학 법학과 교수의 사진, 성명 등의 개인정보를 법학과 홈페이지 등을 통해 수집하여 위 사이트 내 '법조인' 항목에서 유료로 제공한 것은 위법이 아니다. ③ 개인별로 주민등록번호를 부여하면서 주민등록번호 변경에 관한 규정을 두고 있지 않은 주민등록법 ④ 형제자매에게 가족관계등록부 등의 기록사항에 관한 증명서 교부청구권을 부여하는 가족관계의 등록 등에 관한 법률: 목적과 방법은 적정하나 최소성원칙 위반 ⑤ '가족관계의 등록 등에 관한 법률' 제14조 제1항 본문 중 '직계혈족이 제15조에 규정된 증명서 가운데 가족관계증명서 및 기본증명서의 교부를 청구'하는 부분이 불완전·불충분하게 규정되어 있어 가정폭력 피해자의 개인정보를 보호하기 위한 구체적 방안을 마련하지 아니한 것 　　☑ 정보주체의 배우자나 직계혈족이 정보주체의 위임 없이도 정보주체의 가족관계 상세증명서의 교부 청구를 할 수 있도록 하는 '가족관계의 등록 등에 관한 법률' 제14조 제1항은 침해 아니다. ⑥ 통신매체이용음란죄로 유죄판결이 확정된 자는 신상정보등록대상자가 되도록 규정한 성폭력특례법 　　☑ 위 ⑥ 제외하고 범죄자들 신상등록, 공개, 고지 모두 합헌

헌법 위반인 것	⑦ 카메라이용촬영죄 등으로 유죄판결이 확정된 자에 대한 등록정보를 최초등록일부터 20년간 보존·관리 ☑ 위 ⑦과 소년범 불처분 사건 기록보존을 제외한 나머지 수사기록보존 모두 합헌 ⑧ 국회의원이 각급학교 교원의 교원단체 및 교원노조가입현황 실명자료를 인터넷을 통해 공개한 행위 ⑨ 국민건강보험공단의 건강보험 요양급여내역 제공행위 　㉠ 영장주의 위반은 아니었음 　㉡ 용산경찰서장의 요양급여내역 제공요청은 헌법소원 대상이 아님 　비교》 김포경찰서장의 요청에 따라 김포시장이 김포시장애인복지관에 소속된 활동보조인과 그 수급자의 인적사항, 휴대전화번호 등을 확인할 수 있는 자료를 제공한 행위는 개인정보자기결정권 침해가 아니다. ⑩ 피청구인 대통령의 지시로 피청구인 대통령 비서실장, 정무수석비서관, 교육문화수석비서관, 문화체육관광부장관이 야당 소속 후보를 지지하였거나 정부에 비판적 활동을 한 문화예술인이나 단체를 정부의 문화예술 지원사업에서 배제할 목적으로 개인의 정치적 견해에 관한 정보를 수집·보유·이용한 행위 　㉠ 정치적 견해는 민감정보임. 엄격한 법적 근거 요구 　㉡ 법률유보원칙과 과잉금지원칙 위반 ⑪ '검사 또는 수사관서의 장(군 수사기관의 장을 포함한다), 정보수사기관의 장의 수사, 형의 집행 또는 국가안전보장에 대한 위해 방지를 위한 정보수집을 위한 통신자료 제공요청'을 규정한 전기통신사업법 　㉠ 영장주의 적용 안 됨 　㉡ 과잉금지원칙 위반 아님 　㉢ 적법절차원칙 위반
헌법 위반 아닌 것	① 열 손가락의 회전지문과 평면지문을 날인하도록 한 법 시행령: 신체의 자유나 양심의 자유 제한은 아니고 개인정보자기결정권 제한임 ② 국민기초생활보장법상의 수급자의 금융기관 통장사본 제출 ③ 법원의 제출명령이 있을 때 금융 거래정보 등을 제공 ④ 엄중격리대상자의 수용거실에 CCTV를 설치하여 24시간 감시하는 행위 ⑤ 경찰 경사계급까지 재산등록의무 부과 ⑥ 교도소장이 수용자가 없는 상태에서 실시한 거실 및 작업장 검사행위 ⑦ 후보자의 실효된 형까지 포함한 금고 이상 범죄경력 자료제출 ⑧ 채무불이행자 명부에 대해 누구든지 열람·복사신청할 수 있도록 한 민사집행법 ⑨ 변호사수임건수·수임액 지방변호사회 보고하도록 한 변호사법 ⑩ 수사경력자료의 보존 및 보존기간을 정하면서 범죄경력자료의 삭제에 대해 규정하지 않은 것 / 혐의 없음의 불기소처분을 받은 수사경력자료를 보존하고 그 보존기간을 두고 있는 것 / 기소유예의 불기소처분을 받은 경우에도 수사경력자료를 일정 기간 보존하도록 한 것 / 다른 사람의 신체를 그 의사에 반하여 촬영한 범죄로 3년 이하의 징역형을 선고받은 사람에 대해 최초등록일부터 15년 동안 보존·관리하도록 한 것 ⑪ 교도소장이 미결수용자에게 징벌을 부과한 후 그 징벌대상행위 등에 관한 양형참고자료를 법원 등에 통보한 행위 ⑫ 특정 범죄자에 대한 위치추적 전자장치 부착 ⑬ 주민등록표를 열람하거나 그 등·초본을 교부받는 경우 소정의 수수료를 부과 ⑭ 음란물 판매한 자를 처벌하는 형법 / 통신매체를 이용한 음란행위 처벌 ⑮ 한국인과 결혼 사증발급신청시 교제과정, 결혼경위 등을 기재 ⑯ 금융감독원의 4급 이상 직원, 공직자윤리법상 재산등록의무

⑰ 형법상 강제추행죄로 유죄판결이 확정된 자는 신상정보 등록대상자가 되도록 한 규정 / 카메라이용촬영죄로 유죄판결이 확정된 자는 신상정보 등록대상자가 되도록 규정한 것 / 아동 · 청소년 성매수죄로 유죄가 확정된 자는 신상정보 등록대상자가 되도록 규정한 성폭력특례법 / 공중밀집장소추행죄로 유죄판결이 확정된 자는 신상정보 등록대상자가 되도록 규정한 구 성폭력범죄의 처벌 등에 관한 특례법 / 강제추행, 유죄판결 확정된 자 신상정보제출 / 신상정보 반기 1회 등록정보 진위확인 / 가상의 아동 · 청소년이용음란물소지죄로 벌금형이 확정된 자를 등록대상에서 제외하면서도, 가상의 아동 · 청소년이용음란물배포죄로 유죄판결이 확정된 자에 대하여 일률적으로 신상정보 등록대상자가 되도록 규정하는 것 / 아동 · 청소년 성범죄자 고지 / 성인대상 성폭력범죄자 신상정보공개와 고지 / 신상정보 공개 · 고지 명령을 소급적용하는 성폭력범죄의 처벌 등에 관한 특례법

⑱ 채취대상자가 사망할 때까지 디엔에이신원확인정보를 데이터베이스에 수록, 관리할 수 있도록 규정한 디엔에이신원확인정보의 이용 및 보호에 관한 법률

⑲ 정보통신망을 통해 청소년유해매체물을 제공하는 자에게 이용자의 본인확인 의무를 부과 / 게임물 관련 사업자에게 게임물 이용자의 회원가입시 본인인증을 할 수 있는 절차를 마련: 일반적 행동의 자유 + 개인정보자기결정 제한

⑳ 정보통신서비스 제공자가 이용자의 주민등록번호를 수집 · 이용하는 것을 원칙적으로 금지한 후, 정보통신서비스 제공자가 본인확인기관으로 지정받은 경우 예외적으로 이를 허용하는 정보통신망 이용촉진법

㉑ 축산관계시설 출입차량에 차량무선인식장치를 설치하여 이동경로를 파악할 수 있도록 한 구 가축전염병예방법

㉒ 폭력학생, 학생부에 입력하도록 한 것

㉓ 인구주택총조사 조사표의 조사항목들에 응답할 것을 요구한 행위

㉔ 어린이집에 폐쇄회로 텔레비전 설치와 보호자가 자녀 또는 보호아동의 안전을 확인할 목적으로 CCTV 영상정보 열람

㉕ 전기통신에 대한 압수 · 수색 사실을 수사대상이 된 가입자에게만 통지

㉖ 전기통신역무제공에 관한 계약을 체결하는 경우 가입자에게 본인 확인

㉗ 법무부장관은 변호사시험 합격자가 결정되면 즉시 명단을 공고하여야 한다고 규정한 변호사시험법

㉘ 징벌혐의의 조사를 받고 있는 청구인이 변호인 아닌 자와 접견할 당시 교도관이 참여하여 대화내용을 기록하게 한 행위

㉙ 구치소장이 청구인과 배우자의 접견을 녹음한 행위 / 구치소장이 청구인과 배우자의 접견을 녹음한 행위와 구치소장이 검사의 요청에 따라 청구인과 배우자의 접견 녹음파일을 제공한 행위

㉚ 청소년유해매체물 및 불법음란정보에 접속하는 것을 차단하기 위하여 해당 청소년의 이동통신단말장치에 청소년유해매체물 등을 차단하는 소프트웨어 등의 차단수단이 삭제되거나 차단수단이 15일 이상 작동하지 아니할 경우 매월 법정대리인에 대한 그 사실의 통지하도록 한 구 전기통신사업법 시행령 조항

㉛ 개별 의료급여수급기관으로 하여금 수급권자의 진료정보를 국민건강보험공단에 알려줄 의무를 규정한 보건복지부장관 고시 조항

㉜ 소송서류, 접수일자, 소송의 종류 등은 민감정보에 해당하지 않고 이를 등재한 행위

㉝ 개인정보를 교육정보시스템에 보유하는 행위는 개인정보자기결정권 침해가 아니다.

헌법 위반 아닌 것

04 개인정보 보호법

개인정보	① '개인정보'란 살아 있는 개인에 관한 정보로서 성명, 주민등록번호 및 영상 등을 통하여 개인을 알아볼 수 있는 정보(해당 정보만으로는 특정 개인을 알아볼 수 없더라도 다른 정보와 쉽게 결합하여 알아볼 수 있는 것을 포함)를 말한다. ② 살아 있는 개인에 관한 정보 보호: 법인이나 사자의 정보 보호(✕) ③ 개인정보: 공적 생활에서 형성되었거나 이미 공개된 개인정보(○)
개인정보처리자	① 개인정보처리자: 공공기관, 법인, 단체, 개인 ② 개인정보를 처리하거나 처리하였던 자에 개인정보처리자와 개인정보를 업무상 알게 된 자를 포함시킨 개인정보 보호법이 평등원칙에 위반되는지 여부(소극)
개인정보 보호원칙	① 최소한의 개인정보만을 수집하여야 한다. ② 수집 목적 외의 용도로 활용하여서는 아니 된다. ③ 개인정보를 익명처리 ➡ 가명에 의하여 처리될 수 있도록 하여야 한다.
다른 법률과의 관계	① 개인정보 보호에 관하여는 다른 법률에 특별한 규정이 있는 경우를 제외하고는 이 법에서 정하는 바에 따른다. ② 옥외집회·시위에 대한 경찰의 촬영행위에 의해 취득한 자료는 개인정보 보호법이 적용될 수 있다.
개인정보 수집	① 수집하는 경우에는 그 목적에 필요한 최소한의 개인정보를 수집하여야 한다. 이 경우 최소한의 개인정보 수집이라는 입증책임은 개인정보처리자가 부담한다. ② 개인정보처리자는 정보주체가 필요한 최소한의 정보 외의 개인정보 수집에 동의하지 아니한다는 이유로 정보주체에게 재화 또는 서비스의 제공을 거부하여서는 아니 된다.
민감정보	① 별도의 동의 또는 법률에 근거가 있어야 수집 가능 ② 민감정보: 사상·신념, 노동조합·정당의 가입·탈퇴, 정치적 견해, 건강, 성생활 등에 관한 정보, 그 밖에 정보주체의 사생활을 현저히 침해할 우려가 있는 개인정보 ③ 노동조합 가입, 요양급여내역, 전과기록, 정부의 대응을 비판하는 등 정치적 견해에 관한 정보 ④ 개인의 인격에 밀접히 연관된 민감한 정보일수록 규범명확성의 요청은 더 강해진다고 할 수 있다. ⑤ 민감정보의 범위를 확장해석하거나 유추해석하는 것은 죄형법정주의 원칙에 어긋나는 것으로서 허용되지 않는다.
민감정보 아닌 것	① 성명·직명. 이에 관한 개인정보를 교육정보시스템에 보유하는 행위는 개인정보자기결정권 침해가 아니다. ② 의료비내역 ③ 소송서류등재. 이 사건 소송서류 등재가 청구인의 개인정보자기결정권을 침해하였다고 볼 수 없다. ④ 디엔에이신원확인정보 ⑤ 지문
영상정보처리기기의 설치·운영 제한	① 불특정 다수가 이용하는 목욕실, 화장실, 발한실(發汗室), 탈의실 등 영상정보처리기기를 설치·운영하여서는 아니 된다. ② 교도소, 정신보건시설 등 법령에 근거하여 사람을 구금하거나 보호하는 시설로서 대통령령으로 정하는 시설에 대하여는 그러하지 아니하다. ③ 녹음기능은 사용할 수 없다.

정보주체의 권리	① 열람청구, 사용정지, 삭제청구(○) ② 열람청구, 대리인에게 하게 할 수도 있다. ③ 개인정보 수집·이용: 원칙 금지, 정보주체의 동의 또는 법률에 근거가 있는 경우 개인정보 수집 가능
권리구제	① 법원에 손해배상, 개인정보분쟁조정위원회에 조정신청, 단체소송(변호사강제주의, 법원의 허가) ② 정보주체는 개인정보처리자가 이 법을 위반한 행위로 손해를 입으면 개인정보처리자에게 손해배상을 청구할 수 있다. 이 경우 그 개인정보처리자는 고의 또는 과실이 없음을 입증하지 아니하면 책임을 면할 수 없다.
개인정보 보호위원회	① 국무총리 소속 ② 상임위원 2명(위원장 1명, 부위원장 1명)을 포함한 9명의 위원으로 구성한다.
가명정보	① 개인정보의 일부를 삭제하거나 일부 또는 전부를 대체하는 등의 방법으로 추가 정보가 없이는 특정개인을 알아볼 수 없도록 처리하는 것 ② 정보주체의 동의 없이 가명정보를 처리할 수 있다. ③ 가명정보의 결합은 보호위원회 또는 관계 중앙행정기관의 장이 지정하는 전문기관이 수행한다.

05 사생활의 자유 제한

사생활의 비밀·자유와 언론의 자유 충돌	① 공적 인물은 사인보다 사생활의 자유 제한을 많이 받는다. ② 공적 인물에 대한 개인정보 수집이라는 이유로 면책되지 않는다.
사생활 자유 제한	① 국세징수법: 고액체납자 명단 공개 ② 행정상 명단공포로 인한 명예훼손의 경우 위법성 조각: 진실이라고 믿었고 상당한 이유가 있을 것 ③ 언론보도로 인한 공적 인물에 대한 명예훼손에서 입증책임: 언론매체(피고) ○, 공적 인물(원고) ✕
성범죄자에 대한 명단 고지와 소급적용	고지와 소급적용 모두 합헌

의의	① 직업의 자유와 밀접한 관련 ② 주체: 법인(○), 외국인 입국의 자유(✕), 외국인 출국의 자유(○) ③ 미성년자 가출의 자유(✕) ④ 남한 ➡ 북한(✕), 북한 ➡ 남한(○)
내용	① 국외 이주의 자유(○), 국외 이주 허가제: 위헌 ② 국민: 입국의 자유 제한(✕), 출국의 자유 제한(○) ③ 병역의무자의 국외여행 허가제: 합헌 ④ 국적이탈의 자유(○) ⑤ 국적이탈신고제(○), 허가제(✕)
보호 여부	① 무국적자가 될 자유(✕), 국적이탈의 자유(○) ② 서울광장통행(✕)
거주·이전의 자유 제한 아닌 것	① 지자체장 입후보선거에서 거주요건 ② 거주지를 기준으로 한 중·고등학교 배정 ③ 영내에 기거하는 군인은 그가 속한 세대의 거주지에서 등록하여야 한다고 규정하고 있는 주민등록법 ④ 서울광장에 출입하고 통행제지 ⑤ 성범죄자 신상정보등록 ⑥ 이륜자동차 고속도로운행 금지 ⑦ 해직공무원의 보상금 산출기간 산정에 있어 이민을 제한 사유 ⑧ 자경농지의 양도소득세면제의 요건으로 8년 이상 농지소재지 거주요건을 둔 것 ⑨ 민간투자사업에 유료도로를 포함시키고 유료도로의 사용료 징수 ⑩ 해외체재자에 대한 병역면제 연령 36세 기준 ⑪ 도로구역의 결정 또는 변경과 고시에 대하여 공익사업법상의 사업인정을 의제하고 있는 구 도로법 제49조의2 제2항 ⑫ 도시환경정비사업의 경우 임시수용시설의 설치 등을 사업시행자의 의무로 하는 규정을 두지 아니한 도시 및 주거환경정비법 제36조 제1항 ⑬ 도시 및 주거환경정비법의 수용조항은, 정비사업조합에 수용권한을 부여하여 주택재개발사업에 반대하는 청구인의 토지 등을 강제로 취득할 수 있도록 하는 것
거주·이전의 자유 침해인 것	① 신변안전을 이유로 한 여권 발급거부는 거주·이전의 자유 침해이다. ② 조세 미납에 정당한 사유가 없다는 사유만으로 바로 출국금지 처분을 하는 것은 헌법상의 기본권 보장 원리 및 과잉금지의 원칙에 비추어 허용되지 않는다. ③ 제1국민역에 편입된 때 3월 내 국적선택을 하도록 한 국적법은 국적이탈의 자유침해이다.

| 거주·이전의 자유
제한이나
침해 아닌 것 | ① 아프가니스탄 등 전쟁 또는 테러위험이 있는 해외 위난지역에서 여권사용을 제한하거나 방문 또는 체류를 금지한 외교통상부 고시
② 대도시 내 법인의 등록세율 중과와 과밀억제권역 내 부동산 취득세 중과세
③ 과밀억제권역 내 건물 신축 중과세
④ 추징금을 납부하지 아니한 자 출국금지
⑤ 국가의 형벌권을 피하기 위하여 해외로 도피할 우려가 있는 자에 대해 법무부장관이 출국을 금지할 수 있도록 한 출입국관리법
⑥ 여행금지국가 여권사용금지
⑦ 제1국민역의 경우 특별한 사정이 없는 한 27세까지만 단기 국외여행을 허용하는 병역의무자 국외여행 업무처리 규정 |

01 의의와 내용

의의	① 통신의 자유: 헌법 제18조에 영장주의 규정 없음. 영장주의는 적용됨. 통신의 비밀은 규정되어 있으나 통신의 자유는 규정되어 있지 않음 ② 통신의 비밀: 통신내용 + 발신자·수신자도 보호 + 통신장소·시간 등 통신 외형을 구성하는 통신 이용의 전반적 상황의 비밀까지 보장 ③ 요건: 상대방 특정 + 당사자 동의 ④ 주체: 외국인(○), 법인(○), 수형자(○) ⑤ 사생활 비밀과 통신의 비밀 중 후자가 특별한 영역을 보호하는 기본권이므로 통신의 비밀의 침해 여부를 심사할 때 사생활 비밀의 침해를 심사할 필요가 없다.
내용	① 신서, 팩스, 개인 간의 E-mail, 엽서, 전보 ② 광고성 메일: 제18조(✕), 제21조(○) ③ 역탐지 허용 ④ 무선통신: 허가제(○)

02 통신비밀보호법

불법감청	① 통신비밀보호법: 국가와 사인 모두 규제(○) ② 비록 제3자가 전화통화 당사자 일방의 동의를 받고 그 통화내용을 녹음했다 하더라도 그 상대방의 동의가 없었다면 통신비밀보호법 제3조 제1항에 위반된다. ③ 3인 간의 대화에서 녹음은 타인 간의 대화가 아니므로 통신비밀보호법 위반은 아니다. ④ 불법감청에 의한 통신내용: 재판증거(✕), 징계증거(✕)

통신제한조치	① 범죄수사를 위한 통신제한조치
	  ㉠ 사법경찰관 신청 ➡ 검사 ➡ 법원의 허가를 받아 2월의 범위 내 통신제한
	  ㉡ 2월의 범위 안에서 연장 가능 ➡ 총 연장기간, 총 연장횟수의 제한이 없는 통신제한조치는 통신비밀 침해이다.
	  ㉢ 통신제한조치의 총 연장기간은 1년을 초과할 수 없다. 다만, 내란의 죄, 외환의 죄, 반란의 죄, 국가보안법과 군사기밀보호법에 규정된 죄의 경우에는 통신제한조치의 총 연장기간이 3년을 초과할 수 없다.
	② 국가안보를 위한 통신제한조치
	  ㉠ 정보수사기관의 장이 고등법원 수석 판사의 허가 또는 대통령의 승인
	  ㉡ 4월의 범위 내 통신제한
	③ 긴급 통신제한조치: 범죄가 긴박한 경우 사전 통신제한조치 ➡ 지체 없이 허가청구 ➡ 36시간 이내에 법원의 허가 또는 대통령의 승인을 받아야 함 ➡ 허가를 받지 못한 경우 중단과 자료 폐기
	④ 국회는 통신제한조치에 대한 국정조사·감사를 위해 법원행정처장 또는 통신제한조치를 청구하거나 신청한 기관의 장에게 보고를 요구할 수 있다.

범죄수사를 위하여 인터넷회선에 대한 통신제한조치로 취득한 자료의 관리 (통신비밀보호법 제12조의2)	① 인터넷회선을 통하여 송·수신하는 전기통신에 대해서도 범죄수사를 위해 통신제한조치를 허가할 수 있도록 한 통신비밀보호법 제5조에 대한 헌법불합치결정 　㉠ 영장주의는 영장발부 후 사후 통제절차를 요구하지 않음 　㉡ 인터넷회선 감청은 압수·수색에 해당하지 않음 　㉢ 과잉금지 위반 　㉣ 헌법불합치 ② 범죄수사를 위하여 인터넷회선에 대한 통신제한조치로 취득한 자료 　㉠ 검사는 집행종료일부터 14일 이내 법원에 보관 등의 승인 신청 　㉡ 사법경찰관, 14일 이내에 검사에게 승인 신청 ➡ 검사는 신청일부터 7일 이내에 　　법원에 그 승인을 청구 　㉢ 법원은 승인 또는 기각 　㉣ 검사 또는 사법경찰관, 신청을 하지 아니하는 경우에는 집행종료일부터 14일 　　이내 폐기 　㉤ 청구기각의 통지를 받은 날부터 7일 이내에 승인을 받지 못한 전기통신을 폐기
통신사실 확인자료 요청	① 검사 또는 사법경찰관은 수사 또는 형의 집행을 위하여 필요한 경우 전기통신사 업법에 의한 전기통신사업자에게 통신사실 확인자료의 열람이나 제출을 요청할 수 있도록 한 통신비밀보호법에 대한 헌재 판례 　㉠ 명확성원칙에 위반되지 아니한다. 　㉡ 위치추적 또는 불특정 다수에 대한 위치추적의 경우 보충성 요건을 추가하거 　　나 대상범죄의 경중에 따라 보충성 요건을 차등적으로 적용함으로써 수사에 　　지장을 초래하지 않으면서도 정보주체의 기본권을 덜 침해하는 수단이 존재함 　　에도 불구하고 필요한 경우 일률적으로 인정하는 것은 과잉금지원칙에 반하여 　　청구인들의 개인정보자기결정권과 통신의 자유를 침해한다. ② 통신비밀보호법 개정: 실시간 추적자료와 특정한 기지국에 대한 통신사실 확인자료 는 다른 방법으로는 범죄의 실행을 저지하기 어렵거나 범인의 발견·확보 또는 증거의 수집·보전이 어려운 경우에만 전기통신사업자에게 해당 자료의 열람이 나 제출을 요청할 수 있다.
통신사실 확인자료 요청의 허가	① 통신사실 확인자료제공을 요청하는 경우에는 관할 지방법원(보통군사법원을 포함 한다. 이하 같다) 또는 지원의 허가를 받아야 한다. ② 헌법재판소 판례 　㉠ 통신사실 확인자료 취득에 영장주의 적용 　㉡ 영장주의 위반 아님
범죄수사를 위한 통신사실 확인자료 제공의 통지	① 통신사실 확인자료제공을 받은 사건에 관하여 기소중지결정을 한 때에는 통지 대상에서 제외하는 통신비밀보호법 　㉠ 정보주체로서는 위치정보 추적자료와 관련된 수사기관의 권한남용에 대해 적 　　절한 대응을 할 수 없게 되었다. 　㉡ 적법절차원칙에 위배되어 청구인들의 개인정보자기결정권을 침해한다. ② 기소중지·참고인중지 또는 수사중지 결정을 한 경우: 그 결정을 한 날부터 1년이 경과 한 때부터 30일 이내에 통지하도록 개정됨(법 제13조의3 제2호)
통신제한조치에 대한 국회의 통제	국회의 상임위원회와 국정감사 및 조사를 위한 위원회는 필요한 경우 보고 요구 ① 특정한 통신제한조치 등에 대하여는 법원행정처장, 통신제한조치를 청구하거나 신청한 기관의 장 또는 이를 집행한 기관의 장에 대하여 보고 요구 ② 감청설비에 대한 인가 또는 신고내역에 관하여는 과학기술정보통신부장관에게 보 고 요구

03 통신의 비밀 침해 여부

침해인 것	① 미결수용자와 변호인 간의 서신검열 ② 수용자가 밖으로 내보내는 모든 서신을 봉함하지 않은 상태로 교정시설에 제출하도록 규정하고 있는 형의 집행 및 수용자의 처우에 관한 법률 시행령 ③ '인터넷회선을 통하여 송·수신하는 전기통신'에 대해서도 범죄수사를 위해 통신제한조치를 허가할 수 있도록 한 통신비밀보호법 ④ 丙이 甲의 동의를 받고 甲과 乙과의 전화내용을 녹음한 것 ⑤ 범죄수사를 위해 필요한 경우 전기통신사업자에게 통신사실의 확인자료의 열람이나 제출을 요청할 수 있도록 규정한 통신비밀보호법 ☑ 통신사실 확인자료 요청시 법원의 허가를 받도록 한 것은 영장주의에 위배되지 않는다.
침해 아닌 것	① 정보통신망 등을 이용하여 공포심이나 불안감을 유발하는 문언을 반복적으로 상대방에게 도달하도록 한 경우를 처벌하는 정보통신망 이용촉진 및 정보보호 등에 관한 법률 ② 수형자와 변호사 간의 서신검열 ③ 미결수용자의 접견내용의 녹음·녹화 ④ 수형자의 서신발송 허가제 ⑤ 금치기간 중 미결수용자에 대한 전화통화를 금지하도록 한 형집행법 ⑥ 구치소장이 당시 구치소에 수용자 앞으로 온 서신 속에 허가받지 않은 물품인 녹취서가 동봉되어 있음을 이유로 해당 서신수수를 금지하고 해당 서신을 반송한 행위 ⑦ 거짓사실을 포함하고 있는 때, 수형자의 교화, 건전한 사회복귀를 해칠 우려가 있는 서신의 반출을 금지한 것은 언론의 자유 제한이 아니라 통신의 자유 제한이다. ⑧ 훈련소 신병교육 중 공중전화 사용금지 ⑨ 공개되지 아니한 타인 간의 대화를 녹음 또는 청취하여 지득한 대화의 내용을 공개하거나 누설한 자를 처벌하는 통신비밀보호법은 명예훼손죄와 같은 위법성조각사유를 규정하지 않았다고 하더라도 표현의 자유 침해는 아니다. ⑩ 사인이 감청설비와 제조사 정통부장관 인가를 받도록 한 것 ⑪ 현행범인에 대한 역탐지 ⑫ 미결수용자와 일반인 간의 서신검열 ⑬ 전화교환수가 업무 중 범죄내용을 청취한 경우 수사기관에 대한 고지 ⑭ 무선통신허가제 ⑮ 파산관리인이 우편물을 개봉하는 것 ⑯ 전기통신역무제공에 관한 계약을 체결하는 경우 전기통신사업자로 하여금 가입자에게 본인임을 확인할 수 있는 증서 등을 제시하도록 요구하고 부정가입방지시스템 등을 이용하여 본인인지 여부를 확인하도록 한 전기통신사업법: 통신의 비밀에 대한 제한이 아니라 통신의 자유에 대한 제한이다.

01 보호영역

양심의 개념	① 진지한 마음의 소리이지, 막연하고 추상적인 개념으로서 양심이 아니다. ② 진지한 윤리적 결정이다. ③ '양심의 자유'가 보장하고자 하는 '양심'은 민주적 다수의 사고나 가치관과 일치하는 것이 아니라, 개인적 현상으로서 지극히 주관적인 것이다. 양심은 그 대상이나 내용 또는 동기에 의하여 판단될 수 없다. ④ 양심상의 결정이 이성적·합리적인가, 타당한가 또는 법질서나 사회규범, 도덕률과 일치하는가 하는 관점은 양심의 존재를 판단하는 기준이 될 수 없다. ⑤ 양심의 자유에서 현실적으로 문제가 되는 것은 국가의 법질서나 사회의 도덕률에서 벗어나려는 소수의 양심이다. ⑥ 양심상의 결정이 어떠한 종교관·세계관 또는 그 외의 가치체계에 기초하고 있는가와 관계없이, 모든 내용의 양심상의 결정이 양심의 자유에 의하여 보장된다. ⑦ 소수의 국민이 양심의 자유를 주장하여 다수에 의하여 결정된 법질서에 대하여 복종을 거부한다면, 국가의 법질서와 개인의 양심 사이의 충돌은 항상 발생할 수 있다.
양심의 자유에서 보호	의료내역비 증빙서류 제출의무 ① 의료내역비 증빙서류 제출의무는 양심의 자유의 보호범위에 포함된다. ② 양심의 자유를 제한한다. ③ 양심의 자유 침해하지 아니한다.
보호되지 않는 것	① 채무자에 대한 재산명시의무 ② 운전자가 안전띠를 매지 않을 자유 ③ 음주측정거부 ④ 투표용지에 전부거부 표시방법을 규정하지 아니한 것 ⑤ 지문날인 여부 ⑥ 공정거래법에 위반했는지 여부(법률해석에 관한 의견) ⑦ 유언의 자유 ⑧ 업종별로 수입금액이 일정 규모 이상인 사업자에게 성실신고확인서를 제출할 의무 ⑨ 객관적 양심: 선거에서 공직후보자에 대한 의견의 표현행위, 선거에서 자신의 태도와 입장을 외부에 해명하는 행위 ⑩ 사실적 지식 ⑪ 진술거부권 ⑫ 취재원비닉권 ⑬ 소액임차인 보증금 우선 변제 여부 ⑭ 증인의 증언거부
사상의 자유	① 헌법: 사상의 자유 규정(✗) ② 다수설: 양심의 자유에서 보호 ③ 판례: 일관성 없음. 사죄광고 판례 긍정, 음주측정 판례 부정

준법서약서 제출	① 헌법 제19조의 양심의 자유는 자유민주주의적 기본질서에 저촉되는 공산주의 사상을 선택, 유지하는 자유를 포함하지 않는다. ➔ 윤리적 양심설 ② 준법서약서를 제출해야만 가석방심사를 받을 수 있도록 하는 가석방규칙 제14조는 법적 강제가 아니라 혜택의 부여이므로 양심의 자유 제한이 아니다(양심의 자유를 건드리는 것이 아님). ③ 가석방규칙 위헌 여부: 양심의 자유와는 무관, 평등원칙 위반 여부 판단 필요 ④ 평등위반 심사기준: 자의금지(○), 비례원칙(×)

02 양심의 자유 정리

연혁	① 양심의 자유 규정: 제헌헌법 ② 종교의 자유와 별개로 규정: 제5차 개정헌법
주체	① 외국인(○) ② 법인(×) ③ 사죄광고, 법인의 양심의 자유 침해가 아니라 법인 대표자의 양심의 자유 침해
양심의 자유 제한 가능성	① 양심형성의 자유 제한: ×, 내재적 제한도 없음 ② 내심적 자유, 즉 양심형성의 자유와 양심적 결정의 자유는 내심에 머무르는 한 절대적 자유이다. ③ 양심실현의 자유 제한 가능(○), 부작위에 의한 양심실현의 자유 제한 가능(○)
국기경례 강제	① 미국: 국기경례 강제 ➔ 종교·양심의 자유 침해 ② 우리나라: 국기경례 강제 허용
사죄광고	① 민법상 명예훼손의 경우 적당한 처분에 법원의 사죄광고명령 포함시키는 것: 법인대표의 양심의 자유 침해임. 또한 법인과 자연인의 인격권 침해임 ② 방송법의 시청자 사과명령과 공직선거법상 사과문 게재는 인격권만 침해임 ③ 시말서가 반성하고 사죄한다는 내용이 포함된 사죄문 또는 반성문을 의미하는 것이라면, 양심의 자유를 침해하는 것이다. ④ 자발적 사죄광고, 판결보도: 양심의 자유 침해 아님 ⑤ 민사소송판결을 가해자의 비용으로 신문이나 잡지에 게재하도록 하는 것은 양심의 자유 침해 아니다. ⑥ 법원이 피고인에게 유죄로 인정된 범죄행위를 뉘우치거나 그 범죄행위를 공개하는 취지의 말이나 글을 발표하도록 하는 내용의 사회봉사를 명하고 이를 위반할 경우 형법 제64조 제2항에 의하여 집행유예의 선고를 취소할 수 있도록 함으로써 그 이행을 강제하는 것은 양심의 자유를 침해한다.
양심의 자유 제한 아닌 것	① 배우자가 수수금지 금품을 수령한 경우 신고하도록 하되 그렇지 않은 경우 제재하도록 한 부정청탁금지법 ② 지문 날인 ③ 공정거래법 위반한 경우 위반 사실 공표명령 ④ 가석방 요건으로 준법서약서 ⑤ 업종별로 수입금액이 일정 규모 이상인 사업자에게 성실신고확인서를 제출할 의무를 부과하는 소득세법 ⑥ 자서를 유언의 요건으로 한 민법

양심실현의 자유 제한이나 침해는 아닌 것	① 국가보안법 제3조 내지 제9조의 죄를 범한 자라는 정을 알면서 수사기관 등에 고지하지 아니한 자는 처벌한다는 국가보안법 제10조의 불고지죄 ② 의사에 대해 의료비 내역에 관한 정보제공의무 부과 ③ 보안관찰처분 대상자 거주지 등 신고의무

03 양심적 병역거부

양심적 병역거부	미국	① 병역거부(○) ② 특수한 전쟁 반대(✕)
	독일	① 양심적 병역거부 헌법 규정(○) ② 상황조건부 병역거부(✕) ③ 대체복무거부(✕) ④ 대체복무가 군복무보다 지나치게 장기간이고 훨씬 위험한 경우에는 양심의 자유와 평등권을 침해한다.
병역거부 판례 Ⅰ		① 부작위에 의한 양심실현의 자유 제한 ② 양심의 자유와 종교의 자유 경합 ➡ 양심의 자유 침해 여부 판단
병역거부 판례 Ⅱ		① 시민적·정치적 권리에 관한 국제규약에 따라 양심적 병역거부권이 인정되거나 법적 구속력이 인정되는 것은 아니다. ② 양심적 병역거부를 인정하는 국제관습법이 형성되었다고 할 수 없다.
병역거부 판례 Ⅲ		① 대체복무를 규정하지 않은 병역법 제5조: 진정입법부작위가 아니라 부진정입법부작위를 다투는 것임 ② 병역거부 인정이 병역거부자가 윤리적으로 정당하다는 의미도 아니고 병역의무 이행이 비양심적인 것이 된다는 것도 아니다. ③ 헌법상 양심의 자유에 의해 보호받는 '양심'으로 인정할 것인지의 판단은 그것이 깊고, 확고하며, 진실된 것인지 여부에 따르게 된다. 그리하여 양심적 병역거부를 주장하는 사람은 자신의 '양심'을 외부로 표명하여 증명할 최소한의 의무를 진다. ④ 비례원칙은 국방의무를 형성하는 입법에도 적용된다. ⑤ 대체복무를 규정하지 않은 병역법 제5조: 목적과 방법은 적정하나 최소성원칙 위반. 양심의 자유 침해 ⑥ 정당한 이유 없는 병역거부자를 처벌하는 병역법 제88조: 합헌 ⑦ 양심적 병역거부를 이유로 유죄판결을 받은 청구인들 전과기록 말소 및 충분한 보상을 포함한 청구인들에 대한 효과적인 구제조치를 이행하는 법률을 제정하지 아니한 입법부작위: 입법할 의무 없다. ➡ 각하(2018.7.26, 2011헌마306)
대법원 판례		① 양심적 병역거부는 정당한 사유에 해당한다. ② 반대의견: 정당화할 만한 사유로서, 병역법에서 입영을 일시적으로 연기하거나 지연시키기 위한 요건으로 인정된 사유, 즉 질병, 재난 등과 같은 개인의 책임으로 돌리기 어려운 사유로 한정된다고 보아야 한다.

01 의의

의의	① 주체: 외국인(○), 종교단체의 종교실행의 자유(○) ② 국교부인
보호되는 것	① 무신앙의 자유 ② 종교교육의 자유 ③ 다른 종교 비판 ④ 종교적 목적 출판 ⑤ 종교적 집회·결사는 종교의 자유에서 일반적인 집회·결사의 자유보다 더 강하게 보장된다. ⑥ 종교의 자유의 내용으로서 자유로운 양로시설 운영을 통한 선교의 자유 ⑦ 납골시설 운영
종교교육 판례	고등학교에서 종교교육 ① 기본권 충돌이 발생한다. ② 이익형량과 함께 양 기본권 사이의 실제적인 조화를 꾀하는 해석 등을 통하여 이를 해결하여야 한다. ③ 공교육체계에 편입된 종립학교의 학교법인이 가지는 '종교교육의 자유 및 운영의 자유'는 학생의 종교의 자유, 교육을 받을 권리를 고려한 대책을 마련하는 등의 조치를 취하는 속에서 그러한 자유를 누린다. ④ 대안을 제시하지 않은 종교교육 강제 ➡ 학생의 종교에 관한 인격적 법익을 침해하는 위법한 행위이다. ⑤ 학교선택권과 종교교육의 자유 ➡ 평준화정책에 따른 학교 강제배정제도가 학생이나 학교법인의 기본권을 본질적으로 침해하는 위헌적인 것이라고까지 할 수는 없다. ⑥ 대법원 판례는 '대학교 종교학점이수를 졸업요건으로 하는 학칙이 종교의 자유를 침해하지 않는다'고 판시하였다.
보호되지 않는 것	① 국·공립학교에서 교사가 특정한 종교를 선전하는 행위 ② 종교에 대한 적극적 우대조치(기반시설부담금 면제)를 요구할 권리는 인정되지 않는다. ③ 종교(선교활동)의 자유는 국민에게 그가 선택한 임의의 장소에서 자유롭게 행사할 수 있는 권리까지 보장한다고 할 수 없다.
종교 목적의 언론·출판·집회· 결사의 자유	① 종교적 집회·결사의 자유는 종교적 목적으로 같은 신자들이 집회하거나 종교단체를 결성할 자유를 말한다. ② 종교단체 결의가 무효가 되려면 일반적인 종교단체 아닌 일반단체의 결의나 처분을 무효로 돌릴 정도의 절차상 하자가 있는 것으로는 부족하고, 그러한 하자가 매우 중대하여야 한다.

02 국교부인과 정교분리

국교부인과 정교분리	① 오늘날 종교적인 의식 또는 행사가 관습화된 문화요소로 인식되고 받아들여질 정도에 이르렀다면, 종교적인 의식, 행사, 유형물에 대한 국가 등의 지원은 정교분리원칙에 위배되지 않는다. ② 종교시설의 건축행위에만 기반시설부담금을 면제한다면 국가가 종교를 지원하여 종교를 승인하거나 우대하는 것으로 비칠 소지가 있어 헌법 제20조 제2항의 국교금지·정교분리에 위배될 수도 있다. ③ 학교나 학원설립의 인가나 등록주의로 인한 독자적 종교지도자 양성제도는 국교금지 내지 정교분리의 원칙을 위반한 것이라 할 수 없다.

03 종교의 자유 제한

종교의 자유 제한 가능성	종교적 행위의 자유와 종교적 집회·결사의 자유는 신앙의 자유와는 달리 절대적 자유는 아니므로 법률로 제한할 수 있다.
종교의 자유 제한인 것	① 종교단체의 복지시설 신고제 ② 사법시험 제1차 시험 시행일을 일반적인 공휴일인 일요일로 정하여 공고한 것
종교의 자유 제한 아닌 것	① 위난지역에서 여권사용금지 ② 전통사찰에 대하여 채무명의를 가진 일반 채권자가 전통사찰 소유 건조물 등에 대하여 압류하는 것을 금지하고 있는 구 전통사찰의 보존 및 지원에 관한 법률. 재산권 제한이다.

04 종교의 자유 침해 여부

침해인 것	① 대구구치소 내에서 실시하는 종교의식 또는 행사에 미결수용자인 청구인의 참석을 금지한 행위: 수용자 중 미결수용자에 대하여만 일률적으로 종교행사 등에의 참석을 불허한 것은 미결수용자의 종교의 자유를 나머지 수용자의 종교의 자유보다 더욱 엄격하게 제한한 것이다. ② 부산구치소장이 미결수용자의 신분으로 부산구치소에 수용되었던 기간 동안, 교정시설 안에서 매주 화요일에 실시하는 종교집회 참석을 제한한 행위 ③ 특정 신앙을 조건으로 공직취임 ④ 일반기업, 신앙을 이유로 해고 ⑤ 종립학교가 특정 종교의 교리를 전파하는 종파적인 종교행사와 종교과목 수업을 실시하면서 참가 거부가 사실상 불가능한 분위기를 조성하는 것 ⑥ 국·공립학교: 특정 종교시간을 가지는 것 ⑦ 특정 종교기념일에 우표 발행 ⑧ 종교단체에 한정한 특혜 ⑨ 육군훈련소 내 종교행사 참석 강제: 정교분리원칙과 과잉금지원칙을 위배하여 종교의 자유를 침해함

제한이나 침해 아닌 것	① 구치소장이 구치소 내 미결수용자를 대상으로 한 개신교 종교행사를 4주에 1회, 일요일이 아닌 요일에 실시한 행위 ② 교원임용시험일, 사법시험 1차 시험일, 법학적성 시험일 일요일 시행 공고 ③ 종교단체가 운영하는 학교 혹은 학원 형태의 교육기관도 예외없이 학교설립인가 혹은 학원설립등록을 받도록 규정한 경우 ④ 학교정화구역 내 납골시설금지 ⑤ 신고의 대상이 되는 양로시설에 종교단체가 운영하는 양로시설을 제외하지 않은 노인복지법은 거주·이전의 자유 또는 인간다운 생활을 할 권리를 제한하지 않고, 종교의 자유를 침해한다고 할 수 없다. ⑥ 종교시설의 건축행위에 대하여 기반시설부담금 부과를 제외하거나 감경하지 아니한 경우 ⑦ 병으로 의무복무를 마치고 다시 군종장교로 복무하였던 자들이 예비역 장교로 취급되어 예비군훈련기간이 길어진 경우 ⑧ 경향기업, 신앙을 고용조건(○), 신앙을 이유로 해고(○) ⑨ 사립학교, 종교시간을 가지는 것 ⑩ 대학교에서 종교학점 이수를 졸업요건으로 하는 것
대법원 판례	① 성직자, 적극적 범인 은닉: 종교의 자유에서 정당성 인정되지 않는다. ② 권징결의: 사법심사(✕) ③ 종교적 이유로 수혈을 거부해 사망한 경우: 종교의 자유에서 정당화될 수 없다. ④ 헌금하지 않는 신도는 영생할 수 없다는 설교로 고액의 금원을 헌금으로 교부받는 행위는 사기죄에 해당한다.

쟁점 050 학문의 자유

01 학문의 자유 정리

주체	① 단체, 법인도 주체 ② 학교법인은 사립학교의 교원이나 교수들과 달리 법인 자체가 학문활동이나 예술활동을 하는 것으로 볼 수는 없다.

02 교수의 자유

	구분	교수의 자유	수업의 자유
교수의 자유와 수업의 자유 비교	주체	교수	초·중·고 교사
	내용	자신만의 연구결과	일반화된 지식체계
	헌법 근거	제22조(○)	제22조(○), 제31조(×)
	제한 가능성	○	○
	국정교과서와 교과서검인정제도	×	○
교과서 검인정제도	① 진리탐구의 자유는 절대적 자유이나, 연구결과발표의 자유와 수업의 자유는 절대적 자유 아니다. ② 교사의 수업권, 교수의 자유보다 더 제한 ③ 수업권을 내세워 수학권을 침해할 수 없다. ④ 교과서 검인정제도: 교사의 수업권 침해 아니다. ⑤ 교과서 검인정제도: 허가(×), 특허(○) ⑥ 출판의 자유에는 스스로 저술한 책자가 교과서가 될 수 있도록 주장할 수 있는 권리가 포함되는 것은 아니다.		
교수의 자유 침해 여부	① 사립학교 교원이 선거범죄로 100만원 이상의 벌금형을 선고받아 그 형이 확정되면 당연퇴직되도록 한 규정은 교수의 자유 침해 아니다. ② 세무대학의 폐교는 재직교수의 학문의 자유 침해 아니다.		

03 학문의 자유 제한

제한 가능성	① 연구의 자유: 절대적 자유 ② 연구결과 발표의 자유: 제한 가능 ③ 학문을 위한 집회·결사의 자유: 학문의 자유에서 보호
교수의 자유 제한 아닌 것	① 사립학교 교원이 금고 이상의 형의 집행유예를 받은 경우 당연퇴직하는 사립학교법 조항과 교수의 자유 ② 치과전문의 입법부작위

04 대학의 자율성

성격	기본권(O), 제도적 보장(O)
주체	교수(O), 교수회(O), 학생도 부분적으로(O), 서울대학교(O), 강원대학교(O)
대학의 자율성 보호되는 것	① 교과과정의 편성 ② 학생의 선발과 전형 및 특히 교원의 임면에 관한 사항 ③ 입학시험제도 ④ 교수의 국립대학총장 후보자 선출에 참여할 권리
대학의 자율성 보호되지 않는 것	① 교수들이 사립대학의 총장선임에 실질적으로 관여할 수 있는 지위에 있다거나 학교법인의 총장선임행위를 다툴 확인의 이익을 가진다고 볼 수 없다. ② 단과대학장의 선출에 다시 한 번 대학교수들이 참여할 권리 ③ 대학 자체의 계속적 존립
대학의 자율을 제한하는 법률에 대한 심사기준	헌법 제37조 제2항에 의한 합리적인 입법한계를 벗어나 자의적으로 그 본질적 내용을 침해하였는지 여부에 따라 판단되어야 할 것이다.
교육부장관의 강원대 법학전문대학원 신입생 1명의 모집을 정지하도록 한 행위	① 국립대학교: 헌법소원 청구인능력이 인정된다. ② ○○대학교 법학전문대학원 2015학년 모집정지처분 등 취소: 보충성의 예외 ③ 법률유보원칙에 반하여 청구인의 대학의 자율권을 침해한다고 할 수 없다. ④ 과잉금지원칙에 반하여 청구인의 대학의 자율권을 침해한다.
헌법 위반 아닌 것	① 국립대학 교원의 성과연봉 지급을 규정한 공무원보수규정 ② 세무대 폐지법률: 합헌 ③ 대학총장을 간선제로 하도록 한 교육공무원법은 대학의 자율성을 침해하는 것은 아니다. ④ 법학전문대학 인가제: 입학정원수를 교육기술부장관이 정하도록 위임한 것은 법률유보 원칙에 반하지 않는다. ⑤ 일본어를 제2외국어 선택과목에서 제외하는 1994년 서울대 입시요강 ⑥ 단과대학장을 선출의 절차를 거치지 아니하고, 교수 중에서 직접 지명하도록 하고 있는 것은 대학의 자율성을 침해한다고 볼 수 없다.
대법원 판례	① 수학능력이 없는 자에 대한 불합격처분: 적법 ② 해외근무자녀에게 가산점 20%: 위법 ③ 교수가 반국가단체로서의 북한의 활동을 찬양·고무·선전 또는 이에 동조할 목적 아래 위 논문 등을 제작·반포하거나 발표한 것은 학문의 자유의 범위 내에 있지 않다.
대학의 자유와 경찰권	① 학설: 대학이 1차적 판단 ② 집시법: 학교 측의 요청이 없어도 대학구내에 출동 가능

05 교원지위법정주의

헌법 제31조 제6항	① 국·공립대학의 교원뿐만 아니라, 사립대학의 교원도 포함하여 교원의 신분보장에 관한 기본적인 사항을 법률로 정하라는 의미이다. ② 교원의 기본권을 제한하는 사항까지도 규정할 수 있다. ③ 교원 신분이 부당하게 박탈당하지 않도록 하는 최소한의 보호의무 ④ 국가에게 학교제도에 관한 포괄적인 국가의 규율 권한

근로3권과의 관계	① 교원의 지위에 있어서는 헌법 제31조 제6항이 헌법 제33조 제1항보다 우선 적용된다. ② 사립학교 교원을 국·공립교원규정 준용하여 근로3권 제한하는 사립학교법은 근로3권을 침해한다고 할 수 없다.
대학의 자율성과의 관계	① 입법자가 헌법 제31조 제6항의 교원지위법정주의에 따라 사립학교 교원의 지위를 법률로 정할 때는 그것이 제4항의 대학의 자율성과 잘 조화되도록 하여야 한다는 의미이다. ② 헌법 제31조 제6항은 학교제도에 관한 포괄적인 국가의 규율권한을 부여한 것이기도 하다.
교수기간 임용제 의의	① 대학교육기관의 교원에 대한 기간임용제와 정년보장제는 국가가 문화국가의 실현을 위한 학문진흥의 의무를 이행함에 있어서나 국민의 교육권의 실현·방법 면에서 각각 장단점이 있어서, 그 판단·선택은 헌법재판소에서 이를 가늠하기보다는 입법자의 입법정책에 맡겨 두는 것이 옳다. ② 임용기간이 만료된 자를 다시 임용할 것인지 여부의 판단은 임용권자의 자유재량이다. ③ 기간임용제 자체는 합헌이다.
교원지위법정주의 위반인 것	① 재임용 거부사유와 진술할 수 있는 기회, 재임용 거부시 불복절차를 전혀 마련하지 않고 학교의 정관에 위임한 사립학교법 ② 임용기간이 만료한 교수에 대한 재임용거부를 재심청구대상으로 법률에 명시하지 않은 것
교원지위법정주의 위반 아닌 것	① 교원 재임용의 심사요소로 학생교육·학문연구·학생지도를 언급하되 이를 모두 필수요소로 강제하지 않는 사립학교법 ② 세무대학장이 전교조 활동만을 이유로 재임용추천을 하지 아니한 부작위 ③ 교수재임용 거부 통지는 항고소송의 대상인 처분이다.

06 지적재산권

지적재산권	① 과학기술자의 특별보호를 명시한 헌법 제22조 제2항은 국민의료에 관한 사항을 규정한 의료법에 의하여 보호되는 의료인과는 보호의 차원이 다르다. ② 음주전후 또는 숙취해소라는 표시를 금지하는 경우 ➔ 헌법상 보호받는 재산권인 특허권을 침해한다. ③ 저작자 아닌 자를 저작자로 하여 실명·이명을 표시하여 저작물을 공표한 자를 처벌하는 저작권법: 합헌 ④ 법인·단체 그 밖의 사용자의 기획 하에 법인 등의 업무에 종사하는 자가 업무상 작성하는 컴퓨터프로그램저작물의 저작자는 계약 또는 근무규칙 등에 다른 정함이 없는 때에는 그 법인 등이 된다고 규정한 저작권법 ㉠ 입법형성의 자유가 넓다. ㉡ 입법형성권의 한계를 일탈하였다고 보기 어렵다.

쟁점
051 예술의 자유

주체	① 극장(✗), 박물관(✗), 미술관(✗) ② 예술품을 보급하는 출판사(○), 음반제작사(○)
예술의 자유 보호 ○	① 예술품 판매 ② 예술 목적의 집회·결사 ③ 예술품을 전시·공연·보급할 자유
예술의 자유 보호 ✗	① 상업광고: 상업광고철거에서 예술의 자유와 영업의 자유는 유사경합 ② 예술비평: 언론의 자유에서 보호 ③ 예술품의 재산적 활용 ④ 단순한 기능적인 요리 ⑤ 예술품 전시요구권
한계	① 예술의 자유도 한계(○) ② 국가에 의한 예술수준 심사 금지

쟁점 052 언론·출판의 자유

01 언론의 자유 보호영역

의의	① 검열금지와 허가제금지 연혁: 제3차 개정 ➡ 제7차 개정 ➡ 제9차 개정 ☑ 언론의 자유는 제헌헌법 ② 제한 정도: 언론·출판(개인적 표현) < 집회·결사(집단적 표현) ③ 통신비밀: 대내적 의사, 개인 간 비밀 – 언론: 대외적 의사, 광고성 메일 ④ 주체: 외국인(O), 법인(O)
표현의 자유 보호 ○	① 의사표현의 매개체는 어떠한 형태이건 그 제한이 없다(언어, 플래카드, 제스처, 음반, 비디오, 언어적 표현뿐 아니라 상징적 표현 포함). ② 의사표현의 한 수단인 TV 방송, 음반, 비디오물 ③ 영화제작 및 상영은 언론·출판의 자유뿐 아니라 학문·예술의 자유에 의하여도 보장을 받는다. ④ 영리목적의 광고 　㉠ 상업적 언론. 세무사로서의 광고행위 　㉡ 옥외광고물 　㉢ 의료인의 광고 ⑤ 게임물의 제작 및 판매·배포 ⑥ 청소년이용음란물 ⑦ 허위사실의 표현 ⑧ 익명 또는 가명으로 자신의 사상이나 견해를 표명하고 전파할 자유 ⑨ 언론·출판의 자유에는 사상 내지 의견의 자유로운 표명과 전파의 자유가 포함되고 전파의 자유에는 보급(普及)의 자유가 포함된다. ⑩ 집필 ⑪ 노동조합의 정치적 의사를 표명할 자유 ⑫ 표현이 차별적 언사나 행동, 혐오적 표현 ⑬ 선거운동의 자유 ⑭ 음란한 표현 　㉠ 헌법 제21조 제4항은 헌법상 표현의 자유의 보호영역 한계를 설정한 것이라고는 볼 수 없다. 　㉡ 음란표현도 헌법 제21조가 규정하는 언론·출판의 자유의 보호영역에는 해당하되, 다만 헌법 제37조 제2항에 따라 제한할 수 있다. 　㉢ 음란표현 규제도 검열금지원칙과 과잉금지원칙이 적용된다.
표현의 자유 보호 ×	① 국가가 공직후보자들에 대한 유권자의 전부 거부 의사표시 ② 언론기업의 주체인 기업인으로서 활동할 자유
표현의 자유 제한 ×	① 시·도지사 후보자로 등록하려는 사람에게 5천만원의 기탁금을 납부하도록 한 공직선거법 ② 이동통신사업자가 제공하는 전기통신역무를 타인의 통신용으로 제공하는 것을 원칙적으로 금지하고, 위반시 형사처벌하는 전기통신사업법 제30조

02 알 권리

1. 의의

알 권리의 법적 성격	① 자유권, 참정권, 생활권이다. ② 법률제정이 없어도 인정되는 구체적 권리이다. ③ 정보에의 접근·수집·처리의 자유, 즉 '알 권리'는 표현의 자유에 당연히 포함된다.
알 권리의 근거	① 알 권리: 헌법에 명시적 규정(✕), 법률에 명시적 규정(〇) ② 근거: 언론의 자유, 국민주권, 인간의 존엄과 가치, 인간다운 생활을 할 권리
주체	① 법인, 법인 아닌 사단·재단, 외국인 ② 모든 국민 ③ 이해당사자로 한정(✕): 국민은 누구나 국회의 의사에 대하여 직접적인 이해관계 유무와 상관없이 일반적 정보공개청구권을 가진다.
알 권리 내용	① 정보의 자유 　㉠ 군내불온서적소지를 금지하는 군인복무규율은 자유권으로서 알 권리를 제한한다. 　㉡ 국민의 알 권리는 정보수집의 수단에는 제한이 없는 권리이다. 　㉢ 일반적 정보를 수집하고 이를 처리할 수 있는 권리를 말하는데, 여기서 '일반적'이란 신문, 잡지, 방송 등 불특정다수인에게 개방될 수 있는 것을, '정보'란 양심, 사상, 의견, 지식 등의 형성에 관련이 있는 일체의 자료를 말한다. 　㉣ 텔레비전 시청은 청구인의 알 권리를 제한한다. ② 정보공개청구권 　㉠ 정부나 공공기관이 보유하고 있는 정보에 대하여 정당한 이해관계가 있는 자가 그 공개를 요구할 수 있는 권리이다. 　㉡ 알 권리는 적어도 이미 생성되어 존재하는 정보원(情報源)을 전제로 하는 것이며, 적극적으로 새로운 정보의 생성을 구하는 것은 헌법이 보장하는 알 권리의 보호대상에 포함된다고 볼 수 없다. 　㉢ 알 권리 역시 절대적인 것이 아니고 헌법유보조항인 헌법 제21조 제4항과 일반적 법률유보조항인 헌법 제37조 제2항에 의하여 제한될 수 있음은 물론이며, 알 권리에서 파생되는 일반적 정보공개청구권 역시 마찬가지이다.
국가기밀의 기준	① 비공지, 실질비성(〇), 공지된 사실은 국가기밀(✕) ② 형식비 기준(✕) ③ 비밀관리 주체의 의사 기준(✕)
정보공개청구가 있는 경우	법령 규정이 없어도 알 권리에서 청구권은 보호되고 국가의 의무는 인정
정보공개청구가 없는 경우	① 국가의 정보공개 의무: 알 권리에서 직접 보호(✕) ② 법령에 규정이 있어야 비로소 정부의 정보공개의무 인정 ③ 법령에 규정이 없는 경우 정부는 마늘 수입제한을 연장하지 않기로 합의한 한중합의서를 공개할 의무가 없다.
알 권리 제한 아닌 것	① 군소 언론사로 하여금 선거여론조사 실시 전에 여론조사의 주요 사항을 사전에 신고하도록 한 공직선거법 ② 지방자치단체의 장 선거에서 후보자 1인만이 등록한 경우 투표를 실시하지 않고 그 후보자를 당선인으로 결정하도록 한 공직선거법 조항 ③ 태아성별고지금지 ④ 누구든지 금융회사등에 종사하는 자에게 타인의 금융거래의 내용에 관한 정보 또는 자료를 요구하는 것을 금지하고, 이를 위반시 형사처벌하는 구 '금융실명거래 및 비밀보장에 관한 법률' 제4조 제1항(2022.2.24, 2020헌가5)

	⑤ 공판조서의 절대적 증명력을 규정한 '형사소송법' 조항
	비교》 개별 교원이 어떤 교원단체나 노동조합에 가입해 있는지에 대한 정보 공개를 제한하는 것은 알 권리 제한
국가기관의 정보공개	① 국회의 정보공개(제50조), 법원의 정보공개(제109조), 정부의 정보공개(✕) ② 의원이 아닌 자의 위원회 방청은 위원장의 허가를 받도록 한 국회법 제55조 　㉠ 국회법 제55조 제1항은 위원회의 공개원칙을 전제로 한 것이다. 　㉡ 회의의 원활한 진행을 위하여 필요한 경우 등 결국 회의의 질서유지를 위하여 필요한 경우에 한하여 방청을 불허할 수 있는 것으로 제한적으로 풀이된다. 　㉢ 국민의 기본권을 침해하는 위헌조항이라 할 수 없다. ③ 방청불허의 알 권리 침해 여부(소극) ④ 의결이 있는 경우 소위원회 회의를 비공개할 수 있도록 한 국회법 　㉠ 의사공개의 원칙 및 알 권리 역시 절대적인 것이 아니고 일반적 정보공개청구권 역시 마찬가지이다. 　㉡ 헌법 제50조 제1항 단서에서는 '출석의원 과반수의 찬성'에 의한 회의 비공개의 경우에 그 비공개 사유에 대하여는 아무런 제한을 두지 아니하여 의사의 공개 여부에 관한 국회의 재량을 인정하고 있다.

2. 공공기관의 정보공개에 관한 법률

공공기관	① 공공기관 ○ 　㉠ 정부투자기관 　㉡ 사립대학교: 공공기관의 정보공개에 관한 법률 시행령이 정보공개의무를 지는 공공기관의 하나로 사립대학교를 들고 있는 것이 모법의 위임범위를 벗어났다고 할 수 없다. 　㉢ 보조금을 받은 사회복지법인, 비영리법인 　㉣ 한국방송공사 ② 공공기관 ✕ 　㉠ 한국증권협회 　㉡ 언론사
정보의 전자적 공개	① 공공기관은 전자적 형태로 보유·관리하는 정보에 대하여 청구인이 전자적 형태로 공개하여 줄 것을 요청하는 경우에는 그 정보의 성질상 현저히 곤란한 경우를 제외하고는 청구인의 요청에 따라야 한다. ② 공공기관은 전자적 형태로 보유·관리하지 아니하는 정보에 대하여 청구인이 전자적 형태로 공개하여 줄 것을 요청한 경우에는 정상적인 업무수행에 현저한 지장을 초래하거나 그 정보의 성질이 훼손될 우려가 없으면 그 정보를 전자적 형태로 변환하여 공개할 수 있다.
정보공개원칙	① 정보공개원칙, 비공개사유는 상대적 금지 ② 정보: 문서로 한정(✕) ③ 국가안전보장과 관련된 정보: 이 법을 적용하지 아니한다. ④ 국민생활에 매우 큰 영향을 미치는 정책에 관한 정보 등은 주기적으로 공개해야 한다. ⑤ 비용, 청구인 부담 ⑥ 청구방법: 문서(○), 말(○) ⑦ 정보공개심의회: 각 공공기관 ⇔ 정보공개위원회: 행정안전부장관 소속(2023.11.16.까지) ➡ 국무총리 소속(2023.11.17.부터)

청구 거부와 불복절차	① 정보공개청구 ➡ 10일 이내 공개 여부 결정(10일 연장 가능) ➡ 20일 이내 공개 여부를 결정하지 아니한 경우 ➡ 이의신청 또는 행정심판 또는 행정소송을 제기할 수 있다. ② 공개할 정보와 비공개 정보를 분리할 수 있는 때, 분리 공개하여야 한다.
제3자의 정보공개	① 제3자의 정보를 공개 청구할 수 있고, 제3자가 반대해도 정보공개할 수 있다. ② 제3자의 정보공개: 개인정보 보호법(✗), 정보공개법(○)

3. 알 권리 침해 여부

침해인 것	① 이천군수의 토지조사부, 열람등사 신청에 대한 부작위 ② 형사확정소송기록의 열람, 등사신청 거부처분 ③ 저속한 간행물을 출판한 출판사의 등록을 취소하도록 한 법률 ④ 변호인의 수사기록 열람등사신청을 거부한 경찰서장 행위 ⑤ 변호사시험 성적을 합격자에게 공개하지 않도록 규정한 변호사시험법 　☑ 직업의 자유 제한 ✗, 개인정보자기결정권 제한 ✗, 평등권 침해 문제 ✗ ⑥ 기존 변호사시험 합격자의 경우 법개정 후 6개월 이내 성적공개를 청구하도록 한 변호사법: 알 권리 침해임. 신뢰보호 위반 아님 　☑ 2018년 시험 합격한 자부터는 1년 이내 성적공개를 청구할 수 있도록 한 변호사시험법에 대한 헌소청구는 자기관련성이 없다 하여 각하 ⑦ 정치자금의 수입·지출내역 및 첨부서류 등의 열람기간을 공고일로부터 3월간으로 제한하고 있는 법률조항 ⑧ 국회정보위원회 회의를 비공개하도록 한 국회법
침해 아닌 것	① 미결수용자가 구독하는 신문에 대한 일부 신문기사 삭제한 것 ② 불온도서의 소지·전파 등을 금지하는 군인복무규율 ③ 공시대상정보로서 교원의 교원단체 및 노동조합 가입현황(인원수)만을 규정할 뿐 개별 교원의 명단은 규정하고 있지 아니한 교육관련기관의 정보공개에 관한 특례법 시행령 ④ 금치처분을 받은 미결수용자에게 금치기간 중 신문 및 자비구매도서 열람제한 ⑤ 행정심판위원회에서 위원이 발언한 내용 기타 공개할 경우 위원회의 심리·의결의 공정성을 해할 우려가 있는 사항으로서 대통령령이 정하는 사항은 이를 공개하지 아니한다고 규정하고 있는 행정심판법 ⑥ 도서관장이 도서 대출과 열람실 이용을 승인하지 아니한 것 ⑦ 국회법 제57조 제5항 단서가 소위원회 회의를 소위원회 의결로 공개하지 아니할 수 있도록 규정한 것 ⑧ 속기록, 녹음물 또는 영상녹화물은 재판이 확정되면 폐기하도록 한 형사소송규칙 ⑨ 여론조사의 경위와 결과의 발표를 금지한 것 ⑩ 한의사 국가시험의 문제와 정답을 공개하지 아니할 수 있도록 한 것 ⑪ 피고인에 대한 재판서를 송달하지 아니한 것 ⑫ 방송토론위원회가 방송토론 참석대상자를 제한한 것 ⑬ 국회예산결산특별위원회가 시민단체의 방청을 불허한 것 ⑭ 보유하지 아니한 문서의 열람청구에 대한 불응 ⑮ 인터넷 등 전자적 방법에 의한 판결서 열람·복사의 범위를 개정법 시행 이후 확정된 사건의 판결서로 한정하고 있는 군사법원법
	⑯ 공공기관이 보유·관리하는 시험에 관한 정보로서 공개될 경우 업무의 공정한 수행이나 연구·개발에 현저한 지장을 초래한다고 인정할 만한 상당한 이유가 있는 경우에는 이를 공개하지 아니할 수 있도록 정하고 있는 공공기관의 정보공개에 관한 법률

	⑰ 불기소이유서 발급수수료
	⑱ 책자형 선거공보에 음성으로 출력되는 전자적 표시가 있는 경우에 점자형 선거공보를 생략할 수 있도록 한 공직선거법에 대해 선거권 침해 여부를 판단하는 과정에서 선거정보에 접근할 수 있는 권리인 알 권리의 침해 여부에 대한 판단이 함께 이루어지므로, 심판대상조항의 알 권리 침해 여부에 대해서는 별도로 판단하지 아니한다.
알 권리 관련 대법원 판례	① 공개청구의 대상이 되는 정보란 공공기관이 직무상 작성 또는 취득하여 현재 보유·관리하고 있는 문서에 한정되는 것이기는 하나 그 문서가 반드시 원본일 필요는 없다.
	② 공공기관이 보유·관리하고 있는 정보라는 입증책임 공개청구자
	③ 공개를 구하는 정보를 공공기관이 한때 보유·관리하였으나 보유·관리하고 있지 않다는 점에 대한 증명책임 공공기관
	④ 보유·관리하고 있지 아니한 정보에 대한 공개청구 거부의 취소를 구하는 경우 소의 이익은 없다.
	⑤ 인터넷검색이나 도서관에서의 열람 등을 통하여 쉽게 알 수 있다는 사정만으로는 소의 이익이 없다거나 비공개결정이 정당화될 수는 없다.
	⑥ 정보공개청구권은 법률상 보호되는 구체적인 권리이다.
	⑦ 공공기관이 공개청구의 대상이 된 정보를 청구인이 신청한 공개방법 이외의 방법으로 공개하기로 하는 결정을 한 경우, 정보공개방법에 관한 부분에 대하여 일부 거부처분을 한 것인지 여부(적극) 및 이에 대하여 항고소송으로 다툴 수 있는지 여부(적극)
	⑧ 정보공개 청구권자의 권리구제 가능성 등은 정보의 공개 여부 결정에 아무런 영향을 미치지 못한다.
	⑨ 비공개정보 ㉠ 국가정보원 직원의 현금급여 및 월초수당에 관한 정보 ㉡ 국가정보원의 조직·소재지 및 정원에 관한 정보 ㉢ 사법시험 제2차 채점위원별 채점 결과 ㉣ 불기소처분 기록이나 내사기록 중 피의자신문조서 등 조서에 기재된 피의자 등의 인적사항 이외의 진술내용 역시 개인의 사생활의 비밀 또는 자유를 침해할 우려가 인정되는 경우 ㉤ 치과의사시험문제
	⑩ 공개정보: 사법시험 제2차 답안지

03 언론기관의 자유

정기간행물	① 정기간행물 등록제: 합헌 ② 정기간행물 해당시설은 자기 소유이어야 한다고 해석: 위헌
미성년자를 신문발행업자 결격사유로 규정한 신문법	합헌
인터넷신문	① 인터넷신문 정의 조항은 포괄위임금지원칙에 위배되지 않는다. ② 인터넷신문 등록요건 조항은 포괄위임금지원칙과 사전허가금지원칙에 위반되지 않는다. ③ 취재 인력 3명 이상을 포함하여 취재 및 편집 인력 5명 이상을 상시적으로 고용할 것을 인터넷신문의 등록요건으로 규정한 신문 등의 진흥에 관한 법률 시행령은 인터넷신문사업자의 언론의 자유를 침해한다.

방송의 자유	① 주관적 권리이자 객관적 질서 ② 방송의 자유는 신문 등 다른 언론매체보다 규제의 필요성이 높다.
텔레비전방송수신료	텔레비전방송수신료는 대다수 국민의 재산권 보장의 측면이나 한국방송공사에게 보장된 방송자유의 측면에서 국민의 기본권 실현에 관련된 영역에 속한다.
언론기관의 특권	① 정보공개청구권(○) ② 허위보도 형사처벌 면제(✕) ③ 보도내용이 진실이고 공익을 위한 보도가 명예훼손일 경우, 형사처벌 면제(○)
취재원비닉권	법률에서 규정(✕), 학설 대립
신문기업 활동의 외적 조건을 규제하는 법률에 대한 위헌심사	① 신문법 제15조가 비록 신문기업 활동의 외적 조건을 규제하여 신문의 자유를 제한하는 효과를 가진다고 하더라도 그 위헌 여부를 심사함에 있어 신문의 내용을 직접적으로 규제하는 경우와 동일하게 취급할 수는 없다. ② 신문기업 활동의 외적 조건을 규제하는 신문법 조항에 대한 위헌심사는 신문의 내용을 규제하여 언론의 자유를 제한하는 경우에 비하여 그 기준이 완화된다.

04 반론보도, 정정보도청구권

특징	구분	Access권	알 권리
	문제발생	사인 간에 발생	사인과 국가 간에 발생
	주된 기본권 효력	대사인적 효력	대국가적 효력
	관련 법률	언론피해구제법	공공기관의 정보공개에 관한 법률
	언론보도의 피해자가 아닌 자의 시정권고 신청권을 규정하지 아니한 언론중재 및 피해구제 등에 관한 법률은 표현의 자유를 침해했다고 할 수 없다. ☑ Access권은 확립된 권리가 아니므로 표현의 자유 침해 여부 심사		
내용	① 정정보도청구권: 진실하지 아니한 보도, 고의·과실 위법성 불문 ② 반론보도청구권: 진실 여부 불문 ③ 추후보도청구권		
청구	① 누가: 사실적 주장에 피해를 받은 자 ② 청구기간: 언론보도 등이 있음을 안 날부터 3개월 이내에, 해당 언론보도 등이 있은 후 6개월 이내에 ③ 누구에게: 언론사		
불복절차	① 언론중재위 중재절차는 임의적 절차이므로 거치지 않고 소 제기할 수 있다. ② 정정보도청구권은 민사소송법의 본안소송에 따라 재판 ③ 반론보도청구권은 민사집행법상 가처분절차에 따라 재판		
사망자의 인격권 보호	보도나 방송으로 사망한 사람의 인격권이 침해된 경우 사망 후 30년이 지났을 때에는 구제절차를 수행할 수 없다.		
정기간행물등록에 관한 법률의 정정보도청구권	① 사실적 주장에 대한 반론보도(○), 평가·논평에 대한 반론보도(✕) ② 언론의 자유와 인격권 충돌: 규범조화적 해석에 따른 해결 ③ 반론보도문: 언론사 명의(✕), 피해자 명의(○) ④ 정기간행물등록에 관한 법률의 정정보도청구소송 가처분절차에 따른 재판: 합헌		

| 신문법 · 언론중재법 판례 | ① 일간신문과 뉴스통신 · 방송사업의 겸영을 금지하는 신문법이 신문사업자인 청구인들의 신문의 자유를 침해하는지 여부: ✗
② 일간신문사 지배주주의 뉴스통신사 or 다른 일간신문사 주식 · 지분의 소유 · 취득을 제한하는 신문법이 신문사업자인 청구인들의 신문의 자유를 침해하는지 여부: 한정적극
③ 일간신문의 전체 발행부수 등 신문사의 경영자료를 신고 · 공개하도록 규정한 신문법이 신문사업자인 청구인들의 신문의 자유와 평등권을 침해하는지 여부: ✗
④ 1개 일간신문사의 시장점유율 30%, 3개 일간신문사의 시장점유율 60% 이상인 자를 시장지배적 사업자로 추정하는 신문법이 신문사업자인 청구인들의 신문의 자유와 평등권을 침해하는지 여부: ○
⑤ 시장지배적 사업자를 신문발전기금의 지원대상에서 배제한 신문법이 신문사업자인 청구인들의 평등권을 침해하는지 여부: ○
⑥ 일간신문사에 고충처리인을 두고 그 활동 사항을 매년 공표하도록 규정한 법: 합헌
⑦ 정정보도청구의 요건으로 언론사의 고의 · 과실이나 위법성을 요하지 않도록 규정한 법 후문이 신문사업자인 청구인들의 언론의 자유를 침해하는지 여부: ✗
⑧ 정정보도청구의 소를 민사집행법상 가처분 절차에 의하여 재판하도록 규정한 언론중재법 본문 전단 중 '정정보도청구' 부분이 신문사업자인 청구인들의 공정한 재판을 받을 권리와 언론의 자유를 침해하는지 여부: ○

| 언론중재법, 정정보도청구소송을 가처분절차에 따라 재판 | 위헌 |
| 언론중재법, 반론보도청구소송을 가처분절차에 따라 재판 | 합헌 | |

05 검열금지원칙 및 위반 여부

검열금지원칙	① 검열금지는 예외 없는 절대금지원칙이다. ② 긴급명령, 법률로써도 절대 허용되지 않는다. ③ 언론의 자유를 제한하는 법률이 검열금지원칙에 위반되면 과잉금지원칙 위반 여부를 판단할 필요 없이 위헌이 된다. ④ 광고 사전심의에 검열금지원칙이 적용된다. ⑤ 헌법 제77조 제3항에 따라 비상계엄으로는 표현에 대한 검열 가능

검열요건	아래 검열의 모든 요소를 다 충족해야 검열에 해당한다.
	① 행정권이 검열의 주체
	  ㉠ 행정권(○), 사법권(✗)
	  ㉡ 법원의 방영금지가처분은 검열에 해당하지 않는다.
	  ㉢ 입법자가 법률로써 일반적으로 집회를 제한하는 것은 헌법상 '사전허가금지'에 해당하지 않는다.
	  ㉣ 형식은 민간단체이나 실질은 행정권 지배하에 있는 단체는 검열기관이다.
	  ㉤ 검열하는 행정기관인지 여부: 형식이 아니라 실질기준
	  ㉥ 공연윤리위원회, 한국공연예술진흥협회, 등급위원회, 한국광고자율심의기구, 의사협회, 한국의료기기산업협회는 검열기관이다.
	② 사전적 통제
	  ㉠ 검열금지는 사전적 규제만 금지한다. ➡ 사후적 규제 금지(✗)
	  ㉡ 모든 사전적 규제를 금지한다.(✗)

검열요건	ⓒ 사후의 사법적 규제는 검열이 아니다. 따라서 사법절차에 의한 영화상영금지, 명예훼손이나 저작권 침해를 이유로 한 가처분, 형벌규정으로 압수는 사후적이므로 검열이 아니다. ⓔ 납본제도는 출간 이후의 통제제도이므로 검열 ✕: 사후적이므로 검열이 아니다. ③ 표현의 내용을 심사 · 선별 　ⓐ 옥외광고물허가제: 옥외광고물설치허가제는 설치장소, 크기, 모양, 색깔 등에 대한 통제이지 광고내용통제가 아니므로 검열이 아니다. 　ⓑ TV종합유선방송설립허가제: TV방송국설립허가제는 인적 · 물적 · 기술적 요건에 대한 통제이지 방송내용통제가 아니므로 검열이 아니다. 　ⓒ 인터넷신문 5명 이상 상시 채용요건: 인적 요건이므로 허가제금지 위반이 아니다. 　ⓓ 야간옥외집회 금지: 시간상 제한이므로 허가제금지 위반이 아니다. ④ 표현의 금지와 심사절차를 관철할 수 있는 강제수단 　ⓐ 등급제: 등급제는 사전적 심사나 발표를 금지하는 것이 아니므로 검열이 아니다. 　ⓑ 등급분류보류제: 등급분류보류제는 등급이 나오기 전에 영화상영이 금지되므로 검열이다.
위반인 것	① 음반 및 비디오물에 대한 공연윤리위원회의 사전심의 ② 한국공연예술진흥협의회의 음반 · 비디오 사전심의 ③ 외국비디오물을 수입할 때 영상물등급위원회의 추천을 받도록 한 구 음반비디오물에 관한 법률 제16조 ④ 방송위원회로부터 위탁을 받은 한국광고자율심의기구로 하여금 텔레비전방송광고의 사전심의를 담당하도록 한 방송법 ⑤ 등급분류보류제 ⑥ 의사협회의 의료광고 사전심의 ⑦ 건강기능식품의 기능성 표시 · 광고의 사전심의 ➡ 상업광고에도 검열금지원칙이 적용된다. ⑧ 한국의료기기산업협회의 의료기기광고 사전심의
위반 아닌 것	① 등급제 ② 교과서 검인정제도 ③ 선거운동기간 중 실명인증을 받아야 정당 · 후보자에 대한 지지 · 반대글을 게시할 수 있도록 한 공직선거법 ④ 납본제 ⑤ 도시계획구역과 문화재 보호구역에 광고물을 설치하려는 자는 시 · 도지사의 허가를 받도록 규정한 옥외광고물 등 관리법 ⑥ 종합유선방송허가제 ⑦ 선거여론조사 실시행위 신고의무: 검열과 관련 없음
검열금지원칙 위반은 아니나 언론의 자유 침해	① 상영에 있어서 일정한 제한이 필요한 영화를 제한상영가로 분류: 명확성원칙 위반 ② 인터넷신문 등록요건 5인: 과잉금지원칙 위반

06 언론·출판의 자유 제한과 심사기준

언론·출판의 자유 규제에 대한 심사기준	이중기준, 합헌성 추정배제, 입증책임 전환, 엄격한 심사(○), 명백성 심사(×), 합리성 심사(×)
정치적 표현의 자유와 경제적 표현의 자유 규제입법에 대한 심사기준	① 경찰청장 퇴직 후 2년 내 정당가입금지: 입법자의 판단이 명백하게 잘못되었다는 소극적인 심사에 그치는 것이 아니라, 입법자로 하여금 법률이 공익의 달성이나 위험의 방지에 적합하고 최소한의 침해를 가져오는 수단이라는 것을 어느 정도 납득시킬 것을 요청한다. ② 의료인의 기능, 진료방법 광고금지: 상업광고 규제에 관한 비례의 원칙 심사에 있어서 '피해의 최소성' 원칙은 같은 목적을 달성하기 위하여 달리 덜 제약적인 수단이 없을 것인지 혹은 입법목적을 달성하기 위하여 필요한 최소한의 제한인지를 심사하기보다는 '입법목적을 달성하기 위하여 필요한 범위 내의 것인지'를 심사하는 정도로 완화되는 것이 상당하다. ③ 선거운동의 자유 제한입법의 위헌 여부에 대하여는 엄격한 심사기준이 적용되어야 한다.
표현의 내용이 아니라 표현방법에 대한 규제일 경우	① 정치적 표현의 자유의 한계: 정치적 표현의 자유의 헌법상 지위, 선거운동의 자유의 성격과 중요성에 비추어 볼 때, 정치적 표현 및 선거운동에 대하여는 '자유를 원칙으로, 금지를 예외로' 하여야 하고, '금지를 원칙으로, 허용을 예외로' 해서는 안 된다는 점은 자명하다. ② 주민소환투표청구를 위한 서명요청 활동을 소환청구인서명부를 제시하거나 구두로 주민소환투표의 취지나 이유를 설명하는 두 가지 경우로만 엄격히 제한하고 이에 위반할 경우 형사처벌하는 주민소환법: 일반적인 표현의 자유에 대한 제한에 적용되는 엄격한 의미의 과잉금지원칙 위반 여부의 심사가 아닌 실질적으로 완화된 심사를 함이 상당하다.
명백·현존 위험	① 명백: 인과관계 ② 현존: 시간적 개념 ③ 연혁: 홈즈 대법관 Schenck 사건 ④ 국제정세와 관계없이 일관되게 적용(×) ⑤ 행정부의 언론의 자유 제한 기준으로 적절(×), 사법부의 심사기준(○) ⑥ 국가위기상황에서 언론의 자유 보호기능 잘 수행(×)

07 언론의 자유 침해 여부

| 침해인 것 | ① 저속한 표현 간행물 출판사 등록취소: 명확성원칙 위반, 성인의 알 권리 침해
☑ **음란한 간행물 출판사 등록취소: 명확성원칙 위반 아님**
② 특정의료기관이나 의료인의 기능, 진료방법 등의 광고를 금지한 의료법
　ㄱ 광고: 헌법 제21조(○), 제15조(○)
　ㄴ 영화: 헌법 제21조(○), 제15조(○), 제22조(○)
③ 식품에 음주 전후, 숙취해소표시 금지한 식품의약품안정청고시
④ 공익을 해할 목적으로 전기통신설비에 의하여 공연히 허위의 통신을 한 자를 형사처벌하는 전기통신기본법
⑤ 공공의 안녕질서나 미풍양속을 해하는 통신을 금지하는 전기통신사업법 |

침해인 것	⑥ 대한민국 또는 헌법상 국가기관에 대하여 모욕, 비방, 사실 왜곡, 허위사실 유포 또는 기타 방법으로 대한민국의 안전, 이익 또는 위신을 해하거나 해할 우려가 있는 표현이나 행위에 대하여 형사처벌하도록 규정한 구 형법의 국가모독죄 （비교》 상관을 모욕한 자를 처벌하는 군형법은 표현의 자유를 침해하지 않는다. （비교》 모욕죄를 규정한 형법 제311조는 명확성원칙에 위반되지 않는다. ⑦ 인터넷게시판을 설치·운영하는 정보통신서비스 제공자에게 본인확인조치의무를 부과하여 게시판 이용자로 하여금 본인확인절차를 거쳐야만 게시판을 이용할 수 있도록 하는 본인확인제를 규정한 '정보통신망 이용촉진 및 정보보호 등에 관한 법률' ⑧ 인터넷언론사는 선거운동기간 중 당해 홈페이지 게시판 등에 정당·후보자에 대한 지지·반대 등의 정보를 게시하는 경우 실명을 확인받는 기술적 조치를 하도록 한 공직선거법 제82조 ⑨ 사용자단체와 달리 노동자단체에 한해 정치자금제공을 금지한 정치자금법 ⑩ 언론인의 선거운동을 금지하고, 이를 위반한 경우 처벌하도록 규정한 공직선거법 ⑪ 정당에 후원회 설치금지 ⑫ 인터넷언론사에 대하여 선거일 전 90일부터 선거일까지 후보자 명의의 칼럼이나 저술을 게재하는 보도를 제한하는 구 인터넷선거보도 심의기준 등에 관한 규정에서 시기제한조항(인터넷보도심의위원회 훈령) ⑬ 선거방송심의위원회의 구성과 운영에 관한 규칙에 의한 방송위원회의 경고 ⑭ 야당 소속 후보를 지지하였거나 정부에 비판적 활동을 한 문화예술인이나 단체를 정부의 문화예술 지원사업에서 배제하도록 한 일련의 지시 행위(2020.12.23, 2017헌마416) 　㉠ 엄격한 과잉금지 　㉡ 목적의 정당성을 인정할 수 없다.
침해 아닌 것	① 식품 첨가물의 표시에 있어 의약품과 혼동할 우려 표시를 금지한 식품위생법 시행규칙 ② 인터넷상의 청소년유해매체물 정보의 경우 18세 이용금지 표시 외에 추가로 '전자적 표시'를 하도록 하여 차단소프트웨어 설치시 동 정보를 볼 수 없게 한 정보통신망 이용촉진 및 정보보호 등에 관한 법률 시행령 제21조 제2항 및 '청소년유해매체물의 표시방법'에 관한 정보통신부고시 ③ 청소년을 이용한 음란한 필름, 비디오물, 게임물과 같은 청소년이용 음란물을 제작·수입·수출을 금지한 청소년의 성보호에 관한 법률 ④ 온라인서비스 제공자의 아동·청소년 이용음란물 차단 ⑤ 비방할 목적으로 정보통신망을 이용하여 공공연하게 사실을 드러내어 다른 사람의 명예를 훼손한 자를 처벌하고 있는 정보통신망 이용촉진 및 정보보호에 관한 법률 ⑥ 군형법의 명령위반죄에서 '명령복종 관계에서 명령권을 가진 사람'에 관한 부분 ⑦ 공무원에 대하여 국가 또는 지방자치단체의 정책에 대한 반대·방해 행위를 금지한 구 국가공무원 복무규정 ⑧ 교통수단을 이용한 광고는 교통수단 소유자에 관한 광고 외 광고금지 ⑨ 방송통신위원회가 일정한 요건하에 서비스제공자 등에게 해당 정보의 취급거부 등을 명하도록 한 정보통신망 이용촉진 및 정보보호 등에 관한 법률

⑩ 정보통신망을 통하여 일반에게 공개된 정보로 말미암아 사생활 침해나 명예훼손 등 타인의 권리가 침해된 경우 그 침해를 받은 자가 삭제요청을 하면 정보통신서비스 제공자는 권리의 침해 여부를 판단하기 어렵거나 이해당사자 간에 다툼이 예상되는 경우에는 30일 이내에서 해당 정보에 대한 접근을 임시적으로 차단하는 조치를 하여야 한다고 규정하고 있는 '정보통신망 이용촉진 및 정보보호 등에 관한 법률' 제44조의2 제2항

⑪ 정보통신망을 이용하여 공포심이나 불안감을 유발하는 문언을 반복적으로 상대방에게 도달하는 행위를 처벌

⑫ 특정구역 안에서 업소별로 표시할 수 있는 광고물의 총 수량을 1개로 제한한 옥외광고물 표시제한 특정구역 지정고시

⑬ 저작자 아닌 자를 저작자로 하여 실명·이명을 표시하여 저작물을 공표한 자를 처벌하는 저작권법

⑭ 금융지주회사법 제48조의3 제2항 중 금융지주회사의 임·직원이 업무상 알게 된 공개되지 아니한 정보 또는 자료를 다른 사람에게 누설하는 것을 금지하는 부분

⑮ 금치처분을 받은 미결수용자 할지라도 금치처분 기간 중 집필을 금지하면서 예외적인 경우에만 교도소장이 집필을 허가할 수 있도록 한 형의 집행 및 수용자의 처우에 관한 법률상의 규정

☑ 예외 없는 집필금지는 표현의 자유를 침해한다.

⑯ '법관이 그 품위를 손상하거나 법원의 위신을 실추시킨 경우'를 징계사유로 하는 법률규정

⑰ 정치인에게 직접 정치자금을 기부한 경우 해당 후원회가 기부받은 것으로 의제하면서도, 무상대여의 방법으로 기부한 경우는 제외하도록 한 정치자금법 제10조 제3항

⑱ 혐오적 표현 등을 통해 다른 사람의 인권을 침해하지 못하도록 한 서울시 학생인권조례안

⑲ 방송통신심의위원회의 직무의 하나로 '건전한 통신윤리의 함양을 위하여 필요한 사항으로서 대통령령이 정하는 정보의 심의 및 시정요구'를 규정하고 있는 방송통신위원회의 설치 및 운영에 관한 법률

⑳ 공공의 질서 및 선량한 풍속을 문란하게 할 염려가 있는 상표는 등록할 수 없도록 한 상표법

㉑ 학교환경위생정화구역 안의 금지행위를 규정한 구 학교보건법 중 '미풍양속을 해하는 행위 및 시설' 부분

㉒ 공무원에 대하여 직무 수행 중 정치적 주장을 표시·상징하는 복장 등 착용행위를 금지한 국가공무원 복무규정

㉓ 치료효과를 보장하는 등 소비자를 현혹할 우려가 있는 내용의 광고금지와 거짓이나 과장된 내용의 의료광고 금지 및 비의료인의 의료광고 금지

㉔ 신문의 편집인 등으로 하여금 아동보호사건에 관련된 아동학대행위자를 특정하여 파악할 수 있는 인적 사항 등을 신문 등 출판물에 싣거나 방송매체를 통하여 방송할 수 없도록 하는 '아동학대범죄의 처벌 등에 관한 특례법'

㉕ 공공기관등이 게시판을 설치·운영하려면 그 게시판 이용자의 본인 확인을 위한 방법 및 절차의 마련 등 대통령령으로 정하는 필요한 조치를 하도록 정한 '정보통신망 이용촉진 및 정보보호 등에 관한 법률'

침해 아닌 것

08 언론보도에 의하여 피해를 받은 자를 위한 구제

언론보도에 의하여 피해를 받은 자를 위한 구제	① 정정보도청구 또는 반론보도청구 ② 조정 및 중재신청 ③ 민법상의 손해배상청구 ④ 가처분신청 ⑤ 명예훼손에 대한 형사상 고소 ⑥ 사죄광고: 위헌, 허용 안 됨 ⑦ 신문보도의 명예훼손적 표현의 피해자가 공적 인물인지 아니면 사인인지, 그 표현이 공적인 관심 사안에 관한 것인지 순수한 사적인 영역에 속하는 사안인지의 여부에 따라 헌법적 심사기준에는 차이가 있어야 한다. ⑧ 형법 명예훼손죄 해석기준 　㉠ 명예훼손적 표현이 진실한 사실이라는 입증이 없어도 행위자가 진실한 것으로 오인하고 행위를 한 경우, 그 오인에 정당한 이유가 있는 때에는 명예훼손죄는 성립되지 않는 것으로 해석하여야 한다. 　㉡ 형법 제310조 소정의 '오로지 공공의 이익에 관한 때에'라는 요건은 언론의 자유를 보장한다는 관점에서 그 적용범위를 넓혀야 한다. 　㉢ 형법 제309조 소정의 '비방할 목적'은 그 폭을 좁히는 제한된 해석이 필요하다. ⑨ 허위라는 것을 알거나 진실이라고 믿을 수 있는 정당한 이유가 없는데도 진위를 알아보지 않고 게재한 허위보도에 대하여는 면책을 주장할 수 없다.

쟁점
053 집회의 자유

01 집회의 자유 보호영역

의의	① 집회 및 시위의 자유는 언론의 자유보다 국가안전보장, 질서유지, 공공복리 등 기본권 제한입법의 목적원리에 의한 제한의 필요성이 그만큼 더 요구되는 기본권이다. ② 집회의 개념적 요소 　㉠ 계속성 요건(✕), 일시적 모임(○) 　㉡ 2인 이상이 옥외에서 공동의 목적으로 모인 경우에 신고의무가 부과되는 옥외집회에 해당된다. 　㉢ 1인 릴레이 집회: 집회의 자유(✕), 언론의 자유(○) ③ 다수인이 가지는 공동의 목적은 '내적인 유대 관계'로 족하다. ④ 집회의 자유에 의하여 보호되는 것은 단지 '평화적' 또는 '비폭력적' 집회이다.
집회의 자유에서 보호 ○	① 집회를 개최하지 아니할 자유, 집회에 참가하지 아니할 자유 ② 집회의 시간, 장소, 방법과 목적을 스스로 결정할 권리 ③ 집회장소를 항의의 대상으로부터 분리시키는 것을 금지한다. ④ 옥외집회를 야간에 주최하는 것 ⑤ 집회장소로의 여행을 방해하거나, 집회장소로부터 귀가하는 것을 방해하거나, 집회참가자에 대한 검문의 방법으로 시간을 지연시킴으로써 집회장소에 접근하는 것을 방해하거나, 국가가 개인의 집회참가행위를 감시하고 그에 관한 정보를 수집함으로써 집회에 참가하고자 하는 자로 하여금 불이익을 두려워하여 미리 집회참가를 포기하도록 집회참가의사를 약화시키는 것 등 집회의 자유행사에 영향을 미치는 모든 조치를 금지한다. ⑥ 우발적 집회 또는 긴급집회: 집시법상 집회는 사전신고가 요구되므로 신고하지 않은 긴급집회가 허용되는가에 대해 의문이 제기될 수 있다. 사전신고제를 문리적으로 해석하면 긴급집회가 허용되지 않으나 사전신고제도는 집회에 의한 사회질서가 침해되는 것을 방지하기 위한 것이므로 사회질서를 침해하지 않는 우발적 집회 또는 긴급집회는 보호되어야 한다. ⑦ 시위의 자유 ⑧ 공공장소가 아닌 공중이 자유로이 통행할 수 없는 대학구내에서도 옥외집회나 시위에 해당해 집시법의 규제대상이 된다.
집회의 자유에서 보호 ✕	① 집회에서 연설·토론(判) ② 폭력적 집회(물리적 폭력) ③ 집회를 방해할 의도로 집회에 참가하는 것은 보호되지 않는다.

02 집회의 자유 제한과 그 한계

법률유보원칙	① 집회의 자유 제한은 법률에 근거해야 한다. ② 혼합살수행위와 중복집회신고 모두 반려행위는 법률유보원칙에 위반된다.
허가제 금지	① 집회에 대한 신고제 허용, 허가제는 절대금지 ② 입법자가 법률로써 일반적으로 집회를 제한하는 것은 헌법상 '사전허가금지'에 해당하지 않는다. ③ 허가제는 집회의 자유에 대한 일반적 금지가 원칙이고 예외적으로 행정권의 허가가 있을 때에만 이를 허용한다는 점에서, 집회의 자유가 원칙이고 금지가 예외인 집회에 대한 신고제와 구별된다. ④ 헌법 제21조 제2항에서 금지하고 있는 '허가'는 행정권이 주체가 되어 집회 이전에 예방적 조치로서 집회의 내용 시간 장소 등을 사전심사하여 일반적인 집회금지를 특정한 경우에 해제함으로써 집회를 할 수 있게 하는 제도, 즉 허가를 받지 아니한 집회를 금지하는 제도를 의미한다.
과잉금지원칙 준수	① 야간옥외집회와 시위 금지는 과잉금지원칙 위반 ② 국무총리 공관 100미터 이내 옥외집회 금지 / 법원, 국회의사당 100미터 이내 옥외집회 절대금지(헌법불합치)는 허가제 금지에 위반되지 않으나 과잉금지원칙 위반 ③ 직사살수행위: 과잉금지원칙 위반

03 집회 및 시위에 관한 법률(집시법)

금지되는 집회 (제5조)	① 사회적 불안을 야기할 가능성이 있는 또는 우려가 있는 집회 금지: 집회의 자유 침해 ② 헌법재판소의 결정에 의하여 해산된 정당의 목적을 달성하기 위한 집회 또는 시위와 집단적인 폭행·협박·손괴·방화 등으로 공공의 안녕질서에 직접적인 위협을 가할 것이 명백한 집회 또는 시위: 옥내집회와 옥외집회 모두 금지(합헌)
집회신고	① 대상: 옥외집회(○), 시위(○), 옥내집회(×), 학문·예술·체육·종교집회(×) ② 신고기간: 720시간~48시간 전 관할 경찰서장에게 신고(합헌) ③ 옥외집회신고서를 반려한 경찰서장의 행위: 헌소 대상(○) ④ 신고서 보완 통고: 12시간 이내에 24시간을 기한으로 보완해 줄 것을 통고 ⑤ 금지통고: 48시간 이내에 ⑥ 이의신청: 10일 이내에 바로 위의 상급 경찰관서의 장에게 이의신청 ➡ 24시간 이내에 재결, 기간 내 재결이 없으면 금지통고 소급하여 효력 상실
신고한 집회인지 여부	① 신고내용과 동일성을 유지하고 있다면 신고범위를 일탈했더라도 신고하지 아니한 옥외집회라고 할 수 없다. ② 관할 경찰관서장으로서는 단순히 신고사항에 미비점이 있었다거나 신고의 범위를 일탈하였다는 이유만으로 곧바로 당해 옥외집회 또는 시위 자체를 해산하거나 저지하여서는 아니될 것이다. ③ 옥외집회 또는 시위를 신고한 주최자가 신고한 목적·일시·장소·방법 등의 범위를 현저히 일탈하는 행위에 이르렀다고 하더라도, 이를 신고 없이 옥외집회 또는 시위를 주최한 행위로 볼 수는 없고, 처음부터 옥외집회 또는 시위가 신고된 것과 다른 주최자나 참가단체 등의 주도 아래 신고된 것과는 다른 내용으로 진행되거나 … 그 주최 행위를 신고 없이 옥외집회 또는 시위를 주최한 행위로 보아 처벌할 수 있다.

	④ 집회 또는 시위가 신고된 범위 내에서 행해졌거나 신고된 내용과 다소 다르게 행해졌어도 신고된 범위를 현저히 일탈하지 않는 경우에는, 그로 인하여 도로의 교통이 방해를 받았다고 하더라도 특별한 사정이 없는 한 형법 제185조의 일반교통방해죄가 성립하지 않는다.
중복집회신고	① 중복되는 2개 이상의 신고가 있는 경우 각 옥외집회 또는 시위가 서로 방해되지 아니하고 평화적으로 개최·진행될 수 있도록 노력하여야 한다. 관할 경찰관서장은 권유가 받아들여지지 아니하면 뒤에 접수된 옥외집회 또는 시위에 대하여 그 집회 또는 시위의 금지를 통고할 수 있다. ② 관할 경찰관서장이 단지 먼저 신고가 있었다는 이유만으로 뒤에 신고된 집회에 대하여 집회 자체를 금지하는 통고를 하여서는 아니되고, 먼저 신고된 집회가 집회를 방해하기 위한 가장집회인지 판별하여야 한다.
야간옥외 집회 및 시위 금지	① 야간집회 금지 　㉠ 5인의 위헌 의견: 야간옥외집회 금지는 헌법 제21조 제2항의 허가제 금지조항에 위반된다. 　　☑ 헌법재판소 법정의견은 아니다. 　㉡ 2인의 헌법불합치 의견(헌법재판소 의견임): 침해최소성의 원칙에 반한다고 할 것이고, 집회의 자유를 침해한다. ② 야간시위 금지 　㉠ 집회 및 시위에 관한 법률 제10조 본문 중 '시위'에 관한 부분 및 제23조 제3호 중 '제10조 본문' 가운데 '시위'에 관한 부분은 각 '해가 진 후부터 같은 날 24시까지의 시위'에 적용하는 한 헌법에 위반된다. 　㉡ 헌법 제21조 제2항의 '사전허가금지'에 위반되지 않는다고 할 것이다. 　㉢ 과잉금지원칙에 위배하여 집회의 자유를 침해한다.
집시법 100미터 이내 옥외집회금지	대통령 관저(○), 국회의장 공관(○), 대법원장 공관(○), 헌법재판소장 공관(○), 중앙선거관리위원장 공관(✕), 감사원(✕)
집시법 100미터 이내 옥외집회금지 판례	① 공통: 예외 없는 옥외집회금지는 헌법 제21조 제2항의 허가제 금지 위반은 아니나 과잉금지원칙 위반. 목적과 방법은 적정하나 최소성원칙과 법익균형성 위반 ② 외교기관 전면금지 　㉠ '외국과의 선린관계'란 법익은 외교기관 인근에서 국민의 기본권행사를 금지할 수 있는 합리적인 이유가 될 수 없는 것이다. 　㉡ 외교기관 주변 옥외집회는 외교기관의 기능보호라는 중요한 보호법익이 관련되는 고도의 법익충돌 상황을 야기할 수 있다. 　㉢ 예외 없이 금지하고 있는데, 이는 입법목적을 달성하기에 필요한 조치의 범위를 넘는 과도한 제한인 것이다. 　☑ 원칙 금지 예외 허용: 합헌 ③ 국회 100미터 전면금지 ➡ 헌법불합치 　㉠ 헌법 제21조 제2항의 허가제 금지 위반인지 여부(소극) 　㉡ 옥외집회에 의한 국회의 헌법적 기능이 침해될 가능성이 부인되거나 또는 현저히 낮은 경우에는, 예외를 인정하여 집회가 허용되어야 한다. ④ 각급 법원 100미터 전면금지 ➡ 헌법불합치 　㉠ 목적과 방법은 적정하나 최소성원칙과 법익균형성 위반 　㉡ 법원을 대상으로 한 집회라도 사법행정과 관련된 의사표시 전달을 목적으로 한 집회 등 법관의 독립이나 구체적 사건의 재판에 영향을 미칠 우려가 없는 집회도 있다.

	⑤ 국무총리 공관 100미터 예외없는 옥외집회 금지(2018.6.28, 2015헌가28) ➡ 헌법불합치 ⑥ 대통령 관저(官邸) 100미터 이내 옥외집회금지 ➡ 헌법불합치
질서유지인	집회주최자는 집회 또는 시위의 질서유지에 관하여 자신을 보좌하게 하기 위하여 18세 이상의 자를 질서유지인으로 임명할 수 있다.
경찰관 출입	경찰관은 집회 또는 시위의 주최자에게 통보하고 그 집회 또는 시위의 장소에 정복을 착용하고 출입할 수 있다. 다만, 옥내집회장소에의 출입은 직무집행에 있어서 긴급성이 있는 경우에 한한다.
집회·시위자문위원회	집회 및 시위의 자유와 공공의 안녕 질서가 조화를 이루도록 하기 위하여 각급 경찰관서에 각급 경찰관서장의 자문 등에 응하는 집회·시위자문위원회를 둘 수 있다.

04 집회의 자유 침해 여부

집회의 자유 판례	① 집회질서를 유지할 수 없는 경우 해산명령은 집회의 자유를 침해한다고 볼 수 없다. ② 선거기간 중 국민운동단체인 바르게살기운동협의회의 모임을 개최한 자를 처벌하는 공직선거법 조항이 집회의 자유를 침해하지 않는다. ③ 육로를 불통하게 한 자를 처벌하는 형법 제185조는 교통방해행위를 금지하는 집회의 자유를 직접 제한하지 않는다. ④ 경찰 시위촬영행위 　⊙ 개인정보자기결정권과 집회의 자유를 제한한다고 할 수 있다. 　ⓛ 조망촬영과 근접촬영 사이에 기본권 침해라는 결과에 있어서 차이가 있다고 보기 어렵다. 　ⓒ 옥외집회·시위에 대한 경찰의 촬영행위에 의해 취득한 자료는 '개인정보'의 보호에 관한 일반법인 '개인정보 보호법'이 적용될 수 있다. 　ⓔ 일반적 인격권, 개인정보자기결정권 및 집회의 자유를 침해한다고 볼 수 없다.

의의	① 계속성 요건(○), 항구성(×) ② 타 구성원을 알 것을 요건(×)
결사의 자유 보호 ○	① 영리적 목적을 위한 영리적 단체(약사법인) ② 상공회의소 / 축협중앙회 ③ 노동조합에 가입하지 아니할 자유, 탈퇴할 자유(소극적 단결권) ④ 농협조합장 선출 임기 · 선거시기 / 농협이사선거 후보자의 선거운동
결사의 자유 보호 ×	① 1인결사 ② 공법상의 결사나 법이 특별한 공공목적에 의하여 구성원의 자격을 정하고 있는 특수단체의 조직활동 ③ 주택조합 / 농지개량 조합 / 직장의료보험조합
결사의 자유 내용	① 소극적 결사의 자유(○) ② 대한변호사협회, 의사협회와 같은 공법상 결사: 소극적 결사(×) ③ 특별결사: 정당(제8조), 종교(제20조), 학문 · 예술(제22조), 단결권(제33조), 해당조항에서 우선 보장 ④ 허가제금지: 노동조합설립에도 헌법 제21조 제2항의 허가제금지원칙이 적용된다.
결사의 자유 침해인 것	① 동일업종의 한 지역 내 2개 이상의 축협조합설립을 금지한 축협법 ② 요건을 갖춘 사회단체의 등록신청에 대하여 설립목적이 유사한 다른 사회단체가 이미 등록되었다는 이유로 행정관청이 그 등록접수를 거부하는 것은 결사의 자유에 대한 침해이다. ③ 농협조합장 선거 　㉠ 선거를 통한 이사 선출행위는 결사 내 의사결정기관의 구성에 관한 자율적인 활동이고, 이사 선거 후보자의 선거운동은 결사의 자유의 보호범위에 포함된다. 　㉡ 누구든지 이사 선거와 관련하여 전화 · 컴퓨터통신을 이용한 지지 호소의 선거운동을 할 수 없도록 하고, 이를 위반하여 선거운동을 한 자를 처벌하도록 규정한 농업협동조합법의 규정들은 농협 이사 선거 후보자의 결사의 자유 및 표현의 자유를 침해한다.
결사의 자유 침해 아닌 것	① 새마을금고의 임원선거와 관련하여 법률에서 정하고 있는 방법 외의 방법으로 선거운동을 할 수 없도록 한 새마을금고법 ② 법정된 선거운동방법만을 허용하면서 합동연설회 또는 공개토론회의 개최나 언론기관 및 단체가 주최하는 대담 · 토론회를 허용하지 아니하는 공공단체 등 위탁선거에 관한 법률 ③ 직선제 조합장선거의 경우 선거운동기간을 후보자등록마감일의 다음 날부터 선거일 전일까지로 한정하면서 예비후보자 제도를 두지 아니한 공공단체 등 위탁선거에 관한 법률 ④ 직선제 조합장 선거의 경우 후보자가 아닌 사람의 선거운동을 전면 금지한 공공단체 등 위탁선거에 관한 법률 ⑤ 주택조합의 구성원 자격을 무주택자로 한정한 주택건설촉진법

결사의 자유 침해 아닌 것	⑥ 축협중앙회를 해산하고 농협으로 합병하는 법 부칙 　㉠ 이 사건 법률조항은 공포 후 시행 전 법률이나 헌법소원대상이 된다. 　㉡ 축협중앙회가 기본권의 주체로서 헌법소원을 청구할 수 있다. ⑦ 농지개량조합 해산 농지기반공사로 통합: 결사의 자유 제한(✕) ⑧ 광역시 내 군에 상공회의소를 설치할 수 없도록 한 것: 완화된 심사 ⑨ 변리사의 변리사협회가입을 강제한 변리사법과 안마사의 안마사협회 가입 강 　제 및 운송사업자로 구성된 협회로 하여금 연합회에 강제로 가입하게 하고 임 　의로 탈퇴할 수 없도록 하는 '화물자동차 운수사업법' ⑩ 안마사들로 하여금 의무적으로 대한안마사협회의 회원이 되어 정관을 준수하도록 　한 의료법 제61조 ⑪ 지역축산업협동조합 조합원이 조합원 자격이 없는 경우 당연히 탈퇴되고, 이사회 　가 이를 확인하여야 한다고 규정하고 있는 농업협동조합법 ⑫ 총사원 4분의 3 이상의 동의가 있으면 사단법인을 해산할 수 있도록 규정한 민법 ⑬ 노동조합을 설립할 때 행정관청에 설립신고서를 제출하게 하고 그 요건을 충족하 　지 못하는 경우 설립신고서를 반려하도록 하고 있는 '노동조합 및 노동관계조정법' 　은 결사의 자유에 대한 허가제에 해당하지 않는다. ⑭ 고엽제 전우회 회원을 월남전 참전자회의 회원이 될 수 없도록 한 것 ⑮ 이적단체에 가입한 자를 처벌하는 국가보안법 조항 ⑯ 공공단체 등 위탁선거에 관한 법률 제24조 제1항 ⑰ 2009.3.22.부터 2011.3.20.까지의 기간 동안 조합장의 임기가 개시된 경우 그 임기 　를 2015.3.20.까지 하고, 이때 임기가 만료되는 조합장선거는 2015.3.의 두 번째 　수요일에 동시 실시하도록 하는 농업협동조합법 ⑱ 공동주택의 동별 대표자의 중임을 한 번으로 제한하고 있는 구 주택법 시행령

쟁점
055 재산권

01 재산권 보호영역

1. 보호되는 것

의의	① 상대적 권리 ② 헌법 제23조: 사유재산권 + 사유재산제도(권리와 제도 동시보장) ③ 재산권 주체: 지방자치단체(×), 외국인(○), 법인(○) ④ 모든 종류의 사법상의 물권과 채권뿐 아니라 공법상 권리도 보장된다.
일반재산권	① 환매권 ② 관행어업권 ③ 주주권 ④ 유언의 자유, 생전증여에 의한 처분 ⑤ 정당한 지목으로 등록하여 해당 용도로 사용할 수 있는 권리 ⑥ 재산 그 자체 ⑦ 배상청구권 　㉠ 일본군위안부 피해자들이 일본에 대하여 가지는 배상청구권 　㉡ 우편물의 수취인이 누리는 우편물의 지연배달에 따른 손해배상청구권 　㉢ 국가에 대한 구상권 　[비교»] 부마항쟁보상법에 따라 지급되는 보상금 등의 수급권은 전통적 의미의 국가배상청 　　　　구권과는 달리 위 법률에 의하여 비로소 인정되는 권리이다. ⑧ 영업권 ⑨ 개인택시면허 ⑩ 상가임차인의 권리금 ⑪ 사업인정고시가 있은 후에 3년 이상 토지가 공익용도로 사용된 경우 토지소유자 　에게 인정되는 매수 혹은 수용청구권 　☑ '불법적인 사용의 경우에 인정되는 수용청구권'은 재산권에서 보장되지 않음
공법상 권리	① 공무원 보수청구권 　㉠ 군법무관의 보수청구권 　㉡ 공무원의 보수청구권, 그러나 법령에 의하여 구체적 내용이 형성되기 전의 권 　　리, 즉 공무원이 국가 또는 지방자치단체에 대하여 어느 수준의 보수를 청구할 　　수 있는 권리는 단순한 기대이익에 불과하여 재산권의 내용에 포함된다고 볼 　　수 없다. ② 퇴직금수급권 　㉠ 퇴역연금수급권 　㉡ 퇴직연금 수급에 대한 구체적인 기대권, 그러나 공무원으로 임용되기 전에 퇴 　　직금을 수령하리라는 기대는 재산권에서 보호되지 않는다. 　㉢ 공무원 퇴직연금의 수급요건을 재직기간 20년에서 10년으로 완화한 개정 공무원연금 　　법 제46조 제1항의 적용대상을 법 시행일 당시 재직 중인 공무원으로 한정한 공무원연 　　금법 부칙: 재산권 제한이 아니라 평등권 제한임

공법상 권리	③ 사회보장수급권 　　㉠ 보상금수급권, 그러나 법이 정한 요건을 가추면 재산에서 보호되나 법정요건을 　　　 갖추기 전에는 헌법이 보장하는 재산권이라 할 수 없다. 　　㉡ 유족의 보상금 수급권 　　㉢ 지뢰피해자법상 위로금 　　㉣ 장해보상연금청구권 　　㉤ 육아휴직 급여수급권 ④ 사회보험수급권 　　㉠ 국민건강보험수급권. 그러나 의료급여수급권은 공공부조의 일종이므로 재산권 　　　 에서 보호되지 않는다. 　　㉡ 국민연금법상의 급여를 받을 권리. 그러나 국민연금법상 사망일시금은 재산권 　　　 에서 보호되지 않는다. ⑤ 지적재산권, 특허권, 실용신안권도 재산권이다.

2. 재산권에서 보호되지 않는 것

단순한 기대이익이 재화의 획득에 관한 기회, 경제적 기회	① 교원이 계속 재직하면서 재화를 획득할 수 있는 기회 ② 치과전문의로서 재직하여 받을 수 있는 추가적 급료 ③ 허가된 업무범위가 축소된 경우 ④ 방송사업자가 협찬고지를 통해 얻을 수 있는 이익 ⑤ 한의사가 물리치료사를 고용하여 영업함으로써 얻을 수 있는 영리획득의 기회 ⑥ 약사의 의료기관 내 약국 영업권 ⑦ 약사의 한약조제권 ⑧ 잠수기어업허가를 받지 못하여 상실된 이익 ⑨ 계임결과물 ⑩ 자신의 토지를 장래에 건축이나 개발목적으로 사용할 수 있으리라는 기대 가능성 　 이나 신뢰 및 이에 따른 지가상승의 기회 ⑪ 국가의 간섭을 받지 아니하고 자유로이 기부행위를 할 수 있는 기회의 보장 ⑫ 선의취득의 인정 여부 ⑬ 이윤추구의 측면에서 자신에게 유리한 경제적·법적 상황이 지속되리라는 일반적 　 기대나 희망 ⑭ 예비군교육훈련에 참가하는 비용의 부담 ⑮ 종별로 수입금액이 일정 규모 이상인 사업자에게 성실신고확인서를 제출하도록 　 하고 있는 소득세법으로 인하여 확인대상사업자가 세무사 등으로부터 그 확인서 　 를 받기 위해 비용을 지출과 세무사가 납세자와 사이에 세무대리계약 체결을 거절 　 하여 발생한 재산상의 손해 ⑯ 음식점을 흡연 가능 시설로 운영하지 못하는 것 ⑰ 청구인이 유골 500구 이상을 안치할 수 있는 사설봉안시설을 설치·관리하려는 　 자는 민법에 따라 봉안시설의 설치·관리를 목적으로 하는 재단법인을 설립하도록 　 하는 구 '장사 등에 관한 법률'을 적용받지 아니함으로써 재단법인의 설립 없이 　 유골 수를 추가 설치·관리하여 수익을 창출하려 하였던 사정
반사적 이익	① 폐업으로 인한 재산적 손실 ② 장기미집행 도시계획시설결정의 실효제도로 얻는 이익 ③ 저작인접권이 소멸한 음원을 무상으로 사용하는 것 ④ 국가의 납입의 고지로 인하여 시효중단의 효력을 종국적으로 받지 않고 계속하여 　 소멸시효를 누릴 기대이익

	⑤ 구법상의 재생처리신고업자가 영업을 계속하기 위해서는 신법상의 허가를 받도록 한 경우 청구인들이 주장하는 영업권
사적 이용가능성이 없는 경우	① 직장의료보험조합의 적립금 ② 강제집행권 ③ 사업계획승인권 ④ 상공회의소 의결권 또는 회원권 ⑤ 이동전화번호 ⑥ 학교안전공제회가 관리·운용하는 학교안전공제 및 사고예방기금
자신 등의 투자나 노력이나 희생으로 형성된 것이 아닌 경우	① 개발이익 ② 시혜적 입법의 시혜대상이 될 경우 얻을 수 있는 재산상 이익 ③ 의료급여법상의 의료급여수급권 ④ 증여세 면제혜택에 대한 기대 ⑤ 생활보호대상자의 급부를 받을 권리 ⑥ 대한민국 헌정회 연로지원금 ⑦ 대일항쟁기 강제동원자 지원법에 규정된 위로금 ⑧ 개발행위로 용도폐지되는 공공시설을 사업주체에게 무상양도함에 따른 이익

02 재산권 제한이 아닌 것

재산권 제한이 아닌 것	① 어촌계 등에 어업면허를 하는 경우 우선순위규정의 적용대상에서 제외하도록 규정한 수산업법 ② 가축 사육시설에 대하여 적법화 이행기간의 특례를 규정하면서, '개 사육시설'을 적용대상에서 제외하고 있는 '가축분뇨의 관리 및 이용에 관한 법률' 부칙 부분 ③ 학원법에 따라 체육시설을 운영하는 자로서 어린이통학버스에 보호자를 동승하도록 강제하는 도로교통법 ④ 만성신부전증환자에 대한 외래 혈액투석 의료급여수가의 기준을 정한 정액수가조항 ⑤ 의료인의 복수의료기관 개설금지 ⑥ 업종별로 수입금액이 일정 규모 이상인 사업자에게 성실신고확인서를 제출하도록 하고 있는 소득세법 ⑦ 음식점 금연구역조항 ⑧ 지뢰피해자 및 그 유족에 대한 위로금 산정시 사망 또는 상이를 입을 당시의 월평균임금을 기준으로 하고, 그 기준으로 산정한 위로금이 2천만원에 이르지 아니할 경우 2천만원을 초과하지 아니하는 범위에서 조정·지급할 수 있도록 한 '지뢰피해자 지원에 관한 특별법' ⑨ 최저임금 고시 ⑩ 업무상 재해로 휴업하여 당해 연도에 출근의무가 없는 근로자에게도 유급휴가를 주도록 되어 있는 근로기준법 ⑪ 지급정지가 이루어진 사기이용계좌 명의인의 전자금융거래를 제한하는 구 '전기통신금융사기 피해방지 및 피해금 환급에 관한 특별법'은 재산권 제한이 아니라 일반적 행동의 자유제한이다. 비교» 전기통신금융사기의 피해자가 피해구제 신청을 하는 경우 피해자의 자금이 송금·이체된 계좌 및 해당 계좌로부터 자금의 이전에 이용된 계좌를 지급정지하는 '전기통신금융사기 피해방지 및 피해금 환급에 관한 특별법'은 재산권 제한이다. ⑫ '가구 내 고용활동'에 대해서는 근로자퇴직급여 보장법을 적용하지 않도록 규정한 근로자퇴직급여 보장법

03 재산권 보장의 내용

헌법 제23조 제1항의 법률유보	① 헌법 제23조 제1항(재산권의 내용과 한계는 법률로 정한다): 형성적 법률유보(○), 제한적 법률유보(✕) ② 입법자는 장래에 발생할 사실관계에 적용될 새로운 권리를 형성하고 그 내용을 규정할 권한뿐만 아니라, 더 나아가 과거의 법에 의하여 취득한 구체적인 법적 지위에 대하여까지도 그 내용을 새로이 형성할 수 있는 권한을 포함하고 있다. ③ 재산권의 내용을 새로이 형성하는 법률이 합헌적이기 위하여서는 장래에 적용될 법률이 헌법에 합치하여야 할 뿐만 아니라, 또한 과거의 법적 상태에 의하여 부여된 구체적 권리에 대한 침해를 정당화하는 이유가 존재하여야 하는 것이다. ④ 재산권의 내용과 한계를 정하는 법률의 경우에도 사유재산제도나 사유재산을 부인하는 것은 재산권 보장규정의 침해를 의미하고, 결코 재산권 형성적 법률유보라는 이유로 정당화될 수 없다.
재산권과 입법형성의 자유	① 재산권 행사의 대상이 되는 객체가 지닌 사회적인 연관성과 사회적 기능이 크면 클수록 입법자에 의한 광범위한 제한이 정당화된다. ② 일반적인 물건에 대한 재산권 행사에 비하여 동물에 대한 재산권 행사는 사회적 연관성과 사회적 기능이 매우 크다 할 것이므로 이를 제한하는 경우 입법재량의 범위를 폭넓게 인정함이 타당하다. 그러므로 이 사건 법률조항이 과잉금지원칙을 위반하여 재산권을 침해하는지 여부를 살펴보되 심사기준을 완화하여 적용함이 상당하다. ③ 사무장병원의 개설명의자인 의료인으로부터 그동안 지급받은 요양급여비용 및 의료급여비용을 부당이득금으로 징수하도록 한 구 국민건강보험법 조항 및 구 의료급여법 조항에 대한 위헌심사기준에 과잉금지원칙을 적용함에 있어서는 보다 완화된 심사기준이 적용된다. ④ 농지의 경우 그 사회성과 공공성은 일반적인 토지의 경우보다 더 강하다고 할 수 있으므로, 농지 재산권을 제한하는 입법에 대한 헌법심사의 강도는 다른 토지 재산권을 제한하는 입법에 대한 것보다 낮다고 봄이 상당하다. ⑤ 토지재산권은 강한 사회성, 공공성을 지니고 있어 이에 대하여는 다른 재산권에 비하여 보다 강한 제한과 의무를 부과할 수 있다. ⑥ 입법자는 광업권의 내용과 한계를 정함에 있어 공익과의 조화를 고려하여 폭넓은 입법재량을 가진다고 할 것이다.
재산권 형성입법에 대한 심사기준	① 일정한 보증금액을 초과하는 상가건물 임대차를 상가건물 임대차보호법의 적용범위에서 제외하는 조항에 관한 위헌심사기준: 입법형성권의 한계를 일탈하지 않는다면 재산권 형성적 법률규정은 헌법에 위반되지 않는다. ② 상속권 침해 여부에 대한 심사기준: 입법형성권의 한계를 일탈하였는지를 그 위헌심사기준으로 한다.
사유재산제도의 보장	① 사유재산제도의 보장 　⊙ 생산수단의 사유제도보장: 사유재산제도의 핵심은 생산수단의 사유제를 인정하는 것이다. 사유재산제도는 개인의 재산권에 대한 이용 · 수익 · 처분권을 보장하는 것이 아니라 사유재산제도 자체를 헌법적으로 보장하여 이 제도가 법률에 의해 폐지되지 않도록 하는 것이다(제도보장). 　ⓒ 상속제도의 보장: 사유재산제도가 보장되므로 상속제도를 부인하는 법률은 위헌이다. 　ⓒ 사유재산제도 제한의 한계: 국가의 생산수단의 국 · 공유화도 공공복리에 필요한 최소한에 그쳐야 한다. 따라서 전면적인 생산수단의 국 · 공유화 또는 보상 없는 국 · 공유화를 추진하는 입법조치는 위헌이다.

	② 사유재산권의 보장 　㉠ 사유재산권은 사유재산을 이용·수익·처분할 수 있는 권리이다. 　㉡ 세금징수는 사유재산권의 침해가 아니다. 　㉢ 헌법 제13조 제2항은 소급입법에 의한 재산권 박탈을 금지하고 있다. 그러나 친일재산국고귀속법은 진정소급입법에 해당하나 헌법 제13조 제2항에 반하지 않는다.

04 재산권 행사의 한계

재산권 행사의 사회적 기속성	① 사회적 기속성이란 재산권의 사회적 기속성이란 공공복리를 위하여 재산권의 주체가 무보상으로 재산권 행사를 제한받게 되는 것을 뜻한다. 다만, 재산권 제한이 비례원칙에 위반하여 가혹한 부담이 발생하는 예외적인 경우 이를 완화하거나 조정하는 등의 보상규정을 두어야 한다. ② 사회적 기속성: 법적 의무(○)
헌법 제23조 제2항의 재산권의 사회적 기속성	① 입법자는 중요한 공익상의 이유로 재산권을 제한하는 경우에도 비례의 원칙을 준수하여야 하며, 그 본질적 내용인 사적 이용권과 원칙적인 처분권을 부인하여서는 안 된다. 　㉠ 재산권에 대한 제약이 비례의 원칙에 합치하는 것이라면 그 제약은 재산권자가 수인하여야 하는 사회적 제약의 범위 내에 있는 것이고, 반대로 비례의 원칙에 위배되는 과잉제한이라면 그 제약은 재산권자가 수인하여야 하는 사회적 제약의 한계를 넘는 것이다. 　㉡ 후자의 경우 입법자는 재산권에 대한 제한의 비례성을 회복할 수 있도록 수인의 한계를 넘어 가혹한 부담이 발생하는 예외적인 경우 이를 완화하거나 조정하는 등의 보상규정을 두어야 한다. 　㉢ 헌법적으로 가혹한 부담의 조정이란 '목적'을 달성하기 위하여 이를 완화·조정할 수 있는 '방법'의 선택에 있어서는 반드시 직접적인 금전적 보상의 방법에 한정되지 아니하고, 입법자에게 광범위한 형성의 자유가 부여된다. ② 청중이나 관중으로부터 당해 공연에 대한 반대급부를 받지 아니하는 경우에는 상업용 목적으로 공표된 음반 또는 상업용 목적으로 공표된 영상저작물을 재생하여 공중에게 공연할 수 있다고 규정한 저작권법 　㉠ 심판대상조항은 입법자가 헌법 제23조 제1항, 제2항에 따라 장래에 있어서 일반·추상적인 형식으로 재산권의 내용을 형성하고 확정하는 규정이자 재산권의 사회적 제약을 구체화하는 규정으로 볼 수 있다. 　㉡ 심판대상조항이 비례의 원칙에 반하여 저작재산권자 등의 재산권을 침해한다고 볼 수 없다. ③ 습지보호지역에서의 광물의 채굴 금지로 인하여 광업권자에게 항상 사회적 제약의 한계를 넘는 과도한 부담이 부과된다고 볼 수는 없다.

05 손실보상

재산권 침해인 것	① 도시개발제한구역 　㉠ 재산권은 토지소유자가 이용가능한 모든 용도로 토지를 자유로이 최대한 사용할 권리나 가장 경제적 또는 효율적으로 사용할 수 있는 권리를 보장하는 것을 의미하지는 않는다. 　㉡ 개발제한구역지정 후 토지를 종래의 목적으로 사용할 수 있는 경우 보상할 필요는 없다. 　㉢ 구역지정 후 토지를 종래의 목적으로도 사용할 수 없거나 또는 토지를 전혀 이용할 수 있는 방법이 없는 경우(나대지의 경우) 재산권의 사회적 기속성으로도 정당화될 수 없는 가혹한 부담이 발생하였으므로 완화하는 보상규정을 두어야 한다. 　㉣ 도시계획법 제21조에 규정된 개발제한구역제도 그 자체는 원칙적으로 합헌적인 규정인데, 다만 개발제한구역의 지정으로 말미암아 일부 토지소유자에게 사회적 제약의 범위를 넘는 가혹한 부담이 발생하는 예외적인 경우에 대하여 보상규정을 두지 않은 것에 위헌성이 있는 것이므로, 입법자가 보상입법을 마련함으로써 위헌적인 상태를 제거할 때까지 위 조항을 형식적으로 존속케 하기 위하여 헌법불합치결정한다. 　㉤ 재산권의 침해와 공익 간의 비례성을 다시 회복하기 위한 방법은 헌법상 반드시 금전보상만을 해야 하는 것은 아니다. ② 도시계획시설의 결정 　㉠ 도시계획시설의 지정에도 불구하고 토지를 종래의 용도대로 계속 사용할 수 있는 경우 　㉡ 도시계획시설로 지정된 토지가 나대지인 경우 　㉢ 보상규정에 관한 입법형성권의 한계 　㉣ 토지의 사적 이용권이 배제된 상태에서 토지소유자로 하여금 10년 이상을 아무런 보상 없이 수인하도록 하는 것은 재산권보장에 위배된다. 　[비교] • 장기미집행 도시계획시설결정의 실효제도가 헌법상 재산권으로부터 당연히 도출되는 권리를 확인한 것인지 여부(소극) 　• 실효기간의 기산일을 2000.7.1.로 정한 경과규정인 도시계획법부칙이 비례원칙에 위반되는지 여부(소극)

06 헌법 제23조 제3항의 재산권 제한

재산권 공용수용의 요건	**헌법 제23조** ③ 공공필요에 의한 재산권의 수용·사용 또는 제한 및 그에 대한 보상은 법률로써 하되, 정당한 보상을 지급하여야 한다. 공용수용은 헌법 제23조 제3항에 명시되어 있는 대로 국민의 재산권을 그 의사에 반하여 강제적으로라도 취득해야 할 공익적 필요성이 있을 것, 법률에 의거할 것, 정당한 보상을 지급할 것의 요건을 모두 갖추어야 한다.
재산권 제한의 목적 = 공공필요	공공필요는 공공복리보다 좁다.

공공필요가 있는지 판단기준	① 공공성의 확보는 1차적으로 입법자가 입법을 행할 때 일반적으로 당해 사업이 수용이 가능할 만큼 공공성을 갖는가를 판단하고, 2차적으로는 사업인정권자가 개별적·구체적으로 당해 사업에 대한 사업인정을 행할 때 공공성을 판단하는 것이다. ② '공익성'의 정도를 판단함에 있어서는 공용수용을 허용하고 있는 개별법의 입법목적, 사업내용, 사업이 입법목적에 이바지 하는 정도는 물론, 특히 그 사업이 대중을 상대로 하는 영업인 경우에는 그 사업 시설에 대한 대중의 이용·접근가능성도 아울러 고려하여야 한다. ③ '필요성'이 인정되기 위해서는 공용수용을 통하여 달성하려는 공익이 사인의 재산권침해를 정당화할 정도의 공익의 우월성이 인정되어야 한다. ④ 민간개발자가 수용권을 갖는다 하여 그 사업의 공공필요에 대한 판단이 본질적으로 달라진다고 할 수 없다. ⑤ 고급골프장 사업과 같이 공익성이 낮은 사업에 대해서까지도 시행자인 민간개발자에게 수용권한을 부여하는 구 지역균형개발 및 지방중소기업 육성에 관한 법률은 헌법 제23조 제3항의 공공필요에 위배된다. ⑥ 주택재개발사업을 시행하는 경우에 사업시행자에게 수용권을 부여하는 구 도시 및 주거환경정비법 　㉠ 헌법 제23조 제3항에 위배되어 재산권을 침해하는지 여부(소극) 　㉡ 주택재개발사업을 위한 토지 수용이 과잉금지원칙에 위배되어 재산권을 침해하는지 여부(소극) ⑦ 송전선로로 사용되는 구분지상권의 존속기간 　㉠ 기존에 설치된 전원설비의 토지 사용권원을 확보하는 사업에 관하여 전원개발사업자가 해당 토지를 공용사용 할 수 있도록 정한 전원개발촉진법이 헌법 제23조 제3항의 공공필요성을 충족하는지 여부(적극) 　㉡ 전원설비를 위한 토지에 대한 구분지상권을 설정·등기하면 그 구분지상권의 존속기간을 '송전선로가 존속하는 때까지'로 정한 전기사업법이 과잉금지원칙에 반하는지 여부(소극) ⑧ 재산권 제한입법은 헌법 제37조 제2항의 과잉금지원칙 준수 등 한계를 준수해야 한다.
재산권 제한의 형식은 법률의 형식	① 형식적 법률: 재산권을 제한하는 법률에는 재산권 제한의 요건과 절차에 관한 사항만이 아니라 제한에 따르는 보상기준과 방법이 함께 규정되어야 한다. ② 긴급명령, 긴급재정·경제명령: 긴급재정경제명령은 법률의 효력을 가지므로 재산권을 제한할 수 있다. ③ 명령: 명령은 법률의 위임이 없는 한 재산권을 제한할 수 없다(위임은 구체적으로 범위를 정하여야 한다: 포괄적 위임입법금지). ④ 조례: 법률이 아닌 조례에 의한 재산권의 제한은 허용되지 않는다. 다만, 법률의 위임이 있으면 조례로 제한할 수 있다.
재산권 제한의 유형	① 재산권 수용 주체: 국가 + 민간기업, 사인(○) ② 관광단지 조성사업에 있어 민간개발자를 토지 수용의 주체로 규정한 것은 헌법 제23조 제3항에 위반되지 않는다. ③ 공용침해 유형 　㉠ 공용수용: 법률에 근거하여 재산권을 강제적으로 취득하는 것을 뜻한다. 　㉡ 공용사용: 국가·지방자치단체 등 사업주체가 공익적 목적을 위하여 법률에 근거하여 재산권에 대해 일시적·강제적으로 사용하는 것이다. 　㉢ 공용제한: 공익적 목적을 위하여 특정한 재산권에 대하여 공법상의 제한을 두는 것이다.

헌법 제23조 제3항의 재산권 제한에 해당하지 않는 것	① 면허 없이 공유수면 매립한 토지를 국유화하는 것 ② 학교위생정화구역 내 여관시설금지로 여관용도로 건물을 사용할 수 없다. ③ 문화재 은닉금지 ④ 가축전염예방법에 따른 살처분 ⑤ 도축장 사용정지·제한명령 ⑥ 개발제한구역 지정에 따른 나대지 소유자의 재산권 제한 ⑦ 행정청이 아닌 시행자가 도시계획사업을 시행하여 새로이 설치한 공공시설은 그 시설을 관리할 국가 또는 지방자치단체에 무상으로 귀속되도록 하는 것 ⑧ 도시정비법 제65조 제2항이 규정하고 있는 정비기반시설의 국가나 지방자치단체에 소유권 귀속 ⑨ 개성공단 전면중단 조치 ⑩ 통일부장관이 2010.5.24. 발표한 북한에 대한 신규투자 불허 및 진행 중인 사업의 투자확대 금지 등을 내용으로 하는 대북조치
정당한 보상	① 완전보상: 시가에 의한 보상(多, 判) ② 공시지가에 따른 보상도 정당보상에 해당한다. ③ 개발이익은 정당보상범위에 포함되지 않는다. ④ 생활대책과 이주대책은 헌법 제23조 제3항의 정당한 보상에 포함되지 않는다. ⑤ 객관적 가치증가에 기여하지 못한 투자비용은 완전보상범위에 포함되지 않는다. ⑥ 농민 등에 대한 생활대책 수립의무를 규정하지 아니한 것은 청구인의 재산권을 침해하는 것이 아니다. ⑦ 공익사업을 위한 토지 등의 취득 및 보상에 관한 법률 시행령이 이주대책의 대상자에서 세입자를 제외하고 있는 것이 세입자의 재산권을 침해한다고 할 수 없다. ⑧ 헌법 제23조 제3항은 결부조항(불가분조항)이다. ⑨ 대법원 판례: 수용유사침해이론(✕), 유추적용설(○)

07 조세·과징금

재산권 침해인 것	① 토초세의 여러 과세기간에 걸쳐 토지를 보유하는 경우 특정 과세기간 동안에는 토지초과이득이 발생하였으나, 토지취득 당시와 비교하여서는 오히려 지가가 하락한 때에 대비한 보충규정을 두지 않고 있는 토초세법 ㄱ 헌법불합치결정 ㄴ 미실현 이득에 대한 과세인 토초세제도는 과세개념에 저촉되지 않는다. ② 국세를 전세권, 질권 or 저당권에 의하여 담보된 채권보다 1년 우선시키는 법 / 상호신용금고의 예금채권자에게 예탁금의 한도 안에서 상호신용금고의 총재산에 대하여 다른 채권자에 우선하여 변제받을 권리를 부여하고 있는 구 상호신용금고법 ⒝⒤⒞⒪》 신고일 기준으로, 납세의무성립일 기준으로, 납세고지서의 발송일 기준으로 조세채권을 담보물권보다 우선하는 것 / 개발부담금을 개발부담금 납부 고지일 후에 저당권 등으로 담보된 채권에 우선하여 징수: 합헌 ③ 신고를 하지 않은 상속·증여에 대해 재산의 가액을 상속 당시 또는 증여 당시가 아닌 조세 부과 당시를 기준으로 하여 과세를 한 구 상속세법 제9조 ④ 배우자·직계존비속 간의 부담부증여에서 채무액을 공제하지 아니하고 증여액 전액에 대해 증여세를 부과하는 법 ⑤ 고급오락장으로 사용할 목적이 없는 부동산 취득의 경우에도 중과세를 하는 지방세법

⑥ 기간의 제한 없이, 매년 택지가격의 4% 내지 11%에 해당하는 택지초과부담금을 계속적으로 부과할 수 있도록 하는 것

⑦ 명의신탁을 이용하여 탈세투기를 하였는지 여부 등을 고려하지 않고 일괄적으로 부동산실명법 위반자에 대해 부동산 가액의 100분의 30을 과징금으로 부과하는 부동산실명법

> 비교》 기존 명의신탁자가 유예기간 내에 실명등기를 하지 아니한 경우 부동산 가액 100분의 30 범위 내의 과징금을 부과하도록 한 구 부동산 실권리자명의 등기에 관한 법률

⑧ 취득세 납세의무자가 신고납부를 하지 아니한 경우 세액의 100분의 20을 가산

> 비교》 종합소득세의 납부의무 위반에 대하여 미납기간을 고려하지 않고 일률적으로 미납세액의 100분의 10에 해당하는 가산세를 부과하도록 한 구 소득세법

> 비교》 과세표준확정 신고를 하지 아니하거나 신고해야 할 소득금액에 미달하게 신고한 때에는 100분의 20에 상당하는 금액 가산

> 비교》 신고하지 아니한 소득금액이 50억원을 초과하는 경우에는 그 산출세액의 100분의 30에 상당하는 금액 가산

⑨ 이혼에 따른 재산분할시 배우자의 인적공제를 초과한 재산분할 부분을 증여로 보아 증여세를 부과하는 상속세법 제29조의2

재산권 침해 아닌 것	① 건축법 위반자에 대하여 반복적으로 이행강제금을 부과할 수 있도록 규정한 건축법
	② 1세대 3주택 이상에 해당하는 주택에 대하여 양도소득세 중과세를 규정하고 있는 구 소득세법
	  ☑ 유예기간을 두지 않아 헌법 제36조 위반
	③ 잡종재산을 무단점유한 자에게 통상의 대부료의 120%에 상당하는 변상금
	④ 권리의 이전이나 그 행사에 등기 등을 요하는 재산(토지와 건물을 제외)을 취득한 후 명의개서를 해태한 경우 그 재산의 가액을 명의자가 실제소유자로부터 증여받은 것으로 간주하는 구 상속세 및 증여세법
	⑤ 주택재건축사업에서 발생되는 재건축초과이익에 대하여 재건축부담금을 징수하도록 규정한 구 재건축초과이익 환수에 관한 법률
	  ㉠ 재건축부담금의 법적 성격 ➡ 정책실현목적의 유도적·조정적 부담금
	  ㉡ 개발이익환수에 관한 법률의 개발부담금
	⑥ 독점규제 및 공정거래에 관한 법률 위반행위에 대한 시정조치 및 과징금 부과처분의 시한을 공정거래위원회가 조사를 개시한 때는 조사개시일부터 5년, 조사를 개시하지 않은 때에는 법 위반행위 종료일부터 7년으로 정한 공정거래법
	⑦ 세금계산서를 발급받지 않은 경우 부가가치세 산정에 있어 매입세액을 공제하지 않도록 한 구 부가가치세법
	⑧ 회원제 골프장용 부동산의 재산세에 대하여 1천분의 40의 중과세율을 규정한 구 지방세법
	⑨ 소방시설로 인하여 이익을 받는 자의 건축물을 과세대상으로 소방지역자원시설세를 부과하면서, 대형 화재위험 건축물에 대하여는 일반세액의 3배를 중과세하는 지방세법
	⑩ 사업인정고시가 있은 후에 3년 이상 토지가 공익용도로 사용된 경우 토지소유자에게 매수 혹은 수용청구권을 인정한 공익사업을 위한 토지 등의 취득 및 보상에 관한 법률 제72조 제1호가 불법적인 토지사용의 경우를 배제한 것
	⑪ 취득자가 신고한 취득 가액이 시가표준액보다 적은 때에는 그 시가표준액을 취득세 과세표준으로 하는 지방세법

	⑫ 물이용부담금
	㉠ 물이용부담금은 재정조달목적 부담금
	㉡ 물이용부담금은 수익자 부담금
	⑬ 발급시기에 전자세금계산서 외의 세금계산서를 발급한 경우에는 그 공급가액의 1%를 곱한 금액을 납부세액에 더하거나 환급세액에서 빼도록 한 구 부가가치세법 제60조
재산권 수용, 재산권 침해 아닌 것	① 면허 없이 행한 공유수면매립토지에 대한 국유화
	② 행정청이 아닌 사업주체가 새로이 설치한 공공시설이 그 시설을 관리할 관리청에 무상으로 귀속되도록 한 주택건설촉진법
	③ 수용 개시일까지 토지 등의 인도의무를 정하는 공익사업을 위한 토지 등의 취득 및 보상에 관한 법률
	④ 주택재개발사업의 사업시행자가 토지등소유자로부터 재결신청 청구를 받은 날부터 60일 이내에 재결을 신청할 의무를 지연한 경우에는 지연가산금을 지급하도록 규정한 구 도시 및 주거환경정비법

08 퇴직금·보험금

	① 퇴직 후의 사유로 금고 이상의 형의 선고를 받은 경우 공무원연금 급여정지를 규정한 공무원연금법
	② 재직 중의 사유로 퇴직급여 제한하는 공무원연금법은 수단의 적합성이 인정되지 않는다. ➡ 헌법불합치
	유사 재직 중 사유로 금고 이상의 형이 선고된 경우 퇴직급여제한 규정한 사립학교법
	③ 퇴역연금을 받는 자가 국가·지자체가 자본금 2분의 1 이상을 출자한 기관 등에 취업한 경우 퇴역연금의 전부 또는 일부의 지급을 정지할 수 있도록 한 법
	㉠ 임금후불, 퇴직자의 자기기여금, 퇴직급여지급정지: 위헌
	㉡ 국가부담 부분의 퇴직급여지급정지: 합헌
	비교》 퇴직연금 수급자가 일정한 근로소득이나 사업소득이 있는 경우 소득 정도에 따라 퇴직연금 중 일부를 지급 정지하도록 규정한 공무원연금법은 재산권을 침해한다고 볼 수 없다.
재산권 침해인 것	④ 근로자 퇴직금채권 전액을 저당권에 의하여 담보된 채권 등보다 우선 변제하도록 한 법 ➡ 헌법불합치
	☑ 3년 우선: 재산권 침해(✕)
	⑤ 범죄행위로 인한 사고시 보험급여를 지급하지 아니하도록 한 법
	㉠ 고의·중과실 범죄 보험급여지급정지: 합헌
	㉡ 경과실 범죄 보험급여지급정지: 위헌
	⑥ 별거나 가출 등으로 실질적인 혼인관계가 존재하지 아니하여 연금 형성에 기여가 없는 이혼배우자에 대해서까지 법률혼 기간을 기준으로 분할연금 수급권을 인정하는 국민연금법
	⑦ 지방의회의원 임기 중 공무원퇴직연금 전액 지급정지

① 직무와 관련이 없는 과실로 인한 경우 및 소속 상관의 정당한 직무상 명령에 따르다가 과실로 인한 경우를 제외하고 재직 중의 사유로 금고 이상의 형을 선고받은 경우 퇴직급여 일부를 감액하는 공무원연금법
  ㉠ 2009.12.31. 개정된 이 사건 감액조항을 2009.1.1.까지 소급하여 적용하도록 규정한 공무원연금법 부칙 제1조 단서는 소급입법금지원칙에 위배된다.
  ㉡ 2010.1.1.부터 적용하도록 한 공무원연금법은 진정소급입법에 해당하지 않고 신뢰보호위반도 아니다.
② 군인이 '직무와 관련 없는 과실로 인한 경우' 및 '소속상관의 정당한 직무상의 명령에 따르다가 과실로 인한 경우'를 제외하고 복무 중의 사유로 금고 이상의 형을 받은 경우, 퇴직급여 등을 감액하도록 규정한 군인연금법
③ 공무원이거나 공무원이었던 사람이 재직 중의 사유로 금고 이상의 형을 받거나 형이 확정된 경우 퇴직급여 및 퇴직수당의 일부를 감액하여 지급함에 있어 그 이후 형의 선고의 효력을 상실하게 하는 특별사면 및 복권을 받은 경우를 달리 취급하는 규정을 두지 아니한 구 공무원연금법
④ 공무원 퇴직급여 제한
  ㉠ 직무와 관련이 없는 과실로 인한 경우 및 소속상관의 정당한 직무상의 명령에 따르다가 과실로 인한 경우는 제외하고는 직무와 관련성 유무와 상관없이 범죄의 종류와 그 형의 경중을 가리지 않고 일률적으로 재직 중의 사유로 금고 이상의 형이 있으면 퇴직급여 및 퇴직수당의 일부를 감액하도록 규정하고 있는 공무원연금법
  ㉡ 범죄의 종류와 그 형의 경중을 가리지 않고 재직기간 5년 이상인 공무원에게 금고 이상의 형이 있으면 무조건 퇴직급여의 2분의 1을 감액하도록 규정하고 있는 구 공무원연금법 시행령
⑤ 군인연금법상 퇴역연금 수급권자가 군인연금법·공무원연금법 및 사립학교교직원연금법의 적용을 받는 군인·공무원 또는 사립학교교직원으로 임용된 경우 그 재직기간 중 해당 연금 전부의 지급을 정지하도록 하고 있는 군인연금법
⑥ 퇴직연금 수급자가 일정한 근로소득이나 사업소득이 있는 경우 소득 정도에 따라 퇴직연금 중 일부를 지급정지하도록 규정한 공무원연금법
⑦ 명예퇴직 공무원이 재직 중의 사유로 금고 이상의 형을 받은 때 명예퇴직수당을 필요적으로 환수하는 것
⑧ 다른 법령에 의하여 같은 종류의 급여를 받는 경우 공무원연금법상 급여에서 그 상당 금액을 공제하여 지급하도록 규정한 구 공무원연금법
⑨ 재직 중인 공무원만이 재직기간 합산 신청을 할 수 있도록 한 공무원연금법
⑩ '국가공무원법 제33조 소정의 임용결격사유가 존재함에도 불구하고 공무원으로 임용되어 근무하거나 하였던 자'를 공무원 퇴직연금수급권자에 포함시키지 않는 공무원연금법
⑪ 19세 이상인 자녀들을 공무원연금법상 유족에서 제외하는 공무원연금법
⑫ 공무원 연금재정고갈을 방지하기 위하여 종래 보수연동제에 의하여 연금액의 조정을 받아오던 기존의 연금수급자에게 법률개정을 통해 물가연동제에 의한 연금액조정방식을 적용하도록 하는 것
  유사 공무원연금 수급권자를 유족, 직계비속으로 한정한 법
⑬ 국가의 부담으로 시설보호를 받음으로써 거주비, 식비, 피복비의 대부분을 스스로 부담하지 않는 점 등을 고려하면, 국가양로시설에 입소한 국가유공자에 대한 부가연금을 지급정지하도록 한 예우법 제20조

재산권 침해 아닌 것

재산권 침해 아닌 것	⑭ 국민연금의 공공자금관리기금에 강제편입 **유사** 국민연금재원확보를 위하여 국민연금 강제징수 **유사** 국민연금재원확보를 위하여 가입기간이 10년 미만이거나, 사망, 국적 상실, 국외이주의 경우를 제외하고는 반환일시금을 지급할 수 없도록 하고 있는 국민연금법 **유사** 노령연금 수급개시연령 60세 ⑮ 수용되어 있는 동안 보험료를 납부하지 않는바, 교도소수용자 건강보험 지급정지를 규정한 국민건강보험 ⑯ 사무장병원의 개설명의자인 의료인으로부터 그동안 지급받은 요양급여비용 및 의료급여비용을 부당이득금으로 징수하도록 한 구 국민건강보험법 ⑰ 공무원 연금법상 급여에 대한 양도·압류를 금지한 법 ⑱ 연금인 급여를 전국소비자물가변동률에 따라 매년 증액 또는 감액하도록 하는 공무원연금법 제43조의2를 2016.1.1.부터 2020.12.31.까지 적용하지 않도록 한 공무원연금법 부칙 ⑲ 재혼을 유족연금수급권 상실사유로 규정한 구 공무원연금법 제59조 제1항

09 시효

위헌인 것	① 소멸시효는 권리를 행사할 수 있는 때로부터 진행하고 불법행위를 한 날로부터 10년을 경과한 때 손해배상청구권의 소멸하도록 한 민법 　㉠ 진실·화해를 위한 과거사정리 기본법에 규정한 민간인집단희생사건, 중대한 인권침해사건과 조작의혹사건에 민법 제766조 제2항의 '객관적 기산점'이 적용되도록 하는 것은 평등원칙 위반 　㉡ 그러나 주관적 기산점인 불법행위를 안 날로부터 3년은 위헌이 아님 　☑ 이 판례 제외하고 소멸시효 모두 합헌 ② 행정재산 시효취득 금지는 합헌이나 일반재산(잡종재산) 시효취득 금지는 위헌
합헌인 것	① 국민건강보험법상 과오납 보험료 환급청구권의 소멸시효제도와 입법형성권 ② 국가배상청구권 소멸시효를 3년으로 하는 것 ③ 지방자치단체에 대한 채권의 소멸시효를 민법이 정한 기간보다 단축하여 5년으로 한 것 ④ 국가에 대한 채권의 소멸시효를 민법이 정한 기간보다 단축하여 5년으로 한 것 ⑤ 사립학교법인의 재정안정화를 위하여 장기급여에 대한 권리를 5년간 행사하지 아니하면 시효로 소멸한다고 규정한 사립학교교직원 연금법 ⑥ 유류분 반환청구권의 소멸시효기간을 '반환하여야 할 증여를 한 사실을 안 때로부터 1년'으로 정한 민법 제1117조 ⑦ 20년이 지나 과거에 소멸한 저작인접권을 발생한 날로부터 50년간 존속하도록 한 저작권법 ⑧ 유족연금수급권은 그 급여의 사유가 발생한 날로부터 5년간 이를 행사하지 아니하면 시효로 인하여 소멸하도록 규정한 구 군인연금법 ⑨ 보험금청구권에 대하여 2년의 단기소멸시효를 규정하고, 그 기산점은 별도로 정하지 않은 구 상법 제662조 ⑩ 20년간 소유의 의사로 평온, 공연하게 부동산을 점유하는 자는 등기함으로써 그 소유권을 취득하는 내용의 민법 ⑪ 국가를 부동산 점유취득시효의 주체에서 제외하지 않은 민법 ⑫ 점유자는 소유의 의사로 점유한 것으로 추정하는 민법

10 일반 재산권 제한

재산권 침해인 것	① 상호신용금고의 예금채권자에게 예탁금의 한도 안에서 상호신용금고의 총재산에 대하여 다른 채권자에 우선하여 변제받을 권리를 부여하고 있는 구 상호신용금고법 ② 상속인이 상속개시 있음을 안 날로부터 3월 내 한정승인이나 상속 포기를 하지 아니한 경우 단순 승인을 한 것으로 본다고 규정한 법 ③ 경과실 실화자, 손해배상책임면제 ④ 타소장치허가를 받은 자라도 신고를 하지 아니하고 물품을 수입할 경우 그 물품의 필요적 몰수·추징을 규정한 법 　[비교》] 수입신고하지 아니한 물품 필요적 몰수 관세법: 필요적 몰수·추징만 규정한다고 하여 과도한 제한이라고 할 수 없음 ⑤ 환매권의 발생기간을 제한한 공익사업을 위한 토지 등의 취득 및 보상에 관한 법률 제91조 제1항 중 '토지의 협의취득일 또는 수용의 개시일부터 10년 이내에' 부분
재산권 침해 아닌 것	① 협의취득 내지 수용 후 당해사업의 폐지나 변경이 있은 경우 환매권을 인정하는 대상으로 토지만을 규정하고 있는 토지 등의 취득 및 보상법 ② 사회복지법인의 기본재산 처분시 보건복지부장관의 허가 　[유사] 학교법인이 기본재산을 매도하고자 할 때 관할청의 허가를 받도록 하는 사립학교법 ③ 성매매에 건물을 제공하는 행위금지 ④ 유언자의 사후 본인의 진의를 객관적으로 확인하기 위하여 자필증서에 의한 유언의 방식으로 전문(全文)과 성명의 자서(自書)에 더하여 '날인'을 요구하고 있는 민법 ⑤ 사실혼 배우자에게 상속권을 인정하지 않는 민법 ⑥ 특별수익자가 배우자인 경우 특별수익 산정에 관한 예외를 두지 아니한 민법 ⑦ 피상속인에 대한 부양의무를 이행하지 않은 직계존속의 경우를 상속결격사유로 규정하지 않은 민법 ⑧ 공무원과 이혼한 배우자에 대한 분할연금액은 공무원의 퇴직연금액 또는 조기퇴직연금액 중 혼인기간에 해당하는 연금액을 균등하게 나눈 금액으로 한다는 공무원연금법 제46조의3 제2항에도 불구하고, 민법상 재산분할청구에 따라 연금분할이 별도로 결정된 경우에는 그에 따르도록 한 공무원연금법 ⑨ 피상속인의 4촌 이내의 방계혈족을 4순위 법정상속인으로 규정하고 있는 민법 ⑩ 전기간선시설 설치비용을 설치 의무자인 한국전력에 부과하는 택지개발촉진법 ⑪ 사업시행자로 하여금 문화재 발굴비용 전부 부담 ⑫ 국회의원이 보유한 직무관련성 있는 주식의 매각 또는 백지신탁을 명하고 있는 공직자윤리법 ⑬ PC방 금연구역 ⑭ 권리남용금지를 규정한 민법 제2조 ⑮ 도로부지 소유자의 토지인도 청구 등 사권의 행사를 제한한 도로법 ⑯ 철도·궤도·도로·수도·운하·항만·하천·호·소지·관개시설·배수시설·묘우·교회·사찰의 경내지·고적지, 그 밖의 영조물의 지표 지하 50미터 이내의 장소에서 광물 채굴 금지 ⑰ 임대인이 갱신거절권을 행사할 수 있는 사유를 재건축에 정당한 사유가 있는 경우로 한정하지 아니한 상가건물 임대차보호법 ⑱ 우편법상의 손해배상을 청구할 수 있는 자를 발송인의 승인을 받은 수취인으로 규정한 우편법 ⑲ 법무법인 구성원변호사의 채무연대책임을 인정하고 있는 변호사법 ⑳ 성과상여금을 재분배하는 행위를 금지한 지방공무원 수당 등에 관한 규정

㉑ 제대혈의 매매행위를 금지

㉒ LPG를 연료로 사용할 수 있는 자동차 또는 그 사용자의 범위를 국가유공자 등이나 장애인 등으로 제한

㉓ 주택임대차보호법 제8조 및 같은 법 시행령의 규정에 따라 우선변제를 받을 수 있는 금액의 반환채권에 대한 압류를 금지

㉔ 게임물을 이용하여 도박 그 밖의 사행행위를 하게 하거나 이를 하도록 방치한 게임물 관련사업자가 소유 또는 점유하는 게임물을 필요적으로 몰수하도록 정하고 있는 '게임산업진흥에 관한 법률'

㉕ 관리처분계획의 인가고시가 있으면 정비구역 내 소유자 등 권리자의 사용 · 수익을 정지

㉖ 총포의 소지허가를 받은 자는 총포와 그 실탄 또는 공포탄을 허가관청이 지정하는 곳에 보관하도록 한 총포 · 도검 · 화약류 등의 안전관리에 관한 법률: 인간다운 생활을 할 권리 제한이 아니라 재산권 제한임

㉗ 관재담당공무원으로 하여금 국유재산을 취득할 수 없도록 한 구 국유재산법 제7조

㉘ 임대차 목적물인 상가건물이 유통산업발전법 제2조에 따른 대규모점포의 일부인 경우 임차인의 권리금 회수기회 보호 등에 관한 상가건물 임대차보호법

㉙ 소액임차인이 보증금 중 일부를 우선하여 변제받으려면 주택에 대한 경매신청의 등기 전에 대항력을 갖추어야 한다고 규정한 주택임대차보호법

㉚ 분묘기지권에 관한 관습법 중 "타인 소유의 토지에 소유자의 승낙 없이 분묘를 설치한 경우에는 20년간 평온 · 공연하게 그 분묘의 기지를 점유하면 지상권과 유사한 관습상의 물권인 분묘기지권을 시효로 취득하고, 이를 등기 없이 제3자에게 대항할 수 있다."는 부분 및 "분묘기지권의 존속기간에 관하여 당사자 사이에 약정이 있는 등 특별한 사정이 없는 경우에는 권리자가 분묘의 수호와 봉사를 계속하는 한 그 분묘가 존속하고 있는 동안은 분묘기지권은 존속한다."는 부분

㉛ 부동산을 사실상 양수한 사람 또는 그 대리인이 등기원인을 증명하는 서면 없이 보증서를 바탕으로 발급받은 확인서로써 단독으로 소유권이전등기를 신청할 수 있도록 한 부동산소유권 이전등기 등에 관한 특별조치법

㉜ 부당이득반환청구권 등 채권은 이를 행사할 수 있는 때로부터 10년간 행사하지 않으면 소멸시효가 완성된다고 규정한 민법

㉝ 주택재개발사업의 사업시행자가 토지등소유자로부터 재결신청 청구를 받은 날부터 60일 이내에 재결을 신청할 의무를 지연한 경우에는 지연가산금을 지급하도록 규정한 구 도시 및 주거환경정비법

㉞ 전기통신금융사기의 피해자가 피해구제 신청을 하는 경우 피해자의 자금이 송금 · 이체된 계좌 및 해당 계좌로부터 자금의 이전에 이용된 계좌를 지급정지하는 '전기통신금융사기 피해방지 및 피해금 환급에 관한 특별법'

㉟ 대통령의 개성공단 전면중단 조치

㊱ 이용자의 개인정보를 유출한 경우로서 정보통신서비스 제공자가 법률상 요구되는 기술적 · 관리적 보호조치를 하지 아니한 경우 위반행위와 관련한 매출액의 100분의 3 이하에 해당하는 금액을 과징금으로 부과할 수 있도록 한 구 '정보통신망 이용촉진 및 정보보호 등에 관한 법률'

㊲ 경유를 연료로 사용하는 자동차의 소유자로부터 환경개선부담금을 부과 · 징수하도록 정한 환경개선비용부담법 제9조

㊳ 조정중재원이 손해배상금을 대불한 경우 지체 없이 해당 보건의료기관개설자 또는 보건의료인에게 일정한 기간 내에 그 대불금 전액을 조정중재원에 납부할 것을 청구하도록 한 의료사고 피해구제 및 의료분쟁 조정 등에 관한 법률

| 재산권 침해 아닌 것 | �39 댐사용권의 취소·변경 처분을 할 경우 국가는 댐사용권자가 납부한 부담금이나 납부금의 일부를 반환하도록 하고, 반환할 금액은 대통령령에서 정하는 상각액을 뺀 금액을 초과하지 못하도록 규정한 댐건설관리법 |
| | �40 집합건물의 구분소유자가 분양자 등에 대하여 가지는 공용부분 일부 하자에 관한 하자담보청구권의 제척기간을 사용검사일 등부터 5년 이하로 규정한 '집합건물의 소유 및 관리에 관한 법률' |

056 직업선택의 자유

01 보호영역

직업선택의 자유의 이중성	직업의 선택 혹은 수행의 자유는 주관적 공권의 성격이 두드러진 것이기는 하나, 다른 한편으로는 사회적 시장경제질서라고 하는 객관적 법질서의 구성요소이기도 하다.
연혁	1962년 개정헌법(제5차 개정헌법)에서 최초로 규정되었다.
직업의 개념적 요소	① 공공유익성 요건(✕), 법적으로 허용된 것에 한해 직업에서 보호(✕) ② '생활의 기본적 수요를 충족시키기 위한 계속적 소득활동'을 의미하며 그러한 내용의 활동인 한 그 종류나 성질을 묻지 아니한다. ③ 휴가기간 중에 하는 일, 수습직으로서의 활동도 포함 ④ 여가활동이나 취미활동은 직업의 개념에 포함되지 않는다. ⑤ 겸업이나 부업은 직업에 해당한다. ⑥ 방학기간을 이용하여 또는 휴학 중에 학비 등을 벌기 위해 학원강사로서 일하는 행위는 직업의 자유의 보호영역에 속한다.
직업의 자유에서 보호되는 것	① 성매매 ② 게임 결과물의 환전업 ③ 게임제공업을 영위하는 행위 ④ 판매를 목적으로 모의총포를 소지행위 ⑤ 국가행정사무인 지적측량의 대행(초벌측량)을 사인에게 허용하는 것 ⑥ 고용된 형태의 종속적인 직업활동 ⑦ 무면허 의료인의 소득활동을 위한 의료행위
직업의 자유에서 보호되지 않는 것	① 무상·일회·일시적인 과외 교습과 의료행위: 행복추구권(○) ② 해당 직업에 합당한 보수를 받을 권리 ③ 직장존속청구권 ④ 학교운영위원 ⑤ 농지개량조합의 조합원 ⑥ 이장의 지위(공무담임권에서도 보호 ✕) ⑦ 지속적인 소득활동이 아닌 취미나 오락을 위해 비어업인이 잠수용 스쿠버장비를 사용하여 수산자원을 포획·채취하는 것 ⑧ 국·공립학교 사서교사 선발 ⑨ 현역병 복무 ⑩ 노조전임 ⑪ 입양기관을 운영하는 사회복지법인이 '기본생활지원을 위한 미혼모자가족복지시설'을 설치·운영하는 것 ⑫ 특정 직업을 독점할 자유 ⑬ 공중보건의사에 편입되어 공중보건의사로 복무하는 것
	⑭ 특정 시점부터 해당 직업을 선택하고 직업수행을 개시할 자유: 공중보건의사가 군사교육에 소집된 기간을 복무기간에 산입하지 않도록 규정한 병역법으로 인해 청구인들의 직업의 자유가 침해될 여지는 없음

02 직업의 자유 제한 여부

직업의 자유 보호영역	① 직업선택의 자유에는 직업결정의 자유, 직업종사(직업수행)의 자유, 전직의 자유 등이 포함된다. ② 직업교육장 선택의 자유 ③ 겸직의 자유는 보호되나 독점의 자유는 인정되지 않는다. ④ 식품의 효능에 관하여 표시·광고하는 것 ⑤ 기업의 자유, 경쟁의 자유
직업의 자유 제한인 것	① 현 농협 조합장의 임기를 연장하고, 차기 농협 조합장 선거의 시기를 늦추는 내용의 농업협동조합법 부칙조항 ② 음주측정거부자에 대하여 필요적으로 운전면허를 취소하도록 규정한 도로교통법 ③ 무면허운전으로 벌금 이상의 형을 선고 받은 자에게 2년 동안 운전면허를 취득할 수 없도록 규정한 도로교통법 ④ 도로에서의 시설물 영업행위 ⑤ 외국인근로자의 직장변경의 횟수를 제한하고 있는 법률조항 ⑥ 성매매를 한 자를 형사처벌하는 성매매처벌법 ⑦ 법학전문대학원에 입학할 수 있는 자는 학사학위를 가지고 있거나 법령에 따라 이와 동등 이상의 학력이 있다고 인정된 자로 한다고 규정한 법학전문대학원법
직업의 자유 제한 아닌 것	① 형의 집행을 유예하는 경우에 사회봉사를 명할 수 있도록 규정한 형법 ② 경찰청장 퇴직 후 2년 이내 정당활동금지 ③ 중국국적동포가 재외동포 사증 발급을 신청할 경우 일정한 첨부서류를 제출하도록 하는 출입국관리법 시행규칙 조항 및 법무부고시 조항 ④ 변호사시험 성적 미공개 ⑤ 선발예정인원이 3명 이하인 채용시험의 경우 국가유공자법상 가점을 받을 수 없도록 한 부분 ⑥ 이륜자동차의 고속도로 통행금지 ⑦ 사립학교의 설립·경영자들은 교원노조와 개별적으로 단체교섭을 할 수 없고 반드시 연합하여 단체교섭에 응하도록 규정한 교원의 노동조합 설립 및 운영 등에 관한 법률

03 단계이론

단계이론	① 직업행사의 자유에 대해서는 직업결정의 자유보다 더 넓은 법률상 규제가 가능하고 더 넓은 입법형성권을 가진다. ② 단계: 직업행사의 자유 제한 ➔ 주관적 사유에 의한 직업선택의 자유 제한 ➔ 객관적 사유
1단계 직업행사의 자유 제한	① 당구장 18세 미만 출입금지 ② 학교 정화구역 내 당구장·극장 영업금지 ③ 자도생산 소주구입 강제제도 ④ 국산영화 의무상영제 ⑤ 백화점 버스 운행금지 ⑥ 요양기관을 보험자 또는 보험자 단체가 강제 지정할 수 있도록 한 것, 의료기관 내지 의료인이 의료보험 비지정 요양기관 내지 비보험의(非保險醫)로서 진료하는 행위의 금지

	⑦ 부동산 중개수수료 상한제 ⑧ 학교교과 교습학원의 교습시간을 05:00부터 22:00까지로 제한하는 것 ⑨ 대형마트에 대한 영업시간 제한이나 의무휴업 ⑩ 비영업용 차량을 광고매체로 이용하는 광고대행행위의 금지 ☑ 직업행사의 자유 제한에도 과잉금지원칙이 적용된다. 다만, 심사강도는 약하다.
2단계 주관적 사유에 의한 직업선택의 자유 제한	① 군법무관 자격제 ② 학원강사 자격제 ③ 법학전문대학원 졸업을 변호사시험 자격요건 ④ 사법시험 합격자 정원제 ⑤ 성폭력범죄로 형이 확정된 자 10년간 의료기관 개설과 취업금지 ⑥ 운전학원으로 등록되지 않은 자가 대가를 받고 운전교육을 실시하는 행위의 금지
3단계 객관적 사유에 의한 직업선택의 자유 제한	① 법무사 시험실시를 법원행정처장의 재량에 따라 실시하도록 한 것 ② 경비업자의 경비업 외의 영업금지 ③ 시각장애인에 대하여만 안마사 자격 인정을 받을 수 있도록 하는 것

04 자격제도

자격제도	① 과잉금지의 원칙을 적용함에 있어서도, 어떠한 직업분야에 관한 자격제도를 만들면서 그 자격요건을 어떻게 설정할 것인가에 관하여는 국가에게 폭넓은 입법재량권이 부여되어 있는 것이므로 다른 방법으로 직업선택의 자유를 제한하는 경우에 비하여 보다 유연하고 탄력적인 심사가 필요하다 할 것이다. ② 입법자가 합리적인 이유 없이 자의적으로 자격제도의 내용을 규정한 것으로 인정되는 경우에만 그 자격제도가 헌법에 위반된다고 할 수 있다. ③ 주관적 요건 자체가 그 제한 목적과 합리적인 관계가 있어야 한다는 과잉금지원칙이 적용되어야 한다. ④ 일단 자격요건을 구비하여 자격을 부여받았다면 사후적으로 결격사유가 발생했다고 해서 당연히 그 자격을 박탈할 수 있는 것은 아니다.

05 변호사와 직업의 자유 침해 여부

직업의 자유 침해인 것	① 판사, 검사, 군법무관으로 15년 미만 근무한 자는 변호사 개업 2년 이내의 근무지가 속하는 지방법원의 관할 구역 안에 퇴직한 날로부터 3년간 개업할 수 없도록 한 법 ② 형사사건으로 기소된 변호사에 대한 법무부장관의 일방적 업무정지 ③ 법무부 변호사 징계위원회의 징계에 대해 대법원에 상고하도록 한 변호사법 ④ 소송사건의 대리인인 변호사가 수형자를 접견하고자 하는 경우 소송계속 사실을 소명할 수 있는 자료를 제출하도록 규정하고 있는 '형의 집행 및 수용자의 처우에 관한 법률 시행규칙' 비교》 민사재판, 행정재판, 헌법재판 등에서 소송사건의 대리인이 되려고 하는 변호사는 아직 소송대리인으로 선임되기 전이라는 이유로 접촉차단시설이 설치된 장소에서 일반접견의 형태로 수용자를 접견하도록 한 '형의 집행 및 수용자의 처우에 관한 법률 시행령' 제58조 제4항 제2호는 직업수행의 자유를 침해하지 아니한다(2022. 2.24, 2018헌마1010).

직업의 자유 침해인 것	⑤ 세무사 자격 보유 변호사로 하여금 세무사로서 세무사의 업무를 할 수 없도록 규정 ⑥ 세무사 자격 보유 변호사로 하여금 세무조정업무를 할 수 없도록 규정 ⑦ 변호사 또는 소비자로부터 금전·기타 경제적 대가(알선료, 중개료, 수수료, 회비, 가입비, 광고비 등 명칭과 정기·비정기 형식을 불문)를 받고 법률상담 또는 사건 등을 소개·알선·유인하기 위하여 변호사등을 광고·홍보·소개하는 행위를 금지 한 변호사 광고에 관한 규정
직업의 자유 침해 아닌 것	① 군법무관 임용시험에 합격한 군법무관들에게 군법무관시보로 임용된 때부터 10년 간 근무하여야 변호사 자격을 유지하게 한 군법무관 임용 등에 관한 법률 ② 공무원이었던 변호사가 직무상 취급하거나 취급하게 된 사건을 수임하지 못하도 록 한 변호사법 ③ 변호사가 비변호사로서 유상으로 법률사무를 처리하려는 자에게 자기의 명의를 이용하게 하는 것을 금지한 변호사법 ④ 사건 브로커 등의 알선 행위를 조장할 우려가 큰 변호사의 행위를 금지하는 변호 사법 ⑤ 품위유지의무위반인 경우 변호사 징계 ⑥ 특허, 실용신안, 디자인 또는 상표의 침해로 인한 손해배상, 침해금지 등의 민사소 송에서 변리사에게 소송대리를 허용하지 않고 있는 변리사법 ⑦ 변호사가 아닌 사람으로부터 법률사건이나 법률사무의 수임을 알선받아서는 안 되 고 명의를 대여 금지 / 법률사건의 수임에 관하여 알선의 대가로 금품을 제공하거나 이를 약속한 변호사를 형사처벌 / 비변호사의 법률사무취급을 금지한 변호사법 ⑧ 변호사에게 전년도에 처리한 수임사건의 건수 및 수임액을 소속 지방변호사회에 보고 ⑨ 사법시험의 합격자를 정원제로 선발하도록 규정하고 있는 사법시험법 ⑩ 사법시험법 폐지 ⑪ 변호사시험에 응시하려는 사람은 법학전문대학원의 석사학위를 취득하여야 한다 는 자격요건을 규정하고 있는 변호사시험법 ⑫ 입학정원의 3분의 1을 비법학전공자로 하도록 한 법학전문대학원 설치·운영에 관 한 법률 제1조 ⑬ 법학전문대학원에 입학할 수 있는 자는 학사학위를 가지고 있거나 법령에 따라 이 와 동등 이상의 학력이 있다고 인정된 자로 한다고 규정한 '법학전문대학원 설 치·운영에 관한 법률' 제22조 ⑭ 법학전문대학원으로 하여금 필수적으로 외국어능력을 입학전형자료로 활용하도 록 규정하고 있는 법학전문대학원법 ⑮ 이화학당의 법학전문대학원 모집요강 인가 ➡ 이화학당의 모집요강은 공권력 행사 가 아니나, 이화학당 모집요강에 대한 교육부장관의 인가가 공권력 행사이다. ⑯ 변호사시험 응시횟수 제한 ⑰ 법학전문대학원 출신 변호사시험 합격자들로 하여금 6개월 이상 법률사무종사기 관에서의 종사 또는 대한변호사협회에서의 연수를 받지 아니하면 단독으로 법률 사무소를 개설하거나 단독 또는 공동으로 수임할 수 없도록 하는 내용의 변호사법 제21조의2 제1항 ⑱ 법학전문대학원 설치 예비인가를 받은 대학에만 법학전문대학원을 설치하도록 한 것 ⑲ 금고 이상 형의 집행 후 5년간 변호사가 될 수 없도록 한 변호사결격사유 **유사** 금고 이상의 형의 집행유예를 선고받고 그 유예기간이 지난 후 2년이 지나지 아니한 사람에 대하여 변호사시험에 응시할 수 없도록 규정한 변호사시험법 제6조 제3호

	<table><tr><td></td></tr></table>

유사 형의 집행유예를 받고 그 기간이 종료한 후 1년이 경과하지 아니한 자에 대하여 세무사자격시험에 응시할 수 없도록 한 세무사법 제5조 제2항 중 제4조 제6호 부분

유사 금고 이상의 실형을 선고받고 그 형의 집행이 종료되거나 면제되지 아니한 자는 농수산물 중도매업 허가를 받을 수 없다고 규정한 농수산물 유통 및 가격안정에 관한 법률

유사 금고 이상의 실형을 선고받고 그 집행이 끝나거나 집행이 면제된 날로부터 3년이 지나지 아니한 사람은 행정사가 될 수 없다고 규정한 행정사법 제6조 제3호

유사 사회복지사업 또는 그 직무와 관련하여 횡령죄 등을 저질러 집행유예의 형이 확정된 후 7년이 경과하지 아니한 사람은 사회복지시설의 종사자가 될 수 없도록 규정한 사회복지사업법

유사 파산자로서 복권되지 못한 자의 교원자격박탈을 규정한 사립학교법 제57조

유사 신용협동조합법을 위반하여 벌금형을 선고받은 사람은 5년간 조합의 임원이나 발기인이 될 수 없도록 한 것

유사 형법상 상해죄를 범하여 벌금형을 선고받고 5년이 지나지 아니한 사람은 화약류관리보안책임자의 면허를 받을 수 없다고 정한 구 총포·도검·화약류 등 단속법

⑳ 변호사 등록을 신청하는 자에게 등록료 1,000,000원을 납부하도록 정한 대한변호사협회의 변호사 등록 등에 관한 규칙
  ㉠ 대한변호사협회는 변호사 등록에 관한 한 공법인 성격을 가짐
  ㉡ 헌법소원 대상인 공권력의 행사에 해당
㉑ 법무법인에 대하여 변호사법 제38조 제2항(변호사 겸직허가)을 준용하지 않고 있는 변호사법 제57조
㉒ 변호사시험의 응시기간과 응시횟수를 법학전문대학원의 석사학위를 취득한 달의 말일 또는 취득예정기간 내 시행된 시험일부터 5년 내에 5회로 제한한 변호사시험법
㉓ 변호사광고금지
  ㉠ 변호사 등은 자기가 아닌 변호사·비(非)변호사, 개인·단체, 사업자 등의 영업이나 홍보 등을 위하여 광고에 타인의 성명, 사업자명, 기타 상호 등을 표시하는 행위를 금지하는 광고를 금지하는 변호사 광고에 관한 규정, 주체인 변호사 등 이외의 자가 자신의 성명, 기업명, 상호 등을 표시하거나 기타 자신을 드러내는 방법으로 광고하는 것을 금지하는 변호사 광고에 관한 규정, 법률상담 또는 사건 등을 소개·알선·유인하기 위하여 변호사 등과 소비자를 연결하거나 변호사 등을 광고·홍보·소개하는 행위, 타인의 영업 또는 홍보의 일환으로 운영되는 법률상담에 참여하는 것을 금지하는 변호사 광고
  ㉡ 사건 또는 법률사무의 수임료에 관하여 공정한 수임질서를 저해할 우려가 있는 무료 또는 부당한 염가를 표방하는 광고와 변호사 등은 무료 또는 부당한 염가의 법률상담 방식에 의한 광고를 금지하는 변호사 광고에 관한 규정
  ㉢ 수사기관과 행정기관의 처분·법원 판결 등의 결과 예측을 표방하는 광고와 변호사등이 아님에도 수사기관과 행정기관의 처분·법원 판결 등의 결과 예측을 표방하는 서비스를 취급·제공하는 행위를 금지하는 변호사 광고에 관한 규정
  ㉣ 변호사 또는 소비자로부터 금전·기타 경제적 대가(알선료, 중개료, 수수료, 회비, 가입비, 광고비 등 명칭과 정기·비정기 형식을 불문)를 받고 법률상담 또는 사건 등을 소개·알선·유인하기 위하여 변호사등과 소비자를 연결하는 행위를 금지하는 변호사 광고에 관한 규정
  ㉤ 변호사 등이 아님에도 변호사 등의 직무와 관련한 서비스의 취급·제공 등을 표시하거나 소비자들이 변호사 등으로 오인하게 만들 수 있는 자에게 광고를 의뢰하거나 참여·협조하는 행위를 금지한 변호사 광고에 관한 규정

직업의 자유 침해 아닌 것

직업의 자유 침해인 것	① 치과전문의자격시험 관련 입법부작위 위헌 확인 　☑ 학문의 자유, 재산권, 보건권 침해는 아니다. ② 전문과목을 표시한 치과의원은 그 표시한 전문과목에 해당하는 환자만을 진료하여야 한다고 규정한 의료법은 과잉금지원칙에 위배되어 직업수행의 자유를 침해하고, 평등권을 침해한다. 다만, 신뢰보호원칙과 명확성원칙 위반은 아니다. ③ 외국의 의료기관에서 치과전문의 과정을 이수한 사람을 치과전문의 자격을 인정받을 수 있는 사람으로 포함하지 아니한 치과의사전문의의 수련 및 자격인정에 관한 규정 ④ 의료법상 태아의 성감별행위 금지 ⑤ 양방과 한방 복수면허 의료인에 대하여 하나의 의료기관만을 개설할 수 있도록 한 의료법 ⑥ 특정의료기관이나 특정의료인의 기능·진료방법에 관한 광고를 금지하는 것 ⑦ 약사법인의 약국 운영을 금지한 법
직업의 자유 침해 아닌 것	① 의료인은 어떠한 명목으로도 둘 이상의 의료기관을 운영할 수 없다고 규정한 의료법 ② 약사의 한약조제금지 ③ 요양기관 강제지정제 ④ 종합전문요양기관은 신청에 따른 별도의 지정행위 없이 당연히 산재보험 의료기관으로 되도록 규정한 구 산재법 ⑤ 외국에서 치과대학·의과대학을 졸업한 우리 국민이 국내면허시험을 치기 위해서는 예비시험을 실시하도록 하는 것 / 미국 및 캐나다 기술사 자격 취득자를 필기시험 면제대상에서 제외시킨 국가기술자격법 시행규칙 ⑥ 의료인이 아닌 자의 의료행위를 금지한 의료법과 광고금지 ⑦ 입원환자에 대하여 의약 의사로 하여금 조제를 직접 담당하도록 하는 구 약사법 　☑ 의약분업은 모두 합헌이다. ⑧ 의료기관의 시설 또는 부지의 일부를 분할·변경 또는 개수(改修)하여 약국을 개설하는 경우 약국의 개설등록을 받지 않도록 규정한 약사법 ⑨ 리베이트를 수수한 의료인 / 약사 / 의료기관 개설자를 처벌하도록 한 의료법 ⑩ 허위진료비를 청구한 의료인의 면허 취소 ⑪ 안경사의 안경제조행위 및 그 전제가 되는 도수측정행위를 허용하는 것 ⑫ 품목별로 제조허가를 받지 아니하거나 제조신고를 하지 아니한 의료기기를 수여 또는 사용하거나 사용 등의 목적으로 제조하는 행위를 처벌 ⑬ 의료인에게 3년마다 실태와 취업상황 등에 대한 신고의무를 부과하고 있는 의료법 ⑭ 금고 이상의 형을 선고받은 자에 대해 의사 면허를 필요적으로 취소 ⑮ 혈액투석 정액수가에 포함되는 비용의 범위를 정한 의료급여수가기준: 재산권 제한은 아님. 직업의 자유 제한임 ⑯ 교육부장관의 '2019학년도 대학 보건·의료계열 학생정원 조정계획' 중 2019학년도 여자대학 약학대학의 정원을 동결한 부분 ⑰ 약사 또는 한약사가 아닌 자연인의 약국 개설을 금지 ⑱ '면허된 것 이외의 의료행위'를 금지하고 있는 의료법 ⑲ 산업의학과 전문의 자격을 갖춘 의사만 특수건강진단업무를 할 수 있도록 규정한 구 산업안전보건법 시행규칙 ⑳ 의약품의 판매를 위한 품목허가 신청시에 임상시험을 거쳐 안전성·유효성에 관한 시험성적서를 제출하도록 한 약사법

	㉑ 의지·보조기 제조업자로 하여금 의지·보조기 기사를 1명 이상 채용을 요건
	㉒ 약사법 제42조 제1항을 위반하여 수입된 의약품을 판매하거나 판매할 목적으로 저장 또는 진열하여서는 아니 된다고 규정한 구 약사법

07 행정사·법무사와 직업의 자유 침해 여부

직업의 자유 침해인 것	① 법원행정처장은 법무사를 보충할 필요가 있다고 인정되는 경우에는 대법원장의 승인을 얻어 법무사시험을 실시할 수 있다고 규정한 대법원규칙 ➡ 대법원규칙인 법무사법 시행규칙도 헌법소원의 대상이 될 수 있다. ② 행정사의 수급상황을 조사하여 행정사 자격시험의 실시가 필요하다고 인정하는 때 시험실시계획을 수립하도록 한 행정사법 시행령 ③ 행정사 이외의 직을 겸하는 것을 모두 금지하는 법 ④ 시각장애인에 한해 안마사자격을 인정하는 안마사에 관한 규칙
직업의 자유 침해 아닌 것	① 시각장애인에 한해 안마사가 될 수 있도록 한 의료법규정 ② 한약업사의 영업지 제한 ③ 법원서기보와 달리 정리에 대해 법무사자격을 부여하지 않는 것 ④ 법원·검찰청 공무원으로 10년 이상 근무한 자 중 5급 이상의 직에 있었던 자에 대하여 법무사 자격을 인정하는 법무사법 제4조 ⑤ 고소·고발장의 작성을 법무사에게만 허용하고 일반행정사에 대하여 이를 하지 못하게 한 것 ⑥ 일정 학점이수를 공인회계사시험 요건으로 규정한 것

08 자격제도와 직업의 자유 침해 여부

직업의 자유 침해인 것	① 경비업자의 경비업 외 영업을 금지한 경비업법 제7조 ② 지적측량업무를 비영리법인에 한정한 법 ③ 마약류사범에 대해 20년간 택시운송사업의 운전업무 종사를 제한하는 여객자동차 운수사업법 　㉠ 주관적 사유에 의한 직업선택의 자유 제한 　㉡ 일정한 주관적 요건을 갖춘 자에게만 그 직업에 종사할 수 있도록 제한하는 경우에는, 다른 방법으로 직업선택의 자유를 제한하는 경우에 비하여 보다 유연하고 탄력적인 심사가 필요하다. 　㉢ 취업 제한을 하기에 앞서, 그러한 대상자들에게 재범의 위험성이 있는지 여부, 만약 있다면 어느 정도로 취업 제한을 해야 하는지를 구체적이고 개별적으로 심사하는 절차가 필요하다. 　㉣ 방법은 적정하나 최소성원칙 위반 　유사 성인대상 성범죄로 형을 선고받아 확정된 자로 하여금 그 형의 집행을 종료한 날부터 10년 동안 의료기관을 개설하거나 의료기관에 취업할 수 없도록 한 법률조항 　유사 성범죄로 형 또는 치료감호를 선고받아 확정된 자에 대하여 형 또는 치료감호의 집행이 종료·면제·유예된 때부터 10년 동안 아동·청소년 관련 기관 등을 개설하거나 위 기관 등에 취업할 수 없도록 한 아동·청소년의 성보호에 관한 법률

직업의 자유 침해인 것	유사 아동·청소년대상 성범죄 또는 성인대상 성범죄로 형 또는 치료감호를 선고받아 확정된 자는 그 형 또는 치료감호의 전부 또는 일부의 집행을 종료하거나 집행이 유예·면제된 날부터 아동·청소년 관련 교육기관 등에 취업 또는 사실상 노무를 제공할 수 없다고 규정한 구 아동·청소년의 성보호에 관한 법률 제44조 제1항 유사 성인대상 성범죄로 형을 선고받아 확정된 자에 대하여 그 집행이 종료된 때부터 10년간 아동·청소년 관련 학원을 운영 또는 취업 금지 유사 성인 성범죄로 형을 선고받아 확정된 자는 10년간 학원·교습소 취업금지 유사 성폭력범죄로 형이 확정된 자 10년간 의료기관 개설과 취업금지 유사 성적목적공공장소침입죄로 형을 선고받아 확정된 자로 하여금 그 형의 집행을 종료한 날부터 10년 동안 의료기관을 제외한 아동·청소년 관련 기관 등을 개설하거나 그에 취업할 수 없도록 한 '아동·청소년의 성보호에 관한 법률' 유사 아동학대 관련 범죄로 형을 선고받아 확정된 자로 하여금 그 형이 확정된 때부터 형의 집행이 종료되거나 집행을 받지 아니하기로 확정된 후 10년 동안 체육시설 및 '초·중등교육법' 제2조 각 호의 학교를 운영하거나 이에 취업 또는 사실상 노무를 제공할 수 없도록 한 아동복지법
직업의 자유 침해 아닌 것	① 유료직업소개사업의 허가제 ② 법에서 정한 근로자파견대상업무 외에 근로자파견사업을 행한 자를 형사처벌하도록 규정한 구 파견근로자보호 등에 관한 법률 　유사 제조업의 직접생산공정업무를 근로자파견의 대상 업무에서 제외하는 파견근로자보호 등에 관한 법률 ③ 운전학원으로 등록되지 않은 자가 대가를 받고 자동차 운전교육을 하는 것을 금지하는 법 ④ 교통사고예방을 위하여 시력 0.5 이상을 운전면허의 취득요건으로 한 것 ⑤ 학원 강사의 자격을 대통령령으로 위임한 학원법 ⑥ 감정평가법인을 50인 이상 감정평가사를 둔 법인으로 제한하고 있는 부동산 가격공시 및 감정평가에 관한 법률 시행령 ⑦ 국민의 생명·건강에 직결되는 민간자격신설금지조항 ⑧ 세금계산서 교부의무위반 등의 금액이 총 주류매출금액 또는 총 주류매입금액의 100분의 10 이상인 때 주류판매면허를 취소하도록 한 주세법 　유사 거래건당 30만원 이상인 재화 또는 용역을 공급하고 그 대금을 현금으로 받은 경우 현금영수증 발급을 의무화하고 미발급시 현금영수증 미발급액의 50%에 상당하는 과태료를 부과하는 조세범 처벌법 　유사 현금영수증 의무발행업종 사업자로 하여금 건당 10만원 이상의 현금거래시 의무적으로 현금영수증을 발급하도록 하고, 그 의무 위반시 미발급 거래대금의 100분의 50에 상당하는 과태료를 부과하도록 한 법인세법 ⑨ 청소년게임제공업 또는 인터넷컴퓨터게임시설제공업 등록제 ⑩ 다단계판매업자에 대하여 등록의무를 부과 ⑪ 금융감독원의 4급 이상 직원에 대하여 퇴직일로부터 2년간 사기업체등에의 취업을 제한하는 구 공직자윤리법 제17조 제1항 ⑫ 의약품 도매상 허가를 받기 위해서는 264㎡ 이상의 창고면적을 최소기준으로 규정한 약사법 ⑬ 물리치료사가 의사, 치과의사의 지도하에 업무를 할 수 있도록 정한 구 의료기사법 ⑭ 학력인정 학교형태의 평생교육시설의 설치자에게 교사 및 교지를 소유할 의무를 부과

직업의 자유 침해 아닌 것	⑮ 중개업자로 하여금 자신이 중개한 부동산 거래내역을 신고하도록 한 공인중개사의 업무 및 부동산 거래신고에 관한 법률 / 중개업자가 허위 또는 이중계약서를 작성할 경우 중개사무소 개설등록을 취소할 수 있도록 한 법률 / 중개업자가 신고한 사항이 누락되거나 부정확한 경우 관할 행정청으로 하여금 필요한 조치를 취할 수 있도록 한 구 공인중개사의 업무 및 부동산 거래신고에 관한 법률 / 중개업자가 자신이 중개한 부동산 거래내역에 관한 신고의무를 위반하거나 이 사건 신고내역 조사 조항을 위반할 경우 과태료에 처하도록 한 제51조 ⑯ 화물자동차운송사업을 양수한 자는 양도한 자의 운송사업자로서의 지위를 승계하도록 하고, 양도인의 위법행위를 원인으로 양수인에게 운행정지처분(사업전부정지처분 포함), 감차처분 및 유가보조금 환수처분을 부과하는 구 화물자동차 운수사업법 ⑰ 나무의사만이 수목진료를 할 수 있도록 규정한 산림보호법 ⑱ 사람을 사상한 후 필요한 조치 및 신고를 하지 아니하여 벌금 이상의 형을 선고받고 운전면허가 취소된 사람은 운전면허가 취소된 날부터 4년간 운전면허를 받을 수 없음 ⑲ 공인회계사와 유사한 명칭의 사용을 금지한 공인회계사법 ⑳ 2019년도 제56회 변리사 국가자격시험 시행계획 공고 중 실무형 문제 출제 ㉑ 안경사 면허를 가진 자연인에게만 안경업소의 개설 등을 할 수 있도록 한 구 의료기사 등에 관한 법률 ㉒ 피청구인의 2019.11.29.자 '2020년도 제57회 변리사 국가자격시험 시행계획 공고' 중 영어과목을 대체하는 것으로 인정되는 영어능력검정시험을 제1차 시험 응시원서 접수마감일인 2020.1.17.까지 실시된 시험으로 정한 부분 ㉓ 공증인법 제10조 제2항 전문 및 법무부령으로 각 지방검찰청 소속 공증인의 정원을 정한 '공증인의 정원 및 신원보증금에 관한 규칙'

09 면허취소와 직업의 자유 침해 여부

직업의 자유 침해인 것	① 여객자동차운송사업자 타인으로 하여금 자신의 사업용자동차를 사용하여 여객자동차운송사을 경영하게 하거나, 자기 또는 다른 사람의 명의로 다른 운송사업자의 사업용자동차를 사용하여 운송사업을 경영한 경우 그 운송사업자의 사업면허를 필요적으로 취소하도록 규정한 여객자동차 운수사업법 ② 건축사의 업무범위 위반시 등록을 취소하도록 한 건축사법 ③ 운전전문학원을 졸업하고 운전면허를 받은 사람 중 교통사고를 일으킨 비율이 대통령령이 정하는 비율을 초과하는 때에는 학원의 등록을 취소하거나 1년 이내의 운영정지를 명할 수 있도록 한 법 ④ 운전면허를 받은 사람이 자동차 등을 이용하여 범죄행위를 한 때라는 도로교통법 ⑤ 운전면허를 받은 사람이 자동차등을 이용하여 살인 또는 강간 등 행정안전부령이 정하는 범죄행위를 한 때 운전면허를 취소하도록 하는 구 도로교통법: 법률유보원칙 위반은 아님, 과잉금지원칙 위반 ⑥ 운전면허를 받은 사람이 다른 사람의 자동차등을 훔친 경우에는 운전면허를 필요적으로 취소하도록 한 도로교통법 ⑦ 동력수상레저기구를 이용하여 범죄행위를 하는 경우에 조종면허를 필요적으로 취소하도록 규정한 구 수상레저안전법

직업의 자유 침해인 것	⑧ 거짓이나 그 밖의 부정한 수단으로 운전면허를 받은 경우 모든 범위의 운전면허를 필요적으로 취소하도록 한 구 도로교통법 심판대상조항 ⑨ 청원경찰이 금고 이상의 형의 선고유예를 받은 경우 당연 퇴직되도록 규정한 청원경찰법 ⑩ 임원이 금고 이상 형 선고받은 경우 법인의 건설업등록 필요적 말소 ⑪ 법인의 임원이 벌금형 선고받은 경우 학원등록효력 상실: 주관적 사유에 의한 직업선택의 자유 제한 ➡ 직업의 자유 침해 ⑫ 학원설립·운영자가 학원법위반으로 벌금형이 선고된 경우에 학원등록실효를 규정한 학원법 ⑬ 새마을금고 임원선거에서 선거범죄와 비선거범죄를 분리하지 않고 하나의 형을 선고하도록 하여 선고형 전부를 선거범죄로 의제하도록 한 새마을금고법
직업의 자유 침해 아닌 것	① 학원법 위반으로 벌금형을 선고받은 후 1년 내 학원등록금지 ② 공인중개사가 '공인중개사의 업무 및 부동산 거래신고에 관한 법률' 위반으로 벌금형을 선고받으면, 등록관청으로 하여금 중개사무소 개설등록을 필요적으로 취소하도록 하는 구 공인중개사법 ③ 금고 이상의 실형을 선고받고 그 집행이 종료된 날부터 3년이 경과되지 않은 경우 중개사무소 개설등록을 취소하도록 하는 공인중개사법 ④ 건설업등록증 대여시 등록을 반드시 말소하도록 한 법 　유사 국가기술자격증을 다른 자로부터 빌려 건설업의 등록기준을 충족시킨 경우 그 건설업 등록을 필요적으로 말소하도록 한 건설산업기본법 / 기술자 채용을 허위로 등록한 경우 주택관리업 등록의 필요적 말소 ⑤ 개인택시운송사업자의 운전면허가 취소된 경우 개인택시운송사업 면허를 취소할 수 있도록 규정한 여객자동차 운수사업법 ⑥ 문화재수리 등에 관한 법률 위반으로 형의 집행유예를 선고받은 문화재수리기술자의 자격을 필요적으로 취소 ⑦ 동물검역기관의 장의 승인을 받지 않고 지정검역물의 관리에 필요한 비용을 화주로부터 징수한 경우 보관관리인 지정을 필요적으로 취소 ⑧ 상조회사인 선불식 할부거래업자 등록취소 당시 임원 또는 지배주주였던 사람이 임원 또는 지배주주인 회사에 대해서 필요적으로 등록을 취소하도록 규정한 할부거래법 ⑨ 택시운전자격을 취득한 사람이 강제추행 등 성범죄를 범하여 금고 이상의 형의 집행유예를 선고받은 경우 그 자격을 취소하도록 한 여객자동차 운수사업법 ⑩ 청원경찰이 법원에서 자격정지의 형을 선고받은 경우 국가공무원법을 준용하여 당연퇴직

10 학교정화구역 내 영업금지

직업의 자유 침해인 것	① 대학교극장영업을 금지: 금지 자체가 위헌 ➡ 위헌결정 　유치원·초·중·고극장영업을 금지: 예외 없는 금지가 위헌 ➡ 헌법불합치 ② 대학교 주변 당구장금지 ③ 유치원 주변 당구장금지 　☑ 나머지 학교정화구역 내 영업금지는 모두 합헌

직업의 자유 침해 아닌 것	① 초·중·고 주변 당구장금지
	② 학교환경위생정화구역에서 여성가족부장관이 고시하는 행위 및 시설에서 금지
	③ 초·중·고등학교 및 대학교 학교환경위생정화구역 안에서 여관시설 및 영업행위 금지
	[유사] 초·중·고등학교 및 대학교 학교환경위생정화구역 안에서 노래연습장설치금지
	[유사] 단란주점에 관한 금지해제신청을 거부한 처분
	[유사] 학교환경위생정화구역 내 미풍양속을 해하는 시설금지
	[유사] 유치원 주변 성관련 청소년유해물건 제작판매금지
	[유사] 학교주변 납골시설금지
	[유사] 교육환경보호구역 중 절대보호구역으로 설정·고시할 지역에 관하여 규정한 '교육환경 보호에 관한 법률' 제8조 제1항 제1호 중 '학교출입문으로부터 직선거리로 50미터까지인 지역' 부분과 휴양콘도미니엄 금지조항

11 직업행사의 자유 제한

직업의 자유 침해인 것	① 한국방송광고공사와 이로부터 출자를 받은 회사가 아니면 지상파 방송사업자에 대해 방송광고 판매대행을 할 수 없도록 규정하고 있는 구 방송법
	② 보존음료수의 국내판매를 완전히 금지하고 주한외국인에게만 판매하도록 허용하는 것
직업의 자유 침해 아닌 것	① 방송문화진흥회가 최다출자자인 방송사업자의 경우 한국방송광고공사의 후신인 한국방송광고진흥공사가 위탁하는 방송광고에 한하여 방송광고를 할 수 있도록 한 방송광고판매대행 등에 관한 법률
	② 거짓이나 부정한 방법으로 받아간 보조금만 반환하도록 하는 것이 아니라 이미 교부된 비용과 보조금의 전부 또는 일부의 반환할 수 있도록 규정한 영유아보육법
	③ 백화점 등 버스운행 금지
	④ 유사석유제품 판매금지
	[유사] 가짜석유제품 제조 및 판매를 이유로 석유판매업 등록이 취소된 경우 2년 동안 같은 시설을 이용하여 석유판매업 등록을 할 수 없도록 규정한 구 석유 및 석유대체 연료 사업법
	⑤ 주유소인 석유판매업자의 거래상황기록부 보고기한을 매주 1회로 단축
	⑥ 부동산 중개수수료의 상한을 두고 있는 부동산 중개업법
	⑦ 허가받은 지역 밖에서의 이송업의 영업을 금지하고 처벌하는 응급의료에 관한 법률
	⑧ 숙박업자에 위생교육을 받을 의무 부과
	⑨ 노래연습장 주류 판매금지
	⑩ 한국관광공사로 한정한 외국인 전용 카지노업 신규허가 공고
	⑪ 학교급식을 학교장이 직접 관리하도록 한 학교급식법
	⑫ 검사받지 아니한 홍삼진열 및 판매금지
	[유사] 생산자·수입자 또는 판매자로 하여금 산양삼 유통·판매 또는 통관을 하는 경우 품질표시를 하도록 하고, 이를 위반하면 형사처벌하는 임업 및 산촌 진흥촉진에 관한 법률
	[유사] 의약품의 판매를 위한 품목허가 신청시에 임상시험을 거쳐 안전성·유효성에 관한 시험성적서를 제출하도록 한 구 약사법 제31조 제8항
	⑬ 안전성조사 결과 제품의 위해성이 확인된 경우 해당 제품의 사업자에 대하여 수거 등을 명령하도록 한 제품안전기본법상의 법률조항

	⑭ '제5구의 잠수기어업 허가정수를 37건'으로 한정한 수산자원보호령
	⑮ 수중형 체험활동 운영자에게 보험가입의무부과
	⑯ 개인과외교습자에게 신고의무를 부여한 학원의 설립·운영 및 과외교습에 관한 법률
	⑰ 숙박업신고제
	⑱ 대덕연구단지 내 LPG 충전소의 설치를 금지하는 시행령
	⑲ 부정당업자에 대해 2년 범위 내 입찰참가자격을 제한
	⑳ 음란물건 판매금지
	㉑ 성매매를 한 자와 성매매 영업알선행위한 자 형사처벌
	㉒ 대통령령으로 정하는 공공기관 및 공기업으로 하여금 매년 정원의 100분의 3 이상씩 34세 이하의 청년 미취업자를 채용하도록 한 청년고용촉진특별법
	㉓ 성인아케이드 게임장제공업자에게 게임점수의 기록·보관 금지
	㉔ 온라인서비스제공자가 자신이 관리하는 정보통신망에서 아동·청소년이용음란물을 발견하기 위하여 대통령령으로 정하는 조치를 취하지 아니하거나 발견된 아동·청소년이용음란물을 즉시 삭제하고, 전송을 방지 또는 중단하는 기술적인 조치를 취하지 아니한 경우 처벌하는 아동·청소년의 성보호에 관한 법률
	㉕ 특별자치시장·시장·군수·구청장으로 하여금 대형마트 등에 대하여 영업시간 제한을 명하거나 의무휴업을 명할 수 있도록 한 유통산업발전법
	㉖ 웹하드사업자에게 불법음란정보의 유통방지를 위하여 대통령령으로 정하는 기술적 조치를 할 의무를 부과하는 전기통신사업법
	㉗ 특정인의 사생활 등을 조사하는 일을 업으로 하는 행위를 금지(직업선택의 자유 제한)
직업의 자유 침해 아닌 것	㉘ 탐정 유사 명칭의 사용 금지(직업행사의 자유 제한)
	㉙ 주방에서 발생하는 음식물 찌꺼기 등을 분쇄하여 오수와 함께 배출하는 주방용오물분쇄기의 판매와 사용을 금지
	㉚ 택시운송사업자가 운송비용을 택시운수종사자에게 전가할 수 없도록 정한 택시발전법
	㉛ 건강기능식품판매업을 하려는 자에게 신고의무 부과
	㉜ 일반음식점영업소를 금연구역으로 지정하여 운영하도록 한 국민건강증진법
	㉝ 상이 단체가 수익사업을 운영하면서 직접 생산하지 아니한 제품을 납품한 경우에 상이단체가 받은 직접생산 확인을 전부 취소하도록 정하고 있는 구 중소기업제품 구매촉진 및 판로지원에 관한 법률
	㉞ 방송통신기자재 등을 제조·판매·수입하려는 자에 대하여 해당 기자재의 적합성 평가를 받도록 한 전파법
	㉟ 금융투자업자가 투자권유를 함에 있어서 불확실한 사항에 대하여 단정적 판단을 제공하거나 확실하다고 오인하게 할 소지가 있는 내용을 알리는 행위를 한 경우 형사처벌
	㊱ 보육교사 2급 자격을 취득하기 위해 이수해야 하는 보육 관련 교과목 중 일부를 대면 교과목으로 지정한 영유아보육법 시행규칙
	㊲ 국산 미곡 등과 같은 종류의 수입 미곡 등, 생산연도가 다른 미곡 등을 혼합하여 유통하거나 판매하는 행위를 금지
	㊳ 노인장기요양보험법 중 보건복지부장관이 정하여 고시하는 비율을 장기요양요원에 대한 인건비로 지출 **유사** 장기요양급여비용 중 일정비율을 인건비로 지출하도록 하는 장기요양급여 제공기준 및 급여비용 산정방법 등에 관한 고시

㊴ 장애인 활동보조기관에게 지급되는 시간당 급여비용을 매일 일반적으로 제공하는 경우에는 9,240원으로, 공휴일과 근로자의 날에 제공하는 경우에는 13,860원으로 정한 장애인활동지원 급여비용 등에 관한 고시

㊵ 어린이집 이용에 대한 보호자의 부담을 경감하기 위하여 어린이집이 시·도지사가 정한 수납한도액의 범위를 넘어 필요경비를 수납한 경우 시정 또는 변경을 명령

㊶ 전문문화재수리업자에 대하여 하도급 금지

㊷ 담배제조업 허가요건으로 자본금 및 시설기준의 하한을 규정한 담배사업법 시행령

㊸ 수탁자가 신탁재산을 고유재산으로 하거나 이에 관하여 권리를 취득하는 것을 금지한 구 신탁법

㊹ 계약의 체결·이행 등과 관련한 금품 제공 등으로 부정당업자 제재 처분을 받고 그 종료일로부터 6개월이 지나지 아니한 자에 대해 수의계약의 계약상대자에서 배제하도록 규정한 구 지방자치단체 입찰 및 계약 집행기준(행정자치부예규)

㊺ 중개보조원이 중개의뢰인과 직접 거래하는 것을 금지하고 있는 공인중개사법

㊻ 이동식 프로판 연소기는 실외에서만 사용하도록 정한 액화석유가스의 안전관리 및 사업법 시행규칙

㊼ 종별로 수입금액이 일정 규모 이상인 사업자에게 성실신고확인서를 제출하도록 하고 있는 소득세법

㊽ 업무상 임무에 위배되는 행위를 처벌하도록 규정한 형법 제356조 중 제355조 제2항에 관한 부분이, 구 부정경쟁방지 및 영업비밀보호에 관한 법률상 영업비밀에 해당하지 아니하는 영업상 주요자산인 정보를 유출한 경우까지 처벌

㊾ 다른 교육훈련기관의 학습과정 등록을 유도하거나 교육훈련기관간에 연계하여 공동으로 학습자를 모집을 금지한 평가인정 학습과정 운영에 관한 규정

㊿ 학원법에 따라 체육시설을 운영하는 자로서 어린이통학버스에 보호자를 동승하도록 강제하는 도로교통법

�51 연락운송 운임수입의 배분에 관한 협의가 성립하지 아니한 때에는 당사자의 신청을 받아 국토교통부장관이 결정하도록 한 도시철도법 제34조

�52 업무상 재해로 휴업하여 당해 연도에 출근의무가 없는 근로자에게도 유급휴가를 주도록 되어 있는 구 근로기준법 제60조 제1항, 근로기준법 제60조 제4항

�53 게임물 관련사업자에 대하여 '경품 등의 제공을 통한 사행성 조장'을 원칙적으로 금지시키고, 예외적으로 청소년게임제공업의 전체이용가 게임물에 대하여 대통령령이 정하는 경품의 종류·지급기준·제공방법 등에 의한 경품제공을 허용한 게임산업진흥에 관한 법률 및 그에 대한 처벌규정인 게임산업법

�54 선불식 할부거래업자로 하여금 소비자피해보상보험계약 등을 통해 소비자로부터 미리 수령한 선수금을 그 합계액의 100분의 50을 초과하지 아니하는 범위에서 보전하도록 규정한 할부거래에 관한 법률 제27조 제2항 및 선불식 할부거래업자가 보전하여야 할 금액을 보전하지 아니하고 영업을 할 경우 시정조치를 명할 수 있도록 규정한 같은 법 제39조 제1항

�55 측량업의 등록을 한 측량업자가 등록기준에 미달하게 된 경우 측량업의 등록을 필요적으로 취소하도록 규정한 구 측량·수로조사 및 지적에 관한 법률 제52조

�56 악취와 관련된 민원이 1년 이상 지속되고, 악취가 배출허용기준을 초과하는 지역을 악취관리지역 지정요건으로 정한 구 악취방지법

�57 유사군복의 판매 목적 소지를 금지하는 군복 및 군용장구의 단속에 관한 법률

�58 게임물을 이용하여 도박 그 밖의 사행행위를 하게 하거나 이를 하도록 방치한 게임물 관련사업자가 소유 또는 점유하는 게임물을 필요적으로 몰수하도록 정하고 있는 게임산업진흥에 관한 법률

직업의 자유 침해 아닌 것	㉟ 소형선망어업에 대하여 제주 및 서해 연안의 일정한 해역에서 연중 조업을 금지 ㉠ 법무사의 보수를 대한법무사협회회칙에 정하도록 하고 법무사가 회칙 소정의 보수를 초과하여 보수를 받거나 보수 외에는 명목의 여하를 불문하고 금품을 받는 것을 금지 ㉡ 장래의 경제적 손실을 금전으로 보전해줄 것을 약정하고 회비 등의 명목으로 금전을 수입하는 행위를 금지한 법률 ㉢ 외국인근로자의 사업장 이동을 3회로 제한한 구 외국인근로자의 고용 등에 관한 법률 ㉣ 대도시법인등기의 중과세 ㉤ 누구든지 게임물의 유통질서를 저해하는 행위로서, 게임물의 이용을 통하여 획득한 유·무형의 결과물(점수, 경품, 게임 내에서 사용되는 가상의 화폐로서 대통령령이 정하는 게임머니 및 대통령령이 정하는 이와 유사한 것을 말함)을 환전 또는 환전 알선하거나 재매입을 업으로 하는 행위를 하여서는 아니 된다고 규정한 '게임산업진흥에 관한 법률' ㉥ 방치폐기물 처리이행보증보험계약의 갱신명령을 불이행한 건설폐기물 처리업자의 허가를 취소하는 '건설폐기물의 재활용촉진에 관한 법률' ㉦ '사업용 자동차, 사업용 화물자동차, 음식판매자동차'에 해당하지 않는 자동차의 외부에는 '소유자의 성명·명칭·주소·업소명·전화번호, 자기의 상표 또는 상징형 도안'만 표시할 수 있도록 규정한 구 '옥외광고물 등의 관리와 옥외광고산업 진흥에 관한 법률 시행령' ㉧ 지역아동센터 시설별 신고정원의 80% 이상을 돌봄취약아동으로 구성하도록 정한 '2019년 지역아동센터 지원 사업안내' ㉨ 일반게임제공업자에 대해 게임물의 버튼 등 입력장치를 자동으로 조작하여 게임을 진행하는 장치 또는 소프트웨어를 제공하거나 게임물 이용자가 이를 이용하게 하는 행위를 금지하는 '게임산업진흥에 관한 법률 시행령'

소비자의 권리	헌법상 명문규정(✕), 헌법상 기본권(○)
소비자 보호운동	제8차 개정헌법
주체	외국인, 법인
물품에 대한 알 권리	(○)
대사인적 효력	(○)
소비자권리 침해에 대한 구제이론	① 무과실 책임 ② 입증책임 전환: 원고(✕), 피고(○) ③ 개연성 이론: 엄격한 인과관계(✕) ④ 단체소송제(○)

헌법상 참정권인 것	① 간접 참정권: 선거권, 공무담임권 ② 직접 참정권: 중요정책국민투표권, 헌법개정국민투표권
헌법상 참정권이 아닌 것	① 농협조합장 선출은 선거권에서 보호되지 않는다. 결사의 자유에서 보호된다. ② 주민소환청구권 ③ 조례제정·개폐청구권 ④ 외국인의 선거권 ⑤ 지방자치단체 신설시 새로운 지방의회의원 선거
헌법명문으로 규정하고 있는 선거권	① 대통령 선거권(○) ② 국회의원 선거권(○) ③ 지방의회의원 선거권(○) ④ 지방자치단체장 선거권은 헌법에 규정되어 있지 않으나, 지방자치단체장 선거권은 헌법상 기본권이다. ⑤ 교육위원 선거권: 헌법에 규정되어 있지 않음
참정권의 성격	① 실정법적 권리 ② 일신전속적 권리

01 정당

개념	① 국민의 의사 형성에 참여하는 자발적 정치단체 ② 국민의 의사를 정치나 국가작용에 중개하는 공적 기능 수행	
외국 연혁	① 미연방헌법: 규정(×) ② 독일: 바이마르(×), 독일기본법(○) ➡ 근대 입헌주의 헌법(×), 현대 사회국가 헌법(○)	
우리나라 헌법 연혁	1960년 헌법	① 정당조항 ➡ 헌법수용단계 ② 위헌정당해산
	1962년 헌법	① 무소속입후보금지 ② 탈당과 정당해산시 의원직 상실(○), 정당제명시 의원직 상실(×) ③ 정당국가적 경향이 가장 강함
	1972년 헌법	정당원의 통일주체국민회의 입후보금지 ➡ 정당국가적 경향 약화
	1980년 헌법	국고보조금조항

02 정당의 자유

정당	① 정당·지구당: 법인격 없는 사단 ② 헌법기관(×), 국가기관(×), 중개기관(○) ③ 기본권 주체(○), 헌법소원청구(○), 권한쟁의심판청구(×), 등록이 취소된 정당 헌법소원청구(○) ④ 공권력행사의 주체 아니므로 정당의 후보자 추천시 여론조사 포함한 행위, 헌법소원 대상(×)
헌법 제8조 제1항	① 정당설립의 자유, 조직의 자유·활동의 자유, 정당가입의 자유, 정당탈퇴의 자유, 해산의 자유, 합당의 자유, 분당의 자유, 존속의 자유, 조직형식 내지 법형식의 선택의 자유, 명칭을 사용할 권리 ② 주체: 국민, 정당, 등록이 취소된 정당이 주체가 됨 ③ 근거: 헌법 제8조 제1항과 헌법 제21조. 헌법 제8조 우선 적용
정당설립 허가제 금지	① 허가제 금지, 정당법은 등록제 ② 입법자는 정당설립의 내용적 요건·실질적 요건(×), 절차적·형식적 요건(○)을 둘 수 있다. ③ 정당등록의 의미: 확인적 의미, 형식적 요건 충족시 등록거부 불가, 민주적 기본질서에 반하는 정당, 등록거부(×) ④ '위헌적인 정당을 금지해야 할 공익'도 정당설립의 자유에 대한 입법적 제한을 정당화하지 못하도록 규정한 것이 헌법의 객관적인 의사라면, 입법자가 그 외의 공익적 고려에 의하여 정당설립금지조항을 도입하는 것은 원칙적으로 헌법에 위반된다.

헌법 제8조 제2항	헌법 제8조 제2항은 정당의 자유 근거가 아니라 정당의 자유 한계를 의미한다.
정당의 자유 판례	① 정당활동 정지할 수 있도록 한 헌법재판소법에 대한 엄격한 심사(합헌) ② 누구든지 정당이 특정인을 후보자로 추천하는 일과 관련하여 금품이나 그 밖의 재산상 이익을 제공하거나 제공받을 수 없도록 규정한 공직선거법
선거에 있어서 기회균등	평등권 및 평등선거의 원칙으로부터 나오는 기회균등의 원칙은 후보자는 물론 정당에 대하여서도 보장되는 것이다.
정당등록의 의미	등록신청을 받은 선거관리위원회는 정당이 형식적 요건을 구비하는 한 이를 거부하지 못한다.
헌법 제8조	① 정당의 자유와 복수정당제: 헌법개정 불가 ② 정당국가적 민주주의를 수용한 것이 아니라 정당제 민주주의를 수용

03 정당가입

정당가입	① 헌법상 정당가입이 금지된 자: 헌법재판소 재판관, 중앙선거관리위원회 위원 ② 당원이 될 수 있는 공무원: 대통령, 국무총리, 국무위원, 국회의원, 지방의회의원, 선거에 의하여 취임하는 지방자치단체의 장, 총장·학장·교수·부교수·조교수·강사인 교원 ③ 정당가입: 국·공립 교수(○), 초·중·고 교사(✕), 외국인(✕) ④ 미성년자: 선거권이 없는 16세 이상이면 미성년자도 정당에 가입할 수 있다. 18세 미만인 사람이 입당신청을 하는 때에는 법정대리인의 동의서를 함께 제출하여야 한다. ⑤ 외국인: 외국인은 정당원이 될 수 없다. ⑥ 국회의장: 국회의장으로 당선된 의원은 당선된 날 다음 날로부터 당적을 상실한다. 그러나 국회부의장은 당적을 보유한다. ⑦ 선거구획정위원: 당원은 선거구획정위원이 될 수 없으므로 선거구획정위원은 당원이 아니다. ⑧ 교육감: 지방교육자치에 관한 법률 제24조의3에 따라 교육감은 당원이 될 수 없다.
정당가입 관련 판례	① 검찰총장 퇴직 후 2년 이내 정당활동과 공직취임금지 　⊙ 검찰총장의 기본권 제한이라 하여 검찰총장이 될 가능성은 있지만 아직 검찰총장이 아닌 고등검사장의 자기관련성은 부정 　ⓒ 검찰총장 퇴임 후 2년 내 법무부장관, 내무부장관뿐 아니라 국·공립대학교 교수직에도 임명될 수 없도록 한 것은 최소성원칙에 위반된다. 한정합헌결정이 아니라 단순위헌결정을 하였다. 　ⓒ 검찰총장 퇴직 후 2년 내 정당활동을 금지 ② 경찰청장 퇴직 후 2년 이내 정당활동금지 　⊙ 치안정감의 자기관련성 부정, 경찰청장과 경찰청장 퇴직 후 2년 이내인 자의 자기관련성 인정 　ⓒ 경찰청장 퇴직 후 2년 이내 정당활동금지는 정당가입의 자유 침해이다. 엄격한 심사(○) 　☑ 피선거권과 직업의 자유 제한은 아니다.

04 정당등록과 등록취소

정당등록의 조직 기준	① 5 이상의 시·도당(합헌), 중앙당은 특별시에 설치 ② 각 시·도당 1천인 이상의 당원(합헌) ③ 지구당 폐지: 합헌, 당원협의회는 있음 ④ 당원협의회 사무소설치금지는 정당활동의 자유를 침해하지 않는다. ⑤ 정당등록요건은 정당설립의 자유 침해가 아니다. ⑥ 합당한 경우 권리·의무 승계한다. ➡ 승계하지 않는다는 결의 무효
정당등록취소	다음의 경우 선관위가 등록취소(정당법 제44조) ① 법정 시·도당 수와 시·도당의 법정당원수 요건 미달, 다만 3개월 유예 ② 4년간 국회의원 총선거, 지방자치단체장선거, 시·도 의원선거후보자를 추천하지 않은 경우
등록취소 위헌 판례	① 국회의원선거에 참여하여 의석을 얻지 못하고 유효 투표총수의 100분의 2 이상을 득표하지 못한 정당에 대해 그 등록을 취소하도록 한 정당법 제44조 제1항 제3호는 정당의 자유를 침해한다(목적·방법은 적절하나, 최소성원칙 위반). ② 정당설립의 자유 제한: 엄격한 비례심사
자진해산	① 정당 자진해산, 관할 선관위에 신고 ② 잔여재산: 당헌 ➡ 국고귀속 ③ 임기만료에 의한 국회의원선거 때까지 명칭사용금지

05 위헌정당해산

위헌정당해산제도의 의의	① 연혁: 제3차 개정헌법 ② 의의: 정당존립 특권보장, 헌법보호 ③ 자유민주적 기본질서를 부정하는 정당도 헌법재판소가 위헌 확인하기까지는 정당의 자유의 보호를 받는다.
정당해산제소	① 정부(○), 국회(✕), 선관위(✕) ② 해산제소는 의무는 아니고 정부의 재량 ③ 일사부재리원칙 적용, 동일사유로 다시 제소불가 ④ 정부는 긴급을 요할 때는 차관회의는 생략할 수 있으나 국무회의 심의는 반드시 거쳐야 한다.
해산대상: 정당	청년부, 시·도당(○), 방계·위장조직(✕), 대체정당(✕)

해산사유:
정당의 목적이나 활동이 민주적 기본질서에 위배된 때
	① 평당원의 활동이 당명에 의한 것일 경우: 정당의 활동 포함
	② 민주적 기본질서: 자유민주적 기본질서(다수설, 판례)
	③ 선거법, 정치자금법 위반은 정당해산 사유가 아니다.
	④ 국가안전보장, 질서유지, 공공복리는 정당해산 사유가 아니다.
	⑤ 민주적 기본질서 위배
	  ㉠ 엄격한 해석(○), 확대해석(✕)
	  ㉡ 민주적 기본질서를 현행헌법이 채택한 민주주의의 구체적 모습과 동일하게 보아서는 안 된다. 현행헌법이 규정한 민주주의 제도의 세부적 내용에 관해서는 얼마든지 그와 상이한 주장을 개진할 수 있는 것이다.

정당해산 활동정지 가처분	① 신청 또는 직권 ➡ 정당의 활동의 자유 침해 아니다. ② 정당해산 가처분 여부: 엄격한 심사 ③ 헌법 제37조 제2항의 수권에 따른 것
심리	① 구두 변론 ② 심리는 공개
위헌정당해산심판에서 민사소송법 준용	① 민사소송법 준용(○), 행정소송법 준용(✕) ② 제도적보장 성격이 강하므로 폭넓은 입법형성의 자유 ③ 완화된 심사
해산결정과 집행	① 재판관 7인 이상이 출석으로 심리 진행 6인 이상 찬성으로 해산 ② 정당의 해산을 명하는 결정이 선고된 때에는 해산 ③ 중앙선거관리위원회가 정당법에 따라 집행한다. ④ 해산결정 통지: 헌법재판소장 ➡ 정당, 정부, 국회, 중앙선관위
위헌정당해산심판 결정의 효력	① 헌법재판소의 위헌정당해산결정은 창설적 효력을 가지고, 중앙선거관리위원회가 취하는 정당말소 및 공고행위는 선언적, 확인적 효력 ② 헌법재판소 위헌정당해산결정에 대해서는 해산된 정당은 법원에 제소할 수 없다.
위헌정당해산결정의 효과	① 잔여재산 국고귀속 ② 대체정당 창당금지: 해산된 정당의 강령 또는 기본정책과 동일하거나 유사한 것으로 정당을 창당하지 못함 ③ 명칭사용금지
정당해산시 국회의원직 상실	① 현행 법규정 없다. 제5차 개정헌법에서 상실규정하였다. ② 상실설: 방어적 민주주의, 정당국가적 민주주의에 근거 ③ 유지설: 자유위임, 대의제 민주주의에 근거 ④ 판례 　㉠ 의원직 상실 여부는 위헌정당해산제도의 취지에 따라 판단 　㉡ 법의 명문규정과 무관하게 지역구국회의원, 비례대표국회의원 모두 의원직 상실 　㉢ 지방의원 의원직 상실에 대한 판단은 없음

⊕ PLUS 등록취소와 위헌정당해산 비교

구분	중앙선거관리위원회에 의한 등록취소	헌법재판소에 의한 강제해산 (위헌정당해산)
사유	① 형식적 요건을 구비하지 못한 때 ② 정당이 국민의사 형성에 참여하고 있지 아니한 때	정당의 목적과 활동이 민주적 기본질서에 위배될 때
기존정당의 명칭사용	사용가능, 다만 등록취소된 날부터 다음 총선거일 까지 사용불가	✕
기존정당의 목적과 유사한 정당 설립	○	✕
잔여재산	당헌 ➡ 국고귀속	국고귀속
소속의원	무소속으로 자격유지	자격상실(다수설, 헌법재판소)
법원에 제소	○	✕

위헌정당해산 판례	① 민주주의: 절대적 세계관(✗), 상대적 세계관(○) ② 위헌정당해산, 야당을 보호하는 데 실질적 의미가 있다. ③ 의심스러울 때는 자유 우선 원칙 ➜ 위헌정당해산심판에 적용 ④ 정당의 목적: 공식 강령 + 그 이외의 자료 ⑤ 국회의원의 활동을 바로 정당의 활동으로 귀속시킬 수 없다. ⑥ 국회의원 활동: 국민대표자의 지위에서의 활동은 정당활동이 아니다. 정당에 속한 정치인의 활동은 정당활동이다. ⑦ 정당의 목적과 활동 중 어느 하나라도 민주적 기본질서에 위배되면 강제해산사유가 된다. ⑧ 민주적 기본질서: 엄격한 해석 ⑨ 정당의 목적과 활동이 민주적 기본질서에 단순히 저촉되는 경우 강제해산사유로 보기 힘들다. 구체적 위험성이 발생해야 해산할 수 있다. ⑩ 헌법재판소가 위헌정당해산결정을 할 때, 비례원칙을 준수해야 한다. 헌법 제8조 제4항의 명문규정상 요건이 구비된 경우에, 해당 정당의 위헌적 문제성을 해결할 수 있는 다른 대안적 수단이 있는 경우라면 헌법재판소의 해당 정당에 대한 해산결정은 헌법적으로 정당화될 수 없다. ⑪ 대한민국의 특수한 역사적 사항 등도 해산결정시 고려해야 한다. ⑫ 비례대표 부정경선, 지역구 여론조작 등은 민주주의 원리를 훼손시키는 행위이다. ⑬ 통합진보당 해산결정은 비례원칙에 반하지 않는다.
해산결정과 재심	정당해산심판절차에서는 재심을 허용하지 아니함으로써 얻을 수 있는 법적 안정성의 이익보다 재심을 허용함으로써 얻을 수 있는 구체적 타당성의 이익이 더 크므로 재심을 허용하여야 한다.

06 정치자금

정치자금	① 당내경선에 관한 선거운동을 위하여 후보자에게 제공된 금품은 정치자금이다. ② 당비와 후원금은 선관위를 거치지 않는다. 기탁금과 국고보조금은 선관위를 거친다.
당비	타인 당비 대납금지, 다만 당비 대납시 ➜ 1년간 당원자격정지
후원회 회원	① 후원회원: 법인(✗), 외국인(✗), 단체(✗) ② 당원이 될 수 없는 자는 후원회 회원도 될 수 없다. ③ 일반직 공무원의 후원회가입을 금지하는 정치자금법 제8조 제1항은 정치활동의 자유 내지 정치적 의사표현의 자유를 침해하지 않는다.
후원회 헌법 위반인 것	① 정당 중앙당 후원회 금지: 국민의 자발적 정치조직인 정당에 대한 과도한 국가보조는 정당의 국민의존성을 떨어뜨리고 정당과 국민을 멀어지게 할 우려가 있다. ② 특별시장·광역시장·특별자치시장·도지사·특별자치도지사 선거의 예비후보자를 후원회지정권자에서 제외하고 있는 정치자금법 ③ 지방의원 후원회를 금지한 정치자금법 ④ 대통령선거경선후보자가 당내경선 과정에서 탈퇴함으로써 후원회를 둘 수 있는 자격을 상실한 때에는 후원회로부터 후원받은 후원금 전액을 국고에 귀속하도록 하고 있는 정치자금법

후원회 헌법 위반 아닌 것	① 단순 국회의원입후보예정자가 후원회를 둘 수 없도록 한 것 ② 자치구의회의원선거 예비후보자 후원회 금지 ③ 국회의원이 아닌 정당 소속 당원협의회 위원장을 후원회지정권자에서 제외하고 있는 정치자금법 ④ 일반직 공무원의 후원회가입을 금지하는 정치자금법
기탁금	① 기탁금 기부할 수 없는 자: 법인, 단체, 노동조합, 외국인 ② 반드시 선관위를 거치는 정치자금: 기탁금(○), 국고보조금(○), 당비(×), 후원금(×) ③ 기탁금 분배기준: 국고보조금 분배율(○), 의석수(×), 득표율(×)

기탁금 판례	① 사용자단체와 달리 노동단체의 정치자금 제공을 금지한 것
	  ㉠ 평등권 침해이다.
	  ㉡ 재정부실방지는 노동단체의 정치자금 제공금지의 근거가 될 수 없다.
	  ㉢ 현행법상 노동조합의 정치자금 제공은 허용되지 않는다.
	② 국내외 법인단체의 정치자금기부를 금지한 정치자금법은 선거운동의 자유 침해가
	  아니다.

국고보조금	① 국고보조금: 헌법상 의무(×), 헌법상 필수적 제도(×)
	② 국고보조금 기준: 국회의원 선거권자 수
	③ 국회의석이 없는 정당도 국고보조를 받을 수 있다.
	④ 선거시 지급되는 보조금은 당해 선거에 참여하지 아니한 정당에게는 배분, 지급하
	  지 않는다.
	⑤ 독일: 정당이 자체로 조달한 금액을 넘어선 국고보조 금지
	⑥ 정당에 보조금을 배분함에 있어 교섭단체의 구성 여부에 따라 차등을 두는 정치자
	  금에 관한 법률은 평등권 침해가 아니다.

헌법 제72조의 국민투표

> **헌법 제72조** 대통령은 필요하다고 인정할 때에는 외교·국방·통일 기타 국가안위에 관한 중요정책을 국민투표에 붙일 수 있다.
>
> **제130조** ① 국회는 헌법개정안이 공고된 날로부터 60일 이내에 의결하여야 하며, 국회의 의결은 재적의원 3분의 2 이상의 찬성을 얻어야 한다.
>
> ② 헌법개정안은 국회가 의결한 후 30일 이내에 국민투표에 붙여 국회의원선거권자 과반수의 투표와 투표자 과반수의 찬성을 얻어야 한다.

① 헌법 제72조에 의한 중요정책에 관한 국민투표는 국가안위에 관계되는 사항에 관하여 대통령이 제시한 구체적인 정책에 대한 주권자인 국민의 승인절차라 할 수 있다.

② 국민투표 연혁

> 1. 제2차 개정헌법(1954년 헌법): 대한민국의 주권의 제약 또는 영토의 변경을 가져올 국가안위에 관한 중대사항은 국회의 가결을 거친 후에 국민투표에 부하여 민의원의원선거권자 3분지 2 이상의 투표와 유효투표 3분지 2 이상의 찬성을 얻어야 한다(제7조의2).
> 2. 제5차 개정헌법(1962년 헌법): 헌법개정 국민투표 최초규정
> 3. 제7차 개정헌법(1972년 헌법): 대통령은 필요하다고 인정할 때에는 국가의 중요한 정책을 국민투표에 붙일 수 있다(제49조).
> 4. 제8차 개정헌법(1980년 헌법): 대통령은 필요하다고 인정할 때에는 외교·국방·통일 기타 국가안위에 관한 중요정책을 국민투표에 붙일 수 있다(제47조).

③ 헌법 제72조 대상: 헌법개정(✕), 법률제정·개정(✕)

④ 대통령 신임을 헌법 제72조의 국민투표에 부의하는 것은 헌법 위반이다.

⑤ 헌법은 명시적으로 규정된 국민투표 외에 다른 형태의 재신임 국민투표를 허용하지 않는다.

⑥ 국민투표의 가능성은 국민주권주의나 민주주의원칙과 같은 일반적인 헌법원칙에 근거하여 인정될 수 없으며, 헌법에 명문으로 규정되지 않는 한 허용되지 않는다.

⑦ 국민에게 특정의 국가정책에 관하여 국민투표에 회부할 것을 요구할 권리가 인정되지 않는다.

⑧ 헌법 제72조의 국민투표권은 대통령이 어떠한 정책을 국민투표에 부의한 경우에 비로소 행사가 가능한 기본권이다.

⑨ 헌법 제72조는 국민투표의 실시 여부, 시기, 구체적 부의사항을 결정할 국민투표 발의권을 독점적으로 부여한 것이다.

⑩ 한미무역협정의 체결로 헌법개정 절차에서의 국민투표권이 행사될 수 있을 정도로 헌법이 개정된 것이라고 할 수 없으므로 그 침해의 가능성은 인정되지 않는다.

국민투표 침해인 것	① 수도를 변경하는 신행정수도법(헌법 제130조의 국민투표권 침해) ② 재외선거인의 국민투표권 부정 ③ 신임을 연계한 국민투표 부의하겠다는 의견 표명(탄핵심판)
국민투표 침해가 아닌 것	① 대통령이 한미자유무역협정을 체결하기 전에 국민투표에 부의하지 않았더라도 국민투표권 침해 가능성은 없다. ② 행정중심복합도시건설특별법(각하)
국민투표법	**제9조 【투표권이 없는 자】** 투표일 현재 공직선거법 제18조의 규정에 따라 선거권이 없는 자는 투표권이 없다. **제22조 【국민투표안의 게시】** ① 중앙선거관리위원회는 공고된 국민투표안을 투표권자에게 주지시키기 위하여 게시하여야 한다. ③ 국민투표안의 게시문에는 국민투표안만을 기재하여야 한다. **제26조 【국민투표에 관한 운동의 기간】** 국민투표에 관한 운동은 국민투표일공고일로부터 투표일 전일까지에 한하여 이를 할 수 있다. **제27조 【운동의 한계】** 운동은 이 법에 규정된 이외의 방법으로는 이를 할 수 없다. **제28조 【운동을 할 수 없는 자】** ① 정당법상의 당원의 자격이 없는 자는 운동을 할 수 없다. ② 예비군 소대장급 이상의 간부 및 리·동·통·반의 장은 국민투표일공고일 이전에 그 직에서 해임되지 아니하고는 운동을 할 수 없으며 연설원 또는 투·개표참관인이 될 수 없다. **제49조 【국민투표일의 공고】** 대통령은 늦어도 국민투표일 전 18일까지 국민투표일과 국민투표안을 동시에 공고하여야 한다. **제51조 【투표소의 설치와 공고】** ① 투표소는 투표구마다 설치하되, 투표구선거관리위원회가 투표일전 10일까지 그 명칭과 소재지를 공고하여야 한다. 다만, 천재·지변 기타 불가피한 사유가 있을 때에는 이를 변경할 수 있다. **제92조 【국민투표무효의 소송】** 국민투표의 효력에 관하여 이의가 있는 투표인은 투표인 10만인 이상의 찬성을 얻어 중앙선거관리위원회위원장을 피고로 하여 투표일로부터 20일 이내에 대법원에 제소할 수 있다. **제93조 【국민투표무효의 판결】** 대법원은 제92조의 규정에 의한 소송에 있어서 국민투표에 관하여 이 법 또는 이 법에 의하여 발하는 명령에 위반하는 사실이 있는 경우라도 국민투표의 결과에 영향이 미쳤다고 인정하는 때에 한하여 국민투표의 전부 또는 일부의 무효를 판결한다.

061 현행헌법의 선거제도

01 선거의 의의와 원칙

선거의 의의	① 선거 ≠ 투표 ② 선거는 대표자 선출에 그칠 뿐 특정의 공무수행기능을 위임하는 행위는 아니다.
보통선거의 원칙	① 보통선거란 사회적 신분(성별, 계급, 교육정도) 등과 관계없이 모든 국민에게 선거권과 피선거권을 인정하는 선거원칙으로 제한선거에 대응하는 개념이다. ② 보통선거원칙의 예외: 보통선거원칙에 대한 예외도 허용될 수 있다. 예를 들면 외국인의 선거권 부정, 금치산 선고를 받은 자의 선거권 제한은 보통선거의 원칙에 대한 예외지만, 허용될 수 있다. ③ 보통선거의 원칙에 위배되는 선거권 제한 입법을 하기 위해서는 기본권 제한입법에 관한 헌법 제37조 제2항의 규정에 따라야 한다. ④ 범죄자의 선거권 제한 역시 보통선거원칙에 기초하여 필요 최소한의 정도에 그쳐야 한다. 수형자와 집행유예자 모두의 선거권을 제한하는 것은 침해의 최소성원칙에 어긋난다.
평등선거의 원칙	① 평등선거원칙은 선거권 부여에 있어서의 평등에 한정되지 않고, 선거운동의 기회 등 전체적인 선거과정에 있어서의 평등을 의미한다. ② 1인 1표 원칙(one man, one vote)과 투표의 성과가치의 평등을 그 내용으로 할 뿐만 아니라 일정한 집단의 의사가 정치과정에서 반영될 수 없도록 차별적으로 선거구를 획정하는 이른바 '게리맨더링'에 대한 부정을 의미하기도 한다.

02 선거구 구역표

국회의원선거구 구역표	① 선거구획정위원회(공직선거법 제24조): 국회의원선거구의 공정한 획정을 위하여 중앙선거관리위원회에 국회의원 선거구획정위원회를 두고, 시·도에 자치구 시·군의원 선거구획정위원회를 둔다. 국회의원, 지방의회의원, 정당의 당원은 선거구획정위원회의 위원이 될 수 없다. ㉠ 국회의원선거구획정위원회 **공직선거법 제24조 【국회의원선거구획정위원회】** ① 국회의원지역구의 공정한 획정을 위하여 임기만료에 따른 국회의원선거의 선거일 전 18개월부터 해당 국회의원선거에 적용되는 국회의원지역구의 명칭과 그 구역이 확정되어 효력을 발생하는 날까지 국회의원선거구획정위원회를 설치·운영한다. ② 국회의원선거구획정위원회는 중앙선거관리위원회에 두되, 직무에 관하여 독립의 지위를 가진다.

ⓒ 국회의원지역선거구 확정

> **공직선거법 제24조의2【국회의원지역구 확정】** ① 국회는 국회의원지역구를 선거일 전 1년까지 확정하여야 한다.

② 선거구 구역표의 헌법소원대상 여부: 선거구구역표는 선거권·평등권 침해문제를 야기하므로 헌법소원의 대상이 된다.

③ 선거구 획정의 고려요소

　ⓐ 인구비례: 선거구 획정에 가장 중요한 요소는 인구비례이다.

　ⓑ 비인구적 요소: 그러나 인구비례만이 유일한 기준이 아니라 지세, 교통편, 역사적·전통적 일체감, 행정구역을 고려하여 선거구를 획정해야 하므로 선거구 간에 인구 차이가 발생할 수밖에 없다.

　ⓒ 우리나라 특수고려요소(지역대표성): 우리나라는 독일 등의 선진국가와 달리 도시와 농어촌 간의 인구편차와 개발불균형이 현저하고 국회가 단원으로 구성되어 있어 국회의원이 국민 전체의 대표이면서 동시에 지역 대표성도 가지고 있다는 점을 고려하면 독일 등보다 선거구 간의 인구비례원칙을 완화해야 할 필요성이 있다.

④ 선거구 획정에 있어서의 입법자의 재량

　ⓐ 재량: 입법자는 인구비례, 행정구역, 지세, 역사적·전통적 일체감 등을 고려하여 선거구를 획정하되 선거구 획정에 있어서 재량권을 가진다. 다만, 평등원칙에서 도출되는 투표가치성과의 평등과 헌법 제24조의 선거권을 침해하지 않는 범위 내에서 선거구를 획정해야 한다. 재량의 범위를 일탈하여 선거구를 획정하는 경우 선거구 구역표는 평등선거원칙 등에 위반된다.

　ⓑ 재량의 한계: 헌법재판소는 평등선거원칙과 선거권을 침해하지 않는 입법자의 선거구 획정 재량의 범위를 전국평균인구수에서 상하 33.33%편차(최대선거구와 최소선거구 간 2:1)로 보고 있다. 이 범위를 벗어난 선거구 획정은 평등선거원칙에 위반된다.

⑤ 선거구 구역표의 불가분성: 선거구 구역표는 전체가 유기적 성격을 가지므로 한 선거구가 위헌이면 그 선거구에 한해 위헌인 것이 아니라 전체 선거구가 위헌의 하자를 띠는 것으로 보는 것이 헌법재판소 판례이다. 따라서 한 선거구가 위헌이라도 헌법재판소는 주문에서 전체 선거구 구역표가 위헌이라는 결정을 하고 있다.

⑥ 주문: 위헌결정에 따라 선거구구역표의 공백이 발생해 재선거와 보궐선거를 치를 수 없는 사태가 발생할 수 있는바, 위헌결정 대신 헌법불합치결정을 한다.

⑦ 특수상황

　ⓐ 인접하지 아니한 지역을 한 선거구로 획정하는 것: 인접하지 아니한 지역을 한 선거구로 획정하는 것은 특별한 사유가 없는 한 Gerrymendering(게리맨더링)이어서 헌법에 위반된다. 충북 보은·영동 선거구는 특별한 사유가 없으므로 헌법에 위반된다(95년 판례). 인천 서구(검단동)·강화군 乙 선거구란은 특별한 사유가 있으므로 헌법에 위반되지 않는다(2001년 판례).

　ⓑ 구·시·군의 일부를 분할하는 선거구 획정은 구·시·군 일부를 분할하여 다른 국회의원 지역구에 속하게 하지 못하도록 규정하고 있는 공직선거법 제25조 제1항과 충돌하더라도 헌법에 위반되지 않는다.

국회의원선거구 구역표

국회의원선거구 구역표 판례	① 선거구 구역표는 선거권과 평등권의 문제이다. ☑ 정당활동의 자유 및 공무담임권 침해 여부에 대해서는 별도로 판단 × ② 국회의원의 지역대표성이 고려되어야 한다고 할지라도 이것이 국민주권주의의 출발점인 투표가치의 평등보다 우선시 될 수는 없다. ③ 현재는 지방자치제도가 정착되어 지역대표성을 이유로 헌법상 원칙인 투표가치의 평등을 현저히 완화할 필요성이 예전에 비해 크지 아니하다. ④ 행정구의 일부를 분할하여 다른 구와 통합하여 선거구를 획정한 것이 입법재량의 범위를 일탈한 자의적인 선거구 획정인지 여부(소극)
지방의원선거구 구역표	① 자치구 · 시 · 군의원선거구획정위원회 **공직선거법 제24조의3【자치구 · 시 · 군의원선거구획정위원회】** ① 자치구 · 시 · 군의원지역선거구의 공정한 획정을 위하여 시 · 도에 자치구 · 시 · 군의원선거구획정위원회를 둔다. ② 선거구 획정시 고려 요소: 국회의원선거구 구역표를 획정할 때와 동일하다. 구 · 시 · 군의회 선거구 허용 여부는 해당 구 · 시 · 군 선거구만을 고려해서 결정해야 하지 시 · 도 선거구 전체를 고려해서 판단할 필요는 없다.
지역구 지방의원선거구 허용편차 판례	① 지역구, 자치구 · 시 · 군의원 선거구 획정시 허용편차 ➡ 현재의 시점에서 자치구 · 시 · 군의원 선거구 획정과 관련하여 헌법이 허용하는 인구편차의 기준을 인구편차 상하 50%(인구비례 3:1)로 변경하는 것이 타당하다. ② 지역구 시 · 도의원 선거구 획정시 허용편차 ➡ 시 · 도의원은 주로 지역적 사안을 다루는 지방의회의 특성상 지역대표성도 겸하고 있고, 우리나라는 도시와 농어촌 간의 인구격차가 크고 각 분야에 있어서의 개발불균형이 현저하다는 특수한 사정이 존재하므로, 시 · 도의원 지역구 획정에 있어서는 행정구역 내지 지역대표성 등 2차적 요소도 인구비례의 원칙에 못지않게 함께 고려해야 할 필요성이 크다. 현시점에서는 시 · 도의원지역구 획정에서 허용되는 인구편차 기준을 인구편차 상하 50%(인구비례 3: 1)로 변경하는 것이 타당하다. ③ 인구편차에 의한 투표가치의 불평등은 이 사건 선거구구역표 중 용인시 선거구 부분의 획정에서뿐만 아니라 인구비례가 아닌 행정구역별로 시 · 도의원 정수를 2인으로 배분하고 있는 공직선거법 제22조 제1항에서 시원적(始原的)으로 생기고 있으므로, 인구비례가 아니라 행정구역별로 시 · 도의원 정수를 2인으로 배분하고 있는 공직선거법 제22조 제1항도 결과적으로 청구인들의 헌법상 보장된 선거권과 평등권을 침해한다고 할 것이다.
직접선거의 원칙	① 직접선거의 원칙이란 간접선거에 대응하는 개념으로 선거인 스스로가 직접 대의기관을 선출하는 것을 뜻한다. ② 비례대표 순서전환: 이미 투표가 행해진 다음에 비례대표제에 의한 비례대표후보의 순위나 사람을 바꾸는 것은 직접선거의 원칙에 반한다. ③ 직접선거의 원칙과 국회의원 의석 배분(판례) ㉠ 직접선거의 원칙은 국회의원의 선출이나 정당의 의석획득이 중간선거인이나 정당 등에 의하여 이루어지지 않고 선거권자의 의사에 따라 직접 이루어져야 함을 의미한다.

직접선거의 원칙	㉡ 비례대표제를 채택하는 경우 직접선거의 원칙은 의원의 선출뿐만 아니라 정당의 비례적인 의석확보도 선거권자의 투표에 의하여 직접 결정될 것을 요구하는바, 정당의 명부작성행위가 최종적·결정적인 의의를 지니게 된다면 선거권자들의 투표행위로써 비례대표의원의 선출을 직접·결정적으로 좌우할 수 없으므로 직접선거의 원칙에 위배된다.
	㉢ 당내 경선에도 직접·평등·비밀투표 등 일반적인 선거원칙이 그대로 적용되고 대리투표는 허용되지 않는다.
	④ 1인 1표제하에서 지역구 국회의원 총선거에서 얻은 득표비율에 따라 비례대표국회의원 의석을 배분하는 공직선거법 제189조(위헌)
	  ㉠ 국회의원 선거에 있어 다수대표제만을 택하고 비례대표제를 택하지 않을 경우 지역구의 개별후보자에 대한 국민의 지지만을 정확하게 반영하여도 민주주의 원리에 반하는 것은 아니다.
	  ㉡ 고정명부식을 채택한 것 자체는 직접선거원칙에 위반되는 것은 아니다.
	  ㉢ 지역구 후보자에 대한 투표를 정당에 대한 지지로 환산하여 비례대표의석을 배분하는 것은 유권자의 투표행위가 아니라 정당의 명부작성행위로 비례대표의원의 당선 여부가 결정되므로 직접선거원칙에 위반된다.
	  ㉣ 정당의 지역구 후보자가 얻은 득표율을 기준으로 한 비례대표 의석배분에 있어서 저지기준에 따라 의석배분에서 제외하는 것은 정당화될 수 없다. 국민의 정당지지의 정도를 계산함에 있어 불합리한 잣대를 사용하는 한 현행의 저지조항은 그 저지선을 어느 선에서 설정하건 간에 평등원칙에 위반될 수밖에 없다.

비밀선거의 원칙	① 비밀선거의 원칙이란 공개투표 내지 공개선거에 대응하는 개념으로 선거인의 의사결정이 타인에게 알려지지 않도록 하는 선거원칙이다.
	② 비밀선거원칙의 위반 여부
	  ㉠ 무소속 후보자의 추천자 서명요구는 비밀선거의 원칙에 위배되지 않으나, 투표 불참자의 명단공개는 비밀선거원칙에 위반된다.
	  ㉡ 모사전송 시스템의 활용은 헌법에 위반된다 할 수 없다.
	③ 출구조사
	
	  공직선거법 제167조【투표의 비밀보장】 ② 선거인은 투표한 후보자의 성명이나 정당명을 누구에게도 또한 어떠한 경우에도 진술할 의무가 없으며, 누구든지 선거일의 투표마감시각까지 이를 질문하거나 그 진술을 요구할 수 없다. 다만, 텔레비전방송국·라디오방송국·신문 등의 진흥에 관한 법률 제2조 제1호 가목 및 나목에 따른 일간신문사가 선거의 결과를 예상하기 위하여 선거일에 투표소로부터 50미터 밖에서 투표의 비밀이 침해되지 않는 방법으로 질문하는 경우에는 그러하지 아니하며 이 경우 투표 마감시각까지 그 경위와 결과를 공표할 수 없다.
	
	④ 신체의 장애로 인하여 자신이 기표할 수 없는 선거인에 대해 투표보조인이 가족이 아닌 경우 반드시 2인을 동반하여서만 투표를 보조하게 할 수 있도록 정하고 있는 공직선거법(판례)
	  ㉠ 심판대상조항은 보통선거의 원칙을 실현하기 위해 마련된 것이다.
	  ㉡ 심판대상조항이 비밀선거의 원칙에 대한 예외를 두어 청구인의 선거권을 침해하는지 여부가 문제된다.
	  ㉢ 심판대상조항에 비밀선거의 원칙에 대한 예외를 두는 것이 청구인의 선거권을 침해하는지 여부를 판단할 때에도 헌법 제37조 제2항에 따른 엄격한 심사가 필요하다.
	  ㉣ 심판대상조항은 비밀선거의 원칙에 대한 예외를 두고 있지만 과잉금지원칙에 반하여 청구인의 선거권을 침해하지 않는다.

자유선거의 원칙	① 자유선거의 원칙이란 강제선거에 대응한 개념으로 우리 헌법에 명시되지는 않았지만 민주국가의 선거제도에 내재하는 선거원칙으로 선거과정에서 요구되는 선거권자의 의사형성의 자유와 의사실현의 자유를 말한다. ② 헌법상 근거: 국민주권원리, 의회민주주의, 참정권 ③ 자유선거원칙 내용 　㉠ 자유선거의 원칙은 구체적으로는 투표의 자유, 입후보의 자유, 나아가 선거운동의 자유를 뜻한다. 　㉡ 선거의 자유에는 공직선거에 입후보할 자유뿐 아니라 입후보하였던 자가 참여하였던 선거과정으로부터 이탈할 자유도 포함된다. 　㉢ 선거운동의 제한은 후보자에 관한 정보에 자유롭게 접근할 수 있는 권리를 제한하는 것이므로 선거권, 곧 참정권의 제한으로 귀결된다.

03 선거권

선거권의 적극적 요건	① 대통령·국회의원 선거권: 헌법은 선거권 연령은 법률로 정하도록 위임하였으므로 (헌법 제41조 제3항) 헌법개정 없이 선거권 연령을 18세로 할 수 있다. ② 선거권 연령(판례) 　㉠ 선거권 연령은 입법자의 재량이다. 　㉡ 선거권 19세(합헌) 　㉢ 선거권 연령을 정함에 있어서 민법상 행위능력이 있는 성년 연령과 반드시 일치시킬 필요는 없지만 국민이 정치적인 판단을 할 수 있는 능력이 있는지 여부를 판단할 때 민법상 행위능력의 유무도 중요한 기준이 될 수 있다. 　㉣ 선거권 연령에 있어서 헌법재판소가 입법자보다 전문적 식견을 가진다고 할 수 없다. ③ 지방의회의원과 지방자치단체장 선거권: 18세 이상인 자 중에서 다음에 해당하는 자이다(공직선거법 제15조 제2항). 　㉠ 해당 지방자치단체의 관할 구역에 주민등록이 되어 있는 사람 　㉡ 재외국민 주민등록표에 3개월 이상 올라와 있는 사람 　㉢ 출입국관리법 제10조에 따른 영주의 체류자격 취득일 후 3년이 경과한 18세 이상 외국인으로서 같은 법 제34조에 따라 해당 지방자치단체의 외국인등록대장에 올라 있는 사람
선거권의 소극적 요건	① 선거일 현재 다음의 어느 하나에 해당하는 사람은 선거권이 없다. 　㉠ 금치산선고를 받은 자 　㉡ 1년 이상의 징역 또는 금고의 형의 선고를 받고 그 집행이 종료되지 아니하거나 그 집행을 받지 아니하기로 확정되지 아니한 사람. 다만, 그 형의 집행유예를 선고받고 유예기간 중에 있는 사람은 제외한다. 　㉢ 선거범, 정치자금법 제45조(정치자금부정수수죄) 및 제49조(선거비용관련 위반행위에 관한 벌칙)에 규정된 죄를 범한 자 또는 대통령·국회의원·지방의회의원·지방자치단체의 장으로서 그 재임 중의 직무와 관련하여 형법 제129조(수뢰, 사전수뢰) 내지 제132조(알선수뢰)·특정범죄가중처벌 등에 관한 법률 제3조(알선수재)에 규정된 죄를 범한 자로서, 100만원 이상의 벌금형의 선고를 받고 그 형이 확정된 후 5년 또는 형의 집행유예의 선고를 받고 그 형이 확정된 후 10년을 경과하지 아니하거나 징역형의 선고를 받고 그 집행을 받지 아니하기로 확정된 후 또는 그 형의 집행이 종료되거나 면제된 후 10년을 경과하지 아니한 자(형이 실효된 자도 포함한다)

선거권의 소극적 요건	② 수형자와 집행유예기간 중인 자의 선거권 제한 　㉠ 선거권을 제한하는 법률의 합헌성을 심사하는 경우 그 심사강도는 엄격해야한다. 　㉡ 헌법 제24조는 국민의 선거권이 "법률이 정하는 바에 따라서만 인정될 수 있다."는 포괄적인 입법권의 유보 아래 있음을 뜻하는 것이 아니다. 　㉢ 집행유예자와 수형자의 선거권 제한은 범죄자가 범죄의 대가로 선고받은 자유형의 본질에서 당연히 도출되는 것이 아니므로, 범죄자의 선거권 제한 역시보통선거원칙에 기초하여 필요 최소한의 정도에 그쳐야 한다. 　㉣ 모든 수형자의 선거권 제한: 헌법불합치결정 　㉤ 집행유예선고기간 중인 자 선거권 제한: 위헌결정 ③ 1년 이상의 징역의 형의 선고를 받고 그 집행이 종료되지 아니한 사람의 선거권을 제한하는 공직선거법(합헌) 　㉠ 입법자가 가석방 처분을 받았다는 후발적 사유를 고려하지 아니하고 1년 이상 징역의 형을 선고받은 사람의 선거권을 일률적으로 제한하였다고 하여 불필요한 제한이라고 보기는 어렵다. 　㉡ 1년 이상의 징역의 형을 선고받았는지 여부만을 기준으로 할 뿐, 과실범과 고의범 등 범죄의 종류를 불문하고, 범죄로 인하여 침해된 법익이 국가적 법익인지, 사회적 법익인지, 개인적 법익인지 그 내용 또한 불문한다. ④ 선거범으로서 벌금 100만원 이상 벌금형 선거권 제한: 합헌 ⑤ 선거범과 다른 죄의 경합범을 선거범으로 의제: 합헌 　비교》 선거범죄로 인하여 100만원 이상의 벌금형이 선고되면 임원의 결격사유가 됨에도,선거범죄와 다른 죄가 병합되어 경합범으로 재판하게 되는 경우 선거범죄를 분리심리하여 따로 선고하는 새마을금고법: 직업선택의 자유 침해
재외선거	① 주민등록을 요건으로 하여 재외국민 선거권을 부정한 공직선거법에 대한 헌법불합치결정 　㉠ 공직선거법 제37조 제1항의 주민등록을 요건으로 재외국민의 국정선거권을 제한하는 것은 헌법 제37조 제2항에 위반하여 재외국민의 선거권과 평등권을 침해하고 보통선거원칙에도 위반된다. 　㉡ 주민등록을 요건으로 국내거주 재외국민의 지방선거 선거권을 제한하는 것이국내거주 재외국민의 평등권과 지방의회의원선거권을 침해하는지 여부(적극) 　㉢ 주민등록을 요건으로 국내거주 재외국민의 지방선거 피선거권을 제한하는 것이 국내거주 재외국민의 공무담임권을 침해하는지 여부(적극) 　㉣ 주민등록을 요건으로 재외국민의 국민투표권을 제한하는 국민투표법 제14조제1항이 청구인들의 국민투표권을 침해하는지 여부(적극) ② 18세 이상인 자로서 재외국민 주민등록표에 3개월 이상 올라 온 재외국민: 대통령, 국회의원, 지방자치단체장, 국회의원 선거권을 가진다. ③ 18세 이상인 자로서 재외국민 주민등록이 되어 있지 않은 재외국민: 대통령과 임기만료에 따른 비례대표국회의원 선거권을 가진다. ④ 재외선거인 　㉠ 주민등록이 되어 있지 않고 국내거소신고도 하지 않은 재외국민에게 임기만료지역구국회의원선거권을 인정하지 않은 공직선거법: 재외선거인의 선거권을 침해하거나 보통선거원칙에 위배된다고 볼 수 없다. 　㉡ 재외선거인에게 국회의원 재·보궐선거의 선거권을 인정하지 않은 재외선거인등록신청조항은 재외선거인의 선거권을 침해하거나 보통선거원칙에 위배된다고 볼 수 없다.

재외선거	ⓒ 재외선거인으로 하여금 선거를 실시할 때마다 재외선거인 등록신청을 하도록 한 재외선거인 등록신청조항은 재외선거인의 선거권을 침해한다고 볼 수 없다. ⓔ 인터넷투표방법이나 우편투표방법을 채택하지 아니하고 원칙적으로 공관에 설치된 재외투표소에 직접 방문하여 투표하는 방법을 채택한 공직선거법 제218조의19 제1항 및 제2항은 현저히 불공정하고 불합리하다고 볼 수는 없으므로, 재외선거 투표절차조항은 재외선거인의 선거권을 침해하지 아니한다. ⓜ 재외선거의 등록신청시 여권제시: 합헌 ⑤ '재외투표기간 개시일 전에 귀국한 재외선거인등'에 관한 부분이 불완전·불충분하게 규정되어 있어 재외투표기간 개시일에 임박하여 또는 재외투표기간 중에 재외선거사무 중지결정이 있었고 그에 대한 재개결정이 없었던 예외적인 상황에서 재외투표기간 개시일 이후에 귀국한 재외선거인 및 국외부재자신고인이 국내에서 선거일에 투표할 수 있도록 하는 절차를 마련하지 아니한 공직선거법은 선거권을 침해한다. ⑥ 국외부재자신고: 대통령선거와 임기만료에 따른 국회의원선거를 실시하는 때마다 관할 구·시·군의 장에게 국외부재자 신고를 하여야 한다. ⑦ 국외부재자 투표 불인정은 선거권 침해 　ⓐ 공직선거법 제38조 제1항의 국내거주자에게만 부재자신고를 허용하는 것이 국외거주자의 선거권·평등권을 침해하고 보통선거원칙을 위반하는지 여부(적극) 　ⓑ 해외선원 부재자투표 부정: 선거권을 과도하게 제한하고 있어 '피해의 최소성' 원칙에 위배된다.
투표	① 투표일과 투표시간 　ⓐ 투표시간: 오후 6시까지를 정한 공직선거법은 투표소관리를 위해 불가피하므로 선거권을 침해한다고 할 수 없다. 　ⓑ 투표일을 유급휴일로 하는 입법을 할 의무는 도출되지 않는다. ② 부재자투표시간 　☑ 오전 10시 헌법불합치결정, 오후 4시는 합헌 ③ 선거권 관련 판례 　ⓐ 교육위원 및 교육감의 선거인단을 학교운영위원회 위원으로 한정한 지방교육자치에 관한 법률 제62조 제1항: 합헌 　ⓑ 선거인의 신분확인을 위해 사진이 첩부된 관공서 또는 공공기관 발행의 신분증명서를 제시하도록 하는 규정: 합헌 　ⓒ 연기군의회의원 등에게 세종특별자치시의회의원의 자격을 취득하도록 규정하고 있는 세종특별자치시 설치 등에 관한 특별법: 합헌 　ⓓ 지역구 국회의원선거 소선구제와 다수대표제: 합헌 　ⓔ 사법인적인 성격을 지니는 농협의 조합장선거에서 조합장을 선출하거나 선거운동을 하는 것은 헌법에 의하여 보호되는 선거권의 범위에 포함되지 않는다. 　ⓕ 육군훈련소에서 군사교육을 받고 있었던 청구인에 대하여 제19대 대통령선거 대담·토론회의 시청을 금지한 행위: 합헌

04 선거 관련 법조항

헌법 규정사항	① 보통·평등·직접·비밀선거: 국회의원선거와 대통령선거에 규정. 지방의원선거에는 헌법에 규정 없고, 지방자치법에 규정함. ② 국회의원수는 200인 이상 ③ 국회의원 임기 → 4년 ④ 대통령 선거시 최고 득표자가 2명일 때 국회에서 선출 ⑤ 대통령 선거후보자가 1인일 경우 선거권자 총수 3분의 1 이상 득표 ⑥ 대통령 피선거권자 → 40세 이상 ⑦ 대통령 임기만료선거기간 → 70일~40일 이내 ⑧ 대통령 보궐재선거기간 → 60일 이내 ⑨ 대통령 임기 → 5년 중임제한
공직선거법 규정사항	① 국회의원 정수 → 300명 ② 대통령 피선거권자 → 5년 이상 국내 거주요건 ③ 국회의원, 지자체장, 지자체 의원 피선거권자 → 18세 이상 ④ 국회의원, 지자체장, 지자체 의원 보궐선거, 재선거기간 ⑤ 선거권자 연령 → 18세 ⑥ 선거일

⊕PLUS 선거 비교

구분 \ 선거종류	대통령 선거	국회의원 선거	지자체장 선거	지방의회의원 선거
선거권	18세 이상 국민	18세 이상 다음 어느 하나일 때 ① 해당 국회의원지역선거구 안에 주민등록이 되어 있는 사람 ② 재외국민 주민등록표에 3개월 이상 올라와 있고 해당 국회의원지역선거구 안에 주민등록이 되어 있는 사람	18세 이상 다음 어느 하나일 때 ① 해당 지방자치단체의 관할 구역에 주민등록이 되어 있는 사람 ② 재외국민 주민등록표에 3개월 이상 올라와 있고 해당 지자체 관할 구역에 주민등록이 되어 있는 사람 ③ 영주의 체류자격 취득일 후 3년이 경과한 외국인으로서 외국인등록대장에 올라 있는 사람	
피선거권	① 40세 이상 ② 5년 이상 국내 거주 ③ 국회의원 피선거권이 있는 자	① 18세 이상 ② 거주요건 없음	① 18세 이상 ② 선거일 현재 계속 60일 이상 당해 지방자치단체의 관할 구역 안에 주민등록(국내거소신고인명부에 올라 있는 경우를 포함)이 되어 있는 자	
선거일 (선거기간)	임기만료 전 70일 이후 첫 번째 수요일 (23일)	임기만료 전 50일 이후 첫 번째 수요일 (14일)	임기만료 전 30일 이후 첫 번째 수요일 (14일)	임기만료 전 30일 이후 첫 번째 수요일 (14일)
최고득표자가 2명 이상일 경우	국회재적 의원과반수 출석에 다수득표자	연장자	연장자	연장자
후보자가 1인일 경우	선거권자 총수 3분의 1	무투표당선	무투표당선	무투표당선

05 피선거권 요건

대통령 선거	① 40세 이상 헌법, 5년 거주 법률(○), 국내주거를 두고 외국에 파견된 기간과 외국에 체류한 기간은 국내 거주기간으로 본다. ② 헌법 제67조 제4항은 대통령 피선거권 연령을 직접 규정하고 있으므로 법률로 개정하는 것은 허용되지 않지만, 거주기간 5년 이상의 요건은 개정할 수 있다.
국회의원 선거	국회의원의 피선거권: 헌법에는 직접 규정이 없고 공직선거법에서 18세 이상의 자로 규정하고 있다(공직선거법 제16조 제2항).
지방자치단체장, 지방의회의원 선거	지방자치단체장, 지방의회의원의 피선거권: 선거일 현재 60일 이상 당해 지방자치단체의 관할 구역에 거주하는 자로서 18세 이상의 국민(공직선거법 제16조 제3항)
피선거권이 없는 자	① 제18조(선거권이 없는 자) 제1항 제1호 · 제3호 또는 제4호에 해당하는 자 ② 금고 이상의 형의 선고를 받고 그 형이 실효되지 아니한 자 ③ 법원의 판결 또는 다른 법률에 의하여 피선거권이 정지되거나 상실된 자 ④ 국회법 제166조(국회 회의 방해죄)의 죄를 범한 자로서 다음의 어느 하나에 해당하는 자 (형이 실효된 자를 포함한다) 　㉠ 500만원 이상의 벌금형의 선고를 받고 그 형이 확정된 후 5년이 경과되지 아니한 자 　㉡ 형의 집행유예의 선고를 받고 그 형이 확정된 후 10년이 경과되지 아니한 자 　㉢ 징역형의 선고를 받고 그 집행을 받지 아니하기로 확정된 후 또는 그 형의 집행이 종료되거나 면제된 후 10년이 경과되지 아니한 자 ⑤ 제230조 제6항의 죄를 범한 자로서 벌금형의 선고를 받고 그 형이 확정된 후 10년을 경과하지 아니한 자(형이 실효된 자도 포함한다)
피선거권 요건과 제한 판례	① 국회의원 피선거권 연령을 25세로 하는 선거법은 피선거권을 침해한다고 할 수 없다. ② 지방자치단체장 피선거권 요건으로서 60일 거주와 90일 거주요건도 합헌 ③ 주민등록을 요건으로 하여 재외국민의 피선거권을 인정하지 않는 것은 공무담임권을 침해한다. ④ 선거권이 없는 자의 피선거권을 제한하는 공직선거법 제19조 제1호: 합헌 ⑤ 선거범죄자에 대한 피선거권 부정: 합헌

06 입후보 제한

입후보 제한	공직선거법 제53조 【공무원 등의 입후보】 ① 다음 각 호의 어느 하나에 해당하는 사람으로서 후보자가 되려는 사람은 선거일 전 90일까지 그 직을 그만두어야 한다. 다만, 대통령선거와 국회의원선거에 있어서 국회의원이 그 직을 가지고 입후보하는 경우와 지방의회의원선거와 지방자치단체의 장의 선거에 있어서 당해 지방자치단체의 의회의원이나 장이 그 직을 가지고 입후보하는 경우에는 그러하지 아니하다. 1. 국가공무원법 제2조(公務員의 구분)에 규정된 국가공무원과 지방공무원법 제2조(公務員의 區分)에 규정된 지방공무원. 다만, 정당법 제22조(발기인 및 당원의 자격)제1항 제1호 단서의 규정에 의하여 정당의 당원이 될 수 있는 공무원(政務職公務員을 제외한다)은 그러하지 아니하다. 2. 각급 선거관리위원회위원 또는 교육위원회의 교육위원 3. 다른 법령의 규정에 의하여 공무원의 신분을 가진 자

입후보 제한	4. 공공기관의 운영에 관한 법률 제4조 제1항 제3호에 해당하는 기관 중 정부가 100분의 50 이상의 지분을 가지고 있는 기관(한국은행을 포함한다)의 상근 임원 5. 농업협동조합법·수산업협동조합법·산림조합법·엽연초생산협동조합법에 의하여 설립된 조합의 상근 임원과 이들 조합의 중앙회 6. 지방공기업법 제2조(適用範圍)에 규정된 지방공사와 지방공단의 상근 임원 7. 정당법 제22조 제1항 제2호의 규정에 의하여 정당의 당원이 될 수 없는 사립학교교원 8. 신문 등의 진흥에 관한 법률 제2조에 따른 신문 및 인터넷신문, 잡지 등 정기간행물의 진흥에 관한 법률 제2조에 따른 정기간행물, 방송법 제2조에 따른 방송사업을 발행·경영하는 자와 이에 상시 고용되어 편집·제작·취재·집필·보도의 업무에 종사하는 자로서 중앙선거관리위원회규칙으로 정하는 언론인 9. 특별법에 의하여 설립된 국민운동단체로서 국가 또는 지방자치단체의 출연 또는 보조를 받는 단체(바르게살기운동협의회·새마을운동협의회·한국자유총연맹을 말하며, 시·도조직 및 구·시·군조직을 포함한다)의 대표자
입후보 제한 판례	① 구 공직선거 및 선거부정방지법 제53조 제1항 제1호가 공무원으로서 공직선거의 후보자가 되고자 하는 자는 선거일 전 90일까지 그 직을 그만두도록 한 것(합헌) ② 공직선거 및 교육감선거 입후보시 선거일 전 90일까지 교원직을 그만두도록 하는 공직선거법(합헌) ③ 정부투자기관 직원의 입후보 제한은 위헌, 겸직금지는 합헌 ➡ 지방의회의원이 지방공사 직원의 직을 겸할 수 없도록 규정하고 있는 지방자치법도 합헌이다. ④ 농협, 축산업 협동조합장의 지방의회의원 입후보 제한과 겸직금지(위헌) ⑤ 지방자치단체장의 임기 중 다른 선거의 입후보 할 수 없도록 한 공직선거법(위헌) ⑥ 지방자치단체장의 선거구역이 당해 지방자치단체의 관할구역과 같거나 겹치는 지역구 국회의원 선거에 입후보하고자 할 때 선거일 전 180일까지 그 직을 그만두도록 한 공직선거법(위헌) ⑦ 지방자치단체장에 대하여 공직사퇴시한을 '선거일 전 120일 전까지'로 하여 종전 조항보다 '60일'을 단축(합헌) ⑧ 교육감선거와 관련하여 후보자를 사퇴한 데 대한 대가를 목적으로 후보자이었던 자에게 금전을 제공하는 행위를 한 자를 공직선거법을 준용하여 처벌하는 것(합헌)

07 후보자 추천

후보자 추천과 등록	① 정당의 후보자 추천: 정당은 그 소속당원을 후보자로 추천할 수 있다. 즉 정당은 소속당원이 아닌 자를 후보자를 추천할 수 없다(공직선거법 제47조). ② 정당이 자치구·시·군의 장 후보자를 추천할 수 있도록 한 공직선거법(합헌)	
정당의 여성후보자 추천 (공직선거법 제47조 제3항·제4항)	비례대표 국회의원과 지방의원	① 그 후보자 중 100분의 50 이상을 여성으로 추천하되, 그 후보자명부의 순위의 매 홀수에는 여성을 추천하여야 한다. ② 100분의 50 이상의 여성을 추천하지 아니한 경우 정당의 후보자 등록을 수리할 수 없고 등록을 했다고 하더라도 무효가 된다.
	지역구 국회의원과 지방의원	전국지역구 총수의 100분의 30 이상을 여성으로 추천하도록 노력하여야 한다.

후보자 추천의 취소와 변경금지	정당은 후보자 등록 후에는 후보자가 사퇴·사망하거나 소속정당제명·중앙당의 시·도 당창당 승인취소 외의 사유로 등록이 무효로 된 때를 제외하고는 지역구나 비례대표 후보자 추천을 취소·변경할 수 없다(공직선거법 제50조).
당내경선 (공직선거법 제57조의2)	① 당내경선 실시 여부: 정당은 공직선거후보자를 추천하기 위하여 경선을 실시할 수 있다. 　⊙ 당내경선을 실시할 수 있도록 한 공직선거법은 공무담임권과 평등권을 침해할 가능성이 있다고 보기 어렵다 　ⓒ 정당의 후보자 추천이 헌법소원의 대상인지 여부(소극) ② 당내경선에서 추천받지 못한 후보자: 당해 선거의 같은 선거구에서는 후보자로 등록될 수 없다. 다만, 후보자로 선출된 자가 사퇴·사망·피선거권 상실 또는 당적의 이탈·변경 등으로 그 자격을 상실한 때에는 그러하지 아니하다. ③ 당내경선 비용: 관할선거구선거관리위원회가 당내경선의 투표 및 개표에 관한 사무를 수탁관리하는 경우에는 그 비용은 국가가 부담한다. 다만, 투표 및 개표참관인의 수당은 당해 정당이 부담한다. ④ 위탁하는 당내경선에 있어서의 이의제기: 정당이 공직선거법 제57조의4에 따라 당내경선을 위탁하여 실시하는 경우에는 그 경선 및 선출의 효력에 대한 이의제기는 당해 정당에 하여야 한다. ⑤ 당내경선: 선거운동은 아님
판례	① 시설관리공단의 상근직원의 당내경선운동을 금지하는 공직선거법 ➜ 위헌결정 ② 서울교통공사의 상근직원이 당원이 아닌 자에게도 투표권을 부여하는 당내경선에서 경선운동을 할 수 없도록 하고 위반행위를 처벌하는 공직선거법 ➜ 위헌결정 ③ 공무원이 당내경선에서 경선운동을 한 경우 형사처벌하는 공직선거법 ➜ 합헌결정 ④ 정당이 당원과 당원이 아닌 자에게 투표권을 부여하여 실시하는 당내경선에서 허용되는 경선운동방법을 한정하고, 이를 위반하여 경선운동을 한 자를 처벌하는 공직선거법 제57조 ➜ 합헌결정

08 기탁금

기탁금	① 대통령선거는 3억원 ② 지역구국회의원선거는 1천 500만원 ③ 비례대표국회의원선거는 500만원 ④ 시·도의회의원선거는 300만원 ⑤ 시·도지사선거는 5천만원 ⑥ 자치구·시·군의 장선거는 1천만원 ⑦ 자치구·시·군의원선거는 200만원 ⑧ 판례 　⊙ 대통령선거 5억원: 헌법불합치 ➜ 3억원(합헌) 　ⓒ 국회의원선거

무소속후보자 2천만원 정당후보자 1천만원	평등선거원칙 위반
2천만원	위헌
1천 500만원(지역구)	합헌
1천 500만원(비례대표)	헌법불합치, 500만원으로 개정

	ⓒ 광역의원선거 700만원(위헌) ➡ 300만원
	ⓔ 시·도의 장선거 기탁금 5천만원, 기초지방의원선거 기탁금 200만원(합헌)
기탁금 반환	① 당선 ② 후보자가 사망한 경우 ③ 15% 이상 득표하면 전액 반환, 10% 이상은 50% 반환 | 유효투표 3분의 1 이상 | 위헌 | | 유효투표 20% 이상 | 위헌 | | 유효투표 15% 이상 | 합헌 | ④ 기탁금의 국가귀속사유: 법정기준 미만의 득표, 후보자 사퇴, 후보자 등록무효(당적변경 등 사유로), 비례대표의 경우 소속정당의 비례대표 후보 중 당선자가 없을 때에는 기탁금은 국가 또는 지방자치단체에 귀속된다. ⑤ 대학교 총장선거 기탁금 　ⓐ 전북대 총장선거 기탁금 1천만원은 공무담임권 침해임 　ⓑ 대구교대 총장선거 기탁금 1천만원은 공무담임권 침해 아님 　ⓒ 대구교대 총장선거에서 최종 환산득표율의 100분의 15 이상을 득표한 경우에는 납부한 기탁금의 반액을 반환하도록 규정한 것은 재산권 침해임 　ⓓ 경북대학교 총장임용후보자선거의 후보자로 등록하려면 3천만원의 기탁금은 공무담임권 침해 아님 　ⓔ 100분의 15 이상을 득표한 경우에는 기탁금 전액을, 100분의 10 이상 100분의 15 미만을 득표한 경우에는 기탁금 반액을 반환하도록 규정한 것은 재산권 침해 아님
예비후보자 기탁금 반환	① 지역구국회의원선거예비후보자와 지방자치단체의 장선거 예비후보자 기탁금 반환: 예비후보자의 기탁금 반환 사유를 예비후보자의 사망, 당내경선 탈락으로 한정하고 있는 공직선거법은 재산권을 침해한다. ② 개정법: 예비후보자의 사망, 정당의 추천을 받지 못하여 후보자 등록을 못한 경우로 법 개정(제57조 제1항 제1호 다목)
후보자의 정당표방	구·시·군 의원선거에서 정당표방금지: 위헌결정에 따라 자치구·시·군의원 선거의 경우 후보자가 정당표방을 할 수 있게 되었다.

09 당선인 결정

대통령선거	① 대통령선거에 있어서는 **중앙선거관리위원회가 유효투표의 다수를 얻은 자를 당선인으로 결정하고, 이를 국회의장에게 통지하여야 한다.** 다만, 후보자가 1인인 때에는 그 득표수가 선거권자총수의 3분의 1 이상에 달하여야 당선인으로 결정한다. ② 최고득표자가 2인 이상인 때에는 중앙선거관리위원회의 통지에 의하여 국회는 재적의원 과반수가 출석한 공개회의에서 다수표를 얻은 자를 당선인으로 결정한다. ③ 제1항의 규정에 의하여 당선인이 결정된 때에는 중앙선거관리위원회위원장이, 제2항의 규정에 의하여 당선인이 결정된 때에는 국회의장이 이를 공고하고, 지체 없이 당선인에게 당선증을 교부하여야 한다.
비례대표국회의원선거	① 비례대표국회의원선거에 있어 선거에 참여한 선거권자들의 정치적 의사표명에 의하여 직접 결정되는 것은 어떠한 비례대표국회의원후보자가 비례대표국회의원으로 선출되느냐의 문제라기보다는 비례대표국회의원을 할당받을 정당에 배분되는 비례대표국회의원의 의석수이다.

② 실정법의 근거: 제3공화국 헌법에서 처음 도입, 헌법에 최초로 규정한 것은 제5공화국 헌법, 현행헌법 제41조 제3항은 비례대표제를 규정하고 있음

③ 취지: 비례대표제는 거대정당에게 일방적으로 유리하고, 다양해진 국민의 목소리를 제대로 대표하지 못하며 사표를 양산하는 다수대표제의 문제점에 대한 보완책으로 고안·시행되는 것이다.

④ 장점: 비례대표제는 그것이 적절히 운용될 경우 사회세력에 상응한 대표를 형성하고, 정당정치를 활성화하며, 정당간의 경쟁을 촉진하여 정치적 독점을 배제하는 장점을 가질 수 있다.

⑤ 단점: 군소정당이 난립하여 1당이 안정의석을 확보하기 어려워 정국불안으로 이어질 수 있다.

⑥ 비례대표제와 대의제: 비례대표제는 대의제 민주주의에서 도출된 대표제로 보기 힘들다. 대의제 사상이 뿌리 깊은 영국과 미국에서는 양자의 갈등 때문에 비례대표제를 수용하지는 않았다.

⑦ 저지조항: 전국 유효투표총수의 100분의 3 이상을 득표한 정당과 지역구국회의원선거에서 5 이상의 의석을 차지한 정당에 대해 의석을 배분하므로 나머지 정당은 비례대표의석배분을 못 받게 된다. 이를 저지조항 또는 봉쇄조항이라 한다. 저지조항은 1당이 안정의석을 확보하여 정국안정을 기할 수 있다는 점에서 장점을 가지나 국민의 다양한 의사가 반영되지 못하고 소수정당은 의석을 배분받을 수 없게 된다는 문제가 있다.

비례대표국회의원선거

⑧ 다음 정당에 대해 비례대표국회의원의석을 배분한다.
  ㉠ 임기만료에 따른 비례대표국회의원선거에서 전국 유효투표총수의 100분의 3 이상을 득표한 정당
  ㉡ 임기만료에 따른 지역구국회의원선거에서 5 이상의 의석을 차지한 정당

⑨ 비례대표국회의원의석은 다음에 따라 각 의석할당정당에 배분한다.
  ㉠ 각 의석할당정당에 배분할 의석수(이하 '연동배분의석수'라 한다)는 다음 계산식에 따른 값을 소수점 첫째 자리에서 반올림하여 산정한다. 이 경우 연동배분의석수가 1보다 작은 경우 연동배분의석수는 0으로 한다.

  > 연동배분의석수 = [(국회의원정수 – 의석할당정당이 추천하지 않은 지역구국회의원 당선인수) × 해당 정당의 비례대표국회의원 선거득표비율 – 해당 정당의 지역구국회의원 당선인수] ÷ 2

  ㉡ 위 ㉠에 따른 각 정당별 연동배분의석수의 합계가 비례대표국회의원 의석정수에 미달할 경우 각 의석할당정당에 배분할 잔여의석수(이하 '잔여배분의석수'라 한다)는 다음 계산식에 따라 산정한다. 이 경우 정수(整數)의 의석을 먼저 배정하고 잔여의석은 소수점 이하 수가 큰 순으로 각 의석할당정당에 1석씩 배분하되, 그 수가 같은 때에는 해당 정당 사이의 추첨에 따른다.

  > 잔여배분의석수 = (비례대표국회의원 의석정수 – 각 연동배분의석수의 합계) × 비례대표국회의원 선거득표비율

⑩ 정당에 배분된 비례대표국회의원의석수가 그 정당이 추천한 비례대표국회의원후보자수를 넘는 때에는 그 넘는 의석은 공석으로 한다.

다수대표제	① 다수대표제: 한 선거구에서 다수의 득표를 한 후보자 1인을 선출하는 대표제 　　㉠ 장점: 당이 안정의석을 확보하여 정국안정에 기여 　　㉡ 단점: 다수표를 득표한 후보자만 당선되어 다양한 국민의사가 반영되기 힘들고 　　　사표가 많이 발생할 수 있음 ② 비례대표제와 다수대표제 비교: 비례대표제는 소수 보호를 위해 다수형성과 기능을 　희생시키지만, 다수대표제는 다수형성을 위해 소수자 보호를 희생시킨다. 그러나 　비례대표제는 정당의 득표율에 따라 의석수를 배분하므로 투표가치성과의 평등을 　잘 실현시키지만, 다수대표제는 정당의 득표율과 의석수가 비례하지 않는 경우 　(Bias현상)가 발생하므로 투표가치성과의 평등실현이 어렵다. ③ 소선거구 다수대표제(합헌) ④ 투표율에 관계없이 유효투표의 다수표를 얻은 입후보자를 당선인으로 결정하게 　한 공직선거법(합헌) ⑤ 지역구국회의원 당선인 결정 　　㉠ 최고득표자가 2인 이상인 때에는 연장자 　　㉡ 후보자등록마감시각에 지역구국회의원후보자가 1인인 경우 무투표당선 　　㉢ 선거일의 투표마감시각 후 당선인결정 전까지 지역구국회의원후보자가 사퇴· 　　　사망하거나 등록이 무효로 된 자가 유효투표의 다수를 얻은 때에는 그 국회의 　　　원지역구는 당선인이 없는 것으로 한다.
지방선거 당선인 결정	① 비례대표지방의회의원 당선인 결정: 비례대표지방의회의원선거에 있어서는 당해 선 　거구선거관리위원회가 유효투표총수의 100분의 5 이상을 득표한 각 정당(이하 '의 　석할당정당'이라 한다)에 대하여 의석을 배분한다. ② 지방자치단체장 당선인 결정 　　㉠ 지방자치단체의 장 선거에 있어서는 선거구선거관리위원회가 유효투표의 다수 　　　를 얻은 자를 당선인으로 결정하고, 이를 당해 지방의회의장에게 통지하여야 　　　한다. 다만, 최고득표자가 2인 이상인 때에는 연장자를 당선인으로 결정한다. 　　㉡ 후보자 1인 무투표 당선 ③ 지자체장 후보자 1인, 무투표당선(합헌) 　➡ 대통령 선거에 참여하는 선거권자와 지방자치단체의 장 선거에 참여하는 선 　거권자는 본질적으로 같은 비교집단이 된다고 보기 어려우므로 차별취급 여부를 　논할 수 없다. ➡ 평등권 침해 여부 판단(✕)
당선무효	① 선거일에 피선거권이 없는 자는 당선인이 될 수 없다. ② 당선인이 임기개시전에 다음의 어느 하나에 해당되는 때에는 그 당선을 무효로 한다. 　　㉠ 당선인이 위 ①의 규정에 위반하여 당선된 것이 발견된 때 　　㉡ 당선인이 공직선거법 제52조 제1항 각 호의 어느 하나 또는 같은 조 제2항부터 　　　제4항까지의 등록무효사유에 해당하는 사실이 발견된 때 　　㉢ 비례대표국회의원 또는 비례대표지방의회의원의 당선인이 소속정당의 합당·해산 　　　또는 제명 외의 사유로 당적을 이탈·변경하거나 2 이상의 당적을 가지고 있는 때

10 선거운동

의의	① 선거운동이란 특정 후보자의 당선 내지 이를 위한 득표에 필요한 모든 행위 또는 특정 후보자의 낙선에 필요한 모든 행위 중 당선 또는 낙선을 위한 것이라는 목적의사가 객관적으로 인정될 수 있는 능동적, 계획적 행위를 말한다. ② 선거운동이란 당선되거나 되게 하거나 되지 못하게 하기 위한 행위를 말한다. ③ 선거운동이 아닌 것 　㉠ 선거에 관한 단순한 의견개진 및 의사표시 　㉡ 정당의 후보자 추천에 관한 단순한 지지·반대의 의견개진 및 의사표시 ④ 낙선운동을 선거운동에 포함시켜 규제하는 공선법은 표현의 자유 침해 아니다. ⑤ 당선되거나 되게 하거나 되지 못하게 하기 위한 행위를 선거운동을 정의한 공직선거법 제58조 제1항 본문 및 선거에 관한 단순한 의견개진 및 의사표시를 선거운동에서 제외한 단서 제1호: 합헌
근거	선거운동의 자유는 헌법 제21조의 표현의 자유에서 보호된다. 또한 자유선거에서도 보호된다.
선거운동의 자유 제한	① 선거운동의 자유는 공정한 선거를 위해 제한받을 수 있다. ② 선거의 공정성 확보와 질서의 유지를 위한 규제는 일반국민의 선거운동을 포괄적, 전면적으로 금지하는 것이 되어서는 아니 된다. ③ 선거에 있어 자유와 공정은 반드시 상충관계에 있는 것만이 아니라 서로 보완하는 기능도 가진다. ④ 선거운동의 자유도 다른 기본권과 마찬가지로 헌법 제37조 제2항에 따라 법률로 제한할 수 있다.
선거운동 제한원칙	① 개별적 제한방식(○), 포괄적 제한방식(×) ② 선거운동기회균등은 절대적·획일적 균등을 뜻하지 않는다.
선거운동규제에 대한 심사기준	엄격한 심사기준이 적용된다.
선거운동기간상 제한	**공직선거법 제59조【선거운동기간】** 선거운동은 선거기간개시일부터 선거일 전일까지에 한하여 할 수 있다. 다만, 다음 각 호의 어느 하나에 해당하는 경우에는 그러하지 아니하다. ① 선거기간: 선거기간개시일 – 선거일 ② 선거운동기간: 선거운동은 선거기간개시일부터 선거일 전일까지에 한하여 할 수 있다. ③ 선거운동기간이 아닌 경우에도 선거운동을 할 수 있는 경우 　㉠ 예비후보자 등이 선거운동을 하는 경우 　㉡ 문자메시지를 전송하는 방법으로 선거운동을 하는 경우 　㉢ 인터넷 홈페이지 또는 그 게시판·대화방 등에 글이나 동영상 등을 게시하거나 전자우편을 전송하는 방법으로 선거운동을 하는 경우 　㉣ 선거일이 아닌 때에 전화(송·수화자 간 직접 통화하는 방식에 한정하며, 컴퓨터를 이용한 자동 송신장치를 설치한 전화는 제외한다)를 이용하거나 말로 선거운동을 하는 경우 　㉤ 후보자가 되려는 사람이 선거일 전 180일(대통령선거의 경우 선거일 전 240일을 말한다)부터 해당 선거의 예비후보자등록신청 전까지 자신의 명함을 직접 주는 경우

선거기간과 선거운동기간 제한	① 국회의원선거의 선거기간을 14일로 정하고 있는 공직선거법 ② 선거운동기간 제한 ③ 사전선거운동금지조항은 합헌이나 선거운동기간 전에 개별적으로 대면하여 말로 하는 선거운동금지는 표현의 자유를 침해한다. ④ 선거운동기간 전의 선거운동을 원칙적으로 금지하면서, 후보자와 후보자가 되고자 하는 자가 자신이 개설한 인터넷 홈페이지를 이용한 선거운동을 할 경우에 그 예외를 인정하는 공직선거법

예비후보자의 선거운동
부분적 허용
	① 예비후보자등록(공직선거법 제60조의2 제1항)
	  ㉠ 예비후보자가 되려는 사람(비례대표국회의원선거 및 비례대표지방의회의원선거는 제외한다)은 관할 선거구선거관리위원회에 예비후보자등록을 서면으로 신청하여야 한다.
	  ㉡ 예비후보자 등록기간
	<table><tr><td>대통령선거</td><td>선거일 전 240일</td></tr><tr><td>지역구국회의원선거 및 시·도지사선거</td><td>선거일 전 120일</td></tr><tr><td>지역구시·도의회의원선거, 자치구·시의 지역구의회의원 및 장의 선거</td><td>선거기간 개시일 전 90일</td></tr><tr><td>군의 지역구의회의원 및 장의 선거</td><td>선거기간 개시일 전 60일</td></tr></table>㉢ 군의 장의 선거의 예비후보자가 되려는 사람은 그 선거기간개시일 전 60일부터 예비후보자등록 신청을 할 수 있다고 규정한 공직선거법 제60조의2 제1항 제4호가 청구인의 선거운동의 자유를 침해하는지 여부(소극)
	② 예비후보자 후보자기탁금의 100분의 20 기탁금 납부는 피선거권 침해는 아니다.
	③ 예비후보자 등 명함 배부(공직선거법 제60조의3)
	  ㉠ 예비후보자의 배우자(배우자가 없는 경우 예비후보자가 지정한 1명)와 직계존비속
	  ㉡ 예비후보자와 함께 다니는 선거사무장·선거사무원 및 제62조 제4항에 따른 활동보조인
	  ㉢ 예비후보자가 그와 함께 다니는 사람 중에서 지정한 1명

예비후보자 등 선거운동 제한 판례	① 예비후보자의 선거운동에서 예비후보자 외에 독자적으로 명함을 교부하거나 지지를 호소할 수 있는 주체를 예비후보자의 배우자와 직계존·비속으로 제한한 공직선거법(합헌) ② 선거사무장, 선거사무원 등의 경우 예비후보자와 함께 다니는 경우에만 명함교부 등에 의한 선거운동을 할 수 있도록 하는 공직선거법(합헌) ③ 예비후보자의 배우자가 함께 다니는 사람 중에서 지정한 자도 선거운동을 위하여 명함교부 및 지지호소를 할 수 있도록 한 공직선거법 제60조의3 제2항 제3호 중 '배우자' 관련 부분(위헌) ☑ 후보자의 배우자와 함께 다니는 1인도 평등권 침해이다.

11 선거운동의 제한

선거운동의 인적 제한	① 공무원 　㉠ 국회의원과 지방의회의원은 선거운동을 할 수 있으나 대통령, 지자체장 등은 선거운동을 할 수 없다. 탄핵심판사건에서 헌법재판소는 후보자가 결정되기 전 대통령의 기자회견과정에서의 발언은 선거운동에 해당하지 않는다고 하였다. 　㉡ 공무원: 후보자의 배우자나 예비후보자의 배우자는 선거운동을 할 수 있다. ② 외국인 　㉠ 예비후보자·후보자의 배우자인 경우 선거운동을 할 수 있다. 　㉡ 지방선거에서 선거권을 가진 외국인은 해당 선거에서 선거운동을 할 수 있다. ③ 미성년자, 선거권이 없는 자: 선거운동금지 ④ 노동조합 　㉠ 선거운동을 할 수 있다. 　㉡ 선거운동을 하거나 할 것을 표방한 노동조합 또는 단체는 공명선거추진활동을 할 수 없다. 　㉢ 공무원노조와 교원노조는 선거운동을 할 수 없다. 　㉣ 노동조합은 정치자금을 제공할 수 없다.
헌법 위반인 것	① 정당, 후보자, 선거사무장, 선거연락소장, 선거운동원 또는 연설원이 아닌 자의 선거운동금지 ② 한국철도공사의 상근직원에 대하여 선거운동금지 　☑ 선거운동금지 상근임원으로 법 개정 ③ 대통령령으로 정하는 언론인의 선거운동금지
헌법 위반 아닌 것	① 선거권이 없는 자의 선거운동을 금지한 공직선거법 ② 국민건강보험공단 상근 임직원의 선거운동금지 ③ 사회복무요원이 정당이나 그 밖의 정치단체에 가입하는 등 정치적 목적을 지닌 행위금지 ④ 병역의무를 이행하는 병에 대하여 정치적 중립의무를 부과하면서 선거운동을 할 수 없도록 하는 국가공무원법 ⑤ 교육공무원의 선거운동을 금지하는 공직선거법 ⑥ 지방자치단체장 선거운동금지 ⑦ 정당을 제외한 모든 단체의 선거운동을 금지한 공직선거법 ⑧ 선거기간 중 국민운동단체인 바르게 살기 운동 협의회의 모임을 개최한 자를 처벌하는 공직선거법 ⑨ 농업협동조합법·수산업협동조합법에 의하여 설립된 조합의 상근직원에 대하여 선거운동을 금지하는 구 공직선거법 제60조
선거운동에 대한 방법상의 제한	① 호별방문금지조항(합헌) ② 출구조사: 투표의 비밀을 침해하지 아니하는 방법으로 투표소로부터 50미터 밖에서 출구조사를 할 수 있다. ③ 여론조사 결과 발표금지조항(합헌) ④ 비례대표후보자 선거운동 제한 　㉠ 비례대표후보자는 예비후보자제도가 없다. 　㉡ 비례대표국회의원후보자가 공개장소에서 연설·대담하는 것을 허용하지 아니한 연설 등 금지조항(합헌)

선거운동에 대한 방법상의 제한	⑤ 누구든지 선거일 전 180일부터 선거일까지 선거에 영향을 미치게 하기 위하여 광고, 인사장, 벽보, 사진, 문서·도화, 인쇄물이나 녹음·녹화테이프 기타 이와 유사한 것을 배부·첩부·살포·상영 또는 게시할 수 없도록 한 공직선거법 　㉠ 광고의 배부를 금지 ➡ (위헌) ➡ 판례변경 　㉡ '정보통신망을 이용하여 인터넷 홈페이지 또는 그 게시판·대화방 등에 글이나 동영상 등 정보를 게시하거나 전자우편을 전송하는 방법'으로 하는 선거운동을 금지하는 것 ➡ 위헌 　㉢ 신문은 일정한 격식을 갖추어 정기적으로 발행되는 간행물로서 공직선거법 제93조의 규율대상인 일반적인 문서·도화에 해당하지 않음에도, 청구인에 대하여 탈법방법에 의한 인쇄물 배부로 인한 공직선거법위반 혐의를 인정한 이 부분 기소유예처분은 행복추구권 침해 ⑥ 선거일 전 180일부터 선거일까지 선거에 영향을 미치게 하기 위한 현수막, 그 밖의 광고물의 게시를 금지하는 공직선거법 제90조 제1항: 위헌 ⑦ 일정기간 동안 선거에 영향을 미치게 하기 위한 광고물의 설치·진열·게시나 표시물의 착용을 금지하는 공직선거법 제90조 제1항 제1호가 정치적 표현의 자유를 침해하는지 여부(적극) ⑧ 선거운동기간 중 어깨띠 등 표시물을 사용한 선거운동을 금지한 공직선거법 제68조 제2항이 정치적 표현의 자유를 침해하는지 여부(적극) ⑨ 선거기간 중 선거에 영향을 미치게 하기 위한 그 밖의 집회나 모임의 개최를 금지하는 공직선거법 제103조 제3항이 집회의 자유, 정치적 표현의 자유를 침해하는지 여부(적극) ⑩ 선거운동기간 전에 공직선거법에 의하지 않은 선전시설물·용구를 이용한 선거운동을 금지하고, 이에 위반한 경우 처벌하도록 한 공직선거법 제254조 제2항 중 '선전시설물·용구'에 관한 부분이 선거운동 등 정치적 표현의 자유를 침해하는지 여부(소극)

12 기부금지

기부금지 (모두 합헌)	① '연고가 있는 자', '후보자가 되고자 하는 자', '기부행위' 개념은 죄형법정주의의 명확성원칙에 위배되는 것은 아니다. ② 후보자가 되고자 하는 자에 대해 기부행위를 상시 제한하도록 한 공직선거법은 합헌 ③ 제삼자가 기부행위를 한 경우 징역 또는 벌금형에 처하도록 정한 공직선거법은 합헌

13 공무원의 선거에서 중립의무

공무원의 선거에서 중립의무 (공직선거법 제9조)	**공직선거법 제9조 【공무원의 중립의무 등】** ① 공무원 기타 정치적 중립을 지켜야 하는 자(기관·단체를 포함한다)는 선거에 대한 부당한 영향력의 행사 기타 선거결과에 영향을 미치는 행위를 하여서는 아니 된다. ① 공선법 제9조의 '공무원'에 정치적 공무원(예컨대, 대통령, 국무총리, 국무위원, 도지사, 시장, 군수, 구청장 등 지방자치단체의 장)을 포함한다. ② 대통령은 공선법 제9조의 '공무원'에 포함된다.

공무원의 선거에서 중립의무 (공직선거법 제9조)	③ 국회의원과 지방의원의 정치적 중립성 의무는 배제하면서 지방자치단체장의 중립성의무는 배제하지 아니하는 것은 평등권 침해가 아니다. ④ 대통령이 후보자 결정되기 전 특정정당 지지 발언 행위 　㉠ 공무원의 선거에서 중립성의무 위반이다. 　㉡ 공무원의 선거운동금지(제60조) 위반이 아니다. ⑤ 선관위의 중립의무 위반결정에 대한 헌소(기각) 　㉠ 헌소대상(O) 　㉡ 보충성의 예외 　㉢ 대통령, 헌소청구가능 　㉣ 선거법 조항은 선거영역에서의 특별법으로서 일반법인 국가공무원법 조항에 우선하여 적용된다고 할 것이다. 　㉤ 선거활동에 관하여 대통령의 정치활동의 자유와 선거중립의무가 충돌하는 경우에는 후자가 강조되고 우선되어야 한다. 　㉥ 국회의원과 지방의회의원이 대통령과 달리 공직선거법 제9조의 적용을 받지 않는 것은 합리적인 차별이다. 　㉦ 각급 선거관리위원회의 의결을 거쳐 행하는 사항에 대하여 사전통지와 의견진술의 기회를 보장하지 않고 중립의무 위반결정할 수 있다.
공무원의 지위를 이용한 선거운동금지 (공직선거법 제85조)	**공직선거법 제85조【공무원 등의 선거관여 등 금지】** ① 공무원 등 법령에 따라 정치적 중립을 지켜야 하는 자는 직무와 관련하여 또는 지위를 이용하여 선거에 부당한 영향력을 행사하는 등 선거에 영향을 미치는 행위를 할 수 없다. ② 공무원은 그 지위를 이용하여 선거운동을 할 수 없다. ① 공무원지위를 이용한 선거에 영향을 미치는 행위 금지하는 공직선거법 조항은 죄형법정주의의 명확성원칙에 위배되지 아니한다. ② 공무원의 지위를 이용하여 선거에 영향을 미치는 행위에 대하여 1년 이상 10년 이하의 징역 또는 1천만원 이상 5천만원 이하의 벌금에 처하도록 규정한 공직선거법은 형벌체계상의 균형에 어긋나 헌법에 위반된다. ③ 제85조 제2항 전문의 해당 부분이 공무원의 지위를 이용한 선거운동을 금지하고 이를 처벌하는 대상으로 선거에서의 정치적 중립의무를 지지 않는 지방의회의원을 제외하는지 여부가 불명확하여 죄형법정주의의 명확성원칙을 위반하는지 여부(소극)
공무원선거기획참여금지 (공직선거법 제86조)	**공직선거법 제86조【공무원 등의 선거에 영향을 미치는 행위금지】** ① 공무원(국회의원과 그 보좌관·비서관·비서 및 지방의원을 제외한다), … 다음 각 호의 어느 하나에 해당하는 행위를 하여서는 아니 된다. 　2. 지위를 이용하여 선거운동의 기획에 참여하거나 그 기획의 실시에 관여하는 행위 ① 지방자치단체장: 정당가입 가능, 선거운동금지, 선거기획참여금지 ② 공무원의 선거기획 참여를 금지한 공직선거법 조항은 공무원의 지위를 이용하지 아니한 행위에까지 적용하는 한 헌법에 위반된다. ③ 공무원이라 하더라도 그 지위를 이용하지 않고 사적인 지위에서 선거운동의 기획행위를 하는 것까지 금지하는 것은 평등권을 침해한다고 볼 것이다. 　[비교》] 농협 임·직원이 조합장 선거에서 선거운동의 기획에 참여하거나 그 기획의 실시에 관여하는 행위(선거기획행위)를 금지하고 처벌하는 농업협동조합법은 평등권 침해가 아니다.

④ 공무원의 투표권유동 및 기부금모집을 금지하고 있는 국가공무원법 제65조는 표현의 자유 침해가 아니다.

⑤ 선거일 전 180일부터 지방자치단체장이 홍보물 발행과 배부를 제한하는 공직선거법 제86조 제3항은 표현의 자유 침해가 아니다.

14 선거비용

선거비용에 대한 명문규정	**헌법 제116조** ② 선거에 관한 경비는 법률이 정하는 경우를 제외하고는 정당 또는 후보자에게 부담시킬 수 없다.
선거공영제	① 선거의 관리·운영에 필요한 비용을 후보자 개인에게 부담시키지 않고 국민 모두의 공평부담으로 하고자 하는 원칙이다. ② 선거공영제의 입법형성권: 넓은 입법형성권이 인정되는 영역이다.
선거비용 판례	득표율이 저조한 후보자에 대하여는 선거비용의 일부인 선전벽보 및 선거공보의 작성비용을 부담시키는 것이 부당하다고 할 수 없다.
선거비용 제한	항목별 제한(✕), 총액 제한(○)
선거비용이 아닌 것	① 선거권자의 추천을 받는 데 소요된 비용 등 선거운동을 위한 준비행위에 소요되는 비용 ② 정당의 후보자선출대회비용 기타 선거와 관련한 정당활동에 소요되는 정당비용
선거비용 반환 (공직선거법 제122조의2)	① 대통령선거, 지역구국회의원선거, 지역구지방의회의원선거 및 지방자치단체의 장선거 　㉠ 후보자가 당선되거나 사망한 경우 또는 후보자의 득표수가 유효투표총수의 100분의 15 이상인 경우 후보자가 지출한 선거비용의 전액 　㉡ 후보자의 득표수가 유효투표총수의 100분의 10 이상 100분의 15 미만인 경우 후보자가 지출한 선거비용의 100분의 50에 해당하는 금액 ② 비례대표국회의원선거 및 비례대표지방의회의원선거: 후보자명부에 올라 있는 후보자 중 당선인이 있는 경우에 당해 정당이 지출한 선거비용의 전액
선거비용 반환 판례 (모두 합헌)	① 당선무효된 자에 대하여 기탁금 및 선거비용을 반환하도록 한 공직선거법조항 ② 유효투표수 10% 이상을 득표한 후보자에게만 선거비용을 보전해 주도록 한 것 ③ 공직선거법에 위반되는 선거운동을 위하여 지출된 비용을 보전대상에서 제외하는 공직선거법 ④ 선거범죄로 당선이 무효로 된 자에게 이미 반환받은 기탁금과 보전받은 선거비용을 다시 반환하도록 하는 것 ⑤ 예비후보자의 선거비용을 보전대상에서 제외하고 있는 공직선거법 ⑥ 낙선한 후보자와 달리 당선된 후보자가 반환·보전비용을 정치자금으로 사용할 수 있도록 한 것, 반환·보전비용을 정당에 인계하도록 한 것, 지역구국회의원선거의 정당추천후보자가 후원회의 후원금으로 납부하거나 지출한 기탁금과 선거비용 중 반환·보전받은 반환·보전비용을 소속정당에 인계하거나 국고에 귀속시키도록 정하고 있는 정치자금법

15 선거에 관한 소송제도

선거소청과 소송	① 지방의회의원과 지방자치단체장 선거는 소청절차를 거쳐야 소송을 제기할 수 있다. ② 대통령과 국회의원 선거에는 소청절차가 없다.
당선소송	당선소송은 선거가 유효임을 전제로 하여 개개인의 당선인결정에 위법이 있음을 이유로 그 효력을 다투는 소송이다.
선거에 관한 규정에 위반된 사실이 있는 경우	선거의 결과에 영향을 미쳤다고 인정하는 때에 한하여 선거의 전부나 일부의 무효 또는 당선의 무효를 결정하거나 판결한다.

⊕ PLUS 선거소송과 당선소송 비교

구분	선거소송(공선법 제222조)		당선소송(공선법 제223조)	
제소사유	선거의 효력(전부나 일부무효)에 관하여 이의가 있을 때		선거 유효함을 전제로 당선의 효력에 대해서만 무효확인	
제소권자	선거인, 정당(후보자를 추천한 정당에 한함), 후보자		정당, 후보자	
피고	관할 선거관리위원회 위원장 (대통령선거의 경우에는 중선위 위원장)		대통령선거	• 당선인 • 중선위 위원장 • 국회의장 • 법무부장관
			국회의원선거	• 관할 선관위 위원장 • 당선인
			지방의회의원, 지방자치단체의 장선거	• 관할 선관위 위원장 • 당선인
			당선인이 사퇴 · 사망한 경우	• 법무부장관(대통령선거) • 관할 고등검찰청 검사장 (국회의원선거, 지방선거)
제소기간	대통령 · 국회의원선거	선거일로부터 30일 이내	대통령 · 국회의원선거	당선인 결정일로부터 30일 이내
	지방의회의원 · 지방자치단체의 장선거	선거일로부터 14일 이내 소청 ↓ 소청결정서를 받은 날로부터 10일 이내 소제기	지방의회의원 · 지방자치단체의 장선거	당선인 결정일로부터 14일 이내 소청 ↓ 소청결정서를 받은 날로부터 10일 이내 소제기
제소법원	대법원	대통령, 국회의원, 시 · 도지사선거, 비례대표 시 · 도의원선거		
	관할 고등법원	지역구 시 · 도의원선거, 자치구 시 · 군의원선거, 자치구 · 시 · 군의 장선거		

---

16 재정신청과 당선무효사유

재정신청 (공직선거법 제273조)	① 고소, 고발한 후보자, 정당의 중앙당(시 · 도당 제외), 당해선거관리위원회는 관할 고등법원에 재정신청을 할 수 있다. ② 재정신청권자를 '고발을 한 후보자와 정당(중앙당에 한함) 및 해당 선거관리위원회'로 제한한 공직선거법은 재판청구권을 침해하지 않는다.

당선무효사유	① 선거비용의 초과지출(1천 200만원 이상)로 선거사무장 또는 회계책임자 또는 예비후보자의 회계책임자가 징역형 또는 300만원 이상의 벌금형의 선고를 받은 때 ② 당선인이 모든 공선법 규정위반으로 징역 또는 100만원 이상의 벌금형의 선고를 받은 때 ③ 선거사무장, 회계책임자 또는 후보자의 직계존비속 및 배우자가 당선무효 유도죄(공직선거법 제234조), 기부행위 금지행위 등 위반하여 기부행위를 한 죄(공직선거법 제257조), 정치자금법 제30조 제1항에 정치자금부정수수죄를 범함으로 인하여 징역형 또는 300만원 이상의 벌금형의 선고를 받은 때
당선무효사유 (모두 합헌)	① 회계책임자가 300만원 이상의 벌금을 선고받은 경우 후보자의 당선을 무효로 하고 있는 구 공직선거법 제265조 ② 배우자가 선거법위반으로 처벌받은 경우 당선무효 ③ 지방교육자치에 관한 법률 제49조 제1항 전문 중 공직선거법 제264조 중 '당선인이 당해 선거에 있어 공직선거법위반죄를 범함으로 인하여 징역형의 선고를 받은 때에는 그 당선을 무효로 하는 부분'을 준용하는 부분

17 선거제도 관련 판례

선거운동 관련 판례	① 선거운동의 선전벽보에 비정규학력의 게재를 금지하는 공직선거 및 선거부정방지법 제64조 제1항은 선전벽보에 비정규학력을 게재할 경우 유권자들이 후보자의 학력을 과대 평가하여 공정한 판단을 흐릴 수 있으므로 과잉금지원칙에 위반되지 아니한다. ➡ 선거운동의 자유 규제는 엄격한 심사기준이 적용된다. ② 공직선거법 제64조 제1항 중 "중퇴한 경우에는 그 수학기간을 함께 기재하여야 한다."라는 부분은 선거운동의 자유를 침해한다고 할 수 없다. ③ 지방선거에서 유선방송을 통한 후보자연설만을 허용하고, 지역방송인 무선방송을 통한 연설금지는 합리적 이유가 있는 차별이다. ④ 선거운동으로서 2인을 초과하여 거리를 행진하는 행위 및 연달아 소리지르는 행위를 금지하는 공직선거 및 선거부정방지법 제105조 제1항 제1호와 제3호가 선거운동의 자유를 침해하지 않는다. ⑤ 일률적으로 제공받은 금액의 50배에 상당하는 과태료를 부과하도록 한 공직선거법과 농업협동조합법은 과잉형벌에 해당한다. ⑥ 서명운동금지조항은 서명·날인에 의한 선거운동의 특수성과 그러한 방법의 선거운동이 우리의 선거현실에 미친 영향 등을 고려하여 입법한 것으로 선거의 공정성 확보를 위한 것이다. 서명운동금지조항이 정치적 표현의 자유를 침해한다고 볼 수 없다. ⑦ 국회의원에게 선거운동기간 개시 전에 의정활동보고를 허용하는 것은 평등권 등을 침해한다고 할 수 없다. ⑧ 인터넷언론사는 선거운동기간 중 당해 홈페이지 게시판 등에 정당·후보자에 대한 지지·반대 등의 정보를 게시하는 경우 실명을 확인받는 기술적 조치를 하도록 한 공직선거법 제82조 　㉠ 명확성원칙 위반 여부(소극) 　㉡ 과잉금지원칙 위반 여부(적극) 　☑ 기존 판례에서는 과잉금지원칙 위반으로 보지 않았으나 판례가 변경되었다. 다만, 명확성원칙은 여전히 위반이 아니고 게시판에 지지나 반대 글 게시는 양심의 자유와 사생활 비밀에서 보호되지 않는다. 또한 검열금지원칙에도 위반되지 않는다.

투표와 개표 관련 판례	① 투표지분류기 등 이용하여 개표하도록 하는 것은 헌법에 위반된다고 볼 수 없다. ② 선거권의 보호범위에 '후보자 전부 거부' 투표방식의 보장까지 포함된다고 보기는 곤란하다.
방송토론 관련 판례	① 원내교섭단체 보유 정당의 대통령후보자와 5개 이상의 중앙종합일간지와 3개 텔레비전 방송사가 조사한 후보등록 이전 10일간 여론조사결과 평균지지율 10% 이상인 대통령후보자에 한해 합동방송토론회를 개최하기로 한 토론위원회의 결정 ② 지방자치단체장선거에서 각급선거방송토론위원회가 필수적으로 개최하는 대담·토론회 등의 초청 자격을 제한하고 있는 공직선거법 제82조의2
장애인 관련 판례 (모두 합헌)	① 장애인과 비장애인 후보자를 구분하지 아니하고 선거운동방법을 제한한 공직선거법 제93조 ② 선거방송광고를 수화방송을 하도록 의무사항으로 규정하지 않은 공직선거법 ③ 방송광고, 후보자 등의 방송연설, 방송시설주관 후보자연설의 방송, 선거방송토론위원회 주관 대담·토론회의 방송에서 한국수화언어 또는 자막의 방영을 재량사항으로 규정한 공직선거법의 선거권 침해 여부(소극) ☑ 최근 공직선거법 제82조의2 제12항이 "각급선거방송토론위원회는 대담·토론회를 개최하는 때에는 청각장애선거인을 위하여 자막방송 또는 한국수어통역을 하여야 한다." 고 개정되었다. ④ 점자형 선거공보의 작성 여부를 후보자의 임의사항으로 규정하고 그 면수를 책자형 선거공보의 면수 이내로 한정한 것 ⑤ 점자형 선거공보를 책자형 선거 공보의 면수 이내에서 의무적으로 작성하도록 하면서, 책자형 선거공보에 내용이 음성으로 출력되는 전자적 표시가 있는 경우에는 점자형 선거공보의 작성을 생략할 수 있도록 규정한 공직선거법 ⑥ 점자형 선거공보의 면수를 책자형 선거공보의 면수 이내로 제한한 공직선거법
정당후보자와 무소속후보자 관련 판례	① 국회의원 선거에서 정당추천후보자와 무소속 후보자 간 기탁금을 차별하는 것은 합리적 이유가 없는 차별이다. ② 후보자 기호를 정당 국회의원 의석수, 무소속 후보자의 순으로 하는 공직선거법은 합리적 이유가 있는 차별이다. ③ 정당추천후보자에게 별도로 정당연설회를 할 수 있도록 한 선거법은 무소속후보자의 평등권을 침해한다. ④ 정당추천후보자에게 소형인쇄물을 2종 더 제작·배부할 수 있도록 한 선거법은 무소속후보자의 평등권을 침해한다. ⑤ 선거운동에서의 평등은 절대적 평등이 아니므로 정당후보자와 무소속후보자 간 차별이 합리적 이유가 있다면 허용된다. ⑥ 선거운동과 관련하여 실비와 수당을 제외한 일체의 금품제공행위를 금지하면서 제공이 허용되는 수당과 여비의 종류와 금액을 중앙선거관리위원회가 정하도록 한 공직선거법 제135조 제2항: 합헌

쟁점
062 공무담임권

01 공무담임권의 보호영역

공무담임권 보호 ○	① 공무담임권의 보호영역에는 공직취임기회의 자의적 배제뿐 아니라 공무원신분의 부당한 박탈이나 권한의 부당한 정지도 포함한다. ② 공무담임권은 공직취임의 기회 균등뿐만 아니라 취임한 뒤 승진할 때에도 균등한 기회 제공을 요구한다.
공무담임권 보호 ✕	① 승진가능성은 공무담임권에서 보호되지 않는다. ② 사무직렬 기능직공무원의 일반직공무원 특별채용에 관한 특례를 규정함으로써 경찰청 이외의 다른 부처의 일반직공무원 내지 경찰청 내의 기능직공무원에 비하여 경찰청 일반직 공무원인 청구인들을 차별하여 평등권을 침해할 가능성이 있는지 여부(소극) ③ 자기가 원하는 장소에서 공직에 취임할 권리나 특정보직을 받아 공무를 수행할 권리는 공무담임권의 보호영역에 포함된다고 보기 어렵다. 　㉠ 단과대학장이라는 특정의 보직을 받아 근무할 것을 요구할 권리가 공무담임권의 보호영역에 포함(✕) 　㉡ 국방부 등의 보조기관에 근무할 수 있는 기회를 현역군인에게만 부여하고 군무원에게는 부여하지 않는 법률조항: 공무담임권 제한(✕) ④ 공무담임권은 피선거권과 공직취임의 기회만을 보장할 뿐 일단 당선 또는 임명된 공직에서 그 활동이나 수행의 자유를 보장하는 것은 아니다. ⑤ 학교운영위원은 공무원이 아니다. ⑥ 이장은 공무원이 아니다. ⑦ 공무담임권은 원하는 경우에 언제나 공직에 취임할 수 있는 현실적 권리를 보장하는 것이 아니다. ⑧ 1년 미만 국회의원직을 보유한 자에 대해 대한민국헌정회 연로회원지원금 ⑨ 정당 당내경선에 참여할 권리 ⑩ 공무원의 퇴직급여 및 공무상 재해보상을 보장할 것 　☑ 공무원이 국가 또는 지방자치단체에 대하여 어느 수준의 보수를 청구할 수 있는 권리는 단순한 기대이익에 불과하여 재산권의 내용에 포함된다고 볼 수 없다.

공무담임권 침해인 것	① 금고 이상 선고유예, 당연퇴직 　[유사] 향토예비군 지휘관이 금고 이상의 형의 선고유예를 받은 경우, 당연해임 　[유사] 청원경찰이 금고 이상 선고유예를 받은 경우, 당연퇴직 ② 자격정지 이상 선고유예, 당연퇴직 　㉠ 직업군인이 자격정지 이상의 형의 선고유예를 받은 경우에 군공무원직에서 당연히 제적하도록 규정 　㉡ 경찰공무원이 자격정지 이상의 형의 선고유예를 받은 경우 당연퇴직하도록 규정 　　[비교》] 청원경찰이 자격정지의 형을 선고받은 경우 당연퇴직(합헌) ③ 아동·청소년의 성보호에 관한 법률 제2조 제2호에 따른 아동·청소년대상 성범죄에 해당하는 죄를 저질러 파면·해임되거나 형 또는 치료감호를 선고받아 그 형 또는 치료감호가 확정된 사람(집행유예를 선고받은 후 그 집행유예기간이 경과한 사람을 포함한다)을 공무원으로 임용될 수 없도록 한 국가공무원법 ④ 피성년후견인이 된 경우 당연퇴직되도록 한 구 국가공무원법 제69조
공무담임권 침해 아닌 것	① 금고 이상의 형의 선고유예를 받고 그 기간 중에 있는 자를 임용결격사유로 삼고, 위 사유에 해당하는 자가 임용되더라도 이를 당연무효로 하는 구 국가공무원법 ② 수뢰죄로 금고 이상의 선고유예를 받은 국가공무원의 당연퇴직 ③ 금고 이상의 집행유예를 받은 공무원의 당연퇴직 ④ 금고 이상의 형에 대한 집행유예 공무원 임용결격 및 당연퇴직사유로 규정 　➡ 대법원도 국가공무원법 동조항을 합헌으로 봤다. ⑤ 징계해임된 공무원 경찰공무원임용금지 ⑥ 교육의원후보자가 되려는 사람은 5년 이상의 교육경력 또는 교육행정경력을 갖추도록 규정하고 있는 제주특별자치도 설치 및 국제자유도시 조성을 위한 특별법 ⑦ 교육공무원법 제10조의4 제3호 중 벌금 100만원 이상의 형을 선고받아 그 형이 확정된 사람은 고등교육법 제2조가 규정하는 학교의 교원에 임용될 수 없도록 한 부분
공무담임권 제한 아닌 것	① 공무원 징계 시효 ② 지역구국회의원선거에서 구·시·군선거방송토론위원회가 개최하는 대담·토론회의 초청자격을 제한하고 있는 공직선거법 ③ 선거범죄로 당선이 무효로 된 자에게 이미 반환받은 기탁금과 보전 받은 선거비용을 다시 반환하도록 한 구 공직선거법 조항 ④ 국회의원 재직기간이 1년 미만인 자를 연로회원지원금 지급 대상에서 제외하고 있는 대한민국헌정회 육성법 조항 ⑤ 선거구구역표의 획정 ⑥ 학교 행정직원, 운영위원이 될 수 없도록 한 것

03 공무원 연령과 공무담임권 침해 여부

헌법 위반인 것	① 5급공무원시험 상한 32세: 위헌 ② 경찰공무원, 소방공무원시험 상한 30세 이하: 위헌 ☑ 국정원 입력직원 정년: 정년 43세 위헌
헌법 위반 아닌 것	① 9급공무원시험 상한 28세: 합헌 ② 경찰대 21세 이하: 합헌 ③ 부사관 27세 이하: 합헌 ④ 교육공무원 정년(대학교교원의 정년 65세, 초·중등교원의 정년 62세) ⑤ 안기부직원계급 정년 ⑥ 농촌지도사 정년 ⑦ 법관 정년(대법원장 정년 70세, 대법관 정년 65세, 법관 정년 63세) ⑧ 법관의 명예퇴직수당 정년잔여기간 산정에 있어 정년퇴직일 전에 임기만료일이 먼저 도래하는 경우 임기만료일을 정년퇴직일로 보도록 정한 구 법관 및 법원공무원 명예퇴직수당 등 지급규칙

04 교육위원과 교육감 선거

교육위원과 교육감선거 (모두 합헌)	① 교육위원선거권 　㉠ 헌법에서 명문으로 규정하고 있는 선거권은 대통령 선거권, 국회의원 선거권, 지방의원선거권 　㉡ 학교운영위원회 위원에 한하여 교육위원선거권을 인정하는 것 ② 교육경력자 우선 당선제: 민주적 정당성이 일부 후퇴할 수 있음 ③ 교육경력을 요구하는 교육감, 교육위원선거조항 　㉠ 교육감 입후보자에게 5년 이상의 교육경력 또는 교육공무원으로서의 교육행정경력을 요구하는 지방교육자치에 관한 법률 　㉡ 교육위원 입후보자에게 10년 이상의 교육경력 또는 교육행정경력을 요구하는 법 ④ 교육감 후보자 자격에 관하여 후보자 등록신청개시일부터 과거 2년 동안 정당의 당원이 아닌 자로 규정하고 있는 지방교육자치에 관한 법률 ⑤ 교육감선거운동과정에서 후보자의 과거 당원경력 표시를 금지시키는 지방교육자치에 관한 법률

05 공무담임권 침해 여부

침해인 것	① 형사사건으로 기소된 공무원의 필요적 직위해제 　비교» 형사사건으로 기소된 공무원의 임의적 직위해제는 합헌 ② 전북대총장 후보자기탁금 1천만원 ③ 퇴임검찰총장의 공직 제한 ④ 국가인권위원회 위원에 대해 퇴직 후 2년간 교육공무원 이외의 모든 공직 취임을 제한한 것 ⑤ 선거범죄로 인하여 당선이 무효로 된 때를 비례대표지방의회의원의 의석승계 제한사유로 규정한 공직선거법

	⑥ 임기만료일 전 180일 이내에 비례대표국회의원에 궐원이 생긴 때를 비례대표국회의원 의석승계 제한사유로 규정한 공직선거법
	⑦ 지방자치단체의 장이 금고 이상의 형을 선고받고 그 형이 확정되지 아니한 경우 부단체장이 그 권한을 대행하도록 규정한 지방자치법
침해 아닌 것	① 선거범으로서 형벌을 받은 자에 대한 피선거권 정지
	② 교육공무원법 제10조의4 제3호 중 벌금 100만원 이상의 형을 선고받아 그 형이 확정된 사람은 고등교육법 제2조가 규정하는 학교의 교원에 임용될 수 없도록 한 부분
	③ 국회의원이 불법 정치자금 수수로 100만원 이상의 벌금형을 받은 경우 당연퇴직하도록 규정한 정치자금법
	④ 공직선거법위반죄로 100만원 이상의 벌금형의 선고를 받은 때 국회의원 당선무효 되도록 규정한 공직선거법
	⑤ 당선인이 당해 선거에서 공직선거법위반죄로 징역형의 선고를 받은 때 그 당선을 무효로 하는 공직선거법 규정을 준용하도록 한 지방교육자치에 관한 법률
	⑥ 후보자의 배우자가 제257조 제1항 중 기부행위를 한 죄로 징역형 또는 300만원 이상의 벌금형의 선고를 받은 경우 후보자의 당선을 무효로 하는 공직선거법
	⑦ 초·중등 교원의 교육위원 겸직금지규정
	⑧ 공무원으로서 공직선거의 후보자가 되고자 하는 자는 선거일 전 90일까지 그 직을 그만두도록 한 것
	⑨ 정부투자기관직원의 지방의회 의원직 겸직금지
	⑩ 지방공사 직원의 지방의회의원 겸직금지
	⑪ 지방자치단체장 피선거권의 자격으로서 90일 이상의 주민등록 요건
	⑫ 지방자치단체 장의 피선거권 자격요건으로서 60일 이상의 주민등록 요건
	⑬ 일정액 이상의 벌금형을 선고받은 자의 공무담임을 제한하면서 선거범죄와 기타 범죄가 병합되어 재판받는 경우 선거범죄에 대해 따로 그 형을 분리하여 선고하는 규정을 두지 않은 공직선거법
	<small>비교»</small> 분리 선고 규정을 두지 아니하여 선거범죄와 다른 죄의 동시적 경합범의 경우 변론을 분리하지 않고 하나의 형을 선고: 직업선택의 자유 침해
	⑭ 무소속후보자가 되고자 하는 자는 선거권자가 기명·날인한 추천장을 등록신청서에 첨부하도록 하면서 선거권자의 서명이나 무인은 허용하고 있지 아니한 공직선거법
	⑮ 국회의원의 피선거권 행사연령을 25세 이상의 국민으로 정한 공직선거 및 선거부정방지법 제16조 제2항
	⑯ 지방자치단체의 장의 계속 재임을 3기로 제한한 것
	⑰ 주민투표법입법부작위 헌법소원
	⑱ 세종특별자치시의회를 신설하면서 지방의회의원선거를 실시하지 아니하고 연기군의회의원 등에게 세종특별자치시의회의원의 자격을 취득하도록 규정하고 있는 세종특별자치시 설치 등에 관한 특별법 부칙
	⑲ 공직선거 후보자 등록시 실효된 형까지 기재
	⑳ 피청구인 방위사업청장이 행정5급 일반임기제공무원을 채용하는 경력경쟁채용시험공고
	㉑ 다른 지방자치단체로 전출시 당해 공무원의 동의
	㉒ 제주도 시·군 모두 폐지하는 제주특별자치도법
	㉓ 군미필자 응시자격 제한
	㉔ 예비전력관리 업무담당자 응시자격

침해 아닌 것	㉕ 7급 및 9급 전산직 공무원시험의 응시자격으로 전산관련 산업기사 이상의 자격증 소지 요구
	㉖ 공무원으로 임용되기 전 병역의무를 이행한 자는 제대군인을 우대한다는 이유로 병역기간을 60%만큼 공무원 경력으로 인정
	☑ 공무원으로 임용되기 전에 병역의무를 이행한 기간을 승진소요 최저연수에 포함하는 규정을 두지 않은 지방공무원 임용령: 합헌
	㉗ 서울대 교직원의 공무원지위 변동
	㉘ 사립대학 교원이 국회의원으로 당선된 경우 임기개시일 전까지 그 직을 사직하도록 규정한 국회법
	㉙ 징계에 의하여 해임처분을 받은 공무원에 대해 경찰공무원으로의 임용을 금지하고 있는 경찰공무원법
	㉚ 공통과학을 선발예정교과에서 제외한 '2013학년도 공립 중등학교교사 임용후보자 선정경쟁시험 시행 사전예고'
	㉛ 미성년자에 대하여 성범죄를 범하여 형을 선고받아 확정된 자와 성인에 대한 성폭력범죄를 범하여 벌금 100만원 이상의 형을 선고받아 확정된 자는 초·중등교육법상의 교원에 임용될 수 없도록 한 교육공무원법

01 직업공무원제도

공무원 종류	① 경력직 공무원: 일반, 특정 ② 특수경력직 공무원: 정무, 별정
국민 전체의 봉사자로서의 공무원	① 헌법 제7조 제1항의 국민 전체는 최광의의 공무원 ② 대통령은 국민 전체를 위하여 공정하고 균형 있게 업무를 수행할 의무가 있다. ③ 직업공무원제도는 공무원 개인의 권리나 이익을 보호함에 그치지 아니하고 나아 가 국가기능의 측면에서 정치적 안정의 유지에 기여하도록 하는 제도이다.
헌법 제7조 제1항과 제2항의 관계	헌법 제7조 제2항은 헌법 제7조 제1항을 위한 수단조항으로 볼 수 있다.
연혁	① 제헌헌법: 공무원의 지위와 책임 ② 제2공화국 헌법: 공무원의 신분보장과 정치적 중립성 추가(직업공무원제도 최초 규정) ③ 제3공화국 헌법: 국민 전체의 봉사자로서의 공무원 ④ 현행헌법: 국군의 정치적 중립성
공무원제도의 내용	① 국가공무원법 제3조는 국가공무원법의 적용은 원칙적으로 경력직 공무원이고 국 가배상법의 공무원은 최광의의 공무원이다. 따라서 범위는 동일하지 않다. ② 직업공무원제도에서 말하는 공무원은 협의의 공무원을 말하며 정치적 공무원이라 든가 임시직 공무원은 포함되지 아니한다. ③ 지방자치단체장을 위한 별도의 퇴직급여제도를 마련하지 않은 입법부작위는 헌법 소원심판의 대상이 되지 않는다. ④ 공무원이 국가 또는 지방자치단체에 대하여 어느 수준의 보수를 청구할 수 있는 권리는 단순한 기대이익에 불과하여 재산권의 내용에 포함된다고 볼 수 없다.

지방자치단체장	헌법 위반인 것	① 임기 중 사직하여 입후보금지 ② 180일 전 사직하여 지역구 국회의원선거 입후보 ③ 금고 이상의 선고를 받고 확정되지 않은 권한 대행
	헌법 위반 아닌 것	① 120일 전 사직하여 지역구 국회의원선거 입후보 ② 공소제기되어 구금된 경우 권한대행 ③ 공무원연금법의 공무원에서 지방자치단체장 배제 ④ 연임 3기 제한

공무원의 정치적 중립성	**헌법 제7조** ② 공무원의 신분과 정치적 중립성은 법률이 정하는 바에 의하여 보 장된다. **제5조** ② 국군은 국가의 안전보장과 국토방위의 신성한 의무를 수행함을 사명으 로 하며, 그 정치적 중립성은 준수된다. **제112조** ② 헌법재판소 재판관은 정당에 가입하거나 정치에 관여할 수 없다. **제114조** ④ 선거관리위원회 위원은 정당에 가입하거나 정치에 관여할 수 없다.

공무원의 정치적 중립성 관련 판례 (모두 합헌)	① 선거관리위원회 공무원에 대해 특정 정당이나 후보자를 지지·반대하는 단체에의 가입·활동 등 금지 ② 공무원의 경우 그 신분과 지위의 특수성에 비추어 경우에 따라서는 일반 국민에 비하여 표현의 자유가 더 제한될 수 있다. ③ 군무원이 그 정치적 의견을 공표하는 행위 역시 이를 엄격히 제한할 필요가 있다. ④ 공무원에 대하여 국가 또는 지방자치단체의 정책에 대한 반대·방해 행위를 금지한 국가공무원 복무규정 ⑤ 정치단체에 가입하거나 연설, 문서 또는 그 밖의 방법으로 정치적 의견을 공표하거나 그 밖의 정치운동을 한 사람을 처벌하도록 한 군형법
공무원의 신분보장	① 공무원은 형의 선고, 징계처분 또는 이 법에서 정하는 사유에 따르지 아니하고는 본인의 의사에 반하여 휴직·강임 또는 면직을 당하지 아니한다. 다만, 1급 공무원과 제23조에 따라 배정된 직무등급이 가장 높은 등급의 직위에 임용된 고위공무원단에 속하는 공무원은 그러하지 아니하다(국가공무원법 제68조). ② 정년까지 근무할 수 있는 권리의 침해 내지 제한은 신뢰보호의 원칙에 위배되지 않는 범위 내에서만 가능하다고 할 것이다.
공무원 징계유형	파면·해임·강등·정직·감봉·견책 ☑ 법관의 징계유형: 정직·감봉·견책
공무원 징계 관련 판례 (모두 합헌)	① 검사에 대한 징계로서 면직처분을 인정한 것 ② 품위손상행위를 공무원에 대한 징계사유로 규정한 법률조항 ③ 공무원이 '금품수수'를 한 경우 직무관련성 유무 등과 상관없이 징계시효기간을 일률적으로 3년으로 정한 것
징계절차 및 불복절차	① 징계절차: 국가공무원의 경우 징계위원회의 의결을 거쳐 징계권자가 징계한다. ② 징계불복절차: 징계를 받은 공무원은 소청위원회의 소청절차를 거쳐 항고소송을 제기할 수 있다.
능력주의(성과주의)	① 능력주의의 원칙: 선거직 공무원과 달리 직업공무원에게는 정치적 중립성과 더불어 효율적으로 업무를 수행할 수 있는 능력·전문성·적성·품성이 요구된다. ② 능력주의 예외 ㉠ 합리적 이유가 있다면 능력주의의 예외도 도입될 수 있다. ㉡ 능력주의원칙에 대한 예외를 인정할 수 있는 경우 　ⓐ 헌법원리로는 헌법의 기본원리인 사회국가원리 　ⓑ 헌법조항으로는 여자·연소자근로의 보호, 국가유공자·상이군경 및 전몰군경의 유가족에 대한 우선적 근로기회의 보장을 규정하고 있는 헌법 제32조 제4항 내지 제6항, 여자·노인·신체장애자 등에 대한 사회보장의무를 규정하고 있는 헌법 제34조 제2항 내지 제5항 등이 있음

02 공무원의 의무

공무원의 의무에 관한 명시적 규정	**국가공무원법 제62조【외국 정부의 영예 등을 받을 경우】** 공무원이 외국 정부로부터 영예나 증여를 받을 경우에는 대통령의 허가를 받아야 한다. **제64조【영리 업무 및 겸직 금지】** ① 공무원은 공무 외에 영리를 목적으로 하는 업무에 종사하지 못하며 소속 기관장의 허가 없이 다른 직무를 겸할 수 없다. **제66조【집단 행위의 금지】** ① 공무원은 노동운동이나 그 밖에 공무 외의 일을 위한 집단 행위를 하여서는 아니된다. 다만, 사실상 노무에 종사하는 공무원은 예외로 한다.
그 밖에 공무 외의 일을 위한 집단행위를 금지한 국가공무원법 제66조	① 표현의 자유를 침해하지 아니한다. ② 명확성원칙에 위반된다고 볼 수 없다.

03 공무원제도 위헌 여부

헌법 위반인 것	① 후임자 임명에 의한 공무원직 상실하도록 한 국가보위입법회의법 ② 차관급 이상의 보수를 받은 자에 법관 포함 ③ 초·중등학교의 교육공무원이 정치단체의 결성에 관여하거나 이에 가입하는 행위를 금지한 국가공무원법 제65조 제1항 　㉠ 엄격한 명확성원칙 적용, 명확성원칙 위반 　㉡ 과잉금지원칙 위반은 법정의견이 아니라 3인 재판관 의견임
헌법 위반 아닌 것	① 특별채용대상에 5급 이상의 공무원을 제외한 것 ② 동장을 별정직 공무원으로 둔 것 ③ 정부산하기관의 임직원을 보상대상에서 제외시킨 것 ④ 공무원 직권면직을 규정한 지방공무원법 ⑤ 공무원 개인을 법령의 적용대상으로 하고 있는 공무원 복무규정에 의하여 간접적·부수적으로 공무원단체의 활동이 제한될 때 그 단체의 자기관련성을 인정할 수 있는지 여부(소극) ⑥ 공무원에 대하여 직무 수행 중 정치적 주장을 표시·상징하는 복장 등 착용행위를 금지한 국가공무원 복무규정
직업공무원제도 대법원 판례	① 임용권자의 과실에 의한 임용결격자에 대한 경찰공무원 임용행위의 효력(무효) 　㉠ 임용권자의 과실에 의하여 임용결격자임을 밝혀내지 못하였다 하더라도 그 임용행위는 당연무효로 보아야 한다. 　㉡ 공무원 임용결격사유가 소멸된 후 30년 3개월 동안 사실상 계속 근무했다고 하더라도 묵시적 임용처분을 추인했다고 볼 수도 없다. ② 정년퇴직 발령이 행정소송의 대상인지 여부(소극) ③ 관련 형사사건의 유죄확정 전에도 비위 공무원에 대하여 징계처분을 할 수 있는지 여부(적극) ④ 계약직공무원 계약해지를 다투는 소송: 당사자소송(○), 항고소송(×) ⑤ 임용의 효력발생시기는 임용한다는 의사표시가 공무원에게 도달된 시점이다.

⑥ 경찰공무원이 뇌물수수사건의 수사를 피하기 위해 사직원을 제출하고 수리되지 않은 상태에서 소속 상관의 허가 없이 3개월여 동안 출근하지 아니한 경우, 직장이탈을 이유로 한 파면처분은 재량권 남용·일탈이 아니다.

⑦ 임명 또는 해임의 의사표시가 상대방에게 도달되지 아니하면 그 효력을 발생할 수 없다. 해임의 의사표시가 그 공무원에게 도달되기까지에는 그 공무원은 그 권한에 속하는 직무를 수행할 권한이 있다.

주체	법인(○), 외국인(○)
청원 대상기관	국가기관, 지방자치단체와 소속 기관, 법령에 따라 행정권한을 가지고 있거나 행정권한을 위임 또는 위탁받은 법인·단체 또는 그 기관이나 개인
청원사항	피해의 구제, 공무원의 위법·부당한 행위에 대한 시정이나 징계의 요구, 법률·명령·조례·규칙 등의 제정·개정 또는 폐지, 공공의 제도 또는 시설의 운영, 그 밖에 청원기관의 권한에 속하는 사항
청원처리 아니할 수 있는 사항	① 국가기밀 또는 공무상 비밀에 관한 사항 ② 감사·수사·재판·행정심판·조정·중재 등 다른 법령에 의한 조사·불복 또는 구제절차가 진행 중인 사항 ③ 허위의 사실로 타인으로 하여금 형사처분 또는 징계처분을 받게 하는 사항 ④ 허위의 사실로 국가기관 등의 명예를 실추시키는 사항 ⑤ 사인 간의 권리관계 또는 개인의 사생활에 관한 사항 ⑥ 청원인의 성명, 주소 등이 불분명하거나 청원내용이 불명확한 사항
이중청원	① 청원기관의 장은 동일인이 같은 내용의 청원서를 같은 청원기관에 2건 이상 제출한 반복청원의 경우에는 나중에 제출된 청원서를 반려하거나 종결처리할 수 있고, 종결처리하는 경우 이를 청원인에게 알려야 한다. ② 청원서를 접수한 관서는 이를 취급하지 아니하도록 하고 있으므로, 동일내용의 청원에 대하여는 국가기관이 이를 수리, 심사 및 통지를 하여야 할 아무런 의무가 없다.
모해청원금지	누구든지 타인을 모해(謀害)할 목적으로 허위의 사실을 적시한 청원을 하여서는 아니 된다.
청원방법	문서 또는 전자문서로 청원. 무기명 또는 구두로 청원 불가
청원서의 제출	① 담당하는 청원기관에 제출하여야 한다. ② 청원사항이 법률·명령·조례·규칙 등의 제정·개정 또는 폐지, 공공의 제도 또는 시설의 운영에 해당하는 경우 온라인청원시스템에 공개하도록 청원할 수 있다. ③ 다수 청원인이 공동으로 청원은 3명 이하의 대표자를 선정하여야 한다.
청원의 취하	청원인은 해당 청원의 처리가 종결되기 전에 청원을 취하할 수 있다.
국회와 지방의회에 대한 청원(합헌결정)	① 국회에 청원을 하려는 자는 의원의 소개를 받거나 국회규칙 수 이상의 국민의 동의를 받아 청원서를 제출하여야 한다(국회법 제123조). ② 지방의회에 청원하려면 지방의회의원의 소개가 반드시 필요하다(지방자치법 제73조).
청원 접수	제출된 청원서를 지체 없이 접수하여야 한다.
공개청원 공개	① 청원기관의 장은 접수일부터 15일 이내에 청원심의회의 심의를 거쳐 공개 여부를 결정하고 결과를 청원인(공동청원의 경우 대표자를 말한다)에게 알려야 한다. ② 청원기관의 장은 공개청원의 공개결정일부터 30일간 청원사항에 관하여 국민의 의견을 들어야 한다.

청원심사	① 정부에 제출 또는 회부된 정부의 정책에 관계되는 청원의 심사는 국무회의심의를 반드시 거쳐야 한다.
	② 청원기관의 장은 청원사항을 심의하기 위하여 청원심의회를 설치한다.
	③ 국회와 지방의회에 청원. 소관 위원회에 회부, 청원심사소위원회에 회부하여 심사
	   ㉠ 위원회에서 본회의에 부의하기로 결정한 청원은 의장에게 보고한다.
	   ㉡ 본회의에 부의할 필요가 없다고 결정한 청원은 그 처리 결과를 의장에게 보고하고, 의장은 청원인에게 알려야 한다.

청원보완 요구	청원기관의 장은 청원인에게 보완 요구
청원조사	① 청원사항을 성실하고 공정하게 조사하여야 한다. ② 자료 등의 제출 요구, 출석 및 의견진술 등의 요구, 실지조사, 문서·자료 등에 대한 감정의 의뢰
관계 기관·부서 간의 협조	① 회신기간을 정하여 협조를 요청하여야 한다. ② 협조를 요청받은 관계 기관·부서는 특별한 사정이 있는 경우에는 청원기관의 장과 협의하여 한 차례만 회신기간을 연장할 수 있다.
청원의 처리	① 청원기관의 장은 청원심의회의 심의를 거쳐 청원을 처리 ② 청원기관의 장은 청원을 접수한 때에는 특별한 사유가 없으면 90일 이내 처리결과를 청원인에게 알려야 한다. 60일의 범위에서 한 차례만 처리기간을 연장할 수 있다. ③ 30일 이내 이의신청 ➡ 15일 이내 인용 여부 결정한다.

청원권 판례	① 청원한 대로 처리할 의무는 없다. 청원에 대한 심사처리결과의 통지 유무는 행정소송의 대상이 되는 행정처분이라고 할 수 없다.
	② 청원처리 위헌확인
	   ㉠ 처리결과를 통지할 것을 요구할 수 있는 권리이다.
	   ㉡ 청원권의 보호범위에는 청원사항의 처리결과에 심판서나 재결서에 준하여 이유를 명시할 것까지를 요구하는 것은 포함되지 아니한다.
	   ㉢ 청원처리회신은 헌법소원의 대상이 아니다.
	③ 수용자 청원 허가제 ➡ 청원권의 본질적 내용을 침해한다고 할 수 없다.
	④ 국민은 여러 가지 이해관계 또는 국정에 관하여 자신의 의견이나 희망을 해당 기관에 직접 진술하는 외에 그 본인을 대리하거나 중개하는 제3자를 통해 진술하더라도 이는 청원권으로서 보호된다.

01 재판청구권의 의의

헌법상 명문규정	**헌법 제27조** ① 모든 국민은 헌법과 법률이 정한 법관에 의하여 법률에 의한 재판을 받을 권리를 가진다. ② 군인 또는 군무원이 아닌 국민은 대한민국의 영역 안에서는 중대한 군사상 기밀·초병·초소·유독음식물공급·포로·군용물에 관한 죄 중 법률이 정한 경우와 비상계엄이 선포된 경우를 제외하고는 군사법원의 재판을 받지 아니한다. ③ 모든 국민은 신속한 재판을 받을 권리를 가진다. 형사피고인은 상당한 이유가 없는 한 지체 없이 공개재판을 받을 권리를 가진다. ④ 형사피고인은 유죄의 판결이 확정될 때까지는 무죄로 추정된다. ⑤ 형사피해자는 법률이 정하는 바에 의하여 당해 사건의 재판절차에서 진술할 수 있다.
재판청구권의 의의	기본권의 보장을 위한 기본권이다.
연혁	① 1215년 마그나 카르타 ② 1789년 인간과 시민의 권리선언 ③ 1791년 프랑스헌법과 1791년 미국헌법은 헌법적 차원에서 법률에 의한 재판을 받을 권리를 규정
주체	법인, 외국인

02 헌법과 법률이 정한 법관에 의한 재판을 받을 권리

헌법과 법률이 정한 법관	신분이 보장되고 직무상 독립이 보장된 법관을 말한다.
법관에 의한 재판을 받을 권리	① 재판을 받을 권리에서 재판: 민사·행정·선거·가사사건에 관한 재판은 물론 어떠한 처벌도 받지 아니할 권리를 보장한 것 ② '법관'에 의한 재판 　㉠ 재범의 위험성 유무에도 불구하고 보호감호를 선고하도록 한 사회보호법은 법관에 의한 정당한 재판을 받을 권리를 침해하였다. 　㉡ 법관이 아닌 청소년보호위원회의 청소년성범죄 신상공개결정은 재판청구권 침해가 아니다. 　㉢ 법관이 아닌 사회보호위원회의 치료감호종료 여부결정은 재판청구권 침해가 아니다. 　㉣ 보호관찰처분심의위원회에서 보안관찰처분을 심의·의결하는 것은 법관에 의한 정당한 재판을 받을 권리를 침해하는 것은 아니다. 　㉤ 청소년보호위원회의 청소년 유해매체물결정 구성요건의 일부를 행정기관이 결정하도록 한 규정이 법관이 사실을 확정하고 법률을 해석·적용하는 재판(법관에 의한 재판)을 받을 권리를 침해하는 것이 아니다.

배심재판	① 배심원이 사실심에만 관여하고 법률심에는 참여하지 않는다면 배심재판은 헌법 제27조 제1항에 위배되지 아니한다. ② 따라서 법률개정만으로도 배심재판의 도입이 가능하다. ③ 그러나 배심재판을 받을 권리가 헌법상 보장되는 것은 아니다. 최근 국민의 형사재판 참여에 관한 법률이 제정·시행됨에 따라 우리 형사재판에도 배심제도가 도입되었다.
참심재판	참심원이 법관과 함께 합의체를 구성하여, 사실심뿐 아니라 법률심까지 참여하는 참심재판제는 헌법 제27조 제1항에 위배된다.
약식재판, 즉결심판, 가사심판	법관에 의한 심판이고 불복시 정식재판을 청구할 수 있으므로 재판청구권을 침해한 것은 아니다.
통고처분	① 통고처분, 경찰서장에 의한 교통벌칙자의 통고처분은 재판청구권을 침해한 것은 아니다. ② 경찰서장이 범칙자로 인정되는 자에 대하여 범칙금 납부를 통고할 수 있도록 한 도로교통법(합헌) ③ 관세청의 통고처분을 행정소송의 대상에서 제외한 관세법(합헌)

03 국민의 형사재판 참여에 관한 법률

국민참여재판 대상	① 국민참여재판 대상: 모든 범죄(✕), 민사재판(✕), 행정재판(✕) ② 피고인이 원하지 않는 경우, 국민의 참여재판은 허용되지 않는다. ③ 성폭력범죄의 피해자 또는 법정대리인이 국민참여재판을 원하지 아니한 경우 등에는 법원은 국민참여재판을 하지 않기로 결정할 수 있다. ➡ 즉시항고할 수 있다. ④ 성폭력범죄 피해자의 보호를 위해 직권 또는 신청에 따라 결정으로 사건을 지방법원 본원합의부가 국민참여재판에 의하지 아니하고 심판하게 할 수 있다. ➡ 불복금지
배심원 자격	만 20세 이상인 국민(○), 국회의원(✕), 변호사(✕), 경찰(✕), 검찰공무원(✕)
배심원 권한과 의무	① 사실의 인정, 법령의 적용 및 형의 양정에 관한 의견을 제시할 권한이 있다. ② 법원의 증거능력에 관한 심리에 관여할 수 없다.
평의방법	① 전원일치로 평결(○) ➡ 전원일치가 아닌 경우 다수결로 평결 ② 심리에 관여한 판사는 평의에 참석하여 의견을 진술한 경우에도 평결에는 참여할 수 없다. ③ 배심원: 양형의견개진(○) ④ 국민형사재판참여제도에서 배심원의 평결과 양형에 관한 의견은 법원을 기속한다.(✕)
판례 (모두 합헌)	① 국민참여재판의 대상사건을 제한한 국민의 형사재판 참여에 관한 법률 ② 합의부 관할사건만을 국민참여재판의 대상사건으로 정한 법률조항 ③ 폭력행위 등 처벌에 관한 법률상 흉기상해죄를 국민참여재판에서 제외한 것 ④ 국민주권주의 이념이 곧 사법권을 포함한 모든 권력을 국민이 직접 행사하여야 하고 이에 따라 모든 사건을 국민참여재판으로 할 것을 요구한다고 볼 수 없다. ⑤ 국민참여재판으로 진행하는 것이 적절하지 아니하다고 인정되는 경우 법원이 국민참여재판 배제 결정을 할 수 있도록 한 구 국민의 형사재판 참여에 관한 법률

구분	형사재판	민사·행정재판	예외
실체법	형식적 의미의 법률	형식적 의미의 법률 + 관습법, 조리	긴급명령, 긴급재정·경제명령, 법률의 효력을 갖는 조약
절차법	형식적 의미의 법률	형식적 의미의 법률	대법원 규칙

위 표의 왼쪽 행 제목: **법률에 의한 재판을 받을 권리**

재판을 받을 권리

① 민사재판, 형사재판, 행정재판, 헌법재판을 받을 권리이다.
② 재판청구권은 사실관계와 법률관계에 관하여 최소한 한번의 재판을 받을 기회가 제공될 것을 국가에게 요구할 수 있는 절차적 기본권을 뜻한다.
③ 기본권의 침해에 대한 구제절차가 반드시 헌법소원의 형태로 독립된 헌법재판기관에 의하여 이루어질 것만을 요구하지는 않는다.
④ 실체법 규정에 의한 재판청구권 침해 여부(소극)

04 재판을 받을 권리 보호영역

보호되는 것

① 상당한 정도로 '권리구제의 실효성'을 보장하는 것이어야 한다.
② 불변기간 명확성의 원칙: "지방자치단체의 장이 제4항의 기간(즉, 이의신청을 받은 날로부터 60일)내에 결정을 하지 아니할 때에는 그 기간이 종료된 날로부터 60일 이내에 … 관할 고등법원에 소를 제기할 수 있다."고 규정한 지방자치법은 법치주의의 파생인 불변기간 명확성의 원칙에 반할 뿐만 아니라 헌법 제27조 제1항의 재판청구권을 침해하는 위헌규정이다.
③ 헌법 제27조 제1항의 법관에 의한 재판을 받을 권리란 법관에 의한 사실확정 및 법률적용을 받을 권리를 의미한다.
　㉠ 특허심판위원회의 결정에 불복하려면 대법원에 상고하도록 한 특허법은 재판청구권 침해이다.
　㉡ 법무부 징계위원회의 변호사징계 결정에 불복이 있는 자는 대법원에 즉시 항고할 수 있도록 한 변호사법은 재판청구권을 침해한다.
　㉢ 법관에 대한 징계처분 취소청구소송을 대법원의 단심재판에 의하도록 한 구 법관징계법은 재판청구권을 침해하지 아니한다.
④ 상소 또는 항고할 권리
　㉠ 금융기관의 연체대출금에 관한 경매절차에 있어서 경락허가결정에 대하여 항고를 하고자 하는 자에게 담보로서 경락대금의 10분의 5에 해당하는 현금 등을 공탁하도록 한 규정은 상소권 침해
　㉡ 상소권 회복을 봉쇄한 반국가행위자 처벌특별법은 상소권 침해

보호되지 않는 것

① 논리적이고 정제된 법률의 적용을 받을 권리
② 구체적 소송에 있어서 특정의 당사자가 승소의 판결을 받을 권리
③ 재심을 청구할 권리
　㉠ 재심청구권은 헌법 제27조 제1항에 의하여 직접 발생되는 기본적 인권은 아니다.
　㉡ 재심사유를 알고도 주장하지 아니한 때에는 재심의 소를 제기할 수 없도록 규정한 민사소송법 규정
　㉢ 재심재판이 헌법에서 보호되지 않아 재심재판 관련 법조항 모두 합헌

보호되지 않는 것	④ 검사는 치료감호대상자가 치료감호를 받을 필요가 있는 경우 관할 법원에 치료감호를 청구할 수 있도록 한 치료감호 등에 관한 법률이 재판청구권을 침해하거나 적법절차원칙에 반하는지 여부(소극): 피고인 스스로 치료감호를 청구할 수 있는 권리나, 법원으로부터 직권으로 치료감호를 선고받을 수 있는 권리는 헌법상 재판청구권의 보호범위에 포함되지 않는다.
	 ⑤ 국민참여재판을 받을 권리
	 ⑥ 대법원의 재판을 받을 권리
	  ㉠ 모든 사건에 대하여 반드시 대법원 또는 상급법원을 구성하는 법관에 의한 균등한 재판을 받을 권리가 포함되어 있다고 할 수는 없다.
	  ㉡ 모든 사건에 대해 똑같이 세 차례의 법률적 측면에서의 심사의 기회의 제공이 곧 헌법상의 재판을 받을 권리의 보장이라고는 할 수 없을 것이다.
	  ㉢ 객관적으로 법률적 중요성을 가지는 사건에 한하여 상고를 허가하도록 함으로써 상고심재판을 제한한 것
	  ㉣ 항소심에서 심판대상이 된 사항에 한하여 법령위반의 상고이유로 삼을 수 있도록 상고를 제한하는 형사소송법
	  ㉤ 사실오인 또는 양형부당을 이유로 원심판결에 대한 상고를 할 수 있는 경우를 "사형, 무기 또는 10년 이상의 징역이나 금고가 선고된 사건"의 경우로만 제한한 형사소송법
	  ㉥ 소액사건에 관하여 대법원에의 상고를 제한한 소액사건심판법
	   ☑ 대법원재판 또는 상고심재판 제한은 모두 합헌. 다만, 보상결정에 대한불복을 금지하는 형사보상법은 위헌
	  ㉦ 죄인인도사건을 서울고등법원의 전속관할로 정한 것
	  ㉧ '사형, 무기 또는 10년 이상의 징역이나 금고가 선고된 사건'에 한하여 중대한 사실오인 또는 양형부당을 이유로 한 상고를 허용한 형사소송법
	 ⑦ 수용 개시일까지 토지 등의 인도의무를 정하는 공익사업을 위한 토지 등의 취득 및 보상에 관한 법률과 그 위반시 형사처벌을 정하는 공익사업을 위한 토지 등의 취득 및 보상에 관한 법률
	  ㉠ 재산권, 거주·이전의 자유 및 직업의 자유(영업의 자유) 제한
	  ㉡ 토지 등의 인도로 인한 심리적인 위축 등은 간접적, 사실적 제약일 뿐 재판청구권에 대한 직접 제한이라고 볼 수 없다.

심리불속행제도	① 대법원은 심리를 하지 않고 상고를 기각하도록 한 상고심절차에 관한 특례법은 재판의 신속성 확보, 대법원의 심리부담 경감이라는 차원에서 대법원의 재판을 받을 권리를 제한하는 것으로 입법재량의 범위 내에 속하는 사항이다. ② 민사, 가사, 행정 등 소송사건에 있어서 상고심재판을 받을 수 있는 객관적 기준을 정함에 있어 개별적 사건에서의 권리구제보다 법령해석의 통일을 더 우위에 둔 규정으로서 그 합리성이 있다고 할 것이므로 헌법에 위반되지 아니한다. ☑ 심리불속행을 규정한 상고심절차에 관한 특례법은 모두 합헌

05 군사재판을 받지 않을 권리

군사재판을 받지 않을 권리	헌법 제27조 제2항의 군사재판을 받을 범죄: 군용물죄는 포함되나, 군사시설에 관한 죄는 포함되지 않는다.
군사법원법 헌법 위반인 것	① 전투용에 공하는 시설에 관한 죄에 대해 군사재판: 위헌 　㉠ '전투용에 공하는 시설'은 '군용물'에 해당하지 않는다. 　㉡ 헌법 제27조 제2항에 규정된 군용물에는 군사시설이 포함되지 않는다. ② 군사법경찰관, 피의자 구속기간 10일 연장: 위헌 ③ 현역병의 군대 입대 전 범죄에 대한 군사법원의 재판권을 규정하고 있는 군사법원법: 합헌 ④ 군사법원에서 심판관을 일반장교로 임명할 수 있도록 규정하는 것: 합헌
비상계엄 군사재판	① 군사시설에 관한 죄에 대한 단심재판제도는 허용되지 않는다. ② 중대한 군사상 기밀, 군용물에 관한 죄에 대해 단심재판제도는 인정되지 않는다. ③ 경비계엄하 군사재판의 단심제는 인정되지 않는다. ④ 사형의 경우에 단심재판제도는 허용되지 않는다. ⑤ 비상계엄하의 군사재판은 간첩죄의 경우 단심으로 한다.(×) ➡ 단심으로 할 수 있다.(○)

구분	중대한 군사상 기밀죄, 군용물죄	군사시설에 관한 죄
헌법 제27조 제2항	○	×
헌법 제110조 제4항	×	×

(군사재판 정리)

06 신속한 공개재판을 받을 권리

헌법상 명문규정	**헌법 제27조** ③ 모든 국민은 신속한 재판을 받을 권리를 가진다. 형사피고인은 상당한 이유가 없는 한 지체 없이 공개재판을 받을 권리를 가진다. **제109조** 재판의 심리와 판결은 공개한다. 다만, 심리는 국가의 안전보장 또는 안녕질서를 방해하거나 선량한 풍속을 해할 염려가 있을 때에는 법원의 결정으로 공개하지 아니할 수 있다.
재판지연에 관한 판례	① 민사소송법이 정한 재판 기간 내에 반드시 판결을 선고해야 할 법률상의 의무가 발생한다고는 볼 수 없다. ② 법률에 의한 구체적 형성 없이는 신속한 재판을 위한 어떤 직접적이고 구체적인 청구권이 발생하지 아니한다. ③ 보안처분들의 효력이 만료되는 시점까지 판결을 선고하지 아니한 것은 헌법소원의 대상이 되는 공권력의 불행사라고는 할 수 없다.

07 공정한 재판을 받을 권리

공정한 재판을 받을 권리 보호 여부	① 우리 헌법에는 명문의 문구는 따로 없다. ② '공정한 재판을 받을 권리'는 공개된 법정의 법관 앞에서 모든 증거자료가 조사되고 검사와 피고인이 서로 공격·방어할 수 있는 공평한 기회가 보장되는 재판을 받을 권리를 포함한다. ③ 원칙적으로 당사자주의와 구두변론주의 및 증거재판주의가 보장되어 당사자가 공소사실에 대한 답변과 입증 및 반증을 하는 등 공격, 방어권이 충분히 보장되는 재판을 받을 권리가 포함되어 있다. ④ 검사의 증인 소환과 공정한 재판을 받을 권리: 검사와 피고인 쌍방 중 어느 한편이 증인과의 접촉을 독점하거나 상대방의 접근을 차단하도록 허용한다면, 이는 상대방의 공정한 재판을 받을 권리를 침해하는 것이 될 것이다. ⑤ 증명책임의 분배와 공정한 재판을 받을 권리도 보호된다. ⑥ '공정한 헌법재판을 받을 권리'도 포함된다. ⑦ 공정한 재판을 받을 권리에 외국에 나가 증거를 수집할 권리가 포함된다고 보기도 어렵다.

08 형사피해자의 재판절차진술권

헌법상 명문규정	**헌법 제27조** ⑤ 형사피해자는 법률이 정하는 바에 의하여 당해 사건의 재판절차에서 진술할 수 있다.
형사피해자의 의의	① 형사실체법상으로는 직접적인 보호법익의 주체로 해석되지 않는 자라 하여도 문제되는 범죄 때문에 법률상 불이익을 받게 되는 자라면 헌법상 형사피해자의 재판절차진술권의 주체가 될 수 있다. ② 모든 범죄행위로 인한 피해자가 제27조의 형사피해자에 해당하기 때문에, 생명·신체에 대한 범죄피해자에 한정되는 제30조의 범죄피해자구조청구권에서의 범죄피해자보다 넓은 개념이다. ③ 형사피해자가 형사재판절차에 참여하여 증언하는 이외에 형사사건에 관한 의견진술을 할 수 있는 청문의 기회를 부여함으로써 형사사법의 절차적 적정성을 확보하기 위하여, 기본권으로 보장하는 것이다. ④ 형사피해자로 하여금 자신이 피해자인 범죄에 대한 형사재판절차에 접근할 가능성을 제한하는 것은 동시에 그의 재판청구권을 제한하는 것이 될 수 있다.
형사피해자 여부	① 주주(O) ② 위증으로 인한 불이익한 재판을 받게 되는 당사자(O) ③ 사고로 인한 피해자 사망시 피해자의 부모(O) ④ 공정거래위원회의 고발권 불행사로 인한 피해자(O) ⑤ 지구당 부위원장(O) ⑥ 문중재산에 대한 사기죄 관련 문중의 구성원(O)
검사의 불기소처분과 재판절차진술권	① 형사고소권은 헌법상 명문으로 규정된 기본권이 아니라 하더라도 재판절차진술권의 직접적 전제가 되는 권리라 할 수 있으므로, 고소권의 침해 논의는 재판절차진술권이라는 기본권의 침해에 대한 논의로 이어져야 한다. ② 고소인은 형사피해자로서 재판절차진술권을 가지나, 고발인은 원칙적으로 재판절차진술권을 갖지 못한다.

	③ 자의적인 검사의 불기소처분으로 고소인이 침해받는 기본권은 평등권과 재판절차진술권이다. 교통사고 피해자가 중상해를 입은 경우 검사가 운전자를 공소제기할 수 없도록 한 교통사고처리 특례법은 재판절차진술권을 침해한다.
자의적 검사의 불기소처분과 권리구제절차	**헌법재판소법 제68조【청구 사유】** ① 공권력의 행사 또는 불행사(不行使)로 인하여 헌법상 보장된 기본권을 침해받은 자는 법원의 재판을 제외하고는 헌법재판소에 헌법소원심판을 청구할 수 있다. 다만, 다른 법률에 구제절차가 있는 경우에는 그 절차를 모두 거친 후에 청구할 수 있다. **검찰청법 제10조【항고 및 재항고】** ① 검사의 불기소처분에 불복하는 고소인이나 고발인은 그 검사가 속한 지방검찰청 또는 지청을 거쳐 서면으로 관할 고등검찰청 검사장에게 항고할 수 있다. 이 경우 해당 지방검찰청 또는 지청의 검사는 항고가 이유 있다고 인정하면 그 처분을 경정(更正)하여야 한다. **형사소송법 제260조【재정신청】** ① 고소권자로서 고소를 한 자는 검사로부터 공소를 제기하지 아니한다는 통지를 받은 때에는 그 검사 소속의 지방검찰청 소재지를 관할하는 고등법원에 그 당부에 관한 재정을 신청할 수 있다. 다만, 형법 제126조의 죄에 대하여는 피공표자의 명시한 의사에 반하여 재정을 신청할 수 없다.
	① 고소권자로서 고소를 한 자는 재정을 신청할 수 있으므로, 그와 같은 구제절차를 거치지 않고 불기소처분에 대하여 헌법원심판청구를 하는 것은 보충성 요건을 흠결하여 부적법하다. ② 고소하지 아니한 형사피해자는 다른 법률의 구제절차를 거치지 아니하고 헌법소원을 청구할 수 있다. ③ 헌법소원이 청구되더라도 불기소처분이 된 피의사실의 공소시효는 정지되지 아니하고 진행한다.
헌법 제27조 제5항의 법률유보	헌법 제27조 제5항이 정한 법률유보는 법률에 의한 기본권의 제한을 목적으로 하는 자유권적 기본권에 대한 법률유보의 경우와는 달리 기본권 형성적 법률유보에 해당한다.
재판절차진술권 판례	① 형사피해자를 약식명령의 고지 대상자에서 제외하고 있는 형사소송법이 형사피해자의 재판절차진술권을 침해하는지 여부(소극) ② 형사피해자를 정식재판청구권자에서 제외하고 있는 형사소송법 제453조 제1항이 형사피해자의 재판절차진술권을 침해하는지 여부(소극) ③ 재정신청이 이유 없는 때에 하는 기각결정이 확정된 사건에 대하여 다른 중요한 증거를 발견한 경우를 제외하고는 소추를 금지하는 형사소송법은 형사피해자 재판절차진술권을 침해한다고 볼 수 없다.

09 재판청구권과 입법형성의 자유

입법형성의 자유	재판청구권과 같은 절차적 기본권은 원칙적으로 제도적 보장의 성격이 강하기 때문에, 자유권적 기본권 등 다른 기본권의 경우와 비교하여 볼 때 상대적으로 광범위한 입법형성권이 인정되므로, 관련 법률에 대한 위헌심사기준은 합리성원칙 내지 자의금지원칙이 적용된다.
재판청구권 형성입법의 위헌심사기준 판례	① 재판을 청구할 수 있는 기간을 정하는 것은 합리적인 재량의 한계를 일탈하지 아니하는 한 위헌이라고 판단할 것은 아니다. ② 재판청구권의 구체적 형성의 한계로서 과잉금지원칙을 준수하여야 한다고 판단한 사례 ③ 입법자에 의한 재판청구권의 구체적 형성이 불가피하므로, 재판청구권에 대해서는 입법자의 입법재량이 인정된다.

10 위원회 결정을 민사소송법의 재판상 화해로 간주

판례	① 국가배상법: 재판청구권 침해이다. ② 특수임무수행자 보상에 관한 법률: 재판청구권 침해 아니다. ③ 세월호피해자지원법: 재판청구권 침해 아니다. ④ 민주화운동 관련자 명예회복 및 보상 등에 관한 법률 　㉠ 재판청구권 침해 아니다. 　㉡ 민주화운동과 관련하여 입은 피해 중 불법행위로 인한 적극적·소극적 손해(재산적 손해)에 관한 부분: 법률에서 전보되므로 국가배상청구권을 침해한다고 볼 수 없다. 　㉢ 민주화운동과 관련하여 입은 피해 중 불법행위로 인한 정신적 손해에 관한 부분: 법률에서 전보되지 않으므로 국가배상청구권을 침해한다.

11 기간과 재판청구권

헌법 위반인 것	① 상속회복청구권의 행사기간을 상속개시일로부터 10년으로 제한 ② 군사법원법의 적용대상이 되는 모든 범죄에 대하여 수사기관의 구속기간을 10일간 연장 ③ 즉시항고 기간을 3일로 제한한 형사소송법 ④ 즉시항고 기간을 3일로 제한한 인신보호법 ⑤ 무죄재판이 확정된 때로부터 1년 이내에 하도록 규정하고 있는 형사보상법 ⑥ 상속회복청구권의 행사기간을 상속권의 침해행위가 있은 날로부터 10년으로 제한
헌법 위반 아닌 것	① 비용보상청구권의 제척기간을 무죄판결이 확정된 날부터 6개월로 규정한 형사소송법 ② 정식재판 청구기간을 '약식명령의 고지를 받은 날로부터 7일 이내' ③ 피고인의 구속기간을 제한하는 형사소송법: 피고인 구속기간은 형사재판기간이 아니다. ④ 특별검사가 제기한 사건의 재판기간을 제1심에서는 공소제기일부터 3개월 이내에, 제2심 및 제3심에서는 전심의 판결선고일부터 각각 2개월 이내에 하도록 한 것 ⑤ 특허무효심결에 대한 소는 심결의 등본을 송달받은 날부터 30일 이내에 제기하도록 한 특허법

	⑥ 보상금증감청구소송을 제기하려는 토지소유자의 제소기간을 '재결서를 받은 날부터 60일 이내'
	☑ 친생부인의 소 제소기간을 출생 안 날로부터 1년 이내로 한정한 민법: 행복추구권을 침해
	☑ 사유가 있음을 안 날로부터 2년과 인지청구의 소 부모가 사망한 날로부터 1년 이내로 제한한 것: 합헌
	⑦ 국가배상사건인 당해사건 확정판결에 대하여 헌법재판소 위헌결정을 이유로 한 재심의 소를 제기할 경우, 재심제기기간을 재심사유를 안 날부터 30일 이내로 한 헌법재판소법 제75조 제8항

12 형사소송과 재판청구권

침해인 것	① 검사의 청구에 따라 공판기일 전에 증인신문을 청구할 수 있도록 한 형사소송법과 판사가 증인신문시 수사에 지장이 없다고 판단할 때만 피고인, 피의자, 변호인을 증인신문에 참여할 수 있도록 한 형사소송법
	② 궐석재판을 규정한 반국가행위자처벌에 관한 특별법, 반국가행위자 사건에 대해 법원으로 하여금 증거조사도 하지 않고 형을 선고하도록 한 법률
	③ 검사가 증인을 145차례 소환한 것
	④ 사법경찰관이 사건종결 전에 압수물을 폐기한 행위
	⑤ 항소기록을 검사를 통해 항소법원에 우회적으로 송부하도록 한 구 형사소송법: 엄격한 심사
	⑥ 재정신청 기각결정에 대하여 재항고를 금지한 형사소송법 제415조 재판청구권 및 평등권을 침해하는지 여부(적극)
	⑦ 디엔에이 감식시료채취 영장발부에 불복절차를 규정하지 않은 것
	⑧ 피고인의 책임 없는 사유로 송달불능이 된 경우에도 중형이 선고될 수 있는 궐석재판을 하도록 한 것
	⑨ 영상물에 수록된 19세 미만 성폭력범죄 피해자 진술에 관한 증거능력을 인정하는 성폭력범죄의 처벌 등에 관한 특례법
	⑩ 제주특별자치도 통합(재해)영향평가심의위원회의 심의위원 중 위촉위원을 공무원으로 의제하는 한정위헌결정에 반하는 대법원의 재심기각결정
침해 아닌 것	① 법관이 구두변론을 하지 않고 재정신청에 대한 결정을 할 수 있도록 한 형사소송법
	☑ 헌법재판소가 위헌결정했다면 효력을 상실하므로, 현재 시행 중이므로 합헌으로 결정했다고 암기하면 된다.
	② 재판장이 소송관계인의 진술 또는 심문이 중복된 사항이거나 소송에 관계없는 사항인 때에는 변론을 제한할 수 있도록 한 형사소송법
	③ 공소는 검사가 제기하도록 하여 국가소추주의를 규정한 형사소송법
	④ 재판의 선고일로부터 상소의 제기기간으로 하는 형사소송법 조항
	⑤ 동석한 신뢰관계인의 성립인정의 진술만으로 성폭력 피해아동의 진술이 수록된 영상녹화물의 증거능력을 인정할 수 있도록 규정한 구 '아동·청소년의 성보호에 관한 법률'
	⑥ 소환된 증인 또는 그 친족 등이 보복을 당할 우려가 있는 경우 재판장은 당해 증인의 인적 사항의 전부 또는 일부를 공판조서에 기재하지 아니하게 할 수 있고, 증인신문시 피고인의 퇴정을 명할 수 있도록 한 특정범죄신고자 등 보호법

침해 아닌 것	⑦ 증인신문절차에서 피고인이나 변호인과 증인 사이에 차폐시설을 설치하고 신문할 수 있도록 한 형사소송법 　비교》 수용자와 변호사 접견을 접촉차단시설에서 하도록 한 것: 침해 ⑧ 약식절차에서 피고인이 정식재판을 청구한 경우 약식명령보다 더 중한 형을 선고할 수 없도록 한 형사소송법 제457조의2 ⑨ 치료감호 청구권자를 검사로 한정 ⑩ 사회보호위원회가 치료감호의 종료 여부를 결정 ⑪ 청소년보호위원회에 의한 청소년유해매체물의 결정 ⑫ 헌법 제27조 제1항이 규정한 재판청구권이나 헌법 제12조 제1항에 규정된 적법절차 원칙이 입법자에게 반드시 기소유예처분을 받은 피의자가 무죄를 주장하여 일반법원에서 법관에 의한 재판을 받을 수 있는 절차를 마련해야 할 입법자의 행위의무 내지 보호의무를 부여한다고 볼 수 없다. ⑬ 진술을 요할 자가 외국거주로 인하여 진술할 수 없는 경우에 예외적으로 전문증거의 증거능력을 인정하는 형사소송법 제314조 ⑭ 고소인·고발인만을 검찰청법상 항고권자로 규정하는 검찰청법 제10조 ⑮ 동일한 이유로 다시 재심을 청구하는 것을 금지하는 형사소송법

13 행정소송과 재판청구권

침해인 것	① 필요적 전치주의를 규정하면서 사법절차를 준용하지 않는 지방세 행정심판 　☑ 필요적 전치주의 나머지는 모두 합헌(주류판매업면허의 취소처분, 산재법, 국가공무원법 제16조 제2항 중 교원징계 부분, 지방공무원법, 도로교통법, 토지수용법 등) ② 법령에 의한 증인·참고인·감정인 or 사건당사자로서 직무상 비밀에 속한 사항을 증언 or 진술하고자 할 때에 미리 국가정보원장의 허가를 받도록 한 법 ③ 교원징계재심위원회의 결정에 대하여 학교 교원은 행정소송을 제기할 수 있도록 하면서 학교 법인은 행정소송을 제기할 수 없도록 한 법 　유사 교원 재임용 심사 관련 학교법인에게는 교원소청심사특별위원회의 재심결정에 대하여 소송으로 다투지 못하게 하는 교원소청법은 재판청구권 침해이다. 　비교》 공공단체인 한국과학기술원의 총장이 교원소청심사위원회의 결정에 대하여 행정소송법으로 정하는 바에 따라 소송을 제기할 수 없도록 하는 구 '교원의 지위 향상 및 교육활동 보호를 위한 특별법' 제10조 제3항: 재판청구권 침해 아니다. ④ 수형자가 출정하기 이전에 여비를 납부하지 않았거나 출정비용과 영치금과의 상계에 미리 동의하지 않았다는 이유로, 교도소장이 위 수형자의 행정소송 변론기일에 그의 출정을 제한한 것
침해 아닌 것	① 대통령선거에 관한 소송에 있어서 인지증액을 규정한 공직선거 및 선거부정방지법 ② 행정소송법 '처분 등이 있음을 안 날'은 처분 등이 있음을 안 때로부터 90일 ③ 보상금증감의 소에서 당사자적격을 토지소유자와 사업시행자로 규정한 공익사업법 ④ 법관이 아닌 사회보호위원회가 치료감호의 종료 여부를 결정하도록 한 사회보호법 제9조 제2항 　유사 치료감호 청구권자를 검사로 한정한 구 치료감호법

	⑤ 전자송달의 효력발생시점을 송달할 서류가 국세정보통신망에 저장된 때로 정한 국세기본법
	⑥ '처분 등이나 그 집행 또는 절차의 속행으로 인하여 생길 회복하기 어려운 손해를 예방하기 위하여 긴급한 필요가 있다고 인정할 때' 집행정지를 결정할 수 있도록 규정한 행정소송법
	⑦ 행정소송에서 인지액과 송달료 납부를 명하는 보정명령을 받고도 보정기간 내에 이를 이행하지 않은 원고에 대해 재판장으로 하여금 명령으로 소장을 각하하도록 규정한 민사소송법을 준용한 행정소송법

14 민사소송과 재판청구권

침해인 것	학교안전사고에 대한 공제급여결정에 대하여 학교안전공제중앙회 소속의 학교안전공제보상재심사위원회가 재결을 행한 경우 재심사청구인이 공제급여와 관련된 소를 제기하지 아니하거나 소를 취하한 경우에는 당해 재결 내용과 동일한 합의가 성립된 것으로 간주하는 학교안전사고 예방 및 보상에 관한 법률
침해 아닌 것	① 확정판결의 기판력을 규정한 민사소송법 조항 ② 기피신청에 대한 재판을 그 신청을 받은 법관의 소속 법원 합의부에서 하도록 한 민사소송법 ③ 변호사 보수를 패소당사자 부담으로 하는 구 민사소송법 ④ 패소할 것이 명백한 경우에 소송구조에서 제외하는 법 ⑤ 상속재산분할에 관한 사건을 가사비송사건으로 분류하고 있는 가사소송법 ⑥ 판결에 영향을 미칠 중요한 사항에 관하여 판단을 누락한 때'를 재심사유로 규정한 민사소송법 ⑦ 항소인이 원심재판장이 정한 기간 이내에 인지를 붙이지 아니한 흠을 보정하지 아니한 때에는 항소 각하 　　유사 민사소송절차의 소장에 일률적으로 인지를 첩부하도록 하면서 인지액의 상한을 규정하지 아니한 민사소송 등 인지법 ⑧ 매각허가결정에 대한 즉시항고 시 보증으로 매각대금의 10분의 1에 해당하는 금전 또는 유가증권을 공탁하도록 한 민사집행법 ⑨ 판단누락을 이유로 든 재심의 제기기간을 판결이 확정된 뒤 그 사유를 안 날부터 30일 이내로 제한한 민사소송법 ⑩ 변호사보수를 소송비용에 산입하여 원고가 부담하도록 한 민사소송법 　☑ 민사소송법 100% 합헌

15 법원조직법과 재판청구권

침해인 것	판사임용자격 중 법조경력 요구하면서 법 개정 당시 사법연수원에 입소한 연수원생들에게 적용
침해 아닌 것	① 판사 법조경력자격 요구 ② 판사의 근무성적평정에 관한 사항을 대법원규칙으로 정하도록 위임한 구 법원조직법 ③ 10년 미만의 법조경력을 가진 사람의 판사임용을 위한 최소 법조경력요건을 단계적으로 2013년부터 2017년까지는 3년, 2018년부터 2021년까지는 5년, 2022년부터 2025년까지는 7년으로 정한 법원조직법 부칙 ④ 사법보좌관의 소송비용결정 ⑤ 재판업무의 수행상 필요가 있는 경우 고등법원 부로 하여금 그 관할 구역 안의 지방법원 소재지에서 사무를 처리할 수 있도록 한 법원조직법 ⑥ 특정범죄가중법 제5조의4 제5항 제1호에 해당하는 사건을 합의부의 심판권에서 제외하는 법원조직법 ⑦ 사법보좌관에게 민사소송법에 따른 독촉절차에서의 법원의 사무를 처리할 수 있도록 규정한 법원조직법 제54조 제2항 제1호 중 '민사소송법에 따른 독촉절차에서의 법원의 사무'에 관한 부분 ⑧ 사법보좌관의 지급명령에 대한 이의신청 기간을 2주 이내로 규정한 민사소송법 470조 제1항

16 헌법재판소법과 재판청구권

한정위헌결정	법원의 재판을 헌법소원심판의 대상으로부터 배제하는 헌법재판소법 위헌으로 확인된 법률을 적용함으로써 국민의 기본권을 침해한 경우에도 법원의 재판에 대한 헌법소원이 허용되지 않는 것으로 해석한다면, 위 법률조항은 그러한 한도 내에서 헌법에 위반된다.
재판청구권 침해 아닌 것	① 동일한 사건에 대하여 2명 이상의 재판관을 기피할 수 없도록 한 것 ② 변호사 강제주의의 합헌성 ③ 헌법재판사건의 심판기간을 180일로 정한 헌법재판소법 ④ 공권력의 행사로 인하여 기본권이 침해된 경우에 그 사유가 있음을 안 날부터 90일이 지나면 헌법소원심판을 청구하지 못하도록 규정한 헌법재판소법 ⑤ 정당해산심판절차에 민사소송에 관한 법령을 준용할 수 있도록 규정한 헌법재판소법 ⑥ 정당해산심판에 가처분을 허용하는 헌법재판소법

쟁점
066 형사보상청구권

01 정리

의의	**헌법 제28조** 형사피의자 또는 형사피고인으로서 구금되었던 자가 법률이 정하는 불기소처분을 받거나 무죄판결을 받은 때에는 법률이 정하는 바에 의하여 국가에 정당한 보상을 청구할 수 있다. ① 연혁: 형사보상청구권 → 제헌헌법, 피의자의 형사보상청구권 → 현행헌법 ② 법적 성격 　㉠ 고의, 과실 등과는 무관한 일종의 무과실 결과책임으로서의 손실보상이다. 　㉡ 보상을 받을 자가 다른 법률의 규정에 의하여 손해배상을 청구함을 금하지 아니한다. 　㉢ 구금에 대한 보상청구권은 헌법상 권리이나 형사비용에 대한 보상청구권은 법률상 권리이다.
형사소송법의 비용에 대한 보상청구권 관련 판례	① 구금에 대한 형사보상청구권과 국가배상청구권은 헌법상 권리이나 형사소송법상 비용보상청구권은 법률에 의해 비로소 형성되는 권리이다. ② 형사소송법상 비용보상청구권과 국가배상청구권과는 기본적으로 권리의 성격이 다르므로 형사소송법이 비용보상청구에 있어 국가배상청구권에 비해 짧은 청구기간을 규정했다고 하더라도 평등원칙에 위배되지 않는다. ③ 무죄판결이 확정된 형사피고인에게 국선변호인의 보수에 준하여 변호사 보수를 보상하여 주도록 규정한 형사소송법 제194조의4 제1항은 재판청구권을 침해하는 것은 아니다.
주체	① 형사피고인과 피의자, 외국인도 가능. 법인(✕) ② 상속인이 보상을 청구할 수 있는 경우 　㉠ 청구를 하지 아니하고 사망하였을 경우 　㉡ 사망한 자에 대한 재심 또는 비상상고절차에서 무죄재판이 있었을 경우 보상청구 가능

02 형사보상청구권의 성립요건

형사피의자	① 요건: 구금 + 불기소(O) ② 불구속 수사: 보상청구(✕) ③ 기소중지, 기소유예: 보상청구(✕)
형사피고인	① 요건: 구속 + 무죄 ② 면소·공소기각의 경우: 무죄가 명백, 보상청구(O) ③ 원판결의 근거가 된 가중처벌규정에 대하여 헌법재판소의 위헌결정이 있었음을 이유로 개시된 재심절차에서, 공소장의 교환적 변경을 통해 위헌결정된 가중처벌규정보다 법정형이 가벼운 처벌규정으로 적용법조가 변경되어 피고인이 무죄판결을 받지는 않았으나 원판결보다 가벼운 형으로 유죄판결이 확정됨에 따라 원판결에 따른 구금형 집행이 재심판결에서 선고된 형을 초과하게 된 경우, 재심판결에서 선고된 형을 초과하여 집행된 구금에 대하여 보상요건을 규정하지 아니한 '형사보상 및 명예회복에 관한 법률' 제26조 제1항(이하 '심판대상조항'이라 한다)이 평등원칙을 위반하여 청구인들의 평등권을 침해하는지 여부(적극)

03 형사보상청구절차와 보상내용

청구기관	① 피고인 보상청구: 법원합의부 ➡ 보상결정에 대해서도 즉시 항고 ② 피의자 보상청구: 지검, 보상심의회에 보상청구 ➡ 심의회결정 ➡ 항고소송
청구기간	① 피고인 보상 ⊙ 무죄판결을 받은 피고인은 무죄재판이 확정된 사실을 안 날로부터 3년, 확정된 때로부터 5년 이내에 법원에 보상을 청구해야 한다. ⓛ 무죄재판이 확정된 때로부터 1년 이내에 하도록 규정하고 있는 형사보상법 제7조는 형사피고인이 책임질 수 없는 사유에 의하여 제척기간을 도과할 가능성이 있는바 재판청구권 침해이다. ⓒ 비용보상청구권의 제척기간을 무죄판결이 확정된 날부터 6개월로 규정한 구 형사소송법 제194조의3 제2항은 재판청구권을 침해하지는 않는다. ② 피의자 보상: 피의자 보상의 청구는 불기소처분 또는 불송치결정의 고지(告知) 또는 통지를 받은 날부터 3년 이내에 하여야 한다.
불복절차	① 피고인 ⊙ 형사보상 여부는 합의부에서 재판한다. ⓛ 법원의 기각결정뿐 아니라 보상결정에 대해서도 즉시 항고할 수 있다. ⓒ 형사보상의 청구에 대하여 한 보상의 결정에 대하여는 불복을 신청할 수 없도록 하여 형사보상의 결정을 단심재판으로 규정한 형사보상법 제19조 제1항은 형사보상청구권과 재판청구권 침해이다. ② 피의자: 심의회의 기각결정은 물론 보상결정에 대해서도 행정심판 또는 행정소송을 제기할 수 있다.

정당한 보상		① 입법자의 재량: 형사보상은 입법재량으로 결정할 수 있는 사항이라 할 것이다. ② 헌법 제23조 보상과 차이: 헌법 제28조에서 규정하는 '정당한 보상'은 헌법 제23조 제3항에서 재산권의 침해에 대하여 규정하는 '정당한 보상'과는 차이가 있다 할 것이다. ③ 국가배상과의 차이: 형사보상은 형사사법절차에 내재하는 불가피한 위험으로 인한 피해에 대한 보상으로서 국가의 위법·부당한 행위를 전제로 하는 국가배상과는 그 취지 자체가 상이하므로 형사보상절차로서 인과관계 있는 모든 손해를 보상하지 않는다고 하여 반드시 부당하다고 할 수는 없다. ④ 보상내용 형사보상 및 명예회복에 관한 법률 제5조 【보상의 내용】 ① 구금에 대한 보상을 할 때에는 그 구금일수(拘禁日數)에 따라 1일당 보상청구의 원인이 발생한 연도의 최저임금법에 따른 일급(日給) 최저임금액 이상 대통령령으로 정하는 금액 이하의 비율에 의한 보상금을 지급한다. ② 법원은 제1항의 보상금액을 산정할 때 다음 각 호의 사항을 고려하여야 한다. 1. 구금의 종류 및 기간의 장단(長短) 2. 구금기간 중에 입은 재산상의 손실과 얻을 수 있었던 이익의 상실 또는 정신적인 고통과 신체 손상 3. 경찰·검찰·법원의 각 기관의 고의 또는 과실 유무 4. 무죄재판의 실질적 이유가 된 사정 5. 그 밖에 보상금액 산정과 관련되는 모든 사정
보상의 전부 또는 일부를 하지 아니할 수 있는 경우	피의자의 경우	① 본인이 수사 또는 재판을 그르칠 목적으로 허위자백 또는 위증 ② 구금기간 중에 다른 범죄가 성립한 경우 ③ 보상을 하는 것이 선량한 풍속 기타 사회질서에 반한다고 인정할 특별한 사정이 있는 경우
	피고인의 경우	① 형법 제9조(형사미성년자) 및 제10조 제1항(심신상실자)의 사유에 의하여 무죄재판을 받은 경우 ② 본인이 수사 또는 심판을 그르칠 목적으로 허위의 자백 또는 위증으로 기소, 미결구금 또는 유죄재판을 받게 된 것으로 인정된 경우 ③ 1개의 재판으로써 경합범의 일부에 대하여 무죄재판을 받고 다른 부분에 대하여 유죄재판을 받았을 경우
양도·압류금지		형사보상청구권과 보상지급청구권은 양도·압류할 수 없다.
권리 상실(소멸시효)		보상결정이 송달된 후 2년 이내에 보상금 지급청구를 하지 아니할 때에는 권리를 상실한다.

01 정리

연혁	① 프랑스 최초: 대륙법계 ➡ 영미계 ② 우리나라: 제헌헌법 도입 ➡ 이중배상금지(제7차) ➡ 정당한 배상(제8차)
법적 성질	① 재산권(○) ② 학설: 공권설 ③ 판례: 사권설, 민사소송으로 다투어야 한다. ④ 생명·신체의 침해로 인한 국가배상을 받을 권리는 이를 양도하거나 압류하지 못한다(국가배상법 제4조).
주체	법인(○), 외국인(×), 외국인은 상호주의하에서 인정

헌법과 국가배상법 비교	구분	헌법	국가배상법
	배상책임자	국가 또는 공공단체	국가 또는 지방자치단체
	공무원 불법배상	○	○
	영조물 하자배상	×	○

02 국가배상청구권의 성립요건

국가배상청구권에 관한 명문규정	**헌법 제29조** ① 공무원의 직무상 불법행위로 손해를 받은 국민은 법률이 정하는 바에 의하여 국가 또는 공공단체에 정당한 배상을 청구할 수 있다. 이 경우 공무원 자신의 책임은 면제되지 아니한다. **국가배상법 제2조【배상책임】** ① 국가나 지방자치단체는 공무원 또는 공무를 위탁받은 사인이 직무를 집행하면서 고의 또는 과실로 법령을 위반하여 타인에게 손해를 입히거나, 자동차손해배상 보장법에 따라 손해배상의 책임이 있을 때에는 이 법에 따라 그 손해를 배상하여야 한다. **제5조【공공시설 등의 하자로 인한 책임】** ① 도로·하천, 그 밖의 공공의 영조물의 설치나 관리에 하자가 있기 때문에 타인에게 손해를 발생하게 하였을 때에는 국가나 지방자치단체는 그 손해를 배상하여야 한다.
공무원	① 공무원의 신분을 가진 자만이 아니라 공무를 위탁받아 공무를 수행하는 자도 포함 ② 가해공무원을 특정할 수 없어도 무방하다.

	공무원으로 간주 ○	판례에 의해 공무원으로 간주 ×
국가기관	① 전입신고서에 확인일을 찍는 통장 ② 소집 중인 예비군 ③ 방범대원 ④ 집달관(집행관) ⑤ 미군부대의 카투사 ⑥ 철도건널목간수 ⑦ 소방원 ⑧ 시청소차의 운전수 ⑨ 교통할아버지 ⑩ 불특정 공무원 ⑪ 국가기관 ⑫ 법관, 재판관, 국회의원	① 의용소방대원 ② 시영버스운전사 ③ 한국토지공사
직무상의 행위	① 직무상 행위의 범위: 권력작용과 비권력작용인 관리 행위는 직무상 행위에 포함되나 국고작용 또는 사경제작용은 포함되지 않음 ② 직무행위의 내용: 근무지로 출근하기 위한 자기 소유 자동차 운행은 직무행위에 포함되지 않으나 출장 후 돌아오던 중 사고는 직무상 행위에 해당함 ③ 직무상의 행위 관련 판례 　㉠ 국회입법행위가 국가배상법 직무행위인지 여부(소극) 　㉡ 법관의 재판이 법령의 규정을 따르지 아니한 잘못이 있더라도 위법한 행위가 되어 국가배상책임이 발생하는 것은 아니다. 　㉢ 헌법재판소 재판관이 청구기간 내에 제기된 헌법소원심판청구 사건에서 청구기간을 오인하여 각하결정을 한 경우, 국가배상책임 인정 ④ 직무집행의 판단기준: 외형설 　㉠ 행위자의 주관적 의사에 관계없이 직무행위에 해당한다. 　㉡ 공무집행행위가 아니라는 사정을 피해자가 알았다 하더라도 이에 대한 국가배상책임은 부정할 수 없다.
불법행위	① 고의·과실을 요건으로 한 국가배상법 위헌 여부 　㉠ '고의 또는 과실로' 부분은 국가배상청구권을 침해한다고 볼 수 없다. 　㉡ 헌법상 국가배상청구권의 '불법행위'를 법률에서 구체적으로 형성할 수 있는 개념이라고 할 것이다. 　㉢ 심사기준: 과잉금지원칙이 아니라 입법형성권을 일탈했는지 여부 　㉣ 긴급조치 제1호·제9호를 집행한 수사기관의 행위나 법원의 재판에 의한 손해에 경우 고의·과실 요건을 완화하거나 예외를 인정해야 하는지(소극) ② 긴급조치 제9호: 대통령의 긴급조치 제9호 발령 및 적용·집행행위가 국가배상법 제2조 제1항에서 말하는 공무원의 고의 또는 과실에 의한 불법행위에 해당한다. ③ 고의·과실 　㉠ 불법행위란 고의·과실로 법령을 위반한 행위이다. 　㉡ 선임·감독상 고의·과실이 있는지 여부는 불문한다. ④ 위법행위 　㉠ 위반된 법령은 법률, 명령, 관습법을 포함한다. 　㉡ 재량권 행사가 위법에 이르지 아니한 경우의 부당한 처분은 위법성이 인정되지 않는다. 　㉢ 법령상 또는 조리상 의무가 있는 경우 부작위도 위법이 된다.

불법행위	⑤ 영조물설치관리하자: 도로, 하천 등 영조물의 설치 또는 관리의 하자로 손해가 발생한 경우 고의·과실을 요하지 않는다. ⑥ 어떠한 행정처분이 후에 항고소송에서 취소되었다고 할지라도 고의 또는 과실로 인한 것으로서 불법행위를 구성한다고 단정할 수는 없다. ⑦ 법령해석의 잘못과 공무원의 과실 인정 여부 　㉠ 법해석에 대한 다양한 학설이 대립하고 있던 중 그중 하나의 해석을 택했는데, 나중에 대법원이 다른 판결을 한 경우 과실은 인정되지 않는다. 　㉡ 시행령에 대한 위법판결 전이라면 위법인 시행령에 근거한 처분은 과실이 인정되지 않는다. ⑧ 경과규정 없이 시행된 신법 적용 　㉠ 행정입법에 관여한 공무원이 나름대로 합리적 근거를 찾아 어느 하나의 견해에 따라 경과규정을 두는 등의 조치 없이 새 법령을 그대로 시행 또는 적용하였으나 그 판단이 나중에 대법원이 내린 판단과 달라 결과적으로 신뢰보호원칙 등을 위반하게 된 경우, 국가배상책임의 성립요건인 공무원의 과실이 있다고 볼 수 있는지 여부(소극) 　㉡ 변리사법 시행령 제4조 제1항이 변리사 제1차 시험을 '절대평가제'에서 '상대평가제'로 변경함에 따라 불합격처분을 받은 경우 국가배상책임의 성립요건인 공무원의 과실이 있다고 단정할 수 없다. ⑨ 확립된 법령해석에 어긋난 처분: 고의 또는 과실이 인정됨 ⑩ 법의 무지로 법을 위반한 경우: 배상책임 인정됨 ⑪ 행위 　㉠ 불법행위는 작위뿐 아니라 부작위, 행위지체 등에 의해서도 발생한다. 　㉡ 입법부작위로 인한 손해배상도 인정되고 있다. 　㉢ 군법무관의 보수 관련 시행령을 제정하지 않은 것은 불법행위에 해당한다. ⑫ 입증책임: 불법행위의 입증책임은 피해자에게 있다.
손해	① 손해발생: 공무원이 자신의 불법행위로 손해를 받은 경우에는 배상청구권이 인정되지 않음 ② 손해 　㉠ 물질적 피해뿐 아니라 정신적 피해, 소극적 손해, 적극적 손해를 불문한다. 　㉡ 공무원의 집행행위와 손해발생 간에는 상당한 인과관계가 있어야 한다.

03 국가배상책임의 본질과 국가배상책임자

국가배상책임에 관한 학설	① 자기책임설: 국가가 공무원의 직무상 불법행위에 대하여 책임을 지는 것은 공무원을 자신의 기관으로 사용한 데에 대한 자기책임이기 때문이다. ② 대위책임설: 국가의 배상책임은 국가의 책임 때문이 아니라 피해자를 보호하기 위하여 공무원의 책임을 국가가 대신하여 지는 사용자책임이다. ③ 절충설(중간설, 대법원판례): 공무원의 불법행위가 경과실일 때는 자기책임이나, 고의나 중과실일 때는 대위책임이다.

국가배상책임자 (국가배상청구권의 대상)	① 국가배상청구의 상대방 　㉠ 대국가적 청구권설: 국가기관에만 할 수 있다. 　㉡ 선택적 청구권설: 국가기관 또는 공무원에게 할 수 있다. 　㉢ 대법원 판례 　　ⓐ 공무원의 직무상 위법행위가 고의·중과실에 기인한 경우 손해를 받은 국민은 국가와 공무원에 대해 선택적으로 배상을 청구할 수 있다. 　　ⓑ 공무원의 위법행위가 경과실에 기인한 경우 국가에 대해서만 배상을 청구할 수 있고 공무원은 배상책임을 지지 않는다. ② 국민은 선임감독자와 비용부담자가 다를 경우 선택해서 배상을 청구할 수 있다. **국가배상법 제6조【비용부담자 등의 책임】** ① 제2조, 제3조 및 제5조에 따라 국가나 지방자치단체가 손해를 배상할 책임이 있는 경우에 공무원의 선임·감독 또는 영조물의 설치·관리를 맡은 자와 공무원의 봉급·급여, 그 밖의 비용 또는 영조물의 설치·관리 비용을 부담하는 자가 동일하지 아니하면 그 비용을 부담하는 자도 손해를 배상하여야 한다. ③ 공무원의 구상책임 　㉠ 고의 또는 중과실의 경우 공무원에게 구상권을 행사할 수 있다. 　㉡ 경과실의 경우에는 공무원의 구상책임이 없다. ④ 피해자에게 손해를 직접 배상한 경과실이 있는 공무원은 공무원이 변제한 금액에 관하여 구상권을 취득한다.

04 배상청구절차와 배상의 기준과 범위

배상청구절차 (국가배상법 제9조)	① 배상심의회: 본부심의회와 특별심의회와 지구심의회는 법무부장관의 지휘를 받아야 한다. ② 배상신청 　㉠ 배상심의 필수적 절차에 대해 헌법재판소는 이를 합헌결정하였다. 　㉡ 배상심의회에 배상신청을 하지 아니하고도 소송을 제기할 수 있다. ③ 재심신청: 지구심의회에서 배상신청이 기각 또는 각하된 신청인은 결정정본이 송달된 날부터 2주일 이내에 그 심의회를 거쳐 본부심의회나 특별심의회에 재심을 신청할 수 있다.
배상기준	국가배상법 제3조상의 배상기준은 단순한 기준으로 보는 기준액설이 다수설이다.
배상의 범위	가해행위와 상당한 인과관계에 있는 모든 손해의 배상이다.
배상청구권의 양도·압류금지	생명·신체의 침해로 인한 국가배상을 받을 권리는 이를 양도하거나 압류하지 못한다(국가배상법 제4조).
경찰 관련 배상 판례	① 야간에 도로를 진행하던 운전자가 위 방치된 트랙터를 피하려다가 다른 트랙터에 부딪혀 상해를 입은 사안: 국가배상책임 인정 ② 경찰관이 이러한 감금 및 윤락강요행위를 제지하거나 윤락업주들을 체포·수사하는 등 필요한 조치를 취하지 아니하고 방치한 것: 국가배상책임 인정 ③ 경찰관이 폭행사고 현장에 도착한 후 가해자를 피해자와 완전히 격리하고, 흉기의 소지 여부를 확인하는 등 적절한 다른 조치를 하지 않아 발생한 후속 살인사고: 국가배상책임 인정 ④ 무장공비 색출체포를 위한 대간첩작전 수행을 위해 경찰, 군인 등이 출동하지 않아 주민이 사망한 사안: 국가배상책임 인정

경찰 관련 배상 판례	⑤ 지방자치단체장이 설치하여 관할 지방경찰청장에게 관리권한이 위임된 교통신호기의 고장으로 인하여 교통사고가 발생한 경우, 지방자치단체뿐만 아니라 국가도 손해배상책임을 지는지 여부(적극) ⑥ 유치장에 수용된 피의자에 대한 알몸신체검사: 국가배상책임 인정 ⑦ 가변차로에 설치된 두 개의 신호등에서 서로 모순되는 신호가 들어오는 오작동이 발생한 경우: 국가배상책임 인정 ⑧ 경찰관이 교통법규 등을 위반하고 도주하는 차량을 순찰차로 추적하는 직무를 집행하는 중에 그 도주차량의 주행에 의하여 제3자가 손해를 입은 사안: 국가배상책임 부정 ⑨ 신호기의 적색신호가 소등된 기능상 결함이 있었다는 사정: 국가배상책임 부정 ⑩ 음주측정을 하고 1시간 12분이 경과한 후에야 채혈을 한 경우: 국가배상책임 부정
검사 관련 국가배상 판례	① 검사가 공소 제기한 사건을 법원이 무죄 판결한 경우: 원칙적으로 손해배상책임 부정 ② 검사가 피고인의 무죄를 입증할 수 있는 증거를 제출하지 않은 경우: 국가배상책임 인정 ③ 법원이 서류에 대한 열람·등사를 허용할 것을 명하는 결정을 하였는데도 검사가 일부 서류의 열람·등사를 거부한 경우: 국가배상책임 인정 ④ 구금된 피의자에게 피의자신문시 변호인의 참여를 요구할 권리가 있음을 인정하여 구속 피의자 갑에 대한 피의자신문시 변호인의 참여를 불허한 수사검사의 처분: 국가배상책임 부정 비교≫ 국가정보원장이나 국가정보원 수사관이 변호인인 乙 등의 甲에 대한 접견교통신청을 허용하지 않은 사안: 국가배상책임 인정

05 군인·군무원의 보상 외 배상금지

명문규정	**헌법 제29조** ② 군인·군무원·경찰공무원 기타 법률이 정하는 자가 전투·훈련 등 직무집행과 관련하여 받은 손해에 대하여는 법률이 정하는 보상 외에 국가 또는 공공단체에 공무원의 직무상 불법행위로 인한 배상은 청구할 수 없다. **국가배상법 제2조 【배상책임】** ① 다만, 군인·군무원·경찰공무원 또는 예비군대원이 전투·훈련 등 직무 집행과 관련하여 전사·순직하거나 공상을 입은 경우에 본인이나 그 유족이 다른 법령에 따라 재해보상금·유족연금·상이연금 등의 보상을 지급받을 수 있을 때에는 이 법 및 민법에 따른 손해배상을 청구할 수 없다.
헌법 제29조 제2항의 위헌심사 대상 여부	헌법재판소는 헌법 제29조 제2항은 위헌법률심판, 헌법소원, 헌법재판소법 제68조 제2항의 헌법소원의 대상이 되지 않는다고 한다.
배상청구금지 요건	① 군인·군무원·경찰공무원 또는 예비군대원일 것 　㉠ 전투경찰순경은 경찰공무원에 해당한다. 　㉡ 공익근무요원과 경비교도대원은 군인 등에 해당하지 않는다. ② 전투·훈련 등 직무집행과 관련하여 받은 손해일 것 　㉠ 예비군 대원이 소집되어 훈련 중에 사망한 경우 전투·훈련 등 직무집행과 관련하여 받은 손해에 해당한다. 　㉡ 훈련 후 경찰서 복귀과정에서 사고는 전투·훈련 등 직무집행과 관련하여 받은 손해에 해당하지 않는다. 　㉢ 경찰관이 숙직실에서 숙직하다가 연탄가스중독으로 사망한 경우 전투·훈련 등 직무집행과 관련하여 받은 손해에 해당하지 않는다.

   ② 경찰공무원이 낙석사고 현장 주변 교통정리를 위하여 사고현장 부근으로 이동
    하던 중 대형 낙석이 순찰차를 덮쳐 사망한 사건은 전투·훈련 등 직무집행과
    관련하여 받은 손해에 해당한다.
  ③ 법률이 정한 보상을 지급받을 수 있을 때
   ㉠ 법률에서 손해를 받은 군인 등에 대하여 보상금 등 보훈급여금을 지급받을 수
    있을 때에는 국가배상을 청구할 수 없다.
   ㉡ 국가배상법에 따라 손해배상을 받았다는 이유로 보훈보상대상자 지원에 관한
    법률이 정한 보상금 등 보훈급여금의 지급을 거부할 수 없다.

06 군인과 민간인의 공동불법행위에 있어 국가에 대한 구상

사건	오토바이 운전자와 자가용 운전자의 공동불법행위로 오토바이 승객의 중상해가 발생했다. 자가용운전자인 민간인이 손해액 전부에 대해 전액배상을 하고 군인의 부담부분에 대해 국가에게 구상금 청구를 하였다.
기존 대법원 판례	① 공동불법행위자인 민간인은 손해액 전부에 대해 전액배상 ② 군인의 부담부분에 대해 국가에게 구상권 행사를 할 수 없다.
헌법재판소 판례	군인의 부담부분에 대해 국가에게 구상권 행사를 할 수 없다고 해석한다면 국가배상법 제2조 제1항 단서는 위헌
기존 판례 변경한 대법원 판례	① 공동불법행위자인 민간인은 자신의 귀책부분만 배상 ② 국가에게 구상권 행사를 할 수 없다.

헌법상의 규정	① 타인의 범죄행위로 인하여 생명·신체에 대한 피해를 받은 국민은 법률이 정하는 바에 의하여 국가로부터 구조를 받을 수 있다. ② 생존권적 기본권으로서의 성격을 가지는 청구권적 기본권이다. ③ 범죄피해자구조청구권에 대해서는 입법자의 광범위한 입법재량이 인정된다.
의의	① 연혁: 제9차 ② 주체: 법인(✕), 외국인(✕), 외국인 상호주의하 인정(○)
요건	① 범죄 발생이 대한민국의 주권이 미치는 장소이어야 함 　㉠ 대한민국 영역 안, 대한민국 영역 밖에 있는 대한민국 선박 또는 항공기에서 발생한 범죄여야 한다. 　㉡ 미국 뉴욕에서 한국인 간에 발생한 범죄피해에 대해서는 구조청구권 행사(✕) 　㉢ 해외에서 발생한 범죄피해는 포함하고 있지 아니한 것은 평등원칙에 위반되지 않는다. ② 범죄피해자 　㉠ 생명·신체 범죄피해자(○) 　㉡ 재산·인격 범죄피해자(✕) 　㉢ 헌법 제27조 제5항 형사피해자 > 제30조의 범죄피해자 ③ 범죄피해 　㉠ 형사미성년자, 심실상실자, 긴급피난에 의한 피해(○) 　㉡ 정당방위, 정당행위, 과실에 의한 행위에 의한 피해(✕) ④ 전부 또는 일부를 배상받지 못한 경우 　☑ 가해자의 불명이나 무자력과 생계유지 곤란은 요건이 아니다. ⑤ 헌법 제30조의 해석만으로는 6·25전쟁 중(1950년 6월 25일부터 1953년 7월 27일 군사정전에 관한 협정 체결 전까지를 말함) 본인의 의사에 반하여 북한에 의하여 강제로 납북된 자 및 그 가족에 대한 보상입법의무가 곧바로 도출된다고 볼 수 없다.
구조금을 지급하지 아니할 수 있는 경우	**범죄피해자 보호법 제19조【구조금을 지급하지 아니할 수 있는 경우】** ① 범죄행위 당시 구조피해자와 가해자 사이에 다음 각 호의 어느 하나에 해당하는 친족관계가 있는 경우에는 구조금을 지급하지 아니한다. 1. 부부(사실상의 혼인관계를 포함한다) 2. 직계혈족 3. 4촌 이내의 친족 4. 동거친족 ③ 구조피해자가 다음 각 호의 어느 하나에 해당하는 행위를 한 때에는 구조금을 지급하지 아니한다. 1. 해당 범죄행위를 교사 또는 방조하는 행위 2. 과도한 폭행·협박 또는 중대한 모욕 등 해당 범죄행위를 유발하는 행위 3. 해당 범죄행위와 관련하여 현저하게 부정한 행위

	4. 해당 범죄행위를 용인하는 행위 5. 집단적 또는 상습적으로 불법행위를 행할 우려가 있는 조직에 속하는 행위 (다만, 그 조직에 속하고 있는 것이 해당 범죄피해를 당한 것과 관련이 없다고 인정되는 경우는 제외한다) 6. 범죄행위에 대한 보복으로 가해자 또는 그 친족이나 그 밖에 가해자와 밀접한 관계가 있는 사람의 생명을 해치거나 신체를 중대하게 침해하는 행위 ④ 구조피해자가 다음 각 호의 어느 하나에 해당하는 행위를 한 때에는 구조금의 일부를 지급하지 아니한다. 1. 폭행·협박 또는 모욕 등 해당 범죄행위를 유발하는 행위 2. 해당 범죄피해의 발생 또는 증대에 가공(加功)한 부주의한 행위 또는 부적절한 행위
구조금 지급신청	① 구조금 지급에 관한 사항을 심의·결정하기 위하여 각 지방검찰청에 범죄피해구조심의회를 두고 법무부에 범죄피해구조본부심의회를 둔다. ② 구조금을 받으려는 사람은 법무부령으로 정하는 바에 따라 그 주소지, 거주지 또는 범죄 발생지를 관할하는 지구심의회에 신청하여야 한다. ③ 구조대상 범죄피해의 발생을 안 날부터 3년이 지나거나 해당 구조대상 범죄피해가 발생한 날부터 10년이 지나면 할 수 없다. ④ 지구심의회에서 구조금 지급신청을 기각 또는 각하하면 신청인은 결정의 정본이 송달된 날부터 2주일 이내에 그 지구심의회를 거쳐 본부심의회에 재심을 신청할 수 있다.
구조금 지급	① 유족구조금: 피해자가 사망한 경우 유족에게 지급한다. ② 장해구조금, 중상해구조금: 당해 피해자에게 지급한다.
구조청구권의 성질	① 보충성: 다른 법령에 의한 급여나 손해배상을 받은 때에는 구조금을 지급하지 아니한다. ② 구조청구권은 송달된 때로부터 2년간 행사하지 아니하면 시효로 인하여 소멸된다. ③ 구조금 수령권의 양도·압류·담보제공금지(범죄피해자 보호법 제32조)

입법 위임 규정설	법적 구속력(○), 소제기(×)
판례	① 추상적 권리: 사회보장수급권, 국가유공자보상금수급권, 산업재해보상금수급권 ② 인간다운 생활을 할 권리로부터 최소한의 물질적인 생활유지에 필요한 급부를 청구할 권리는 구체적 권리로서 도출된다. ③ 그 이상의 문화적인 생활유지에 필요한 급부청구권은 헌법상 구체적 권리가 아니라 법률상 권리이다. ④ 국민기초생활 보장법: 물질 + 문화 ⑤ 인간다운 생활을 할 권리는 일반적으로 헌법상 구체적 권리가 아니다.
사회적 기본권 관련 입법부작위	헌소청구(○)
사회적 기본권 성격	① 적극적 권리 ② 형성적 · 구체화적 법률유보

헌법상 명문규정	**헌법 제34조** ① 모든 국민은 인간다운 생활을 할 권리를 가진다. ② 국가는 사회보장·사회복지의 증진에 노력할 의무를 진다. ③ 국가는 여자의 복지와 권익의 향상을 위하여 노력하여야 한다. ④ 국가는 노인과 청소년의 복지향상을 위한 정책을 실시할 의무를 진다. ⑤ 신체장애자 및 질병·노령 기타의 사유로 생활능력이 없는 국민은 법률이 정하는 바에 의하여 국가의 보호를 받는다. ⑥ 국가는 재해를 예방하고 그 위험으로부터 국민을 보호하기 위하여 노력하여야 한다.
의의	① 연혁: 제5차 개정헌법 ② 주체: 법인(✗), 외국인(✗)
조세와의 관계	① 조세의 유도적·형성적 기능은 '인간다운 생활을 할 권리'를 보장한 헌법 제34조 제1항 … 에 의하여 그 헌법적 정당성이 뒷받침되고 있다. ② 소득에 대한 과세는 원칙적으로 최저생계비를 초과하는 소득에 대해서만 가능하다. ③ 종합부동산세 부과규정은 생존권이나 인간다운 생활을 할 권리를 제한하거나 침해한다고 보기 어렵다.
인간다운 생활을 할 권리의 법적 구속력	① 인간다운 생활을 할 권리는 모든 국가기관을 기속하지만, 그 기속의 의미는 동일하지 아니하다. ② 입법부나 행정부에 대하여는 최대한 행위의 지침, 즉 행위규범으로서 작용하지만, ③ 헌법재판에 있어서는 최소한의 통제규범으로 작용하는 것이다.
인간다운 생활을 할 권리의 침해가 문제된 경우 위헌심사기준	① 국가가 인간다운 생활을 보장하기 위한 헌법적 의무를 다하였는지의 여부가 사법적 심사의 대상이 된 경우에는, 국가가 최저생활보장에 관한 입법을 전혀 하지 아니하였다든가 그 내용이 현저히 불합리하여 헌법상 용인될 수 있는 재량의 범위를 명백히 일탈한 경우에 한하여 헌법에 위반된다고 할 수 있다. ② 인간다운 생활을 보장하기 위한 객관적 내용의 최소한을 보장하고 있는지 여부는 보장법에 의한 생계급여만을 가지고 판단하여서는 아니 되고, 그 외의 법령에 의거하여 국가가 최저생활보장을 위하여 지급하는 각종 급여나 각종 부담의 감면 등을 총괄한 수준으로 판단하여야 한다.
인간다운 생활을 할 권리 보호범위 판례	① 인간다운 생활을 할 권리로부터 인간의 존엄에 상응하는 최소한의 물질적인 생활의 유지에 필요한 급부를 요구할 수 있는 구체적인 권리가 상황에 따라서는 직접 도출될 수 있다고 할 수는 있어도, 동 기본권이 직접 그 이상의 급부를 내용으로 하는 구체적인 권리를 발생케 한다고는 볼 수 없다고 할 것이다. ② 65세 이상인 사람 중에서 본인 및 배우자의 소득평가액과 재산의 소득환산액을 합산한 소득인정액이 선정기준액 이하인 사람에게만 기초연금을 지급하도록 한 기초연금법은 인간다운 생활을 할 권리를 제한하나 침해는 아니다. ㉠ 기초연금은 사회보장적 성격의 급여이다. ㉡ '선정기준액'을 법규명령이 아닌 보건복지부장관 고시로 정하도록 위임하는 것이 허용되는지 여부(적극)

인간다운 생활을 할 권리 보호범위 판례	③ 철거되는 주택의 소유자를 위한 임시수용시설 설치를 요구할 권리는 보호되지 않는다. ④ 선거운동 과정에서의 대외적 해명행위는 보호되지 않는다. ⑤ 무죄판결이 확정된 형사피고인에게 국선변호인의 보수에 준하여 변호사 보수를 보상하여 주도록 규정한 형사소송법 조항이 인간다운 생활을 할 권리를 제한하지 않는다. ⑥ 상가 임차인의 계약갱신요구권은 보호되지 않는다. ⑦ 국회의원 재직기간이 1년 미만인 자를 연로회원지원금 지급 대상에서 제외하고 있는 '대한민국헌정회 육성법'은 인간다운 생활을 할 권리가 침해될 여지는 없다. ⑧ 소득에 대한 과세는 원칙적으로 최저생계비를 초과하는 소득에 대해서만 가능하다.
사회보장수급권	헌법상의 사회보장권은 그에 관한 수급요건이 법률에 규정됨으로써 구체적인 법적 권리로 형성된다.

사회보험과 공공구조	사회보험	자기기여	예산에서 일부지원	국민연금, 의료보험	국민연금법	1차
	공공부조	국가부담	예산에서 전액부담	생계급여, 주거급여	국민기초 생활 보장법	국민기초 생활 보장법 상 급여: 보충적

사회보험과 공공구조	① 국민기초생활 보장법상 급여는 보충적이다. ② 사회보험은 사회연대원칙에 따라 보험료와 보험급여 사이의 개별적 등가성원칙이 수정되며, 강제가입을 정당화시킨다. ③ 공무원연금제도는 일종의 사회보험으로서 국가가 보험비용의 일부를 부담함으로써 급부와 반대급부 균형의 원칙이 유지되지 못한다.
국민기초생활 보장법	① 부양의무자가 있는 경우라도 인정된다. ② 급여종류: 제7조 생계급여, 주거급여, 의료급여, 교육급여, 장제급여 등이 있다. ③ 수급자에게 지급된 수급품과 이를 받을 권리를 압류하거나 양도할 수 없다. 그러나 포기할 수는 있다.
국민기초생활보장 판례	① 생계보호의 수준이 일반 최저생계비에 못 미친다고 하더라도 행복추구권이나 인간다운 생활을 할 권리를 침해한 것이라고는 볼 수 없다. ② 가구별 인원수 기준 국민기초생활보장 최저생계비: 합헌 ③ 기초생활보장제도의 보장단위인 개별가구에서 교도소·구치소에 수용 중인 자를 제외: 합헌 ④ 구치소 수용된 자 생계급여 등 제한: 합헌 ⑤ 마약거래 북한이탈주민 보호범위 제한: 합헌 ⑥ 기초연금 수급액을 국민기초생활 보장법상 이전소득에 포함시키도록 하는 구 국민기초생활 보장법: 합헌
장애인과 노인 보호의무 판례	① 헌법 제34조 제5항(신체장애자 보호)으로부터 구체적 내용의 의무와 신체장애 등을 가진 국민에게 어떠한 기본권이 발생한다고 보기는 어렵다. ② 장애인을 위하여 저상버스를 도입해야 한다는 구체적 내용의 의무가 헌법으로부터 나오는 것은 아니다. ③ 공개채용시험을 실시함에 있어서 일정한 비율의 장애인을 고용하도록 강제하고 있는 조항이 장애인의 보호를 위하여 필요한 최소한의 조치를 취할 의무를 다하지 못하였다고 할 수는 없다.

	④ 언어장애 후보자와 비장애 후보자의 선거운동방법을 같은 수준에서 일률적으로 제한하는 것은 평등권 등을 침해하는 것이라 볼 수 없다.
	⑤ 청각장애인을 위한 수화 및 자막방송을 의무화하지 않는 것이 청각장애인의 참정권 침해라고 볼 수 없다.
	⑥ 고용부담금제도는 사업주의 재산권을 침해하는 것이라고 할 수 없다.
	⑦ 국가는 노인으로 하여금 쾌적한 주거활동을 할 수 있도록 노력하여야 할 의무를 부담한다.
국민연금 판례	① 이혼배우자에 대해서까지 법률혼 기간을 기준으로 분할연금 수급권을 인정하는 국민연금법은 재산권을 침해한다.
	② 국민연금법 가입대상자 제한(합헌)
	③ 국민건강보험 의무적 가입(합헌)
	④ 국민연금수급권자에게 2 이상의 급여의 수급권이 발생한 때 그 자의 선택에 의하여 그중의 하나만을 지급하고 다른 급여의 지급을 정지하도록 한 것(합헌)
	⑤ 공무원연금법 제42조에 따른 퇴직연금일시금을 받은 사람과 그 배우자에게는 기초연금을 지급하지 아니한다는 기초연금법(합헌)
	⑥ 연금보험료를 낸 기간이 연금보험료를 낸 기간과 연금보험료를 내지 아니한 기간을 합산한 기간의 3분의 2보다 짧은 경우 유족연금을 지급하지 않도록 한 국민연금법(합헌)
	☑ 국민연금과 다른 공적 보험(산재보험, 건강보험)은 제도의 목적과 기능, 성격, 보호대상과 급여의 종류, 비용 부담 등에 있어 서로 달라 차별취급을 논할 본질적으로 동일한 비교집단이라고 보기 어려우므로, 평등권 침해 여부가 문제된다고 보기 어렵다.
국민건강보험 판례	① 경과실의 범죄로 인한 사고에 대하여 의료보험급여를 부정하는 것은 의료보험의 본질을 침해하여 헌법에 위반된다.
	② 의료보험요양기관의 지정취소사유 등을 보건복지부령에 위임하고 있는 구 공무원 및 사립학교교직원 의료보험법은 헌법상 위임입법의 한계를 일탈한 것으로서 헌법 제75조 및 제95조에 위반된다.
	③ 휴직자도 직장가입자의 자격을 유지함을 전제로 기존의 보험료 부담을 그대로 지우고 있는 국민건강보험법(합헌)
	④ 저소득층 지역가입자에 대하여 국가가 국고지원을 통하여 보험료를 보조하는 것(합헌)
	⑤ 의료급여수급자와 건강보험가입자는 본질적으로 동일한 비교집단이라 보기 어렵고 의료급여수급자를 대상으로 선택병의원제 및 비급여 항목 등을 달리 규정하고 있는 것(합헌)
	⑥ 직장가입자가 보수월액보험료를 납부하였더라도 소득월액보험료를 1개월 이상 체납한 경우, 의료보험급여 정지요건을 규정한 국민건강보험법: 인간다운 생활을 할 권리와 재산권 제한이나 침해는 아님
국가유공자예우 판례	① 국가유공자에 대한 예우로서의 급여금수급권 발생시기를 예우법에 정한 등록을 한 날이 속하는 달로 규정한 것
	㉠ 전몰군경의 유족 및 전공사상자의 수급권은 다른 사회보장수급권과 마찬가지로 구체적인 법률에 의하여 비로소 부여되는 권리이다.
	㉡ 원칙적으로 입법재량의 범위에 속한다고 할 것이다.
	② 유족에 대한 부가연금지급에 있어서도 독립유공자 본인의 서훈등급에 따라 차등을 두는 것(합헌)

퇴직금 판례	① 의의: 공무원연금제도는 사회보험제도의 일종이다.
	② 법적 지위
	  ㉠ 퇴역연금은 사회보험 내지 사회보장·사회복지적인 성질도 함께 갖는 것이다.
	  ㉡ 사립학교법상 명예퇴직수당은 사회보장적 급여가 아니라 장기근속 교원의 조기 퇴직을 유도하기 위한 특별장려금이라고 할 것이다.
	  ㉢ 공무원연금제도는 급부와 반대급부 균형의 원칙이 유지되지 못하며, 보험료라고 볼 수 있는 공무원의 기여금의 납부가 법률에 의하여 강제되는 특성을 가지고 있다.
	③ 입법자의 재량
	  ㉠ 공무원연금법상의 연금수급권과 같은 사회보장수급권은 헌법 제34조로부터 도출되는 사회적 기본권의 하나이다.
	  ㉡ 연금수급권은 사회보장수급권의 성격을 아울러 지니고 있으므로 순수한 재산권이 아니며, 사회보장수급권과 재산권이라는 양 권리의 성격이 불가분적으로 혼재되어 있다.
	  ㉢ 사회보장수급권과 재산권의 두 요소가 불가분적으로 혼재되어 있다면 입법자로서는 연금수급권의 구체적 내용을 정함에 있어 이를 하나의 전체로서 파악하여 어느 한 쪽의 요소에 보다 중점을 둘 수도 있다 할 것이다.
	  ㉣ 퇴역연금 수급자에게 소득이 있는 경우 어느 범위에서 퇴역연금 수급을 제한할 것인지에 대해서는 국가의 재정능력, 국민 전체 소득 및 생활수준, 그 밖에 여러 가지 사회·경제적 여건 등을 종합하여 합리적 수준에서 결정할 수 있고, 그 결정이 현저히 자의적이거나 사회적 기본권의 최소한 내용마저 보장하지 않은 경우에 한하여 헌법에 위반된다고 할 수 있다.
	④ 위헌 여부
	  ㉠ 공무원연금법상 퇴직연금의 수급자가 사립학교교직원연금법 제3조의 학교기관으로부터 보수 기타 급여를 지급받는 경우 퇴직연금의 지급을 정지하도록 한 공무원연금법(합헌)
	  ㉡ 다른 법령에 의하여 같은 종류의 급여를 받는 경우 공무원연금법상 급여에서 그 상당 금액을 공제하여 지급하도록 규정한 공무원연금법(합헌)
	  ㉢ 선거에 의하여 취임하는 공무원인 지방자치단체장을 공무원연금법의 적용대상에서 제외한 공무원연금법(합헌)
	  ㉣ 공무원연금법상 퇴직연금 지급정지제도(합헌)
	  ㉤ 공무원연금법상 유족연금
	    ⓐ 퇴직연금 수급자가 유족연금을 함께 받게 된 경우 그 유족연금액의 2분의 1을 빼고 지급하도록 하는 구 공무원연금법 제45조 제4항 중 '퇴직연금 수급자'에 관한 부분이 청구인의 인간다운 생활을 할 권리 및 재산권을 침해하는지 여부(소극)
	    ⓑ 심판대상조항이 청구인의 평등권을 침해하는지 여부(소극)

산업재해 판례	① 산재보험수급권의 법적 성격
	  ㉠ 산재보험수급권은 산재보험법에 의하여 비로소 구체화되는 '법률상의 권리'이다.
	  ㉡ 사회보험법상의 수급권은 사회적 기본권과 재산권적 요소가 혼합되어 있는 이중적 성격의 권리이다.
	② 근로자가 사업주의 지배관리 아래 출퇴근하던 중 발생한 사고로 부상 등이 발생한 경우에만 업무상 재해로 인정하는 산업재해보상보험법 조항(헌법불합치결정)
	③ 산업재해보상보험법에 따른 유족급여나 진폐유족연금은 이러한 헌법 제34조의 인간다운 생활을 할 권리에 근거하여 법률에 의해 구체화된 사회보장적 성격의 보험급여이다.

	④ 장해급여제도는 상대적으로 약하고 재산권적인 보호의 필요성은 보다 강하다고 볼 수 있어 다른 사회보험수급권에 비하여 보다 엄격한 보호가 필요하다.
	⑤ 업무상 질병으로 인한 업무상 재해에 있어 업무와 재해 사이의 상당인과관계에 대한 입증책임을 이를 주장하는 근로자나 그 유족(근로자 측)에게 부담시키는 산업재해보상보험법(합헌)
	⑥ 산재보험수급권에서 입법부에 폭넓은 입법형성의 자유가 인정된다.
	⑦ 일정 범위의 사업을 산업재해보상보험법의 적용 대상에서 제외하는 산업재해보상보험법(합헌)
	⑧ '근로능력평가의 기준 등에 관한 고시 중 다수의 질병에 대해 평가를 요청하는 경우에도 평가는 2종류의 질병까지만 인정하므로 평가받을 질병을 평가대상자에게 확인하여 상태가 더 중한 2종류 이내로 확정하여 평가 의뢰' 부분이 질환유형이 다른 3개 이상의 질병을 가진 청구인의 인간다운 생활을 할 권리를 침해하는지 여부(소극)
위로금 판례	① 일제에 의하여 군무원으로 강제동원되어 그 노무 제공의 대가를 받지 못한 미수금 피해자에게 지급되는 미수금 지원금을 산정할 때 당시의 일본국 통화 1엔에 대하여 대한민국 통화 2천원으로 환산하도록 한 구 태평양전쟁 전후 국외 강제동원희생자 등 지원에 관한 법률 조항(합헌)
	② 지뢰피해자 및 그 유족에 대한 위로금 산정시 사망 또는 상이를 입을 당시의 월평균임금을 기준으로 하고, 그 기준으로 산정한 위로금이 2천만원에 이르지 아니할 경우 2천만원을 초과하지 아니하는 범위에서 조정·지급할 수 있도록 한 지뢰피해자 지원에 관한 특별법이 인간다운 생활을 할 권리를 침해하는지 여부(소극)

쟁점 071 교육을 받을 권리

01 교육을 받을 권리

헌법상의 규정	**헌법 제31조** ① 모든 국민은 능력에 따라 균등하게 교육을 받을 권리를 가진다. ② 모든 국민은 그 보호하는 자녀에게 적어도 초등교육과 법률이 정하는 교육을 받게 할 의무를 진다. ③ 의무교육은 무상으로 한다. ④ 교육의 자주성·전문성·정치적 중립성 및 대학의 자율성은 법률이 정하는 바에 의하여 보장된다. ⑤ 국가는 평생교육을 진흥하여야 한다. ⑥ 학교교육 및 평생교육을 포함한 교육제도와 그 운영, 교육재정 및 교원의 지위에 관한 기본적인 사항은 법률로 정한다.
능력에 따라 균등하게 교육을 받을 권리	① 헌법 제31조 제1항은 헌법 제11조의 일반적 평등조항에 대한 특별규정으로서 교육의 영역에서 평등원칙을 실현하고자 하는 것이다. ② '능력'이란 '수학능력'을 의미하고, 교육제도에서 '수학능력'은 합리적인 차별기준을 의미한다. ③ 모든 국민에게 균등한 교육을 받게 하고 특히 경제적 약자가 실질적인 평등교육을 받을 수 있도록 적극적 정책을 실현해야 한다는 것이다.

02 교육을 받을 권리에서 도출 여부

도출 ○	① 부모의 경제적 능력이나 인종·성별 등에 따른 차별은 허용되지 않는다. ② 교육을 받을 권리: 행복추구권의 특별기본권이 아니라 평등권의 특별영역 ③ 교육을 받을 권리로부터 부모의 교육기회제공청구권, 학교선택권은 도출된다. 그러나 부모의 자녀교육권은 헌법 제36조, 제10조, 제37조에서 도출된다. ④ 헌법 제31조 제1항은 국민의 교육을 받을 권리로부터 교육조건의 개선·정비와 교육기회의 균등한 보장을 적극적으로 요구할 수 있는 권리는 인정된다.
도출 ×	① 재학 중인 학교의 법적 형태를 법인이 아닌 공법상 영조물인 국립대학으로 유지해 줄 것을 요구할 권리 ② 국민이 직접 실질적 평등교육을 위한 교육비를 청구할 권리 ③ 타인의 교육시설 참여기회를 제한할 것을 청구할 수 있는 기본권 ④ 새로운 편입학 자체를 하지 말도록 요구하는 것 ⑤ 국가 또는 지방자치단체에게 2003년도 사립유치원의 교사 인건비, 운영비 및 영양사 인건비를 예산으로 지원하여야 할 헌법상 작위의무

교육을 받을 권리 제한 아닌 것	① 대학수학능력시험을 한국교육방송공사(EBS) 수능교재 및 강의와 연계하여 출제하기로 한 '2018학년도 대학수학능력시험 시행기본계획': 헌법 제10조의 인격발현권 제한 ② 중등교사자격자들 중 교육대학교 3학년에 특별편입학시킬 대상자를 선발하기 위한 시험의 공고: 반사적 이익 ③ 충남삼성고 입학전형요강: 평등권 제한

03 교육을 받을 권리 판례

위헌 판례	① 검정고시로 고등학교 졸업학력을 취득한 사람들의 수시모집 지원을 제한하는 내 용의 피청구인 국립교육대학교 등의 2017학년도 신입생 수시모집 입시요강에 대 한 헌법소원심판 ② 고졸검정고시 또는 '고등학교 입학자격 검정고시'에 합격했던 자는 해당 검정고시 에 다시 응시할 수 없도록 응시자격을 제한한 전라남도 교육청 공고
합헌 판례	① 대학교 모집정원에 지원자가 미달한 경우라도 수학능력이 없는 자에 대해 불합격 처분 ② 초등학교취학연령을 6세로 한 교육법 ③ 만 16세 미만의 자에게 고등학교 학력인정의 평생교육시설에의 입학을 허용하지 않는 것 ④ 자퇴한 후 6월 이내 검정고시응시를 제한한 검정고시규칙 제10조 ⑤ 대학도서관장이 승인하지 아니하여 대학구성원이 아닌 청구인이 서울교대 도서관 에서 도서를 대출할 수 없다거나 열람실을 이용할 수 없게 한 것 ⑥ 보육교사 자격 취득을 위해 이수해야 하는 교과목 중 일부를 대면교과목으로 지정 한 시행규칙 조항 ⑦ 2021학년도 대학입학전형기본사항 중 재외국민 특별전형 지원자격 가운데 학생의 부모의 해외체류요건 부분 ⑧ 2년제 전문대학의 졸업자에게만 대학·산업대학 또는 원격대학의 편입학 자격을 부여하고, 3년제 전문대학의 2년 이상 과정 이수자에게는 편입학 자격을 부여하지 아니한 것

04 교사의 수업권

합헌 판례	① 교사의 수업의 자유는 헌법 제31조에서 도출된다는 것은 교과서 검인정제도 판례 에서 헌법재판소 법정의견이 아니라 반대의견에서 주장되었다. ② 국민의 수학권과 교사의 수업의 자유는 다 같이 보호되어야 하겠지만 그중에서도 국민의 수학권이 더 우선적으로 보호되어야 한다. ③ 학생의 학습권이 교원의 수업권보다 우월하므로 교원이 고의로 수업을 거부할 자 유는 어떠한 경우에도 인정되지 아니한다.

05 의무교육을 받을 권리

연혁	① 제헌헌법 제16조 "모든 국민은 균등하게 교육을 받을 권리가 있다. 적어도 초등교육은 의무적이며 무상으로 한다."라고 규정 ② 제4공화국 헌법에서 초등교육 이외에도 법률로써 의무교육의 범위를 확대
의무교육제도의 취지	의무교육제도는 교육기본권에 부수되는 제도보장이다.
의무교육의 주체	① 권리 주체: 미취학의 아동 ② 의무 주체: 아동의 친권자·후견인이다. ③ 자녀가 의무교육을 받아야 할지의 여부와 그의 취학연령을 부모가 자유롭게 결정할 수 없다는 것은 부모의 교육권에 대한 과도한 제한이 아니다.
의무교육의 범위	① 초등학교 무상교육을 받을 권리: 헌법상 직접적 권리 ② 중등학교 무상교육을 받을 권리: 구체적으로 법률에서 이에 관한 규정이 제정되어야 가능하다. ③ 대학교육은 의무교육에 해당하지 아니한다. ④ 중등학교 의무교육의 시기와 범위를 대통령령에 위임한 교육법은 헌법 제31조 제2항에 위반되지 않는다. ⑤ 중학교 의무교육의 실시 여부와 연한은 본질적 사항이므로 국회가 반드시 법률로 정해야 할 사항이나 중학교 의무교육의 실시 시기와 범위는 비본질적 사항이므로 반드시 법률로 정해야 하는 것은 아니다.
의무교육의 무상 여부	헌법 제31조 제3항에서 직접 의무교육을 무상으로 하도록 규정
무상의 범위	① 수업료나 입학금의 면제, 학교와 교사 등 인적·물적 시설 및 그 시설을 유지하기 위한 인건비와 시설유지비, 의무교육을 받는 과정에 수반하는 비용으로서 의무교육의 실질적인 균등보장을 위해 필수불가결한 비용은 무상의 범위에 포함된다. ② 학교운영지원비를 학교회계 세입항목에 포함시키도록 하는 초·중등교육법 중 중학교 학생으로부터 징수하는 것은 의무교육의 무상성 원칙에 반한다. ③ 의무교육에 있어서 본질적이고 필수불가결한 비용 이외의 비용을 무상의 범위에 포함시킬 것인지는 입법정책적으로 해결해야 할 문제이다. ④ 학교급식은 의무교육의 실질적인 균등보장을 위한 본질적이고 핵심적인 부분이라고까지는 할 수 없다. ⑤ 의무교육 대상인 중학생의 학부모에게 급식관련비용 일부를 부담하도록 하는 학교급식법은 의무교육의 무상원칙을 위반하였다고 할 수 없다.
의무교육의 경비부담	① 서울시 시세총액의 100분의 10에 해당하는 금액을 교육비 회계로 전출하도록 한 것 　㉠ 헌법 제31조 제2항·제3항으로부터 직접 의무교육 경비를 중앙정부로서의 국가가 부담하여야 한다는 결론은 도출되지 않는다. 　㉡ 지방자치단체의 재정권 침해가 아니다. ② 의무교육 실시와 같은 공익 목적 내지 공적 용도로 공유재산을 무단점유한 경우를 사익추구의 목적으로 무단점유한 경우와 동일하게 변상금을 부과하는 공유재산법 　㉠ 헌법 제31조 제3항의 의무교육 무상의 원칙이 관련 법령에 의하여 이미 학교법인이 부담하도록 규정되어 있는 경비까지 종국적으로 국가나 지방자치단체의 부담으로 한다는 취지로 볼 수는 없다. 　㉡ 이 공익 목적 내지 공적 용도로 무단점유한 경우와 사익추구의 목적으로 무단점유한 경우를 달리 취급하지 않았다 하더라도 평등원칙에 위반되지 아니한다.

06 교육의 자주성·전문성·정치적 중립성

국가교육권과 국민주권원리	지방자치권과 국가교육권(교육입법권·교육행정권·교육감독권 등)도 이 원리에 따른 국민적 정당성기반을 갖추어야만 한다.
지방교육자치제도의 헌법적 근거	교육위원 선거를 포함한 현행 지방교육자치제도의 헌법적 근거는 헌법 제31조 제4항에서 찾을 수 있다.
지방교육자치제도의 헌법적 보장의 의의	교육 부문에 있어서의 국민주권·민주주의의 요청은 정치 부문과는 다른 모습으로 구현될 수 있다.
지방교육자치와 민주주의·지방자치· 교육자주	지방교육자치는 지방적 자치로서의 속성과 정치권력에 대한 문화적 자치로서의 속성도 아울러 지니고 있다. 이러한 '이중의 자치'의 요청으로 말미암아 지방교육자치의 민주적 정당성 요청은 어느 정도 제한이 불가피하게 된다.
교육의 중립성의 내용과 범위	교육행정의 정치적 중립성도 요구된다 할 것이다.
교육의 자주성 판례	① 교육위원 및 교육감의 선거인단을 학교운영위원회 위원으로 한정한 지방교육자치법(합헌) ② 근무성적이 극히 불량한 때를 사립학교 교원의 면직사유로 한 사립학교법(합헌) ③ 헌법이 보장하는 교육의 전문성은 고등학교 내신성적을 산정함에 있어서 특정의 방식을 채택하여야 한다는 것을 그 내용으로 하지 않는다.

07 교육제도

교육제도	교육제도와 교육재정 및 교원제도 등 기본적인 사항과 교육의 자주성·전문성·정치적 중립성 및 대학의 자율성도 법률이 정하는 바에 의하여 보장되어야 한다.
교육제도에 있어서 입법형성의 자유	교육제도 등에 관한 기본적인 사항은 궁극적으로는 입법권자의 입법형성의 자유에 속한다.
사학 운영의 자유	사립학교의 경우에도 교육의 개인적, 국가적 중요성과 그 영향력의 면에서 국·공립학교와 본질적인 차이가 있을 수 없다.

사립학교 운영의 자유 침해 여부	① 학교급식의 실시에 필요한 시설·설비에 요하는 경비를 원칙적으로 학교의 설립경영자가 부담하도록 한 학교급식법(합헌)
	② 사립학교운영이 비정상적인 경우 관할청의 임시이사선임(합헌)
	③ 초·중등학교장의 중임회수를 1회로 제한한 사립학교법(합헌)
	④ 학교법인이 의무를 부담하고자 할 때 관할청의 허가를 받도록 한 사립학교법
	   ㉠ 사립학교의 재산관리에 국가개입은 불가피하고 긴요한 것으로서 그 정당성은 충분히 인정된다.
	   ㉡ 학교법인의 자율권 침해가 아니다.
	⑤ 학원설립등록의무(합헌)
	⑥ '유아를 대상으로 교습하는 학원'을 학교교과교습학원으로 분류하여 등록하도록 한 학원법(합헌)
	⑦ 학교가 법령 등을 위반하여 정상적인 학사운영이 불가능한 경우에 교육과학기술부장관은 학교의 폐쇄를 명할 수 있다고 규정한 고등교육법
	   ㉠ 폐쇄명령조항은 학교법인의 사학의 자유와 가장 밀접한 관계에 있어 대학의 자율이나 학생들의 교육받을 권리, 교수의 자유에 대해서는 별도로 판단하지 않는다.
	   ㉡ 해산명령조항은 과잉금지원칙에 반하지 않는다.

사립학교 운영의 자유 침해 여부	⑧ 학교설립인가제를 규정한 초중등교육법(합헌)
	⑨ 유치원의 학교에 속하는 회계의 예산과목 구분을 정한 사학기관 재무·회계 규칙(합헌)
	   ㉠ 사립유치원의 재무회계를 국가가 관리·감독하는 것은 사립유치원 경영의 투명성을 제고할 수 있는 적합한 수단이다.
	   ㉡ 심판대상조항에 의한 별도의 재산권 제한은 인정되지 않는다.
	⑩ 자사고와 일반고 중복지원을 금지한 초·중등교육법 시행령
	   ㉠ 포괄위임금지원칙의 문제는 아니고 법률유보원칙의 문제임
	   ㉡ 학교법인의 신뢰보호는 문제가 되나, 부모나 학생의 신뢰보호는 문제가 되지 않음
	   ㉢ 과학고에 지원하는 학생과 차별문제는 없으나 평준화지역 일반고에 지원하는 학생과 차별문제는 발생
	   ㉣ 자율형 사립고등학교를 후기학교로 정하여 신입생을 일반고와 동시에 선발하도록 한 초·중등교육법 시행령과 자사고를 지원한 학생에게 평준화지역 후기학교에 중복지원하는 것을 금지한 시행령 제81조 제5항 중 "제91조의3에 따른 자율형 사립고등학교는 제외한다." 부분이 교육제도 법정주의에 위반하여 청구인들의 기본권을 침해하는지 여부(소극)
	   ㉤ 학교법인의 사학운영의 자유를 침해하는지 여부(소극)
	   ㉥ 학교법인의 평등권을 침해하는지 여부(소극)
	   ㉦ 학생 및 학부모의 평등권을 침해하는지 여부(적극)
	⑪ 학교설립인가를 받지 아니하고 학교의 명칭을 사용하거나 학생을 모집하여 시설을 사실상 학교의 형태로 운영하는 행위를 처벌하는 초·중등교육법(합헌)

08 부담금

학교용지부담금	① 학교용지부담금은 재정조달목적 부담금에 해당한다.
	② 재정조달목적의 부담금의 한계
	   ㉠ 부담금은 조세에 대한 관계에서 예외적으로만 인정되어야 한다.
	   ㉡ 부담금 납부의무자는 일반국민에 비해 '특별히 밀접한 관련성'을 가져야 한다.
	③ 학교용지부담금 부과의 한계: 일반적인 기본권 제한의 한계(비례성 원칙) 및 특히 학교용지부담금의 경우 여기에 덧붙여 헌법 제31조 제3항의 의무교육의 무상성과의 관계를 고려하여야 한다.
	④ 의무교육에 필요한 학교시설 확보를 위하여 주택 등을 분양받은 자에게 학교용지부담금을 부과·징수할 수 있도록 한 학교용지확보에 관한 특례법(위헌)
	⑤ 개발사업시행자에게 학교용지 조성·개발의무를 부과한 학교용지 확보 등에 관한 특례법(합헌)
	⑥ 매도나 현금청산의 대상이 되어 제3자에게 분양됨으로써 기존에 비하여 가구 수가 증가하지 아니하는 개발사업분을 학교용지부담금 부과 대상에서 제외하는 규정을 두지 아니한 특례법(헌법불합치결정, 잠정적용 허용)

부담금의 개념	부담금은 재화 또는 용역의 제공과 관계없이 특정 공익사업과 관련한 조세 외의 금전지급의무이다.

부담금과 조세와의 관계	① 반대급부 없다.: 부담금의 개념요소에 반드시 반대급부의 보장이 요구되는 것은 아니다. 따라서 부담금의 수입이 반드시 납부의무자의 집단적 이익을 위하여 사용되어야 한다고는 볼 수 없다. ② 특정공적 과제와 이해관계자를 그 대상으로 한다. 　㉠ 조세는 국가의 일반적 과제 수행에 필요한 재정수요를 반대급부 없이 염출하는 것임에 반하여, 수질개선부담금은 지하수자원 보호 및 먹는 물의 수질개선이라는 특정한 행정과제의 수행을 위하여 그 과제에 대하여 특별하고 긴밀한 관계에 있는 특정집단에 대하여만 부과되는 조세외적 부담금이다. 　㉡ 수신료는 특별부담금에 해당한다고 할 것이다. 　㉢ 골프장 부가금은 부담금에 해당한다. ③ 어떤 공과금이 조세인지 아니면 부담금인지는 단순히 법률에서 그것을 무엇으로 성격 규정하고 있느냐를 기준으로 할 것이 아니라, 그 실질적인 내용을 결정적인 기준으로 삼아야 한다.
비상장법인의 과점주주에게 개발부담금에 대한 제2차 납부의무를 부과하는 개발이익환수에 관한 법률	① 개발이익 환수를 위한 개발부담금은 실질적인 조세로 보아야 할 것이다. ② 비상장법인의 과점주주에게 개발부담금에 대한 제2차 납부의무를 부과하는 구 개발이익환수에 관한 법률이 과잉금지원칙에 반하여 재산권을 침해하는지 여부(소극) ③ 심판대상조항이 평등원칙에 위배되는지 여부(소극)
부담금의 용도	① 부담금은 특정 사업 목적을 위해서 사용되어야 하고 일반적 국가과제를 위해 부담금을 부과해서는 안 된다. 부담금을 국가의 일반적 재정수입에 포함시켜 일반적 국가과제를 수행하는 데 사용하는 것은 허용될 수 없다. 따라서 부담금은 조세와 별도로 관리되어야 한다. ② 부담금은 조세에 대한 관계에서 어디까지나 예외적으로만 인정되어야 하며, 어떤 공적 과제에 관한 재정조달을 조세로 할 것인지 아니면 부담금으로 할 것인지에 관하여 입법자의 자유로운 선택권을 허용하여서는 안 된다.
부담금의 종류	① 재정조달목적 부담금의 경우에는 공적 과제가 부담금 수입의 지출 단계에서 비로소 실현되나, 정책실현목적 부담금의 경우에는 공적 과제의 전부 혹은 일부가 부담금의 부과 단계에서 이미 실현된다. ② 재정조달목적의 부담금 　㉠ 골프장 부가금 　㉡ 학교용지부담금 ③ 정책실현목적의 부담금 　㉠ 수질개선부담금 　㉡ 재건축부담금
부담금의 한계	① 법률유보원칙: 텔레비전방송수신료를 한국방송공사로 하여금 수신료금액을 결정해서 문화관광부장관의 승인을 얻도록 한 것은 법률유보원칙에 위반된다. ② 과잉금지원칙 ③ 평등원칙: 골프장 부가금 납부의무자와 '국민체육의 진흥'이라는 골프장 부가금의 부과 목적 사이에는 특별히 객관적으로 밀접한 관련성이 인정되지 않으므로 평등원칙에 위배된다.

09 부담금 관련 판례

헌법 위반인 것	① 학교용지부담금은 순수한 재정조달목적의 부담금으로서 아파트 수분양자에게 부담시키면 위헌이나, 개발사업자에게 부담시키면 합헌이다. ② 교통안전기금의 재원의 하나로 자동차운송사업자 등이 부담하는 분담금의 분담방법, 분담비율 기타 분담에 관한 사항을 대통령령으로 정하도록 한 것 ③ 가구 수가 증가하지 아니하는 개발사업분을 학교용지부담금 부과 대상에서 제외하는 규정을 두지 아니한 것 ④ 문예진흥기금의 납입금은 재정충당목적의 부담금으로서 평등권을 침해한다. ⑤ 택지의 소유상한을 200평으로 정하고 개발하지 않는 경우 일률적으로 고율의 부담금 부과 ⑥ 골프장(회원제로 운영하는 골프장을 말함) 시설의 입장료에 대한 부가금
헌법 위반 아닌 것	① 기반시설부담금을 종교단체에도 부과하는 것 ② 수질개선부담금 ③ 영화발전기금을 위한 부담금 ④ 광역교통시행계획이 수립·고시된 대도시권에서 주택건설사업을 시행하는 자에게 광역교통시설 부담금 부과 ⑤ 주택재건축사업에서 발생되는 재건축초과이익에 대하여 재건축부담금 ⑥ 카지노사업자에게 총 매출액의 100분의 10 범위 안에서 관광진흥개발기금에 납부하도록 한 것 ⑦ 장애인고용부담금 ⑧ 국외여행자에게 2만원의 범위 안에서 대통령령이 정하는 금액을 관광진흥개발기금에 납부하도록 한 것

01 근로의 권리 주체

헌법상 규정	**헌법 제32조** ① 모든 국민은 근로의 권리를 가진다. 국가는 사회적·경제적 방법으로 근로자의 고용의 증진과 적정임금의 보장에 노력하여야 하며, 법률이 정하는 바에 의하여 최저임금제를 시행하여야 한다. ② 모든 국민은 근로의 의무를 진다. 국가는 근로의 의무의 내용과 조건을 민주주의원칙에 따라 법률로 정한다. ③ 근로조건의 기준은 인간의 존엄성을 보장하도록 법률로 정한다. ④ 여자의 근로는 특별한 보호를 받으며, 고용·임금 및 근로조건에 있어서 부당한 차별을 받지 아니한다. ⑤ 연소자의 근로는 특별한 보호를 받는다. ⑥ 국가유공자·상이군경 및 전몰군경의 유가족은 법률이 정하는 바에 의하여 우선적으로 근로의 기회를 부여받는다.
근로의 권리 주체	① 노동조합(✕) ⇔ 노동조합, 근로3권의 주체(○) ② 외국인 　㉠ 일할 환경의 권리(○) 　㉡ 일할 자리에 관한 권리(✕) 　㉢ 근로기준법상 근로자 보호규정(○) 　㉣ 외국인 근로자의 임금채권 보호(○) 　㉤ 산업재해보상보험법 적용(○) 　㉥ 출국만기보험금의 지급시기 규정의 적용(○)
외국인 근로의 권리 관련 판례	① 외국인산업연수생에 대하여 일반 근로자와 달리 근로기준법의 일부 조항의 적용을 배제하는 것은 자의적인 차별이라 아니할 수 없다. ② 외국인 사업자 이동3회 제한: 근로의 권리 제한이 아니라 직장선택의 자유 제한임 ③ 외국인근로자 고용 허가제는 직업수행의 자유 침해가 아니다.

02 근로의 권리 보호 여부

보호 ○	① 고용증진을 위한 사회적·경제적 정책을 요구할 수 있는 권리 ② 근로의 기회를 제공하여 줄 것을 요구할 수 있는 권리 ③ 해고예고에 관한 권리 ④ 연차유급휴가에 관한 권리
보호 ✕	① 최저임금청구권: 헌법상 직접 도출되는 권리가 아니라 법률이 구체적으로 정하는 바에 따라 비로소 인정될 수 있다. ② 퇴직급여 청구할 권리: 헌법상 도출되는 것이 아니라 법률에 의해 인정되는 권리이다. ③ 직장존속보장청구권

보호 ×	④ 일자리 청구권
	⑤ 생계비지급청구권
	⑥ 헌법 제15조 직업의 자유와 제32조 근로의 권리는 국가에게 단지 사용자의 처분에 따른 직장 상실에 대하여 최소한의 보호를 제공해 줄 의무를 지울 뿐이고, 여기에서 직장 상실로부터 근로자를 보호하여 줄 것을 청구할 수 있는 권리가 나오지는 않는다.

03 해고의 자유의 제한

해고의 자유의 제한	헌법 제32조가 해고의 자유를 제한하는 근거이다.
심사기준	입법자가 그 보호의무를 전혀 이행하지 않거나 사용자와 근로자의 상충하는 기본권적 지위나 이익을 현저히 부적절하게 형량한 경우에만 위헌 여부의 문제가 생길 것이다.

04 헌법 위반 여부

헌법 위반인 것	① 월급근로자로서 6개월이 되지 못한 자를 해고예고제도의 적용예외 사유로 규정하고 있는 근로기준법: 해고예고의 근로자의 범위와 예고기간에 대해서는 입법자에게 입법형성의 재량이 주어져 있음
	② 근로기준법이 보장한 근로기준 중 주요사항을 외국인 산업연수생에 대하여만 적용되지 않도록 하는 것
	③ 노동부장관이 평균임금을 정하여 고시하지 아니하는 부작위
헌법 위반 아닌 것	① 3개월이 되지 못한 자, 해고예고제 적용 제외
	② 해고사유를 '성낭한 이유'로 규정한 근로기준법
	③ 근로관계의 당연승계 조항을 두지 아니한 한국보건산업진흥법
	④ 최저임금보다 낮은 병의 봉급표
	⑤ 고용 허가를 받아 국내에 입국한 외국인근로자의 출국만기보험금을 출국 후 14일 이내에 지급하도록 하는 것
	⑥ 계속근로기간 1년 미만의 근로에 대하여 유급휴가를 보장하지 않는 근로기준법

05 임금의 보장

임금	① 적정임금: 제8차 개정헌법, 소제기 불가
	② 최저임금: 제9차 개정헌법, 소제기 가능
	③ 통상임금: 명확성원칙 위반(×)
	④ 최저임금을 받을 권리: 헌법상 바로 도출되는 것이 아니라 최저임금법 등 관련 법률이 구체적으로 정하는 바에 따라 비로소 인정될 수 있음
	⑤ 최저임금고시
	㉠ 제한되는 기본권은 계약의 자유, 기업의 자유이고 침해는 아님
	㉡ 최저임금고시 위헌성 여부 심사기준: 완화된 심사기준 적용
	⑥ 현행법과 판례: 무노동 무임금(○), 임금이분설(×)

⑦ 무노동 무임금을 관철하기 위해 노조전임자의 급여 수령을 금지하는 근로기준법은 단체교섭권 및 단체행동권을 침해한다고 볼 수 없다.

⑧ 헌법 제32조 제4항에서 여자근로자는 특별한 보호를 받으며 근로조건에 있어서 부당한 차별을 받지 아니한다고 규정하여 동일노동에 대한 동일임금을 지급토록 하고 있다.

06 근로조건기준 법정주의

헌법 제32조 근로조건기준 법정주의	**헌법 제32조** ③ 근로조건의 기준은 인간의 존엄성을 보장하도록 법률로 정한다.
근로조건기준 법정주의 취지	근로조건에 관한 기준을 법률에 유보한 것이다.
근로기준법의 근로기준의 법적 효력	근로기준법의 규정에 위반하는 근로계약은 당연히 무효이다.
근로조건기준 법정주의 판례	① 산업재해를 입은 근로자에 대한 상세한 사항은 하위 법령으로 정하도록 위임하는 것을 전면적으로 금지하고 있는 것은 아니라고 해석된다. ② 근로기준법 적용대상을 5인 이상 사업장에 한정(합헌) ③ 국가나 지방자치단체가 운영하는 사업장 근로자의 산재보상 제외(합헌) ④ 계속근로기간 1년 미만인 근로자를 퇴직급여 지급대상에서 제외하는 근로자퇴직급여 보장법 조항(합헌)

07 국가유공자 등 근로기회 우선보장

헌법 제32조 제6항 우선 취업기회보장	**헌법 제32조** ⑥ 국가유공자·상이군경 및 전몰군경의 유가족은 법률이 정하는 바에 의하여 우선적으로 근로의 기회를 부여받는다.
헌법 제32조 제6항 우선 취업기회보장 관련 판례	① 국가는 '사회적 특수계급'을 창설하지 않는 범위 내에서(헌법 제11조 제2항 참조) 국가유공자 등을 예우할 포괄적인 의무를 지고 있다. ② 헌법 제32조 제6항의 보호 대상자는 문리해석대로 "국가유공자", "상이군경" 그리고 "전몰군경의 유가족"이라고 봄이 상당하다. ③ 고엽제후유증으로 판명된 환자 및 그 유족에 대하여 최대한의 보상을 하는 것이 헌법 제32조 제6항의 정신에 부합한다. ④ 고엽제후유의증환자의 가족을 교육지원과 취업지원의 대상에서 배제한다고 하여 헌법 제32조 제6항의 우선적 근로의 기회제공의무를 위반한 것이라고 할 수는 없다.
헌법 제32조 제6항 우선 취업기회보장 정리	① 국가유공자의 공무원시험 가산점 근거(○) ② 국가유공자 가족의 공무원시험 가산점 근거(×) ③ 전몰군경 유가족의 가산점 근거(○) ④ 제대군인의 가산점 근거(×) ⑤ 국가유공자의 우선적인 보직·승진의 근거(×)

08 근로의 권리의 효력

근로의 권리의 효력	대국가적 효력을 가지고, 사인 간에도 직접적으로 적용된다.

01 의의

의의	① 근로자는 근로조건의 향상을 위하여 자주적인 단결권·단체교섭권 및 단체행동권을 가진다. ② 공무원인 근로자는 법률이 정하는 자에 한하여 단결권·단체교섭권 및 단체행동권을 가진다. ③ 법률이 정하는 주요방위산업체에 종사하는 근로자의 단체행동권은 법률이 정하는 바에 의하여 이를 제한하거나 인정하지 아니할 수 있다. ④ 근로3권의 성격: 급부청구권(✕), 자유권(○), 사회적 기본권(○)
근로자	① 교원(○) ② 공무원(○) ③ 외국인(○) ④ 해고의 효력을 노동위원회에서 다투고 있는 노동자 ➡ 노조원(○) ☑ 교원지위향상법상 중앙노동위원회에 다투고 있는 경우 교원지위 인정되나, 교원소청심사청구절차나 행정소송으로 부당해고를 다투는 경우 교원노조법상 교원에서 배제된다(합헌). ⑤ 실업상태에 있는 사람, 구직 중인 자도 근로3권을 누릴 수 있다. ⑥ 자영업자(✕) ⑦ 사용자(✕) ⑧ 지식경부 노동조합(✕)

02 단결권

단결권	① 계속성요건(✕), 임시적인 쟁의단체 조직(○)
	② 내용
	  ㉠ 개인적 단결권(○)
	  ㉡ 집단적 단결권(○)
	  ㉢ 적극적 단결권(○)
	  ㉣ 소극적 단결권(✕, 判): 헌법 제33조(✕), 헌법 제21조, 제10조(○)
	③ 노동조합의 적극적 단결권과 근로자의 단결하지 아니할 자유 충돌: 법익형량
	④ 노동조합의 집단적 단결권과 근로자의 단결선택권 충돌: 규범조화적 해석
	⑤ 사용자의 단결권
	  ㉠ 헌법 제33조(✕)
	  ㉡ 헌법 제21조(○)
	⑥ 황견계약(노조에 가입하지 않겠다는 조건을 단 근로계약): 단결권 침해
	⑦ 노동조합설립신고제
	  ㉠ 노동조합설립에도 헌법 제21조 제2항의 허가제 금지는 적용된다.
	  ㉡ 헌법 제21조 제2항의 허가제에 해당하지 않는다.

	⑧ 노동조합설립신고서가 요건을 갖추지 못한 경우 반려할 수 있도록 한 노동관계법은 단결권 침해가 아니다.
	⑨ 사업소세 비과세 혜택을 부여할 의무는 없다. ➡ 노동조합을 사업소세 비과세 대상에서 제외한 법률: 합헌

03 단결권 침해 여부

헌법 위반인 것	① 대학 교원들의 단결권을 인정하지 않는 교원의 노동조합 설립 및 운영 등에 관한 법률 　㉠ 교육공무원 아닌 대학 교원에 대해서는 과잉금지원칙 위배 여부를 기준으로, 교육공무원인 대학 교원에 대해서는 입법형성의 범위를 일탈하였는지 여부를 기준으로 나누어 심사하기로 한다. 　㉡ 교육공무원이 아닌 대학 교원의 단결권을 전면적으로 부정하는 것은 과잉금지원칙에 위배된다. 　㉢ 교육공무원인 대학교원의 근로3권을 일체 허용하지 않고 전면적으로 부정하는 것은 입법형성권의 범위를 벗어나 헌법에 위반된다. ② 고용노동부장관의 전교조에 대한 법외노조통보가 위법한지 여부(적극)
헌법 위반 아닌 것	① 노동조합에 사업소세를 면제하지 않은 것 ② 5급 이상 공무원의 공무원노조가입금지 ③ 노동부 소속 근로감독관 및 조사관의 공무원 노동조합 가입을 제한한 공노법 ④ 소방공무원 노조가입을 금지한 것 ⑤ 노동조합 설립신고서가 요건을 갖추지 못한 경우 반려할 수 있도록 한 노동관계법 ⑥ 노동조합은 행정관청이 요구하는 경우 결산결과와 운영상황을 보고해야 하고 보고하지 아니한 경우 과태료를 부과하는 노동조합 및 노동관계조정법 ⑦ '교원의 노동조합 설립 및 운영 등에 관한 법률'의 적용을 받는 교원의 범위를 초·중등학교에 재직 중인 교원으로 한정하여 해직된 교원을 배제하는 교원노조법 　㉠ 고용노동부장관의 청구인 전국교직원노동조합에 대한 시정요구 대한 헌법소원은 보충성 요건을 결하였다. 　㉡ 노동조합법에서 말하는 '근로자'에는 일시적으로 실업 상태에 있는 사람이나 구직 중인 사람도 그 범위에 포함된다. ⑧ 노동조합 및 노동관계조정법에 의하여 설립된 노동조합이 아니면 노동조합이라는 명칭을 사용할 수 없도록 하는 것

04 단체교섭권

단체교섭권	① 근로조건이 교섭의 대상 　㉠ 경영권, 인사권: 단체교섭대상(✕) 　㉡ 노조간부에 대한 해고의 철회를 요구하는 것은 경영권에 관한 사항이므로 이에 대한 교섭 거부는 부당노동행위임 ② 유일단체교섭조항: 위헌, 복수노조 허용(○)
	③ 단체교섭권에는 단체협약체결권이 포함되어 있다. ④ 하나의 사업 또는 사업장에 두 개 이상의 노동조합이 있는 경우 단체교섭에 있어 그 창구를 단일화하도록 한 것은 단체교섭권을 침해하지 않는다.

05 단체교섭권 침해 여부

헌법 위반인 것	① 비상사태하에서 근로자의 **단체교섭권 또는 단체행동권의 행사**는 미리 주무관청에 조정을 신청하여야 하며, 주무관청의 조정결정에 따라야 한다고 규정한 **국가보위특별법** ② **국가비상사태의 선포**를 규정한 **특별조치법** ③ 근로자가 근로시간 중에 노동조합의 유지·관리업무에 따른 활동을 하는 것을 사용자가 허용함은 무방하며, 또한 근로자의 후생자금 또는 경제상의 불행 기타 재액의 방지와 구제 등을 위한 기금의 기부와 최소한의 규모의 노동조합사무소의 제공은 예외로 하고는 **노동조합의 운영비를 원조하는 행위를 금지하는 노동조합 및 노동관계조정법** 〔비교〕 노조전임자의 급여를 지원하는 행위를 금지하는 노동조합 및 노동관계조정법 제81조 제4호가 과잉금지원칙에 위배되는지 여부(소극)
헌법 위반 아닌 것	① 노동조합 대표자에게 단체협약체결권을 부여한 것 ② 사용자가 노동조합의 대표자 또는 노동조합으로부터 위임을 받은 자와의 단체협약체결 기타의 단체교섭을 정당한 이유없이 거부하거나 해태하는 행위를 할 수 없도록 한 노동조합 및 노동관계조정법 ③ 개별학교법인과 교원 간의 단체교섭을 금지하고 시·도 또는 전국단위로 단체교섭을 하도록 한 교원노조법 제6조 ④ 소속 노동조합과 관계없이 조합원들의 근로조건을 통일하기 위하여 하나의 사업 또는 사업장에 두 개 이상의 노동조합이 있는 경우 단체교섭에 있어 그 창구를 단일화하도록 하고, 교섭대표가 된 노동조합에게만 단체교섭권을 부여하고 있는 노동조합 및 노동관계조정법 ⑤ 국가 또는 지방자치단체의 정책결정에 관한 사항이나 기관의 관리·운영에 관한 사항으로서 근무조건과 직접 관련되지 아니하는 사항을 공무원노동조합의 단체교섭대상에서 제외하고 있는 공무원 노동조합법 ⑥ 단체협약의 내용 중 국고부담의 증가를 초래하여 예산의 변경을 수반할 수밖에 없는 경우 고속철도건설공단은 그 조직·회계·인사 및 보수 등에 관한 사항을 정하여 건설교통부장관의 승인을 얻어야 한다고 규정한 구 한국고속철도건설공단법 제31조 ⑦ 국민건강보험공단의 인사, 보수 등에 관한 규정이 효력을 가지려면 보건복지부장관의 승인을 얻도록 한 것

06 단체행동권

단체행동권	① 생산관리, 당연히 근로3권에서 보장(✕) ② 직장폐쇄권 ㉠ 현행법상 인정 ㉡ 근로3권이 아니라 재산권에서 보호 ㉢ 쟁의개시 이후에만 행사 ③ 정당한 단체행동권 행사 ㉠ 형사책임 면책(O), 민사책임 면책(O) ㉡ 법적 한계를 넘는 단체행동을 업무방해죄로 처벌하는 형법은 헌법 위반은 아니다. ④ 단체행동권: 순수한 정치파업(✕), 산업적 정치파업(O) ⑤ 절차상 한계: 단체행동권은 단체교섭이 결렬된 이후에 행사되어야 한다.

07 단체행동권 침해 여부

헌법 위반인 것	청원경찰의 복무에 관하여 국가공무원법 제66조 제1항을 준용함으로써 노동운동을 금지하는 청원경찰법
헌법 위반 아닌 것	① 공항·항만 등 국가중요시설의 경비업무를 담당하는 특수경비원에게 경비업무의 정상적인 운영을 저해하는 일체의 쟁의행위를 금지하는 경비업법 ② 공익사업에서 쟁의가 발생한 경우 노동위원회가 강제중재하면 15일간 쟁의행위를 할 수 없도록 한 노동쟁의조정법 제4조 등 ③ 업장의 안전보호시설에 대하여 정상적인 유지·운영을 정지·폐지 또는 방해하는 행위는 쟁의행위로서 이를 행할 수 없다고 한 노동조합 및 노동관계조정법 제42조

08 공무원 근로3권

공무원의 근로3권	① 헌법 제33조 제2항은 공무원의 근로자성을 전제로 한다. ② 공무원은 당연히 근로3권의 주체가 되는 것이 아니므로 공무원의 근로3권 제한에 과잉금지원칙은 적용되지 않는다. ③ 전면부정(✗) ④ 일부긍정(○) ⑤ 모든 공무원의 쟁의권 부정 ➡ 위헌 ⑥ 사실상 노무에 종사하는 공무원에 한해 근로3권 인정 ➡ 합헌 ⑦ 국·공립학교의 교원 등 일반공무원의 노동운동을 금지한 국가공무원법 제66조 제1항은 헌법에 위반되지 아니한다(1992.4.28, 90헌바27). ➡ 합헌 ⑧ 대학교 교원인 교육공무원에게 근로3권을 일체 허용하지 않고 전면적으로 부정하는 것은 합리성을 상실한 과도한 것으로서 입법형성권의 범위를 벗어나 헌법에 위반된다.
공무원노조법	① 6급 이하 공무원(○) ② 6급 이하 인사, 감독권 있는 공무원(✗) ③ 단결권, 교섭권(○) ④ 쟁의권(✗) ⑤ 정치행위(✗)

09 공무원 근로3권 침해 여부

헌법 위반인 것	① 국가·지방자치단체에 종사하는 노동자는 쟁의행위를 할 수 없도록 한 노동쟁의 조정법 ② 사실상 노무에 종사하는 공무원의 구체적 범위를 정하지 않는 조례입법부작위
헌법 위반 아닌 것	① 노동운동 기타 공무 이외의 일을 위한 집단적 행위를 금지하면서, 사실상 노무에 종사하는 공무원 중 대통령령 등이 정하는 자에 한하여 노동3권을 인정하는 국가 공무원법 제66조 ② 사실상 노무에 종사하는 공무원을 제외한 나머지 공무원의 노동운동과 공무 이외의 일을 위한 집단행위를 금지하는 지방공무원법 제58조 ③ 노동운동이 허용되는 사실상 노무에 종사하는 공무원의 범위를 조례에 위임한 지방공무원법 제58조 제2항

10 주요방위산업체에 종사하는 근로자의 단체행동권 제한

헌법 제33조 제3항	① 법률이 정하는 주요방위산업체에 종사하는 근로자의 단체행동권은 법률이 정하는 바에 의하여 이를 제한하거나 인정하지 아니할 수 있다. ② 주요방위산업체에 종사하는 근로자의 단체행동권을 법률로 인정하지 않을 수 있으나 단결권, 단체교섭권을 인정하지 않을 수는 없고 공익사업체 근로자의 단체행동권의 경우 제5공화국 헌법에 있었으나 삭제되었다. ③ 방위산업에 관한 특별조치법에 의하여 지정된 방위산업체에 종사하는 근로자에 대하여 쟁의행위를 금지시키고 있는 구 노동쟁의조정법 제12조 제2항(합헌)

11 교원노조법

교원노조법	① 국공립학교 교사도 가입 가능, 강사를 제외한 교수도 가입 가능 ② 교원단결권(○), 교원단체교섭권(○), 교원단체행동권, 쟁의권(✕), 교원노조정치활동(✕) ③ 학교단위가 아니라 시·도 전국단위로 교섭

의의	① 권리와 의무가 같이 헌법에 규정된 것 　㉠ 환경권과 환경보호의무(제35조) 　㉡ 재산권과 재산권 행사의 공공복리 적합성 의무(제23조) 　㉢ 근로의 권리와 근로의 의무(제32조) ② 환경권: 세계 대부분 국가에서 헌법에 규정(×) ③ 독일: 환경권 규정(×) ④ 우리 연혁: 제8차 개정헌법, 복수법주의
주체	외국인(○), 수형자(○) 법인(×), 자연(×), 동식물(×), 환경단체(×), 수녀원(×)
권리의 법적 성격	① 권리의 주체, 대상, 내용, 행사 방법 등이 구체적으로 정립될 수 있어야만 인정되는 것이므로, 사법상의 권리로서의 환경권을 인정하는 명문의 규정이 없는데도 환경권에 기하여 직접 방해배제청구권을 인정할 수 없다. ② 국가의 추상적인 의무로부터 아우디폭스바겐코리아 주식회사 등에게 자동차교체 명령을 하여야 할 구체적이고 특정한 작위의무가 도출된다고는 볼 수 없다. ③ 일정한 요건이 충족될 때 환경권 보호를 위한 입법이 없거나 현저히 불충분하여 국민의 환경권을 침해하고 있다면 헌법재판소에 그 구제를 구할 수 있다고 해야 할 것이다. ④ 국가는 사인인 제3자에 의한 국민의 환경권 침해에 대해서도 적극적으로 기본권 보호조치를 취할 의무를 진다.
내용	① 환경: 자연환경 + 문화적 환경, 인공환경(○) ② 공해: 유해물질 + 소음 ③ 생활환경조성권에서 환경정책의 결정에 참여할 권리가 나오는 것은 아니다. ④ 대사인적 효력: 학설 인정, 판례 부정 ⑤ 확성기 소음규제를 하지 아니한 공선법 　㉠ 환경권 보호를 위한 입법이 없거나 현저히 불충분하여 국민의 환경권을 침해하고 있다면 헌법재판소에 그 구제를 구할 수 있다고 해야 할 것이다. 　㉡ 국가는 사인인 제3자에 의한 국민의 환경권 침해에 대해서도 적극적으로 기본권 보호조치를 취할 의무를 진다. 　㉢ 확성기 소음규제를 하지 아니한 공선법의 위헌 여부는 '과소보호금지원칙'의 위반 여부를 기준으로 삼아야 한다. 　㉣ 국가의 기본권 보호의무를 과소하게 이행한 것으로서, 청구인의 건강하고 쾌적한 환경에서 생활할 권리를 침해하므로 헌법에 위반된다. ⑥ 교도소 독거실 내 화장실 창문과 철격자 사이에 안전 철망을 설치한 행위가 청구인의 환경권, 인격권 등 기본권을 침해한다고 할 수 없다.
환경권 침해와 구제	① 수인한도론 ② 무과실책임(○) ③ 개연성 이론: 엄격한 인과관계 입증(×)

	④ 가해기업이 어떠한 유해한 원인물질을 배출하고 그것이 피해물건에 도달하여 손해가 발생하였다면 가해자 측에서 그것이 무해하다는 것을 입증하지 못하는 한 책임을 면할 수 없다고 보는 것이 사회형평의 관념에 적합하다고 할 것이다.
원고적격	① 환경영향평가 지역 내 주민: 법률상 이익 침해 추정(O) ➡ 원고적격 인정 ② 환경영향평가 지역 밖 주민 　㉠ 헌법과 환경정책기본법에서 직접 법률상 이익이 인정되는 것은 아님 　㉡ 수인한도를 넘는 피해를 입증해야 원고적격 인정

의의	① 국민이 자신과 가족의 건강을 유지하는 데 필요한 국가적 급부와 배려를 요구할 수 있는 권리 ② 1919년 바이마르헌법에 의해 처음 명문화, 우리 제헌헌법에서부터 가족의 건강조항 내지 국민의 보건권을 규정
주체	자연인인 국민(○), 외국인(✕)
내용	소극적 의미(국가가 개인의 건강을 침해해서는 안 된다) + 적극적 의미(국민보건을 위해 필요한 정책을 취해야 한다)
보건권의 제한 및 한계	보건권도 공공복리를 위해 제한될 수 있다. 그러나 보건에 관한 권리의 주체에게 가해지는 의무(예방접종 등)는 필요 최소한도에 그쳐야 한다.
보건권 관련 판례	① 의료법상 의료권이 제36조 제3항에 의하여 보장되는 권리인지 여부(소극) ② 무면허 의료행위의 금지(합헌) ③ 치과전문의제도의 미시행(보건권 침해 ✕) ④ 교도소에 수용된 때에는 국민건강보험급여를 정지하도록 한 국민건강보험법 제49조 제4호(합헌) ⑤ 국민의 보건에 관한 국가의 보호의무 　㉠ 국민의 생명·신체의 안전이 질병 등으로부터 위협받거나 받게 될 우려가 있는 경우 국가로서는 그 위험의 원인과 정도에 따라 사회·경제적인 여건 및 재정사정 등을 감안하여 국민의 생명·신체의 안전을 보호하기에 필요한 적절하고 효율적인 입법·행정상의 조치를 취하여 그 침해의 위험을 방지하고 이를 유지할 포괄적인 의무를 진다. 　㉡ 헌법 제36조 제3항이 규정하고 있는 국민의 보건에 관한 권리는 국민이 자신의 건강을 유지하는 데 필요한 국가적 급부와 배려를 요구할 수 있는 권리를 말하는 것으로서, 국가는 국민의 건강을 소극적으로 침해하여서는 아니 될 의무를 부담하는 것에서 한결음 더 나아가 적극적으로 국민의 보건을 위한 정책을 수립하고 시행하여야 할 의무를 부담한다. ⑥ 미국산 쇠고기의 수입·유통으로부터 국민의 생명·신체의 안전에 관한 기본권을 보호할 국가의 구체적인 헌법적 의무가 있다. ⑦ 국가가 국민의 생명·신체의 안전에 대한 보호의무를 다하지 않았는지 여부를 헌법재판소가 심사할 때에는 국가가 이를 보호하기 위하여 적어도 적절하고 효율적인 최소한의 보호조치를 취하였는가 하는 이른바 '과소보호금지원칙'의 위반 여부를 기준으로 삼는다. ⑧ 농림수산식품부장관이 미국산 쇠고기의 수입위생조건을 정한 고시가 쇠고기 소비자인 국민의 생명·신체의 안전을 보호하기에 전적으로 부적합하거나 매우 부족하여 그 보호의무를 명백히 위반한 것이라고 단정하기는 어렵다 할 것이다. ⑨ 검사는 치료감호대상자가 치료감호를 받을 필요가 있는 경우 관할 법원에 치료감호를 청구할 수 있도록 한 치료감호 등에 관한 법률이 국민의 보건에 관한 국가의 보호의무에 반하는지 여부(소극)

보건권 관련 판례	⑩ 국가의 국민보건에 관한 보호의무를 명시한 헌법 제36조 제3항에 의한 권리를 헌법소원을 통하여 주장할 수 있는 자는 직접 자신의 보건이나 의료문제가 국가에 의해 보호받지 못하고 있는 의료 수혜자적 지위에 있는 국민이라고 할 것이므로 의료시술자적 지위에 있는 안과의사가 자기 고유의 업무범위를 주장하여 다투는 경우에는 위 헌법규정을 원용할 수 없다. ⑪ 본인부담금제와 선택병의원제를 규정한 개정법령으로 인하여 국민보건에 관한 국가의 보호의무 등을 위반하여 청구인들의 보건권이 침해되었다고 보기 어렵고, 생활능력 없는 장애인의 의료보장과 관련하여 인간으로서의 존엄이나 본질적 가치를 훼손할 정도에 이른다고는 볼 수 없으므로 인간의 존엄과 가치를 침해한다고 할 수 없다(2009.11.26, 2007헌마734).

의의	① 의무의 의의: 소극적 의미 + 적극적 의미
	② 전국가적 의무(✕), 권리에 반드시 의무수반(✕)
	③ 헌법상 의무
	㉠ 국민의 납세의무(헌법 제38조) ➡ 법률에 규정이 있어야 구체적 의무는 발생한다.
	㉡ 국방의 의무(헌법 제39조)
	㉢ 교육을 받게 할 의무(헌법 제31조 제2항)
	㉣ 근로의 의무(헌법 제32조 제2항)
	㉤ 환경보전의 의무(헌법 제35조)
	㉥ 재산권 행사의 공공복리 적합성 의무(헌법 제23조 제2항)
	④ 법률로 의무부과 가능
납세의무	① 주체: 외국인(○), 법인(○), 외교관(✕)
	② 조세법률, 조세평등적용
국방의 의무	① 대체이행(✕)
	② 여성: 병역의무(✕), 국방의무(○)
	③ 대한민국 국민인 남자에 한하여 병역의무를 부과한 병역법: 합헌
	④ 국방의무: 간접적인 병력형성의무, 전투경찰순경복무도 병역의무에 포함된다(∴ 현역병으로 입영하여 복무 중인 군인을 전투경찰순경으로 전임시켜 충원한 것은 청구인의 행복추구권 및 양심의 자유침해가 아니다).
	⑤ 경찰의 순수한 치안업무인 집회 및 시위의 진압 임무는 결코 국방의무에 포함된 것이라고 볼 수 없다.(✕)
	⑥ 국방의무 이행은 일반적 희생이다.
	⑦ 병역의무 이행으로 인한 '불이익한 처우'는 법적인 불이익을 의미하지, 사실상·경제상의 불이익을 모두 포함하는 것은 아니다.
	⑧ 헌법 제39조 제2항은 병역의무 이행으로 인한 불이익한 처우를 금지할 뿐 병역의무 이행으로 인한 적극적 보상을 국가에 강제하는 것은 아니다.
국방의 의무 관련 판례	① 헌법 위반인 것: 군법무관 출신에 대해 개업지를 제한한 변호사법
	☑ 변호사 개업지 제한만 헌법 제39조 제2항 위반이고, 나머지는 헌법 제39조 제2항 위반이 아니다.
	② 헌법 위반이 아닌 것
	㉠ 예비역이 병역법에 의하여 병력동원훈련 등을 위하여 소집을 받는 동안 군형법의 적용을 받는 것
	㉡ 군복무로 인한 휴직기간을 법무사시험의 일부 면제에 관한 법무사법 제5조의2 제1항의 공무원 근무경력에 산입하지 아니한 것
	㉢ 병역의무의 이행으로 사법연수원의 입소 및 수료가 늦어져 사법연수원 수료와 동시에 판사임용자격을 취득하지 못한 경우
	㉣ 병으로 병역의무를 이행한 사람이 장교로 임용될 때에 병으로서의 복무기간 중 8할만을 장교의 호봉경력에 산입하게 하는 것
	㉤ 농지대토로 인한 양도소득세의 감면요건으로 '직접 경작'을 규정한 것

	⑭ 병역의무 이행 중 금고 이상 선고유예기간 중에 있는 자 공무원 임용결격사유로 한 것 ⑮ 병역의무 이행 경력 중 일부를 공무원 경력에 포함시켜 공무원 초임호봉 획정에 산입하도록 하는 것 ◎ 병역면제 또는 병역필한 자를 채용대상으로 하는 국정원 직원채용공고
교육을 받게 할 의무	① 법적 의무 ② 면제 가능 ③ 교육을 받게 할 의무 주체: 부모(O), 국가(✕), 외국인(✕) ④ 교육을 받게 할 의무는 학령아동을 가진 친권자 또는 후견인이 초등교육과 법률이 정하는 교육과정에 취학시키는 것을 그 내용으로 한다. ⑤ 국가와 지자체는 의무교육을 실시하는데 필요한 학교를 설치하고 교재와 경비를 부담하여야 한다. ⑥ 무상의 범위: 취학필수비무상설(다수설)
근로의 의무	① 윤리적 의무(O) ② 근로의 의무 주체: 자연인인 국민 ③ 근로의무 위반자, 형사처벌 금지

① 일반적으로 일정한 공권력작용이 체계정당성에 위반한다고 해서 곧 위헌이 되는 것은 아니다. 즉, 체계정당성 위반 자체가 바로 위헌이 되는 것은 아니고 이는 비례의 원칙이나 평등원칙위반 내지 입법의 자의금지위반 등의 위헌성을 시사하는 하나의 징후일 뿐이다. 그것이 위헌이 되기 위해서는 결과적으로 비례의 원칙이나 평등의 원칙 등 일정한 헌법의 규정이나 원칙을 위반하여야 한다(2005.6.30, 2004헌바40).

② 특정규범이 개별사건법률에 해당한다 하여 곧바로 위헌을 뜻하는 것은 아니며, 이러한 차별적 규율이 합리적인 이유로 정당화될 수 있는 경우에는 합헌적일 수 있다(1996.2.16, 96헌가2).

③ 헌법 제12조 제3항의 영장주의는 헌법 제12조 제1항의 적법절차원칙의 특별규정이므로, 헌법상 영장주의 원칙에 위배되는 이 사건 법률조항은 헌법 제12조 제1항의 적법절차원칙에도 위배된다(2012.6.27, 2011헌가36).

④ 형식적으로 영장주의에 위배되는 법률은 곧바로 헌법에 위반되고, 나아가 형식적으로는 영장주의를 준수하였더라도 실질적인 측면에서 입법자가 합리적인 선택범위를 일탈하는 등 그 입법형성권을 남용하였다면 그러한 법률은 자의금지원칙에 위배되어 헌법에 위반된다고 보아야 한다(2012.12.27, 2011헌가5).

⑤ 헌법 제21조 제2항은, 집회에 대한 허가제는 집회에 대한 검열제와 마찬가지이므로 이를 절대적으로 금지하겠다는 헌법개정권력자인 국민들의 헌법가치적 합의이며 헌법적 결단이다. 또한 위 조항은 일반적 법률유보조항인 헌법 제37조 제2항에 앞서서, 우선적이고 제1차적인 위헌심사기준이 되어야 한다(2009.9.24, 2008헌가25).

⑥ 헌법 제21조 제2항의 검열금지조항은 절대적 금지를 의미하므로 국가안전보장·질서유지·공공복리를 위하여 필요한 경우라도 사전검열이 허용되지 않는다.

⑦ 현행헌법이 명문화하고 있는 적법절차의 원칙은 단순히 입법권의 유보제한이라는 한정적인 의미에 그치는 것이 아니라 모든 국가작용을 지배하는 독자적인 헌법의 기본원리로서 해석되어야 할 원칙이라는 점에서 입법권의 유보적 한계를 선언하는 과잉입법금지의 원칙과는 구별된다고 할 것이다(1992.12.24, 92헌가8).

⑧ 금고 이상 선고유예 기간 중에 있는 자를 임용결격사유로 정한 국가공무원법의 공무담임권 침해 여부를 심사한다면 적법절차 위배 여부는 별도로 판단하지 않는다(2016.7.28, 2014헌바437).

① 입법자는 정당설립의 자유를 최대한 보장하는 방향으로 입법하여야 하고, 헌법재판소는 정당설립의 자유를 제한하는 법률의 합헌성을 심사할 때에 헌법 제37조 제2항에 따라 엄격한 비례심사를 하여야 한다 (2014.1.28, 2012헌마431 · 2012헌가19).

② 가처분조항에 따라 정당의 활동을 정지하는 결정을 하기 위해서는 정당해산심판제도의 취지에 비추어 헌법이 규정하고 있는 정당해산의 요건이 소명되었는지 여부 등에 관하여 신중하고 엄격한 심사가 이루어져야 한다(2014.2.27, 2014헌마7).

③ 수형자의 선거권 제한에 대한 법률의 심사강도는 엄격해야 한다(2014.1.28, 2012헌마409).

④ 선거권과 공무담임권의 연령을 어떻게 규정할 것인가는 입법자가 입법목적 달성을 위한 선택의 문제이고 입법자가 선택한 수단이 현저하게 불합리하고 불공정한 것이 아닌 한 재량에 속하는 것이다(1997.6.26, 96헌마89).

⑤ 헌법 제36조 제1항에 의하여 보장되는 가족생활에서의 인간으로서의 존엄에 관한 기본권의 내용으로서 미성년인 가족구성원이 성년인 가족으로부터 부양과 양육, 보호 등을 받는 것은 법제도 형성 이전의 인간의 자연적인 생활 모습과 관련되는 것이다. 따라서 이러한 기본권은 사회적 기본권인 헌법 제34조 제1항의 인간다운 생활권과는 달리 자유권적 성격을 가지므로, 이를 제한하는 입법은 헌법 제37조 제2항의 과잉금지원칙을 준수하여야 할 것이다(2013.9.26, 2011헌가42).

⑥ 헌법 제31조 제1항의 교육을 받을 권리는, 국민이 능력에 따라 균등하게 교육받을 것을 공권력에 의하여 부당하게 침해받지 않을 권리와, 국민이 능력에 따라 균등하게 교육받을 수 있도록 국가가 적극적으로 배려하여 줄 것을 요구할 수 있는 권리로 구성되는바, 전자는 자유권적 기본권의 성격이, 후자는 사회권적 기본권의 성격이 강하다고 할 수 있다. 그런데 이 사건 규칙조항과 같이 검정고시응시자격을 제한하는 것은, 국민의 교육받을 권리 중 그 의사와 능력에 따라 균등하게 교육받을 것을 국가로부터 방해받지 않을 권리, 즉 자유권적 기본권을 제한하는 것이므로, 그 제한에 대하여는 헌법 제37조 제2항의 비례원칙에 의한 심사, 즉 과잉금지원칙에 따른 심사를 받아야 할 것이다(2008.4.24, 2007헌마1456).

⑦ 헌법 제33조 제1항은 근로자는 근로조건의 향상을 위하여 자주적인 단결권 · 단체교섭권 및 단체행동권을 가진다고 하여 근로자의 노동3권을 보호하고 있다. 그런데 이 사건 규정은 노동조합의 설립시 설립신고서를 제출하도록 하면서 당해 노동조합이 일정한 요건을 충족하지 못하는 경우에는 설립신고서를 반려하도록 하여 근로자의 단결권을 제한하고 있는바, 이와 같이 근로자의 단결권을 제한하는 법률규정이 헌법에 위배되지 않기 위해서는 헌법 제37조 제2항에서 정하고 있는 기본권제한 입법 활동의 한계인 과잉금지의 원칙을 준수하여야 한다(2003.5.15, 2001헌가31).

⑧ 대학 교원을 교육공무원 아닌 대학 교원과 교육공무원인 대학 교원으로 나누어, 각각의 단결권에 대한 제한이 헌법에 위배되는지 여부에 관하여 살펴보기로 하되, 교육공무원 아닌 대학 교원에 대해서는 과잉금지원칙 위배 여부를 기준으로, 교육공무원인 대학 교원에 대해서는 입법형성의 범위를 일탈하였는지 여부를 기준으로 나누어 심사하기로 한다(2018.8.30, 2015헌가38).

⑨ 헌법 제33조 제2항이 직접 '법률이 정하는 자'만이 노동3권을 향유할 수 있다고 규정하고 있어서 '법률이 정하는 자' 이외의 공무원은 노동3권의 주체가 되지 못하므로, '법률이 정하는 자' 이외의 공무원에 대해서도 노동3권이 인정됨을 전제로 하여 헌법 제37조 제2항의 과잉금지원칙을 적용할 수는 없는 것이다 (2007.8.30, 2003헌바51 등).

⑩ 직업수행의 자유 제한에도 과잉금지원칙은 적용되나 직업수행의 자유는 인격발현에 대한 침해의 효과가 일반적으로 직업선택 그 자체에 대한 제한에 비하여 작기 때문에 좁은 의미의 직업선택의 자유에 비하여 상대적으로 폭넓은 법률상의 규제가 가능한 것으로 보아 다소 완화된 심사기준을 적용하여 왔다.

⑪ 구체적인 자격제도의 형성에 있어서는 입법자에게 광범위한 입법형성권이 인정되며, 입법자가 합리적인 이유 없이 자의적으로 자격제도의 내용을 규정한 것으로 인정되는 경우에만 그 자격제도가 헌법에 위반된다고 할 수 있다. 법학전문대학원은 법조인 양성이라는 국가의 책무를 일부 위임받은 직업교육기관 및 자격부여기관으로서의 성격을 가지고 있고, 입법자는 일정한 전문분야에 관한 자격제도를 마련함에 있어 광범위한 입법재량을 가지고 있다. 따라서 변호사라는 전문분야의 자격제도와 관련이 있는 심판대상조항의 위헌성을 판단함에 있어서는 헌법 제37조 제2항의 요구가 다소 완화된다(2016.3.31, 2014헌마1046).

⑫ 공적인 역할을 수행하는 결사(농협, 새마을금고 등) 또는 그 구성원들이 기본권의 침해를 주장하는 경우 과잉금지원칙 위반 여부를 판단함에 있어, 순수한 사적인 임의결사의 기본권이 제한되는 경우에 비하여 완화된 기준을 적용할 수 있다(2018.2.22, 2016헌바364).

☑ 광역시·군단위 상공회의소 금지와 축협중앙회 해산: 완화된 심사

⑬ 상업광고 규제에 관한 비례의 원칙 심사에 있어서 '피해의 최소성' 원칙은 같은 목적을 달성하기 위하여 달리 덜 제약적인 수단이 없을 것인지 혹은 입법목적을 달성하기 위하여 필요한 최소한의 제한인지를 심사하기 보다는 '입법목적을 달성하기 위하여 필요한 범위 내의 것인지'를 심사하는 정도로 완화되는 것이 상당하다(2005.10.27, 2003헌가3).

⑭ 헌법 제22조 제2항은 입법자에게 지식재산권을 형성할 수 있는 광범위한 입법형성권을 부여하고 있으므로, 프로그램을 업무상 창작하는 경우 어떠한 요건 하에서 누구에게 저작권을 귀속시킬지에 관하여는 입법자에게 광범위한 형성의 여지가 인정된다. 심판대상조항이 입법형성권의 한계를 일탈하였는지 여부에 대해서 살펴볼 필요가 있다(2018.8.30, 2016헌가12).

⑮ 입법자는 출입국관리법에 따라 보호된 청구인들에게 전반적인 법체계를 통하여 보호의 원인관계 등에 대한 최종적인 사법적 판단절차와는 별도로 보호 자체에 대한 적법 여부를 다툴 수 있는 기회를 최소한 1회 이상 제공하여야 한다. 다만, 출입국관리행정 중 보호와 같이 체류자격의 심사 및 퇴거 집행 등의 구체적 절차에 관한 사항은 광범위한 입법재량의 영역에 있으므로, 그 내용이 현저하게 불합리하지 아니한 이상 헌법에 위반된다고 할 수 없다(2014.8.28, 2012헌마686).

⑯ 대학의 자율도 헌법상의 기본권이므로 기본권제한의 일반적 법률유보의 원칙을 규정한 헌법 제37조 제2항에 따라 제한될 수 있고, 대학의 자율의 구체적인 내용은 법률이 정하는 바에 의하여 보장되며, 또한 국가는 헌법 제31조 제6항에 따라 모든 학교제도의 조직, 계획, 운영, 감독에 관한 포괄적인 권한, 즉 학교제도에 관한 전반적인 형성권과 규율권을 부여받았다고 할 수 있고, 다만 그 규율의 정도는 그 시대의 사정과 각급 학교에 따라 다를 수밖에 없는 것이므로 교육의 본질을 침해하지 않는 한 궁극적으로는 입법권자의 형성의 자유에 속하는 것이라 할 수 있다. 따라서 교육공무원법의 관련 규정이 대학의 자유를 제한하고 있다고 하더라도 그 위헌 여부는 입법자가 기본권을 제한함에 있어 헌법 제37조 제2항에 의한 합리적인 입법한계를 벗어나 자의적으로 그 본질적 내용을 침해하였는지 여부에 따라 판단되어야 할 것이다(2006.4.27, 2005헌마1047).

⑰ 재판청구권과 같은 절차적 기본권은 원칙적으로 제도적 보장의 성격이 강하기 때문에, 자유권적 기본권 등 다른 기본권의 경우와 비교하여 볼 때 상대적으로 광범위한 입법형성권이 인정되므로, 관련 법률에 대한 위헌심사기준은 합리성원칙 내지 자의금지원칙이 적용된다. 따라서 이 사건 심판대상조항이 청구인의 재판을 받을 권리를 침해하는지 여부를 판단하기 위해서는, 피고적격이 인정되지 않는다 해도 청구인의 재판절차에의 접근 기회가 충분한 정도로 보장되고 있는지의 측면, 그러한 재판에서 실체법이 정한 내용대로 재판을 받을 수 있는지의 측면에서 입법자가 절차 형성에 있어서의 입법재량을 일탈하였는지 여부를 심사하여야 할 것이다(2014.2.27, 2013헌바178).

⑱ 재심제도의 규범적 형성에 있어서, 입법자의 형성적 자유가 넓게 인정되는 영역이라고 할 수 있다. 재심제도와 관련하여 인정되는 입법적 재량을 감안한다면, 재판청구권의 본질을 심각하게 훼손하는 등 입법형성권의 한계를 일탈하여 그 내용이 현저히 자의적인지 여부에 의하여 결정되어야 할 것이다(2009.4.30, 2007헌바121).

⑲ 재판절차진술권에 관한 헌법 제27조 제5항이 정한 법률유보는 이른바 기본권 형성적 법률유보에 해당하므로, 헌법이 보장하는 형사피해자의 재판절차진술권을 어떠한 내용으로 구체화할 것인가에 관하여는 입법자에게 입법형성의 자유가 부여되고 있으며, 다만 그것이 재량의 범위를 넘어 명백히 불합리한 경우에 비로소 위헌의 문제가 생길 수 있다(2003.9.25, 2002헌마533).

⑳ 공무원연금법상의 퇴직연금 수급권은 그 구체적인 급여의 내용, 기여금의 액수 등을 형성하는 데에 있어서는 직업공무원제도나 사회보험원리에 입각한 사회보장적 급여로서의 성격으로 인하여 일반적인 재산권에 비하여 입법자에게 상대적으로 보다 폭넓은 재량이 헌법상 허용된다고 볼 수 있다(2005.6.30, 2004헌바42).

㉑ 산재보험수급권은 이른바 '사회보장수급권'의 하나로서 국가에 대하여 적극적으로 급부를 요구하는 것이지만 국가가 재정부담능력과 전체적 사회보장 수준 등을 고려하여 그 내용과 범위를 정하는 것이므로 입법부에 폭넓은 입법형성의 자유가 인정된다(2016.9.29, 2014헌바254).

㉒ 국가는 모든 학교제도의 조직, 계획, 운영, 감독에 관한 포괄적인 권한, 즉 학교제도에 관한 전반적인 형성권과 규율권을 부여받았다고 할 수 있다. 다만 그 규율의 정도는 그 시대의 사정과 각급 학교에 따라 다를 수밖에 없는 것이므로 교육의 본질을 침해하지 않는 한 궁극적으로는 입법권자의 형성의 자유에 속한다. 따라서 이 사건 연금법 조항이 청구인 학교법인들의 사립학교 운영의 자유를 침해하는지 여부는 입법권자가 입법형성의 자유의 한계를 벗어나 자의적인 입법을 하였는지 여부에 따라 판단되어야 한다(2001.1.18, 99헌바63).

㉓ 근로관계 종료 전 사용자로 하여금 해고예고를 하도록 하는 것이 근로의 권리의 내용에 포함된다 하더라도, 그 구체적 내용인 적용대상 근로자의 범위를 어떻게 정할 것인지 또 예고기간을 어느 정도로 정할 것인지 여부 등에 대해서는 입법자에게 입법형성의 재량이 주어져 있다(2015.12.23, 2014헌바3).

㉔ 해고예고제도의 적용대상 근로자의 범위를 어떻게 정할 것인지 또 예고기간을 어느 정도로 정할 것인지 여부 등에 대해서는 입법자에게 입법형성의 재량이 주어져 있다. 하지만 이러한 입법형성의 재량에도 한계가 있고, 근로조건의 기준은 인간의 존엄성을 보장하도록 법률로 정하도록 규정한 헌법 제32조 제3항에 위반되어서는 안 된다. 따라서 위 조항이 청구인의 근로의 권리를 침해하는지 여부는, 입법자가 해고예고제도를 형성함에 있어 해고로부터 근로자를 보호할 의무를 전혀 이행하지 아니하거나 그 내용이 현저히 불합리하여 헌법상 용인될 수 있는 재량의 범위를 벗어난 것인지 여부에 달려 있다(2015.12.23, 2014헌바3).

㉕ 연차유급휴가는 인간의 존엄성을 보장받기 위한 최소한의 근로조건으로서 근로의 권리에 포함되고, 이와 동일한 맥락에서 비록 연차유급휴가의 요건을 충족하지는 못하였더라도 일정기간 계속적으로 근로를 제공한 경우에는 최소한의 휴양 기회를 보장받을 수 있어야 할 것이므로 이 역시 연차유급휴가에 상응하는 권리로서 근로의 권리 내용에 포함된다. 유급휴가권의 구체적 내용을 형성함에 있어 입법자는 국가적 노동 상황, 경영계(사용자)의 의견, 국민감정, 인정 대상자의 업무와 지위, 기타 여러 가지 사회적·경제적 여건 등을 함께 고려해야 할 것이므로 유급휴가를 어느 범위에서 인정하고, 어느 경우에 제한할 것인지 등에 대하여는 입법자 또는 입법에 의하여 다시 위임을 받은 행정부 등 해당기관의 재량에 맡겨져 있다고 할 것이다. 따라서 이 사건 법률조항이 근로연도 중도퇴직자의 중도퇴직 전 근로에 대해 유급휴가를 보장하지 않음으로써 청구인의 근로의 권리를 침해하는지 여부는 이것이 현저히 불합리하여 헌법상 용인될 수 있는 재량의 범위를 명백히 일탈하고 있는지 여부에 달려 있다고 할 수 있다(2015.5.28, 2013헌마619).

㉖ 우리 헌법은 제33조 제1항에서 근로자의 자주적인 노동3권을 보장하고 있으면서도, 같은 조 제2항에서 공무원인 근로자에 대하여는 법률에 의한 제한을 예정하고 있는바, 이는 공무원의 국민 전체에 대한 봉사자로서의 지위 및 그 직무상의 공공성을 고려하여 합리적인 공무원제도의 보장과 이와 관련된 주권자의 권익을 공공복리의 목적 아래 통합 조정하려는 것이다. 따라서 국회는 헌법 제33조 제2항에 따라 공무원인 근로자에게 단결권·단체교섭권·단체행동권을 인정할 것인가의 여부, 어떤 형태의 행위를 어느 범위에서 인정할 것인가 등에 대하여 광범위한 입법형성의 자유를 가진다(2008.12.26, 2005헌마971).

㉗ 지역농협 임원 선거는, 헌법에 규정된 국민주권 내지 대의민주주의 원리의 구현 및 지방자치제도의 실현이라는 이념과 직접적인 관계를 맺고 있는 공직선거법상 선거와 달리, 자율적인 단체 내부의 조직구성에 관한 것으로서 공익을 위하여 그 선거과정에서 표현의 자유를 상대적으로 폭넓게 제한하는 것이 허용된다(2013.7.25, 2012헌바112).

㉘ 시혜적 조치를 할 것인가를 결정함에 있어서는 국민의 권리를 제한하거나 새로운 의무를 부과하는 경우와는 달리 입법자에게 보다 광범위한 입법형성의 자유가 인정된다.

㉙ 침익적 법을 소급적용한 경우 엄격하게 위헌심사를 하나 시혜적 법의 소급입법에 대해서는 다른 심사기준이 적용된다. 즉, 합리적 재량의 범위를 벗어나 현저하게 불합리하고 불공정한 것이 아닌 한 헌법에 위반된다고 할 수는 없다.

㉚ 헌법 제41조 제3항은 국회의원선거에 있어 필수적인 요소라고 할 수 있는 선거구에 관하여 직접 법률로 정하도록 규정하고 있으므로, 피청구인에게는 국회의원의 선거구를 입법할 명시적인 헌법상 입법의무가 존재한다. 나아가 헌법이 국민주권의 실현 방법으로 대의민주주의를 채택하고 있고 선거구는 이를 구현하기 위한 기초가 된다는 점에 비추어 보면, 헌법 해석상으로도 피청구인에게 국회의원의 선거구를 입법할 의무가 인정된다. 따라서 헌법재판소가 입법개선시한을 정하여 헌법불합치결정을 하였음에도 국회가 입법개선시한까지 개선입법을 하지 아니하여 국회의원의 선거구에 관한 법률이 존재하지 아니하게 된 경우, 국회는 이를 입법하여야 할 헌법상 의무가 있다(2016.4.28, 2015헌마1177).

㉛ 선거운동의 자유 제한, 퇴직 경찰청장 정당가입금지는 엄격한 심사를 한다.

㉜ 직업공무원제도와 지방자치제도에 관하여 입법자는 최소한 보장원칙의 한계 안에서 폭넓은 형성의 자유를 가진다.

　☑ 광범위한 재량 인정
　　㉠ 출입국·체류자격 심사
　　㉡ 법정형의 종류와 범위 선택
　　㉢ 연금수급권
　　㉣ 공무원인 근로자의 근로3권 제한
　　㉤ 공무원의 퇴직수급권은 일반재산권보다 폭넓은 재량

㉝ 국가가 국민의 생명·신체의 안전을 보호할 의무를 진다 하더라도 국가의 보호의무를 입법자 또는 그로부터 위임받은 집행자가 어떻게 실현하여야 할 것인가 하는 문제는 원칙적으로 권력분립과 민주주의의 원칙에 따라 국민에 의하여 직접 민주적 정당성을 부여받고 자신의 결정에 대하여 정치적 책임을 지는 입법자의 책임범위에 속하므로, 헌법재판소는 단지 제한적으로만 입법자 또는 그로부터 위임받은 집행자에 의한 보호의무의 이행을 심사할 수 있는 것이다(2009.2.26, 2005헌마764 등).

01 국적법 관련

헌법 위반인 것	① 구법상 부가 외국인이기 때문에 대한민국 국적을 취득할 수 없었던 한국인 모의 자녀 중에서 신법(부모양계혈통주의조항) 시행 전 10년 동안에 태어난 자에게만 대한민국 국적을 취득하도록 하는 경과규정(2000.8.31, 97헌가12) ② 부계혈통주의 원칙을 채택한 국적법(2000.8.31, 97헌가12) ☑ 단, 주문은 각하 ③ 복수국적자에 대하여 제1국민역(병역준비역)에 편입된 날부터 3개월 이내에 대한민국 국적을 이탈하지 않으면 병역의무를 해소한 후에야 이를 가능하도록 한 국적법
헌법 위반 아닌 것	① 대한민국 국민이 자진하여 외국 국적을 취득한 경우 대한민국 국적을 상실하도록 한 국적법(2014.6.26, 2011헌마502) ② 1978.6.14.부터 1998.6.13. 사이에 태어난 모계출생자가 대한민국 국적을 취득할 수 있도록 특례를 두면서 2004.12.31.까지 국적취득신고를 한 경우에만 대한민국 국적을 취득하도록 한 국적법(2015.11.26, 2014헌바211) ③ 품행단정을 귀화허가의 요건으로 하고 있는 국적법(2016.7.28, 2014헌바421) ④ 병역과 관련하여 이중국적자의 국적선택의 자유를 제한할 수 있는 사유를 대통령령으로 정하도록 한 국적법 제12조 제1항 단서(2004.8.26, 2002헌바13) ⑤ 법무부장관으로 하여금 거짓이나 그 밖의 부정한 방법으로 귀화허가를 받은 자에 대하여 그 허가를 취소할 수 있도록 규정하면서도 그 취소권의 행사기간을 따로 정하고 있지 아니한 국적법(2015.9.24, 2015헌바26) ⑥ 이중국적자에게 국적선택의 시기 또는 요건의 제한을 두는 국적법 제12조(2006.11.30, 2005헌마73)

02 정당 관련

헌법 위반인 것	① 국회의원선거에 참여하여 의석을 얻지 못하고 유효투표총수의 100분의 2 이상을 득표하지 못한 정당에 대해 그 등록을 취소하도록 하는 정당법(2014.1.28, 2012헌마431 등) ② 경찰청장 퇴직 후 2년 정당가입금지한 경찰법 제11조 제4항(1999.12.23, 99헌마135) ③ 검찰총장 퇴직 후 2년 정당가입금지한 검찰청법(1997.7.16, 97헌마2)
헌법 위반 아닌 것	① 정당의 등록요건으로 '5 이상의 시·도당과 각 시·도당 1천인 이상의 당원'을 요구하는 것(2006.3.30, 2004헌마246) ② 정당의 시·도당 하부조직의 운영을 위하여 당원협의회 등의 사무소를 두는 것을 금지한 정당법 제37조 제3항 단서(2016.3.31, 2013헌가22) ③ 공무원의 정당가입을 금지하는 정당법(2014.3.27, 2011헌바42) ④ 기존의 지구당과 당연락소를 강제적으로 폐지하고 이후 지구당을 설립하거나 당연락소를 설치하는 것을 금지한 정당법(2004.12.16, 2004헌마456)

	⑤ 초·중등학교의 교육공무원의 정당가입 및 선거운동을 금지하고 있는 정당법 (2004.3.25, 2001헌마710)
	⑥ 정당의 시·도당 하부조직의 운영을 위하여 당원협의회 등의 사무소를 두는 것을 금지한 정당법(2016.3.31, 2013헌가22)

03 정치자금법 관련

헌법 위반인 것	① 대통령선거경선후보자와 국회의원예비후보자가 당내경선에 참여하지 않고 정식 후보자 등록을 하지 않음으로써 후원회를 둘 수 있는 자격을 상실한 때에는 후원 회로부터 후원받은 후원금 전액을 국고에 귀속하도록 하고 있는 정치자금법 제21 조(2009.12.29, 2007헌마1412; 2008헌마141)
	② 정당에 대한 재정적 후원을 금지하여 정당후원회를 금지한 정치자금법(2015.12.23, 2013헌바168)
	③ 사용자단체와 달리 노동단체의 정치자금 제공을 금지한 정치자금법(1999.11.25, 95 헌마154)
	④ 광역지방자치단체장 예비후보자 후원회 설치금지(2019.12.27, 2018헌마301)
	⑤ 회계자금열람을 3개월 이내로 규정한 것
	⑥ 지방의원 후원회 설립금지
헌법 위반 아닌 것	① 국내외 법인단체의 정치자금기부를 금지하는 정치자금법(2010.12.28, 2008헌바89)
	② 이 법에 정하지 아니한 방법으로 정치자금을 기부받은 자를 처벌하고 있는 정치자 금법 제45조(2016.11.24, 2014헌바252)
	③ 회계책임자에 의하지 아니하고 선거비용을 수입, 지출한 행위를 처벌함에 있어 '당 해 선거일 후 6월'의 단기 공소시효 특칙을 규정하지 아니한 정치자금법(2015.2.26, 2013헌바176)
	④ 단체와 관련된 자금으로 정치자금을 수수하는 것을 금지 및 처벌하는 정치자금법 (2014.4.24, 2011헌바254)
	⑤ 기초자치단체장선거의 예비후보자를 후원회지정권자에서 제외하여 후원회를 통 한 정치자금의 모금을 할 수 없도록 하고, 이를 위반하면 형사처벌하는 정치자금 법(2016.9.29, 2015헌바228)
	⑥ 정당에 보조금을 배분함에 있어 교섭단체의 구성 여부에 따라 차등을 두는 정치자 금법(2006.7.27, 2004헌마655)

04 주민투표법 관련

헌법 위반인 것	주민투표권 행사를 위한 요건으로 주민등록을 요구함으로써 국내거소신고만 할 수 있고 주민등록을 할 수 없는 국내거주 재외국민에 대하여 주민투표권을 인정하지 않 고 있는 주민투표법(2007.6.28, 2004헌마643)
헌법 위반 아닌 것	① 국가정책사항에 관한 주민투표에 있어서 주민투표소송을 배제하도록 규정한 주민 투표법(2009.3.26, 2006헌마99)
	② 주민투표를 실시함에 있어서 투표인명부 작성기준일을 투표일 전 19일로 정한 주 민투표법이 작성기준일 이후에 전입신고를 한 청구인으로 하여금 주거지역에서 주민투표를 할 수 없도록 한 주민투표법(2013.7.25, 2011헌마676)

05 주민소환법 관련

헌법 위반인 것	없음
헌법 위반 아닌 것	① 주민소환투표의 공고를 이유로 주민소환투표 대상자의 권한행사를 정지하도록 한 규정(2009.3.26, 2007헌마843) ② 주민소환투표의 청구시 주민소환의 청구사유를 명시하지 아니하고 주민소환 청구 사유의 진위 여부에 대한 확인을 규정하지 아니하고 있는 '주민소환에 관한 법률' (2011.3.31, 2008헌마355) ③ 주민소환투표청구를 위한 서명요청 활동을 '소환청구인서명부를 제시'하거나 '구두로 주민소환투표의 취지나 이유를 설명하는' 두 가지 경우로만 엄격히 제한하고 이에 위반할 경우 형사처벌하는 주민소환법(2011.12.29, 2010헌바368) ④ 주민소환투표가 발의되어 공고되었다는 이유만으로 곧바로 주민소환투표 대상자의 권한행사가 정지되도록 한 것(2009.3.26, 2007헌마843) ⑤ 시장에 대한 부분이 당해 자방자치단체 주민소환투표청구권자 총수의 100분의 15 이상 주민들만의 서명으로 당해 지방자치단체의 장에 대한 주민소환투표를 청구할 수 있도록 한 주민소환법(2009.3.26, 2007헌마843) ⑥ 주민소환투표권자 총수의 3분의 1 이상의 투표와 유효투표 총수 과반수의 찬성만으로 주민소환이 확정되도록 한 주민소환법(2009.3.26, 2007헌마843)

06 지방자치법 관련

헌법 위반인 것	① 농업협동조합의 조합장과 지방의회의원직의 겸직을 금지하고 있는 지방자치법(1991.3.11, 90헌마28) ② "사용료·수수료 또는 분담금의 부과 또는 징수에 대한 이의신청을 받은 날로부터 60일 이내에 이를 결정·통보하지 아니할 때에는 그 기간이 종료된 날로부터 60일 이내에 … 관할 고등법원에 소를 제기할 수 있다."라고 규정한 지방자치법(1998.6.25, 97헌가15) ③ 헌법재판소에 따르면 지방자치단체장이 금고 이상의 형의 선고를 받고 그 판결이 확정될 때까지 부단체장이 권한을 대행하도록 한 지방자치법(2010.9.2, 2010헌마418)
헌법 위반 아닌 것	① 공소 제기된 후 구금상태에 있는 경우 지방자치단체장의 권한을 부단체장이 대행한다는 지방자치법 규정(2011.4.28, 2010헌마474) ② 정부투자기관 직원의 경우 지방의원 겸직을 금지하는 지방자치법(1995.5.25, 91헌마67) ③ 법령을 위반하는 사항에 관한 주민의 조례제정청구를 지방자치단체의 장이 각하하도록 한 구 지방자치법(2009.7.30, 2007헌바75) ④ 지방의회의원 등 다른 선출직 공직자의 경우에는 계속 재임을 제한하지 않으면서 지방자치단체 장의 계속 재임은 3기로 제한하는 것(2006.2.23, 2005헌마403) ⑤ 지방의회 사무직원의 임용권을 지방자치단체의 장에게 부여하고 있는 구 지방자치법(2014.1.28, 2012헌바216) ⑥ 지방자치단체가 그 재산 또는 공공시설의 설치로 인하여 주민의 일부가 특히 이익을 받는 경우에는 이익을 받는 자로부터 그 이익의 범위 안에서 분담금을 징수할 수 있는 근거규정인 구 지방자치법(2011.4.28, 2009헌바167)

07 형법과 군형법 관련

헌법 위반인 것	① 혼인빙자간음죄(2009.11.26, 2008헌바58; 2009헌바191) ② 간통죄(2015.2.26, 2009헌바17·205) ③ 국가모독죄(2015.10.21, 2013헌가20) ☑ 국기 및 국장모독죄는 합헌 ④ 형법상 뇌물죄의 주체가 되는 '공무원'에 제주특별자치도 통합영향평가심의위원회 심의위원 중 위촉위원이 포함되는 것으로 해석하는 것(2012.12.27, 2011헌바117) ⑤ 외국에서 형의 전부 또는 일부의 집행을 받은 자에 대하여 형을 감경 또는 면제할 수 있도록 규정한 형법조항(2015.5.28, 2013헌바129) ⑥ 법관으로 하여금 미결구금일수를 형기에 산입하되, 그 산입범위는 재량에 의하여 결정하도록 하는 형법규정(2009.6.25, 2007헌바25) ⑦ 노역장유치조항을 시행일 이후 최초로 공소제기되는 경우부터 적용하도록 한 형법 부칙 제2조 제1항은 형벌불소급원칙에 위반된다(2017.10.26, 2015헌바239; 2016 헌바177). ⑧ 상관을 살해한 자에 대해 사형만을 규정한 군형법(2007.11.29, 2006헌가13) ⑨ 낙태죄(2019.4.11, 2017헌바127)
헌법 위반 아닌 것	① 자유형 형기의 '연월'을 역수에 따라 계산하도록 하면서 윤달이 있는 해에 형집행 대상이 되는 경우에 관하여 형기를 감하여 주는 보완규정을 두지 않은 형법 제83 조(2013.5.30, 2011헌마861) ② 모욕죄를 규정하고 있는 형법(2013.6.27, 2012헌바37) ③ 군형법상 상관모욕죄(2016.2.25, 2013헌바111) ④ 경찰의 직무를 행하는 자 또는 이를 보조하는 자가 인권옹호에 관한 검사의 직무집행을 방해하거나 그 명령을 준수하지 아니한 때 처벌하도록 한 형법 제139조의 인권옹호업무방해죄(2007.3.29, 2006헌바69) ⑤ 재판, 검찰, 경찰 기타 인신구속에 관한 직무를 행하는 자 또는 이를 보조하는 자가 그 직무를 행함에 당하여 형사피의자 또는 기타 사람에 대하여 폭행 또는 가혹한 행위를 가한 때 처벌하도록 한 형법 제125조(2015.3.26, 2013헌바140) ⑥ 누범이나 상습범을 가중처벌하는 것(1995.2.23, 93헌바43) ⑦ 상습절도를 가중처벌하는 형법(2016.10.27, 2016헌바31) 비교》 상습절도를 가중처벌하는 특정범죄가중처벌법은 명확성원칙에 위배된다(2015.11.26, 2013헌바343). ⑧ 정당한 명령이나 규칙을 위반한 자를 처벌하는 군형법 제47조의 명령위반죄 ⑨ 군형법 제79조의 무단이탈죄 조항 ⑩ 계간 기타 추행한 행위를 처벌하는 군형법 제92조 ⑪ 육로, 수로 또는 교량을 손괴 또는 불통하게 하거나 기타 방법으로 교통을 방해한 자를 처벌하는 형법 제185조(일반교통방해) ⑫ 징역형 수형자에게 정역 의무를 부과하는 형법 제67조 ⑬ 형의 집행을 유예하면서 사회봉사를 명할 수 있도록 한 형법 제62조의2 제1항 ⑭ 강도상해죄 또는 강도치상죄를 무기 또는 7년 이상의 징역에 처하도록 규정한 형법 제337조 ⑮ '3년 이하의 징역 또는 금고의 형을 선고할 경우'로 한정하고 있는 형법 조항

헌법 위반 아닌 것	⑯ 금고 이상의 형의 선고를 받아 집행을 종료한 후 또는 집행이 면제된 후로부터 5년을 경과하지 아니한 자에 대해서는 집행유예를 하지 못하도록 규정하고 있는 형법 제62조 제1항 단서(2005.6.30, 2003헌바49)
	⑰ 무기징역의 집행 중에 있는 자의 가석방 요건을 종전의 '10년 이상'에서 '20년 이상' 형 집행 경과로 강화한 개정 형법 조항을 형법 개정 당시에 이미 수용 중인 사람에게도 적용하는 형법 부칙 조항(2013.8.29, 2011헌마408)
	⑱ 14세 미만자를 형사미성년자로 하는 형법 제9조(2003.9.25, 2002헌마533)
	⑲ 자복만으로는 형법 제52조 제2항이 청구인과 같이 반의사불벌죄 이외의 죄를 범하고 피해자에게 자복한 사람에 대하여 반의사불벌죄를 범하고 피해자에게 자복한 사람과 달리 임의적 감면의 혜택을 부여하지 않고 있지 않은 것(2018.3.29, 2016헌바270)
	⑳ 선고하는 벌금이 1억원 이상 5억원 미만인 경우에는 300일 이상, 5억원 이상 50억원 미만인 경우에는 500일 이상, 50억원 이상인 경우에는 1,000일 이상의 유치기간의 하한을 정한 형법(2017.10.26, 2015헌바239; 2016헌바177)
	㉑ 상관폭행죄에 대해 징역형만 규정하고 벌금형을 규정하지 않은 군형법(2016.6.30, 2015헌바132)
	㉒ 폭행·협박으로 철도종사자의 직무집행을 방해한 자를 5년 이하의 징역 또는 5천만원 이하의 벌금으로 처벌하도록 규정한 구 철도안전법(2017.7.27, 2015헌바417)
	㉓ 위험한 물건을 휴대하여 폭행의 죄를 범하여 사람을 상해에 이르게 한 때에는 1년 이상 10년 이하의 징역에 처한다고 규정한 형법(2018.7.26, 2018헌바5)

08 통신비밀보호법 관련

헌법 위반인 것	① 통신제한조치기간의 연장을 허가함에 있어 총연장기간 또는 총연장횟수의 제한을 두지 아니한 통신비밀보호법 제6조 제7항 단서 중 전기통신에 관한 '통신제한조치기간의 연장'에 관한 부분(2010.12.28, 2009헌가30)
	② 범죄수사를 위하여 인터넷회선을 통하여 송·수신하는 전기통신도 허가를 받으면 통신제한조치를 할 수 있도록 한 통신비밀보호법 제5조 제2항(2018.8.30, 2016헌마263)
	③ 검사 또는 사법경찰관은 수사 또는 형의 집행을 위하여 필요한 경우 전기통신사업법에 의한 전기통신사업자에게 통신사실 확인자료의 열람이나 제출을 요청할 수 있다고 규정한 통신비밀보호법(2018.6.28, 2012헌마538) ☑ 명확성원칙에 위배되지 않으나 과잉금지원칙에 위배되어 청구인의 개인정보자기결정권과 통신의 자유를 침해한다.
	④ 통신사실 확인자료제공을 받은 사건에 관하여 기소중지결정이 있는 경우 정보주체에게 위치정보 추적자료 제공사실을 통지할 의무를 규정하지 아니한 통신비밀보호법(2018.6.28, 2012헌마191)
헌법 위반 아닌 것	① 불법 취득한 대화내용 공개가 진실이고 오로지 공익을 위한 공개일 때에는 처벌하지 아니한다는 위법성 조각사유를 두고 있지 않은 통신비밀보호법 제16조(2011.8.30, 2009헌바42)
	② 법에 의하지 아니한 우편물의 검열, 전기통신의 감청 또는 공개되지 아니한 타인 간의 대화를 녹음 또는 청취하거나 그 취득한 통신 또는 대화의 내용을 공개하거나 누설을 금지한 통신비밀보호법(2004.11.25, 2002헌바85)

	③ 송·수신이 완료된 전기통신에 대한 압수·수색 사실을 수사대상이 된 가입자에게 만 통지하도록 하고, 그 상대방에 대하여는 통지하지 않도록 한 통신비밀보호법 (2018.4.26, 2014헌마1178)
	④ 통신사실 확인자료제공을 요청하는 경우에는 요청사유, 해당 가입자와의 연관성 및 필요한 자료의 범위를 기록한 서면으로 관할 지방법원 또는 지원의 허가를 받 도록 한 통신비밀보호법(2018.6.28, 2012헌마538)

09 집회 및 시위에 관한 법률(집시법) 관련

헌법 위반인 것	① 구 집회 및 시위에 관한 법률의 현저히 사회적 불안을 야기시킬 우려가 있는 집회 또는 시위(1992.1.28, 89헌가8)
	② 재판에 영향을 미칠 염려가 있거나 미치게 하기 위한 집회 및 시위를 금지한 집시 법(2016.9.29, 2014헌가3)
	③ 헌법의 민주적 기본질서에 위배되는 집회 및 시위를 금지한 집시법조항(2016.9.29, 2014헌가3)
	④ 야간 옥외집회를 금지한 집시법 제10조: 헌법불합치(2009.9.24, 2008헌가25)
	⑤ 야간시위를 금지하는 조항: 한정위헌결정(2014.3.27, 2010헌가2)
	⑥ 국회 100미터 이내의 장소에서 옥외집회 또는 시위금지(2018.5.31, 2013헌바322)
	⑦ 각급 법원의 경계 지점으로부터 100미터 이내의 장소에서 옥외집회 또는 시위금지 (2018.7.26, 2018헌바137)
	⑧ 국무총리 공관 100미터 이내 옥외집회금지(2018.6.28, 2015헌가28)
	⑨ 구 집회 및 시위에 관한 법률상 국내주재 외교기관 청사의 경계지점으로부터 100 미터 이내의 장소에서의 옥외집회를 전면적으로 금지하고 있는 것(2003.10.30, 2000 헌바67)
	⑩ 대통령 관저 100미터 이내 옥회집회금지
헌법 위반 아닌 것	① 경찰서장으로부터 금지통고된 집회·시위를 주최한 경우는 행정형벌을 과하도록 한 집시법(1994.4.28, 91헌바14)
	② 옥외집회를 주최하려는 자는 그에 관한 신고서를 옥외집회를 시작하기 720시간 전부터 48시간 전에 관할 경찰서장에게 제출하도록 하고 있는 구 집회 및 시위에 관한 법률(2014.1.28, 2012헌바39)
	③ 신고한 목적·일시·장소 등을 뚜렷이 벗어난 행위를 금지하는 집시법(2013.12.26, 2013헌바24)
	④ 사전 신고하지 않은 옥외집회시위에 대하여 과태료가 아닌 형벌을 부과하는 집시 법(1994.4.28, 91헌바14)
	⑤ 집회질서를 유지할 수 없는 집회시위참가자에 대해 해산명령하고 불응시 처벌하 는 집시법(2016.9.29, 2015헌바309)
	⑥ 공중이 자유로이 통행할 수 없는 대학구내에서의 집회와 시위는 집회 및 시위에 관한 법률상의 규제대상이 되는 옥외집회로 보는 것(1994.4.28, 91헌바14)
	⑦ 집단적인 폭행·협박·손괴·방화 등으로 공공의 안녕질서에 직접적인 위협을 가 할 것이 명백한 집회 또는 시위 주최를 금지하는 것(2010.4.29, 2008헌바118)

10 민법 관련

헌법 위반인 것	① 민법 제764조의 적당한 처분에 사죄광고 포함한다면 법인의 인격권과 인간의 양심의 자유를 침해한다(1991.4.1, 89헌마160). ② 임대차존속기간을 20년으로 제한한 민법(2013.12.26, 2011헌바234) ③ 친생부인의 소의 제소기간 '그 출생을 안 날로부터 1년 내'(1997.3.27, 95헌가14) ④ 중혼의 취소청구권자를 규정하면서 직계비속을 제외한 민법(2010.7.29, 2009헌가8) ⑤ 혼인 종료 후 300일 이내에 출생한 자를 전남편의 친생자로 추정하는 민법의 규정(2015.4.30, 2013헌마623) ⑥ 남계혈통 위주의 호주제(2005.2.3, 2001헌가9) ⑦ 동성동본금혼제(1997.7.16, 95헌가6) ⑧ 자의 성을 정함에 있어 부성주의를 원칙으로 합헌이나 부가 사망하였거나 부모가 이혼하여 모가 단독으로 친권을 행사하고 양육할 것이 예상되는 경우 혼인의 자를 부가 인지하였으나 모가 단독으로 양육하고 있는 경우 등에 있어서 부성을 사용토록 강제하면서 모의 성의 사용을 허용하지 않은 것(2005.12.22, 2003헌가56) ⑨ 상속인이 귀책사유 없이 상속채무가 적극재산을 초과하는 사실을 알지 못하여 상속개시 있음을 안 날로부터 3월 내에 한정승인 또는 포기를 하지 못한 경우에도 단순승인을 한 것으로 보는 민법(1998.8.27, 96헌가22) ⑩ 참칭상속인에 의하여 상속개시일로부터 10년이 경과하면 상속회복청구권 행사할 수 없도록 한 민법(2001.7.19, 99헌바9) ⑪ 소멸시효는 권리를 행사할 수 있는 때로부터 진행하고 불법행위를 한 날로부터 10년을 경과한 때 손해배상청구권의 소멸하도록 한 민법을 진실·화해를 위한 과거사정리 기본법에 규정한 민간인 집단 희생사건, 헌정질서 파괴행위 등 위법 또는 현저히 부당한 공권력의 행사로 인하여 발생한 사망·상해·실종사건, 그 밖에 중대한 인권침해사건과 조작의혹사건에 적용하는 것(2018.8.30, 2014헌바148) ⑫ 8촌 이내 혼인 무효
헌법 위반 아닌 것	① 민법 제3조 및 제762조가 권리능력의 존재 여부를 출생시를 기준으로 확정하고 태아에 대해서는 살아서 출생할 것을 조건으로 손해배상청구권을 인정하는 것(2008.7.31, 2004헌바81) ② 중혼을 혼인취소의 사유로 정하면서 그 취소청구권의 제척기간 또는 소멸사유를 규정하지 않은 것(2014.7.24, 2011헌바275) ③ 친양자 입양시 친생부모 동의를 받도록 한 민법조항(2012.5.31, 2010헌바87) ④ 인지청구의 소의 제소기간을 부 또는 모의 사망을 안 날로부터 1년 내로 제한하는 것(2001.5.31, 98헌바9) ⑤ 친생부인의 사유가 있음을 안 날부터 2년 이내 친생부인의 소제소기간 제한(2015.3.26, 2012헌바357) ⑥ 친양자의 양친을 기혼자로 한정하고 독신자는 친양자 입양을 할 수 없도록 한 법률규정(2013.9.26, 2011헌가42) ⑦ 상속회복청구권의 행사기간을 상속권의 침해행위가 있은 날부터 10년 또는 상속침해를 안 날로부터 3년으로 정한 민법(2009.9.24, 2008헌바2) ⑧ 상속회복청구권에 대하여 단기의 제척기간을 규정하고 있는 민법 제999조 제2항을 적용함에 있어 공동상속인을 참칭상속인의 범위에 포함시키는 것(2006.2.23, 2003헌바38) ⑨ 상속재산에 관한 포괄·당연승계주의를 규정한 민법(2004.10.28, 2003헌가13)

헌법 위반 아닌 것	⑩ 유언자의 사후 본인의 진의를 객관적으로 확인하기 위하여 자필증서에 의한 유언의 방식으로 전문(全文)과 성명의 자서(自書)에 더하여 '날인'을 요구하고 있는 민법(2008.3.27, 2006헌바82) ⑪ 사실혼 배우자에게 상속권을 인정하지 않는 민법(2014.8.28, 2013헌바119) ⑫ 특별수익자가 배우자인 경우 특별수익 산정에 관한 예외를 두지 아니한 민법(2017.4.27, 2015헌바24) ⑬ 권리남용금지를 규정한 민법(2013.5.30, 2012헌바335) ⑭ 20년간 소유의 의사로 평온, 공연하게 부동산을 점유하는 자는 등기함으로써 그 소유권을 취득하는 내용의 민법 제245조 제1항(2013.5.30, 2012헌바387) ⑮ 국가를 부동산 점유취득시효의 주체에서 제외하지 않은 민법(2015.6.25, 2014헌바404) ⑯ 피상속인에 대한 부양의무를 이행하지 않은 직계존속의 경우를 상속결격사유로 규정하지 않은 민법(2018.2.22, 2017헌바59) ⑰ 법정이율을 연 5분으로 정한 민법(2017.5.25, 2015헌바421)

11 공무원연금법 / 사립학교교직원 연금법 / 군인연금법 관련

헌법 위반인 것	① 형법 내란·외환죄, 국가보안법에 규정된 죄를 범하여 금고 이상의 형의 선고를 받은 경우 공무원연금 급여정지를 규정한 공무원연금법 제64조 제3항을 퇴직 후의 사유에 적용하면 과잉금지원칙에 위반된다(2002.7.18, 2000헌바57). ② 형법 내란·외환죄, 국가보안법에 규정된 죄를 범하여 금고 이상의 형의 선고를 받은 경우 공무원연금 급여정지를 규정한 공무원연금법 제64조 제3항(2007.3.29, 2005헌바33) / 사립학교교직원연금법 제42조(2010.7.29, 2008헌가15) / 군인연금법 제33조 제1항 제1호는 과실범을 제외하지 않아 과잉금지원칙에 위반된다(2009.7.30, 2008헌가1, 2009헌바21). ➡ 헌법불합치 ③ 퇴역연금을 받는 자가 국가지자체가 자본금 2분의 1 이상을 출자한 기관 등에 취업한 경우 퇴역연금의 전부 또는 일부의 지급을 정지할 수 있도록 한 군인연금법 제21조 중 자기기여금 지급정지(1994.6.30, 92헌가9) ④ 퇴역연금지급정지가 되는 기관을 부령에 위임한 군인연금법(2003.9.25, 2000헌바94) / 총리령이 정하는 기관에 재취업한 자의 공무원연금지급정지를 규정한 공무원연금법 제47조 제2호(2005.10.27, 2004헌가20; 2003.9.25, 2001헌가22) ⑤ 공무원 퇴직금 제한 조항 소급적용: 청구인들이 2009.1.1.부터 2009.12.31.까지 퇴직연금을 전부 지급받았는데 이는 전적으로 또는 상당 부분 국회가 개선입법을 하지 않은 것에 기인한 것이다. 국회가 법개정시한인 2008.12.31을 넘겨 2009.12.31. 개정하고도 2009.1.1.로 소급적용하여 이미 받은 퇴직연금 등을 환수하는 것(2013.8.29, 2011헌바391) 비교» 이 사건 부칙조항의 시행일인 2010.1.1. 이후에 지급받는 퇴직연금부터 적용하는 것은 합헌(2016.6.30, 2014헌바365) ⑥ 농촌 등 보건의료를 위한 특별조치법이 시행되기 이전에 공중보건의사로 복무한 사람이 사립학교 교직원으로 임용된 경우 공중보건의사로 복무한 기간을 사립학교 교직원 재직기간에 산입하도록 규정하지 않은 '사립학교교직원 연금법'(2016.2.25, 2015헌가15)

	⑦ '형을 받거나 파면'되어 퇴직급여 등의 지급이 제한되었으나 이후 재심 등으로 무죄가 선고된 경우에는 잔여금에 이자를 가산하여 지급한다는 내용을 규정하고 있지 않은 군인연금법(2016.7.28, 2015헌바20)
	⑧ 공무상 질병 또는 부상으로 '퇴직 이후에 폐질상태가 확정된 군인'에 대해서 상이연금 지급에 관한 규정을 두지 아니한 군인연금법(2010.6.24, 2008헌바128)
	⑨ 무상 질병 또는 부상으로 인하여 퇴직 후 장애 상태가 확정된 군인에게 상이연금을 지급하도록 한 개정된 군인연금법(2016.12.29, 2015헌바208)
헌법 위반 아닌 것	① 직무와 관련이 없는 과실로 인한 경우 및 소속 상관의 정당한 직무상 명령에 따르다가 과실로 인한 경우를 제외하고 재직 중의 사유로 금고 이상의 형을 선고받은 경우 퇴직급여 일부를 감액하는 공무원 연금법(2013.8.29, 2010헌바354) / 군인연금법(2013.9.26, 2011헌바100) / 사립학교교직원연금법(2013.9.26, 2010헌가89)
	② 퇴직연금 수급자가 일정한 근로소득이나 사업소득이 있는 경우 소득 정도에 따라 퇴직연금 중 일부를 지급 정지하도록 규정한 공무원연금법(2008.2.28, 2005헌마872·918 등)
	③ 군인연금법상 퇴역연금 수급권자가 군인연금법·공무원연금법 및 사립학교교직원연금법의 적용을 받는 군인·공무원 또는 사립학교교직원으로 임용된 경우 그 재직기간 중 해당 연금 전부의 지급을 정지하도록 하고 있는 군인연금법(2015.7.30, 2014헌바371)
	④ 공무원연금법상 퇴직연금수급자가 지방의회의원에 취임한 경우 그 재직기간 중 퇴직연금 전부의 지급을 정지하도록 규정한 공무원연금법(2017.5.25, 2015헌바421)
	⑤ 명예퇴직 공무원이 재직 중의 사유로 금고 이상의 형을 받은 때 명예퇴직수당을 필요적으로 환수하는 것(2010.11.25, 2010헌바93)
	⑥ 다른 법령에 의하여 같은 종류의 급여를 받는 경우 공무원연금법상 급여에서 그 상당 금액을 공제하여 지급하도록 규정한 구 공무원연금법 제33조 제1항(2013.9.26, 2011헌바272)
	⑦ 재직 중인 공무원만이 재직기간 합산 신청을 할 수 있도록 한 공무원연금법(2016.3.31, 2015헌바18)
	⑧ 공무원 연금재정의 안정성을 위하여 공무원연금 수급권자를 유족, 직계비속으로 한정한 공무원연금법(1998.12.24, 96헌바73)
	⑨ 공무원이 유족 없이 사망하였을 경우, 연금수급자의 범위를 직계존비속으로만 한정하고 있는 공무원연금법(2014.5.29, 2012헌마555)
	⑩ 연금인 급여를 전국소비자물가변동률에 따라 매년 증액 또는 감액하도록 하는 공무원연금법 제43조의2를 2016.1.1.부터 2020.12.31.까지 적용하지 않도록 한 공무원연금법 부칙 제5조(연금동결조항)(2017.11.30, 2016헌바101·266)
	⑪ 공무원연금법이 선출직 지방자치단체의 장을 위한 별도의 퇴직급여제도를 마련하지 않은 것(2014.6.26, 2012헌마459)
	⑫ 공무원보수 인상률 기준을 공무원보수 인상률 방식에 의하여 공무원연금액을 조정하던 것을 전국 소비자 물가 변동률을 기준으로 하여 연금액을 조정한 공무원연금법(2003.9.25, 2001헌마194)
	⑬ 공무원의 퇴직연금 지급개시연령을 제한한 구공무원연금법(2015.12.23, 2013헌바259)
	⑭ 군인연금법상 퇴역연금 등의 급여액 산정의 기초를 종전의 '퇴직 당시의 보수월액'에서 '평균보수월액'으로 변경한 것(2003.9.25, 2001헌마194)

12 국민연금법 관련

헌법 위반인 것	이혼배우자에 대해서까지 법률혼 기간을 기준으로 분할연금 수급권을 인정하는 국민연금법 제64조 제1항(2016.12.29, 2015헌바182)
헌법 위반 아닌 것	① 한 사람의 수급권자에게 여러 종류의 수급권이 발생한 경우에는 그 자의 선택에 의하여 그중의 하나만을 지급하도록 한 국민연금법(2000.6.1, 97헌마190) ② 국민연금에 가입을 강제하는 법률조항(2001.2.22, 99헌마365) ③ 국민연금제도는 가입기간 중에 납부한 보험료를 급여의 산출근거로 하는 것(2001.2.22, 99헌마365) ④ 60세 이상의 국민에 대한 국민연금제도 가입을 제한하는 것(2001.4.26, 2000헌마390) ⑤ 가입자의 사망, 국적상실, 국외이주, 장애발생 등의 사유가 발생하거나 만 60세가 되어야만 국민연금 반환일시금을 받을 수 있도록 하는 것(2004.6.24, 2002헌바15)

13 국민건강보험법 관련

헌법 위반인 것	① 경과실의 범죄로 인한 사고인 경우 보험급여 지급 정지(2003.12.18, 2002헌바1) ② 보험자가 보건복지부장관이 정하는 바에 따라 요양기관의 지정을 취소할 수 있도록 한 의료보험법 제33조(1998.5.28, 96헌가1)
헌법 위반 아닌 것	① 지역가입자에 한해 국가보조금지급(2000.6.29, 99헌마289) ② 구 의료보험법과 국민건강보험법상의 요양기관 강제지정제(2002.10.31, 99헌바76) ③ 국가가 저소득층 지역가입자를 대상으로 소득수준에 따라 국민건강보험법상의 보험료를 차등 지원하는 것(2000.6.29, 99헌마289) ④ 한 사람의 수급권자에게 여러 종류의 수급권이 발생한 경우에는 중복하여 지급금지(2000.6.1, 97헌마190) ⑤ 교도소에 수용된 때에는 국민건강보험급여를 정지하도록 한 법률조항(2005.2.24, 2003헌마31) ⑥ 추정소득을 기준으로 하도록 한 국민건강보험법(2016.12.29, 2015헌바199) ⑦ 사무장병원의 개설명의자인 의료인으로부터 그동안 지급받은 요양급여비용 및 의료급여비용을 부당이득금으로 징수하도록 한 구 국민건강보험법(2015.7.30, 2014헌바298·357) ⑧ 보험료부과와 보험료부과점수당금액등을 대통령령에 위임한 구 국민건강보험법(2013.7.25, 2010헌바51) ⑨ 분만급여의 범위·상한기준을 보건복지부장관이 정하도록 위임한 의료보험법(1997.12.24, 95헌마390) ⑩ 휴직자에게 직장가입자의 자격을 유지시켜 휴직전월의 표준보수월액을 기준으로 보험료를 부과하는 것(2003.6.26, 2001헌마699) ⑪ 국민건강보험공단의 인사, 보수 등에 관한 규정이 효력을 가지려면 보건복지부장관의 승인을 얻도록 한 국민건강보험법(2004.8.26, 2003헌바58)

14 산업재해보상보험법 관련

헌법 위반인 것	① 사업주는 산업재해가 발생한 경우 이 법 또는 이 법에 의한 명령의 시행을 위하여 필요한 사항으로서 노동부령이 정하는 사항을 노동부장관에게 보고하도록 한 산업안전보건법(2010.2.25, 2008헌가6) ② 공무원과는 달리 산재보험에 가입한 근로자의 통상의 출·퇴근 재해를 업무상 재해로 인정하지 않은 것(2016.9.29, 2014헌바254) ③ 수급권자 자신이 종전에 지급받던 평균임금을 기초로 산정된 장해보상연금을 수령하고 있던 수급권자에게, 실제의 평균임금이 노동부장관이 고시한 한도금액 이상일 경우 그 한도금액을 실제임금으로 의제하는 내용으로 신설된 최고보상제도를, 2년 6개월의 유예기간 후 적용하는 산업재해보상보험법 부칙 조항(2009.5.28, 2005헌바20) ☑ 산업재해보상법에서 평균임금을 고용노동부 부령에 위임하였는데 장관의 평균임금입법부작위는 위헌확인된 바가 있다.
헌법 위반 아닌 것	① 산업재해보상연금을 받아 온 산재근로자에게 8년간 유예기간을 두고 2008.7.1.부터 최고보상제도를 적용하도록 한 산업재해보상보험법 부칙(2014.6.26, 2012헌바382 등) ② 진폐근로자의 유족에 대하여 유족급여를 지급하지 않고, 진폐유족연금을 지급하도록 한 산업재해보상보험법(2014.2.27, 2013헌바12·60) ③ 산업재해보상보험법 소정의 유족의 범위에 '직계혈족의 배우자'를 포함시키고 있지 않은 산업재해보상보험법(2012.3.29, 2011헌바133) ④ 근로자나 그 유족에게 부담시키는 산업재해보상보험법(2015.6.25, 2014헌바269) ⑤ 일정 범위의 사업을 산업재해보상보험법의 적용 대상에서 제외한 산업재해보상보험법(2018.1.25, 2016헌바466) ⑥ 일정 범위의 사업을 산업재해보상보험법의 적용 대상에서 제외하면서 그 적용제외사업을 대통령령으로 정하도록 규정한 산업재해보상보험법(2018.1.25, 2016헌바466) ⑦ 업무상 질병으로 인한 업무상 재해에 있어 업무와 재해 사이의 상당인과관계에 대한 입증책임을 이를 주장하는 근로자나 그 유족에게 부담시키는 산업재해보상보험법(2015.6.25, 2014헌바269)

15 변호사 신분

헌법 위반인 것	① 변호사시험 성적을 합격자에게 공개하지 않도록 규정한 변호사시험법(2015.6.25, 2011헌마769) ② 세무사 자격 보유 변호사로 하여금 세무사로서 세무사의 업무를 할 수 없도록 규정한 세무사법(2018.4.26, 2015헌가19) ③ 세무사 자격 보유 변호사로 하여금 세무조정업무를 할 수 없도록 규정한 법인세법(2018.4.26, 2016헌마116) ④ 법무부장관은 형사사건으로 공소가 제기된 변호사에 대하여 그 판결이 확정될 때까지 업무정지를 명할 수 있도록 한 변호사법 제15조(1990.11.19, 90헌가48)

헌법 위반인 것	⑤ 판사·검사·군법무관 또는 변호사의 자격이 있는 경찰공무원으로서 판사·검사·군법무관 또는 경찰공무원의 재직기간이 통산하여 15년에 달하지 아니한 자는 변호사의 개업신고전 2년 이내의 근무지가 속하는 지방법원의 관할 구역 안에서는 퇴직한 날로부터 3년간 개업할 수 없도록 한 변호사법(1989.11.20, 89헌가102) ⑥ 대한변호사협회징계위원회에서 징계를 받은 변호사는 법무부변호사징계위원회에서의 이의절차를 밟은 후 곧바로 대법원에 즉시항고토록 하고 있는 변호사법(2000.6.29, 99헌가9) ⑦ 교육부장관이 ○○대학교법학전문대학원의 2015학년도 및 2016학년도 신입생 각 1명의 모집을 정지하도록 한 행위(2015.12.23, 2014헌마1149)
헌법 위반 아닌 것	① 사법시험법을 폐지하도록 한 변호사시험법 부칙(2016.9.29, 2012헌마1002) ② 변호사시험의 응시기간과 응시횟수를 법학전문대학원의 석사학위를 취득한 달의 말일 또는 취득예정기간 내 시행된 시험일부터 5년 내에 5회로 제한한 변호사시험법(2016.9.29, 2016헌마47) ③ 변호사시험에 응시하려는 사람은 법학전문대학원의 석사학위를 취득하여야 한다는 자격요건을 규정하고 있는 변호사시험법(2012.4.24, 2009헌마608) ④ 변호사시험의 시험장으로 서울 소재 4개 대학교를 선정한 법무부장관의 공고(2013.9.26, 2011헌마782) ⑤ 법률사건의 수임에 관하여 알선의 대가로 금품을 제공하거나 이를 약속한 변호사를 형사처벌하는 변호사법(2013.2.28, 2012헌바62) ⑥ 변호사가 비변호사로서 유상으로 법률사무를 처리하려는 자에게 자기의 명의를 이용하게 하는 것을 금지하고, 이를 위반한 경우 형사처벌하도록 규정한 변호사법(2018.5.31, 2017헌바204) ⑦ 금고 이상의 형의 집행유예를 선고받고 그 유예기간이 지난 후 2년이 지나지 아니한 사람이 변호사가 될 수 없도록 규정한 변호사법(2013.9.26, 2012헌마365) ⑧ 변호사가 공소제기되어 그 재판의 결과 등록취소에 이르게 될 가능성이 매우 크고, 그대로 두면 장차 의뢰인이나 공공의 이익을 해칠 구체적인 위험성이 있는 경우 법무부변호사징계위원회의 결정을 거쳐 법무부장관이 업무정지를 명할 수 있도록 한 변호사법(2014.4.24, 2012헌바45) ⑨ 변호인선임서 등을 공공기관에 제출할 때 소속 지방변호사회를 경유하도록 하는 변호사법(2013.5.30, 2011헌마131) ⑩ 변호사 아닌 자의 법률사무취급을 포괄적으로 금지한 변호사법(2000.4.27, 98헌바95) ⑪ 법학전문대학원 출신 변호사들에게 6개월간의 법률사무 종사 또는 연수 의무를 부과한 변호사법(2013.10.24, 2012헌마480) ⑫ 공무원이었던 변호사가 직무상 취급하거나 취급하게 된 사건을 수임하지 못하도록 한 변호사법(2016.12.29, 2015헌마880) ⑬ 특허, 실용신안, 디자인 또는 상표의 침해로 인한 손해배상, 침해금지 등의 민사소송(특허침해소송)에서 변리사에게 소송대리를 허용하지 않고 있는 구 변리사법(2012.8.23, 2010헌마740) ⑭ 변호사로서 변리사 등록을 한 자에게 변리사 자격을 부여하는 변리사법(2010.2.25, 2007헌마956) ⑮ 법학전문대학원에 입학할 수 있는 자는 학사학위를 가지고 있거나 법령에 따라 이와 동등 이상의 학력이 있다고 인정된 자로 한다고 규정한 법학전문대학원 설치·운영에 관한 법률(2016.3.31, 2014헌마1046)

헌법 위반 아닌 것	⑯ 변호사시험에 응시하려는 사람은 법학전문대학원 설치·운영에 관한 법률 제18조 제1항에 따른 법학전문대학원의 석사학위를 취득을 요건으로 한 변호사시험법 (2012.3.29, 2009헌마754) ⑰ 법학전문대학원으로 하여금 필수적으로 외국어능력을 입학전형자료로 활용하도록 규정하고 있는 '법학전문대학원 설치·운영에 관한 법률'(2016.12.29, 2016헌마550) ⑱ 법학전문대학원 입학자 중 법학 외의 분야 및 당해 법학전문대학원이 설치된 대학 외의 대학에서 학사학위를 취득한 자가 차지하는 비율이 입학자의 3분의 1 이상이 되도록 규정한 '법학전문대학원 설치·운영에 관한 법률'(2009.2.26, 2007헌마1262) ⑲ 교육과학기술부장관에게 법학전문대학원의 개별 입학정원을 정하도록 한 법학전문대학원 설치·운영에 관한 법률, 법학전문대학원의 총 입학정원을 교육과학기술부장관이 정하도록 위임한 법학전문대학원 설치·운영에 관한 법률(2009.2.26, 2008헌마370) ⑳ 교육부장관이 학교법인 이화학당에게 한 법학전문대학원 설치인가 중 여성만을 입학자격요건으로 하는 입학전형계획을 인정한 부분(2013.5.30, 2009헌마514) ㉑ 법학전문대학원협의회가 일요일을 시험일로 한 2010학년도 법학적성시험 시행계획(2010.4.29, 2009헌마399) ㉒ 법학전문대학원 출신 변호사들에게 6개월간의 법률사무 종사 또는 연수 의무를 부과한 변호사법(2013.10.24, 2012헌마480)

16 공무원법

헌법 위반인 것	① 금고 이상의 형의 선고유예를 받은 경우에는 공무원직에서 당연히 퇴직하는 것으로 규정한 국가공무원법 제69조(2003.10.30, 2002헌마684) / 금고 이상의 형의 선고유예를 받은 경우에는 공무원직에서 당연히 퇴직하는 것으로 규정한 지방공무원법 제61조(2002.8.29, 2001헌마788) / 경찰공무원이 자격정지 이상의 형의 선고유예를 받은 경우 당연퇴직하도록 규정하고 있는 경찰공무원법 제21조(2004.9.23, 2004헌가12) / 금고 이상의 형의 선고유예를 받은 경우에는 군무원직에서 당연히 퇴직하는 것으로 규정한 구 군무원인사법(2007.6.28, 2007헌가3) / 청원경찰이 금고 이상의 형의 선고유예를 받은 경우 당연 퇴직되도록 규정한 청원경찰법(2018.1.25, 2017헌가26) ② 형사사건으로 기소되면 필요적으로 직위해제처분을 하도록 한 국가공무원법 제73조(1998.5.28, 96헌가12) ③ 시험응시연령을 대통령령 등 하위규범에 위임한 국가공무원법 제36조 중 '연령' 부분은 직접성 요건을 갖추지 못해 각하되었으나 공무원임용시험령 제16조 [별표 4] 중 5급 공개경쟁채용시험의 응시연령 상한을 '32세까지'로 한 부분은 공무담임권을 한다(2008.5.29, 2007헌마1105). ④ 국가정보원직원법 제17조 제2항 중 "직원(퇴직한 자를 포함한다)이 사건당사자로서 직무상의 비밀에 속한 사항을 진술하고자 할 때에는 미리 원장의 허가를 받아야 한다."는 부분(2002.11.28, 2001헌가28) ⑤ 임명권자의 후임자 임명처분으로 공무원직을 상실하도록 국가보위입법회의법 부칙 제4항(1989.12.18, 89헌마32) ⑥ 국·공립사범대학 등 출신자를 교육공무원인 국·공립학교 교사로 우선하여 채용하도록 규정한 교육공무원법(1990.10.8, 89헌마89)

헌법 위반인 것	⑦ 지방자치단체인 피청구인들이 지방공무원법 제58조 제2항의 위임에 따라 '사실상 노무에 종사하는 공무원의 범위'를 정하는 조례를 제정하지 아니한 부작위(2009.7.30, 2006헌마358 전원재판부) ⑧ 초·중등학교의 교육공무원이 정치단체의 결성에 관여하거나 이에 가입하는 행위를 금지한 국가공무원법(2020.4.23, 2018헌마551) ⑨ 국가공무원법 제33조 제6호의4 나목 중 아동복지법 제17조 제2호 가운데 '아동에게 성적 수치심을 주는 성희롱 등의 성적 학대행위로 형을 선고받아 그 형이 확정된 사람은 국가공무원법 제2조 제2항 제1호의 일반직공무원으로 임용될 수 없도록 한 것'에 관한 부분 및 군인사법 제10조 제2항 제6호의4 나목 중 아동복지법 제17조 제2호 가운데 '아동에게 성적 수치심을 주는 성희롱 등의 성적 학대행위로 형을 선고받아 그 형이 확정된 사람은 부사관으로 임용될 수 없도록 한 것'에 관한 부분이 청구인의 공무담임권을 침해하는지 여부(적극) ⑩ 피성년후견인이 된 경우 당연퇴직하도록 한 국가공무원법
헌법 위반 아닌 것	① 국가공무원법 제83조의2 제1항 중 공무원에 대한 징계시효를 '금품수수의 경우에는 3년'으로 정한 부분(2012.6.27, 2011헌바226) ② 수뢰죄를 범하여 금고 이상의 형의 선고유예를 받은 국가공무원은 당연퇴직하도록 한 국가공무원법(2013.7.25, 2012헌바409) ③ 공무원의 집단행위를 금지하고 있는 국가공무원법 제78조 제1항 제1호의 '이 법' 부분 중 제66조 제1항 본문의 '공무 외의 일을 위한 집단 행위' 부분(2014.8.28, 2011헌바32) / 노동운동 기타 공무 이외의 일을 위한 집단적 행위를 금지하면서, 사실상 노무에 종사하는 공무원 중 대통령령 등이 정하는 자에 한하여 노동3권을 인정하는 국가공무원법(2007.8.30, 2003헌바51) / 사실상 노무에 종사하는 공무원을 제외한 나머지 공무원의 노동운동과 공무 이외의 일을 위한 집단행위를 금지하는 지방공무원법 제58조(2005.10.27, 2003헌바50) / 사실상 노무에 종사하는 공무원의 범위를 조례에 위임한 지방공무원법 제58조 제2항(2005.10.27, 2003헌바50) ④ 형사사건으로 기소된 국가공무원을 직위해제할 수 있도록 규정한 국가공무원법(2006.5.25, 2004헌바12) ⑤ "금고 이상의 형을 받고 그 집행이 종료되거나 집행을 받지 아니하기로 확정된 후 5년을 경과하지 아니한 자는 공무원에 임용될 수 없다."고 규정한 국가공무원법 제33조(2007.7.26, 2006헌마764) ⑥ 교원의 선거운동을 금지하고 있는 구 공직선거법 제4호 중 '국가공무원법 제2조에 규정된 국가공무원 중 교육공무원'에 관한 부분(2012.7.26, 2009헌바298) ⑦ 연구 및 특수기술직렬 공무원의 정년을 58세 내지 61세로 규정하고 국가공무원법 제74조 제2항이 위 직렬에 속하는 공무원들의 구체적 정년연령에 관하여는 하위 규범으로 정하도록 위임하여 농촌지도관과 농촌지도사의 정년에 차등을 둘 수 있도록 한 것(1997.3.27, 96헌바86) ⑧ 병역의무를 이행하는 병에 대하여 정치적 중립 의무를 부과하면서 선거운동을 할 수 없도록 하는 국가공무원법(2018.4.26, 2016헌마611) ⑨ 공무원에게 직무의 내외를 불문하고 품위유지의무를 부과하고, 품위손상행위를 공무원 대한 징계사유로 규정한 국가공무원법(2016.2.25, 2013헌바435) / "검사로서의 체면이나 위신을 손상하는 행위를 하였을 때" 검사에 대한 징계사유로 한 검사징계법(2011.12.29, 2009헌바282) / 법관에 대한 징계사유로 '법관이 그 품위를 손상하거나 법원의 위신을 실추시킨 경우'를 규정한 구 법관징계법(2012.2.23, 2009헌바34) ⑩ 명예퇴직공무원이 재직 중의 사유로 금고 이상의 형을 받은 때에는 명예퇴직수당을 필요적 환수토록 한 국가공무원법(2010.11.25, 2010헌바93)

헌법 위반 아닌 것	⑪ "군법무관의 초임계급을 중위 이상으로 할 수 있다."는 구 군인사법 제12조 제1항 단서(2007.5.31, 2003헌마422 전원재판부) ⑫ 공무원이 저지른 범죄의 종류나 내용을 불문하고 범죄행위로 금고 이상의 형을 선고받게 되면 당연히 공직에서 퇴직하도록 국가공무원법 제66조(1997.11.27, 95헌바14) / 공무원이 금고 이상의 형의 집행유예 판결을 받은 경우 당연퇴직하도록 규정한 구 지방공무원법(2015.10.21, 2015헌바215) / 법원의 판결에 의하여 자격이 정지된 자를 공무원직으로부터 당연퇴직하도록 하고 있는 지방공무원법 제61조(2005.9.29, 2003헌마127) ⑬ 공무원에 대하여 국가 또는 지방자치단체의 정책에 대한 반대·방해 행위를 금지한 구 '국가공무원 복무규정'(2012.5.31, 2009헌마705) ⑭ 금고 이상의 형의 선고유예를 받고 그 기간 중에 있는 자를 임용결격사유로 삼고, 위 사유에 해당하는 자가 임용되더라도 이를 당연무효로 하는 구 국가공무원법 제33조(2016.7.28, 2014헌바437) ⑮ 지방자치단체의 직제가 폐지된 경우에 해당 공무원을 직권면직할 수 있도록 규정하고 있는 지방공무원법(2004.11.25, 2002헌바8) ⑯ 동장의 임용의 방법이나 직무의 특성 등을 고려하여 공직상의 신분을 지방공무원법상 신분보장의 적용을 받지 아니하는 특수경력직공무원 중 별정직공무원으로 한 지방공무원법(1997.4.24, 95헌바48) ⑰ 지방공무원이 면직처분에 대해 불복할 경우 행정소송 제기에 앞서 반드시 소청심사를 거치도록 한 지방공무원법(2015.3.26, 2013헌바186) ⑱ 국립대학 교원의 성과연봉 지급에 대하여 규정한 공무원보수규정(2013.11.28, 2011헌마282) ⑲ 징계에 의하여 해임처분을 받은 공무원에 대해 경찰공무원으로의 임용을 금지하고 있는 경찰공무원법(2010.9.30, 2009헌바122) ⑳ 공무원의 징계사유가 공금 횡령인 경우에는 해당 징계 외에 공금 횡령액의 5배 내의 징계부가금을 부과하도록 한 지방공무원법(2015.2.26, 2012헌바435)

17 의료법 등

헌법 위반인 것	① 임신전기간 태아의 성별에 대하여 이를 고지하는 것을 금지하는 의료법(2008.7.31, 2004헌마1010) ➡ 헌법불합치 ② "특정의료기관이나 특정의료인의 기능·진료방법"에 관한 광고를 금지하는 의료법(2005.10.27, 2003헌가3) ③ 사전심의를 받지 아니한 의료광고를 금지하고 이를 위반한 경우 처벌하는 의료법(2015.12.23, 2015헌바75) ④ 의료인은 하나의 의료기관만을 개설할 수 있도록 한 의료법 복수면허 의료인의 직업의 자유 침해(2007.12.27, 2004헌마1021) ☑ 의료인은 어떠한 명목으로도 둘 이상의 의료기관을 운영할 수 없다고 규정한 의료법은 합헌(2019.8.29, 2014헌바212) ⑤ "의료업무에 관한 광고의 범위 기타 의료광고에 필요한 사항은 보건복지부령으로 정한다."는 규정 위반시 300만원 이하의 벌금에 처하도록 한 구 의료법(2007.7.26, 2006헌가4) / 의료기기 판매업자의 의료기기법 위반행위 등에 대하여 보건복지가족부령이 정하는 기간 이내의 범위에서 업무정지를 명할 수 있도록 규정한 의료기기법(2011.9.29, 2010헌가93)

헌법 위반인 것	⑥ 전문과목을 표시한 치과의원은 그 표시한 전문과목에 해당하는 환자만을 진료하여야 한다고 규정한 의료법(2015.5.28, 2013헌마799) ⑦ 치과전문의 자격 인정 요건으로 '외국의 의료기관에서 치과의사 전문의 과정을 이수한 사람'을 포함하지 아니한 '치과의사전문의의 수련 및 자격 인정 등에 관한 규정' ⑧ 개인이 고용한 종업원 등의 일정한 범죄행위 사실이 인정되면 종업원 등의 범죄행위에 대한 영업주의 가담 여부나 종업원 등의 행위를 감독할 주의의무의 위반 여부 등을 전혀 묻지 않고 곧바로 영업주인 개인을 종업원 등과 같이 처벌하도록 규정하고 있는 구 약사법 제78조 부분, 의료기사 등에 관한 법률 제32조 부분, 성매매알선 등 행위의 처벌에 관한 법률(2010.9.30, 2009헌가23) ⑨ 개인의 대리인, 사용인, 그 밖의 종업원이 무면허의료행위를 하면 그 개인도 행위자와 같이 처벌하는 의료법(2009.10.29, 2009헌가6) ⑩ 의료법 제91조 제1항 중 "법인의 대리인·사용인 그 밖의 종업원이 제87조 제1항 제2호 중 제27조 제1항의 규정에 따른 위반행위를 하면 그 법인에도 해당 조문의 벌금형을 과한다."는 부분(2009.7.30, 2008헌가16)
헌법 위반 아닌 것	① 직접 진찰한 의료인이 아니면 진단서 등을 교부 또는 발송하지 못하도록 규정한 구 의료법(2012.3.29, 2010헌바83) ② 리베이트를 수수한 의료인을 처벌하도록 한 의료법(2015.11.26, 2014헌바299) / 의료인이 의약품 제조자 등으로부터 판매촉진을 목적으로 제공되는 금전 등 경제적 이익을 받는 행위를 처벌하는 의료법(2015.2.26, 2013헌바374) / 약사에 대한 이른바 '의약품 리베이트 수수 쌍벌제'를 규정한 구 약사법(2016.2.25, 2014헌바393) ③ 의료법인·의료기관 또는 의료인이 '치료효과를 보장하는 등 소비자를 현혹할 우려가 있는 내용의 광고'를 한 경우 형사처벌하도록 규정한 의료법(2014.9.25, 2013헌바28) / 의료인 등으로 하여금 거짓이나 과장된 내용의 의료광고를 하지 못하도록 하고 이를 위반한 자를 1년 이하의 징역이나 500만원 이하의 벌금에 처하도록 규정한 의료법(2015.12.23, 2012헌마685) / 비의료인의 의료에 관한 광고를 금지하고 처벌하는 의료법(2016.9.29, 2015헌바325) ④ 의료인이 아니면 누구든지 의료행위를 할 수 없으며 의료인도 면허된 것 이외의 의료행위를 할 수 없도록 한 의료법(2010.7.29, 2008헌가19) / 무면허 의료행위를 일률적·전면적으로 금지하고 이에 위반할 경우 처벌하는 의료법(2005.9.29, 2005헌바29) ⑤ 사위 기타 부당한 방법으로 요양급여비용을 부담하게 한 때에 요양기관에게 부당한 방법으로 부담하게 한 금액의 5배 이하의 금액을 과징금으로 부과·징수하도록 한 의료법(2008.7.31, 2007헌바85) ⑥ 의료법 제61조 제1항의 규정에 의한 안마사의 자격인정을 받지 아니하고 영리를 목적으로 안마행위를 한 자를 형사처벌하는 의료법(2003.6.26, 2002헌가16) / 시각장애인에 한하여 안마사 자격인정을 받을 수 있도록 한 의료법(2017.12.28, 2017헌가15) ⑦ 의료인이나 의료기관이 본인부담금 할인방식의 환자유인행위를 하는 경우 이를 형사처벌하는 의료법(2017.12.28, 2016헌바311) ⑧ 외국 치과, 의과대학을 졸업한 우리 국민이 국내 의사면허시험을 치기 위해서는 기존의 응시요건에 추가하여 새로이 예비시험을 치도록 한 의료법(2003.4.24, 2002헌마611) ⑨ 의료인이 실태와 취업상황 등에 대한 신고의무를 이행하지 않은 경우 임의적으로 면허를 정지할 수 있도록 규정한 의료법(2014.6.26, 2012헌마660) ⑩ 안마사들로 하여금 의무적으로 대한안마사협회의 회원이 되어 정관을 준수하도록 한 의료법(2008.10.30, 2006헌가15)

<table>
<tr><td></td><td>⑪ 입원환자에 대하여 의약분업의 예외를 인정하면서도 의사로 하여금 조제를 직접 담당하도록 하는 구 약사법(2015.7.30, 2013헌바422)</td></tr>
<tr><td></td><td>⑫ 허위로 진료비를 청구해서 환자나 진료비 지급기관 등을 속여 사기죄로 금고 이상 형을 선고받고 그 형의 집행이 종료되지 아니하였거나 집행을 받지 않기로 확정되지 않은 의료인에 대하여 필요적으로 면허를 취소하도록 한 의료법(2017.6.29, 2016헌바394)</td></tr>
<tr><td></td><td>⑬ 산업의학과 전문의 자격을 갖춘 의사만 특수건강진단업무를 할 수 있도록 규정한 산업안전보건법 시행규칙(2010.6.24, 2008헌마271)</td></tr>
<tr><td></td><td>⑭ 물리치료사가 의사, 치과의사의 지도하에 업무를 할 수 있도록 정한 구 의료기사 등에 관한 법률(2014.5.29, 2011헌마552)</td></tr>
<tr><td></td><td>⑮ 한의사전문의제도를 새로 도입하면서 종전 한의사 수련과정을 마친 한의사들에 대하여 기존 수련경력을 인정하지 아니한 한의사전문의의 수련 및 자격인정 등에 관한 규정(2001.3.15, 2000헌마96)</td></tr>
</table>

18 약사

<table>
<tr><td rowspan="4">헌법 위반인 것</td><td>① "약사 또는 한약사가 아니면 약국을 개설할 수 없다."라고 규정한 약사법(2002.9.19, 2000헌바84)</td></tr>
<tr><td>② 법인의 종업원 등이 법인의 업무에 관하여 범죄행위를 하면 그 법인에게도 동일한 벌금형을 과하도록 규정하고 있는 구 약사법(2011.12.29, 2011헌가28)</td></tr>
<tr><td>③ "약국을 관리하는 약사 또는 한약사는 보건복지부령으로 정하는 약국관리에 필요한 사항을 준수하여야 한다."라는 약사법(2000.7.20, 99헌가15 전원재판부)</td></tr>
<tr><td>④ 1983.1.1. 이후 출생한 A형 혈우병 환자에 한하여 유전자재조합제제에 대한 요양급여를 인정하는 요양급여의 적용기준 및 방법에 관한 세부사항(2012.6.27, 2010헌마716)</td></tr>
<tr><td rowspan="9">헌법 위반 아닌 것</td><td>① 의약품 도매상 허가를 받기 위해 필요한 창고면적의 최소기준을 규정하고 있는 약사법(2014.4.24, 2012헌마811)</td></tr>
<tr><td>② 의약품의 판매를 위한 품목허가 신청시에 임상시험을 거쳐 안전성·유효성에 관한 시험성적서를 제출하도록 한 구 약사법(2013.5.30, 2010헌마136)</td></tr>
<tr><td>③ 한약사의 임의조제가 허용되는 한약처방의 범위를 보건복지부장관이 정하도록 위임한 약사법(2008.7.31, 2005헌마667)</td></tr>
<tr><td>④ 의료기관의 시설 안 또는 구내에서의 약국개설 등록을 금지한 약사법(2003.10.30, 2000헌마563) / 의료기관의 시설 또는 부지의 일부를 분할·변경 또는 개수하여 약국을 개설하는 것을 금지한 약사법(2003.10.30, 2001헌마700)</td></tr>
<tr><td>⑤ 한약업사의 영업지를 제한한 약사법(1991.9.16, 89헌마231)</td></tr>
<tr><td>⑥ 종래 '한약관련과목을 이수하고 졸업'하면 인정되던 한약사 국가시험의 응시자격을 '한약학과를 졸업한 자'로 한정시키면서, 1996학년도 이전에 입학한 자들에게만 종전 규정을 적용하도록 하고 있는 약사법(2010.10.28, 2009헌바23)</td></tr>
<tr><td>⑦ 의약품이 아닌 것에 대하여 의학적 효능·효과가 있는 것으로 오인될 우려가 있는 광고를 금지하는 약사법(2004.11.25, 2003헌바104)</td></tr>
<tr><td>⑧ 한약사제도를 신설하면서 그 이전부터 한약을 조제하여 온 약사들에게 향후 2년간만 한약을 조제할 수 있도록 하고 있는 약사법(1997.11.27, 97헌바10)</td></tr>
<tr><td>⑨ 의료기관의 개설자에 대하여는 의약품도매상의 허가를 하지 아니한다고 규정한 약사법(2004.1.29, 2001헌바30)</td></tr>
</table>

19 국민참여법

헌법 위반인 것	없음
헌법 위반 아닌 것	① 국민참여재판의 대상사건을 형사사건 중 합의부 관할사건으로 한정한 국민의 형사재판 참여에 관한 법률(2015.7.30, 2014헌바447) / 폭력행위처벌에 관한 법률의 흉기를 이용한 상해죄를 국민참여재판에 포함시키지 않은 국민의 형사재판참여에 관한 법률(2015.7.30, 2014헌바447) ② 국민참여재판으로 진행하는 것이 적절하지 아니하다고 인정되는 경우 법원이 국민참여재판 배제 결정을 할 수 있도록 한 구 국민의 형사재판 참여에 관한 법률(2014.1.28, 2012헌바298)

20 민사소송법 관련

헌법 위반인 것	없음 ☑ 민사소송법은 아니지만 위원회 결정을 민사소송법의 재판상 화해로 간주한 국가배상법과 민주화운동보상법은 위헌
헌법 위반 아닌 것	① 가집행선고부 판결이 실효되는 경우 가집행채권자에게 원상회복 및 손해배상책임을 지게 하는 민사소송법(2017.5.25, 2014헌바360) ② 송달받을 사람의 동거인이 정당한 사유 없이 송달받기를 거부하는 경우 유치송달을 할 수 있다고 규정한 민사소송법(2018.7.26, 2016헌바159) ③ 권리남용으로 인한 패소의 경우에 소송비용 부담에 관한 별도의 예외 규정을 두지 않았다는 점을 이유로 민사소송법(2013.5.30, 2012헌바335) ④ 자백간주로 인한 피고 패소판결을 항소의 대상에서 제외하는 규정을 두지 않은 민사소송법(2015.7.30, 2013헌바120) ⑤ 재심사유를 알고도 주장하지 아니한 때에는 재심의 소를 제기할 수 없도록 규정한 민사소송법(2015.12.23, 2015헌바273) ⑥ '판결에 영향을 미칠 중요한 사항에 관하여 판단을 누락한 때'를 재심사유로 규정한 민사소송법(2016.12.29, 2016헌바43) ⑦ 공시송달의 방법으로 기일통지서를 송달받은 당사자가 변론기일에 출석하지 아니한 경우 자백간주 규정을 준용하지 않는 민사소송법(2013.3.21, 2012헌바128) ⑧ 기피신청에 대한 재판을 그 신청을 받은 법관 소속 법원 합의부에서 하도록 한 민사소송법(2013.3.21, 2011헌바219) ⑨ 소취하간주의 경우 변호사보수를 소송비용에 산입하여 원고가 부담하도록 한 민사소송법(2017.7.27, 2015헌바1) ⑩ 소송을 대리한 변호사에게 당사자가 지급하였거나 지급할 보수는 대법원 규칙이 정하는 금액의 범위 안에서 소송비용으로 인정한다고 규정한 민사소송법(2016.6.30, 2013헌바370) ⑪ 패소할 것이 명백한 경우에 소송구조에서 제외하는 민사소송법(2001.2.22, 99헌바74) ⑫ 재심사유를 알고도 주장하지 아니한 때에는 재심의 소를 제기할 수 없도록 규정한 민사소송법(2015.12.23, 2015헌바273) ⑬ 법원 직권으로 원고에게 소송비용에 대한 담보제공을 명할 수 있도록 하고, 원고가 담보를 제공하지 않을 경우 변론 없이 판결로 소를 각하할 수 있다고 규정한 민사소송법(2016.2.25, 2014헌바366) ⑭ 법원의 방영금지가처분을 허용하는 민사소송법(2009.11.26, 2008헌마711)

21 형사소송법 관련

헌법 위반인 것	① 재정신청 기각결정에 대하여 재항고를 금지한 형사소송법(2011.11.24, 2008헌마578) ② 체포영장을 집행하는 경우 필요한 때에는 타인의 주거 등에서 피의자 수사를 할 수 있도록 한 형사소송법(2018.4.26, 2015헌바370) ③ 상소제기 후의 미결구금일수 산입을 규정하면서 상소제기 후 상소취하시까지의 구금일수 통산에 관하여는 규정하지 아니함으로써 이를 본형 산입의 대상에서 제외되도록 한 형사소송법(2009.12.29, 2008헌가13) ④ 구속된 피의자가 적부심사청구권을 행사한 다음 검사가 전격기소를 한 경우, 법원으로부터 구속의 헌법적 정당성에 대하여 실질적 심사를 받고자 하는 청구인의 절차적 기회를 제한하는 결과를 가져오는 형사소송법(2004.3.25, 2002헌바104) ⑤ 법원의 구속집행정지결정에 대해 검사가 즉시항고를 인정한 형사소송법(2012.6.27, 2011헌가36) ⑥ 검사의 10년 이상의 구형을 한 경우 법원의 무죄판결에도 불구하고 영장효력을 유지하도록 한 형사소송법(1992.12.24, 92헌가8) ⑦ 검사의 청구에 따라 공판기일 전에 증인신문을 청구할 수 있도록 하고 판사가 증인신문시 수사에 지장이 없다고 판단할 때만 피고인, 피의자, 변호인을 증인신문에 참여할 수 있도록 한 형사소송법(1996.12.26, 94헌바1) ⑧ 보석허가결정에 대한 즉시항고 검사의 인정하는 형사소송법(1993.12.23, 93헌가2) ⑨ 항소법원에의 기록 송부시 검사를 거치도록 한 형사소송법 제361조(1995.11.30, 92헌마44) ⑩ 즉시항고기간을 3일로 정한 형사소송법(2018.12.27, 2015헌바77) ☑ **법조항은 아님**: 피고인을 위하여 선정된 국선변호인이 법정기간 내에 항소이유서를 제출하지 아니하면 항소법원이 형사소송법 제361조의4 제1항 본문에 따라 피고인의 항소를 기각한다면, 이는 피고인에게 국선변호인으로부터 충분한 조력을 받을 권리를 보장하고 이를 위한 국가의 의무를 규정하고 있는 헌법의 취지에 반하는 조치이다(2012.2.16, 2009모1044).
헌법 위반 아닌 것	① 법원에 의하여 구속영장청구가 기각된 피의자에 대하여 구속영장을 재청구하기 위한 요건으로서 절차적 가중요건만 규정할 뿐 실질적 가중요건을 규정하지 아니한 형사소송법(2003.12.18, 2002헌마593) ② 수사 담당 경찰 공무원이 형사소송에서 증인이 될 수 있도록 한 형사소송법 ③ 수사기관이 전자우편에 대한 압수·수색 집행을 함에 있어 급속을 요하는 때에는 피의자 등에게 그 집행에 관한 사전통지를 생략할 수 있도록 한 형사소송법(2012.12.27, 2011헌바225) ④ 변호인과 증인 사이에 차폐시설을 설치하여 증인신문을 진행할 수 있도록 규정한 형사소송법(2016.12.29, 2015헌바221) ⑤ 소송의 지연을 목적으로 함이 명백한 경우에 신청을 받은 법원 또는 법관이 이를 기각할 수 있도록 규정한 형사소송법(2006.7.27, 2005헌바58) ⑥ 변호인이 있는 피고인에게 변호인과는 별도로 공판조서열람권을 부여하지 않는다고 규정한 형사소송법(1994.12.29, 92헌바31) ⑦ 항소심에서 심판대상이 된 사항에 한하여 법령위반의 상고 이유로 삼을 수 있도록 상고를 제한하는 형사소송법(2015.9.24, 2012헌마798) ⑧ 무죄판결이 확정된 형사피고인에게 국선변호인의 보수에 준하여 변호사 보수를 보상하여 주도록 규정한 형사소송법(2013.8.29, 2012헌바168)

헌법 위반 아닌 것	⑨ 재판장은 증인이 피고인의 면전에서 충분한 진술을 할 수 없다고 인정한 때에는 피고인을 퇴정하게 하고 진술하게 할 수 있다고 규정한 형사소송법(2012.7.26, 2010헌바62) ⑩ 정식재판 청구기간을 '약식명령의 고지를 받은 날로부터 7일 이내'로 정하고 있는 형사소송법(2013.10.24, 2012헌바428) ⑪ 자기 또는 배우자의 직계존속을 고소하지 못하도록 규정한 형사소송법(2011.2.24, 2008헌바56) ⑫ 약식절차에서 피고인이 정식재판을 청구한 경우 약식명령의 형보다 중한 형을 선고할 수 없도록 한 형사소송법(2005.3.31, 2004헌가27) ⑬ 공판단계에서 법원이 직권에 의하여 구속영장을 발부할 수 있음을 규정한 형사소송법(1997.3.27, 96헌바28) ⑭ 형사재판에서 증거의 증명력에 대한 평가를 법관의 자유로운 판단에 맡기는 자유심증주의 원칙을 규정하고 있는 형사소송법(2009.11.26, 2008헌바25) ⑮ 공판기일의 소송절차로서 공판조서에 기재된 것은 그 조서만으로써 증명한다고 하여 공판조서의 절대적 증명력을 규정한 형사소송법(2012.4.24, 2010헌바379) ⑯ 피고인의 구속기간을 제한하는 형사소송법(2001.6.28, 99헌가14) ⑰ 재정신청이 이유 없는 때에 하는 기각결정이 확정된 사건에 대하여 다른 중요한 증거를 발견한 경우를 제외하고는 소추를 금지하는 형사소송법(2011.10.25, 2010헌마243) ⑱ 법관이 구두변론을 하지 않고 재정신청에 대한 결정을 할 수 있도록 한 형사소송법(2018.4.26, 2016헌마1043) ⑲ 반의사불벌죄에 있어서 처벌을 희망하는 의사를 철회할 수 있는 시기를 제1심 판결선고 전까지로 제한한 형사소송법(2016.11.24, 2014헌바451) / 친고죄에 있어서 고소 취소가 가능한 시기를 제1심 판결선고 전까지로 제한한 형사소송법(2011.2.24, 2008헌바40)

22 행정소송법 제43조 가집행선고금지 위헌결정, 나머지 모두 합헌

23 행정심판법 - 모두 합헌

24 국가배상법과 배상 관련법

헌법 위반인 것	① 신청인이 동의한 때 배상심의회의 배상결정에 민사소송법 규정에 의한 재판상의 화해 효력을 부여한 것(1995.5.25, 91헌가7) ② 일반국민이 직무집행 중인 군인과의 공동불법행위로 직무집행 중인 다른 군인에게 공상을 입혀 그 피해자에게 공동의 불법행위로 인한 손해를 배상한 다음 공동불법행위자인 군인의 부담부분에 관하여 국가에 대하여 구상권을 행사하는 것을 허용하지 아니한다고 해석하는 한, 국가배상법 제2조 제1항 단서는 재산권과 평등권을 침해한다(1994.12.29, 93헌바21).

헌법 위반 아닌 것	① 헌법재판소는 구 국가배상법 제9조의 배상결정전치주의
	② 우편법상 손해배상을 청구할 수 있는 자를 발송인의 승인을 받은 수취인으로 규정한 우편법조항(2015.4.30, 2013헌바383)
	③ 국가배상청구권의 성립 요건으로서 공무원의 고의 또는 과실을 규정함으로써 무과실책임을 인정하지 않은 국가배상법(2015.4.30, 2013헌바395)
	④ 승객이 사망하거나 부상한 경우에는 승객이 아닌 자의 경우와는 달리 운행자에게 무과실책임을 지우고 있는 자동차손해배상보장법[1998.5.28, 96헌가4, 97헌가6 · 7, 95헌바58(병합) 전원재판부]
	⑤ 국가배상법 제2조 제1항 단서(이중배상청구가 금지된 군인, 향토예비군 대원)는 헌법 제29조 제2항에 직접 근거하고, 실질적으로 그 내용을 같이 하는 것으로써 헌법에 위반된다고 할 수 없다(1995.12.28, 95헌바3).

25 국회법 / 국회증언법 관련

헌법 위반인 것	없음
헌법 위반 아닌 것	① 위원회에서는 의원이 아닌 자는 위원장의 허가를 받아 방청할 수 있도록 한 국회법 제55조(2000.6.29, 98헌마443)
	② "의원의 소개를 얻어" 청원하도록 한 국회법 제123조
	③ 소위원회의 회의 비공개 국회법 제57조 제5항 단서(2009.9.24, 2007헌바17)
	④ 사립대학 교원이 국회의원으로 당선된 경우 임기개시일 전까지 그 직을 사직하도록 규정한 국회법(2015.4.30, 2014헌마621)
	⑤ 교섭단체 소속의원의 입법활동을 보좌하기 위하여 교섭단체에 정책연구위원을 두도록 하는 국회법 제34조(2008.3.27, 2004헌마654)
	⑥ 국회에서 허위의 진술을 한 증인을 위증죄로 처벌하는 구 국회에서의 증언 · 감정 등에 관한 법률 제14조(2015.9.24, 2012헌바410)

26 정부조직법 / 감사원법 / 선거관리위원회법 관련

헌법 위반인 것	없음
헌법 위반 아닌 것	① 국가안전기획부를 대통령직속기관으로 한 정부조직법 제14조(1994.4.28, 89헌마86)
	② "대통령령으로 정하는 바에 따라 … 국방부의 보조기관 및 차관보 · 보좌기관과 병무청 및 방위사업청의 보조기관 및 보좌기관은 현역군인으로 … 보할 수 있다."라고 규정한 정부조직법(2008.6.26, 2005헌마1275)
	③ 선거관리위원회 공무원에 대해 특정 정당이나 후보자를 지지 · 반대하는 단체에의 가입 · 활동 등을 금지하는 선거관리위원회 공무원규칙(2012.3.29, 2010헌마97)

27 법원조직법과 법관징계법 관련

헌법 위반인 것	판사임용요건으로서 10년 이상의 법조경력을 요구하는 개정 법원조직법 제42조 제2항에 관한 경과조치 규정인 부칙 제2조가 법개정 당시 이미 사법연수원에 입소한 사람들에게 적용되는 것(2012.11.29, 2011헌마786) ☑ 법원조직법은 아니지만 법관을 차관급보수를 받은 자에 포함하는 1980년 해직공무원보상특별법은 평등원칙에 위배된다.
헌법 위반 아닌 것	① 판사임용요건으로서 10년 이상의 법조경력을 요구하는 개정 법원조직법 제42조 제2항에 관한 경과조치 규정인 부칙 제2조가 법개정 당시 법원조직법 개정 당시 사법시험에 합격하였으나 아직 사법연수원에 입소하지 않은 자에게 적용되는 것(2014.5.29, 2013헌마127) ② 10년 미만의 법조경력을 가진 사람의 판사임용을 위한 최소 법조경력요건을 단계적으로 2013년부터 2017년까지는 3년, 2018년부터 2021년까지는 5년, 2022년부터 2025년까지는 7년으로 정한 법원조직법 부칙 제2조(2016.5.26, 2014헌마427) ③ 판사의 근무성적평정에 관한 사항을 대법원규칙으로 정하도록 위임한 구 법원조직법(2016.9.29, 2015헌바331) ④ 법관이 아닌 사법보좌관이 소송비용액 확정재판을 할 수 있도록 정한 법원조직법 제54조(2009.2.26, 2007헌바8) ⑤ 재판업무의 수행상 필요가 있는 경우 고등법원부로 하여금 그 관할 구역 안의 지방법원 소재지에서 사무를 처리할 수 있도록 한 법원조직법(2013.6.27, 2012헌마1015) ⑥ 법관의 정년을 규정하고 있는 법원조직법(2002.10.31, 2001헌마557) ⑦ 법관에 대한 징계사유로 '법관이 그 품위를 손상하거나 법원의 위신을 실추시킨 경우'를 규정한 구 법관징계법(2012.2.23, 2009헌바34) ⑧ 법관에 대한 징계처분 취소청구소송을 대법원의 단심재판에 의하도록 한 구 법관징계법(2012.2.23, 2009헌바34)

28 군사법원법

헌법 위반인 것	① 피의자 구속기간을 군사법 경찰관, 검찰관의 신청으로 군사법원이 각 10일간 연장할 수 있도록 한 군사법원법(2003.11.27, 2002헌마193) ② '군사시설' 중 '전투용에 공하는 시설'을 손괴한 일반 국민이 항상 군사법원에서 재판받도록 하는 군사법원법(2013.11.28, 2012헌가10)
헌법 위반 아닌 것	현역병의 군대 입대 전 범죄에 대한 군사법원의 재판권을 규정하고 있는 군사법원법(2009.7.30, 208헌바162)

gosi.Hackers.com

2023 해커스공무원
황남기 헌법족보

제4편

통치구조론

민주적 정당성 확보방법	① 국민투표 ② 선거제도 ③ 국회의 국무총리 임명시 동의 ④ 표현의 자유
절차적 정당성 확보방법	① 헌법재판제도 ② 부서제도 ③ 국무회의 심의 ④ 대통령·국회의원 임기 차등
통치권의 민주적 정당성의 문제점	① 대통령 선거의 상대적 다수대표제 ② 부통령제 미도입으로 국무총리가 대통령 권한대행 1순위 ③ 대통령 단임제 ④ 평등선거에 반하는 국회의원 지역선거구의 인구편차
통치권의 절차적 정당성의 문제점	① 추상적 규범통제(×) ② 법원 재판 헌법소원대상(×) ③ 대법관 수 헌법 규정(×)

01 대의제와 직접민주주의

대의제	직접민주주의
쉬에스 / 미국의 메디슨	루소 / 미국의 제퍼슨
추정적 의사 우선	경험적 의사 우선
경험적 의사 ⇔ 추정적 의사 (치자, 피치자 구별)	경험적 의사 = 추정적 의사 (치자 = 피치자)
국가기관 = 독자적 의사 가질 수 있는 대표자	국가기관 = 독자적 의사 가질 수(✗)
국민의 의사 대표 가능	국민의 의사 대표(✗) / 대리인
자유, 무기속위임 ➜ 면책	명령, 기속위임 ➜ 국민 소환
국가기관구성권과 정책결정권 분리	분리 반대
독일 기본법	바이마르 헌법(대의제 측면도 있었음)

02 대의제

대의제와 친한 것	① 자유위임: 대의제하에서 선거권은 국회의원이 그대로 대리해 줄 것을 요구할 권리는 포함되지 않는다. ② 면책특권
대의제와 충돌	① 비례대표제 ② 국회구성권: '국회구성권' 또는 국회 정당 간의 의석분포를 결정할 국민의 권리는 오늘날 이해되고 있는 대의제도의 본질에 반하는 것이어서 헌법상 인정될 여지가 없다.

03 자유위임

자유위임	① 국회의원은 자유위임을 원칙으로 한다. ➡ 헌법에 명문규정은 없으나 헌법 제45조·제46조 제2항을 근거로 한다. ② 국회의원은 정당에 법적으로 기속되지 않는다. ③ 자유위임은 의원이 정당과 교섭단체의 지시에 기속되는 것을 배제하는 근거가 되는 것은 아니다. ④ 정당은 국회의원을 사실상 강제할 수 있다. ⑤ 정당은 소속의원의 의원직을 상실케 할 수는 없으나, 제명하거나 상임위원직을 사·보임시킬 수 있다. 국회의원의 상임위원 사·보임은 허용되는 사실상 강제이므로 자유위임 원칙에 반하지 않는다. ⑥ 자유위임과 정당기속이 충돌시 자유위임을 우선해야 한다. ⑦ 대의제와 정당국가적 민주주의가 충돌하는 경우 대의제를 우선해야 한다. ⑧ 지역구 의원인가 전국구 의원인가 등 의원직을 얻는 방식과 무관하게 국회의원의 자유위임적 지위는 인정된다.

04 정당기속과 자유위임

	정당기속(정당국가적 민주주의)	자유위임(대의제 민주주의)
경험적 의사 vs 추정적 의사	경험적 의사 중시	추정적 의사 중시
위헌정당해산결정	의원직 상실	의원직 유지
교차 투표	허용되지 않음	허용 ☑ 국회법 자유투표규정
국회의원 탈당시	의원직 상실 ➡ 공직선거법 제192조 제4항 : 비례대표의 정당기속 강조	의원직 유지

05 대의제 판례

대의제 판례	① 공직선거법 제192조 제4항이 도입되기 전 전국구 의원이 탈당한 경우 의원직을 상실하지 않는다. ➡ 궐원의원 발생(✕) ➡ 의석승계 결정할 의무(✕) ② 선거범죄로 당선이 무효로 된 때 비례대표 의석승계가 이루어지지 않도록 한 공직선거법은 대의제 민주주의에 위반된다. ③ 180일 전 사퇴한 경우 비례대표 의석승계할 수 없도록 한 공직선거법은 대의제 민주주의에 반한다.

06 우리 헌법

우리 헌법	① 대의제 채택, 직접민주주의 보완 ② 주민소환제는 대의제 민주주의에 위반되지는 않는다.

고전적 권력분립	① 효율성 추구(✗), 권력남용억제라는, 소극적 원리(○) ② 민주주의, 국민주권을 목적으로(✗) ③ 사회국가원리: 고전적 권력분립 강화(✗), 무의미(✗), 약화(○) ④ 로크: 권력 간 균형과 견제(✗), 권력분립(○), 사법권 독립(✗) ⑤ 몽테스키외: 권력 간 균형과 견제(○), 국민주권 목적(✗), 사법권의 적극적 독립(✗)		

고전적 · 현대적 권력분립 비교	고전적 권력분립	현대적 권력분립
	기관중심의 권력통제	기능중심의 권력통제
	수평적 권력통제	수평적 + 수직적 권력통제

고전적 권력분립인 것	① 내각불신임제도 ② 사법권의 독립 ③ 의회해산제도 ④ 법률안 거부권

현대적 · 기능적 권력분립인 것	① 연방제도와 지방자치제도 ② 중앙은행의 독립 ③ 직업공무원제도 ④ 복수정당제도 ⑤ 여당과 야당의 권력통제 ⑥ 헌법재판제도

권력분립 관련 판례 헌법위반인 것	① 검사의 10년 이상 구형이 있기만 하면 중대한 피고사건으로 간주되어 구속이 계속 된다면 권력분립에 의한 사법권의 행사를 통하여 법치주의를 구현하려는 헌법의 기본원칙에 위배되는 것이라 아니할 수 없다. ② 농업협동조합장의 지방의회 의원 겸직허용은 권력분립에 반하지 않는다. ➡ 농업 협동조합장의 겸직금지 위헌

권력분립 관련 판례 헌법위반 아닌 것	① 지방공사 임직원이나 정부투자기관의 임직원의 지방의회 진출을 허용하는 것은 권력분립원칙에 위배되므로 이들과 지방의회의원의 겸직금지는 권력분립원칙에 위배되지 않는다. ② 정치적 중립성을 엄격하게 지켜야 할 대법원장을 정치적 사건을 담당하게 될 특별 검사의 임명에 관여시키는 국회의 관련법 제정행위는 헌법상 권력분립의 원칙에 어긋나지 않는다. ③ 대법원장으로 하여금 후보자 2인을 추천하고 대통령은 그 추천후보자 중에서 1인을 특별검사로 임명하도록 한 이명박주가조작특검법 ④ 권력분립상 입법부작위에 대한 헌법재판소의 관할권은 넓게 인정될 수는 없다. ⑤ 행정청이 행정처분 단계에서 당해 처분의 근거가 되는 법률이 위헌이라고 판단하 여 그 적용을 거부하는 것은 권력분립의 원칙상 허용될 수 없지만, 행정처분에 대 한 소송절차에서는 행정청도 당해 처분의 근거가 되는 법률의 위헌 여부에 대한 심판의 제청을 신청할 수 있다.

통치구조론 제4편 해커스공무원 함남기 헌법족보

⑥ 방송통신위원회의 정보통신망 이용촉진 및 정보보호 등에 관한 법률상 불법정보에 대한 취급거부·정지·제한명령

⑦ 보안관찰법 제6조 제1항 전문 후단은 보안관찰처분대상자에게 출소 후 신고의무 부과는 처분적 법률 내지 개인적 법률에 해당된다고 볼 수 없으므로 권력분립원칙에 위반되지 아니한다.

쟁점
083 정부형태

01 비교

의원내각제 요소	대통령제 요소	공통요소 또는 무관한 요소
① 내각의 의존성 ② 국회의 집행부에 대한 정치적 책임 추궁 ③ 내각불신임 ④ 권력의 공화와 협조 ⑤ 집행부회의의 의결기관 ⑥ 정부의 법률안 제출권 ⑦ 의원과 각료 겸임 허용 ⑧ 부서제도 ⑨ 국무총리임명에 대한 국회 동의 ⑩ 국회의 대통령 결선투표 ⑪ 국무총리가 대통령의 명을 받아 행정각부 통할 ⑫ 국무위원 임명제청과 해임건의	① 내각의 독립성 ② 대통령 국민선거로 선출 ③ 집행부회의의 자문기관 ④ 강한 위원회의 기능 ⑤ 대통령의 법률안 거부권	① 탄핵제도 ② 긴급명령승인 ③ 양원제 ④ 위헌법률심판

02 정부형태 비교

구분	대통령제	이원정부제	의원내각제
대통령	직선	직선	간선
민주적 정당성	대통령, 의회 이원화	대통령, 의회 이원화	의회 일원화
국회의 대통령과 내각에 대한 법적 책임 추궁	○	○	○
국회의 내각에 대한 정치적 책임 추궁 / 내각불신임	×	○	○
의회해산제	× 임기보장	○ 내각이 아니라 대통령이 가진다.	○ 임기보장 안 됨
내각의 의회에 대한 의존성	성립 · 존속 독립성	성립: 독립 존속: 의존	성립 · 존속 의존성
집행부의 구조	일원적	이원적 실질적으로도 이원적	이원적 실질적으로는 일원적
각료와 의원 겸임 허용	×	×	○

03 장단점

	대통령제	의원내각제
장점	① 정국 안정 ② 의회 다수파 견제 ③ 능률적인 행정 ④ 국회의 졸속 입법 방지	① 민주주의 이념에 적합 ② 책임정치 구현 ③ 정치적 대립의 신속한 해결 ④ 유능한 인재 등용 ⑤ 정당 정치에 유리
단점	① 대통령의 독재화 ② 국회와 정부의 대립시 조정기관 결여 ③ 정치적 엘리트의 훈련 기회 적음	① 정국 불안 초래 ② 의회의 정쟁 장소화 ③ 강력한 정치추진에 어려움 ④ 다수의 횡포

04 미국과 우리나라 비교

구분	미국 대통령제	우리나라 대통령제
행정부의 법률안 제출권	×	○
국무위원의 의회 발언권	×	○
의원의 국무위원 겸임	×	○
부통령제	○	×
대통령의 법률안 보류거부권	○	×
대통령의 법률안 환부거부권	○(10일 이내)	○(15일 이내)
부서제도	×	○
국무회의 성격	자문기관, 임의기관	심의기관, 필수기관
법관 임명	대통령	대법원장(일반법관)
전쟁선포권한	상원	대통령

05 대통령제와 의원내각제의 비교

구분	대통령제	의원내각제
봉쇄조항의 필요성	<	
공무원의 정치적 중립성·신분보장 필요성	<	
의회의 국정통제강도	<	
위원회제도의 의의	>	
예산과 법률의 불일치 가능성	>	
탄핵제도의 필요성	>	

06 각국의 정부형태

바이마르 헌법	대통령 직선, 변형된 의원내각제 또는 이원정부제
독일 헌법	① 대통령 간선 ② 건설적 불신임 ➡ 군소정당 난립상황에서 내각의 안정성 확보, 수상우위
미국	① 대통령 간선제 규정, 직선제 운영 ② 상원, 인구비례(✗) ③ 하원, 인구비례(○), 선거인단 과반수 미달시 대통령 선출 ④ 대통령, 연방법관 임명
프랑스	① 대통령: 직선 ② 대통령, 의회해산권(○) ③ 의회, 대통령불신임(✗), 내각불신임(○) ④ 동거정부: 여당이 소수당 + 의회의 내각불신임 ⑤ 이원정부제
회의정부제	① 전체주의 + 민주주의에서 모두 가능 ② 권력분립(✗), 권력체제 일원화 ③ 의회 ➡ 내각 ④ 루소의 정부형태
영국	의회우위의 의원내각제 ➡ 내각우위의 내각책임제

의회주의 요소 ○	① 국민대표의 원리
	② 공개와 토론의 원리
	③ 다수결의 원리와 의회 내 다수파의 교체를 요구하는 정권교체의 원리
의회주의 요소 ×	① 양원제
	② 의사능률의 극대화
	③ 법률에 대한 국민표결의 원리
	④ 국민투표제
의회주의 위기원인 ○	① 국민적·사회적 동질성 상실
	② 정당국가적 경향
	③ 선거의 신임투표적 성격
	④ 의회의 비능률적 의사진행
	⑤ 행정국가·사회국가화 경향
의회주의 위기원인 ×	① 위원회제의 발달
	② 직능대표제의 채택
	③ 압력단체나 로비스트의 역할 약화
	④ 국회의원의 자유위임적 활동
	⑤ 의원의 국민대표성 강화

국회의 지위	의회, 입법기능 강화(✕), 행정입법 강화(○)
양원제 채택이유가 아닌 것	사회국가원리, 행정국가원리
양원제 장점	① 의안심의의 신중을 기함으로써 경솔과 졸속을 방지할 수 있다. ② 일원이 정부와 충돌시 타원이 충돌을 완화시킬 수 있다. ③ 날치기를 방지하는 데 효과적이다. ④ 국회의 구성에서 권력분립의 원리를 도입함으로써 의회 다수파의 횡포를 견제할 수 있다. ⑤ 상원에 직능대표제, 지방대표제를 도입하면 특수이익을 보호할 수 있다. ⑥ 양원은 조직을 달리함으로써 단원제에서의 파쟁과 부패를 방지할 수 있다.
양원제 단점	① 의안의 심의가 지연되고 국비를 낭비한다. ② 의회의 책임소재가 불분명하다. ③ 의회의 분열시 정부에 대한 의회의 지위가 상대적으로 약화된다. ④ 양원의 의견일치시 상원이 불필요하고, 불일치시 국정혼란이 온다.
양원 관계	① 권한: 하원이 강하다. ② 임기: 상원 > 하원 ③ 불신임: 하원이 가진다.
단원제 근거	① 쉬에스: 제2원이 제1원과 의사를 달리하면 그 존재는 유해할 것이고, 양자의 의사가 동일하다면 제2원은 무용지물이다. ② 루소: 일반의사론
우리나라 연혁	<table><tr><td>제헌</td><td>단원제</td></tr><tr><td>제1차 개정 ~ 제4차 개정</td><td>양원제</td></tr><tr><td>제5차 개정 ~ 현행</td><td>단원제</td></tr></table>

01 의장·부의장

구성	① 헌법: 의장 1인, 부의장 2인 ② 법률로 부의장 3인(✗)
의장·부의장 선출	① 무기명 선거 ② 재적과반수 득표
임기	① 2년 ② 보궐선거에 의해 당선된 국회의장의 임기는 전임자의 잔임 기간으로 한다.
겸직제한	① 의장·부의장: 국무위원, 국무총리겸직(✗) ② 당선된 날에 그 직에서 해직
국회의장 당적	① 의장 당선된 다음 날: 당적 상실 ② 비례대표의원, 국회의장 될 수 없다.(✗) ③ 국회의장이 국회의원선거에서 정당추천을 받고자 하는 경우 의원임기만료일 전 90일부터 당적을 가질 수 있도록 하고 있다. ④ 의장의 임기가 종료되면 당적이 자동적으로 복구된다.

02 의장·부의장 비교

의장	부의장
사임시 국회의 동의 필요	사임시 국회의 동의 필요
상임위원회 위원이 될 수 없다.	상임위원회 위원이 될 수 있다.
당적보유 금지	당적보유 가능

03 의장 권한

의장 권한	① 결정권 없음 ➡ 가부동수 부결 ② 위원회 출석 발언권(O) ③ 위원회 위원 될 수 없다. ④ 위원회: 표결(✗), 본의회: 표결(O) ⑤ 국회사무총장 임명: 본회의 승인 ➡ 의장임명 ⑥ 국회의원 사직 허가 　㉠ 개회·휴회 중: 본회의 허가 　㉡ 폐회 중: 의장 허가 ⑦ 의장이 토론에 참가할 때에는 의장석에서 물러나야 하며, 그 안건에 대한 표결이 끝날 때까지 의장석으로 돌아갈 수 없다.

04 국회의장 직무대리와 대행

직무대리	의장이 사고가 있을 때 의장이 지정하는 부의장 ☑ 권한쟁의 피청구인은 의장

직무대행	국회의장이 심신상실 등 부득이한 사유로 의사표시를 할 수 없게 되어 직무대리자를 지정할 수 없는 때	소속 의원 수가 많은 교섭단체 소속인 부의장 (국회법 제12조 제2항)
	의장과 부의장 모두 사고인 경우	임시의장을 국회 본회의에서 재적과반수 출석, 다수득표한 자로 선출(국회법 제13조, 제17조)
	국회의원 총선거 후 의장·부의장이 선출되기 전, 의장·부의장의 임기만료일까지 의장·부의장이 선출되지 못한 때, 폐회 중에 의장·부의장이 모두 궐위된 경우, 임시회 집회공고	국회사무총장
	국회의원 총선거 후 의장과 부의장을 선거할 때, 의장·부의장이 모두 궐위되어 보궐선거를 할 때	최다선 의원 ➡ 최다선 의원이 2인 이상인 경우 연장자(국회법 제18조)
	☑ 상임위원장, 국회의장의 직무대행 아니고 상임위원장의 의사정리권은 의장으로부터 위임 받은 것이 아니다. 따라서 상임위원장의 의안 가결선포행위에 대한 권한쟁의 피청구인은 상임위원장이다.	

01 위원회의 의의

위원회 종류	① 위원회 – 상임위원회(17) ② 특별위원회 – 국회법 규정(예산결산, 인사)과 본회의 의결로 설치(윤리 등) ☑ **연석회의**: 독립위원회가 아니다. 표결할 수 없다.
상임위원회 기능	① 대통령제 > 의원내각제 ② 대통령제: 강한 위원회(미국) ⇔ 의원내각제: 약한 위원회(영국)

	장점	단점
위원회의 장단점	① 능률적인 의안심의 ② 전문적 식견을 가진 의원의 전문적 심의 ③ 신속한 의안 처리 ④ 회의운영의 탄력성 보장	① 본회의의 형식화 ② 국회의 대정부 견제기능 약화 ③ 이익집단 활동의 매개체 제공 ④ 정당간부의 권한강화 ⑤ 행정관청의 출장소로 전락

02 상임위원회 구성

국회의원	① 의원은 2 이상의 상임위원이 될 수 있다. ② 각 교섭단체 대표의원, 국회운영위원회위원과 정보위원회위원이 된다. ③ 국회의장, 상임위원이 될 수 없다. ④ 국무총리, 국무위원 등 국가 공무원직을 겸한 의원, 상임위원을 사임할 수 있다.
국회의장의 상임위원회 선임	① 교섭단체 소속의원: 대표의원 요청 ➜ 의장이 선임 ② 교섭단체 소속이 아닌 의원: 의장이 선임
선임에 대한 불복절차	① 기본권이 아니므로 헌소청구 안 됨. 권한쟁의(○) ② 국회의원이 특정한 위원회의 위원으로서 활동할 권한은 헌법에서 곧바로 도출되는 것이 아니라, 국회의 자율권 행사 결과 구체화되는 것으로 보는 것이 타당하다.

03 오신환 사법개혁특별위원회 위원 개선

적법성 요건	① 오신환 의원의 청구, 적법 ② 다른 의원의 청구는, 부적법 ③ 권리보호이익 인정
특별위원회 임기	① 상임위원회 임기와 달리 국회법에 규정되어 있지 않음. ② 사법개혁특별위원회 위원 유지권 인정되지 않음.
자유위임원칙 위배 여부	① 헌법에는 위원회에 한 제62조의 위원회 출석 보고 답변에 대한 규정을 두고 있으나 국회의 내부조직에 대한 규정은 없다. ② 교섭단체와 위원회를 구성하는 것도 국회 내부조직에 관한 자율권에 속한다. ③ 사법개혁특별위원회의 의사를 원활히 운영하고 사법개혁에 대한 정책결정의 가능성을 높이기 위하여 개선한 행위는 자유위임원칙에 위배되지 않는다.
국회법 제48조 제6항 위배 여부	① 위원을 개선할 때 임시회의 경우에는 회기 중에 개선될 수 없고, 정기회의 경우에는 선임 또는 개선 후 30일 이내에는 개선될 수 없다. 다만, 위원이 질병 등 부득이한 사유로 의장의 허가를 받은 경우에는 그러하지 아니하다. ② 개선된 동일 회기 내에서 개선될 수 없다. ③ 전 회기에 개선된 위원을 다음 임시회 회기 중에 개선할 수 있다.

04 이해충돌 위원의 선임 제한

선임 제한	의장과 교섭단체 대표의원은 의원을 위원회의 위원으로 선임하는 것이 공정을 기할 수 없는 뚜렷한 사유가 있다고 인정할 때에는 그 의원을 해당 위원회의 위원으로 선임하거나 선임을 요청하여서는 아니 된다.
개선 요청	의장과 교섭단체 대표의원은 윤리심사자문위원회로부터 위원이 소속 위원회 활동과 관련하여 이해충돌이 발생할 우려가 있다는 의견을 받은 경우 해당 위원이 직무에 공정을 기할 수 없다고 인정하면 해당 위원을 개선하거나 개선하도록 요청할 수 있다.

05 위원장 선출

상임위원회 위원장 선출 방법	본회의에서 선출
특별위원회 위원장 선출 방법	예산·결산특별위원회 위원장만 본회의 선거, 나머지 위원장은 호선

06 상임위원회 소관사항

운영위원회	① 국회운영에 관한 사항 ② 국회법 기타 국회규칙에 관한 사항
법제사법위원회	① 탄핵소추에 관한 사항 ② 법원·군사법원의 사법행정에 관한 사항 　☑ 재판에 관한 사항은 아님 ③ 법률안·국회규칙안의 체계·형식과 자구의 심사에 관한 사항 　☑ **국회의원 징계**: 법사위(✗), 윤리특별위원회(○)
정무위원회	① 공정거래위원회 소관에 속하는 사항 ② 금융위원회 소관에 속하는 사항 ③ 국민권익위원회 소관에 속하는 사항
기획재정위원회	① 기획재정부 소관에 속하는 사항 ② 한국은행 소관에 속하는 사항
행정안전위원회	중앙선거관리위원회 사무에 관한 사항
정보위원회	국가정보원 소관에 속하는 사항

07 정보위원회

	일반상임위원회	정보위원회
임기	2년	2년
회의공개	공개	① 위헌결정 ② 공청회 또는 인사청문회 의결로 공개 가능
위원정수	국회규칙에서 정함	국회법 제38조: 12명
상설소위원회	○	○

08 위원회 비교

	상설 여부	위원정수	임기	위원장 선출
예산결산특별위원회	상설	50명	1년	본회의 선출
윤리특별위원회	비상설	국회규칙	–	위원회에서 호선
인사청문특별위원회	비상설	13인	존속시기 동안	위원회에서 호선
상임위원회	상설	국회규칙	2년	본회의에서 선출
정보위원회	상설	12명	2년	본회의에서 선출

09 그 밖의 국회조직

소위원회	① 위원회는 소관 사항을 분담·심사하기 위하여 상설소위원회를 둘 수 있고, 필요한 경우 특정한 안건의 심사를 위하여 소위원회를 둘 수 있다. 이 경우 소위원회에 대하여 국회규칙으로 정하는 바에 따라 필요한 인원 및 예산 등을 지원할 수 있다. ② 상임위원회는 소관 법률안의 심사를 분담하는 둘 이상의 소위원회를 둘 수 있다. ③ 소위원회의 위원장은 위원회에서 소위원회의 위원 중에서 선출하고 이를 본회의에 보고하며, 소위원회의 위원장이 사고가 있을 때에는 소위원회의 위원장이 소위원회의 위원 중에서 지정하는 위원이 그 직무를 대리한다. ④ 소위원회의 활동은 위원회가 의결로 정하는 범위에 한정한다. ⑤ 소위원회의 회의는 공개한다. 다만, 소위원회의 의결로 공개하지 아니할 수 있다. ⑥ 소위원회는 폐회 중에도 활동할 수 있으며, 법률안을 심사하는 소위원회는 매월 3회 이상 개회한다. ⑦ 소위원회는 그 의결로 의안 심사와 직접 관련된 보고 또는 서류 및 해당 기관이 보유한 사진·영상물의 제출을 정부·행정기관 등에 요구할 수 있고, 증인·감정인·참고인의 출석을 요구할 수 있다. 이 경우 그 요구는 위원장의 명의로 한다. ⑧ 소위원회에 관하여는 이 법에서 다르게 정하거나 성질에 반하지 아니하는 한 위원회에 관한 규정을 적용한다. 다만, 소위원회는 축조심사(逐條審査)를 생략해서는 아니 된다. ⑨ 예산결산특별위원회는 위 ①의 소위원회 외에 심사를 위하여 필요한 경우에는 이를 여러 개의 분과위원회로 나눌 수 있다. ☑ 소위원회는 위원회와 달리 헌법상 기관이 아니므로 권한쟁의심판의 당사자능력이 없다.
윤리심사자문위원회	① 위원수: 8명 ② 의원 ➡ 자문위원(✕) ③ 자문위원회 위원장은 자문위원 중에서 호선한다.
전원위원회	① 본회의 상정 전, 상정 후 재적 4분의 1 이상 요구로 소집 ② 의장, 각 교섭단체 대표의원의 동의를 얻어 전원위원회를 개설하지 아니할 수 있다. ③ 수정안 제출(○), 위원회안 폐기(✕) ④ 전원위원회 위원장: 의장이 지정하는 부의장

10 교섭단체와 정당 비교

	교섭단체	정당
대표	교섭단체 대표의원	정당대표
구성원	국회의원	정당원
법적 성격	국회법상 기관	법인격 없는 사단
기본권주체 / 헌법소원청구능력	×	○
권한쟁의청구능력	×	×
양자의 관계	① 두 개의 정당은 하나의 교섭단체를 구성할 수 있다. ② 한 교섭단체 의원은 동일정당 소속일 필요 없다.	하나의 정당은 두 개의 교섭단체를 구성할 수 없다.

11 위원회 운영

위원회 개회	① 위원회(소위원회는 제외한다)는 매월 2회 이상 개회한다. 다만, 다음의 어느 하나에 해당하는 경우에는 그러하지 아니하다 　㉠ 해당 위원회의 국정감사 또는 국정조사 실시기간 　㉡ 그 밖에 회의를 개회하기 어렵다고 의장이 인정하는 기간 ☑ 본회의 폐회 중 위원회 개회할 수 없다.(×) ② 위원회는 본회의 의결이 있거나 의장이 필요하다고 인정하여 각 교섭단체 대표의원과 협의한 경우를 제외하고는 본회의 중에는 개회할 수 없다. 다만, 국회운영위원회는 그러하지 아니하다. ☑ 본회의 개회하면 위원회 개회한다.(×)
위원회 정족수	① 위원회 회의요구정족수: 재적 4분의 1 ② 위원회 의사정족수: 재적 5분의 1 ③ 위원회 의결정족수: 재적과반수 출석, 출석 과반수 [비교》] **전원위원회**: 5분의 1 이상 출석으로 개회하고, 재적위원 4분의 1 이상 출석, 출석과반수 찬성으로 의결
위원회 심사대상	① 모든 안건 위원회 심사대상(○) ② 모든 안건 반드시 위원회 거쳐야(×)

쟁점 088 국회운영과 의사절차

01 국회운영

연간회기일수	연간회기일수 제한 없다. 국회상설화 가능
정기회	① 헌법: 매년 1회 ➡ 법률로 2회(✕) ② 100일을 초과할 수 없다(헌법). ③ 9월 1일 개회(국회법)
임시회	① 대통령 또는 국회재적의원 4분의 1 이상의 요구(헌법 제47조) ② 30일을 초과할 수 없다(헌법). 국회의 회기는 의결로 정하되, 의결로 연장할 수 있다. ③ 2월·3월·4월·5월 및 6월 1일과 8월 16일에 임시회를 집회한다. 다만, 국회의원 총선거가 있는 경우 임시회를 집회하지 아니하며, 집회일이 공휴일인 경우에는 그 다음 날에 집회한다. ④ 의장은 임시회의 집회 요구가 있을 때에는 집회기일 3일 전에 공고한다. 이 경우 둘 이상의 집회 요구가 있을 때에는 집회일이 빠른 것을 공고하되, 집회일이 같은 때에는 그 요구서가 먼저 제출된 것을 공고한다. ⑤ 국회의원 총선거 후 첫 임시회는 의원의 임기 개시 후 7일에 집회하며, 처음 선출된 의장의 임기가 폐회 중에 만료되는 경우에는 늦어도 임기만료일 5일 전까지 집회한다. 다만, 그날이 공휴일인 때에는 그 다음 날에 집회한다. ⑥ 폐회 중 3일 전 공고, 비상사태시 1일 전 공고(국회법) ⑦ 총선거 후 최초의 임시회: 의원의 임기개시 후 7일에 집회한다(국회법). ⇔ 국회의원 임기는 총선거 후 최초임시회 개회일에 개시한다.(✕)
위원회 중심주의	위원회 심의 중심 ➡ 본회의 심의·의결

02 의사공개원칙

의사공개원칙 공개대상	① 본회의 ② 국회법 규정: 위원회 회의, 소위원회 회의 공개
국회 회의 비공개 사유	① 본회의 의결로 비공개로 하는 경우: 헌법 제50조 단서에서는 '출석의원 과반수의 찬성'에 의한 회의 비공개의 경우에 그 비공개 사유에 대하여는 아무런 제한을 두지 아니하여 의사의 공개 여부에 관한 국회의 재량을 인정하고 있다. ② 국회의장이 비공개로 하는 경우: 국가안전보장에 한함
국회 회의 비공개 정족수	10인 ➡ 출석과반수, 토론 없이 표결
비공개로 한 국회 회의 공표	① 법률로 정한다. ② 원칙(✕), 예외(○)
비공개로 하는 것	① 정보위원회 회의: 위헌 결정 ② 국회의원 징계에 관한 회의

위원회 회의 방청허가제	① 의원이 아닌 자는 위원회의 허가를 받아 방청: 합헌 ② 의원인 자는 허가 없이 방청
판례	① 방청허가제: 국회법 제55조 제1항은 위원회의 공개원칙을 전제로 한 것이지, 비공개를 원칙으로 하여 위원장의 자의에 따라 공개 여부를 결정케 한 것이 아니다. ② 회의의 원활한 진행을 위하여 필요한 경우 등 결국 회의의 질서유지를 위하여 필요한 경우에 한하여 방청을 불허할 수 있는 것으로 제한적으로 풀이되며, 국민의 기본권을 침해하는 위헌조항이라 할 수 없다. ③ 방청불허행위: 알 권리 침해 아니다. ④ 국회의 의사에 대하여는 직접적인 이해관계 유무와 상관없이 일반적 정보공개청구권을 가진다고 할 수 있다. ⑤ 국회법 제57조 제5항 단서는 헌법 제50조 제1항 단서가 국회의사공개원칙에 대한 예외로서의 비공개 요건을 규정한 내용을 소위원회 회의에 관하여 그대로 이어받아 규정한 것에 불과하므로, 헌법 제50조 제1항에 위반하여 국회 회의에 대한 국민의 알 권리를 침해하는 것이라 할 수 없다.

03 회기계속원칙

의의	국회에 제출된 법률안 기타의 의안은 회기 중에 의결되지 못한 이유로 폐기되지 아니한다. 다만, 국회의원의 임기가 만료된 때에는 그러하지 아니하다.
적용	① 국회는 한 입법기 내에는 동일한 의사를 가진다. ☑ 일사부재의 원칙은 한 회기 내 적용 ② 폐회 중, 재의요구 기간 내 환부거부한다.
회기불계속원칙	① 국회는 한 회기마다 독립적인 의사를 가진다. ② 전 회기 의사가 다음 회기 의사를 구속하지 못한다. ③ 폐회 중 보류거부한다. 보류거부는 회기불계속원칙에서 인정된다.

04 일사부재의 원칙

일사부재의 원칙 위반 ○	① 가부동수로 부결된 의안을 회기 내에 다시 발의하는 것 ② 재적의원 과반수 출석에 미달한 경우 부결되었다고 할 수 있다. 따라서 부결된 후 재표결은 일사부재의 원칙에 반한다. ☑ 재적의원 과반수 출석은 표결성립요건이므로 이에 미달한 경우 표결불성립이지 부결은 아니다(헌재의견이 아니라 4인 재판관 의견임).
일사부재의 원칙 위반 ✕	① 의결에 이르기 전에 철회된 안건의 발의 ② 전 회기에 부결된 안건을 현 회기에서 다시 발의하는 것 ③ 의결된 의안을 회기 내에 수정·발의하는 것 ④ 위원회에서 부결시켰다 하더라도 본회의에 다시 심의하는 것 ⑤ 동일한 의안일지라도 사정변경으로 말미암아 목적·방법·수단이 변경되면 동일사안으로 보지 않는다. 그 예로서 동일한 국무위원에 대한 탄핵소추안이 부결된 경우 동일 회기 내 다른 탄핵소추사유가 발생하여 다시 발의할 수 있다. ⑥ 국회의원에 대한 제명안건이 부결된 후 다른 징계안을 제출하는 것

헌법에 규정 ○ 법률로 변경 불가	① 의사공개원칙 ② 회기계속원칙 ③ 일반의결정족수
헌법에 규정 × 법률로 변경 가능	① 일사부재의 ② 일반의사정족수

05 의사정족수

개의	본회의는 오후 2시(토요일은 오전 10시)에 개의한다. 다만, 의장은 각 교섭단체 대표의 원과 협의하여 그 개의시(開議時)를 변경할 수 있다.
의사정족수	① 재적 5분의 1, 국회법 규정 ② 개회~회의종료까지 유지 ③ 정족수에 미달한 경우 회의중지 또는 산회선포, 다만 의장이 효율적 의사진행을 위해 회의를 계속할 수 있다.

06 표결

표결	의원은 표결에 있어서 표시한 의사를 변경할 수 없다.
표결방법	① 원칙: 전자투표 ② 예외: 기립 ③ 본회의 의결이 있는 경우는 기명, 호명, 무기명 투표
무기명으로 표결 (국회법)	① 대통령으로부터 환부된 법률안 재의결 ② 인사에 관한 안건(국회의원징계, 국무총리 임명동의안 등) ③ 국회에서 하는 각종 선거(국회의장, 부의장, 임시의장선거 등) ④ 국무총리 또는 국무위원 해임건의권 ⑤ 탄핵소추의결 ⑥ 신속처리안건 지정동의 ⑦ 본회의 부의요구 ⑧ 무제한토론 종결의결
기명표결	헌법개정안

07 정족수

10인 이상	① 회의의 비공개 발의(국회법 제75조) ② 법률안 등 일반의안의 발의(국회법 제79조) ③ 대법원장 출석발의
20인 이상	① 교섭단체의 성립(국회법 제33조) ② 국무총리, 국무위원, 정부위원에 대한 출석요구·발의(국회법 제121조) ③ 긴급현안질문(국회법 제122조의3) ④ 징계요구(국회법 제156조) ⑤ 의사일정변경(국회법 제77조)

30인 이상	① 위원회에서 폐기된 법률안 본회의 부의(국회법 제87조) ② 일반의안 수정동의(국회법 제95조) ③ 의원의 자격심사의 청구(국회법 제138조)
50인 이상	예산안에 대한 수정동의(국회법 제95조 단서)
재적과반수, 다수득표자	① 국회에서 대통령 선출(헌법 제67조) ② 국회 임시의장 선출
재적 1/5 이상	① 위원회 의사정족수(국회법 제54조) ② 의사정족수(국회법 제73조)
재적 1/4 이상	① 의원의 석방요구 발의(국회법 제28조) ② 임시회 소집요구(헌법 제47조) ③ 전원위원회 소집요구(국회법 제63조의2) ④ 국정조사발의(국정감사 및 조사에 관한 법률 제3조)
재적 1/3 이상	① 해임건의 발의(헌법 제63조) ② 일반 탄핵소추 발의(헌법 제65조) ③ 무제한 토론의 실시 건의(국회법 제106조의2) ④ 무제한 토론의 종결 동의 발의
출석과반수	국회 회의 비공개(헌법 제50조)
재적과반수, 출석과반수	일반의결정족수(헌법 제49조)
재적과반수	① 해임건의(헌법 제63조) ② 대통령에 대한 탄핵소추 발의(헌법 제65조) ③ 일반 탄핵소추의 의결(헌법 제65조) ④ 계엄해제 요구(헌법 제77조) ⑤ 헌법개정안 발의(헌법 제128조) ⑥ 의장·부의장 선출(국회법 제15조) ⑦ 안건의 신속처리 건의(헌법 제85조의2)
재적과반수, 출석 2/3 이상	법률안 재의결(헌법 제53조)
재적 3/5 이상	① 무제한 토론의 종결 동의 의결 ② 안건의 신속처리 의결 ③ 법사위 심의지체시 본회의 부의요구 ④ 본회의 부의요구 여부
재적 2/3 이상	① 국회의원 제명(헌법 제64조) ② 대통령에 대한 탄핵소추 의결(헌법 제65조) ③ 헌법개정안 의결(헌법 제130조) ④ 국회의원자격심사의 무자격결정(국회법 제142조)

01 처분적 법률

처분적 법률의 종류	개별인 법률, 개별사건법률, 한시법률
처분적 법률의 특성	특정사건(○), 불특정사건(✗)
처분적 법률이 아닌 것	① 보안관찰처분대상자에게 출소 후 신고의무 부과하는 법률 ② 신행정수도 후속대책을 위한 연기·공주지역 행정중심복합도시 건설을 위한 특별법 ③ 친일반민족행위자 재산 국가귀속법
대표적인 처분적 법률	① 후임자의 임명으로 공무원의 직위를 상실하도록 한 국가보위입법회의법 ② 헌정질서파괴범죄에 대한 공소시효 진행정지를 규정한 5·18특별법 ③ 이명박 주가조작 특별검사법 ④ 연합뉴스를 국가기관 뉴스통신사로 하고 국가가 재정지원을 하도록 한 법 ⑤ 세무대 폐지법률
처분적 법률 허용 여부	① 시민적 법치국가보다 사회적 법치국가에서 넓게 허용 ② 원칙(✗), 예외(○) ③ 처분적 법률을 금지하는 명문규정은 없다.
처분적 법률통제	위헌법률 심판대상(○), 헌법소원 심판대상(○) ☑ 추상적 법률과 달리 직접성 요건을 당연히 충족함

02 법률안 제출

법률안 제출	① 정부 제출: 의원내각제 요소 ② 국회의원: 10인 이상 ③ 상임위원회 소관사항: 10인 찬성(✗), 위원장 제출자(○), 위원회 소속의원이 제출자(✗) ④ 특별위원회: 원칙 법률안 제출(✗), 예외 법률안 제출(○)
예산이 수반되는 법률안 제출	① 국회의원 법률안 제출: 추계서 ② 정부 법률안 제출: 추계서 + 재원조달방법 ③ 위원회 제출: 추계서 제출, 의결로 생략할 수 있다.
법률안 제출행위	헌법소원이나 권한쟁의 대상이 될 수 없다.

03 위원회 심사

상임위원회 의안회부	폐회·휴회 중에는 의장이 본회의 보고를 생략하고 상임위원회에 회부할 수 있다.
안건이 어느 상임위원회의 소관에 속하는지 명백하지 아니한 경우	의장이 국회운영위원회와 협의하여 결정 ➡ 협의가 이루어지지 아니한 경우 의장이 소관상임위원회를 결정한다.
공청회·청문회 개최	① 제정법률안 전부개정법률안: 위원회(소위원회 포함)가 개최해야 한다. 다만, 의결로 생략할 수 있다. ② 일부개정안: 재적 3분의 1 이상 요구가 있으면 공청회·청문회를 열 수 있다.
의안 상정	① 일부 개정법률안: 15일 ② 제정·전부개정법률안: 20일 ③ 법사위 체계·자구심사: 5일 ④ 법률안 외의 의안: 20일
정부와 의원의 의안 철회	① 의제가 되기 전 자유롭게 법안 철회(O) ② 의제가 된 후 동의를 받아 철회(O) ③ 정부는 의원제출의 의안을 철회할 수 없음
안건조정위원회	① 재적 3분의 1 이상 요구로 구성 ② 여·야 동수로 구성 ③ 조정위원회조정안: 재적위원 3분의 2 이상 찬성 ④ 의결한 안건 ➡ 소위원회 심사 생략 ➡ 위원회, 30일 이내 표결 ⑤ 헌법상 기관이 아니므로 권한쟁의 당사자가 될 수 없음
위원회 심의	국회법 제60조 제1항 위원은 위원회에서 동일의제에 대하여 횟수 및 시간 등에 제한 없이 발언할 수 있다. 다만, 위원장은 발언을 원하는 위원이 2인 이상일 경우에는 간사와 협의하여 15분의 범위 안에서 각 위원의 첫번째 발언시간을 균등하게 정하여야 한다.
축조심사	① 소위원회: 생략 불가 ② 위원회: 의결로 생략 가능. 다만, 제정법률안과 전부개정법률안 생략 불가
입법예고	① 10일 이상 ② 생략할 수 있는 경우: 입법이 긴급을 요하는 경우, 입법내용의 성질 또는 그 밖의 사유로 입법예고를 할 필요가 없거나 곤란하다고 판단되는 경우 ③ 폐회 중은 입법예고 생략 사유 아님
보류함	위원회에서 본회의에 부의할 필요가 없다고 판단된 때에 본회의에 부의하지 아니할 수 있다.
위원회 해임	① 보류된 법안을 7일 이내 30인 이상의 요구로 본회의에 부의할 수 있다. ② 기간 내 요구가 없는 경우 폐기된다.
법사위 법률안 체계·자구심사	① 순서: 소관 상임위원회 ➡ 법사위 ② 법사위심사: 법안의 체계자구심사(O), 내용심사(✕) ③ 법사위 60일 이내 심사를 마치지 아니한 때: 소관위원회 위원장이 간사와 협의하여 이의가 없는 때 또는 이의가 있을 때 재적 5분의 3 이상 찬성으로 의장에게 본회의 부의요구 ➡ 의장, 교섭단체대표의원과 합의, 본회의 부의

04 국회의장의 심사기간 지정과 직권상정(국회법 제85조)

심사기간 지정	① 천재지변의 경우와 전시·사변 또는 이에 준하는 국가비상사태의 경우, 교섭단체 대표와 협의를 거쳐 심사기간 지정 ② 의장이 각 교섭단체 대표의원과 합의하는 경우 심사기간 지정 ③ 심사기간 내에 심사를 마치지 아니하였을 때에는 의장은 중간보고를 들은 후 다른 위원회에 회부하거나 바로 본회의에 부의할 수 있다.
재적의원 과반수가 요구한 경우 심사기간 지정사유로 규정하지 아니한 국회법에 대한 권한쟁의청구 ➔ 각하결정	① 과반수 서명요건을 갖추지 못한 신속처리안건 지정동의에 대한 표결실시 거부: 권한침해할 가능성은 없다. ② 국회의장의 위원회 심사기간 지정거부로 국회의원의 권한이 침해될 가능성이 없다. ③ 재적의원 과반수의 요구에 의해 위원회의 심사를 배제할 수 있는 입법을 하지 않은 부작위는 진정입법부작위이다. ④ 헌법의 명문규정이나 해석상 국회 재적의원 과반수의 요구가 있는 경우 국회의장이 심사기간을 지정하고 본회의에 부의해야 한다는 의무는 도출되지 않으므로, 국회법 제85조 제1항에서 이러한 내용을 규정하지 않은 것이 다수결의 원리, 나아가 의회민주주의에 반한다고도 볼 수 없다. ⑤ 국회 재적의원 과반수가 의안에 대하여 심사기간 지정을 요청하는 경우 국회의장이 그 의안에 대하여 의무적으로 심사기간을 지정하도록 규정하지 아니한 입법부작위의 위헌성을 이유로 이 사건 심사기간 지정 거부행위가 청구인들의 법률안 심의·표결권을 침해할 가능성 또한 인정되지 아니한다. ⑥ 국회선진화법 조항에 의해 국민들의 기본권 침해 가능성은 없다.

05 신속처리안건

안건의 신속한 처리	① 법안의 경우 재적과반수 동의로 신속처리안건 지정요구 발의 ➔ 무기명으로 표결하여 재적 5분의 3 이상으로 신속처리대상 안건 의결 ➔ 위원회, 180일 이내 심사 종료 ➔ If × ➔ 법제사법위원회에 회부 ➔ 법사위, 90일 이내 심사 종료 ➔ If × ➔ 본회의 부의 ➔ 본회의 60일 이내 상정 ② 법안이 아닌 의안의 경우: 법사위 회부절차 생략 ③ 신속처리안건도 수정 동의 가능

06 수정동의

수정동의	① 법률안 등 일반 의안에 대한 수정동의: 30인 이상의 찬성 ② 예산안에 대한 수정동의: 50인 이상의 찬성 ③ 예산안이 수반되는 법률안 수정동의: 30인 ④ 어떠한 의안으로 인하여 원안이 본래의 취지를 잃고 전혀 다른 의미로 변경되는 정도에까지 이르지 않는다면 이를 국회법상의 수정안에 해당하는 것으로 보아 의안을 처리할 수 있는 것으로 볼 수 있다.

07 본회의 심의

본회의 심의	① 국회법 제93조 본회의는 안건을 심의함에 있어서 그 안건을 심사한 위원장의 심사 보고를 듣고 질의·토론을 거쳐 표결한다. 다만, 위원회의 심사를 거치지 아니한 안건에 대하여는 제안자가 그 취지를 설명하여야 하고, 위원회의 심사를 거친 안건에 대하여는 의결로 질의와 토론 또는 그중의 하나를 생략할 수 있다. ② 제안자 취지 설명은 구두가 아닌 서면이나 컴퓨터 단말기에 의한 설명으로 대체 가능
의사일정 상정	본회의는 위원회가 법률안에 대한 심사를 마치고 의장에게 그 보고서를 제출한 후 1일이 지나지 아니하였을 때에는 그 법률안을 의사일정으로 상정할 수 없다.
재회부	본회의는 위원장의 보고를 받은 후 필요하다고 인정할 때에는 의결로 다시 안건을 같은 위원회 또는 다른 위원회에 회부할 수 있다.
무제한 토론	① 3분의 1 이상 요구가 있으면 반드시 무제한 토론 실시 ② 3분의 1 이상 제출, 무제한 토론의 종결동의는 동의가 제출된 때부터 24시간이 지난 후에 무기명투표로 표결하되 재적의원 5분의 3 이상의 찬성으로 의결한다. 이 경우 무제한 토론의 종결동의에 대해서는 토론을 하지 아니하고 표결한다. ③ 1인 1회라는 횟수 제한은 있으나 시간상 제한은 없다. ④ 무제한 토론은 회기가 종료되면 종결되고 해당 안건은 다음 회기에서 지체없이 표결 ⑤ 회기결정건은 무제한 토론의 대상이 안 됨
수정안의 표결 순서	① 같은 의제에 대하여 여러 건의 수정안이 제출되었을 때에는 의장은 다음의 기준에 따라 표결의 순서를 정한다. 　㉠ 가장 늦게 제출된 수정안부터 먼저 표결한다. 　㉡ 의원의 수정안은 위원회의 수정안보다 먼저 표결한다. 　㉢ 의원의 수정안이 여러 건 있을 때에는 원안과 차이가 많은 것부터 먼저 표결한다. ② 수정안이 전부 부결되었을 때에는 원안을 표결한다.
번안	의안 가결 후 수정하는 절차

08 법률안 거부권

대통령 거부권	① 의결된 날 15일 이내(✕), 이송된 날 15일 이내(○) ② 15일 이내 공포(✕), 거부권(✕) 　➡ 법안확정(○), 법안폐기(✕), 효력발생(✕) ③ 이의서 생략(✕) ④ 폐회 중에도 또한 같다. 환부거부(○) ⑤ 대통령제 요소

09 국회의 재의결

수정의결 / 대통령이 요구한 대로 의결	확정(✕)
전과 같은 의결	확정(○)
정족수	재적과반수 출석과 출석의원 3분의 2 이상의 찬성
표결방법	무기명
재의결	재의결로 확정(○), 재의결로 효력발생(✕)

10 공포와 효력발생

공포	① 거부권 ➡ 국회재의결 ➡ 이송: 5일 이내 대통령, 5일 경과 국회의장(이견 없음) ② 15일 경과로 법안 확정: 5일 이내 대통령, 5일 경과 국회의장(이견 있음) ③ 국무총리와 국무위원은 대통령권한대행자로서, 국회부의장은 국회의장의 직무대행자로서 공포할 권한이 있다. ④ 국회의장은 국회의원이므로 탄핵소추될 수 없으나, 대통령이 공포의무에 위반한 경우 탄핵소추사유가 된다.

공포방법·시기	공포방법	관보게재
	공포한 날	관보발행일자(✕), 최초 구독가능일(○)

효력발생	원칙	공포 20일 경과
	권리제한·의무부과법률	공포 30일 경과
	법률에 규정된 날 이후 공포한 경우	공포한 날 효력발생(✕), 공포 20일 경과 효력발생(○)

11 입법절차의 하자와 권한쟁의심판 ☑ 헌법소원청구는 부적법

권한 침해인 것	① 야당의원들에게 개의일시를 통지하지 않고 법률안 의결 ② 신문법과 방송법안 가결 ③ 토론절차를 생략하기 위한 의결을 거치지도 않은 채 법률안 의결 ④ 국회의 입법과 관련하여 일부 국회의원들의 권한이 침해되었다 하더라도 그것이 다수결의 원칙(헌법 제49조)과 회의공개의 원칙(헌법 제50조)과 같은 입법절차에 관한 헌법의 규정을 명백히 위반한 흠에 해당하는 것이 아니라면 그 법률안의 가결선포행위를 곧바로 무효로 볼 것은 아니다.
권한 침해 아닌 것	① 국회의장이 법률안을 정리해서 가결선언: 국회의 위임 의결이 없더라도 국회의장은 국회에서 의결된 법률안의 조문이나 자구·숫자, 법률안의 체계나 형식 등의 정비가 필요한 경우 의결된 내용이나 취지를 변경하지 않는 범위 안에서 이를 정리할 수 있다고 봄이 상당 ② 방위사업청 신설을 내용으로 하는 의안을 복수차관제를 내용으로 하는 정부조직법 개정안의 수정안으로 볼 수 있다. 이를 수정안으로 보고 방위사업청 신설안에 대한 가결을 복수차관제 신설을 내용으로 한 정부조직법 개정안의 처리로 보고 국회의장의 가결선포행위는 적법하다. ③ 국회의장이 교섭단체 대표의원과 직접 협의하지 않고 의사일정의 순서를 변경한 것 ④ 국회의장이 법률안을 직권 상정하기 전에 법률안을 교섭단체 대표의원에게 송부하고 법률안 가결선포행위

01 조세법률주의와 조세평등주의

조세원칙	① 조세법률주의(헌법 제59조): 과세요건 법정주의, 과세요건 명확주의 ② 조세평등주의(헌법 제11조) ③ 조세법률주의는 과세요건 법정주의, 조세평등주의를 그 핵심적 내용으로 한다.(✕) ④ 조세법률주의: 보험금, TV수신료에 적용되지 않음. 다만, 건강보험료, TV수신료는 법률유보원칙이 적용된다. ⑤ TV수신료 금액을 공사이사회에 위임한 한국방송공사법: 조세법률주의 위반(✕), 법률유보원칙 위반(○) ⑥ 조세: 영구세주의 조세를 1년세주의로 하려면 헌법개정이 필요하다. ⟺ 예산: 1년주의
과세요건 법정주의	① 과세요건 법정주의의 개념: 과세요건 법정주의는 납세의무자, 과세물건, 과세표준, 과세기간, 세율 등의 과세요건과 조세의 부과·징수절차를 국민의 대표기관인 국회가 제정한 법률로 규정해야 한다는 원칙이다. 조세감면도 법률에 근거해야 한다. ② 명령에 위임: 과세요건 등은 법률로 규정해야 하나 기본적인 사항을 법률로 정하고 세부적 사항은 대통령령 등에 위임할 수 있다. ③ 부가가치세 부담: 조세법으로 결정(✕), 당사자 간의 약정(○)
소급과세 금지	① 진정소급입법에 의한 과세: 금지 ② 부진정소급입법에 의한 과세: 허용
엄격한 해석원칙	확장해석(✕), 유추해석(✕)
실질과세	경제적 실질기준(○), 법적 형식기준(✕)
과세요건 입증책임	과세관청(○), 납세자(✕)
조세법률주의에 대한 예외	① 지방세 부과·징수에 필요한 사항도 반드시 법률로(✕) ➡ 조례에 위임 가능 ② 지방세법의 규정에 의거하여 제정되는 지방세부과에 관한 조례는 주민의 대표로 구성되는 지방의회의 의결을 거치도록 되어 있으므로 법률이 조례로써 과세요건 등을 확정할 수 있도록 조세입법권을 부분적으로 지방자치단체에 위임하였다고 하더라도 조세법률주의에 반하여 위헌이라고 볼 수 없다(1995.10.26, 94헌마242). ③ 긴급재정경제명령에 따른 조세부과, 허용된다. ④ 조약에 의한 관세율 결정, 조세법률주의 위반 아니다.
조세감면	① 조세감면도 법률의 근거를 요한다. ② 면제혜택을 받는 자의 요건은 엄격해야 한다.

02 조세 판례

조세법률주의 위반인 것	① 이혼에 따른 재산분할시 배우자의 인적공제를 초과한 재산분할 부분을 증여로 보아 증여세를 부과하는 상속세법 ② 중과세 　㉠ 대통령령이 정하는 고급주택 고급오락장을 취득한 경우 취득세율을 일반세율의 100분의 750으로 한 구 지방세법 제112조: 위헌(예측 불가) 　㉡ 유흥주점, 고급목욕탕등 대통령령으로 정하는 고급오락장: 합헌(예측 가능) 　㉢ 대통령령으로 정하는 비업무용토지와 골프장 중과세: 합헌 　㉣ 대통령령으로 정하는 골프장 취득세 중과세: 합헌 　㉤ 고급오락장으로 사용할 목적 없이 취득하는 경우 중과세: 위헌 ③ 전부개정법의 시행에도 불구하고 구법 부칙조항과 관련된 규율을 하지 않음으로써 생긴 입법상의 흠결을 보완하기 위하여 '특별한 사정'을 근거로 구법 부칙조항이 실효되지 않은 것으로 해석하는 것은 헌법상의 권력분립원칙과 조세법률주의의 원칙에 위배된다.
조세법률주의 위반 아닌 것	① 수증자가 증여받은 재산을 증여자에게 증여받은 때부터 1년이 도과한 후 반환하는 경우 증여세를 부과하는 상속세법 ② 당해 지역의 부동산 가격이 급등할 우려가 있다면 대통령령이 정하는 부동산에 해당하는 경우 기준시가가 아니라 실지거래가액에 따라 과세하는 것 ③ 양도소득세 과세대상으로서 '양도'의 개념을 정하고 있는 소득세법 조항 ④ 투기목적이 없는 1세대 1주택 양도의 범위를 대통령령으로 정하도록 하는 것 / 개발비용으로 계상되는 세액의 범위를 대통령령에 위임한 개발이익환수에 관한 법률 ⑤ 배우자로부터 증여를 받은 때에 '300만 원에 결혼 연수를 곱하여 계산한 금액에 3천만 원을 합한 금액'을 증여세과세가액에서 공제 ⑥ 대주주가 상장주식을 양도한 경우에 양도소득세를 부과하는 구 소득세법 ⑦ 소득세의 과세대상이 되는 근로소득의 범위에 관하여 '근로의 제공으로 인하여 받는 봉급·급료·보수·세비·임금·상여·수당과 이와 유사한 성질의 급여'라고 규정하고 있는 구 소득세법 ⑧ 증여세 회피목적의 명의신탁등기에 대해 증여로 간주하여 증여세를 부과 ⑨ 과세물품을 '휘발유·경유 및 이와 유사한 대체유류'로 정한 교통·에너지·환경세법 ⑩ 증여세 무신고 등의 경우 부과제척기간을 15년으로 연장한 국세기본법 ⑪ 수입주류의 과세표준을 규정한 구 주세법
조세평등원칙 위반 아닌 것	① 누진세, 비례세는 입법자의 재량이다. 소득계층에 관계없이 동일한 세율을 적용한다고 하여 담세능력의 원칙에 어긋나지 않는다. ② 최저생계를 위하여 필요한 경비는 과세로부터 제외되어야 한다는 최저생계를 위한 공제를 요청할 뿐 입법자로 하여금 소득세법에 있어서 반드시 누진세율을 도입할 것까지 요구하는 것은 아니다. 이 사건 법률조항은 조세평등주의에 위반되지 아니한다. ③ 주택거래에 대하여 취득세 및 등록세를 감면하는 지방세법 ④ 농지대토의 양도소득세 감면요건으로 직접 경작을 요구하는 구 조세특례제한법 ⑤ 비영업용 소형승용자동차의 구입 등에 관한 매입세액을 공제하지 않도록 규정한 구 부가가치세법

03 부담금

1. 조세와 부담금 비교

조세와 부담금 공통점	① 반대급부가 없다. 텔레비전수신료는 사용에 대한 대가가 아니다. ② 법률에 근거를 두어야 하고 과잉금지원칙을 준수해야 한다. ③ 부담금이냐 조세이냐는 법률에서 무엇으로 규정하고 있는가가 가장 중요한 기준(✕)/그 실질적 내용을 기준(○)으로 해야 한다. 개발부담금은 명칭과 다르게 조세이다.
조세와 부담금 차이점	① 조세는 일반 국민에게 부과되며, 부담금은 해당 과제와 관계가 있는 이해관계인에게 부과된다. 그러나 특별부담금은 일부 국민에게만 부과된다 하여 그 수입이 반드시 부담금의무자의 집단적 이익을 위하여 사용되어야만 헌법적으로 정당화될 수 있는 것은 아니다. ② 일반적 국가과제를 위한 재원은 조세를 통해 확보되어야 하고 부담금은 특별한 국가적 과제를 위한 국가과제를 달성하기 위해 부과되어야 한다. 국민체육진흥은 일반적 국가과제이므로 조세를 통해 재원을 확보해야 한다. 골프장 이용자에게 부가금을 부과해서 재원을 확보하는 것은 평등원칙에 위배된다. ③ 부담금은 조세에 대한 관계에서 어디까지나 예외적으로만 인정되어야 하며, 어떤 공적 과제에 관한 재정조달을 조세로 할 것인지 아니면 부담금으로 할 것인지에 관하여 입법자의 자유로운 선택권을 허용하여서는 안 된다. ④ 부담금은 조세와 다르므로 조세와 별도로 관리되어야 한다. 일반적인 재정수입에 포함시켜서는 안 된다. ➡ 부담금은 일반적·국가적 과제를 수행하는 데 사용할 수 없다.
재정조달목적의 부담금과 정책실현적 부담금	① 재정조달목적의 부담금은 지출단계에서 그 목적이 실현되나 정책실현적 부담금은 부과단계에서 실현된다. ② 재정조달목적의 부담금: 학교용지부담금, 골프장 이용부담금, 영화발전기금을 위한 부담금, 관광진흥부담금 등 ③ 정책실현적 부담금: 수질개선부담금, 재건축 초과이익부담금(재정조달목적도 있음) ④ 부담금이 재정조달목적뿐 아니라 정책실현목적도 함께 가지는 경우에는 부담금의 심사요건들 중 일부가 완화된다.

2. 조세와 부담금 비교표

	조세	부담금
법률유보	헌법 제59조의 조세법률주의 적용	헌법 제37조 제2항의 법률유보 적용
과잉금지원칙 적용	○	○
조세평등원칙 적용	○	확장 적용
반대급부 없는 강제징수	○	○
헌법에 명시적 통제장치 규정	○	✕
대상자	일반국민	당해 공익사업과 일정한 관련성이 있는 이해관계인
일반적인 국가과제 수행비용 확보	○	✕

3. 부담금 위헌 여부

헌법위반인 것	① 교통안전분담금 부과방법·비율을 대통령령에 위임: 위헌 ② 학교용지부담금(재정조달목적 부담금) ㉠ 수분양자에게 부과: 위헌 ㉡ 개발사업자에게 부과: 합헌 ㉢ 가구수가 증가되지 않는 개발사업 부과: 위헌 ③ 국민체육진흥기금을 위한 골프장 이용부담금 ④ 텔레비전수신료 금액을 이사회에 위임 ⑤ 문화예술진흥기금을 위한 부담금
헌법위반 아닌 것	① 영화발전기금 확보를 위한 부담금 ② 수질개선부담금 ③ 기반시설부담금 ④ 국외여행자에 대한 관광진흥개발부담금 ⑤ 장애인고용부담금 ⑥ 카지노사업자에게 총 매출액의 100분의 10 범위 안에서 관광진흥개발기금에 납부하도록 한 것 ⑦ 재건축 초과이익부담금

01 의의

예산	국가기관을 구속하는 법규범이다. 다만, 국민을 구속하지는 않는다.
예산 형식	① 예산법률주의: 미국, 영국, 독일, 프랑스 ② 예산비법률주의(특수의결주의): 일본, 우리나라 ➡ 예산법률주의를 채택하려면 헌법 개정(○), 법률 개정으로 가능(✕)

02 예산과 법률 비교

	예산	법률
형식	법률과 별개의 국법 형식	입법의 형식
제출시한	회계연도 개시 90일 전까지	제한 없음
제출권자	정부	국회의원(10명)과 정부
수정	삭감 가능 그러나 정부의 동의 없는 증액·신설 불가 (수정시 50인 동의)	자유로움 (수정시 30명 동의)
성립요건	국회의결	국회의결
의결정족수	일반정족수	일반정족수
대통령 거부권	재의 요구할 수 없음	있음
효력발생요건	공포가 효력발생요건 아님 (관보에 공고해야 하나 효력발생요건은 아님)	공포가 효력발생요건
효력발생시기	새로운 회계연도 개시일	공포한 날부터 20일
시간적 효력	해당 회계연도만	폐지시까지
장소적 효력	외국공관에서도 효력 발생	외국공관에서는 효력 불발생
구속력	국가기관만	국민과 국가기관
헌법소원대상	✕	○

03 예산과 법률과의 관계

1. 예산 ➡ 법률변경(×), 법률 ➡ 예산변경(×) ➡ 상호불변관계

2. 세출예산과 법률 불일치

세출예산	법률	예산과 법률 불일치와 조정방법
○	×	➡ 예산 지출할 수 없다: 법률제정·개정
×	○	➡ 예산 지출할 수 없다: 추가경정예산, 예비비, 법률시행 연기

3. 세입예산과 법률

세입예산	법률	조세부과 여부
×	○	➡ 조세를 부과할 수 있다.
○	×	➡ 조세를 부과할 수 없다.

04 예산의 종류

계속비	연한을 정해야 한다. 연한 5년 이내, 필요한 경우 10년 이내 연장 가능
예비비	① 필수항목(×) ② 예산총액의 100분의 1 이내 금액 ③ 지출 후 차기국회승인 ➡ If 승인받지 못하면: 지출행위 무효(×)
추가경정예산	① 예산성립 후 예산변경 ② 국회의결 전에 집행할 수 없다. ③ 추가경정예산안의 편성: 정부는 다음의 어느 하나에 해당하게 되어 이미 확정된 예산에 변경을 가할 필요가 있는 경우에는 추가경정예산안을 편성할 수 있다. 　㉠ 전쟁이나 대규모 재해(재난 및 안전관리 기본법 제3조에서 정의한 자연재난과 사회재난의 발생에 따른 피해를 말한다)가 발생한 경우 　㉡ 경기침체, 대량실업, 남북관계의 변화, 경제협력과 같은 대내외 여건에 중대한 변화가 발생하였거나 발생할 우려가 있는 경우 　㉢ 법령에 따라 국가가 지급하여야 하는 지출이 발생하거나 증가하는 경우
수정예산	정부는 예산안을 국회에 제출한 후 내용의 일부를 수정하고자 하는 때에는 국무회의 심의를 거쳐 대통령의 승인을 얻은 수정예산안을 국회에 제출할 수 있다.
준예산	① 정부는 새로운 회계 연도까지 예산안이 의결되지 않은 경우 헌법이나 법률에 의하여 설치된 기관 또는 시설의 유지·운영, 법률상 지출의무의 이행, 이미 예산으로 승인된 사업의 계속에 한해 전년도 예산에 준하여 집행할 수 있다: 준예산(○), 가예산(×) ② 준예산·가예산의 비교 |　|기간 제한|국회의결|지출항목|헌정사| |---|---|---|---|---| |준예산|제한 없음|불필요|한정적|제2공화국 헌법 이후 채택| |가예산|1개월|필요|전반적|제1공화국 헌법에서 채택| ③ 새로운 회계연도가 개시될 때까지 예산안이 의결되지 못한 때에는 정부는 국회에서 예산안이 의결될 때까지 잠정적으로 모든 경비를 전년도 예산에 준하여 집행할 수 있다.(×)

준예산·가예산의 비교 표:

	기간 제한	국회의결	지출항목	헌정사
준예산	제한 없음	불필요	한정적	제2공화국 헌법 이후 채택
가예산	1개월	필요	전반적	제1공화국 헌법에서 채택

	④ 국회가 의결시한까지 예산을 의결하지 않은 경우 정부는 전년도 예산에 준하여 예산을 집행할 수 있다.(✗) ➡ 의결시한까지가 아니라 새로운 회계연도 개시될 때까지
	☑️ 새로운 회계연도가 개시될 때까지 예산안이 의결되지 못한 경우, 정부는 국회에서 예산안이 의결될 때까지 법률상 지출의무를 위한 경비를 아직 의결되지 못한 예산안에 따라 집행할 수 있다.(✗)

05 예산성립절차

제출	① 헌법상 예산안 제출: 정부가 국무회의 심의를 거쳐 90일 전까지 제출
	② 국가재정법: 정부는 회계연도 개시 120일 전까지 국회에 제출(제33조)
	③ 독립기관인 국회, 대법원, 헌법재판소, 중앙선관위는 예산요구서를 정부에 제출하고 정부는 조정이 필요할 때 협의를 하고 감액할 때 의견을 구해야 한다.
	④ 정부는 감사원의 세출예산요구액을 감액하고자 할 때에는 국무회의에서 감사원장의 의견을 들어야 한다.
국회의 심의 의결	① 국회가 30일 전까지(○), 새로운 회계연도 개시될 때까지(✗)
	② 심의절차: 예산안 소관상임위원회 회부 ➡ 의장에게 보고 ➡ 예산결산특별위원회 회부 ➡ 본회의 부의
	③ 예산결산위원회가 증액·새 비목을 설치하려면 소관상임위원회의 동의를 받아야 한다. 72시간 내 동의 여부 통지가 안 되는 경우 ➡ 동의 있는 것으로 간주
	④ 위원회, 예산안 등 매년 11월 30일까지 심사 종료 ➡ If ✗ ➡ 그 다음 날에 본회의에 바로 부의
국회예산안 심의 한계	① 국회, 전면거부(✗)
	② 정부의 동의 없는 증액·새 비목 설치(✗), 정부의 동의 없는 폐지·감액(○)
	③ 조약이나 법률에 확정된 금액 삭감(✗)

06 예산의 효력

예산효력	① 예산, 공고함으로써 효력발생(✗)
	② 예산, 다음 연도에 이월하여 사용할 수 없다.
	③ 각 중앙관서의 장은 예산이 정한 각 기관 간 또는 각 장·관·항 간에 상호 이용(移用)할 수 없다.
	④ 세입예산은 우리나라와 같이 영구세주의를 취하는 국가에서는 일년주의를 취하는 국가에서보다도 그 법적 구속력이 강하다.(✗)
	⑤ 예산변경: 법률로(✗), 추가경정예산으로(○), 긴급재정경제명령으로(○)

07 결산심사권

결산심사권	① 기획재정부장관 ➡ 국무회의 심의 ➡ 대통령 승인 ➡ 감사원 검사 ➡ 기획재정부장관에 송부 정부 ➡ 다음 회계연도 5월 31일까지 국회에 제출
	② 국회결산 심사결과 정부·해당 기관의 위법·부당한 사유가 있는 경우 변상·징계조치를 요구할 수 있고 정부는 지체없이 처리하여 결과를 국회에 보고해야 한다.

08 예산외의 국가의 부담이 될 계약

예산외의 국가의 부담이 될 계약	① 예산외 국가의 부담이 될 계약을 체결할 수 있다. ② 이때 정부는 미리 국회의 의결을 얻어야 한다. ⇔ 예비비 지출, 차기국회 의결 ③ 정부가 국회의 의결 없이 국가의 부담이 될 계약을 체결한 경우: 국회의 권한 침해(○), 　국회의원의 권한 침해(×) ④ 국회는 재정적 부담을 지우는 조약에 대한 체결·비준 동의권을 가진다.

01 인사청문 대상자

인사청문특별위원회에서 인사청문 대상자	국회동의를 받는 자	① 대법원장 ② 헌법재판소장 ③ 국무총리 ④ 감사원장 ⑤ 대법관
	국회에서 선출되는 자	① 국회에서 선출되는 헌법재판관 3인 ② 중앙선거관리위원 3인 ☑ 국회는 헌법재판소 재판관을 선출할 의무가 있다.
	대통령 당선인으로부터 국무총리 후보자로 인사청문이 요청된 자	
소관상임위원회에서 인사청문 대상자	① 대법원장이 지명하는 헌법재판소 재판관 3인과 중앙선거관리위원회 위원 3인 ② 대통령이 단독으로 임명하는 헌법재판소 재판관 3인과 중앙선거관리위원회 위원 3인 ③ 국무위원 후보자 ④ 대통령당선인이 지명하는 국무위원 후보자 ⑤ 국가정보원장 ⑥ 국세청장 ⑦ 검찰총장, 고위공무원범죄수사처장 ⑧ 경찰청장 ⑨ 방송통신위원회 위원장 후보자 ⑩ 합동참모의장의 후보자 ⑪ 공정거래위원회 위원장 ⑫ 금융위원회 위원장 ⑬ 국가인권위원회 위원장 ⑭ 한국은행총재의 후보자 ⑮ 특별감찰관 후보자 ⑯ 한국방송공사 사장 후보자	
인사청문 대상자가 아닌 자	① 중앙선거관리위원회 위원장 ② 감사위원 ③ 국가인권위원회 위원, 그러나 국가인권위원장은 인사청문 대상자임 ④ 국민권익위원회 위원장	

02 인사청문특별위원회

인사청문특별위원회	① 정수: 13인 ② 임명동의안등이 국회에 제출되면 구성되고 본회의에서 의결될 때 또는 인사청문 경과가 본회의에 보고될 때까지 존속 ③ 각 교섭단체 대표의원의 요청으로 국회의장이 선임 및 개선하고 어느 교섭단체에도 속하지 아니하는 의원의 위원선임은 의장이 이를 행한다. ④ 위원장: 호선

03 인사청문기간

인사청문기간	① 20일 이내: 국회에 제출된 때부터 20일 이내 ② 15일 이내: 위원회 회부 ③ 3일 이내: 인사청문기간
인사청문기간을 준수하지 못한 경우	① 소관 상임위위원회의 인사청문대상자인 경우: 인사청문경과보고서가 20일 이내에 송부 ✕ ➡ 대통령, 10일 이내 송부요청 가능 ➡ If 국회, 송부 ✕ ➡ 헌법재판소 재판관 등을 임명 가능 ② 인사청문특별위원회의 인사청문 대상자인 경우: 위원회가 임명동의안등이 회부된 때로부터 15일 이내에 심사 또는 인사청문을 마치고 마친 때로부터 3일 이내에 경과보고서를 의장에게 제출하여야 한다. 그렇지 않은 경우 의장은 이를 바로 본회의에 부의할 수 있다. ☑ 국회에 회부된 날부터 20일이 지나도록 인사청문회를 마치지 아니한 경우, 대통령은 10일 이내 범위에서 송부를 요청할 수 있고 국회가 송부하지 아니한 경우 대법원장을 임명할 수 있다.(✕)

04 인사청문 진행과 인사청문 결과의 구속력

인사청문 진행	① 공개원칙, 비공개 예외 ② 일문일답 방식으로 진행 ③ 증인 등 출석요구 ④ 자료제출 요구: 재적 3분의 1 이상 요구 ⑤ 청문대상자의 답변거부: 형사상 자기에게 불리한 진술 거부 가능, 변호사등으로서 직무상 알게 된 비밀 진술거부 가능
청문 결과, 보고	위원장, 인사청문 결과 본회의 보고 ➡ 의장, 대통령 등에게 인사청문경과보고서 송부
인사청문 결과 대통령의 국가기관임명권 구속 여부	① 법적 구속력 ✕ ② 대통령이 국회인사청문회의 결정이나 국회의 해임건의를 수용할 것인지의 문제는 대의기관인 국회의 결정을 정치적으로 존중할 것인지의 문제이지 법적인 문제가 아니다.

01 국회의 탄핵소추의결

1. 탄핵제도 의의

의의	① 징계(○), 형사처벌(✕) ② 제도적 의의: 의원내각제 < 대통령제 ③ 제헌헌법부터 규정 ④ 제6차 개정: 대통령 탄핵소추 정족수 강화 ⑤ 탄핵재판소(제헌) ➡ 헌법재판소(1960년 헌법) ➡ 탄핵심판위원회(1962년 헌법) ➡ 헌법위원회(1972년과 1980년 헌법) ➡ 헌법재판소(현행)

2. 탄핵소추 대상자

헌법규정상의 탄핵소추 대상자	① 대통령 ② 국무총리 ③ 국무위원 ④ 행정각부의 장 ⑤ 헌법재판소 재판관 ⑥ 법관 ⑦ 중앙선거관리위원회 위원 ⑧ 감사원장 ⑨ 감사위원 ⑩ 기타 법률이 정한 공무원
법률상 대상자	검사, 경찰청장, 방송통신위원회 위원장, 각급 선관위 위원, 고위공직자범죄수사처 처장, 차장, 수사처검사
헌법조항 탄핵 대상자	예시, 법률로 추가 가능
탄핵 대상이 아닌 자	국회의원

3. 탄핵소추사유

직무집행	① 법에 근거한 행위뿐 아니라 모든 직무상 행위 포함: 준공식 참석, 기자회견 ② 대통령 당선 후 임기개시 전 행위는 직무상 행위는 아님 ③ 전직 비서관과의 오찬은 직무상 행위는 아님
헌법이나 법률 위반	① 헌법, 관습헌법, 법률, 긴급명령, 조약 위반(○), 여기에서 법률은 형사법에 한정되지 아니한다. ② 탄핵절차는 정치적 심판절차가 아닌 규범적 심판절차이다. ③ 부당한 행위(✕) ④ 성실한 직무수행 위반 여부: 사법적 판단대상(✕) ⑤ 헌법수호의무 위반 여부: 사법적 판단대상(○)
법 위반	법의 무지로 인한 법 위반 포함

4. 국회의 탄핵소추의결

국회의 탄핵소추의결 부작위	① 국회는 탄핵소추의결을 해야 할 헌법상의 의무를 지지 않는다. ② 탄핵소추를 청구할 기본권 없다. ③ 탄핵소추부작위, 헌소대상(✕)
탄핵소추 절차	① 일반대상자: 재적의원 3분의 1 이상 발의, 재적의원 과반수 찬성 ② 대통령: 재적의원 과반수 발의, 재적의원 3분의 2 이상 찬성 ③ 법사위 회부 의결이 있는 경우: 법사위 조사 ➡ 본회의 의결 ④ 법사위 회부 의결이 없는 경우: 본회의 부의 ➡ 24시간에서 72시간 내 표결, 무기명 표결, If ✕, 탄핵소추안 폐기 ⑤ 국회가 탄핵소추를 할 때, 법제사법위원회의 소추사유에 대한 조사는 임의적 절차이다.

5. 탄핵소추의결의 효과

권한행사 정지되는 자	탄핵소추 의결된 자(○), 탄핵소추 발의된 자(✕)
권한행사 정지시점	탄핵소추의결서가 송달된 때(○), 탄핵소추가 의결된 때(✕)
소추의결서 송달효과	① 사직원 접수(✕), 해임(✕) ② 파면(○) ➡ 파면한 경우 헌법재판소 기각결정(○), 탄핵결정(✕), 각하결정(✕)

02 탄핵심판

탄핵심판 절차	① 탄핵소추위원: 법사위원장(○), 국회의장(✕) ② 소추위원: 신문할 수 있다. 탄핵소추사유 추가할 수 없다. ③ 피청구인에 대한 탄핵심판 청구와 동일한 사유로 형사소송이 진행되고 있는 경우에는 재판부는 심판절차를 정지할 수 있다. ④ 당사자가 출석하지 아니한 경우 ➡ 다시 기일을 정한다. ➡ 출석하지 않은 경우 출석 없이 심리한다. ⑤ 헌법재판소법, 형사소송에 관한 법령, 민사소송법이 준용 ⑥ 재판부는 결정으로 다른 국가기관 또는 공공단체의 기관에 심판에 필요한 사실을 조회하거나, 기록의 송부나 자료의 제출을 요구할 수 있다. 다만, 재판·소추 또는 범죄수사가 진행 중인 사건의 기록에 대하여는 송부를 요구할 수 없다. ⑦ 심리는 구두변론으로 진행하고 공개원칙
탄핵결정	① 6인 이상의 찬성: 탄핵결정 ② 탄핵결정사유 　㉠ 헌법재판소법 '탄핵심판청구에 이유 있는 경우' 　㉡ 판례: 중대한 법 위반(○), 대통령의 경우에는 일반대상자보다 더 중대한 법 위반
탄핵결정 효과	① 파면된다(궐위사유). ② 탄핵결정 + 형사처벌: 일사부재리 원칙 위반 아니다. ③ 5년간 공직취임금지 ④ 탄핵결정에 대한 사면: 규정은 없으나 불허, 미국헌법은 사면불가 규정

03 노무현 대통령 탄핵사건

노무현 대통령 탄핵사건	① 탄핵소추 발의시 법제사법위원회로의 부의와 법제사법위원회의 조사는 임의적 절차이다. ② 한나라당 등이 탄핵소추한 의결에 참여하지 않은 소속국회의원들을 출당시키겠다고 공언한 것은 국회의원의 정당기속의 범위를 넘어 국회의원의 표결권 행사를 침해하는 것은 아니다. 또한 국회의장이 표결 후 투표용지를 국회직원을 통하여 투표함에 넣은 것은 대리투표에 해당하지 아니한다. ③ 탄핵소추의 경우에 질의와 토론 없이 표결하더라도 자의적인 것은 아니다. ④ 대통령과 국회 간의 탄핵소추절차에는 적법절차원칙이 직접 적용되지 않는다. ⑤ 탄핵소추위원은 국회의 탄핵소추사유를 추가할 수 없다. ⑥ 탄핵소추의결서에 기재되지 아니한 소추사유를 판단의 대상으로 삼을 수 없지만, 탄핵소추의결서에서 그 위반을 주장하는 '법규정의 판단'에 관하여는 청구인이 그 위반을 주장한 법규정 외에 다른 관련 법규정에 근거하여 탄핵의 원인이 된 사실관계를 판단할 수 있다. ⑦ 대통령과 지방자치단체장도 선거에서의 중립의무를 부담한다. 대통령이 기자회견에서 특정 정당을 지지한다고 발언한 것은 공선법 제9조에 위반된다. ⑧ 국회의원 후보자가 결정이 안 된 상황에서 대통령이 특정 정당이 많은 의석을 차지하기를 바란다고 한 발언은 선거운동에 해당하지 않으므로, 공선법 제60조 선거운동금지에 위반되지 않는다. ⑨ 홍보비서관이 공선법을 폄하하여 발언한 것은 대통령의 행위로서 헌법수호의무에 위반된다. ⑩ 대통령이 신임을 헌법 제72조의 국민투표에 부의하겠다는 의사표시는 헌법 제72조에 위반된다. ⑪ 대통령이 국회인사청문회의 결정이나 국회의 해임건의를 수용할 것인지의 문제는 대의기관인 국회의 결정을 정치적으로 존중할 것인지의 문제이지 법적인 문제가 아니다. ⑫ 청구인이 주장하는 바와 같은 정치적 무능력이나 정책결정상의 잘못 등 직책수행의 성실성 여부는 그 자체로서 소추사유가 될 수 없어, 탄핵심판절차의 판단대상이 되지 아니한다. ⑬ 헌법재판소 재판관은 소수의견을 밝힐 수 없다. ☑ 탄핵심판 당시 헌법재판소법 제36조 제3항은 헌법소원, 위헌법률심판, 권한쟁의심판에서 재판관은 의견을 표시하여야 한다고 규정하여, 탄핵심판에서는 소수의견을 표시할 수 없다고 하였는데, 최근 헌법재판소법 개정으로 모든 헌법재판에서 재판에 관여한 재판관은 의견을 표시하여야 한다.

04 박근혜 대통령 탄핵사건

박근혜 대통령 탄핵사건	① 탄핵소추사유: 구체적 기재, 국회가 탄핵심판을 청구한 뒤 별도의 의결절차 없이 소추사유를 추가하거나 기존의 소추사유와 동일성이 인정되지 않는 정도로 소추사유를 변경하는 것은 허용되지 아니한다. ② 탄핵소추사유에 대한 별도의 조사 없이 국정조사결과, 특검수사결과를 기다리지 않고 소추안을 의결하더라도 위법이 아니다. ③ 국회법에 탄핵소추표결 전에 반드시 토론을 거쳐야 한다는 명문규정 없다. 피청구인은 소추의결은 아무런 토론 없이 진행되었으므로 부적법하다고 주장하나 이유 없다. ④ 탄핵소추안을 사유별로 나누어 발의할 것인지, 여러 사유를 포함하여 하나의 안으로 발의할 것인지는 의원들의 재량이다. ⑤ 적법절차의 원칙을 탄핵소추절차에 직접 적용할 수 없다. ⑥ 재판관 9인이 아니라 7인 이상이 출석했다면 탄핵심판을 심리하고 결정할 수 있다. ⑦ 본회의에 상정된 의안에 대하여 표결절차에 들어갈 때 국회의장에게는 '표결할 안건의 제목을 선포'할 권한만 있는 것이지(국회법 제110조 제1항), 직권으로 이 사건 탄핵소추안에 포함된 개개 소추사유를 분리하여 여러 개의 탄핵소추안으로 만든 다음 이를 각각 표결에 부칠 수는 없다. ⑧ 기업에 대하여 특정인을 채용하도록 요구하고 특정 회사와 계약을 체결하도록 요청하는 등 대통령의 지위와 권한을 이용하여 사기업 경영에 관여, 스포츠클럽 개편과 같은 최○원의 이권과 관련된 정책 수립을 지시하는 등 피청구인의 이러한 일련의 행위는 최○원 등의 이익을 위해 대통령으로서의 지위와 권한을 남용한 것으로서 공정한 직무수행이라 할 수 없다. ⑨ 대통령의 지위를 이용하여 기업으로 하여금 재단법인에 출연하도록 한 피청구인의 행위는 해당 기업의 재산권 및 기업경영의 자유를 침해한 것이다. ⑩ 최○원의 국정개입을 허용하고 권한을 남용한 행위는 비밀엄수 의무에 위배된다. ⑪ 피청구인이 문화체육관광부 소속 공무원인 노○강과 진○수에 대하여 문책성 인사를 하도록 지시한 것이 공무원 임면권을 남용한 것으로는 볼 수 없다. ⑫ 피청구인의 청와대 문건 유출에 대한 비판 발언 등을 종합하면 피청구인이 세계일보의 정○회 문건 보도에 비판적 입장을 표명한 것은 언론의 자유를 침해한 것은 아니다. ⑬ 국민의 생명이 위협받는 재난상황이 발생하였다고 하여 피청구인이 직접 구조 활동에 참여하여야 하는 등 구체적이고 특정한 행위의무까지 바로 발생한다고 보기는 어려우므로, 세월호 참사에 대한 피청구인의 대응조치에 미흡하고 부적절한 면이 있었다고 하여 곧바로 피청구인이 생명권 보호의무를 위반하였다고 인정하기는 어렵다.

05 법관 탄핵사건

법관 탄핵사건 ➡ 각하결정	① 민주적 정당성을 임기 중 박탈함으로써 헌법을 수호·유지하는 기능은 대통령에 대한 탄핵심판절차뿐만 아니라 법관에 대한 탄핵심판절차의 경우에도 동일하게 작용한다. ② 헌법 제65조 제1항과 제106조 제1항이 정하고 있는 '법관'은 이미 공직을 상실한 전직 법관을 의미하는 것이 아니라, 탄핵심판에 따른 파면결정 선고를 받을 수 있는 현직 법관을 의미하는 것임은 분명하다. ③ 탄핵소추 의결에 의한 해당 공직자의 권한 행사 정지는 그에 대한 헌법재판소의 심리나 어떤 예외도 없이 헌법에 근거하여 당연히 이루어진다. ④ 탄핵소추를 발의·의결할 것인지는 국회가 재량적으로 판단할 사항일 뿐 국회에게 탄핵소추를 발의·의결할 의무가 있는 것은 아니므로 탄핵제도를 법치주의 수호를 위한 통상적 장치로 이해할 수는 없다. 탄핵제도는 법치주의 실현을 위해 헌법이 예정해 둔 비상수단이라고 평가할 수 있다. ⑤ 대법원장과 대법관이 아닌 법관의 경우 '대법관회의 동의'를 얻어 '대법원장이 임명'하는 것도(헌법 제104조 제3항) 간접적으로 민주적 정당성을 부여받는 것이다. ⑥ '탄핵으로 파면된 후 5년이 지나지 아니한 사람'은 법관으로 임용할 수 없는 것으로 규정하고 있는데, 이 역시 헌법 아닌 법률에 규정된 결격사유이다. 헌법상 탄핵제도의 본질에서 해석을 통해 당연히 도출될 수 있는 것은 아니다. ⑦ 탄핵결정에 의한 파면의 부수적 효력으로서 공직취임의 제한은 "모든 국민은 소급입법에 의하여 참정권의 제한을 받거나 재산권을 박탈당하지 아니한다."라고 규정한 헌법 제13조 제2항의 적용 영역에 있다는 점에서 그 요건과 한계를 엄격하게 해석해야 한다. ⑧ 탄핵결정으로 파면된 사람의 '공무원이 되는 자격을 5년 동안 정지시키는 것'으로서 형법상 '자격정지'의 형벌에 준하는 '형사적 제재'의 성격을 가지고 있으므로, 그 법률조항에서 명문으로 규정하지 않은 부분에까지 제재를 확장하여 공무담임권의 배제와 박탈이 확대되도록 유추해석할 수 없다. ⑨ 의심스러울 때에는 시민의 자유를 우선해야 한다는(in dubio pro libertate) 근대입헌주의원칙의 근간은 헌법재판소법 제54조 제2항에서 정한 공직취임 제한의 제재에도 적용되어야 한다. ⑩ 일정한 결정에 헌법재판소법 규정에 의한 '기속력'이 인정되기 때문이다(헌법재판소법 제47조 제1항, 제67조 제1항, 제75조 제1항·제6항). 헌법재판소법은 탄핵심판의 결정에 기속력을 부여하고 있지 않고 있다. ⑪ 기속력과 심판의 이익의 관련성에서 볼 때, 파면결정을 통한 해당 공직 박탈이 불가능한 상황에서 예외적 심판의 이익을 인정하여 탄핵사유의 유무만을 확인하는 결정을 상정하기 어렵다. ⑫ 헌법재판소의 탄핵심판 계속 중 피청구인이 임기만료로 퇴직한 경우, 탄핵심판청구는 부적법하다.

01 국정감사와 조사 비교

	국정감사(국정감사 및 조사에 관한 법률 제2조)	국정조사(국정감사 및 조사에 관한 법률 제3조)
사안	국정전반	특정사안
시기	정기적, 매년 정기회 집회일 이전, 다만 본회의 의결로 정기회 기간 중에 감사를 실시할 수 있음	재적의원 4분의 1의 요구가 있을 때
기간	① 감사시작일부터 30일 이내 국회 결정 ② 감사시작일부터 30일 이상 변경 불가	의결로 정함
주체	소관상임위원회	특별위원회, 상임위원회
계획서	상임위원장이 국회운영위원회와 협의하여 감사계획서 작성	조사위원회가 조사계획서를 본회의에 제출하여 승인
공개	공개, 의결로 비공개 가능	

02 연혁

연혁	① 영국출발 ② 바이마르헌법 규정(○) ③ 미연방헌법 규정(✕) ④ 국정조사는 헌법상의 명문규정과 관계없이 국회의 당연한 권한이다. ⑤ 우리나라 헌법의 국정감사 · 조사의 연혁

	제헌헌법	제3차	제5차	제7차	제8차	현행헌법
국정감사	○	○	○	✕	✕	○
국정조사	✕	✕	✕	✕	○	○

03 국정조사 · 감사권

국정조사 · 감사권	① 국정조사 · 감사: 보조적 권한(○), 독립적 권한(✕) ② 국정조사 · 감사권 ㉠ 국회의 권한(○), 국회의원의 권한(✕) ㉡ 국회의원의 권한이 아니므로 국회의원이 국정감사 · 조사권 침해를 이유로 권한쟁의심판을 청구할 수 없다. ㉢ 교원들의 교원단체가입현황과 같은 특정 정보를 인터넷 홈페이지에 게시하거나 언론에 알리는 것과 같은 행위는 국회의원의 독자적인 권능이라고 할 수 없고, 그러한 행위가 제한된다고 해서 국회의원의 국정감사 또는 조사에 관한 권한이 침해될 가능성은 없다.

통치구조론 제4편 해커스공무원 황남기 헌법족보

04 국정감사와 조사 대상기관

국정감사 대상기관	① 시·도: 국가위임사무와 국가가 보조금 등 예산을 지원하는 사업으로 함 ② 시·군·구: 본회의 의결이 있는 경우 ③ 감사원 감사 대상기관도 국정조사나 감사의 대상임
국정조사 대상기관과 기간 등 결정	① 국정조사 대상과 조사기간, 소요경비: 본회의 승인 ➔ 활동기간 연장 및 단축은 본회의 의결(○), 위원회 의결(✕) ② 감사: 상임위원장이 국회 운영위원회와 협의하여 작성한 감사계획서에 의하여 행한다. ③ 소위원회: 같은 소속 교섭단체 소속의원만으로 구성할 수 없다.

05 국정감사·조사방법

1. 청문회와 공청회

청문회	증인, 참고인, 감정인 의견 청취, 증거채택	동행명령(○)	출석강제, 선서(○)
공청회	전문가 의견 수렴	동행명령(✕)	출석강제, 선서(✕)

2. 자료요구와 증언요구

(1) 자료요구

재적의원 3분의 1 이상

(2) 서류제출·증언요구시 국가기밀이라는 이유로 원칙적으로 서류제출, 증언을 거부할 수 없다.

(3) 주무부장관 성명, 국회가 국무총리 성명 요구, 국무총리 성명이 있는 경우에 한해 증언이나 서류제출 거부 가능

3. 출석요구와 증인에 대한 동행명령(○), 강제구인(✕)

	출석요구	동행명령
대상	① 증인 ② 참고인 ③ 감정인	증인
주체	① 본회의: 의장이 출석요구서 ② 위원회: 위원장이 출석요구서	① 위원장이 동행명령장(○) ② 의장 발부(✕), 법원 발부(✕)

4. 증인보호

(1) 증인은 형사소송법 제148조 또는 제149조에 해당하는 경우에 선서·증언 또는 서류등의 제출을 거부할 수 있다.

(2) 변호사, 변리사, 회계사, 의사 등은 직무상 알게 된 비밀에 대한 증언을 거부할 수 있다.

(3) 국회에서 안건심의 또는 국정감사나 국정조사와 관련하여 보고와 서류 및 해당 기관이 보유한 사진·영상물의 제출 요구를 받거나, 증인·참고인으로서 출석이나 감정의 요구를 받은 때에는 이 법에 특별한 규정이 있는 경우를 제외하고는 다른 법률에도 불구하고 누구든지 이에 따라야 한다.

06 조사결과 보고와 시정요구

조사결과 보고와 시정요구	① 본회의와 위원회: 위증 등의 경우 고발하여야 한다. 　다만, 청문회는 재적위원 3분의 1 이상 찬성으로 고발할 수 있다. ② 국정감사·조사를 마친 때 위원회는 보고서를 의장에게 제출해야 한다. ➡ 의장은 본회의에 보고해야 한다. ③ 국회는 감사 또는 조사 결과 위법하거나 부당한 사항이 있을 때에는 정부 또는 해당 기관에 변상, 징계조치, 제도개선, 예산조정 등 시정을 요구하고, 정부 또는 해당 기관은 시정요구를 받거나 이송받은 사항을 지체 없이 처리하고 그 결과를 국회에 보고하여야 한다.

07 국정조사와 감사대상

감사대상 ○	① 행정입법이나 조례 등의 위헌·위법성과 타당성 ② 집행부의 행정작용에 대한 타당성 ③ 재판의 신속한 처리 여부 ④ 소추에 관여할 목적이 아닌 탄핵소추나 해임건의 등을 위한 정치적 목적을 위해 수사 중인 사건에 대한 조사 ⑤ 법관의 배치 등 사법행정 사항 ⑥ 의원의 징계와 자격심사 및 체포에 관한 사항 ⑦ 국가작용에 관한 사생활 ⑧ 감사원 예산·인사
감사대상 ×	① 재판의 내용이나 소송절차의 당·부당 ② 지방자치단체의 고유사무 ③ 감사원의 변상책임의 판정이나 징계처분과 문책 등의 요구 ④ 소추나 재판에 간섭하는 조사: 국회증언법규정(○), 헌법규정(×) ⑤ 사생활 침해

출석·답변 대상자	① 국무총리, 국무위원, 정부위원: 출석·답변의무(○), 출석·발언권(○) ② 대통령: 출석·답변의무(✕), 출석·발언권(○) ③ 대법원장 등: 국회법상 출석·답변의무 ④ 국무총리 또는 국무위원이 출석요구를 받은 때에는 국무위원 또는 정부위원으로 하여금 출석·답변하게 할 수 있다.	
출석요구 절차	① 국무총리, 국무위원, 정부위원: 20인 발의, 일반의결 정족수로 의결 ② 대법원장 등: 10인 발의, 일반의결 정족수로 의결 ③ 위원회: 의결로 출석요구(헌법 제62조 제2항).	
대정부 질문	대정부 질문	• 국정전반, 특정분야 • 20분 초과 금지, 답변시간 포함(✕) • 48시간 전까지 질문요지서, 정부도달
	긴급현안 질문	• 20인 이상 찬성 • 24시간 전까지 의장에게 제출 • 질문 10분＋보충질문 5분 초과 금지

01 의의

1. 국회, 국무위원 전원에 대해 해임건의할 수 있다. 일괄적 또는 개별적으로 해임건의할 수 있다.
2. 법적 구속력이 없다. 대통령이 건의를 따르지 않아도 탄핵소추사유는 아니다.

02 해임과 탄핵 비교

	탄핵제도		해임건의
특성	법적인 책임 추궁		정치적 책임 추궁
정부형태와 관계	대통령제 > 의원내각제 의원내각제에도 있다.		의원내각제 요소
우리헌법상 연혁	제헌헌법		제1차 개정헌법: 불신임결의 제5차: 해임건의 제7차·제8차: 해임의결 현행: 해임건의
대상자	**헌법** ① 대통령 ② 국무총리 ③ 국무위원 ④ 행정각부의 장 ⑤ 헌재재판관 ⑥ 법관 ⑦ 중앙선거관리위원회 위원 ⑧ 감사원장 ⑨ 감사위원	**검찰청법** 검사	① 국무총리 ② 국무위원
직무와 관련성	요함 사생활, 도덕상 과오 대상 ×		요하지 아니함 도덕상 과오도 대상 O
위법성	① 헌법이나 법률을 위배한 경우 ② 정책상 과오는 대상이 아님		① 위법성을 전제로 하지 않음 ② 정책상 과오는 대상이 됨
정족수	재적 1/3, 재적과반수 대통령: 재적과반수, 재적 2/3 이상		재적 1/3, 재적과반수
국회표결	무기명, 본회의 보고된 때로부터 24~72시간 이내		무기명, 본회의 보고된 때로부터 24~72시간 이내
국회의결	① 국회의 재량 ② 권한행사 정지됨		① 국회의 재량 ② 권한행사 정지되지 않음
공직취임금지	5년간 금지됨		5년간 금지되지 않음

의의	법률에 저촉되지 않는 범위 내에서(○) 법령에 저촉되지 않는 범위 내에서(✕)
효력	① 효력: 법규명령 + 행정규칙 ② 의원의 임기만료로 폐지(✕) ③ 공포: 효력요건(✕)
통제	대외적 효력이 있는 국회규칙은 법원의 명령·규칙심사와 헌법소원의 대상이 될 수 있다.

01 자격심사

자격심사	① 청구: 30인 이상 ② 윤리특별위원회 ➜ 본회의, 무자격 결정(재적 3분의 2)

02 징계

징계대상행위	휴회 · 개회 · 폐회 중 행위도 포함되고 국회의사당 내뿐 아니라 밖의 행위도 포함한다.
징계 요구	① 국회의장 요구, 위원장의 요구 ② 국회의원 20인 찬성 요구 ③ 모욕당한 의원, 20인 찬성 필요 없다.
윤리특별위원회 심사를 거쳐 본회의 회부	① 의원의 회의장 출입방해: 윤리특별위원회 심사를 거쳐 의결로써 징계할 수 있다. ② 다만, 의장석 또는 위원장석을 점거하고 점거 해제를 위한 의장 또는 위원장의 조치에 불응한 때 윤리특별위원회의 심사를 거치지 않고 징계할 수 있다.
징계회의	비공개
제명된 의원	① 당해 보궐선거 입후보 금지 ② 국회의 징계에 대해 법원에 제소할 수 없다. ⇔ 지방의회의 의원징계는 항고소송의 대상이 된다.

03 자격심사와 징계비교

	자격심사	징계	
사유	① 금지된 취임 ② 임기개시일 후 해직된 권한행사	① 청렴의무 ② 이권운동금지 ③ 모욕발언금지 등에 위반한 때	
요구정족수	의원 30인	의원 20인 또는 모욕당한 의원	
종류	무자격 결정(장래효)	① 경고 ② 사과 ③ 30일 이내의 출석정지(겸직 · 영리행위 금지의무 위반 90일 출석정지) ④ 제명	
정족수	무자격 결정: 재적의원 3분의 2(국회법규정)	**경고 · 사과 · 출석정지** 일반의결 정족수	**제명** 재적의원 3분의 2 (헌법규정)
출석 · 변명	① 허가를 받아 출석 가능 ② 변명 가능	출석 허용, 변명 가능 ➜ 변명 후 퇴장	

01 임기개시

국회의원 임기개시	전임자의 임기만료 이후(O), 국회총선거 후 최초 임시회 개회일(×)

02 사직과 퇴직

	사직(국회법 제135조)	퇴직(국회법 제136조)
개념	자신의 의사로 직을 포기하는 것	법이 정한 사유에 의해 직위를 상실하는 것
사유	자신의 의사	겸할 수 없는 직에 취임, 해직된 직의 권한행사, 피선거권이 없게 된 때
국회의 허가	**개회·휴회 중일 때** / **폐회 중일 때** 본회의 허가 / 의장 허가	허가 없음

03 국회의원 당적 변경과 의원직 상실 여부

지역구 의원의 당적 변경	의원직 유지한다.
비례대표 의원의 당적 변경	합당, 제명, 해산의 사유로 당적 변경되면 의원직 유지하나, 그 이외의 사유인 경우 의원직 상실한다.

04 국회의원직 법정 상실 사유

O	① 당선무효판결 ② 선거법 위반 당선자 100만원 이상의 벌금형 확정 ③ 퇴직, 사직, 국회 제명, 국회의 자격상실 결정 ④ 비례대표일 경우 탈당
×	① 정당제명 ② 탄핵결정 ③ 지역구의원 탈당 ④ 비례대표의원의 합당·해산·제명에 의한 당적 변경 ⑤ 정당의 등록취소 ☑ 정당강제해산시, 의원직 상실 법규정 없음, 판례상 의원직 상실

의의	① 연혁: 영국 ➡ 미연방헌법 ② 면책특권과 불체포특권 포기 불가
국회의원	① 지방의원(✕), 공선법상 후보자(○), 선관위위원(○) ② 교사(○)
현행범인	① 불체포특권(✕) ② 회의장 안에서 의장의 명령 없이 체포할 수 없다.
회기 중	① 휴회 중(○), 폐회 중(✕), 계엄하에서 폐회 중(○) ② 독일 폐회 중(○) ③ 약한 불체포 특권(미국형)
국회동의	① 판사 ➡ 정부, 즉시 국회에 체포동의 요청 ➡ 국회, 24시간~72시간 내 표결. 다만, 72시간 내 표결되지 않는 경우, 그 이후 최초로 개의하는 본회의에 상정하여 표결 ② 정족수: 일반의결정족수 ③ 표결방법: 토론 없이 무기명으로 표결(○) ④ 범죄가 명백한 경우, 국회동의해야 한다.(✕) 재량이다. ⑤ 국회동의가 있으면 회기 중 체포 가능 ➡ 상대적 특권
회기 전 구속된 경우 석방요구	① 정부는 체포 또는 구금된 의원이 있을 때에는 지체 없이 의장에게 영장 사본을 첨부 하여 이를 통지하여야 한다. 구속기간이 연장되었을 때에도 또한 같다(국회법 제27조). ② 석방요구: 재적 4분의 1, 일반의결정족수 ➡ 효과: 구속영장의 집행이 정지된다. ③ 토론 없이 무기명으로 표결(○) ④ 회기 시작되면 석방(✕) ⑤ 석방 후 폐회가 되면 다시 구속(○)
효과와 한계	① 불체포에 감호조치, 격리처분 등도 포함 ② 수사·소추·형사재판은 가능 ③ 법원의 유죄판결로 의원직 상실하면 형집행을 위한 체포·구속 가능

의의	① 연혁: 영국 ➡ 미국	
	② 면책특권은 범죄성립의 요건은 충족하나 그에 관한 형벌권의 발생이 저지되는 경우이므로 인적처벌조각사유이다.	
	③ 대의제, 자유위임 ➡ 면책	

요건	국회의원	① 국회의원(○)
		② 교사·방조한 자(✕)
		③ 지방의원(✕)
		④ 국무위원(✕)
		⑤ 증인(✕)
		⑥ 국회의원 당선자(✕)
	국회에서	① 여의도 의사당 한해(✕)
		② 국정감사가 열리는 관청(○)
		③ 당사(✕)
		④ 인터넷 홈페이지(✕)
		⑤ 국정감사 후 식당에서(✕)
	직무상 행한 발언과 표결	① 모든 직무상 행위(퇴장 등)
		② 국회의원의 질문·질의 + 입법활동에 필요한 정보수집 + 정부에 대한 자료제출 요구
		③ 폭력(✕), 욕설(✕)
		④ 본회의에서 발언할 내용의 원고를 원내기자실에서 기자에게 배포한 행위는 직무상 부수행위로서 직무상 행위에 해당하므로 면책특권이 적용된다.
		⑤ 당사에서 원고 배포: 면책(✕)

효과	① 국회 외에서 민사·형사·징계책임은 면책된다.
	② 국회 외에서 정치적 책임은 진다.
	③ 국회 내 책임은 진다.
	④ 임기만료 이후에도 면책된다.
	⑤ 면책특권이 적용되는 국회의원 기소: 무죄선고(✕), 공소기각(○)

한계	① 원외발언, 출판: 면책 안 됨
	② 회의록 공개: 면책특권(✕), 보도의 자유와 알 권리로 면책(○)

판례	① 허위임을 알면서 허위사실 적시: 면책(✕)
	② 허위라는 것을 모르고 근거가 부족한 발언: 면책(○)

⊕ PLUS 불체포특권 vs 면책특권 비교

	불체포특권	면책특권
보호대상	신체의 자유	직무상 발언과 표결
연혁	영국의회특권법(1603년), 연방헌법	① 권리장전(1689년), 미연방헌법 ② 제헌헌법부터 규정
직무관련성	직무관련이 없는 범죄에 있어서도 인정	직무상 발언과 표결
적용기간	일시적	영구적
효과	법적 책임면제가 아니라 체포유예	인적처벌조각사유, 법적인 책임면제
국회의결로 제한가능 여부	제한가능(상대적 특권)	제한불가능(절대적 특권)

01 권한

권한	① 헌법에는 이에 관한 명문의 규정이 없지만 인정됨, 국회의원 개개인에게 모두 보장, 포기할 수 없음 ② 기본권이 아니므로 헌소청구할 수 없음. 다만, 권한쟁의청구는 가능함 ③ 국회의 대내적인 관계에서 행사되고 침해될 수 있을 뿐 다른 국가기관과의 대외적인 관계에서는 침해될 수 없음

02 국회 관련 헌법규정 유무

국회 관련 헌법규정 유무	① 국회의원의 자유위임원칙, 헌법에 명문규정은 없으나 헌법 제46조 제2항 등에서 도출 ② 국회의원의 법률안 등 심의 표결권, 헌법에 명문규정 없으나 헌법 제40조 등에서 도출 ③ 인사청문회 헌법 명문규정 없음 ④ 국회의원의 국무총리 또는 국무위원겸직 허용, 헌법에 규정은 없고 국회법에 규정되어 있음 ⑤ 국회의원 제명정족수 재적 3분의 2는 헌법 제64조에 규정되어 있으나 무자격결정의 의결정족수 재적 3분의 2 이상은 헌법이 아니라 국회법에 규정되어 있음 ⑥ 위원회회의, 소위원회회의 공개는 헌법에 명문규정이 없고 국회법에 규정되어 있음 ⑦ 국유철도·선박·항공기 무료이용권(국회법 제31조)은 법개정으로 삭제됨

03 의무

헌법상 의무	헌법상 의무	국회법상 의무
	① 청렴의 의무 ② 국가이익 우선의 의무 ③ 이권불개입의 의무 ④ 겸직 금지의 의무	① 품위유지의무 ② 회의출석의무 ③ 질서준수의무 ④ 헌법준수의무
국회의원의 겸직 금지 (국회법 제29조)	① 의원은 국무총리 또는 국무위원 직 외의 다른 직을 겸할 수 없다. 다만, 다음의 어느 하나에 해당하는 경우에는 그러하지 아니하다. 　㉠ 공익 목적의 명예직 　㉡ 다른 법률에서 의원이 임명·위촉되도록 정한 직 　㉢ 정당법에 따른 정당의 직 ② 의원이 당선 전부터 위 ①의 ㉠~㉢의 직 외의 직을 가진 경우에는 임기개시일 전까지 그 직을 휴직하거나 사직하여야 한다. 다만, 다음의 어느 하나의 직을 가진 경우에는 임기개시일 전까지 그 직을 사직하여야 한다. 　㉠ 공공기관의 운영에 관한 법률 제4조에 따른 공공기관(한국은행을 포함한다)의 임직원 　㉡ 농업협동조합법·수산업협동조합법에 따른 조합, 중앙회와 그 자회사(손자회사를 포함한다)의 임직원 　㉢ 정당법 제22조 제1항에 따라 정당의 당원이 될 수 있는 교원 ③ 의장은 겸직이 허용되는 직인지를 윤리심사자문위원회의 의견을 들어 결정하고 그 결과를 해당 의원에게 통보한다. 이 경우 의장은 윤리심사자문위원회의 의견을 존중하여야 한다. ④ 의원은 겸직이 허용되지 아니한다는 의장의 통보를 받은 날부터 3개월 이내에 그 직을 휴직하거나 사직하여야 한다. ⑤ 의원이 위 ①의 ㉠~㉢의 직을 겸하는 경우에는 그에 따른 보수를 받을 수 없다. 다만, 실비 변상은 받을 수 있다.	
국회의원의 영리행위 금지 (국회법 제29조의2)	① 의원은 그 직무 외에 영리를 목적으로 하는 업무에 종사할 수 없다. 다만, 의원 본인 소유의 토지·건물 등의 재산을 활용한 임대업 등 영리업무를 하는 경우로서 의원 직무수행에 지장이 없는 경우에는 그러하지 아니하다. ② 의원이 당선 전부터 제1항 단서의 영리업무 외의 영리업무에 종사하고 있는 경우에는 임기 개시 후 6개월 이내에 그 영리업무를 휴업하거나 폐업하여야 한다. ③ 의장은 의원이 제3항에 따라 신고한 영리업무가 제1항 단서의 영리업무에 해당하는지를 제46조의2에 따른 윤리심사자문위원회의 의견을 들어 결정하고 그 결과를 해당 의원에게 통보한다. 이 경우 의장은 윤리심사자문위원회의 의견을 존중하여야 한다. ④ 의원은 의장으로부터 종사하고 있는 영리업무가 제1항 단서의 영리업무에 해당하지 아니한다는 통보를 받은 때에는 통보를 받은 날부터 6개월 이내에 그 영리업무를 휴업하거나 폐업하여야 한다.	

01 대통령의 헌법상 지위

국가원수로서 지위	① 조약체결 비준, 외교사절 신임접수 ② 외국에 대하여 선전포고 ③ 국가의 독립, 영토의 보존, 국가의 계속성과 헌법을 수호할 책임 ④ 긴급명령권, 긴급재정경제처분 및 명령권, 계엄선포권 ⑤ 위헌정당해산제소권 ⑥ 헌법개정안의 제안권, 중요정책의 국민투표부의권, 국회임시회 집회요구권, 국회 출석 발언권, 법률안 제출권, 사면 및 감형 등에 관한 권한 ⑦ 대법원장과 헌법재판소장 및 감사원장 임명, 헌법재판소 재판관, 대법관, 중앙선거관리위원회 3인의 위원임명권, 감사위원임명권
집행부 수반으로서 지위	① 국무총리임명 ② 국무위원임명 ③ 국무회의의장

02 대통령 선출과 임기

대통령 선출 연혁	제헌: 간선, 제1차: 직선 제2공화국: 간선 제3공화국: 직선 제4공화국: 통일주체국민회의 간선 제5공화국: 선거인단 간선 현행: 직선
대통령 임기 연혁	① 임기 가장 긴 헌법: 제8차(7년) ② 현행헌법과 임기 동일한 헌법: 제3차(5년)

01 대통령 당선인의 지위

대통령 당선인의 지위	① 국무총리후보자 지명 ➡ 인사청문 요청 ② 국무총리후보자 제청 ➡ 국무위원 후보자 지명 ➡ 인사청문 요청 ③ 대통령직 인수 위원회: 대통령의 임기시작일 이후 30일의 범위에서 존속한다. ④ 임기개시: 전임대통령 임기만료 후 　비교» 보궐선거, 재선거로 당선된 경우: 당선이 결정된 때 새로 개시

02 대통령의 궐위와 사고

궐위와 사고	① 궐위사유: 사망, 탄핵결정, 사임, 판결로 피선거권 상실(공직선거법 제35조 제1항) ➡ 사유발생일 60일 이내 ② 사고사유: 병원입원, 해외순방, 탄핵소추의결
대통령 사고와 궐위를 확인할 기관	권한대행 개시 및 기간에 관한 법규정 없다.
대통령 권한대행자	① 헌법: 국무총리 – 법률 ② 법률: 국무총리 ➡ 기획재정부장관 ➡ 교육부장관 ➡ 과학기술정보통신부장관 ➡ 외교부장관 ➡ 통일부장관 순
권한대행기간	궐위(최장 60일), 사고(60일 초과도 가능)
대통령 권한대행 1순위 연혁	① 제헌헌법 ~ 제2차 개정헌법(1954년 헌법): 부통령 ② 제3차 개정헌법(1960년 헌법) ~ 제4차 개정헌법: 참의원의장 ③ 제5차 개정헌법(1962년) ~ 현행헌법: 국무총리
권한대행 범위	① 정부조직법: 권한대행의 범위 규정 없음 ② 다수설: 사고·궐위 모두 현상유지, 새로운 정책(✗), 적극적 인사권(✗)

03 불소추특권

범죄	내란·외환죄 소추(○)
재직 중	재직 후 소추(○)
형사상 소추	재직 중 형사소추(✗), 재직 중 탄핵소추(○), 재직 중 민사상·행정상 소제기(○)
소추금지	재직 중 체포·구금·압수·수색도 받지 않는다.
재직 중 공소시효 정지	헌법 제84조 해석상 공소시효 정지(判)

04 대통령의 의무

대통령 취임선서 (헌법 제69조)	① 헌법준수 ⇔ 국회의원 헌법준수의무는 국회법에 규정 ② 평화적 통일 ③ 국민의 자유와 복리 증진 ④ 민족문화 창달
겸직 금지의 의무	대통령은 국무총리나 장관을 겸할 수 없다.
책무 (헌법 제66조)	① 국가의 독립 ② 영토보전 ③ 국가의 계속성 ④ 헌법수호

05 전직대통령 예우상실 사유

전직대통령에 대한 예우상실 사유 O	① 재직 중 탄핵결정을 받아 퇴임한 경우 ② 금고 이상의 형이 확정된 경우 ③ 형사치벌을 회피할 목적으로 외국정부에 대하여 도피처 또는 보호를 요청한 경우 ④ 대한민국의 국적을 상실한 경우
전직대통령에 대한 예우상실 사유 ×	① 탄핵소추의결 ② 형사상 소추 ③ 벌금형 ④ 자진사퇴

06 대통령 관련 헌법규정 유무

헌법에 규정 있음	① 대통령 선거(O) ② 대통령 유고시 권한대행자(O) ③ 대통령 유고시 후임자 선거(O) ④ 퇴임 후 예우(O) ⑤ 대통령 헌법준수의무(O), 직책을 성실히 수행할 의무 　　⇔ 국회의원 헌법준수의무 규정: 헌법(×), 국회법(O)
헌법에 규정 없음	① 대통령 사고·궐위 확인하는 기관 ② 대통령 권한대행자의 권한대행 범위

01 긴급명령

긴급명령상황요건	국가의 안위에 관계되는 중대한 교전상태		
긴급명령목적	국가보위(O), 공공복리(✕), 적극적 목적(✕)		
긴급한 조치가 필요하고 국회의 집회가 불가능할 때 한하여	① 사실상 불가능 ② 개회·휴회·폐회(O) ③ 국회 재적과반수 집회불응		
긴급명령절차요건	부서 + 국무회의 심의		
긴급명령효력: 법률과 같은 효력	허용	① 모든 법률적 사항 ② 기본권 제한 ③ 법률폐지·개정	
	금지	① 국회해산 ② 기본권 잠정적 정지 ③ 헌법개정 ④ 법원과 정부에 관한 특별한 조치(군정실시) ⑤ 기본권에 대한 특별한 조치: 언론·출판의 자유에 대한 허가제와 검열제, 영장에 대한 특별조치	
긴급명령 행정부 내 통제	사전적 통제로서 부서 + 국무회의 심의를 거쳐야 한다.		
긴급명령 국회통제	① 긴급재정경제처분도 사후 승인 요함 ② 국회승인 정족수: 일반의결 정족수 ③ 국회, 수정승인 가능 ④ 승인을 받지 못한 때: 그때로부터 효력상실(O), 소급하여 효력상실(✕), 긴급명령으로 개폐된 법률 효력 회복(O) ⑤ 승인을 받은 경우: 효력 유지하고, 긴급명령을 개폐하려면 법률로 해야 한다.		
긴급명령 공포	대통령, 승인 여부에 대해 즉시 공포		
긴급명령 사법적 통제	위헌법률심판 대상(O), 헌법소원심판 대상(O), 명령규칙심사의 대상(✕)		

02 긴급재정 경제처분 및 명령권

내우 · 외환 · 천재 · 지변 또는 중대한 재정 · 경제상 위기	① 둘 중 하나 요건만 있으면(O) ② 엄격히 해석
국가의 안전보장과 공공의 안녕질서 유지	공공복리(×), 적극적 목적(×)
긴급한 조치가 필요하고 집회를 기다릴 여유가 없을 때 한하여	① 임시회 집회를 기다릴 여유가 없을 때 ② 개회(×), 휴회(×), 폐회(O)

03 긴급명령과 긴급재정경제명령 비교

	긴급명령	긴급재정경제명령
상황적 요건	중대한 교전상태	내우 · 외환 · 천재 · 지변 또는 재정 · 경제상 위기
목적적 요건	국가보위	국가안전보장, 공공안녕질서
시기	휴회 · 폐회 · 개회	폐회 중에만
국회소집요건	집회불가능	집회를 기다릴 여유가 없는 때
제한할 수 있는 기본권	모든 기본권 모든 법률적 사항	경제적 기본권 경제사항

04 긴급재정경제명령 판례

긴급재정경제명령 판례	① 고도의 정치적 결단에 의한 행위로서 통치행위가 기본권과 관련성이 있으면 헌법소원의 대상이 된다. ② 긴급재정경제명령은 재정경제상의 위기가 현실적으로 발생한 후 이를 사후적으로 수습하여 헌법질서를 유지하기 위하여 헌법이 정한 절차에 따라 행사되어야 한다. ③ 긴급재정경제명령의 상황적 요건은 대통령이 일차적으로 판단하여야 하나, 대통령의 자유재량도 아니고 상황적 요건이 존재한다는 주관적 확신만으로 행사되어서는 아니 되고, 객관적 상황이 존재하여야 한다. ④ 긴급재경명령이 헌법 제76조 소정의 요건과 한계에 부합한다면, 그 자체로 목적의 정당성, 수단의 적정성, 피해의 최소성, 법익의 균형성이라는 기본권제한의 한계로서의 과잉금지원칙을 준수하는 것이 된다. ⑤ 국가긴급권은 잠정적 권한이므로 긴급재정명령이 2년간 지속된 것은 바람직하지는 않지만 그 이유만 가지고 바로 헌법에 위반되는 것은 아니다. ☑ 긴급재정경제명령이 유효하게 성립한 이상 가사 그 발동의 원인이 된 '내우 · 외환 · 천재 · 지변 또는 중대한 재정 · 경제상의 위기'가 사라졌다고 하여 곧바로 그 효력이 상실되는 것이라고는 할 수 없다(대판 1997.6.27, 95도1964).

05 긴급조치: 제7차 개정헌법에 규정

	대법원 판례	헌법재판소 판례
긴급조치 효력	법률(✕)	법률(○)
긴급조치 심사	대법원이 최종적 심사	헌법재판소가 전속적 관할권을 가진다.
긴급조치가 심사대상이 되는지 판단 기준	① 유신헌법(✕) ② 현행헌법(○)	① 유신헌법(✕) ② 현행헌법(○)

06 계엄선포권

1. 요건

계엄요건	① 전시·사변 또는 국가비상사태: 사전적(✕) ② 병력으로써: 경찰력으로 해결할 수 있는 경우(✕) ③ 군사상 필요에 응하거나 공공의 안녕질서: 공공복리(✕)
절차요건	① 부서 + 국무회의 심의 ② 국회에 통고, 폐회 중인 경우 국회 집회요구해야 한다.
준법요건	계엄법 준수, 국방부장관 추천으로 대통령이 계엄사령관 임명

2. 특별한 조치

기본권에 대한 특별한 조치	헌법 제77조 제3항	① 영장 ② 언론·출판·집회·결사의 자유
	계엄법 제9조	① 체포·구금·압수·수색 ② 거주·이전 ③ 언론·출판·집회·결사의 자유 ④ 단체행동
정부와 법원의 권한에 특별한 조치	국회와 헌법재판소 권한에 대한 특별한 조치(✕)	
계엄사령관에 대한 지휘·감독	① 일반적인 경우: 대통령 ➡ 국방부장관 ➡ 계엄사령관 ② 전국을 계엄지역으로 하는 경우와 대통령이 필요하다고 인정하는 경우: 대통령 ➡ 계엄사령관	

3. 계엄 통제

해제요구와 건의	① 계엄해제 요구: 국회, 재적과반수 찬성 ➡ 국무회의 심의, 해제 ② 해제건의: 국방부장관, 행정안전부장관
계엄해제효과	① 가벌성 소멸(✕), 계엄해제 후 처벌(○) ② 계엄해제 후 대통령이 1월 이내 군사재판권 연기 가능: 대법원, 합헌
법원	계엄 당·부당 심사(✕)

4. 비상계엄과 경비계엄 비교

	비상계엄	경비계엄
상황요건 (계엄법상의 구별)	적과 교전, 행정·사법 기능 수행 현저히 곤란 군사상 필요	일반행정기관만으론 치안을 확보할 수 없는 경우
계엄사령관 관장사항	모든 행정사무, 사법사무	군사에 관한 행정, 사법사무
영장, 언론·출판· 집회·결사의 자유에 대한 특별한 조치	○	×
헌법 제110조 제4항 군사재판의 단심제	○	×
군사법원재판	○	×
국회의원의 불체포특권	폐회 중이라도 현행범이 아닌 한 인정된다(계엄법 제13조).	

5. 긴급명령과 계엄의 차이

	긴급명령	계엄
발동상황	국가의 안위에 관계되는 중대한 교전상태	전시·사변 또는 이에 준하는 국가비상사태
동원되는 공권력	경찰력	병력
국회집회	불가능한 경우	집회의 가능 여부와 관계없다.
국회의 통제방법	국회에 보고하고 승인 필요	국회에 통고하되 승인 필요 ×, 해제요구 ○
정족수	일반의결정족수	재적과반수
제한되는 기본권	제한대상에 관한 한정 규정 ×	비상계엄하에서 영장제도, 언론·출판·집회·결사의 자유
특별한 조치	기본권에 특별조치 불가	특별한 조치 가능
군정실시	불가	가능
법원과 정부에 관한 특별조치	불가	가능
행사절차	헌법이 정한 절차	헌법에 근거한 법률이 정한 절차
특징	긴급입법권, 법률적 효력	긴급입법권은 아니다.

쟁점 106 법률안 거부권

의의	① 법률안 거부권: 대통령제 요소 ② 의원내각제(×) ③ 재의에 붙여진 법률안을 국회가 재의결하기 전에 재의결의 요구를 언제든지 철회할 수 있다.
보류거부	① 원칙: 허용(×) ② 예외적 허용설과 전면금지설
일부·수정거부금지	① 일부거부 금지사유: 국회의 법률안 심의권 침해와 법률안의 유기적 관련성을 해하므로 ② 수정거부 금지사유: 거부권의 소극적 성격에 반하고 정부의 법률안 제출권 보유
거부권 행사사유	① 헌법에 거부권 행사사유에 관한 규정 없다. ② 행사사유, 제한이 있다: 부당한 국회압력을 내용으로 하는 경우, 거부할 수 있다. ③ 정당한 이유가 없는 법률안 거부권의 남용은 탄핵소추의 사유가 된다.

01 법규명령

법규명령의 종류	① 법률의 위임: 위임명령 ② 법률을 집행: 집행명령
위임명령 vs 집행명령 공통점	① 국민의 권리제한 · 의무부과 가능 ② 명령규칙 심사와 헌소 대상(○) ③ 공포를 효력발생요건(○) ④ 법률폐지 · 위헌결정: 효력상실(○) ⑤ 법률개정: 효력상실(✕)
위임명령 vs 집행명령 차이점	① 위임명령 　㉠ 법률의 내용을 보충하는 명령 　㉡ 법률의 위임 · 수권을 받은 명령 　㉢ 새로운 권리의무사항 규율 가능 ② 집행명령 　㉠ 법률의 실시에 관한 세부적 · 기술적 사항 규율 　㉡ 법률의 명시적 수권이 없이도 발할 수 있다. 　㉢ 새로운 권리, 의무사항 규율 불가

헌법상 법규명령의 의미	헌법규정상 법규명령	대통령령, 총리령, 부령, 국회 · 대법원 · 헌법재판소 · 중선위규칙
	감사원 규칙	헌법(✕), 감사원법(○)
	헌법상 위임명령(判)	한정적 열거(✕), 예시(○) ➜ 법령보충적 행정규칙 인정

법률과 법규명령과의 관계	① 법규명령은 법률을 전제로 함 ② 대통령령이 위헌인 것과 모법인 법률이 위헌인 것은 직접적 관계가 없다. 따라서 대통령령이 위헌이라고 해서 모법인 법률이 위헌인 것은 아니다. ③ 대통령령이 합헌이라고 해서 법률이 합헌인 것도 아니다.

02 위임

헌법이 명시적으로 수권한 법률사항	① 원칙: 위임금지 ② 기본적 사항을 법률로 정하고 위임할 수 있다.
재위임	① 법률 ➜ 대통령령: 대강을 정하고 ➜ 부령(○) ② 법률 ➜ 대통령령: 백지재위임 ➜ 부령(✕)
위임 없는 위임명령	① 위임 없는 위임명령 무효 ② 법률개정으로 사후에 위임에 근거가 있으면 그때로부터 유효 ③ 위임에 근거가 법률개정으로 없어지면 그때로부터 무효

법률에서 고시에 바로 위임	① 권리의무사항을 행정규칙인 고시 등에 바로 위임할 수 있다. ② 행정규제기본법 제4조 제2항 단서: 법령에서 전문적·기술적 사항이나 경미한 사항으로서 업무의 성질상 위임이 불가피한 사항에 관하여 구체적으로 범위를 정하여 위임한 경우에는 고시 등으로 정할 수 있다. ③ 기본권을 제한하는 내용인 기초연금법이 '선정기준액'을 법규명령이 아닌 보건복지부장관 고시에 위임할 수 있다. ④ 조세감면 또는 중과의 대상이 되는 업종의 분류를 통계청장이 고시하는 한국표준산업분류에 위임할 필요성이 인정된다. ⑤ 학교환경위생정화구역에서 청소년보호법이 금지하는 행위를 여성가족부장관의 고시에 위임하는 것은 위임입법의 형식을 갖추지 못하여 헌법에 위반했다고 할 수 없다. ⑥ 축산물 가공방법의 기준을 식품의약품안전처장의 고시에 위임한 축산물 위생관리법은 헌법에 위반된다고 볼 수 없다.
위임받은 사항을 고시로 정한 경우	① 행정규칙 내용이 위임범위를 벗어난 경우뿐 아니라 상위법령이 정한 절차나 방식에 위배되는 경우에도 법규명령으로서 대외적 구속력을 가질 수 없다. 즉 상위법령에서 시행규칙(부령)으로 정하도록 위임하였음에도 고시 등 행정규칙으로 정한 경우 대외적 구속력이 없다. ② 법률에서 방식을 규정하지 않고 행정기관에 위임했다면 고시로 정해도 유효하다.
법령보충적 행정규칙	① 법령보충적 행정규칙: 형식은 행정규칙이나 효력은 법규명령 ② 법령의 구체적 위임을 요건으로 함 ③ 법령과 결합하여 대외적 효력 ④ 효력: 법규명령 ⑤ 명령규칙심사와 헌소 대상이 됨

03 포괄위임금지

반드시 위임 필요한 것	위임명령, 기관위임사무를 규율하는 조례, 권리 제한과 의무를 부과하는 조례
위임 요하지 않는 것	집행명령, 대법원규칙, 헌법재판소규칙, 국회규칙, 중선위 규칙, 자치사무와 단체위임사무를 규율하는 조례, 알 권리 실현을 위해 정보를 공개하는 조례
반드시 구체적 위임 요하는 것	기관위임사무를 조례에 위임하는 경우, 형벌을 조례에 위임하는 경우, 대법원 규칙에 위임하는 경우, 대통령령에 위임하는 경우, 총리령이나 부령에 위임하는 경우, 고시에 권리의무사항을 위임하는 경우, 자치법적 사항을 행정부의 정관에 위임하는 경우
반드시 구체적 위임을 요하지 않는 것	조례에 위임할 때, 자치법적 사항을 공사나 국가유공자 단체의 정관에 위임하는 경우, 자치법적 사항을 행정부에 속하지 않는 공법기관의 정관에 위임하는 경우
포괄적 위임금지 의미	① 특정조항에서 위임명령에 정해질 내용을 예측할 수 없으면 포괄적 위임(✕), 관련 법 조항을 유기적으로 해석해서 예측 가능하면 된다. ② 수권법률에서 대법원 규칙에 위임하는 경우 포괄적 위임금지원칙은 준수해야 하나, 구체성·명확성의 정도는 다른 규율영역에 비해 완화될 수 있다.
다른 원칙과의 관계	① 포괄위임금지원칙은 법률에서 명령에 위임했을 때 적용되므로 법률에서 위임하지 않은 경우 포괄위임금지원칙은 적용되지 않는다. ② 법률에서 위임하지 않았음에도 행정입법을 했다면 법률유보원칙이 문제가 된다. 명확성원칙과 포괄위임금지원칙이 모두 문제가 되는 경우 포괄위임금지원칙 적용으로 족하다.

04 포괄위임금지원칙 위반인 것

포괄위임금지원칙 위반인 것	① 교통안전분담금 분담방법, 분담비율을 대통령령에 위임한 것 ② 소송촉진 등에 관한 특례법 제3조(법정이율) ③ 퇴역연금 지급정지대상기관인 정부투자기관·재투자기관을 국방부령/총리령으로 정하도록 위임 ④ 문화예술진흥기금의 모금액, 모금방법, 모금대행기관 등을 대통령령으로 정하도록 위임 ⑤ 의료기기 판매업자의 의료기기법 위반행위 등에 대하여 보건복지가족부령이 정하는 기간 이내의 범위에서 업무정지 ⑥ 대통령령으로 정한 언론인의 선거운동을 금지 ⑦ 기준시가의 산정방법을 대통령령에 위임한 토지초과이득세법 ⑧ 거짓이나 그 밖의 부정한 방법으로 고용안정·직업능력개발 사업의 지원을 받은 자 등에 대해 대통령령으로 정하는 바에 따라 그 지원을 제한 　[비교»] "대통령령으로 정하는 바에 따라 거짓이나 그 밖의 부정한 방법으로 지원받은 금액을 반환하도록 명할 수 있다." 부분은 포괄위임금지원칙에 위배되지 않는다. 　[추가] 지원금의 반환 범위나 지급제한의 구체적 내용 및 범위를 대통령령에 위임할 필요성이 인정된다. 지원금의 지급을 제한하거나 이미 지급된 지원금은 사후에 반환하도록 하는 것은 위임의 구체성·명확성의 요구가 강화된다. ⑨ 각 중앙관서의 장이 경쟁의 공정한 집행 또는 계약의 적정한 이행을 해칠 염려가 있는 자 등에 대하여 대통령령으로 정하는 바에 따라 입찰참가자격을 제한 　[비교»] 2년 이내의 범위에서 대통령령으로 정하는 바에 따라 입찰참가자격을 제한하도록 한 것은 포괄적 위임금지원칙에 위배되지 않는다. ⑩ 식품접객영업자 등 대통령령으로 정하는 영업자와 그 종업원은 영업의 위생관리와 질서유지, 국민의 보건위생 증진을 위하여 총리령으로 정하는 사항을 준수 ⑩ 의료보험요양기관의 지정취소사유 등을 보건복지부령에 위임 ⑫ 대통령령으로 정하는 사유가 있는 때에는 주무관청이 공익법인의 이사의 취임승인을 취소할 수 있도록 한 공익법인의 설립·운영에 관한 법률 ⑬ 보건의료기관개설자는 의료분쟁조정법 제47조 제1항에 따른 손해배상금의 대불에 필요한 비용을 부담하여야 하고, 그 금액과 납부방법 및 관리 등에 관하여 필요한 사항은 대통령령으로 정하도록 한 의료분쟁조정법 제47조 제2항 중 '그 금액' 부분이 포괄위임금지원칙에 위배되는지 여부(적극)

05 포괄위임금지원칙 위반 아닌 것

포괄위임금지원칙 위반 아닌 것	① 운전이 금지되는 술에 취한 상태의 기준은 대통령령으로 정하도록 위임 ② 소득세 필요경비의 필요한 사항을 대통령령에 위임 ③ 자산의 양도차익을 계산함에 있어서 그 취득시기 및 양도시기에 관하여 대통령령에 위임 ④ 판례에 의하면 구 총포·도검·화약류 등 단속법이 누구든지 총포와 아주 비슷하게 보이는 것으로서 대통령령으로 정하는 것을 제조·판매·소지금지 ⑤ 양도소득세가 면제되는 '1세대 1주택' 양도의 구체적 범위를 대통령령에 위임 ⑥ "군인의 복무에 관하여는 이 법에 규정한 것을 제외하고는 따로 대통령령이 정하는 바에 의한다."라고 규정한 군인사법 조항 ⑦ 할부계약 청약을 철회할 수 없는 경우를 대통령령에 위임

⑧ 무시험 추첨배정에 의한 고등학교의 입학방법과 절차 등을 대통령령에 위임

⑨ 의료인이 의약품 제조자 등으로부터 판매촉진을 목적으로 제공되는 금전 등 경제적 이익을 받는 행위를 처벌하는 의료법 조항이 예외적 허용사유의 구체적 범위를 하위 법령에 위임

⑩ 현역병 복무기간을 군인연금법상 복무기간에 산입하는 군인연금법을 법 시행 전에 퇴직하여 급여의 사유가 발생한 자에 대해서 소급적용하지 않은 군인연금법

⑪ 방송통신위원회가 지원금 상한액에 대한 기준 및 한도를 정하여 고시하도록 위임한 방통법

⑫ 상호저축은행으로 하여금 신용공여 등이 금지되는 대상인 상호저축은행과 친족 또는 특수관계에 있는 자의 범위를 대통령령에 위임

⑬ 선거사무관계자에게 지급이 허용되는 수당과 실비의 종류와 금액을 중앙선거관리위원회가 정하도록 규정하는 공직선거법

⑭ 경쟁입찰방법을 국토부장관의 고시에 위임

⑮ 입주자대표회의의 구성·운영 및 의결사항에 관해 필요한 사항을 대통령령으로 정하도록 규정

⑯ 채석단지 세부지정기준을 대통령령으로 정하도록 한 산지관리법

⑰ 컴퓨터용디스크 등의 증거조사방식에 관하여 필요한 사항을 대법원규칙으로 정하도록 한 형사소송법

⑱ 사립학교관계자 및 언론인이 외부강의 등의 대가로 대통령령으로 정하는 금액을 초과하는 금액을 사례금으로 받고 신고 및 반환조치를 하지 않은 경우 과태료를 부과

⑲ 판사 근무성적평정에 관한 사항을 대법원규칙에 정하도록 위임

⑳ 의무교육으로서 3년의 중등교육의 순차적인 실시에 관하여만 대통령령이 정하도록 위임

㉑ 제1종 특수면허로 운전할 수 있는 차의 종류를 부령에 위임

㉒ 대기업과 대통령령으로 정하는 지배 또는 종속의 관계에 있는 기업들의 집단에 포함되는 중소기업에 대하여 중소기업자 간 경쟁입찰 참여를 제한하도록 한 것

㉓ 일정 범위의 사업을 산업재해보상보험법의 적용 대상에서 제외하면서 그 적용제외사업을 대통령령으로 정하도록 규정한 산업재해보상보험법

㉔ 방송통신위원회가 지원금 상한액에 대한 기준 및 한도를 고시에 위임

㉕ 축산물 가공방법의 기준을 식품의약품안전처장의 고시에 위임

㉖ 화약류의 발파와 연소에 관한 기술상의 기준을 대통령령에 위임

㉗ 일정 범위의 사업을 산업재해보상보험법의 적용 대상에서 제외하면서 그 적용제외사업을 대통령령으로 정하도록 규정

㉘ 의료 사고에 관한 분담금 납부의무자의 범위와 보상재원의 분담비율의 구체적 내용을 대통령령에 정하도록 위임

㉙ 사설묘지의 설치장소에 관하여 필요한 사항을 대통령령에 위임

㉚ 보수를 제외한 직장가입자의 소득이 대통령령으로 정하는 금액을 초과하는 경우 보수월액에 대한 보험료 외에 소득월액에 대한 보험료를 추가로 납부하도록 한 구 국민건강보험법

㉛ 누구든지 식품등의 명칭·제조방법·성분 등 대통령령으로 정하는 질병의 예방·치료에 효능이 있는 것으로 인식할 우려가 있는 표시 또는 광고를 금지하는 식품 등의 표시·광고에 관한 법률

㉜ 보건의료기관개설자는 제1항에 따른 손해배상금의 대불에 필요한 비용을 부담하여야 하고, 그 금액과 납부방법 및 관리 등에 관하여 필요한 사항은 대통령령으로 정하도록 한 의료분쟁조정법 제47조 제2항 후단 중 '납부방법 및 관리 등' 부분

06 법규명령과 행정명령의 비교

	법규명령	행정명령
헌법적 근거	필요 O	필요 ×
국민의 권리의무	규율 가능	규율 불가 (예외: 가능)
효력	양면적 구속 (제정자 + 일반국민)	일면적 구속 (제정·집행자만)
공포	필요 O	필요 ×
명령규칙심사 또는 헌소의 대상	대상 O	대상 × (예외: 대상이 됨)
형식	조문 형식	형식에 제한 없음

07 행정입법에 대한 통제

국회의 통제 (국회법 제98조의2)	① 행정입법 제출의무: 대통령령·총리령·부령·훈령·예규·고시 등이 제정·개정 또는 폐지되었을 때에는 10일 이내에 이를 국회 소관 상임위원회에 제출해야 함. 다만, 대통령령의 경우에는 입법예고를 할 때 제출해야 함 ② 대통령령 또는 총리령이 법률의 취지 또는 내용에 합치되지 아니한다고 판단되는 경우: 의장에게 제출 - 본회의 의결 - 정부의 처리결과 보고 ③ 부령이 법률의 취지 또는 내용에 합치되지 아니한다고 판단되는 경우: 중앙행정기관의 장에게 통보하면 중앙기관의 장은 처리 계획과 그 결과를 보고해야 함
사법적 통제	명령규칙 심사대상(O), 헌소대상(O)
국무회의 심의	국무회의 심의를 거쳐야 한다: 대통령령(O), 총리령(×), 부령(×)

01 사면권: 국가원수로서의 권한임

1. 사면, 감형, 복권 비교

	대상자	효과		국무회의 심의	국회 동의	형식
일반사면	죄를 범한 자	형의 언도를 받기 전인 자 공소권 소멸	형의 언도를 받은 자 형의 선고의 효력상실	○	○	대통령령으로 한다.
특별사면	형의 선고를 받은 자	일반적 경우 형집행 면제	특별한 경우 형의 선고의 효력상실	○	×	대통령이 명(命)한다.
일반감형	형의 선고를 받은 자	형의 변경		○	×	대통령령으로 한다.
특별감형	형의 선고를 받은 자	일반적 경우 형의 경감	특별한 경우 형의 변경	○	×	대통령이 명(命)한다.
복권	형집행이 종료되거나 형집행 면제된 자 중 자격이 상실 또는 정지된 자	상실 또는 정지된 자격 회복		○	×	일반복권: 대통령령으로 한다.
				○	×	특별복권: 대통령이 명(命)한다.

2. 사면 대상과 절차

사면 대상	① 행정벌, 징계에 대해 사면 가능 ② 군사법원의 형의 선고에 대해서도 사면이 가능
사면 절차	① 특별사면: 법무부장관, 사면심사위원회의 심사를 거쳐 상신 ➡ 대통령, 특별사면 ② 특별사면: 검찰총장 ➡ 법무부장관, 사면심사위원회의 심사를 거쳐 상신 ➡ 대통령, 특별사면 ③ 사면위원회: 위원장은 법무부장관, 위원은 법무부장관이 임명하거나 위촉하되, 9명의 위원 중 공무원이 아닌 위원을 4명 이상 위촉하여야 한다.

3. 사면권 행사 통제

사면권의 한계	① 내용상: 탄핵으로 파면된 자, 사면(✗) ② 일반사면, 국회 동의시 범죄의 종류 추가(✗) ③ 사면효과 장래효: 기성효과 소급적으로 변경(✗), 사면 이후에도 징계에 대해 항고소송에서 취소를 구할 이익은 있다.
사면권 행사에 대한 사법심사	① 절차상 하자: 사법심사(○) ② 절차가 적법한 경우 사면권 내용에 대한 사법심사(✗)
판례	① 선고된 형 전부를 사면할 것인지 또는 일부만을 사면할 것인지를 결정하는 것은 사면권자의 전권사항에 속하는 것이다. 징역형에 대해 특별사면하고 벌금형에 대해 특별사면하지 않았더라도 형평원칙에 반하지 않는다. ② 징역형 집행유예 특별사면 ➡ 벌금형 선고효력 상실(✗) ③ 징역형 특별사면 ➡ 재심청구의 대상(○) ④ 수개의 형 ➡ 피선거권 제한 ➡ 모든 수형범죄 심사해서 복권 ➡ 피선거권 복권 ⑤ 대통령의 청구외인들에 대한 특별사면으로 인하여 일반 국민들은 자신의 법적이익 또는 권리를 직접적으로 침해당한 피해자라고 볼 수 없으므로 이 사건 심판청구는 자기관련성, 직접성이 결여되어 부적법하다. ⑥ 사면 실시 건의 국무회의 자료 공개해야 한다.

02 국군통수권

국군통수권	① 국군의 조직과 편성은 (법률)로 정한다. ② 병정통합주의(○) ③ 헌법조항에서 특정사항을 위임할 때 법률(○), 대통령령(✗), 조례(✗) ☑ 국군의 조직과 편성은 대통령령으로 정한다.(✗)

01 총리의 지위와 권한

국무총리 임명	① 국회, 사전동의 ➡ 대통령 임명 ② 국무총리서리제는 헌법에 규정된 바 없다.
국무총리제의 연혁	제헌헌법·제1차 개정헌법: 대통령이 임명하고 국회의 승인 제2차 개정헌법: 국무총리제 폐지 제3차 개정헌법: 대통령이 지명하고 민의원의 동의 제5차 개정헌법: 대통령이 임명(국회의 동의를 요하지 않음) 제7차 개정헌법: 대통령이 국회의 동의를 얻어 임명
국무총리의 권한대행 (정부조직법 제22조)	① 1순위·2순위: 기획재정부장관 ➡ 교육부장관인 부총리가 직무를 대행한다. ② 총리와 부총리 모두 사고시 　㉠ 대통령 지명을 받은 국무위원 　㉡ 대통령 지명이 없는 경우: 미래창조과학부장관 ➡ 외교부장관 ➡ 통일부장관 ➡ 법무부장관 …
국무총리 권한	① 대통령 권한대행 ② 총리의 제청 없는 대통령의 국무위원 임명은 위헌이다. ③ 총리의 국무위원 임명제청의 구속력은 없다. ④ 총리, 국무위원 해임건의. 국회도 해임건의 가능 ⑤ 국무총리는 독임제 행정관청으로서 자신의 소관 사무를 처리한다.

02 부서

의의	① 미국 대통령제에서(✕), 의원내각제(○) ② 대통령 권한 남용 통제, 절차적 정당성 확보 방법
군사에 관한 것	반드시 문서(○), 부서(○)
국무총리	① 총리, 모든 국법상 행위에 대해 부서권(○) ② 부서거부권(○) ③ 총리와 국무위원이 부서한다. 총리는 단독으로 부서권(✕)
부서 없는 대통령의 국법상 행위	① 위헌(○) ➡ 탄핵소추(○) ② 유효설: 부서를 적법요건 ③ 무효설: 부서를 유효요건

03 국무총리의 행정각부 통할권

국무총리의 행정 각부 통할권	① 대통령의 명을 받아 행정각부 통할(○): 총리, 단독으로 행정각부 통할(✕) ② 국무총리는 중앙행정기관의 장의 명령이나 처분이 위법 또는 부당하다고 인정될 경우에는 대통령의 승인을 받아 이를 중지 또는 취소할 수 있다: 직권 또는 단독으로 취소(✕)
국가정보원 대통령 직속기관설치 판례	① 국무총리는 단지 대통령의 첫째가는 보좌기관으로서 행정에 관하여 독자적인 권한을 가지지 못한다. ② 헌법상의 대통령과 국무총리의 지위에 비추어 보면 국무총리의 통할을 받는 행정각부에 모든 행정기관이 포함된다고 볼 수 없다. ③ 헌법 제86조 제2항 소정의 행정각부는 모든 중앙행정기관이라고 해석할 수는 없고 입법권자가 헌법 제96조의 위임을 받은 정부조직법 제29조에 의하여 설치하는 행정각부만을 의미한다. ④ 그 기관의 장이 국무위원이더라도 부령을 발할 권한이 없으면 그 기관은 행정각부가 아니다. ⑤ 헌법상 대통령 직속기관: 국가안전보장회의, 감사원, 국가원로자문회의, 민주평화통일자문회의, 국민경제자문회의 ⑥ 헌법이 열거하고 있는 행정기관 외에 대통령 직속의 행정기관을 법률로 설치할 수 있다.
수사대상자를 규정한 공수처법 제2조 및 공수처를 독립기관으로 두도록 한 공수처법 제3조 제1항 (2021.1.28, 2020헌마264)	① 국가기관 상호간의 통제 및 협력과 공조는 권력분립원칙에 대한 예외가 아니라 헌법상 권력분립원칙을 구성하는 하나의 요소가 된 것이다. 즉, 헌법상 권력분립원칙이란 국가권력의 기계적 분립과 엄격한 절연을 의미하는 것이 아니라 권력 상호간의 견제와 균형을 통한 국가권력의 통제를 의미한다. ② 권력분립원칙과 독립행정기관의 설치: 중앙행정기관을 반드시 국무총리의 통할을 받는 '행정각부'의 형태로 설치하거나 '행정각부'에 속하는 기관으로 두어야 하는 것이 헌법상 강제되는 것은 아니라 할 것이므로, 법률로써 '행정각부'에 속하지 않는 독립된 형태의 행정기관을 설치하는 것이 헌법상 금지된다고 할 수 없다. ③ 수사처의 법적 지위: 공수처법이라는 법률에 근거하여 수사처라는 행정기관을 설치하는 것이 헌법상 금지되는 것은 아니다. 정부조직법 제2조 제2항은 "중앙행정기관은 이 법에 따라 설치된 부·처·청과 다음 각 호의 행정기관으로 하되, 중앙행정기관은 이 법 및 다음 각 호의 법률에 따르지 아니하고는 설치할 수 없다."라고 규정하였고, 여기에 공수처법과 수사처는 열거되어 있지 않다. 정부조직법은 국가행정기관의 설치와 조직에 관한 일반법으로서 공수처법보다 상위의 법이라 할 수 없다. 개정된 정부조직법 제2조 제2항을 들어 정부조직법에서 정하지 않은 중앙행정기관을 다른 법률로 설치하는 것이 헌법상 금지된다고 보기는 어렵다. 수사처는 행정업무를 수행하면서도 입법부·행정부·사법부 어디에도 속하지 않는 기관이 아니라 그 관할권의 범위가 전국에 미치는 행정부 소속의 중앙행정기관으로 보는 것이 타당하다.

04 총리령과 부령

유형	위임명령과 직권명령
위임명령	① 법률 ➜ 총리령이나 부령에 직접 위임 ② 법률 ➜ 대통령령 ➜ 총리령이나 부령에 위임
직권명령	① 위임 없이 직권으로 발하는 명령: 위임 없이 총리령 발할 수 없다.(✕) ② 직권명령성질: 집행명령설(多)
부령발포권자	① 행정각부의 장(○) ② 국무위원(✕), 법제처장(✕)
포괄위임금지	① 헌법 제75조와 달리 제95조에는 '구체적' 위임을 규정하고 있지 않음 ② 포괄위임금지원칙 적용
행정입법서열	① 대통령령은 총리령·부령보다 우위(○) ② 총리령과 부령의 서열 학설 대립

05 국무총리책임

국무총리책임	① 국회에 출석·답변할 의무, 국회에 출석·발언할 권한 ② 국회, 총리에 대한 해임건의 ➜ 총리는 국회에 대해 정치적 책임을 진다. ③ 국무총리 해임: 국무위원, 사임해야 한다.(✕) ④ 대통령, 국회의 동의 없이 총리를 해임할 수 있다.

01 국무위원

국무위원	① 현역군인: 국무위원(✗), 행정각부의 장(✗), 국방부장관(✗), 국무총리(✗) ⇔ 헌법에 현역군인이 대통령이 될 수 없다는 규정은 없음 ② 국무위원: 의원내각제 요소 ③ 국무위원이 아니나 국무회의 구성원인 자: 대통령, 국무총리 ④ 국무위원도 국무회의 구성원도 아닌 자: 법제처장, 국가정보원장, 감사원장 ⑤ 국무위원 수: 15인 이상 30인 이하 ⑥ 국무회의 구성원 수: 17인 이상 32인 이하

02 국무위원과 행정각부 장의 지위

1. 헌법조항

국무위원과 행정각부 장의 지위	**헌법 제63조** ① 국회는 국무총리 또는 국무위원의 해임을 대통령에게 건의할 수 있다. **제65조** ① 대통령·국무총리·국무위원·행정각부의 장 … 그 직무집행에 있어서 헌법이나 법률을 위배한 때에는 국회는 탄핵의 소추를 의결할 수 있다. **제71조** 대통령이 궐위되거나 사고로 인하여 직무를 수행할 수 없을 때에는 국무총리, 법률이 정한 국무위원의 순서로 그 권한을 대행한다. **제82조** 대통령의 국법상 행위는 문서로써 하며, 이 문서에는 국무총리와 관계 국무위원이 부서한다. 군사에 관한 것도 또한 같다. **제87조** ② 국무위원은 국정에 관하여 대통령을 보좌하며, 국무회의의 구성원으로서 국정을 심의한다. **제88조** ② 국무회의는 대통령·국무총리와 15인 이상 30인 이하의 국무위원으로 구성한다. **제94조** 행정각부의 장은 국무위원 중에서 국무총리의 제청으로 대통령이 임명한다. **제95조** 국무총리 또는 행정각부의 장은 소관 사무에 관하여 법률이나 대통령령의 위임 또는 직권으로 총리령 또는 부령을 발할 수 있다.

2. 국무위원과 행정각부 장의 지위 비교

국무위원	행정각부의 장
국무위원은 반드시 행정각부의 장(✕)	행정각부의 장은 반드시 국무위원(○)
대통령 보좌·국무회의 구성원으로서 심의	대통령의 지휘·감독을 받아 집행하는 기관
대통령과 법적으로 대등	대통령의 하급행정기관
사무에 한계 없다.	사무에 한계 있다.
국무회의소집요구권, 대통령의 권한대행, 부서	부령발포권, 소속직원지휘감독권, 행정각부의 소관사무의 집행결정권
국회출석, 답변의무, 탄핵소추에 의한 책임, 해임건의에 의한 책임, 부서에 따르는 책임	탄핵소추에 의한 책임

3. 행정기관

행정각부	19부
국무총리소속기관	인사혁신처, 법제처, 국가보훈처, 식품의약품안전처
대통령소속위원회	방송통신위원회
국무총리소속위원회	개인정보보호위원회, 공정거래위원회, 금융위원회, 국민권익위원회, 원자력안전위원회

쟁점 111 국무회의

01 국무회의의 법적 지위

헌법상 필수기관	국무회의, 법률로 폐지(✗), 헌법개정으로 폐지(○)
심의기관	① 중요정책을 의결하는 기관(✗), 자문기관(✗), 집행하는 기관(✗), 대외적으로 의사표시할 수 있는 행정청(✗), 심의하는 기관(○) ② 이라크파병, 국무회의 의결: 국민에게 법률효과를 발생시키지 않음 ➜ 헌소대상(✗) ③ 제1·제2공화국 헌법: 의결기관, 제3공화국 헌법 ~ 현행: 심의기관 ④ 국무회의 심의를 거치지 아니한 대통령의 행위: 위헌 ➜ 탄핵소추(○) ⑤ 국무회의 심의: 대통령에 대한 구속력이 없다.
합의제 기관	국무회의, 대통령 소속(✗)

02 심의기관의 특징

미국각료회의	국무회의	의원내각제, 내각회의
임의기관	필수기관	필수기관
자문기관	심의기관	의결기관
임의적 절차	필수적 절차	필수적 절차
구속력 ✗	구속력 ✗	구속력 ○

03 국무회의 구성과 운영

국무회의 구성	① 국무회의 구성원: 대통령, 국무총리, 15~30 국무위원, 총리는 국무위원이 아님 ② 국무회의 의장: 대통령(○), 총리(✗) ③ 국무조정실장, 인사혁신처장, 법제처장, 식품의약안전처장: 출석발언(○), 의안제출건의(○), 의안제출권(✗) ④ 배석: 국무회의에는 대통령비서실장, 국가안보실장, 국무조정실장, 법제처장, 식품의약품안전처장, 공정거래위원회위원장, 금융위원회위원장, 중소기업청장 및 서울특별시장이 배석한다. 다만, 의장이 필요하다고 인정하는 경우에는 중요 직위에 있는 공무원을 배석하게 할 수 있다(국무회의규정 제8조 제1항).

운영	① 의장으로서 대통령이 소집 ② 국무위원은 정무직으로 하며 의장에게 의안을 제출하고 국무회의의 소집을 요구할 수 있다. ③ 차관회의를 거치지 아니하고 위헌정당해산제소를 국무회의가 의결한 것은 적법하다. ④ 대통령 해외순방 중 국무총리가 직무대행자로서 위헌정당제소에 대한 국무회의 의결을 한 것은 적법하다. ⑤ 구성원 과반수의 출석, 출석 3분의 2(국무회의규정 제6조) ⑥ 차관: 대리출석(○), 표결권(✕)

04 국무회의 심의사항

국무회의 심의사항 ○	① 국정의 기본계획과 정부의 일반정책 ② 선전·강화 기타 중요한 대외정책 ③ 헌법개정안·국민투표안·조약안·법률안 및 대통령령안 ④ 예산안·결산·국유재산처분의 기본계획·국가의 부담이 될 계약 기타 재정에 관한 중요사항 ⑤ 대통령의 긴급명령·긴급재정경제처분 및 명령 또는 계엄과 그 해제 ⑥ 군사에 관한 중요사항 ⑦ 국회의 임시회 집회의 요구 ⑧ 영전수여 ⑨ 사면·감형과 복권 ⑩ 행정각부 간의 권한의 획정 ⑪ 정부안의 권한의 위임 또는 배정에 관한 기본계획 ⑫ 국정처리상황의 평가·분석 ⑬ 행정각부의 중요한 정책의 수립과 조정 ⑭ 정당해산의 제소 ⑮ 정부에 제출 또는 회부된 정부의 정책에 관계되는 청원의 심사 ⑯ 검찰총장·합동참모의장·각군참모총장·국립대학교총장·대사 기타 법률이 정한 공무원과 국영기업체관리자의 임명 ⑰ 기타 대통령·국무총리 또는 국무위원이 제출한 사항 ➜ 국무회의 심의사항에 관한 헌법 규정은 한정적 열거주의(✕), 예시주의(○)를 취하고 있다.
국무회의 심의사항 ✕	① 대법원장, 중앙선관위위원, 헌법재판소장, 감사원장 임명 ② 외국대사의 신임 접수 ③ 국회사무총장 임명 ④ 국무총리 임명 ⑤ 대통령 선거일 ⑥ 서울지방검찰청 검사장 임명 ⑦ 국무위원 임명 ⑧ 행정각부의 장 임명 ⑨ 감사원과 선거관리위원회의 업무처리 평가분석 ⑩ 총리령안 ⑪ 부령안

국가원로자문회의	① 임의적 자문기관: 둘 수 있다.
	② 의장: 직전 대통령
	③ 국가원로자문회의 폐지됨
국가안전보장회의	① 필수적 기관: 국가안전보장회의를 둔다.
	② 국가안전보장회의 자문 ➡ 국무회의 심의
	③ 자문을 안 거치고 국무회의 심의에 부의한 경우: 적법
	④ 이라크 파병의결: 법적 구속력 없음. 대외적 효력 없음 ➡ 헌소대상이 아님
	⑤ 대통령이 주재한다.
연혁	① 국가안전보장회의: 제3공화국
	② 국가원로자문회의, 민주평화통일자문회의: 제5공화국
	③ 국민경제자문회의: 현행헌법
필수기관 여부	국가안전보장회의는 필수적 자문기관이나 국가원로자문회의, 민주평화통일자문회의, 국민경제자문회의는 임의적 자문기관이다.
헌법상 자문기관 여부	헌법상 자문기관 O	① 국가원로자문회의
		② 국가안전보장회의
		③ 민주평화통일자문회의
		④ 국민경제자문회의
	헌법상 자문기관 X	국가과학기술자문회의

쟁점 113 감사원

01 감사원의 의의

감사원 연혁	심계원(제헌헌법) ➡ 감사원(제5차 개정헌법)
감사원의 지위	① 조직상: 헌법상 대통령 소속으로 규정되어 있어 국회 소속 또는 독립기관으로 하려면 헌법을 개정해야 함 ② 직무상: 독립(○), 대통령 구체적 지시(✕), 국무총리 통할(✕) ③ 합의제 행정관청 ➡ 의결권 보유(○)
감사원 구성	① 헌법: 감사원장 포함 5~11인 ② 법률: 감사원장 포함 7인

02 감사위원

감사위원	① 감사위원, 변호사자격 요구(✕), 국회의 동의(✕) ② 감사위원과 감사원장 임기: 4년, 1차 중임 가능 ③ 정년: 감사원장 70세, 감사위원 65세
감사위원 신분보장	면직사유: 감사원법은 탄핵결정이나 금고 이상의 형의 선고를 받았을 때(당연퇴직)와 장기의 심신쇠약으로 직무를 수행할 수 없게 된 때에는 감사위원회의의 의결을 거쳐 원장의 제청으로 대통령이 퇴직을 명한다.

03 감사원의 권한

감사원의 권한	세입세출결산, 회계검사, 직무감찰 권한을 국회로 이전하려면 헌법을 개정해야 함
세입세출결산	감사원 ➡ 대통령과 차년도 국회에 보고
직무감찰	① 직무감찰 제외: 국회·법원·헌법재판소 소속공무원(○), 선관위 공무원은 제외되지 않음 ② 직무감찰 대상: 공무원이 아닌 공무수탁사인도 감찰대상임 ③ 국무총리로부터 국가기밀에 속한다는 소명이 있는 사항, 국방부장관으로부터 군기밀이거나 작전상 지장이 있다는 소명이 있는 사항은 직무감찰에서 제외된다. ④ 징계요구 　㉠ 징계요구(○), 시정요구(○), 고발(○) 　㉡ 수사권(✕), 감사원, 체포·구속·압수·수색(✕) 　㉢ 감사원 감사를 받는 사람이 불합리한 규제의 개선 등 공공의 이익을 위하여 업무를 적극적으로 처리한 결과에 대하여 그의 행위에 고의나 중대한 과실이 없는 경우에는 이 법에 따른 징계 요구 또는 문책 요구 등 책임을 묻지 아니한다.

회계검사	① 국회, 법원, 헌법재판소 회계도 검사 ② 국가나 지자체가 자본금 2분의 1 이상 출자한 자의 회계와 한국은행 회계: 필요적 회계 검사 ③ 국가가 채무를 보증한 자의 회계와 국가 또는 지방자치단체가 자본금의 일부를 출자한 자의 회계에 대해 감사원은 필요하다고 인정하거나 국무총리의 요구가 있는 경우에는 검사할 수 있다. ④ 감사원, 변상책임판정 ➡ 재심요구, 변상판정 집행정지(×) ➡ 감사원, 재심판정 ➡ 항고소송(대상: 재심판정, 피고: 감사원)
감사원 규칙 제정권	헌법규정(×)
감사원에 대한 감사청구	① 18세 이상 국민, 감사청구 ② 국회, 감사요구 ➡ 감사원 3월 이내 국회 보고
판례	① 부패방지법상의 국민감사청구에 대한 감사원장의 기각결정이 헌법소원의 대상이 되고 바로 헌법소원청구할 수 있다. ② 감사원, 지방자치단체의 자치사무에 대한 합목적성 감독(○)

연혁	중앙선관위: 제3차, 각급선관위: 제5차		
선관위 지위	① 독립적 합의제 헌법 기관: 대통령 소속(×) ② 위원회 회의: 가부동수인 경우 위원장이 결정권을 가진다. ➡ 가부동수, 부결(×)		
선관위 조직	① 중앙선관위 9인, 시·도 선관위 9인, 구·시·군 선관위 9인, 읍·면·동 선관위 7인 ② 구·시·군 선관위도 헌법 기관으로서 권한쟁의 당사자가 된다.		
선관위 권한	① 헌법상 권한: 선거, 국민투표, 정당사무 ② 규칙제정권: 법규명령 + 행정규칙 ③ 선관위: 선거인명부작성 등 선거사무에 관하여 행정기관에 지시를 할 수 있다. 　➡ 행정기관은 이에 응해야 한다.		
위원장	① 각급선거관리위원회의 위원장은 당해 선거관리위원회위원 중에서 호선한다. ② 위원장이 사고가 있을 때에는 상임위원 또는 부위원장이 그 직무를 대행하며 위원 　장·상임위원·부위원장이 모두 사고가 있을 때에는 위원 중에서 임시위원장을 호 　선하여 위원장의 직무를 대행하게 한다.		
위원	① 탄핵과 금고 이상의 형으로 파면, 정치활동 금지 ② 법관과 법원공무원 및 교육공무원 이외의 공무원은 각급선거관리위원회의 위원이 　될 수 없다. ③ 시·도 선거관리위원회의 위원은 국회의원의 선거권이 있고 정당원이 아닌 자 중 　에서 국회에 교섭단체를 구성한 정당이 추천한 사람과 당해 지역을 관할하는 지방 　법원장이 추천하는 법관 2인을 포함한 3인과 교육자 또는 학식과 덕망이 있는 자 　중에서 3인을 중앙선거관리위원회가 위촉한다.		
선거비용	① 국가부담이 원칙이다. ② 법률에 근거가 있다면 정당, 후보자에게 부담시킬 수 있다. ③ 지방선거비용을 지방자치단체에 부담시킬 수 있다.		
규칙제정권	국회·헌재·대법원 규칙	법률에 저촉되지 않는 범위 내에서	
	중앙선관위 규칙	① 법령의 범위 내에서 정당, 국민투표, 선거사무 ② 법률에 저촉되지 않는 범위 내에서 내부규율	
	조례	법령의 범위 내에서	

01 국가기관의 회의 의사정족수와 의결정족수

국무회의	구성원 과반수 출석, 출석 3분의 2
국가인권위원회, 감사원	재적위원 과반수 찬성으로 의결
중앙선거관리위원회 회의	재적과반수 출석, 출석과반수, 가부동수결정권
헌법재판소 재판관회의	재판관 전원의 3분의 2 이상 초과 출석, 출석과반수
대법관회의	대법관 전원의 3분의 2 출석, 출석과반수, 가부동수결정권

02 권한대행, 직무대행

대법원장 권한대행	선임대법관		
헌법재판소장 권한대행	헌법재판소 규칙이 정하는 순서 ① 1월 미만 사고인 경우 선임재판관 ② 1월 이상 사고와 궐위의 경우 재판관회의에서 선출		
국회의장	① 직무대리: 의장이 지정하는 국회부의장 ② 의장이 심신상실 등으로 지정할 수 없는 경우 직무대행: 다수의석 정당의 교섭단체 소속의 부의장 ③ 의장·부의장 모두 사고일 경우 직무대행: 임시의장 ④ 최초 임시회 집회공고와 의장·부의장이 선출되지 못한 경우 임시회공고의 직무대행: 사무총장 ⑤ 최초의장 선출, 의장·부의장 모두 궐위로 보궐선거 등에 있어 직무대행: 최다선 의원, 최다선 의원이 2인 이상인 경우 연장자		
중앙선거관리위원회 위원장 직무대행	상임위원 또는 부위원장, 임시의장		
국가인권위원회 위원장 직무대행	위원장이 지명한 상임위원		
지방자치단체장의 권한대행, 직무대리자	부단체장		
	권한대행 사유	① 궐위된 경우 ② 공소 제기된 후 구금상태에 있는 경우 ③ 의료법에 따른 의료기관에 60일 이상 계속하여 입원한 경우	
	권한대리 사유	지방자치단체장이 출장, 휴가 등 일시적 사유로 직무를 수행할 수 없는 경우	

03 신분보장, 정치적 중립성

법관	① 헌법 제106조 제1항: 법관은 탄핵 또는 금고 이상의 형의 선고에 의하지 아니하고는 파면되지 아니하며, 징계처분에 의하지 아니하고는 정직·감봉 기타 불리한 처분을 받지 아니한다. ② 헌법 파면사유: 탄핵결정, 금고 이상의 형 ③ 헌법 퇴직사유: 중대한 심신상의 장해로 직무를 수행할 수 없을 때
헌법재판소 재판관	① 헌법 제112조 제2항: 정당에 가입하거나 정치에 관여할 수 없다. ② 헌법 파면사유: 탄핵결정, 금고 이상의 형
선거관리위원회위원	① 헌법 제114조 제5항: 위원은 탄핵 또는 금고 이상의 형의 선고에 의하지 아니하고는 파면되지 아니한다. ② 헌법 파면사유: 탄핵결정, 금고 이상의 형
감사위원	① 감사원법 면직사유: 탄핵결정, 금고 이상의 형, 장기심신쇠약으로 직무를 수행할 수 없게 된 때 ② 감사원법: 정당에 가입하거나 정치에 관여할 수 없다.
헌법 정치적 중립성 조항	① 국군의 중립성(헌법 제5조 제2항) ② 공무원의 정치적 중립성(헌법 제7조 제2항) ③ 교육의 중립성(헌법 제31조 제4항) ④ 헌법재판소 재판관 ⑤ 선거관리위원회위원

사법권의 본질적 한계	① 사건성: 사건이 없으면 ➡ 사법권 행사(✕) ② 당사자적격: 법적 이익이 있는 자가 소제기 ③ 소의 이익: 심판할 이익 ④ 사건성숙성: 먼 미래문제(✕)
외국국가의 행위	① 사법상(私法上) 행위, 사법권 행사 가능 ② 주권적 행위, 사법권 행사 불가, 미군정의 일본화폐 은행 예입명령
통치행위	① 통치행위주체: 정부·의회(○), 법원(✕) ② 통치행위인지 여부 판단: 법원(○), 헌법재판소(○), 검사(✕)
통치행위 ○	① 긴급재정경제명령, 기본권 관련성이 있으므로 통치행위이나 헌소대상이 됨 ② 이라크파병 결정: 통치행위로서 헌소의 대상 안 됨 ③ 계엄선포 당·부당: 사법심사 부정 ④ 남북정상회담
통치행위 ✕	① 남북정상회담시 북한에 송금행위 ② 계엄선포 관련 범죄행위 ③ 한미연합군사훈련재개행위
법원	의무이행 소송은 인정되고 있지 않고 부작위위법확인소송만 인정 ☑ 의무이행심판은 인정되고 있음

01 법원의 독립

법원의 독립	① 행정부로부터의 독립에서 출발 ② 입법부, 사회세력, 소송의 당사자, 상급법관으로부터 독립 필요
법원의 독립한계	① 대통령, 대법원장·대법관 임명 ② 법원, 법률제출권과 예산제출권 없음

02 법관의 신분상 독립 또는 인적 독립

법관 임기변경	헌법개정(○), 법률개정(✕)
법관 정년	① 대법원장, 대법관 70세, 판사 65세: 헌법개정(✕), 법률개정(○) ② 법관의 정년을 설정함에 있어서, 관료제도를 근간으로 하는 계층구조적인 일반 행정공무원과 달리 보아야 함은 당연하므로, 고위법관과 일반법관을 차등하여 정년을 설정할 수 있다. ③ 정년제: 헌법상 제도이고, 위헌성 판단의 대상이 아니다. ④ 법관정년연령은 헌법소원의 대상이 된다.
법관 파면	탄핵, 금고 이상의 형의 선고에 의하지 않고는 파면되지 않는다.
법관 징계	① 법관 징계종류: 정직, 감봉, 견책(○), 해임(✕), 파면(✕), 좌천(✕), 원하지 않는 임지 발령(✕) ② 불복절차: 징계처분 있음을 안 날부터 14일 이내 대법원에 바로 취소 청구(단심제)
법관 연임	① 대법원장: 중임할 수 없다. ② 대법관: 연임할 수 있다. ③ 일반법관: 인사위원회의 심의를 거치고 대법관회의의 동의를 받아 대법원장의 연임 발령으로 연임한다.
법관 퇴직	① 퇴직사유: 헌법에 심신상 장해로 직무수행할 수 없을 때로 한정 ② 대법관 퇴직권자: 대통령 ③ 일반법관 퇴직권자: 대법원장
법관의 신분관련 판례	① 법관을 차관급 보수를 받는 자에 포함시킨 것: 위헌 ② 법관 자격으로 법조인 경력을 요구한 조항을 사법연수생에 적용: 신뢰보호위반 ③ 근무성적이 현저히 불량한 경우 연임발령제한, 품위손상을 한 경우 징계사유, 정년 모두 합헌

03 법관의 재판상 독립 또는 물적 독립

법관의 물적 독립	① 인적 독립 ➡ 물적 독립을 위하여 ② 법관은 헌법과 법률에 의하여 그 양심에 따라 독립하여 심판한다: 물적 독립(O), 인적 독립(×) ③ 양심: 객관적 양심, 법리적 확신 ④ 법원에 청원할 수 없다.(×) ⑤ 재판 중인 사건에 청원할 수 없다.(O) ⑥ 판례비판, 평석(O) ⑦ 제척, 기피, 회피: 소송당사자로부터 독립을 위한 제도 ⑧ 법관: 재판장의 사실인정에 구속당하지 않는다.
상급법원의 판결 기속력	① 해당 사건에 한해 기속력 인정하는 법원조직법 제8조: 재판상 독립 위반 아님 ② 상급심판결의 기속력(법원조직법 제8조): 해당 사건(O), 대법원에서 파기환송된 사건(O), 동종사건(×), 일반사건(×), 선례구속(×)
양형위원회	① 대법원에 설치 ② 양형기준 공개 ➡ 법적 구속력은 없음 ③ 양형기준을 벗어난 판결을 하는 경우 판결서에 양형의 이유를 기재해야 한다. 다만, 약식절차 또는 즉결심판절차에 따라 심판하는 경우에는 그러하지 아니한다.
사법권 침해	① 도주운전자 징역 10년 이상 ② 증거조사 없이 중형을 선고하도록 한 반국가행위자처벌법 ③ 금융기관이 성업공사에 이관한 채권의 경우 법원의 회사정리계획에도 불구하고 경매절차를 진행하도록 한 것
사법권 침해 아님	① 집행유예의 선고가 불가능한 법정형: 법관의 양형결정권 침해는 아니다. ② 벌금형을 체납액 상당액으로 정액화 ③ 예금보험공사 임직원을 금융기관 파산관재인으로 선임하도록 한 것 ④ 금지된 물품을 수입한 경우 벌금형의 법정형을 수입한 물품원가의 2배로 한 것 ⑤ 약식명령에 대한 정식재판에서 더 중형을 선고할 수 없도록 한 것 ⑥ 금고 이상의 형의 선고를 받아 집행을 종료한 후 또는 집행이 면제된 후로부터 5년을 경과하지 아니한 자에 대해서는 집행유예를 하지 못하도록 한 형법 제62조

01 임명

대통령의 대법원장 임명	① 법원독립 위반(✕), 헌법위반(✕) ② 법원독립을 위한 것(✕) ③ 법원독립의 한계(○)
법관 임명	① 인사청문특별위원회의 청문절차를 거쳐 국회의 동의를 얻어 대통령이 대법원장 임명 　☑ 대법원장은 대법관 중에서 ~ 임명한다.(✕) ② 대법관 임용: 대법관추천위원회 추천(구속력 없음) ➡ 대법원장 제청 ➡ 인사청문 ➡ 국회동의 ➡ 대통령 임명 ③ 일반법관: 인사위원회 심의 ➡ 대법관회의 동의 ➡ 대법원장 임명
법관 임명 연혁	① 제3차 개정헌법: 대법원장, 대법관 선거인단에서 선출 ② 제5차 개정헌법: 대법원장, 대법관 추천회의에서 추천 ③ 제7차 개정헌법: 대통령, 모든 법관 임명

02 대법관 추천위원회(제41조의2)

구성	대법원장이 대법관 후보자를 제청할 때마다 위원장 1명을 포함한 10명의 위원으로 구성
위원	선임대법관, 법원행정처장, 법무부장관, 대한변호사협회장, 사단법인 한국법학교수회 회장 등을 대법원장이 임명·위촉
위원장	대법원장이 위원 중에서 임명·위촉
대법관 후보자 추천	제청할 대법관 3배수 이상을 대법관 후보자로 추천
대법원장	추천위원회의 추천내용 존중

03 법관

법관 인사	① 법관전보명령: 소청과 항고소송(○), 헌소(×) ② 다른 기관 파견시 법관의 동의가 있어야 함 ③ 보수 유무를 불문하고 대법원장의 허가 없이 국가기관 외의 법인 등 직위를 가질 수 없다. ④ 법관을 심판 외의 직에 보할 수 있다. 　☑ **사법보좌관**: 소송비용액 등 결정 ➡ 법관에게 이의신청할 수 있다.
직무권한의 제한	재직기간을 합산하여 5년 미만인 판사는 변론을 열어 판결하는 사건에 관하여는 단독으로 재판할 수 없고 합의부의 재판장이 될 수 없다.
법관 임용결격 사유	① 다른 법령에 따라 공무원으로 임용하지 못하는 사람 ② 금고 이상의 형을 선고받은 사람 ③ 탄핵으로 파면된 후 5년이 지나지 아니한 사람 ④ 대통령비서실 소속의 공무원으로서 퇴직 후 3년이 지나지 아니한 사람 ⑤ 정당법 제22조에 따른 정당의 당원 또는 당원의 신분을 상실한 날부터 3년이 경과되지 아니한 사람 ⑥ 공직선거법 제2조에 따른 선거에 후보자(예비후보자를 포함한다)로 등록한 날부터 5년이 경과되지 아니한 사람 ⑦ 공직선거법 제2조에 따른 대통령선거에서 후보자의 당선을 위하여 자문이나 고문의 역할을 한 날부터 3년이 경과되지 아니한 사람
대법원장과 대법관 자격	대법원장과 대법관은 20년 이상 판사, 검사, 변호사 경력이 있던 45세 이상의 사람 중에서 임용함. 대법원장과 대법관이 될 수 있는 자격은 동일함

쟁점 119 법원

01 법원 종류

헌법상 법원	대법원(O), 고등법원(×)
법원조직법상 법원	대법원, 고등법원, 특허법원, 지방법원, 가정법원, 행정법원, 회생법원(O), 군사법원(×)
법원의 설치·폐지와 관할구역	법률로 정한다.
등기소의 설치·폐지	대법원 규칙으로 정한다.

02 대법원

대법원 구성	① 대법관 수: 헌법(×), 법원조직법(O), 대법원장 포함 14인 ② 대법관 수 변경: 헌법 개정해야(×), 법률개정으로(O) ③ 대법관이 아닌 법관을 대법원에 둘 수 있다.(O)
대법원장	① 대법원장의 처분: 항고소송 대상(O), 피고(법원행정처장 O, 대법원장 ×) ② 대법원장 권한대행: 선임대법관 ③ 대법관회의에서는 의장이 되고, 전원합의체에서는 재판장이 됨

03 대법관 회의(사법행정사무)

대법관 회의	① 3분의 2 이상 출석, 출석과반수 찬성 ② 가부동수: 의장 결정권 ➡ 가부동수일 경우 부결된다.(×) ③ 의결사항 O 　㉠ 판사의 임명 및 연임에 대한 동의 　㉡ 대법원 규칙의 제정과 개정 등에 관한 사항 　㉢ 판례의 수집·간행에 관한 사항 　㉣ 예산요구, 예비금 지출과 결산에 관한 사항 　㉤ 특히 중요하다고 인정되는 사항으로서 대법원장이 부의한 사항 ④ 의결사항 ×: 법관보직, 퇴직, 징계, 상고심재판

04 전원합의체(재판)

전원합의체	① 대법관 전원의 3분의 2 이상으로 구성 ② 반드시 합의체에서 재판하는 것 　㉠ 부에서 대법관 의견이 일치되지 않는 경우 　㉡ 명령이나 규칙의 헌법위반 　㉢ 명령이나 규칙의 법률위반 　㉣ 종전에 대법원에서 판시한 헌법·법률·명령 또는 규칙의 해석 적용에 관한 　　의견을 변경할 필요가 있다고 인정하는 경우 　㉤ 부에서 재판하는 것이 적당하지 아니하다고 인정하는 경우

05 대법원의 부

대법원의 부	① 3인 이상의 대법관으로 구성 ② 부에서는 명령·규칙의 적법성 인정은 가능하다.

06 대법원 단심

단심 아닌 것	① 해양사고사건에 관한 중앙해양안전심판원의 재결에 대한 소송 ② 공정거래위원회의 처분에 대한 불복의 소 ③ 검사에 대한 징계처분의 취소청구를 하는 경우 ④ 비상계엄하의 군사재판 중 군인·군무원의 범죄의 경우(군사법원 단심) ⑤ 시·군·구장과 시·군·구의원 선거소송 ⑥ 지역구 시·도의원 선거소송
단심인 것	① 명령·규칙의 위헌·위법최종심사권 ② 대통령, 국회의원, 시·도지사의 선거, 비례대표 시·도의원선거소송과 당선소송 ③ 지자체장 또는 교육감이 제소한 지방의회의 재의결에 대한 소송 ④ 지자체장이 제소한 직무이행명령권에 대한 소송: 단심 ⑤ 법관징계에 대한 취소소송: 단심

07 기타 법원

기타 법원	① 고등법원: 헌법상 법원(✕), 법원조직법상 법원(○) ② 특허법원: 특허소송 2심제(특허법원 ➡ 대법원) ③ 행정소송: 3심제 ④ 즉결심판 ➡ 정식재판 청구(7일 이내) ⑤ 법원행정처, 헌법에 규정이 없으므로 법원조직법 개정으로 폐지 가능

08 행정심판

행정심판	① 종심절차(✗), 전심절차(○) ② 행정심판절차가 필요적 전심절차이면서 사법절차 준용이 안 되면 헌법 제107조 제3항에 위반 ③ 행정소송법상 행정심판: 임의적 절차 ④ 행정심판청구를 인용하는 재결이 행정청을 기속하도록 규정한 행정심판법은 헌법에 위배되지 않는다.

09 군사법원

1. 특별법원의 개념

	특수법원	특별법원
의의	법관의 자격을 가진 자가 재판을 담당하고 상고가 인정되고 특별한 종류의 사건에 한해 재판권을 행사하는 법원	① 법관의 자격을 가지지 않은 자로 구성되거나 ② 대법원이 최종심이 아닌 법원
근거법령	법률로 설치할 수 있다.	헌법상 반드시 근거가 있어야 한다.
예	특허법원, 행정법원	군사법원

2. 군사법원

군사법원법 개정으로 군사법원의 관할권에서 배제된 범죄	① 「군형법」 제1조 제1항부터 제3항까지에 규정된 사람이 범한 「성폭력범죄의 처벌 등에 관한 특례법」 제2조의 성폭력범죄 및 같은 법 제15조의2의 죄, 「아동·청소년의 성보호에 관한 법률」 제2조 제2호의 죄 ② 「군형법」 제1조 제1항부터 제3항까지에 규정된 사람이 사망하거나 사망에 이른 경우 그 원인이 되는 범죄 ③ 「군형법」 제1조 제1항부터 제3항까지에 규정된 사람이 그 신분취득 전에 범한 죄
군사법원의 종류	중앙지역군사법원·제1지역군사법원·제2지역군사법원·제3지역군사법원 및 제4지역군사법원으로 구분하여 설치
군사재판 심급	군사법원 - 서울 고등법원 - 대법원
군사법원의 재판관	심판관 관련 규정 삭제함으로써 군판사 외에 심판관이 재판에 참여하던 군사법원의 재판관 구성을 민간 법원의 조직구성과 유사하게 변경하는 한편, 군사법원에서는 군판사 3명을 재판관으로 함
군사법원규칙	대법원이 군사법원운영위원회의 재적 3분의 2 이상 출석하고 출석과반수의 찬성으로 의결을 거쳐 결정한다.
심리와 판결	군사법원의 심리와 판결은 공개한다. 예외적으로 심리만 비공개로 할 수 있다.
판례	① 군사법경찰의 피의자 구속기간 연장: 위헌 ② 전투용에 공하는 시설에 관한 범죄 군사법원 재판: 위헌 ③ 법관의 자격이 없는 장교를 군심판관으로 임명하는 것은 재판을 받을 권리 침해가 아니다. ④ 군대입대 전 범죄에 대해 군사법원의 재판을 받도록 한 것은 재판을 받을 권리 침해가 아니다.

주체	대법원, 군사법원, 각급법원은 명령·규칙의 위헌·위법 여부가 재판의 전제가 되는 경우 심사권을 가진다.		
요건	재판의 전제성 ➡ 추상적 규범통제(✕), 구체적 규범통제(○)		
심사기준	헌법, 헌법적 관습법, 법률, 국회의 비준동의를 받은 조약, 긴급명령, 긴급재정·경제명령		
심사대상	법규명령, 국회규칙, 대법원규칙, 선관위규칙, 헌법재판소규칙, 조례, 법령보충적 행정규칙 ☑ 법규성이 없는 행정규칙은 대상이 안 됨		
심사범위	합법성 심사(○), 합목적성 심사(✕)		
명령규칙의 통제방법		법원	헌법재판소
	명령의 위헌 여부가 재판의 진제가 된 경우	○	✕
	명령의 헌법위반 여부	○	○
	직접성 요건	✕	○
헌법 또는 법률에 위반된 명령·규칙의 효력	① 법원의 명령에 대한 위헌·위법결정: 개별적 효력상실 ② 헌법재판소의 명령에 대한 위헌결정: 일반적 효력상실		

대법원규칙제정권

연혁	영미 국가
주체	① 대법원(○), 고등법원(✕) ② 대법관회의 의결 ➡ 공포
규칙대상	① 소송에 관한 절차, 법원의 내부규율과 사무처리에 관한 규칙 ② 헌법 제108조는 예시적이다.
효력	법규명령 + 행정규칙
대법원규칙에 대한 통제	명령규칙심사(○), 헌법소원(○)
판례	① 헌법 제108조에 열거하고 있는 사항 ➡ 법률의 명시적 수권이 없어도 대법원규칙으로 정할 수 있다. ② 법률에서 헌법 제108조가 열거하고 있지 않은 사항도 대법원규칙에 위임할 수 있다. ③ 소송비용은 국민의 재판받을 권리와 관련된 것으로 그 위임의 구체성·명확성의 정도는 다른 규율영역에 비해 강화되어야 하므로, 별도의 제한 없이 변호사보수 가운데 소송비용으로 인정할 범위를 대법원규칙에 위임한 민사소송법 제109조 제1항은 포괄위임금지원칙에 위반된다.(✕) ④ 컴퓨터용디스크 등에 대한 증거조사방식에 관하여 필요한 사항을 대법원규칙으로 정하도록 한 형사소송법 제292조의3은 포괄위임금지원칙에 위반되지 않는다. ⑤ 법률에서 대법원규칙에 위임하는 경우에도 포괄위임금지원칙은 적용된다. ⑥ 법무사 시행규칙은 직업의 자유를 침해한다. ☑ 위 ⑥을 제외한 대법원규칙이나 대법원규칙에 위임한 법률은 모두 합헌

01 심급제

3심제	헌법상 제도(✕)
2심제	① 특허재판 ② 지역구 광역의회 선거 ③ 시·군·구의회선거 ④ 시·군·구장선거소송 ⑤ 해양사건사고에 대한 중앙해양안전심판원의 재결에 대한 소송
단심세	① 대통령 선거소송 ② 국회의원 선거소송 ③ 시·도지사 선거소송 ④ 비례대표 시·도의원선거 ⑤ 비상계엄하의 군사재판(제110조 제4항) ⑥ 지방자치법상의 기관쟁의 ⑦ 법관징계에 대한 소송

02 재판공개

심리 비공개 사유	① 헌법조항: 재판의 심리와 판결은 공개한다. 다만, 심리는 국가의 안전보장 또는 안녕질서를 방해하거나 선량한 풍속을 해할 염려가 있을 때에는 법원의 결정으로 공개하지 아니할 수 있다. ② 국가안전보장, 안녕질서, 선량한 풍속(○) ③ 국가안전보장, 질서유지, 공공복리(✕) ④ 헌법: 공익을 위한 비공개 사유 규정(○), 소송당사자를 위한 비공개 사유 규정(✕) ⑤ 소송당사자를 위한 비공개 가능
공개원칙	① 일반인 방청 허용 ② 방청권 소지자에 한해 방청 허용 가능 ③ 녹화촬영허가제: 합헌
비공개	① 공판준비절차 ② 가사비송절차 ③ 소송법상 결정·명령 ④ 재판합의 ⑤ 국가안전보장 등을 해할 우려가 있는 심리

상대적 비공개	① 심리는 반드시 공개(✕)
	② 판결은 반드시 공개(○)
	③ 심리 비공개 ➡ 판결 공개(○)
재판공개원칙에 반한 재판	무효(✕), 상고사유(○)

03 법정질서유지권

| 법정질서유지권 | ① 법원, 감치, 과태료 병과 가능 ➡ 항고할 수 있다. |
| | ② 형사소송법이 적용되지 않아, 감치와 과태료는 검사의 기소 없이 부과할 수 있다. |

연혁	① 미국: 헌법규정(✕), 판례를 통해 위헌법률심판 최초 확립 ➜ 일반법원형, 일원주의
	② 위헌법률심판: 의회에 대한 신뢰(✕)
우리나라 연혁 최초	① 위헌정당·권한쟁의: 제3차 개정헌법
	② 법원 위헌법률심사권: 제5차 개정헌법
	③ 헌법재판소: 제3차 개정헌법
	④ 헌법소원: 현행
	⑤ 추상적 규범통제: 제3차 개정헌법
사법소극주의와 적극주의	① 사법소극주의 항상 보수(✕)
	② 사법적극주주 항상 진보(✕)
	③ 사법소극주의: 합헌적 법률해석

쟁점 124 헌법재판소의 구성과 지위

헌법재판소 구성	① 재판관 자격: 법관자격이 있어야 ② 헌법재판소장: 법률안 제출권(×), 입법의견제출(○)		
재판관 회의		**대법관 회의**	**재판관 회의**
	의결정족수	재적 3분의 2 이상 출석, 출석과반수	전원 3분의 2 이상 초과하는 재판관 출석, 출석과반수
	의장표결권	○	○
	의장 가부동수결정권	○	×

01 재판부와 당사자

재판부	① 전원재판부: 전원으로 구성 ② 사전심사하는 지정재판부: 3명, 헌소에만 있음. 위헌법률심판(✗) ③ 당사자는 동일한 사건에 대하여 2명 이상의 재판관을 기피할 수 없다(합헌).
당사자	① 위헌법률심판에서는 제청법원이고 원고나 피고는 제청신청인이고 제청권자는 아니므로 위헌법률심판의 당사자는 아님 ② 위헌법률심판에서는 피청구인을 기재하지 않음 ③ 정부가 당사자인 때 대표: 법무부장관(○)

02 대리인

대리인 소송 도중 사임	① 기왕의 소송행위 무효(✗) ② 부적법 · 각하(✗) ➡ 재판성숙단계라면 본안판단해야 한다.

03 변호사 강제주의

소송당사자	변호사 강제주의	변호사 선임 여부
국가기관 지자체	✗	변호사를 대리인으로 선임할 수 있다.
사인	○ 헌법소원과 탄핵심판	사인이 변호사가 아닌 한 변호사를 대리인으로 선임하지 않으면 심판청구를 할 수 없다.

04 심리

정족수	① 7인 이상으로 심리 진행: 탄핵심판 9인이 아니더라도 심리 진행할 수 있다. ② 재판관 6인 이상: 위헌결정, 탄핵결정, 정당해산결정, 헌법소원결정(헌법조문), 종전에 헌법재판소가 판시한 헌법 또는 법률의 해석 적용에 관한 의견을 변경하는 경우(법률에서 추가) ③ 종국심리에 관여한 과반수(○), 재적과반수(✗): 권한쟁의 인용결정, 재판의 전제성, 헌법소원 적법성 요건

심리방식	① 탄핵심판, 정당해산심판, 권한쟁의심판: 구두변론 ② 위헌법률심판, 헌법소원심판 　ㄱ 원칙: 서면 　ㄴ 예외: 구두
심판의 공개	① 심판의 변론과 결정선고: 공개 ② 서면심리와 평의: 비공개
심판장소	심판의 변론과 종국결정의 선고는 심판정에서 한다. 다만, 헌법재판소장이 필요하다고 인정하는 경우에는 심판정 외의 장소에서 변론 또는 종국결정의 선고를 할 수 있다.
심판기간	헌법재판소는 심판사건을 접수한 날부터 180일 이내에 종국결정의 선고를 하여야 한다.

05 타 법령 준용

헌법재판소법 제40조	① 민사소송법 준용 가능 ② 헌법소원과 권한쟁의심판: 행정소송법령 준용 ③ 탄핵심판: 형사소송법 준용
타 법령 준용된 것	① 판단유탈 재심사유로 인정하는 민사소송법 준용 ② 헌법소원심판에서 가처분을 규정한 민사소송법 준용 ③ 소의 취하에 관한 민사소송법은 권한쟁의심판절차와 헌법소원심판에 준용된다. ④ 처분이 있음을 안 날로부터 1년 이내 소를 제기하도록 하면서 정당한 사유가 있는 　경우 이를 배제하도록 한 행정소송법 제20조 제2항은 헌법소원심판에서 적용된다. ⑤ 행정소송법 제16조의 제3자의 소송참가는 헌법소원심판절차에도 준용되어야 한다.
타 법령 준용되지 않는 것	① 민사소송법과 행정소송법의 소송비용에 관한 규정들은 준용되지 않는다. ② 제262조의2에 "제260조의 규정에 의한 재정신청이 있을 때에는 전조의 재정결정 　이 있을 때까지 공소시효의 진행을 정지한다."라고 규정한 형사소송법은 헌법소원 　심판에서 적용되지 않는다.

06 가처분

헌법재판소법	권한쟁의와 위헌정당해산심판에서 규정. 헌법소원(✕), 일반소송절차로 규정(✕)
판례	① 헌법소원에서 가처분 인정 ② 제68조 제2항의 헌법소원 재판정지 가처분 부정
가처분 인용 정족수	7인 이상 출석, 종국심리에 참여한 심리재판관 과반수 찬성
가처분 인용 사례	① 인신보호청구의 소 및 난민인정심사불회부결정취소의 소를 제기한 후 그 소송수 　행을 위하여 변호인접견신청을 하였으나 피신청인이 이를 거부 ② 사법시험 4회로 응시횟수 제한 ③ 군사법원법에 따라 재판을 받는 미결수용자의 면회 횟수를 주 2회로 정하고 있는 　군행형법 시행령 제43조 제2항

07 헌법재판소 결정에 대한 재심

위헌정당해산결정	원칙적으로 재심 허용해야 한다.
헌법재판소법 제68조 제1항 헌법소원	① 원칙 불허 ② 판단유탈, 재심사유: 불기소처분취소 사건에 있어서 헌법소원 청구기간 계산을 잘못하여 각하한 경우 재심사유에 해당(○) ③ 법령 관련 헌재결정에 대한 재심(×)
헌법재판소법 제68조 제2항의 헌법소원심판에서 헌재결정에 대한 재심	허용되지 않는다.

01 유형

사전예방적 규범통제	법률이 공포되기 전 법률안에 대한 통제	독일(○) 우리나라(×) 프랑스(○)
추상적 규범통제	구체적 사건과 무관하게 일정한 국가기관의 청구에 따라 행하는 규범통제	독일(○) 우리나라(×)
구체적 규범통제	구체적 사건이 발생하고 법원에 소송이 제기된 상태에서 법률에 대해 행해지는 규범통제	독일(○) 우리나라(○)

02 재판

재판으로서 모두 인정	판결, 결정, 명령, 본안재판, 소송절차에 관한 재판 중간재판, 종국재판 / 증거채부결정 / 영장발부 여부에 관한 재판 / 구속기간갱신결정 / 범죄인인도심사결정

03 재판의 전제성

1. 재판의 전제성 유무

구분	헌법재판소	대법원
주문	○	○
이유	○	×
재판의 내용과 효력	○	×

2. 재판의 전제성 판단

법원의 판단	법원의 재판전제성 판단을 존중하나 헌법재판소는 기속되지 않는다.
재판의 전제성 여부가 불분명한 경우	재판의 전제성 인정
헌법재판소 직권 조사사항	헌법재판소가 직권 조사하여 법원의 전제성에 관한 법률적 견해가 명백히 유지될 수 없을 때에만 헌법재판소가 법원의 위헌제청을 부적법하다 하여 각하할 수 있다.
재판의 전제성 판단기준시점	① 제청시 – 심판시: (○) ② 심판 도중 재판전제성이 소멸한 경우: 원칙 각하하나, 헌법질서 유지를 위해 해명할 필요가 있는 경우 본안판단(○)

3. 재판의 전제성 긍정 · 부정 판례

재판의 전제성 인정	① 간접적용되는 법률조항: 재판전제성(○) ② 모법 규정은 당해 시행령 규정이 적용되는 사건에서 재판의 전제성이 있다. ③ 헌법재판소법 제68조 제2항의 헌소 도중 원고 패소의 원심판결이 확정된 경우 ④ 재심개시결정이 확정된 경우 유죄판결의 근거가 되는 형벌조항 　☑ 다만, 유죄판결의 근거가 되는 형벌조항은 재심개시 여부를 결정하는 재판에서 전제성 　　이 인정되지 않음 ⑤ 원고를 수혜대상에서 배제하는 법률 ⑥ 공소장에 적시되지 않았으나 법원이 실제 적용한 법률 ⑦ 범칙금 통고처분에 대한 이의 후 진행된 형사재판에서 통고처분의 근거조항인 구 　도로교통법 제163조 제1항 본문에 대한 심판청구가 재판의 전제성이 있는지 여부 　(소극)
재판의 전제성 부정	① 형벌에 관한 법률이 그에 대한 위헌법률심판제청 후 개정되어 신법이 구법보다 피 　고인에게 유리하게 변경된 경우 ② 당해 사건에 관하여 청구인에게 유리한 승소판결이 확정된 경우 / 무죄판결이 확 　정된 경우 / 난민불인정처분 취소소송에서 취소판결이 확정되어 청구인에 대한 보 　호가 해제된 경우 ③ 위헌법률심판의 대상조항이 형사소송인 당해 사건에서 형벌의 근거조항으로서 직 　접 적용되는 조항이 아니라, 당해 사건의 유죄판결이 확정되고 난 후 그 유죄판결 　에 기초하여 부과되는 새로운 제재의 근거조항인 경우(일정한 성폭력범죄로 유죄 　판결이 확정되면 신상정보 등록대상이 됨을 규정한 성폭력범죄의 처벌 등에 관한 　특례법) ④ 당해 소송에서 보전을 구하는 손해가 심판대상의 위헌에 기인한 것이 아니라 그 　조항에 근거한 구체적인 처분내용의 위법 부당으로 인한 경우 ⑤ 헌법불합치결정하면서 잠정적용을 명한 경우 헌법불합치결정에 따라 개정된 법률 　조항
헌법재판소법 제68조 제2항 헌소청구 후 법원의 재판 확정이 된 경우 재판의 전제성	① 패소 확정된 경우: 재판의 전제성 인정될 수 있다. ② 승소 확정 / 무죄 확정된 경우 　㉠ 원칙: 부정 　㉡ 예외: 헌법질서수호유지 　☑ 승소가 확정되지 않은 경우 인정될 수 있다. ③ 제1심인 당해 사건에서 헌법재판소법 제68조 제2항의 헌법소원을 제기한 청구인 　들이 당해 사건의 항소심에서 항소를 취하하여 원고 패소의 원심판결이 확정된 경 　우, 재판전제성 인정 ④ 당해 사건 법원에 위헌 여부의 심판을 제청신청하지 않았거나, 헌법소원심판을 청 　구한 후 당해 사건의 항소심에서 소를 취하하여 재판의 전제성 부정
재심과 재판의 전제성	① 재심개시여부결정에서는 재판의 전제가 인정되지 않으나 재심결정확정 후 형사본 　안재판에서는 인정된다. ② 다만, 유신헌법에 따라 긴급조치 제9호 위반으로 처벌받은 자는 재심대상사건 재 　판절차에서 긴급조치의 위헌성을 다툴 수 없는 규범적 장애상태가 있었으므로, 예 　외적으로 재판의 전제성이 인정된다.

법원의 각하판결과 재판의 전제성	① 법원이 제소요건의 불비로 각하판결을 확정한 경우, 재판의 전제성이 인정되지 않는다.
	② 법원에 계속 중인 당해 사건이 부적법한 것인 경우, 당해 사건에서 각하판결이 확정된 경우, 만약 당해 사건이 부적법한 것이어서 법률의 위헌 여부를 따져 볼 필요조차 없이 각하를 면할 수 없는 것일 경우, 재판의 전제성이 인정되지 않는다.
	③ 당해 소송이 제1심과 항소심에서 소송요건이 결여되었다는 이유로 각하되었지만 상고심에서 그 각하판결이 유지될지 불분명한 경우에는 헌법재판소법 제68조 제2항의 헌법소원에 있어서 재판의 전제성이 인정될 수 있다(2004.10.28, 99헌바91).
	④ 법원이 재판의 전제성이 없다는 이유로 각하한 경우 인정될 수 있다.
불가쟁력이 발생한 처분과 재판의 전제성	위헌결정하더라도 무효확인소송을 기각할 수밖에 없으므로 재판의 전제성을 인정하지 않는다.

04 위헌제청

위헌제청권	주체 ○	법원, 소송상의 법원, 군사법원, 대법원
	주체 ×	행정관청으로서 법원, 행정심판 기관, 대법관, 당사자(신청권을 가질 뿐이다)
법원이 위헌제청할 수 있는 경우	① 법률이 위헌이라는 확신(○)	
	② 법률이 위헌이라는 합리적 의심(○)	
	③ 법률이 위헌이라는 단순한 의심(×)	
제청절차	① 법원의 위헌제청: 당사자 신청 또는 직권	
	② 당사자(행정청 제청신청 가능)의 위헌제청신청에 대한 법원기각 ➜ 항고할 수 없다. ➜ 헌법재판소법 제68조 제2항의 헌소청구(○)	
	③ 하급법원이 제청하면 대법원은 반드시 헌법재판소에 송부해야 한다(형식적 절차).	
위헌제청효과	① 당해 사건 재판정지(○), 동종사건 재판정지(×) ⇔ 당사자, 헌법재판소법 제68조 제2항 헌소청구: 재판진행	
	② 법원이 긴급하다고 인정하는 경우에는 종국재판 외의 소송절차를 진행할 수 있다.	
일사부재리와 위헌제청	① 헌법재판소법: 일사부재리원칙 규정	
	② 동일법원, 동일사건에서 합헌결정이 내려진 법률에 대해 다시 위헌제청하는 것은 일사부재리원칙에 반한다.	
	③ 다른 법원은 합헌결정이 나온 법률조항에 대해 위헌제청할 수 있다. 헌법재판소는 다시 위헌심판을 한다.	
	④ 당사자와 심판대상은 동일하나 사건이 다른 경우 일사부재리 원칙은 적용되지 않는다.	

05 대상과 심사기준

위헌법률심판의 대상 ○	① 시행되어 효력이 발생한 법률 ② 간접적용되는 법률 ③ 폐지된 법률: 원칙(×), 예외(○) ④ 법률의 효력을 가지는 조약 ⑤ 긴급명령 ⑥ 긴급재정경제명령 ⑦ 관습법 ⑧ 긴급조치 ⑨ 미군정법령
위헌법률심판의 대상 ×	① 헌법조항 ② 대통령령, 총리령, 부령 ③ 명령·규칙과 같은 효력을 가진 조약 ④ 조례 ⑤ 입법부작위, 법률의 부존재 ⑥ 이미 위헌결정이 있었던 법률조항 ⑦ 제청 당시에 공포되었으나 시행되지 않았고 헌법재판소 결정 당시 폐지되었던 법률
심판대상 확정	① 병행규범(×) ② 심판대상확장: 제청된 법률과 불가분의 일체를 구성하는 법률조항으로 심판대상을 확장할 수 있다. ③ 법률조항 중 관련 사건의 재판에서 적용되지 않는 내용이 들어 있는 경우에도 제청법원이 단일 조문 전체를 위헌제청하고 그 조문 전체가 같은 심사척도가 적용될 위헌심사대상인 때에는 그 조문 전체가 심판대상이 된다. ④ 헌법재판소는 법질서의 통일성과 소송경제적인 측면에서 필요한 경우 제청법률의 심판범위를 확대하거나 축소할 수도 있다. ⑤ 법률조항의 위헌결정으로 인하여 해당 법률 전부를 시행할 수 없다고 인정될 때에는 그 전부에 대하여 위헌결정을 할 수 있다.
심사관점	① 법원의 위헌제청에 의해 심사대상은 제한받으나, 심사기준은 제한받지 않음 ② 모든 헌법적 관점에서 심사(○)

06 결정 유형

1. 주문 유형

단순위헌 5인, 헌법불합치 2인	헌법불합치결정
단순위헌 5인, 한정위헌 1인	한정위헌
단순위헌 3인, 헌법불합치 잠정적용중지 1인, 헌법불합치 잠정적용허용 1인, 한정위헌 1인	한정위헌
헌법불합치 1인, 한정위헌 5인, 합헌 3인	한정위헌
단순위헌 3인, 헌법불합치 1인, 한정위헌 5인,	한정위헌
각하 4인, 위헌 1인, 헌법불합치 4인	합헌
헌법소원 또는 권한쟁의심판에서 각하 4인, 인용 1인, 기각 4인	기각결정
권한쟁의심판에서 각하 4인, 인용 5인	인용결정

| 헌법소원에서 각하 4인, 인용 5인 | 기각결정 |
| 각하 4인, 인용 4인 | 각하 |

2. 합의 방식

| 합의 방식 | 쟁점별 합의가 아니라 주문별 합의 |

3. 헌법불합치결정 사유

| 헌법불합치
결정사유 ○ | ① 법적 안정성
② 신뢰보호
③ 법률이 평등권 침해일 경우: 법률이 평등원칙에 위반된 경우가 헌법재판소의 불합치 결정을 정당화하는 대표적인 사유라고 할 수 있다. 반면에, 자유권을 침해하는 법률이 위헌이라고 생각되면 평등원칙 위반의 경우와는 달리 헌법재판소가 결정을 내리는 과정에서 고려해야 할 입법자의 형성권은 존재하지 않음이 원칙이다. |
| 헌법불합치
결정사유 × | ① 정의실현
② 법률이 자유권 침해일 경우 |

07 위헌결정된 법률의 효력상실

1. 위헌결정의 효력 법조문

헌법	위헌결정이 된 법률조항의 효력상실 시점에 대한 규정은 없다.
헌법재판소법	위헌으로 결정된 법률 또는 법률의 조항은 그 결정이 있는 날부터 효력을 상실한다. 다만, 형벌에 관한 법률 또는 법률의 조항은 소급하여 그 효력을 상실한다.
위헌결정된 법률의 효력상실 시점	헌법적합성 문제(×), 입법정책적 문제(○)
헌법재판소법 제47조 제2항	입법자는 정의보다 법적 안정성을 우선시해서 장래효를 원칙으로 함

2. 위헌결정의 소급효

위헌결정의 소급효 인정범위	① 소급효가 인정되는 사건: a, b, c, d 사건 ② 대법원, 위헌결정 소급효 인정
불가쟁력이 발생한 처분	① 위헌인 법률에 근거한 행정처분이라도 이미 취소소송의 제기기간을 경과하여 확정력이 발생한 행정처분에 대하여는 위헌결정의 소급효가 미치지 않는다. ② 처분이 발해진 후 근거법률이 위헌결정된 경우 처분은 당연무효이다.(×) ③ 예외적 경우: 위헌법률에 근거하여 행정처분이 내려진 후에 그 목적달성을 위한 후행처분이 아직 이루어지지 않은 경우, 헌법재판소는 이를 당연무효사유로 보아 무효확인을 구할 수 있다고 보았다.
위헌결정 후 처분	위헌결정 후 처분을 한 경우: 처분은 기속력에 반해 무효 ➜ 체납절차 진행할 수 없음 ➜ 압류해제

08 형벌에 관한 법률에 대한 위헌결정

소급효가 인정되는 법률	① 형벌에 관한 조항, 보호감호조항도 형벌조항임 ② 형사소송법, 법원조직법은 형벌조항이 아님 ③ 불처벌 특례조항: 교통사고 가해자에 대해 공소를 제기할 수 없도록 한 불처벌 특례조항이 위헌결정된 경우 소급효가 인정되지 않는다.
소급효가 인정되는 범위	① 재판 중에 형벌조항에 대해 위헌결정이 나온 경우: 법원은 무죄판결을 해야 한다. ② 종전에 합헌으로 결정한 사건이 있는 경우: 합헌결정이 있는 날의 다음 날부터 소급하여 효력상실(합헌)
재심	① 형이 확정된 후 형벌조항이 위헌결정된 경우: 재심청구(○) ② 합헌결정이 있는 날의 다음 날 이후에 유죄판결이 선고되어 확정되었다면, 범죄행위가 그 이전에 행하여졌더라도 재심을 청구할 수 있다.
판례	헌법재판소가 형벌조항에 대한 헌법불합치결정을 하였는데 국회가 개정시한까지 개선입법을 하지 않은 경우 헌법불합치결정된 법률조항은 소급하여 효력을 상실한다.

09 기속력

기속력의 상대방	법원과 그 밖의 국가기관 및 지방자치단체(○), 국민(✕)
기속력의 객관적 범위	① 헌법재판소법 제47조 제1항: 변형결정(한정위헌, 헌법불합치결정)의 기속력 규정(✕) ② 합헌결정: 기속력 인정 안 됨 ③ 한정위헌결정의 기속력 　㉠ 대법원: 부정, 법률해석에 불과 　㉡ 헌법재판소: 긍정, 한정위헌결정은 법률해석이 아니라 부분위헌결정
한정위헌결정된 법률을 적용한 법원의 재판에 대한 헌법소원	① 위헌으로 결정한 법률을 적용하여 기본권을 침해한 법원의 재판에 한해 헌법소원의 대상이 된다. 　☑ 대법원재판의 헌법소원 대상 여부: 원칙(✕), 예외(○) ② 법원의 재판을 헌법소원의 대상으로 할 것인지는 입법자의 재량이다. ③ 한정위헌으로 결정된 법률이 문언의 변화가 없더라도 한정위헌결정은 위헌결정으로서 기속력이 인정된다. ④ 법원의 재판을 거친 원행정처분은 해당 재판이 취소된 경우에 한해 헌법소원의 대상이 된다. ⑤ 법원의 재판과 원행정처분 모두 취소함
일부위헌결정의 기속력	① 헌법재판소의 일부위헌결정: 민주화보상법 제18조 제2항의 민주화운동과 관련하여 입은 피해 중 불법행위로 인한 정신적 손해에 관한 부분은 헌법에 위반된다. ② 대법원의 일부위헌결정의 기속력 인정: 일부위헌결정은 위와 같이 '민주화운동과 관련하여 입은 피해' 중 일부인 '불법행위로 인한 정신적 손해' 부분을 위헌으로 선언함으로써 그 효력을 상실시켜 구 민주화보상법 제18조 제2항의 일부가 폐지되는 것과 같은 결과를 가져오는 결정으로서 법원에 대한 기속력이 있다.

조세감면규제법 전부개정에 따른 구법 부칙이 실효되지 않은 것으로 해석하는 것은 헌법에 위반됨을 확인한다는 헌법재판소 결정의 기속력	① 헌법재판소의 조세감면규제법 한정위헌결정의 기속력을 부인하고 청구인의 재심 청구를 기각한 법원의 재판이 '법률에 대한 위헌결정의 기속력에 반하는 재판'으로 예외적으로 헌법소원심판의 대상된다. ② 헌법재판소의 한정위헌결정이 이루어지기 전에 확정된 법원의 재판이 헌법소원심판의 대상이 되지 않는다.

10 헌법불합치결정의 효력

헌법불합치결정된 법률	① 헌법불합치결정된 법률은 적용되지 않는 것이 원칙이다. 잠정적용되지 않은 경우 법률이 개정되면 개정된 법률을 소급적용한다. ② 헌법재판소가 잠정적용을 명한 경우에 한해 불합치결정된 법률은 잠정적용된다. 잠정적용되는 경우 법원은 당해 사건에 불합치결정된 법률을 적용한다. ③ 잠정적용을 명령한 경우 헌법불합치결정된 법률을 적용한 법원의 재판은 헌법불합치결정의 기속력에 반하는 재판이 아니므로 헌법소원의 대상이 되지 않는다. ④ 대법원도 헌법불합치결정의 기속력과 소급효 인정한다.
헌법불합치결정과 개정시한	① 헌법불합치결정하면서 헌법재판소는 개정시한을 밝힐 수 있다. ② 헌법재판소가 공무원 연금법에 대해 헌법불합치결정하면서 2008.12.31.까지 법개정 시한을 밝혔음에도 입법자가 2009.12.31 개정하면서 2009.1.1.로 소급적용한 것은 진정소급입법이다.
학교용지부담금 헌법불합치결정	① 잠정적용 헌법불합치결정: 헌법재판소는 주택재개발사업으로 건설된 주택 가운데 현금청산의 대상이 되어 제3자에게 일반분양하는 가구를 부담금 부과대상에서 제외하지 아니한 것은 평등원칙에 위배된다. ② 수익적 처분의 근거 법령이 특정한 유형의 사람에 대한 지급 등 수익처분의 근거를 마련하고 있지 않다는 점이 위헌이라는 이유로 헌법불합치결정이 있더라도, 행정청은 그와 관련한 개선입법이 있기 전에는 해당 유형의 사람에게 구체적인 수익적 처분을 할 수는 없다. ③ 법률상 정해진 처분 요건에 따라 부담금을 부과·징수하는 침익적 처분을 하는 경우에는, 어떠한 추가적 개선입법이 없더라도 행정청이 사법적 판단에 따라 위헌이라고 판명된 내용과 동일한 취지로 부담금 부과처분을 하여서는 안 된다. ④ 가구수가 증가되지 아니한 현금 청산대상이 되는 가구에 대한 부담금 처분은 당연무효이다.

01 법령에 대한 헌법소원

대상	① 시행 중 법률(O) 　폐지된 법률: 원칙(✕), 기본권 침해가 계속되는 경우 될 수 있다. ② 위헌결정된 법률조항(✕) ③ 법규명령인 규칙(O) ④ 대통령령 · 총리령 · 부령(O) ⑤ 조례(O) ⑥ 조약(O) ⑦ 행정규칙: 원칙(✕), 예외(O) 　☑ 외국인 산업연수생에 대해 근로기준법 적용을 배제하는 고용노동부예규인 '외국인산업 　　기술연수생이 보호 및 관리에 관한 지침'은 행정규칙이나 대상이 됨(2007.8.30, 2004 　　헌마670) ⑧ 예산(✕)
현재성	공포 후 시행 전 법률(O)
보충성	다른 법률구제절차 없다. 헌법재판소법 제68조 제1항 단서 적용될 여지 없다.
청구기간	헌법재판소법 제69조 제1항 본문 적용(O) ➡ 청구기간 제한 있다.
권리보호이익	개정, 폐지된 경우 원칙적으로 권리보호이익이 없다. 그러나 기본권 침해가 존속하는 경우 권리보호이익 예외적으로 인정된다.

02 입법부작위 비교

	진정입법부작위	부진정입법부작위
개념	① 입법을 하지 아니한 경우 ② 입법권의 흠결	반대해석만으로 입법취지를 알 수 있도록 규정한 경우, 불완전, 불충분 또는 불공정하게 규율한 경우
헌법소원 대상	① 헌법상 명시적 입법의무 또는 해석상 기본권 도출되어 보호할 의무가 있는 경우에 한해 헌소대상이 된다. ② 입법의무가 없는 단순입법부작위는 헌법소원의 대상이 되지 않는다.	① 입법부작위는 헌법소원의 대상이 되지 않는다. ② 적극적으로 법령에 대해 헌소청구할 수 있다.
헌법소원 청구기간	제한이 없다.	제한을 받는다.
보충성	다른 법률의 구제절차가 없다.	다른 법률의 구제절차가 없다.
직접성 요건	문제되지 않는다.	문제가 된다.

03 입법부작위 사건

위헌확인	① 조선철도주식회사 보상입법부작위 ➡ 위헌확인결정 ② 치과전문의 시험실시에 대한 입법부작위 ➡ 위헌확인결정 ③ 노동부장관의 평균임금입법부작위 ➡ 위헌확인결정 ④ 군법무관 보수관련 대통령의 입법부작위: 재산권 침해(○), 직업의 자유와 평등권 침해(✕) ⑤ 노동3권이 허용되는 사실상 노무에 종사하는 지방공무원의 범위관련 조례입법부작위 ⑥ 국군포로법에서 위임한 등록포로 등 예우에 관한 사항을 규정하지 아니한 대통령령 입법부작위(2018.5.31, 2016헌마626)
입법의무가 있었으나 각하된 사건	선거구를 입법할 것인지 여부에 대해서는 입법자에게 어떤 형성의 자유가 존재한다고 할 수 없으므로, 국회는 국회의원의 선거구를 입법할 명시적인 헌법상 입법의무가 존재한다. ☑ 권리보호이익이 없어 부적법
각하된 사건	① 하위 행정입법의 제정 없이 상위 법령의 규정만으로도 집행이 이루어질 수 있는 경우라면 하위 행정입법을 하여야 할 헌법적 작위의무는 인정되지 아니하므로 입법부작위로 인한 헌법소원은 부적법하다. ② 나머지 입법부작위는 입법의무 없음 　㉠ 국회의원선거 당일 투표소에 수화통역인을 배치하도록 하는 내용의 법률 입법부작위 　㉡ 검사의 기소유예처분에 대한 피의자의 불복 재판절차를 마련하지 않은 입법부작위 　㉢ 법원이 구속영장이 청구된 피의자의 사선변호인에게 구속 전 피의자심문(영장실질심사) 기일 이전에 피의사실의 요지를 미리 고지하도록 규정하여야 할 입법의무는 인정되지 않는다. 　㉣ 외국의 대사관저에 대한 강제집행불능에 대한 손실보상입법부작위 　㉤ 언론통폐합보상입법부작위 　㉥ 헌법 과목을 의무교육과정의 필수 과목으로 지정하도록 하지 아니한 입법부작위 　㉦ 국방부장관이 1950년 8월경 청구인들을 입대시킨 행위로 인한 피해보상 입법을 하지 아니한 독서실소음규제입법부작위 　㉧ 주민투표입법부작위 　㉨ 한약조제의 안전성과 유효성에 관한 검토방법 및 절차를 규정하지 아니한 입법부작위 　㉩ 2008년 촛불집회를 검찰의 과거사 진상규명 대상으로 정하지 아니한 행정부작위와 위 촛불집회를 민주화운동으로 규정하지 아니한 입법부작위 등 　㉪ '공공기관의 정보공개에 관한 법률'에 따른 법원행정처의 정보비공개결정에 대한 불복재판을 담당할, 법원행정처로부터 사법행정에 관한 감독이 배제되는 하급심 '특별재판부' 설치에 관하여 규정하지 아니한 입법부작위 　㉫ 2010.5.24.자 대북조치로 인한 개성공단 보상입법부작위

04 원행정처분

대상 여부	법원판결의 기판력 때문에 원칙(×), 예외적으로 법원의 재판이 취소되는 경우에 한해(○)

05 권력적 사실행위

대상 여부	① 국제그룹해체관련 재무부장관의 제일은행에 대한 관련지시(○) ② 교육인적자원부장관의 대학총장들에 대한 교수협의회를 의결기구로 하는 학칙시정요구(○) 　비교》 2012년도 대학교육역량강화사업 기본계획 중 총장직선제 개선을 국공립대 선진화 지표로 규정한 부분, 2013년도 대학교육역량강화사업 기본계획 중 총장직선제 개선 규정을 유지하지 않는 경우 지원금 전액을 삭감 또는 환수하도록 규정한 부분(×) ③ 방송통신심의위원회의 시정요구(○) ④ 문화방송에 대한 방송위원회 경고(○) 　비교》 방송통신심의위원회의 방송사업자인 청구인에 대하여 한, '청구인의 보도가 심의규정을 위반한 것으로 판단되며, 향후 관련 규정을 준수할 것'을 내용으로 하는 '의견제시'(×) ⑤ 폐기물의 적정처리 여부 감사원의 감사: 헌소 대상이 된다. ⑥ 대통령이 2016.2.10.경 개성공단의 운영을 즉시 전면중단하기로 결정하고, 피청구인 통일부장관은 피청구인 대통령의 지시에 따라 철수계획을 마련하여 관련 기업인들에게 통보한 다음 개성공단 전면중단 성명을 발표하고, 이에 대응한 북한의 조치에 따라 개성공단에 체류 중인 국민들 전원을 대한민국 영토 내로 귀환하도록 한 일련의 행위로 이루어진 개성공단 전면중단조치(○) ⑦ 대통령의 지시로 피청구인 대통령비서실장, 정무수석비서관, 교육문화수석비서관, 문화체육관광부장관이 야당 소속 후보를 지지하였거나 정부에 비판적 활동을 한 문화예술인이나 단체를 정부의 문화예술 지원사업에서 배제할 목적으로, 한국문화예술위원회, 영화진흥위원회, 한국출판문화산업진흥원 소속 직원들로 하여금 특정 개인이나 단체를 문화예술인 지원사업에서 배제하도록 한 일련의 지시행위(○) ⑧ 육군훈련소장이 청구인들로 하여금 육군훈련소 내 종교행사에 참석하도록 한 행위(○)

06 공고

대상 ○	① 대전교육시 교육감 교원시험 가산점 공고 ② 지방고시, 최종시험일 공고: 대상(○) ③ 법학적성시험시행계획 공고 중 시험요일: (○) ④ 한국산업인력공단의 2019년도 제56회 변리사 국가자격시험 시행계획 공고 가운데 '2019년 제2차 시험과목 중 특허법과 상표법 과목에 실무형 문제를 각 1개씩 출제' 부분 ⑤ 법학전문대학원 졸업예정자에 한하여 필기전형을 실시하도록 정한 법원행정처장의 '재판연구원 신규 임용 계획' 및 법학전문대학원 졸업예정자에 한하여 실무기록평가를 실시하도록 정한 법무부장관의 '검사 임용 지원안내'는 헌소대상이 되는 공권력행사는 해당한다. 다만, 평등권 침해가능성은 없음 ⑥ 방위사업청장이 행정5급 일반임기제공무원을 채용하는 경력경쟁채용시험 공고를 하면서, 그 응시자격요건으로 '변호사 자격 등록'을 요구한 부분

대상 ×	① 5급 시험 응시상한 연령공고: 대상(×) ☑ 응시연령을 규정한 명령: (○) ② 변호사시험 관리위원회의 의결 ③ 공무원임용시험령에서 '고용노동 및 직업상담 직류를 채용하는 경우 직업상담사 자격증 보유자에게 만점의 3% 또는 5%의 가산점을 부여한다'고 명시한 내용과 같은 내용을 공고한 인사혁신처 2018년도 국가공무원 공개경쟁채용시험 등 계획 공고 ☑ 시행령은 대상이 됨

07 행정계획안

행정계획안	① 원칙: 대상이 되지 않는다. ☑ 건설교통부장관의 개발제한구역개선방안 × ② 다만, 법령의 뒷받침에 의해 실시될 것이 분명한 경우 헌법소원의 대상이 될 수 있다. ☑ 서울대학교 입시요강 ○

08 기타

기타	① 공정거래위원회의 무혐의처분: 대상(○) ② 독도 안전시설 설치 등 부작위: 헌소대상이 될 수 없다. ③ 채용공고 　㉠ 한국방송공사의 채용공고: 대상(×) 　㉡ 국정원의 채용공고: 대상(○) ④ 선관위 결정 　㉠ 중앙선관위의 대통령에 대한 정치적 중립의무 위반결정: 대상 ○ 　㉡ 서울시선관위의 선거법에 반하는 대선후보자에 대한 토론회 개최중지: 대상 × ⑤ 변호사 등록을 신청하는 자에게 등록료 1,000,000원을 납부하도록 정한 대한변호사협회의 '변호사 등록 등에 관한 규칙' 　㉠ 대한변협이 공권력 행사의 주체인지 여부(적극) 　㉡ 변호사 등록을 신청하는 자에게 등록료 1,000,000원을 납부하도록 정한 대한변호사협회의 '변호사 등록 등에 관한 규칙'이 헌법소원심판의 대상이 되는 '공권력의 행사'에 해당하는지 여부(적극) 　㉢ 변호사 등록을 신청하는 자에게 등록료 1,000,000원을 납부하도록 정한 대한변호사협회의 '변호사 등록 등에 관한 규칙'에 대한 헌법소원심판 청구가 예외적으로 심판의 이익이 인정되는지 여부(적극) ⑥ 변호사 광고에 관한 규정 ○

09 헌재가 헌법소원심판대상으로 인정하지 않은 사례

청원에 대한 회신	① 법원행정처장의 민원인에 대한 질의 · 회신 ② 한국방송공사의 보상금지급결정통지 ③ 청원처리회신 ④ 환매권행사를 부인하는 취지의 회신문서 ⑤ 교원징계재심위원회의 고충처리결정회신 ⑥ 공보처장관의 통보 ⑦ 국가보훈처장의 민원회신 ⑧ 납골당 설치허가에 대해 동의하지 아니한다는 민원회신 ⑨ 사진이 첨부된 주민등록표 등본을 발급해 줄 수 없다는 동장의 통지
국가기관 내부행위 / 아직 대외적 효력이 없는 행위	① 현재 수사 중인 사건 ② 수사기관의 진정사건에 대한 내사종결처리 　[비교》] 고소사건을 진정사건으로 오인하여 내사종결했다면 대상이 된다. ③ 피의자에 대한 비공개지명수배처분 ④ 내부지침에 불과한 교육위원회의 인사관리원칙 ⑤ 정부투자기관에 대한 예산편성지침 통보행위 / 법원행정처장의 예산집행관련 지시 / 기획재정부장관이 한 2016년도 정부 예산안 편성행위 중 4 · 16세월호참사 특별조사위원회에 대한 부분 ⑥ 교육부장관의 '교장임용 제청 기준 강화방안' 중 '교육공무원이 금품수수 등 4대 비위로 징계를 받은 경우에는 징계기록 말소기간을 불문하고 교장임용 제청 대상에서 배제하기로 한 부분' ⑦ 대통령의 법률안 제출행위: 국민에게 법률효과가 없다. ⑧ 교육부장관의 1996년 대학입시기본계획 중 권고 ⑨ 중앙항만정책심의회의 항만명칭 결정 ⑩ 새만금 간척사업 공사재개행위 ⑪ 보건복지부장관의 장애인차량LPG 보조금지원사업과 관련된 지침 ⑫ 국회의장의 선거구획정위원회 위원을 선임 · 위촉하지 아니한 부작위 ⑬ 구 G20 정상회의 경호안전을 위한 특별법에 의한 경호안전구역의 공고 ⑭ 번호통합과 번호이동에 관한 구 통신위원회와 방송통신위원회 의결 및 방송통신위원회의 번호통합정책 추진경과에 관한 홈페이지 게시 ⑮ 변호사시험 합격자 결정기준 ⑯ 한국토지주택공사 이전방안 ⑰ 국무회의 의결 ⑱ 국가안전보장회의 자문 ⑲ 대리인에 의한 협의이혼의사확인신청서 제출을 금지하고 있는 '2015 가족관계등록실무' ⑳ 검사는 피의자 후방의 적절한 위치에 신문에 참여하는 변호인의 좌석을 마련하여야 한다고 규정한 '변호인의 피의자신문 참여 운영 지침' 　[비교》] 검찰수사관인 피청구인이 피의자신문에 참여한 변호인인 청구인에게 피의자 후방에 앉으라고 요구한 행위는 공권력 행사이다.

사법상 행위	① 한국토지공사가 생활대책의 일환으로 행한 상업용토지 공급공고 ② 공공용지의 협의취득과 보상금 지급 ③ 폐천부지교환행위 ④ 한국증권거래소의 상장폐지 결정 ⑤ 한국방송공사 군미필자 응시자격 제한 ⑥ 한나라당 대통령 후보 경선시 여론조사 적용한 후보자 추천행위 ⑦ 국고작용, 사경제적 행위 ⑧ 사립대학인 학교법인 이화학당의 법학전문대학원 모집요강 　⇔ 교육부장관의 모집요강인가는 대상이 된다. ⑨ 정부투자기관의 해고 ⑩ 강북구청장이 한 '4·19혁명 국민문화제 2015 전국 대학생 토론대회' 공모 공고 중 토론대회 참가대상을 대학교 재학생·휴학생으로 한정한 부분
비권력적 행위	① 어린이헌장의 제정·선포행위 ② 서울특별시 선거관리위원회 위원장(피청구인)의 선거법위반행위에 대한 중지촉구 ③ 공판정심리의 녹음물을 폐기한 행위 ④ 교도소장의 생활지도 명목의 이발 지도행위 ⑤ 외부로부터 연예인 사진을 교부받을 수 있는지에 관한 청구인의 문의에 대한 교도소장의 불허 ⑥ 한국인(청구인)과 결혼한 중국인 배우자(장○염)가 한국에 입국하기 위하여 결혼 동거목적거주 사증발급을 신청함에 있어 주중국 대한민국대사(피청구인)가 전화 예약에 의한 방법으로 사증신청접수일을 지정한 행위 ⑦ 피청구인 경기지방경찰청장이 전기통신사업자에게 청구인의 주소, 전화번호 등 통신자료의 제공을 요청하여 취득한 행위 / 수사기관의 국민건강보험공단의 건강보험 요양급여 조회행위 / 김포경찰서장이 김포시장에게 활동보조인과 수급자의 인적사항, 휴대전화번호 등을 확인할 수 있는 자료를 요청한 행위 ⑧ 2010년도 교원자격검정 실무편람 ⑨ 학교당국이 미납공과금을 완납하지 아니할 경우에 졸업증의 교부와 증명서를 발급하지 아니하겠다는 통보 ⑩ 제20대 국회의원 선거 및 제19대 대통령 선거에서 투표지분류기 등을 이용하는 행위 ⑪ 중앙선거관리위원회가 2020.2.6. '선거권이 없는 학생을 대상으로 하더라도 선거가 임박한 시기에 교원이 교육청의 계획하에 모의투표를 실시하는 것은 행위양태에 따라 선거에 영향을 미치게 하기 위한 행위에 이르러 공직선거법에 위반될 수 있다'고 결정한 것 및 피청구인의 위원장이 서울특별시 교육감의 관련 질의에 대하여 2020.3.9. 위 결정과 유사한 취지로 한 회신 ⑫ '금융위원회가 2017.12.28. 시중 은행들을 상대로 가상통화 거래를 위한 가상계좌의 신규 제공을 중단하도록 한 조치' 및 '금융위원회가 2018.1.23. 가상통화 거래 실명제를 2018.1.30.부터 시행하도록 한 조치' ⑬ 코로나 백신을 전 국민에게 접종하려는 행위 ⑭ 시설이용자를 대상으로 음성결과확인서를 제출하도록 하는 등의 방법으로 코로나19 검사 결과를 확인하고, 안면인식 열화상 카메라로 체온을 측정하는 행위

작위의무 없는 공권력의 불행사	① 국회의 탄핵소추의결의 부작위 ② 중앙선거관리위원회의 전국구의원승계미결정 ③ 외교통상부장관과 법원행정처장의 공권력불행사 ④ 재판지연 ⑤ 재정신청사건의 공소유지변호사가 무죄판결에 대해 항소하지 아니한 것 ⑥ 외교통상부장관의 간도협약무효를 위한 적극적 행위를 하지 아니한 부작위 ⑦ 법원이 국민의 형사재판참여에 관한 피고인의 의사확인을 위한 안내서를 송달하지 아니한 부작위 / 헌법소원결정서 송달하지 아니한 부작위 / 형사판결서 송달부작위 / 형사입건 사실을 피의자에게 사전에 통지하지 아니한 수사기관의 부작위 ⑧ 저상버스도입 부작위 ⑨ 교육부장관의 이화학당의 법학전문대학원 모집요강시정명령부작위 ⑩ 식품의약안전처장이 후쿠시마 8개현의 수산물수입을 금지했다면 헌법소원의 대상이 되는 공권력 불행사가 있다고 할 수 없다. ⑪ 수용자가 원하는 특정한 의약품을 처방하거나 지급하지 않은 것 ⑫ 공무원연금 책임준비금 적립부작위 ⑬ 환경부장관이 폭스바겐 아우디 주식회사에게 청구인들 소유 자동차들에 대한 자동차교체명령을 하지 않은 부작위 ⑭ 일회용 마스크 지급하지 아니한 부작위 ⑮ 행정안전부장관, 법무부장관이 진실규명사건의 피해자 및 그 가족인 청구인들의 피해를 회복하기 위해 국가배상법에 의한 배상이나 형사보상법에 의한 보상과는 별개로 금전적 배상·보상이나 위로금을 지급하지 아니한 부작위
법원의 재판	① 헌법재판소가 위헌으로 결정한 법령을 적용하여 기본권을 침해한 재판에 한해 헌법소원의 대상이 됨 ② 법원재판장의 변론제한 / 공판정심리의 녹음물을 폐기한 행위 / '인터넷회선을 통하여 송·수신하는 전기통신'에 대한 법원의 통신제한조치의 허가 / 대통령의 긴급조치 발령행위 등에 대하여 국가배상책임을 인정하지 않은 대법원 판결 / 디엔에이 채취를 위한 법원의 영장 발부 등은 모두 대상이 안 됨
헌법조문	헌법조문은 헌법재판소법 제68조 제1항 소정의 공권력행사로 볼 수 없다.
대통령 신임투표를 국민투표에 붙이는 행위	① 헌법소원: 대상 ✕ ② 탄핵심판: 헌법 제72조 위반

01 기본권

헌법상 보장된 기본권 인정 ○	① 헌법상 명문으로 규정된 권리 + 헌법해석상 도출된 권리도 포함 ② 헌법 제2장 권리·의무장 이외에서도 기본권 도출한 바 있음(제3조, 제8조), 정당 가입의 자유, 헌법 제8조와 제21조에서 도출 ③ 영토조항: 영토권 도출 ④ 기본권 침해주장과 직권 조사: 청구인이 주장한 것에 한정되지 아니하고 헌재가 직권 조사하여 판단 ⑤ 지방자치단체의 폐치·분합이 그 주민의 기본권을 침해할 수 있는지 여부: 긍정
헌법상 보장된 기본권 인정 ×	① 기본원리, 제도의 본질훼손: 기본권 × ➡ but 기본원리는 심사기준이 된다. ② 평화통일조항으로부터는 기본권이 도출되지 않는다고 한 바 있다. ③ 평화적 생존권: 기본권(×) ④ 지방자치단체 주민으로서의 자치권 또는 주민권의 침해를 주장하며 국가사무에 속하는 고속철도 역의 명칭 결정에 대하여 헌법소원심판을 청구할 수 없다. ⑤ 부산 및 진해 지역에 세워진 항만의 명칭을 '신항'으로 정한 항만법 등 관련법령에 의하여 진해시민들인 청구인들의 기본권이 침해될 가능성이 없다. ⑥ 헌법전문의 3·1 정신: 기본권 도출근거(×) ⑦ 법률안 심의표결권, 상임위원이 될 권리는 헌법상 기본권이 아니다. 따라서 침해받 은 자는 헌법소원이 아니라 권한쟁의를 청구해야 한다. ⑧ 국회구성권: 기본권(×) ⑨ 국민의 입법권: 기본권(×)
기본권 침해가능성 부정	① 한미무역협정 ② 폐쇄된 서남대의 의과대학생 177명을 전북대 의과대학에 특별편입학 모집하는 것 을 내용으로 하는 전북대 총장의 2018.1.2.자 2018학년도 서남대학교 특별편입학 모 집요강 ③ 강원도지사가 혁신도시 입지로 원주시를 선정한 것 ④ 경기도교육청의 교육공무원 승진규정에 따른 도서벽지 근무 평정요령과 농어촌 근무 평정요령 중 월·일 평정점 상향에 관한 부분 ⑤ 교육감을 주민의 선거에 따라 선출한다고 규정한 지방교육자치에 관한 법률 ⑥ 국선변호인 선정 사유 및 방법에 대하여 규정하고 있는 형사소송법 제33조 ⑦ 사업주체가 투기과열지구에서 분양가격이 9억 원을 초과하는 주택은 특별공급할 수 없도록 정한 '주택공급에 관한 규칙' 제47조의2 중 국가유공자 등 예우 및 지원 에 관한 법률에 따른 국가유공자에 관한 부분이 무주택세대구성원이자 국가유공 자인 청구인의 기본권을 침해할 가능성이 인정되지 않는다. ⑧ 종교인소득 중 일부에 대하여 소득세를 비과세하고, 종교인소득과 관련하여 세무 공무원의 질문·조사권의 범위를 제한하거나 질문·조사 전 수정신고를 안내하도 록 규정한 소득세법 시행령 조항에 대한 종교인인 청구인들의 심판청구가 기본권 침해가능성이 인정되는지 여부(소극)

02 청구능력

청구능력 인정	① 영화인협회 ② 한국신문편집인협회 청구능력 ③ 정당 ④ 노동조합 ⑤ 사인의 지위에서 대통령 ⑥ 국립대학교
청구능력 부정	① 국회상임위원회 ② 국회의원 ③ 교육위원 ④ 서울시의회 ⑤ 도지사 ⑥ 국민봉사자로서 대통령 ⑦ 신병업무담당경찰공무원 ⑧ 한국영화인협회 감독위원회 ⑨ 인천대기성회 이사회 ⑩ 헌법소원심판청구 전 이미 사망한 사람 ⑪ 어린이집 ⑫ 사이버대학 ⑬ 남문중학교와 상업학교

03 자기관련성

제3자	원칙: ×	간접적, 사실·경제적인 이해관계만 있는 경우 자기관련성이 인정되지 않기 때문이다.
	예외: ○	직접적·법적으로 침해받을 경우
단체	① 단체는 소속구성원의 기본권 침해를 이유로 헌법소원을 제기할 수 없으며 단체 자신의 기본권 침해를 이유로 할 때에만 헌법소원을 제기할 수 있다. 따라서 영화인협회, 중개인협회, 신문편집인협회, 수렵인협회, 한국급식협회, 공무원 노조는 구성원 권리 침해관련 자기관련성이 인정되지 않는다. 세무사 자격 보유 변호사로 하여금 세무조정업무를 할 수 없도록 규정한 법인세법에 대하여 법무법인인 청구인의 기본권 침해의 자기관련성을 인정할 수 없다(2018.4.26, 2016헌마116). ② 공무원 개인의 기본권을 제한하는 법령에 의하여 간접적·부수적으로 공무원 단체의 활동이 제한될 때 그 단체의 자기관련성을 인정할 수 없다.	
제3자로서 자기관련성이 인정된 자	① 주주 ② 위증으로 인한 불이익한 재판을 받게 되는 당사자 ③ 사고로 인한 피해자사망시 피해자의 부모 ④ 이동통신단말장치를 구입하고자 하는 청구인들 ⑤ 요양급여비용의 액수를 인하하는 조치를 내용으로 하는 조항에 대한 의사 ⑥ 정보통신망을 통하여 공개된 정보로 말미암아 사생활 등을 침해받은 자가 삭제요청을 하면 정보통신서비스 제공자는 임시조치를 하여야 한다고 정한 조항에 대한 정보게재자 ⑦ 교통사고처리특례법상의 불기소처분에 대한 교통사고 피해자	

⑧ 사전심의를 받은 방송광고에 한하여 방송할 수 있도록 규정한 법률 조항으로 인하여 자신이 원하는 방송광고를 할 수 없게 된 광고주

⑨ 청구인 대통령의 지시로 피청구인 대통령 비서실장, 정무수석비서관, 교육문화수석비서관, 문화체육관광부장관이 야당 소속 후보를 지지하였거나 정부에 비판적 활동을 한 문화예술인이나 단체를 정부의 문화예술 지원사업에서 배제할 목적으로, 한국문화예술위원회, 영화진흥위원회, 한국출판문화산업진흥원 소속 직원들로 하여금 특정 개인이나 단체를 문화예술인 지원사업에서 배제하도록 한 일련의 지시 행위에 대한 예술인

⑩ 변호사 광고를 금지한 대한변호사협회 규정에 대해 광고 회사

제3자로서 자기관련성이 부정된 자	① 구속된 피고인의 변호인이 '피고인이 도망할 염려가 있다고 믿을 만한 충분한 이유가 있는 때'를 필요적 보석의 예외사유로 정하고 있는 형사소송법 제95조 제4호 규정에 대하여 변호인 ② 과세처분에 있어서 중·고등학교 학생 ③ 의료사고의 피해자의 아버지 ④ 주주가 아닌 주식회사의 대표이사 ⑤ 교수협의회와 교수 ⑥ 국가의 국립대학에 대한 재정지원에 대하여 사립대학 학생 및 교수 　유사 학칙시정요구에 대하여 해당대학의 교수회나 그 소속 교수들에게 헌법소원을 청구할 자기관련성이 인정될 수 있는지 여부(소극) ⑦ 부산교육대학교 ⑧ 학점은행제 원격교육훈련기관은 학점이 부여되는 학습과정을 제공함에 있어 학점인정 등에 관한 법률에 근거하고 있다. 보육교사 2급 자격을 취득하기 위해 이수해야 하는 보육 관련 교과목 중 일부를 대면 교과목으로 지정한 영유아보육법 시행규칙에 의한 학점은행제 교육훈련기관 운영자인 청구인 ⑨ 신입생지원자격제한조치 헌법소원에서 대학교재학생 ⑩ 백화점 셔틀버스를 이용해 온 소비자 ⑪ 정당으로 하여금 후보자의 추천을 취소 또는 변경할 수 없도록 규정한 공직선거법 제50조 제1항에 대해 단순한 정당원 또는 국민 개인의 지위에 있는 자 ⑫ 배아를 임신 목적뿐만 아니라 연구 목적으로 이용할 수 있도록 허용하는 법률이 시행된 경우 산부인과 의사 ⑬ 간행물 판매가격의 10%까지 소비자에게 이익 제공하도록 한 규정에 대해 출판업자 ⑭ 해당 시험의 합격자 발표일부터 1년 내에 변호사시험법에 대해 기존 변호사시험 합격자의 청구가 기본권 침해의 자기관련성 요건을 갖추었는지 여부(소극) ⑮ 이라크 파병 결정에 대해 헌소를 청구한 일반국민 ⑯ 신문의 애독자 ⑰ 반론보도청구를 인정하는 법률에 대한 신문사기자, 신문사대표이사 ⑱ 식품접객업소에서 배달 등의 경우에 합성수지 재질의 도시락 용기의 사용을 금지하는 조항 ⑲ 검사가 정당의 당원에게 검사실로 출석할 것을 요구한 행위에 대하여 정당의 자기관련성 ⑳ 무면허 의료행위 소비자 ㉑ 정당이 공직선거 후보자를 추천하기 위하여 당내경선을 실시할 수 있다고 규정한 공직선거법 제57조의2 제1항이 당내경선에 참여하고자 하는 청구인의 공무담임권과 평등권을 침해할 가능성이 있는지 여부(소극)

	㉒ 담배의 제조 및 판매에 관하여 규율하고 있는 구 담배사업법에 대하여 간접흡연자와 의료인의 자기관련성 인정 여부(소극)
	㉓ LPG를 연료로 사용할 수 있는 자동차 또는 그 사용자의 범위를 제한
	㉔ 교사 '2018학년도 대학수학능력시험 시행기본계획' 중 대학수학능력시험의 문항 수 기준 70%를 한국교육방송공사 교재와 연계하여 출제한다는 부분은 고등학교 교사들
	㉕ 학점인정 등에 관한 법률 제3조에 따라 교육부장관으로부터 평가인정을 받은 학습과정을 설치·운영하는 교육훈련기관에서 학습과정을 이수하고 있는 사람들이 대학으로 오인(誤認)할 수 있는 대학, 학부, 학과, 정시, 수시 등의 명칭 사용을 금지하는 평가인정 학습과정 운영에 관한 규정이 기본권 침해의 자기관련성이 있는지 여부(소극)
	㉖ 성년자녀를 둔 부모
	㉗ 2021학년도 대학입학전형기본사항 중 재외국민 특별전형 지원자격 가운데 학생의 부모의 해외체류요건 부분으로 인한 학부모의 기본권 침해의 자기관련성 인정 여부(소극)
	㉘ 인터넷언론사가 공직선거법 제82조의6 제1항에 따른 실명확인 조치 및 실명인증 받은 정보등에 대한 실명인증표시 조치를 하지 않은 경우 그에 대한 과태료 부과의 근거가 되는 공직선거법 제261조 제3항 제4호 및 공직선거법 제261조 제6항 제3호에 대한 인터넷언론사 게시판 등 이용자인 청구인
	㉙ 용적률을 제한하는 조례에 대한 헌법소원심판을 청구하여 심판계속 중 당해 토지를 신탁회사에 신탁함으로써 그 소유권을 상실한 자
수혜적 법률	① 비교집단에게 혜택을 부여하는 법률과 자기관련성: 비교집단과의 관계에서 청구인들의 법적 지위가 상대적으로 향상된다고 볼 여지가 있는 때
	② 수혜적 법률의 적용범위에서 제외된 자의 자기관련성: 평등권이 침해되었다고 주장하는 당사자에 해당되고, 당해 법률에 대한 위헌 또는 헌법불합치결정에 따라 수혜집단과의 관계에서 평등권 침해 상태가 회복될 가능성이 있다면 기본권 침해성이 인정된다.
	③ 법적 지위가 향상될 수 있는 자: 법적 지위가 상대적으로 향상된다고 볼 여지가 있는 때
	④ 수혜적 법률의 적용범위에서 제외된 자의 자기관련성인 인정된 경우 ㉠ 경력공무원에게 자격을 부여하는 법률에 대해 일반수험생 ㉡ 변호사로서 변리사 등록을 한 자에게 변리사 자격을 부여하는 변리사법에 대해 변리사 시험을 통해 변리사가 되고자 하는 자 ㉢ 법원 경력 공무원에 법무사 자격을 부여한 법무사법에 대해 법무사 시험응시자 ㉣ 연합뉴스를 기간 뉴스통신사로 한 뉴스진흥법에 대해 그 혜택의 범위에서 제외된 청구인 회사 ㉤ 국가의 국립대학에 대한 재정지원행위에 대하여 그 공권력행사의 상대방이 아닌 사립대학
	⑤ 수혜적 법률의 적용범위에서 제외된 자의 자기관련성이 부정된 경우 ㉠ 예술·체육특기자에 대한 병역혜택부여에 대해 공익근무요원으로 근무한 자 ㉡ 종교인소득 중 일부에 대하여 소득세를 비과세하고, 종교인소득과 관련하여 세무 공무원의 질문·조사권의 범위를 제한하거나 질문·조사 전 수정신고를 안내하도록 규정한 소득세법 및 소득세법 시행령 조항에 관하여 일반 국민인 청구인들의 자기관련성이 인정되는지 여부(소극)

04 현재성

현재성	① 서울대 입시요강: ○ ② 공포 후 시행 전 법률: ○

05 직접성

직접성	① 법률에서 집행기관에 재량을 준 경우: 법률은 직접성 요건 충족(×)
	    ⊙ 일제강점하 반민족행위 진상규명에 관한 특별법, 직접성 요건(×)
	    ⓛ 검사는 일정한 성폭력범죄자에 대하여 전자장치 부착명령을 청구하고, 법원은 위 청구가 이유 있다고 인정하는 때에 판결로 부착명령을 선고할 수 있다고 규정한 '특정 범죄자에 대한 보호관찰 및 전자장치 부착 등에 관한 법률': 직접성 요건(×)
	    ⓒ 교과용도서의 범위 등을 하위법령에서 정하도록 위임하고 있는 초·중등교육법(×)
	    ⓔ 학교의 폐쇄로 인해 다른 학교의 동일한 또는 유사한 모집단위로 편입학하는 사람에 대해서는 학년별·연도별·모집단위별 정원의 제한 없이 입학을 허가할 수 있도록 한 고등교육법 시행령
	② 법률에서 집행기관에 재량을 주지 않은 경우: 법률은 직접성 요건 충족(○)
	③ 집행행위, 입법행위(○), 형벌의 부과·집행(×) ➡ 형벌조항 직접 헌소청구할 수 있다.
	④ 집행행위가 존재하는 경우 항상 법률은 직접성이 인정될 수 없다.(×)
	⑤ 입법행위, 집행행위(○), 법률에서 위임한 경우 직접성 요건 부정
	    ⊙ 주택관리사보 자격시험의 응시자격 등은 대통령령으로 정한다고 규정하고 있는 주택법: 직접성 요건(×)
	    ⓛ 지방자치단체는 조례로 관할 구역 안의 일정한 장소를 금연구역으로 지정할 수 있다고 규정한 국민건강증진법: 직접성 요건(×)
	    ⓒ 사회복무요원에게 보수 및 직무수행에 필요한 여비 등을 지급하도록 하면서 그 기준 등에 필요한 사항을 대통령령으로 정하도록 한 병역법
	⑥ 화재조사전담부서의 장이 소속 소방공무원 중 12주 이상의 전문교육을 이수한 자로서 국민안전처장관이 실시하는 화재조사에 관한 시험에 합격한 자로 하여금 화재조사를 실시하게 하여야 한다고 규정한 소방기본법 시행규칙 제12조는 일반 국민을 수범자로 하지 않으므로, 소속 공무원이 아닌 청구인의 헌법상 기본권이 침해될 가능성이 없다.
	⑦ 수사기관 등이 전기통신사업자에게 이용자의 성명 등 통신자료의 열람이나 제출을 요청할 수 있도록 한 전기통신사업법 제83조 제3항: 직접성인정

06 권리보호이익

권리보호이익이 긍정된 사례	① 주관적 권리구제의 실효성이 없더라도 동종행위의 반복위험성, 헌법질서수호유지를 위해 헌법적으로 해명할 필요가 있는 경우 권리보호이익은 인정된다. ② 헌법재판소가 본안판단을 해서 기각이나 인용한 사건은 권리보호이익을 인정했다고 보아야 한다. ③ 국회방청불허행위 ④ 최루액을 혼합하여 살수한 행위, 심판의 이익이 인정된다.
권리보호이익이 부정된 사례	① 부산광역시 기장군의회 운영행정위원장의 임시회의 방청불허행위 ② 보충역으로서 입학일 전에 전역할 수 없는 자는 지원할 수 없다는 부산대학교와 제주대학교의 의학전문대학원 신입생 모집요강에 대한 헌법소원심판청구 ③ 체포된 피의자의 변호인이 체포영장 등사를 신청하자 이를 거부한 사법경찰관의 행위에 대한 헌법소원심판청구 　비교» 법원의 열람·등사 허용 결정에도 불구하고 수사서류의 등사를 거부하는 검사의 행위 심판청구의 이익은 여전히 존재한다. ④ 물포발사행위 ⑤ '중·고등학교 교과용도서 국·검·인정 구분' 중 중학교 역사 및 고등학교 한국사 과목의 교과용도서를 각 국정도서로 정한 부분 ⑥ 퇴임 재판관 후임자선출 부작위: 국회는 재판관의 후임자를 신출하여야 할 구체적 작위의무를 부담한다고 할 것이다. 그러나 국회가 재판관을 선출함으로써 작위의무 이행지체 상태가 해소되었으므로, 이 사건 심판청구의 권리보호이익은 소멸하였다 할 것이다. ⑦ 출정 시 도주방지복 착용 강제행위 ⑧ 밀양경찰서장이 철거대집행이 실시되는 동안 청구인들을 철거대상시설인 움막들 밖으로 강제 이동시킨 행위 및 그 움막들로 접근을 막은 행위 ⑨ 국회의원 선거구 입법부작위 ⑩ 초등학교 1·2학년의 영어 방과후학교 과정을 금지하는 것이 청구인들의 기본권을 침해한다고 주장하면서 헌법소원심판을 청구하였으나, 그 후 법률이 개정되어 초등학교 1·2학년의 영어 방과후학교 과정이 허용된 경우 ⑪ 정보위원회 법안심사소위원회 회의의 방청신청을 불허한 행위 　*법률은 권리보호이익인정 ⑫ 재외선거사무 중지결정 *법률은 권리보호이익 인정

07 보충성

보충성의 의의	① 다른 법률의 구제절차 여부 <table><tr><td>다른 법률의 구제절차인 것</td><td>적부심사</td></tr><tr><td>구제절차가 아닌 것</td><td>손해배상, 손실보상, 청원절차</td></tr></table>② 헌법소원청구 후 다른 법률구제절차가 완료된 경우: 헌법소원청구 후 다른 법률의 구제절차가 완료된 경우에는 청구시 있었던 보충성 요건의 하자가 치유된다.

보충성의 예외 ×	① 법관에 대한 전보명령 ② 불기소사건기록열람·등사청구에 대한 검사의 거부처분 ③ 대법원의 확립된 판례에 의해 패소할 것이 예상되는 경우 ④ 교도소장의 수형자 서신발송의뢰 거부행위 ⑤ 확정된 형사소송기록에 대한 등사신청 거부처분 ⑥ 새로운 법률의 시행으로 다시 재결신청 및 행정소송 등을 통하여 보상금 지급을 청구할 수 있게 된 경우 종전 행정처분에 대해 헌법소원심판 청구 ⑦ 체포적부심사를 거치지 아니하고 헌법소원심판을 청구한 것은 부적법하다. ⑧ 도시계획시설결정 ⑨ 피의자의 피의사실 보도자료 배포행위 ⑩ 인권하루소식 구독거부처분 ⑪ 교도소 이송처분 ⑫ 국가인권위원회의 각하·기각결정 　비교》 감사원의 기각결정은 보충성의 예외이다. 　비교》 선관위의 공직선거법위반결정은 보충성의 예외이다. ⑬ 교육부장관이 승진임용 제청 대상자에 청구인들을 포함하지 않은 행위는 항고소송의 대상인 처분에 해당한다. ⑭ 대한변호사협회 징계위원회의 징계결정에 대한 심판청구 ⑮ 수원시장이 공고한 '여객자동차운송사업(택시) 개선명령 및 준수사항' 중 '개인택시 부제 운행'[3부제(2일 운행, 1일 운휴 반복)]에 대한 헌법소원심판청구 ⑯ 공정거래위원회 경고(2012.6.27, 2010헌마508) ⑰ 방송통신심의위원회의 시정요구 ⑱ 고용노동부장관의 청구인 전국교직원노동조합에 대한 시정요구 ⑲ 특허청장이 서울서부지방법원의 상표등록번호 제0820076호의 상표권에 대한 압류기입등록 촉탁을 반려한 처분 ⑳ 청구인은 법원행정처장의 정보비공개결정 ㉑ 금융위원회 위원장이 2020.1.9.경 청구인에 대하여 한 공인회계사시험 제1차 시험 응시원서접수 거부처분
보충성의 예외 ○	① 법령소원 ② 교도소장의 미결수용자의 서신에 대한 검열행위 ③ 종교행사 참여금지 ④ 피의자촬영허용행위 ⑤ 공정거래위원회의 무혐의처분 ⑥ 동행계호행위 ⑦ 최저임금 고시 ⑧ 구치소장이 서신수수를 금지하고 해당 서신을 교도소에 수용 중인 청구인에게 반송한 행위에 대한 심판청구가 보충성 요건을 갖추었는지 여부(적극) ⑨ 피청구인 대통령의 지시로 피청구인 대통령 비서실장, 정무수석비서관, 교육문화수석비서관, 문화체육관광부장관이 야당 소속 후보를 지지하였거나 정부에 비판적 활동을 한 문화예술인이나 단체를 정부의 문화예술 지원사업에서 배제할 목적으로, 청구인 윤○○, 정○○의 정치적 견해에 관한 정보를 수집·보유·이용한 행위에 대한 헌법소원심판청구

08 검사의 공소권 행사와 헌법소원 요건

침해되는 기본권 유형	검사의 자의적인 불기소처분으로 형사피해자가 침해받는 기본권	헌법 제27조 제5항 재판절차진술권, 제11조 평등권
	검사의 자의적인 기소유예처분으로 형사피의자가 침해받는 기본권	헌법 제10조 행복추구권, 제11조 평등권, 제27조 제1항 재판청구권
자기관련성	① 고소인, 형사피해자(○) ② 고발인: 원칙, 형사피해자(×), 예외, 형사피해자(○)	
보충성	① 고소한 피해자 　㉠ 불기소처분 ➡ 재정신청 ➡ 헌소청구(각하) 　㉡ 불기소처분 ➡ 헌소청구(각하) ② 고소하지 아니한 형사피해자는 다른 법률의 구제절차를 거치지 아니하고 헌법소원을 청구할 수 있다. ③ 검사의 기소유예처분에 대한 형사피의자의 헌법소원청구: 바로 헌소청구할 수 있다.	
권리보호이익	☑ 공소시효완성 ① 피해자: 권리보호이익(×), 공소시효가 완성되지 않았음에도 공소시효완성을 이유로 한 내사종결과 공소권 없음의 불기소처분에 대한 헌소는 권리보호이익이 인정된다. ② 피의자: 권리보호이익(○)	
공소시효	헌소청구 후에도 공소시효는 진행된다.	

09 청구기간

법조문	① 제68조 제1항에 따른 헌법소원의 심판은 그 사유가 있음을 안 날로부터 90일 이내에, 그 사유가 있는 날로부터 1년 이내에 청구하여야 한다. 다만, 다른 법률에 따른 구제절차를 거친 헌법소원의 심판은 그 최종결정을 통지받은 날부터 30일 이내에 청구하여야 한다(헌법재판소법 제69조 제1항). ② 90일, 1년 둘 다 준수해야 한다. ③ 정당한 사유가 있다면 청구기간이 도과되었다 하더라도 적법하다.	
법령에 대한 헌소 청구기간	① 청구기간 제한이 있다. ② 확실히 예상되는 때부터 기산(×), 예상된 때 청구했다면 청구기간을 도과할 가능성은 없다. ③ 침해된 때부터 기산(○)	
법령에서 유예기간을 둔 경우 청구기간 기산점	법령시행일이 아니라 유예기간 경과일	
부작위	진정입법부작위	청구기간 제한 없다.
	부진정입법부작위	청구기간 제한 있다.
국선대리인 선임신청시	청구한 날: 국선대리인 선임 신청일(○), 국선대리인 결정일(×)	
추가청구	1차 헌소청구 ➡ 새로운 헌소청구의 청구한 날: 신 청구한 날	
청구기간 헌법재판소법 개정	유리하게 개정된 경우: 개정법 적용	

01 심판절차

헌법소원 청구절차	① 국선대리인 　㉠ 자력이 없는 경우: 신청에 의한 선정 　㉡ 공익상 필요하다고 인정되는 경우: 직권으로 선정 ② 심판비용: 국가부담(O), 청구인 인지첩부 안 함
지정재판부 사전심사	① 헌법소원(O), 위헌법률심판(×) ② 각하(3인 모두가 찬성한 경우에 한해) 또는 전원재판부심판 회부 ③ 청구 후 30일 이내 각하결정이 없는 경우 심판에 회부된다. ④ 본안판단 할 수 없다. ⑤ 인용 · 기각결정 없다. ⑥ 각하결정한 경우 14일 이내 통지

02 결정유형

결정유형	① 헌소요건 충족 ×: 각하 ② 헌소인용결정: 6인 이상 ③ 공권력행사 · 불행사 위헌인 법률에 기인한 경우: 법률위헌 선언(O)
심판절차 종료선언	① 청구인이 사망하고 수계할 수 없는 사건과 수계자가 없는 경우 ② 청구인이 헌소청구취하(예외 없이 심판절차종료선언) ③ 청구인이 청구를 취하하였다 하더라도 헌법질서 수호 · 유지를 위하여 중요한 의미를 가지는 경우에는 심판절차는 종료되지 않는다.(×)

위헌소원의 본질	헌법재판소는 위헌법률심판으로 보고 있다.

요건	① 재판전제성(○), 권리보호이익(○), 직접성·현재성·보충성 요건(✕)
	② 법원의 위헌제청신청 기각 또는 각하
	③ 해석하는 한 위헌이라는 청구 적법, 단 단순히 법률조항의 포섭·적용, 재판결과를 다투는 경우 부적법
	   ㉠ 국가보안법의 반국가단체에 북한이 포함된다고 해석하는 것은 헌법에 위반된다는 판단을 구하는 헌법소원심판청구는 부적법하다.
	   ㉡ 행정청이 거부처분 취소판결에 따른 이행을 하지 않는 때에 법원이 행정소송법 제34조 제1항에 근거하여 간접강제결정을 하는 경우, 법원의 간접강제결정을 심리적 강제수단에 불과하다고 해석하는 것의 위헌확인을 구하는 청구는 부적법하다.
	④ 기본권 주체가 아닌 지방의회나 행정청 그리고 보조참가인도 위헌제청신청과 헌법재판소법 제68조 제2항 헌소청구 가능
	⑤ 헌법재판소법 제68조 제1항 헌소와 제68조 제2항 헌소를 병합하여 제기할 수 있다.

헌법재판소법 제68조 제2항의 헌법소원 대상 ○	① 법률 ② 긴급명령 ③ 법률의 효력을 가진 조약 ④ 관습법
헌법재판소법 제68조 제2항의 헌법소원 대상 ✕	① 대통령령, 시행령 ② 부령, 시행규칙 ③ 조례 ④ 입법부작위 ⑤ 제청신청하지 않은 또는 제청신청 후 기각되지 않은 법률조항 ⑥ 법원의 위헌제청신청 기각·각하결정 ⑦ 법률조항의 위헌 여부를 다투지 않고 법률적용 여부를 다툰 경우
당해 사건의 소송절차에서 동일한 사유로 위헌제청신청할 수 없음	① 헌법재판소법 제68조 제2항 후문의 '당해 사건의 소송절차'에 당해 사건의 상소심 소송절차가 포함되는지 여부(적극) ② 항고심 소송절차에서 위헌법률심판제청신청을 하여 그 신청이 기각되었는데도 헌법소원심판을 청구하지 아니하고 있다가 그 재항고심 소송절차에서 같은 이유를 들어 위헌법률심판제청신청을 하여 그 신청이 기각되자 헌법소원심판청구를 한 경우에 헌법재판소법 제68조 제2항 후문에 위배되는지 여부(적극)
청구기간	위헌제청신청 기각결정을 통지받은 날로부터 30일, 국선대리인 선임을 신청한 경우 국선대리인 선임신청일이 청구한 날
청구효과	재판정지(✕), 재판진행(○)
재심청구	① 헌법재판소법 제68조 제2항에 따른 헌법소원이 인용된 경우에 해당 헌법소원과 관련된 소송사건이 이미 확정된 때에는 당사자는 재심을 청구할 수 있다(헌법재판소법 제75조 제7항). ② 한정위헌결정 된 경우 재심청구: 대법원(✕), 헌법재판소(○) ③ 위헌소원을 청구하지 않는 자, 재심청구(✕)

⊕ PLUS 헌법재판소법 제68조 제2항의 헌법소원과 제68조 제1항의 헌법소원의 비교

	제68조 제2항 헌법소원	제68조 제1항 헌법소원
본질	규범통제	권리구제, 예외적 규범통제
기본권 침해전제	×	○
청구인	기본권 주체가 아닌 공법인도 가능	기본권 주체
대상	법률	공권력 행사·불행사
요건	재판의 전제성, 권리보호이익	보충성, 현재성, 직접성, 자기관련성
사전심사 / 변호사 강제주의	○	○
청구기간	30일	90일, 1년, 30일
결정유형	각하, 합헌, 위헌, 변형결정	각하, 기각, 인용결정(위헌·변형결정)

01 요건

연혁	① 제3차 최초: 국가기관만 당사자 ② 현행헌법: 국가기관 + 지방자치단체
당사자능력 인정	① 국회의원 ② 국회의장 ③ 감사원 ④ 강남구 선거관리위원회 ⑤ 헌법재판소법 제62조 제1항 제1호와 2호의 국가기관의 종류: 예시적 　비교》 헌법재판소법 제62조 제1항 제3호의 지방자치단체의 종류: 한정·열거적 ⑥ 상임위원회 또는 사법개혁특별위원회 위원장
당사자능력 부정	① 헌법재판소 ② 정당 ③ 지자체장: 원칙(×), 예외(○) ④ 지방의회의원 ⑤ 지방의회의장 ⑥ 국가인권위원회: 헌법상 국가기관이 아니라 법률상 국가기관 ⑦ 국민권익위원회 ⑧ 국민 ⑨ 거제시의회와 거제시장 ⑩ 소위원회위원장, 안건조정위원회위원장 ⑪ 국가경찰위원회
피청구인적격	① 국회법개정행위 피청구인: 국회(○), 국회의장(×) ② 국회부의장 가결선포행위: 국회의장(○), 국회부의장(×) ③ 국회상임위원회위원장의 가결선포행위를 다투는 경우: 국회상임위원회위원장(○), 국회의장(×) 　☑ 국회상임위원회위원장이 위원회를 대표해서 의안을 심사하는 권한이 국회의장으로부터 위임된 것임을 전제로 한 국회의장에 대한 이 사건 심판청구는 피청구인적격이 없는 자를 상대로 한 청구로서 부적법하다. ④ 태안군수의 어업면허처분 자치사무이므로 태안군수(×), 태안군(○) ⑤ 경상남도 교육감과 경상남도는 동일한 행정주체 내 관계이지 상이한 행정주체 간 관계가 아니다.

권한쟁의심판 대상	① 법률안 제출행위(✕) ② 법률안 가결선포행위(○) ③ 법률 개정행위(○) ④ 장래처분: 원칙(✕), 예외(○), 청구기간의 제한이 없다. ⑤ 국토부장관의 천안·아산역 명칭 결정(○), 영토고권은 지자체 권한 아님
청구기간	60일, 180일
권한침해 가능성	① 심판청구는 피청구인의 처분 또는 부작위가 헌법 또는 법률에 의하여 부여받은 청구인의 권한을 침해하였거나 침해할 현저한 위험이 있는 경우에만 할 수 있다. ② 헌법에서 부여된 권한 + 법률에서 부여된 권한 ③ 기본권 침해, 권한쟁의 청구(✕) ④ 기관위임사무에 관한 권한침해, 지방자치단체는 권한쟁의 청구할 수 없다.

02 결정

결정유형	① 인용결정: 종국심리에 관여한 과반수 ② 청구취하: 심판절차종료선언 ③ 헌법질서의 수호·유지를 위하여 긴요한 사항일 뿐만 아니라, 그 해명이 헌법적으로 특히 중대한 의미를 지닌다고 하지 않을 수 없다. 그러므로 이 사건의 경우에는 비록 청구인들이 심판청구를 취하하였다 하더라도 소의 취하에 관한 민사소송법 제239조의 규정의 준용은 예외적으로 배제되어야 하고, 따라서 위 심판청구의 취하에도 불구하고 이 사건 심판절차는 종료되지 않는다고 보아야 한다.(✕)
결정의 효력	① 기속력: 인용결정 + 기각결정 ② 국가기관 또는 지방자치단체의 처분을 취소하는 결정은 그 처분의 상대방에 대하여 이미 생긴 효력에 영향을 미치지 아니한다.

03 국회의원 권한쟁의

97년 날치기 판례	① 국회의원과 국회의장을 권한쟁의심판의 당사자로 열거하지 아니한 헌법재판소법 제62조 제1항 제1호의 규정은 한정적·열거적 조항(✕), 예시적인 조항(○)으로 해석해야 헌법에 합치된다. ② 권한침해: 6인 인정 ③ 가결선포행위 위헌무효확인청구: 기각됨 ④ 입법절차상 하자가 있으면 법률안 가결선포행위는 무효이다.(✕) ⑤ 권한쟁의심판당사자, 입법형성의 자유 없다. 헌법해석의 문제이다. ⑥ 국회의원의 법률안 심의·표결권: 명문규정은 없으나 헌법상 권한
신문법, 방송법 날치기	① 국회부의장을 상대로 권한쟁의심판청구(✕) ② 신문법 가결선포 ➡ 표결권 침해 ③ 출석과반수 미달은 부결: 다시 표결한 것은 일사부재의 원칙에 반한다. ④ 법률안 표결권 침해이나 신문법 가결선포는 무효가 아니다. ⑤ 일사부재의 원칙에 반하나 방송법안 가결선포행위는 무효가 아니다. ➡ 후속판례: 국회의장, 다시 표결을 진행할 헌법상 의무는 없다.

신문법·방송법 가결선포행위 / 표결권 침해확인의 기속력	① 국회의원이 사망하면 권한쟁의심판절차는 종료된다. ② 국회의원의 법률안 심의·표결권은 승계될 수 없다. ③ 헌법재판소가 국회의장의 법률안 가결선포행위가 법률안 심의·표결권을 침해했다고 확인했다면, 국회의장은 다시 법률안을 표결할 의무를 진다.(×) ④ 국회의장의 재표결부의를 하지 아니한 부작위에 대한 권한쟁의: 기각
국회상임위원회 사·보임 사건	① 청구인의 권리보호이익이 소멸되었더라도 향후 사안의 반복가능성이 있고 헌법적 해명의 필요성이 있는 경우에는 권한쟁의심판의 이익이 존재한다. ② 국회의장인 피청구인이 국회의원인 청구인을 그 의사에 반하여 국회 보건복지위원회에서 사임시키고 환경노동위원회로 보임한 행위가 권한쟁의심판의 대상이 되는지 여부(적극) ③ 피청구인의 이 사건 사·보임행위가 헌법과 법률의 규정에 위반하여 청구인의 법률안 심의·표결 권한을 침해한 것인지 여부(소극)
국회의원과 정부, 대통령	① 제3자 소송담당, 법률에 규정이 있는 경우에 한해 인정된다. ② 우리나라에서는 법률에 규정이 없으므로 제3자 소송담당은 인정되지 않는다. ③ 국회의원은 국회의 조약에 대한 체결·비준동의권 침해를 이유로 권한쟁의심판을 청구할 수 없다. ④ 국회의원들이 국회를 위하여 국회의 권한침해를 주장하여 권한쟁의심판을 청구할 수 있는지 여부와 국회의원의 심의·표결권이 국회의장이나 다른 국회의원이 아닌 국회 외부의 국가기관에 의하여 침해될 수 있는지 여부(소극) ⑤ 대통령이 국회의 체결·비준 동의 없이 조약을 체결하거나, 전시 작전통제권의 전환일정을 연기하는 합의문을 작성한 행위가 국회의원인 청구인들의 조약 비준동의안에 대한 심의·표결권을 침해할 가능성이 있다고 할 수 없다. ⑥ 소수정당, 제3자 소송담당은 인정되지 않으므로 소수정당이 국회의 권한침해를 이유로 한 권한쟁의심판청구는 청구인적격이 인정되지 않는다. ⑦ WTO 정부조달협정개정의정서: 권한쟁의심판대상 ×
국회의원과 행정안전부장관	① 권한쟁의심판절차 계속 중 국회의원직을 상실한 경우 심판절차는 승계되지 않는다. ② 행정안전부고시로 중앙행정기관 등의 이전계획을 변경한 행위가 국회의 입법권, 국회의원인 청구인들의 법률안 심의·표결권을 침해할 가능성이 없다.
법률안 날치기 기타 판례	① "이의 없습니까?"라고 묻고 법률안 가결선포를 한 국회부의장의 행위는 국회의원의 법률안 심의권·표결권 침해는 아니다. ② 국회상임위원회위원장의 의안상정, 심사행위에 대해 국회의장을 상대로 한 권한쟁의심판을 청구한 것은 부적법하다.(○)
국회의원과 법원	① 국회의원 – 법원: 권한침해 가능성(×) ② 특정정보 홈페이지 게시: 국회의원 권능(×), 국민의 기본권 행사(○) ③ 국회의원이 교원들의 교원단체 가입현황을 자신의 인터넷 홈페이지에 게시하여 공개하려 하였으나, 법원이 그 공개로 인한 기본권 침해를 주장하는 교원들의 신청을 받아들여 그 공개의 금지를 명하는 가처분 및 그 가처분에 따른 의무이행을 위한 간접강제 결정으로 국회의원이 권한을 침해받을 가능성이 없다.

04 지자체 권한쟁의

부산신항명칭결정에 대한 경상남도의 권한쟁의	① 지정항만이면서 무역항인 부산항의 일부 항만구역에 건설된 신항만의 명칭결정과 관련하여 부산지방해양수산청장이 권한쟁의심판청구의 당사자로서 능력과 적격을 갖추고 있는지 여부(소극) ② 지정항만 사무는 국가사무이므로 지방자치단체의 권한을 침해할 가능성이 없다.
지방선거비용	① 피청구인 강남구선위의 청구인 서울특별시 강남구에 대한 지자체 선거관리경비 산출 통보행위가 권한쟁의심판의 대상이 되는 처분에 해당? ✕ ② 피청구인 국회가 공직선거법에 따라 지방선거비용을 해당지자체에게 부담시킨 행위가 지자체인 청구인들의 지방자치권 침해? ✕
태안군수의 어업면허처분	① 어업면허사무는 지방자치단체의 시무에 해당 ② 자치권이 미치는 관할구역의 범위에는 육지는 물론 바다도 포함되므로, 공유수면에 대해서도 지방자치단체의 자치권한이 미친다. ③ 국립지리원이 발간한 국가기본도상의 해상경계선은 공유수면에 대한 불문법상 경계로 인정된다.(✕) ④ 형평의 원리에 따라 등거리 중간선 원칙에 따라 획정한 선으로 함이 타당하다. ⑤ 태안군수의 어업면허처분은 무효
매립지 귀속	① 해상경계선과 매립지 귀속결정 기준: 성문법 ➡ 불문법 ➡ 형평의 원리 ② 종전 공유수면의 해상경계선을 매립지의 관할경계선으로 인정해왔던 기존 판례 변경 ③ 매립지의 귀속 주체 내지 행정관할 등을 획정함에 있어서도 사업목적의 효과적 달성이 우선적으로 고려되어야 한다.
해상경계선	① 지방자치단체 사이의 불문법상 해상경계가 성립하기 위해서는 관계 지방자치단체·주민들 사이에 해상경계에 관한 일정한 관행이 존재하고, 그 해상경계에 관한 관행이 장기간 반복되어야 하며, 그 해상경계에 관한 관행을 법규범이라고 인식하는 관계 지방자치단체·주민들의 법적 확신이 있어야 한다. ② 청구인 소속 주민들에게 필요불가결한 생활터전이 되고 있으므로 등거리 중간선의 예외로서 청구인의 관할권한에 포함시키도록 획정함이 상당하다.
인용 사건	경기도가 2021.4.1. 청구인에 통보한 종합감사 실시계획에 따른 자료제출요구 중, 자치사무에 관한 부분은 헌법 및 지방자치법에 의하여 부여된 남양주의 지방자치권을 침해
각하 사건	① 관악구가 행정동을 통·폐합하면서 기존의 '봉천 제1동'이라는 행정동 명칭을 '보라매동'으로 변경하는 내용으로 조례를 개정한 것 ② 지방자치단체인 청구인이 기관위임사무를 수행하면서 지출한 경비에 대하여 기획재정부장관인 피청구인에게 예산배정요청을 하였으나 피청구인이 이를 거부한 경우 위 거부처분에 대한 권한쟁의심판청구의 적법 여부(소극) ③ 국토해양부장관이 낙동강 사업에 관한 포괄적 시행권을 대행계약 형태로 경상남도지사에게 대행시킨 후 계약상 채무불이행을 이유로 위 대행계약을 해제하고 낙동강 사업의 시행권을 회수한 행위 ④ 인천광역시 중구가 인천광역시를 상대로 인천경제자유구역 송도지구 제9공구 매립지 중 일부에 대하여 관할권한의 확인을 구하는 심판청구 ⑤ 교육과학기술부장관의 '수도권 사립대학 정원규제'에 대한 경기도의 권한쟁의심판청구 ⑥ 법원에 의해 자율형 사립고 지정·고시 취소처분이 취소된 후, 교육부장관의 전라북도 교육감에 대한 자율형 사립고 지정·고시 취소 시정명령에 대한 권한쟁의심판청구

	⑦ 피청구인(교육부장관)이 교육감 소속 교육장 등에 대하여 특별징계위원회에 징계의결을 요구한 행위가 소속 교육공무원 징계에 관한 청구인들(전라북도 및 경기도)의 권한을 침해하거나 침해할 현저한 위험이 있다고 볼 수 없다.
	⑧ 경상남도는 학교들을 대상으로 무상급식 지원금에 대한 감사를 하겠다는 경상남도 통보에 대한 경상남도 교육감의 청구는 부적법하다.
	⑨ 국방부장관의 화성시를 군 공항의 예비이전후보지로 선정한 것
	⑩ 사회보장위원회가 '지방자치단체 유사·중복 사회보장사업 정비 추진방안'을 의결한 행위에 대한 경기도 성남시의 권한쟁의청구는 부적법하다.
	⑪ 보건복지부장관이 성남시에 광역지방자치단체의 장에게 '지방자치단체 유사·중복 사회보장사업 정비지침'에 따라 정비를 추진하고 정비계획(실적) 등을 제출해주기 바란다는 취지의 통보를 한 행위
	⑫ 행정안전부장관의 인천시에 과세권이 있다는 결정
	⑬ 지방자치단체가 사회보장기본법상의 협의·조정을 거치지 아니하거나 그 결과를 따르지 아니하고 사회보장제도를 신설 또는 변경하여 경비를 지출한 경우 행정안전부장관이 교부세를 감액하거나 반환을 명할 수 있는 것으로 피청구인이 지방교부세법 시행령 제12조 제1항 제9호를 개정한 행위
	⑭ 지방재정법 시행령 중 보통교부세가 교부되지 아니하는 시·군에 우선하여 배분되는 일반조정교부금(이하 '우선조정교부금'이라 한다)에 관한 제36조 제4항을 삭제하는 것
기각 사건	① 특별시의 관할구역 안에 있는 구(區)의 재산세를 '특별시 및 구세'로 하여 특별시와 자치구가 100분의 50씩 공동과세하도록 하는 지방세법을 제정한 행위
	② 교육·학예에 관한 시·도의회의 의결사항에 대하여 서울특별시교육감이 재의요구를 하였다가 철회한 것이, 교육부장관의 재의요구 요청권한을 침해했다고 할 수 없다.
	③ 서울특별시교육감이 조례안 재의요구를 철회하자, 조례안을 이송받고 20일이 경과한 이후 교육부장관이 조례안 재의요구 요청을 한 경우, 서울특별시교육감이 재의요구를 하지 않은 부작위, 서울특별시교육감이 조례를 공포한 행위
	④ 경기도는 지역경제 활성화 차원에서 도내 시·군으로 하여금 지역화폐로 재난기본소득을 지급하도록 하고, 이를 조건으로 하여 특별조정교부금을 배분하도록 하였는데, 남양주시가 지역화폐가 아닌 현금으로 재난기본소득을 지급했다는 이유로 남양주시를 특별조정교부금 배분에서 제외한 행위는 지방재정권을 침해한 것이라고 볼 수 없다

⊕ PLUS 대법원 판례와 헌법재판소 판례의 대립

	대법원	헌법재판소
도시계획실시인가 신청 요건인 토지소유자 동의요건	본질적 사항이 아니다.	본질적 사항이다.
법 전면개정시 구법 부칙조항 실효 여부	특별한 사정이 있다면 효력이 유지된다.	신법에 규정이 없는 한 실효된다.
제주도 영향평가위원이 형법의 수뢰죄 공무원 해당 여부	○, 재심불허	×, 재심불허재판 취소
사회봉사명령	신체의 자유제한	신체의 자유가 아니라 일반적 행동의 자유 제한이다.
형벌과 과태료	이중처벌이 아니다.	이중처벌금지원칙에 위배될 수 있다.
공동불법행위자의 구상권 행사 가부 (국가배상법상 이중배상금지규정 관련)	×	○
긴급조치 사법심사	① 법률의 효력을 가지지 않는다. ② 제107조 제2항에 따라 대법원이 최종적 심사권을 가진다.	① 최소한 법률의 효력을 가진다. ② 위헌법률심판의 대상이 된다.
한정위헌결정의 기속력	×	○
대법원규칙에 대한 헌법소원 가부	×	○
법원의 재판과 원행정처분에 대한 헌법소원 가부	×	예외적으로 ○(헌법재판소가 위헌으로 결정한 법률을 적용한 재판이 기본권을 침해한 경우)
한정위헌결정이 헌법재판소법 제75조 제7항의 재심사유인지 여부	×	○

해커스공무원 학원·인강

gosi.Hackers.com

부록

01 위원회와 조직

국가인권위원회	소속	독립된 국가기관	
	구성	11인(국회 4, 대통령 4, 대법원장 3)	위원장 1, 상임위원 3 ☑ 한 性이 60%를 넘을 수 없음
	임기	3년	1차 연임 가능
개인정보보호위원회	소속	국무총리	
정보공개위원회	소속	국무총리	
정보공개심의회	소속	국가기관 및 지방자치단체	

02 목차별 숫자 정리

제1항 지방자치제도

1. 국민투표 vs 주민투표

	투표	찬성
국민투표	과반수 이상	투표자 과반수
주민투표	1/4 이상	유효투표수 과반수
주민소환투표	1/3 이상	유효투표수 과반수

2. 주무부장관의 처분취소에 대한 제소

지방의회재의결에 대한 제소	20일
주무부장관의 처분취소에 대한 제소	15일

제2항 정보공개

정보공개 여부 결정	10일
기간 연장	10일
제3자의 비공개요청	3일
공개결정시 제3자 이의신청	7일
공개결정일 ~ 공개실시일	30일

제3항 형사보상청구권

형사보상청구	무죄 확정 안 날 ~ 3년
	무죄 확정 ~ 5년

제4항 범죄피해자구조청구권

구조금의 지급신청	범죄피해 발생 안 날 ~ 3년
	범죄피해 발생 있은 날 ~ 10년
구조청구권 소멸시효	구조결정 송달 ~ 2년

제5항 국회의 운영과 절차

1. 정기회 vs 임시회

정기회		임시회		
집회	회기	요구	회기	총선거 후 최초 임시회
연 1회(매년 9월 1회 집회)	100일 초과 ✕	의원 1/4 이상	30일 초과 ✕	임기개시 후 7일

2. 선거 후 최초 임시회 집회

3. 정족수 관련 조문

국회법 제75조【회의의 공개】 ① 본회의는 공개한다. 다만, 의장의 제의 또는 의원 10명 이상의 연서에 의한 동의(動議)로 본회의 의결이 있거나 의장이 각 교섭단체 대표의원과 협의하여 국가의 안전보장을 위하여 필요하다고 인정할 때에는 공개하지 아니할 수 있다.

제79조【의안의 발의 또는 제출】 ① 의원은 10명 이상의 찬성으로 의안을 발의할 수 있다.

제33조【교섭단체】 ① 국회에 20명 이상의 소속 의원을 가진 정당은 하나의 교섭단체가 된다. 다만, 다른 교섭단체에 속하지 아니하는 20명 이상의 의원으로 따로 교섭단체를 구성할 수 있다.

제121조【국무위원등의 출석요구】 ① 본회의는 의결로 국무총리, 국무위원 또는 정부위원의 출석을 요구할 수 있다. 이 경우 그 발의는 의원 20명 이상이 이유를 구체적으로 밝힌 서면으로 하여야 한다.

제122조의3【긴급현안질문】 ① 의원은 20명 이상의 찬성으로 회기 중 현안이 되고 있는 중요한 사항을 대상으로 정부에 대하여 질문(이하 이 조에서 "긴급현안질문"이라 한다)을 할 것을 의장에게 요구할 수 있다.

제156조【징계의 요구와 회부】 ③ 의원이 징계대상자에 대한 징계를 요구하려는 경우에는 의원 20명 이상의 찬성으로 그 사유를 적은 요구서를 의장에게 제출하여야 한다.

제87조【위원회에서 폐기된 의안】 ① 위원회에서 본회의에 부의할 필요가 없다고 결정된 의안은 본회의에 부의하지 아니한다. 다만, 위원회의 결정이 본회의에 보고된 날부터 폐회 또는 휴회 중의 기간을 제외한 7일 이내에 의원 30명 이상의 요구가 있을 때에는 그 의안을 본회의에 부의하여야 한다.

제95조【수정동의】 ① 의안에 대한 수정동의(修正動議)는 그 안을 갖추고 이유를 붙여 30명 이상의 찬성 의원과 연서하여 미리 의장에게 제출하여야 한다. 다만, 예산안에 대한 수정동의는 의원 50명 이상의 찬성이 있어야 한다.

제138조【자격심사의 청구】 의원이 다른 의원의 자격에 대하여 이의가 있을 때에는 30명 이상의 연서로 의장에게 자격심사를 청구할 수 있다.

헌법 제67조 ② 제1항의 선거에 있어서 최고득표자가 2인 이상인 때에는 국회의 재적의원 과반수가 출석한 공개회의에서 다수표를 얻은 자를 당선자로 한다.

③ 대통령후보자가 1인일 때에는 그 득표수가 선거권자 총수의 3분의 1 이상이 아니면 대통령으로 당선될 수 없다.

국회법 제54조【위원회의 의사·의결정족수】 위원회는 재적위원 5분의 1 이상의 출석으로 개회하고, 재적위원 과반수의 출석과 출석위원 과반수의 찬성으로 의결한다.

제73조【의사정족수】 ① 본회의는 재적의원 5분의 1 이상의 출석으로 개의한다.

제28조【석방요구의 절차】 의원이 체포 또는 구금된 의원의 석방 요구를 발의할 때에는 재적의원 4분의 1 이상의 연서(連書)로 그 이유를 첨부한 요구서를 의장에게 제출하여야 한다.

헌법 제47조 ① 국회의 정기회는 법률이 정하는 바에 의하여 매년 1회 집회되며, 국회의 임시회는 대통령 또는 국회재적의원 4분의 1 이상의 요구에 의하여 집회된다.

국회법 제63조의2【전원위원회】 ① 국회는 위원회의 심사를 거치거나 위원회가 제안한 의안 중 정부조직에 관한 법률안, 조세 또는 국민에게 부담을 주는 법률안 등 주요 의안의 본회의 상정 전이나 본회의 상정 후에 재적의원 4분의 1 이상이 요구할 때에는 그 심사를 위하여 의원 전원으로 구성되는 전원위원회를 개회할 수 있다. 다만, 의장은 주요 의안의 심의 등 필요하다고 인정하는 경우 각 교섭단체 대표의원의 동의를 받아 전원위원회를 개회하지 아니할 수 있다.

국정감사 및 조사에 관한 법률 제3조【국정조사】 ① 국회는 재적의원 4분의 1 이상의 요구가 있는 때에는 특별위원회 또는 상임위원회로 하여금 국정의 특정사안에 관하여 국정조사를 하게 한다.

헌법 제63조 ② 제1항의 해임건의는 국회재적의원 3분의 1 이상의 발의에 의하여 국회재적의원 과반수의 찬성이 있어야 한다.

제65조 ② 제1항의 탄핵소추는 국회재적의원 3분의 1 이상의 발의가 있어야 하며, 그 의결은 국회재적의원 과반수의 찬성이 있어야 한다. 다만, 대통령에 대한 탄핵소추는 국회재적의원 과반수의 발의와 국회재적의원 3분의 2 이상의 찬성이 있어야 한다.

국회법 제106조의2【무제한 토론의 실시 등】 ① 의원이 본회의에 부의된 안건에 대하여 이 법의 다른 규정에도 불구하고 시간의 제한을 받지 아니하는 토론(이하 이 조에서 "무제한토론"이라 한다)을 하려는 경우에는 재적의원 3분의 1 이상이 서명한 요구서를 의장에게 제출하여야 한다. 이 경우 의장은 해당 안건에 대하여 무제한토론을 실시하여야 한다.

⑥ 제5항에 따른 무제한토론의 종결동의는 동의가 제출된 때부터 24시간이 지난 후에 무기명투표로 표결하되 재적의원 5분의 3 이상의 찬성으로 의결한다. 이 경우 무제한토론의 종결동의에 대해서는 토론을 하지 아니하고 표결한다.

헌법 제50조 ① 국회의 회의는 공개한다. 다만, 출석의원 과반수의 찬성이 있거나 의장이 국가의 안전보장을 위하여 필요하다고 인정할 때에는 공개하지 아니할 수 있다.

제49조 국회는 헌법 또는 법률에 특별한 규정이 없는 한 재적의원 과반수의 출석과 출석의원 과반수의 찬성으로 의결한다. 가부동수인 때에는 부결된 것으로 본다.

제77조 ⑤ 국회가 재적의원 과반수의 찬성으로 계엄의 해제를 요구한 때에는 대통령은 이를 해제하여야 한다.

제128조 ① 헌법개정은 국회재적의원 과반수 또는 대통령의 발의로 제안된다.

국회법 제15조【의장·부의장의 선거】 ① 의장과 부의장은 국회에서 무기명투표로 선거하고 재적의원 과반수의 득표로 당선된다.

제85조의2【안건의 신속처리】 ① 위원회에 회부된 안건(체계·자구 심사를 위하여 법제사법위원회에 회부된 안건을 포함한다)을 제2항에 따른 신속처리대상안건으로 지정하려는 경우 의원은 재적의원 과반수가 서명한 신속처리대상안건 지정요구 동의(動議)(이하 이 조에서 "신속처리안건지정동의"라 한다)를 의장에게 제출하고, 안건의 소관 위원회 소속 위원은 소관 위원회 재적위원 과반수가 서명한 신속처리안건 지정동의를 소관 위원회 위원장에게 제출하여야 한다. 이 경우 의장 또는 안건의 소관 위원회 위원장은 지체 없이 신속처리안건 지정동의를 무기명투표로 표결하되, 재적의원 5분의 3 이상 또는 안건의 소관 위원회 재적위원 5분의 3 이상의 찬성으로 의결한다.

제86조【체계·자구의 심사】 ③ 법제사법위원회가 제1항에 따라 회부된 법률안에 대하여 이유 없이 회부된 날부터 60일 이내에 심사를 마치지 아니하였을 때에는 심사대상 법률안의 소관 위원회 위원장은 간사와 협의하여 이의가 없는 경우에는 의장에게 그 법률안의 본회의 부의를 서면으로 요구한다. 다만, 이의가 있는 경우에는 그 법률안에 대한 본회의 부의 요구 여부를 무기명투표로 표결하되, 해당 위원회 재적위원 5분의 3 이상의 찬성으로 의결한다.

헌법 제53조 재의의 요구가 있을 때에는 국회는 재의에 붙이고, 재적의원 과반수의 출석과 출석의원 3분의 2 이상의 찬성으로 전과 같은 의결을 하면 그 법률안은 법률로서 확정된다.

제64조 ③ 의원을 제명하려면 국회재적의원 3분의 2 이상의 찬성이 있어야 한다.

제130조 ① 국회는 헌법개정안이 공고된 날로부터 60일 이내에 의결하여야 하며, 국회의 의결은 재적의원 3분의 2 이상의 찬성을 얻어야 한다.

국회법 제142조【의결】 ③ 본회의는 심사대상 의원의 자격 유무를 의결로 결정하되, 그 자격이 없는 것으로 의결할 때에는 재적의원 3분의 2 이상의 찬성이 있어야 한다.

제6항 　국가기관 관련 쟁점 정리

1. 국가기관의 구성

	선출·임명	국회동의	인사청문		연임·중임	임기 (헌법)	정년 (법률)	구성원 수
			국회인사 청문특별위원회	소관 상임위				
대통령	국민에 의한 선출 최고득표자가 2인 이상 ⬇ 국회선출				중임 금지	5년	제한 없음	
국무총리	인사청문 ⬇ 국회동의 ⬇ 대통령임명	○	○	×	규정 없음	규정 없음	규정 없음	
대법원장	인사청문 ⬇ 국회동의 ⬇ 대통령임명	○	○	×	중임 금지	6년	70세	
대법관	대법원장제청 ⬇ 인사청문 ⬇ 국회동의 ⬇ 대통령임명	○	○	×	연임 가능	6년	70세	• 헌법규정 없음 • 법원조직법: 대법원장 포함 14인
일반법관	인사위원회심의 ⬇ 대법관회의동의 ⬇ 대법원장임명	×	×	×	연임 가능	10년	65세	
헌법 재판소장	인사청문 ⬇ 국회동의 ⬇ 재판관 중에서 대통령임명	○	○	×	명시적 규정 없음	헌법에 명시적 규정 없음	70세	

기관	임명절차				임기	정년	비고
헌법 재판소 재판관	3인: 인사청문 → 대통령임명 3인: 인사청문 → 대법원장지명 → 대통령임명 3인: 인사청문 → 국회선출 → 대통령임명	×	○	○	연임 가능	6년	70세	헌법: 헌법재판소장 포함 9인 ☑ 국회는 공석인 재판관의 후임자를 선출하여야 할 구체적 작위의무를 부담한다고 할 것이다.
중앙 선거관리 위원회 위원장	중앙선거관리위원회 위원 중 호선	×	×	×	연임 제한 규정 없음		규정 없음	
중앙 선거관리 위원회 위원	3인: 인사청문 → 대통령임명 3인: 인사청문 → 대법원장지명 3인: 인사청문 → 국회선출	×	○	○	연임 제한 규정 없음	6년	규정 없음	헌법: 위원장 포함 9인 구성 중앙선관위 9인 시·도선관위 9인 구·시·군선관위 9인 읍·면·동선관위 7인
감사원장	국회인사청문 → 국회동의 → 대통령임명	○	○	×	중임 가능	4년	70세	
감사위원	감사원장제청 → 대통령임명	×	×	×	중임 가능	4년	65세	• 헌법: 5~11인 • 감사원법: 감사원장 포함 7인
국무위원	국무총리제청 → 대통령임명	×	×	○	연임 제한 규정 없음	규정 없음	규정 없음	헌법: 15인 이상 30인 이하 (국무회의 구성원 수: 17인 이상 32인 이하)

2. 국가기관의 회의 의사정족수와 의결정족수

국무회의 규정 제6조 【의사정족수 및 의결정족수 등】 ① 국무회의는 구성원 과반수의 출석으로 개의하고, 출석 구성원 3분의 2 이상의 찬성으로 의결한다.

감사원법 제11조 【의장 및 의결】 ② 감사위원회의는 재적 감사위원 과반수의 찬성으로 의결한다.

선거관리위원회법 제10조【위원회의 의결정족수】 ① 각급선거관리위원회는 위원과반수의 출석으로 개의하고 출석위원 과반수의 찬성으로 의결한다.

헌법재판소법 제16조 【재판관회의】 ② 재판관회의는 재판관 전원의 3분의 2를 초과하는 인원의 출석과 출석인원 과반수의 찬성으로 의결한다.

법원조직법 제16조 【대법관회의의 구성과 의결방법】 ② 대법관회의는 대법관 전원의 3분의 2 이상의 출석과 출석인원 과반수의 찬성으로 의결한다.

국무회의	구성원 과반수 출석, 출석 3분의 2
감사원	재적위원 과반수 찬성으로 의결
중앙선거관리위원회 회의	재적과반수 출석, 출석과반수
헌법재판소 재판관회의	전원의 3분의 2 초과 출석, 출석과반수
대법관회의	대법관 전원의 3분의 2 출석, 출석과반수

3. 파면, 면직사유

헌법 제106조 ① 법관은 탄핵 또는 금고 이상의 형의 선고에 의하지 아니하고는 파면되지 아니하며, 징계처분에 의하지 아니하고는 정직·감봉 기타 불리한 처분을 받지 아니한다.
② 법관이 중대한 심신상의 장해로 직무를 수행할 수 없을 때에는 법률이 정하는 바에 의하여 퇴직하게 할 수 있다.

제112조 ③ 헌법재판소 재판관은 탄핵 또는 금고 이상의 형의 선고에 의하지 아니하고는 파면되지 아니한다.

제114조 ⑤ 위원은 탄핵 또는 금고 이상의 형의 선고에 의하지 아니하고는 파면되지 아니한다.

감사원법 제8조 【신분보장】 ① 감사위원은 다음 각 호의 어느 하나에 해당하는 경우가 아니면 본인의 의사에 반하여 면직되지 아니한다.
1. 탄핵결정이나 금고 이상의 형의 선고를 받았을 때
2. 장기의 심신쇠약으로 직무를 수행할 수 없게 된 때

법관	헌법 파면사유: 탄핵결정, 금고 이상의 형 헌법 퇴직사유: 중대한 심신상의 장해로 직무를 수행할 수 없을 때
헌법재판소 재판관	헌법 파면사유: 탄핵결정, 금고 이상의 형
중앙선거관리위원회위원	헌법 파면사유: 탄핵결정, 금고 이상의 형
감사위원	감사원법 면직사유: 탄핵결정, 금고 이상의 형, 장기심신쇠약으로 직무를 수행할 수 없게 된 때

2023 최신개정판

해커스공무원
황남기
헌법족보

개정 2판 2쇄 발행 2024년 7월 18일
개정 2판 1쇄 발행 2023년 7월 6일

지은이	황남기 편저
펴낸곳	해커스패스
펴낸이	해커스공무원 출판팀

주소	서울특별시 강남구 강남대로 428 해커스공무원
고객센터	1588-4055
교재 관련 문의	gosi@hackerspass.com
	해커스공무원 사이트(gosi.Hackers.com) 교재 Q&A 게시판
	카카오톡 플러스 친구 [해커스공무원 노량진캠퍼스]
학원 강의 및 동영상강의	gosi.Hackers.com

ISBN	979-11-6999-358-6 (13360)
Serial Number	02-02-01

공무원 교육 1위,
해커스공무원 **gosi.Hackers.com**

해커스공무원

· 해커스공무원 **학원 및 인강**(교재 내 인강 할인쿠폰 수록)
· 해커스공무원 스타강사의 **공무원 헌법 무료 특강**
· 정확한 성적 분석으로 약점 보완이 가능한 **합격예측 온라인 모의고사**(교재 내 응시권 및 해설강의 수강권 수록)